SCHRIFTEN ZUR LANDESKUNDE SIEBENBÜRGENS

ERGÄNZUNGSREIHE ZUM SIEBENBÜRGISCHEN ARCHIV

HERAUSGEGEBEN VOM
ARBEITSKREIS FÜR SIEBENBÜRGISCHE LANDESKUNDE E.V.
HEIDELBERG

Band 9/II

GEORG DANIEL TEUTSCH
FRIEDRICH TEUTSCH

# GESCHICHTE DER SIEBENBÜRGER SACHSEN FÜR DAS SÄCHSISCHE VOLK

herausgegeben von
FRIEDRICH TEUTSCH

Unveränderter Nachdruck
Mit einer Einführung von
ANDREAS MÖCKEL

1984
BÖHLAU VERLAG KÖLN WIEN

# GESCHICHTE DER SIEBENBÜRGER SACHSEN FÜR DAS SÄCHSISCHE VOLK

II. Band

1700–1815
Von den Kuruzzenkriegen bis zur Zeit der Regulationen

von

FRIEDRICH TEUTSCH

Unveränderter Nachdruck
der Ausgabe Hermannstadt 1907

1984
BÖHLAU VERLAG KÖLN WIEN

CIP-Kurztitelaufnahme der Deutschen Bibliothek

*Geschichte der Siebenbürger Sachsen für das sächsische Volk* / Georg Daniel Teutsch; Friedrich Teutsch. Hrsg. von Friedrich Teutsch. – Unveränd. Nachdr. / mit e. Einf. von Andreas Möckel. – Köln ; Wien : Böhlau
   (Schriften zur Landeskunde Siebenbürgens; Bd. 9)
   ISBN 3-412-01184-3
NE: Teutsch, Georg Daniel [Mitverf.]; Teutsch, Friedrich [Mitverf.]; GT

Bd. 2. 1700–1815, von den Kuruzzenkriegen bis zur Zeit der Regulationen / von Friedrich Teutsch. – Unveränd. Nachdr. d. Ausgabe Hermannstadt 1907. – 1984.

Copyright © 1984 by Böhlau Verlag GmbH & Cie, Köln
Alle Rechte vorbehalten

Ohne schriftliche Genehmigung des Verlages ist es nicht gestattet, das Werk unter Verwendung mechanischer, elektronischer und anderer Systeme in irgendeiner Weise zu verarbeiten und zu verbreiten. Insbesondere vorbehalten sind die Rechte der Vervielfältigung – auch von Teilen des Werkes – auf photomechanischem oder ähnlichem Wege, der tontechnischen Wiedergabe, des Vortrags, der Funk- und Fernsehsendung, der Speicherung in Datenverarbeitungsanlagen, der Übersetzung und der literarischen oder anderweitigen Bearbeitung.

Printed in Germany
Satz: H.-D. Günther, Studio für Ästhetik-Fotosatz, Köln
Druck und Bindung: SDK Systemdruck Köln GmbH
ISBN 3-412-01184-3

# Geschichte
### der
# Siebenbürger Sachsen
### für das sächsische Volk.

Herausgegeben
von
Friedrich Teutsch.

Hermannstadt.
Druck und Verlag von W. Krafft.
1899.

# Geschichte
### der
# Siebenbürger Sachsen
### für das sächsische Volk.

## II. Band:
## 1700—1815
### Von den Kuruzzenkriegen bis zur Zeit der Regulationen

### von

## Friedrich Teutsch.

---

Hermannstadt.
Druck und Verlag von W. Krafft.
1907.

Nam quis nescit, primam esse historiae legem,
ne quid falsi dicere audeat, deinde ne quid veri
non audeat.
Cicero.

Mein Bestreben war, aus dem Gewirr der Ereignisse die wesentlichen Gesichtspunkte herauszuheben, die Männer und die Institutionen, die Ideen und die Schicksalswechsel, welche unser Volkstum geschaffen haben, kräftig hervortreten zu lassen.
Heinrich v. Treitschke.

Was wir sind und haben — im höhern Sinn — haben wir aus der Geschichte und an der Geschichte, freilich nur an dem, was eine Folge in ihr gehabt hat und bis heute nachwirkt.
Adolf Harnack.

# Inhaltsverzeichnis.

Einleitung . . . . . . . . . . . . . . . . . . . . . . . Seite XI—XXXIV

## Erstes Buch 1700—1780.

I. **Die Kuruzzenkriege. Sachs von Harteneck. 1700—1711** . . . . . 3—44

Die allgemeinen Verhältnisse. Franz Rakotzi II. Lage in Siebenbürgen. Nikolaus Bethlen. Stellung und Lage der Sachsen. Die Städte und die Bauern. Die kommandierenden Generäle. Rabutin. Zabanius — Sachs v. Harteneck. Johann Schuller v. Rosenthal. Die Landtage 1701 und 1702. Hartenecks Vorschlag der Steuerreform. Hartenecks Schuld und Tod. Der Kuruzzenkrieg und die sächsischen Städte. Klage des Guberniums. Urteil Eugens. Die Schrecken des Krieges. Leopolds Tod. Josef I. Landtag in Vasarhely. Cserei darüber. Rakotzis Niederlage. Friede von Szathmar. Ächtung Rakotzis und deren Aufhebung. Der Pietismus. Die griechisch-unierte Kirche. Pest. Die Bevölkerung der sächsischen Städte.

II. **Karl III. Die Pragmatische Sanktion. Gegenreformation und neue Einwanderungen. 1711—1740** . . . . . . . . . . . 45—95

Karl III. (VI.) Der Türkenkrieg. Durchzug Karls XII. von Schweden durch Siebenbürgen. Die pragmatische Sanktion. Annahme in Siebenbürgen und Ungarn. Befestigung von Karlsburg. Steuerverhältnisse. Aufteilung der Steuern. Pest. Konskription. Visitationen im Sachsenland. Prüfung der Rechnungen. Die Gegenreformation. Neuerrichtung des katholischen Bistums. Wegnahme evangelischer Kirchen. Vorgänge in Hermannstadt, Bistritz, Mediasch, Schäßburg, Kronstadt. Irrungen dort. Kämpfe auf dem Landtag von 1730. Verfolgungen der Protestanten. Komeswahl 1731. Bedrängnisse der Protestanten. Die Steuerfrage. Die unierten Walachen. Landeskommissariat. Neue Einwanderungen, aus Oberösterreich, Kärnten. Produktionalprozesse. Kampf gegen den Pietismus, besonders in Hermannstadt. Ein Glaubensgericht. Sieg des Pietismus. Verbesserung der Schulen. Handel und Verkehr. Königsecks Paradoxon politicum. Türkenkrieg. Neue Leistungen des Landes. Der Landtag. Friede von Belgrad. Karls Tod.

III. **Maria Theresia. Neue Kämpfe und neues Leben. Samuel Brukenthal. 1740—1780** . . . . . . . . . 95—201

Maria Theresia. Huldigungslandtag in Hermannstadt. Beschwerden besonders auch in Religionsangelegenheiten. Österreichischer Erbfolgekrieg, die Rüstungen in Siebenbürgen, im Sachsenland.

VIII

Landtag von 1744. Charakter der Zeit. Komeswahl. Waldhütter von Adlershausen. Einschränkung der Beamtenwahl. Verfolgung der Protestanten. Begünstigung der Katholiken. Katholisches Waisenhaus in Hermannstadt. Religiöse Irrungen. Verbot ausländischer Universitäten. Pläne einer evangelischen Universität in Siebenbürgen. Bajtays Pläne. Angriffe auf die Sachsen. Protestantenverfolgung in Ungarn. Eingreifen Friedrichs des Großen. Burzenländer Zehntprozeß und weitere Zehntprozesse. Erklärung des Sachsenlandes für Krongut. Sächsische Schulden und Verwaltung. Seeberg. Seine Anordnungen und Mißwirtschaft. Die Gemeindeländer. Directorium oeconomicum. Prozeß um den Martinszins und weitere Ansprüche des Fiskus. Brukenthal Nationaldeputierter in Wien. Sein Leben und Aufsteigen. Brukenthal und Harteneck. Wahl zum Komes. Ernennung zum Provinzialkanzler. Errichtung der Militärgrenze. Brukenthal und die Hofkanzlei. Die Inskription des Fogarascher Dominiums. Erhebung Siebenbürgens zum Großfürstentum. Natio inclyta Saxonica. Brukenthal und die evangelische Universität in Siebenbürgen. Die Steuerfrage: das Bethlenische System, das Buccowische, Brukenthals Steuersystem; Einführung desselben. Kampf mit dem Thesaurariat um die Freiheit der Nation. Brukenthals Denkschrift 1774. Heydendorff über den Charakter der Zeit. Versuche die Nation unter den Fiskus zu bringen. Brukenthal und das Thesaurariat. Auersperg Gouverneur und Brukenthal. Maria Theresia und Brukenthal. Kaiser Josefs Reise nach Siebenbürgen 1773. Sein Bericht an Maria Theresia. Brukenthal Präses des Guberniums. Wandlungen im Lande. Brukenthal für die sächsische Freiheit. Die Konzivilität. Brukenthal und Kornis. Irrungen mit den Walachen. Die Armenier. Brukenthal und die Katholiken. Die katholische Kommission. Pensionierung Baußners. Die sächsischen Gemeinländer. Brukenthal als Gubernator. Charakteristik. Brukenthal für Gewerbe und Handel. Ein- und Ausfuhr. Die Kommerzkommission. Verfall des sächsischen Handels. Brukenthals Gesamteinfluß auf das Leben. Fortgesetzte katholische Propaganda, gegen die Walachen, gegen die Sachsen. Versuch einer Einigung der katholischen und evangelischen Kirche. Die Jesuiten. Zensur. Lage der evangelischen Kirche. Bischof G. J. Haner. Die neue Konsistorialverfassung. Innenarbeit in Kirche und Schule. Die Herrnhuter. Neue Agende und Gesangbücher. Makowsky. Das wissenschaftliche Leben, Felmer, Seyvert, Brukenthal. Neue deutsche Einwanderungen: die Durlacher und Hanauer, die Einwanderungen aus Österreich, Transmigrantenschicksale. Die Ansiedlung preußischer Kriegsgefangener. Die untertänigen sächsischen Gemeinden. Hörigkeitsverhältnisse. Verbesserungen. Schicksal der sächsischen untertänigen Gemeinden. Prozesse mit dem Adel. Tod Maria Theresias.

IV. Verfassung, Leben und Sitten im 18. Jahrhundert. 1700—1780 . . 202—266

Die Grundlagen der siebenbürgischen Verfassung. Der Landtag. Gubernium und Hofkanzlei. Finanzwesen. Das Militär. Sächsische

Offiziere. Die Grundlage der sächsischen Verfassung, die Stühle, der
Gemeinbesitz, Ackerbau, Weinbau, das Dorf. Die Zigeuner. Die
Lasten des Bauern. Militärdruck. Steigende Lebenskraft. Die säch-
sischen Städte: Hermannstadt, Kronstadt, Schäßburg, Mediasch,
Mühlbach, Broos, Bistritz, Stadtverfassung. Das Innerleben: Katho-
lisierungsversuche und Gegensätze in den Städten. Die Walachen.
Handwerk, die Zünfte, der Handel. Die Kaufleute — Dobosi —. Die
Einwohnerzahl im Sachsenland, die Zahl der Sachsen. Die Nationsuniversität. Das Leben im Hause, bei den hohen Beamten, Standes-
unterschiede. Die Beamten und das Volk. Religiöse Bedürfnisse.
Bildung, Lektüre, Erholungen, Theater, die Nachbarschaften, Gasthäuser, Hochzeit. Die Stellung der Frau. Jahrmarkt. Hexenprozesse.
Kleiderordnungen. Der Lehrer und Pfarrer. Die Dorfschule. Reform
der Gymnasien. Wissenschaft, Kunst, Nationalbewußtsein. Fidem
genusque servabo.

## Zweites Buch. 1780—1815.

V. **Josef II. Die Sachsen im Kampf um ihr Recht. 1780—1790** . . . 269—328

Josef II. Huldigungslandtag in Hermannstadt. Die kirchlichen
Reformen. Das Toleranzpatent. Eingriffe in das evangelische Leben
in Siebenbürgen und in die Schulangelegenheiten. Aufteilung der
Gemeindeländer. Komes Cloos v. Kronenthal. Die Konzivilität.
Die Fabel von Mauritius. Martinszins. Exekution. Andere Ver-
ordnungen. Brukenthal und Josef II. Josef II. in Siebenbürgen 1783.
Audienz. Die Hörigkeitsverhältnisse. Aufstand Hora und Kloska.
Erleichterung und Aufhebung der Hörigkeit. Aufhebung der Ver-
fassung und neue Landeseinteilung. Neue Verfassung. Rosenfeld und
Brukenthal. Aufhebung der sächsischen Nation. Die Sprachen-
verordnung. Neue Landeseinteilung. Die Steuerfrage. Dritte Reise
Josefs II. ins Land. Brukenthals Vorstellungen, seine Entlassung,
sein Leben nachher. Wachsender Widerstand im Lande. Die sächsische
Vorstellung, Gravaminalvorstellung des Adels. Erledigung der säch-
sischen Vorstellung. Zunehmender Sturm. Aufregung im Lande.
Türkenkrieg. Das Restitutionsedikt. Josefs Tod. Entstehung der
sächsischen Geschichtsschreibung. Volksschriften. A. L. Schlözer und
Eder. Historische Literatur, die erste deutsche Zeitung. Keßlers Gedichte.
Die Quartalschrift. Neue Hoffnungen.

VI. **Die Wiederherstellung der Verfassung. Die Klausenburger Landtage.
1790—1795** . . . . . . . . . . . . . . . . . . . . . . . 329 - 376

Leopold II. Wiederherstellung der Verfassung. Einholung des
Nationalarchivs. Komes M. v. Brukenthal. Die sächsische Nationsuniversität. Vorbereitung für den Landtag. Der Landtag. Eröffnung.
Die Führer des Adels, der Szekler, der Sachsen. Die Sachsen und
der Adel. Die k. Propositionen. Verhandlungen über: die Organisation
des Landtags, Abschaffung des Kuriatvotums, Geld- und Leibes-

strafen, Union Siebenbürgens mit Ungarn, die Sprachenfrage, Kampf gegen die Konzivilität. Die Walachenfrage. Die Untertänigkeit. Die konfessionelle Frage. Besetzung der Kardinalämter. Ergebnis des Landtags. Die ständische Deputation in Wien. Lage der Sachsen. Leopolds Tod. Huldigungslandtag in Klausenburg 1792. Die alten Fragen in neuer Verhandlung. Landtag von 1794—1795. Die Leistungen der sächsischen Nation. Die Schulden der Universität. Dachauer. Vertrag der sächsischen Kreise 1795.

VII. **Die Zeit der Regulationen. 1795—1815** . . . . . . . . . . . . 376—424

Die Ursachen der Regulation. Die persönlichen Triebfedern, Somlyai, Izdenczy, Cloos v. Kronenthal. Die Regulation von 1795. Die Verfolgung der Beamten. Die Regulation von 1797. Neue Mißhandlungen der Sachsen. Erklärung der Sachsen für Kronbauern. Die „tollgewordene Regierung". Königliche Kommissäre Benyowsky und Mikes. Brukenthals Amtsenthebung. Vorstellung Kronstadts. Verfolgung der Kirche. Gyürkys Sendung. Kronstadt über die Regulation. Die Regulativpunkte von 1805. Die neue Ordnung. Gegensatz der Regulation von 1805 im Vergleich zu 1795 und 1797. Die Durchführung der Regulation. Kleinliche Bestimmungen. Durchführung in Kronstadt. Die Folgen der Regulation. Die Regulation der Kirche. Entstehung der allerh. begnehmigten Vorschrift. Die oktroyierte Kirchenverfassung. Abhängigkeit der Kirche. Mißhandlung der 13 Dörfer. Die Franzosenkriege. Das sächsische Jägerbataillon. Der Landtag von 1810—1811. Der Staatsbankerott 1811. Tod Samuel v. Brukenthals und Michael v. Brukenthals.

VIII. **Wandlung des Lebens um 1800** . . . . . . . . . . . . . . 425—452

Charakteristik. Wandel des Urteils über Josef II., die Konzivilität. Toleranz und Humanität. Der Rationalismus in der Kirche. Neue Gesangbücher. Verbesserungen in der Schule. Die Aufklärung. Lesegesellschaften, Lektüre. Theater und Musik. Gelehrte Gesellschaften, Bibliotheken. Sorge für Gesundheit und Bequemlichkeit. Impfung. Wandlung in der Kleidung. Geldanlage. Blitzableiter. Umgestaltung des geselligen und gesellschaftlichen Lebens. Fasching. Erwachendes Verständnis für die Natur. Reisen. Interesse an der Naturwissenschaft und Philosophie. Sorge für die Armen. Rückgang in Gewerbe und Handel, Veränderungen im Gemütsleben der Zunft und Nachbarschaft. Das Dorf. Arbeiterlöhne. Urteil über den Bauernstand. Die Freimaurer. Gegensätze des Lebens. Stillstand auf allen Gebieten. Ursachen. Michael v. Brukenthals Urteil. Völlige Stille.

Namen= und Sachregister . . . . . . . . . . . . . . . . . . . 453—467

# Einleitung.

Die Geschichte der Siebenbürger Sachsen, die hier von 1700 bis zur Gegenwart erzählt werden soll, trägt durch alle Jahrhunderte den Charakter der Geschichte eines Kolonistenvolkes an sich. Anfangs als Kulturfaktor ersten Ranges freundlich und freudig aufgenommen, von den Königen mit wertvollen Rechten ausgestattet, die ihnen die Erfüllung ihrer Aufgaben ermöglichen sollten, war Kampf und harte Arbeit ihr Schicksal von Anfang an. Erst Lehrmeister der Volksstämme, die sie umgaben, wurden sie später als Eindringlinge angesehen, je weiter die Umgebung fortschreitet, um so kleiner wird ihr Einfluß und ihre Bedeutung und zuletzt sieht sich das Volk, das einst gerufen kam, um dem Land zu dienen, eben wegen jener Eigenschaften, um deren willen es gerufen worden ist und mit denen es sein Bestes zum besten des neuen Vaterlandes geleistet hat, bekämpft und vielfach verfolgt und grade was rühmend früher von ihm gesagt wurde, das wird ihm später zum Vorwurf gemacht. Der einstige Kulturträger wird zu einem unwillig anerkannten Kulturmoment auf dem, mit dem Blut und Schweiß vieler Generationen erkauften Boden, die alte politische Bedeutung schrumpft mit der wirtschaftlichen Stellung zusammen und neue Aufgaben und neue Ziele, die wesentlich auf kulturellem Gebiet liegen, stellen neue Forderungen an die Kraft, das Gemüt und die Entsagung der spätern Geschlechter.

Die Siebenbürger Sachsen — Teutonici ultrasilvani in den frühesten Urkunden — sind aus den Gegenden des Mittelrheins und der Mosel, von der Eifel, aus dem Winkel, den die Mosel mit ihren Nebenflüssen bezeichnet, bei Oberwesel und Linz auch auf das rechte Rheinufer übergreifend, ausgewandert; das heutige Luxemburg umfaßt einen großen Teil des Auswanderungsgebiets. Sie sind ihrer Abstammung nach mittelrheinische Franken, die in Dialekt und Hausbau, in Sitte und Brauch, in Feldwirtschaft und Rechtsanschauungen diese Abstammung auch heute noch bezeugen, allerdings in der Weise, in der Johann Wolff den Unterschied fein charakterisiert: „In Wuchs und Gestalt und in jeglicher

Art innerer und äußerer Lebensführung sind sie sich trotz der langen Trennung gar ähnlich geblieben, nur am Tonfall der Rede glaubt man zu erkennen, wie sich diesem das Leben ganz anders gestaltet hat als jenem. Der eine ist eben im befriedeten Heim bei seiner Sippe geblieben, der andre in die freundlose Fremde gezogen; der eine hat des Vaters Erbe unter Pflug und Sichel genommen, der andre sein Feldlos mit Feuerbrand und Schwert erobert; jener hat zuzeiten das Ungemach des Lebens erfahren, dieser jahraus jahrein die grimme Not zum Gefährten gehabt."

Die Auswanderung ist mit Recht mit der großen Auswanderung in Zusammenhang gebracht worden, die eine Besiedlung des slavischen Ostens im 12. Jahrhundert zur Folge hatte und über Schlesien und Nordungarn am Szamos herauf die deutschen Einwanderer zwischen 1141—1161 nach Siebenbürgen brachte. Hier gruppenweise angesiedelt, „gerufen von König Geisa II.", hingen diese Gruppen zuerst einzeln mit dem König durch ähnliche Rechte und Pflichten zusammen, bis 1224 der Andreanische Freibrief für die Hermannstädter Gruppe — im weitern Sinn — diese Rechte und Pflichten gemeinsam ordnete. Die Zusammenfassung zu einem politischen Gemeinwesen (Universitas), in dem die k. Gewalt der Hermannstädter Königsrichter (Komes) repräsentierte, den der König einsetzte, die Zahlung einer Steuer, die Stellung von Mannschaften für den Krieg legte den Grund zur „Nation" im politischen Sinn, zum dritten Landstand, der hier erwuchs. Sie hatten das Recht, sich die Beamten zu wählen, ebenso die Geistlichen, die den Zehnten — wenn auch nicht überall den ganzen — bezogen und standen, bedeutsam für die ganze spätere Entwicklung, unmittelbar unter dem König. Die Ansiedlung hatte von vorneherein die Doppelaufgabe, das Land urbar zu machen und es zu schützen. Darum schon in der ersten' Zeit die Erbauung der Burgen, die teils Königsburgen, teils Bauernburgen, später insgesamt dem Bauer und Bürger anvertraut waren. Der Mongolensturm (1241) brachte der jungen Pflanzung schwerste Gefahr, er hinderte mit seiner furchtbaren Zerstörung die weitere so verheißungsvoll begonnene Ausbreitung des deutschen Lebens, das durch die Besiedlung des Burzenlandes unter der Führung des deutschen Ritterordens (1211) ein neues Gebiet erworben hatte. Allerdings mußte der deutsche Orden, dem der König auch einen Teil der Walachei verliehen hatte, nach kurzem Aufenthalt im Lande (1211—1223) weichen, aber es blieben die deutschen Gemeinden und bildeten eine eigene Gesamtheit, das Burzenland, das zunächst auch unter einem eigenen Königsgrafen stand.

Das vierzehnte Jahrhundert, das Ungarn unter der Herrschaft der Anjouer mächtig aufblühen sah, brachte drei bedeutsame Tatsachen: das Zusammenwachsen der einzelnen sächsischen Gaue, die Entstehung der Städte und die steigende Entwicklung der Zünfte.

Für das Zusammenwachsen der sächsischen Gaue war die Kraft Hermannstadts, die andern sich anzugliedern, von besonderer Bedeutung. Auch die alte Hermannstädter Provinz war ja klein, aber sie zog sich doch von Broos bis an die Grenzen des Burzenlandes und geographisch grenzten auch die sogenannten II Stühle (Mediasch und Schelk) an sie, zum Teil von ihr umschlossen, so daß in ihr der Kern zur Angliederung für jene Gruppen vorhanden war, die noch kleiner waren als sie. Zuerst fand Mediasch den Anschluß, das unter Karl Robert in den Besitz des Hermannstädter Freitums oder doch seiner hauptsächlichen Rechte kam, zunächst aber unter dem Szeklergrafen blieb, doch wurde Hermannstadt Oberhof für Mediasch. Zugleich gewann in den dortigen Gruppen, nach langem Streit, zuletzt zwischen Birthälm und Mediasch, das letztere das Übergewicht und erhielt, nachdem es im 15. Jahrhundert sich stark befestigt hatte, Stadtrechte. Der Zusammenschluß mit den zwei andern Gruppen, dem Nösnerland und dem Burzenland, fand den ersten Ausdruck gleichfalls in der Rechtspflege, indem auch für sie Hermannstadt Oberhof wurde. Zu diesem erstarkenden deutschen Gemeinwesen gehörte auch das deutsche Klausenburg, das im Anschluß an das Kloster in der Klause von Stefan V. (1270—1272) durch Berufung deutscher (sächsischer) Ansiedler gegründet wurde, für das zunächst Bistritz, dann Hermannstadt Oberhof wurde.

Im Norden Siebenbürgens, vielleicht vorgehjanischen Ursprungs, hatte die Nösner Ansiedlung sich rasch entwickelt. Ursprünglich wie es scheint zum Unterhalt der Königinnen bestimmt, hatte die Kolonie von den Anjouern wertvolle Rechte erhalten, ähnlich den Rechten der Hermannstädter Provinz, besonders auch das Recht der Richterwahl. Und nun vollzog sich im Laufe des 15. Jahrhunderts die politische Einigung sämtlicher sächsischer Gaue: der Hermannstädter Provinz, der sogenannten VII Stühle, der II Stühle (Mediasch und Schelk), des Burzenlandes und Nösnerlandes, die ihren entscheidenden Ausdruck in der Bestätigung des Andreanischen Freibriefs für die Gesamtheit der Sachsen fand (6. Februar 1486). In dieser Einigung war Klausenburg nicht eingeschlossen, in dem die magyarische Zuwanderung größer wurde und das im folgenden Jahrhundert auch kirchlich eigene Wege ging. Außerhalb des „Königsbodens", wie das Sachsenland genannt wurde, weil es unmittelbar unter dem König stand, gab es noch eine nicht geringe Anzahl sächsischer Gemeinden — die Reener und Tekendorfer Gruppe, dann die deutschen Gemeinden, die in den kirchlichen Kapiteln: Zekesch, Bulkesch, Bogeschdorf, Laßeln, Schogen zusammengefaßt waren — die nicht zur „Universität" gehörten, die aber einer gewissen kirchlichen Selbständigkeit sich erfreuten, während sie sonst teilweise dem Komitats= recht unterstellt waren.

Diese politische Einigung war nur dadurch möglich geworden, daß König Mathias schon 1477 auf das Recht der Ernennung der Königsrichter in den Stühlen verzichtet hatte und dieses in die Hand des Volkes gelegt hatte. Das Recht den Hermannstädter Königsrichter zu wählen hatte der König schon 1464 Hermannstadt überlassen. Dieses „Sachsen= land", dieser „Königsboden" aber erscheint seit dem Anfang des 14. Jahr= hunderts in kleinere Gerichtsstühle und Verwaltungsbezirke eingeteilt — die Stühle, sedes — die die alten Einwanderungsgruppen nach Gesichtspunkten der Verwaltung in veränderter Gestalt zusammenschlossen, kleine Gebiete, aber den kleinen Verhältnissen jener Zeit entsprechend. Es waren die „VII Stühle" — auch „die Sieben=Richter" genannt — Hermannstadt, Broos, Mühlbach, Reußmarkt, Leschkirch, Schenk, Reps, Schäßburg, die II Stühle Mediasch und Schelk und die beiden Distrikte Kronstadt und Bistritz.

Die Verfassung beruhte auf der allgemeinen Rechtsgleichheit und Freiheit, die gegen ein aufstrebendes, aber aus dem Volk hinauswachsendes Edeltum (die Erbgrafen), von den Königen geschützt, vom Volk verteidigt wurde. Die Überlassung der Wahl der Richter an das Volk 1477 war zugleich das Ende der Erbrichter.

Die Grundzüge der Verfassung, die sich Jahrhunderte hindurch erhielt, waren die folgenden: auf eigenem freiem Grund und Boden, der erbenlos zurückgeblieben an die Gemeinde fiel, da die Gesamtheit Eigen= tümer war, saß der freie sächsische Mann und ordnete in der Gemeinde, im Stuhl und in der Universität die eigenen Angelegenheiten selbständig, wählte sich die Richter und Geistlichen, übte in der Ortsgemeinde, in der Stuhls= und Gauversammlung das Statutarrecht. Bürgermeister, Königsrichter und Stuhlrichter hießen die obersten Beamten. An Stelle der Gesamtheit, die anfangs in jenen Versammlungen zu erscheinen das Recht hatte, trat am Ende des 15. Jahrhunderts ein Ausschuß in der Gemeinde (Hundertmannschaft, Kommunität), im Stuhl und im Gau Vertreter, die bald in der Mehrzahl den jährlich wechselnden Beamten entnommen wurden.

Zugleich erhoben sich im Lauf des 14. und 15. Jahrhunderts inmitten der Stühle die Städte und Vororte, die naturgemäß auch politischen leitenden Einfluß auf die Dörfer erhielten. Zu Städten entwickelten sich die Orte Broos, Mühlbach, Hermannstadt, Mediasch, Schäßburg, Bistritz und Kronstadt, alle mit einander durch die geographische Lage, durch die Befestigungen, durch den steigenden Wohlstand des wachsenden Zunftwesens und Bürgertums in ihrer Stellung geschützt und durch jene Bedingungen über die Dörfer hervorgehoben. Es ist bezeichnend, daß inmitten der VII Stühle jene Orte sich zu Städten entwickelten, für die 1376 die erste Zunftordnung gegeben wurde. Auf Grund der zünftigen Arbeit entstand ein ausgebreiteter Handel, der zunächst das Inland mit den Erzeugnissen des Gewerbes versorgte, dann auch die Nachbargebiete Siebenbürgens, die Walachei und Moldau, Ungarn und Polen und Dalmatien auf befahrenen Straßen mit Erfolg besuchte. Zahlreiche königliche Privilegien schützten und förderten diesen Handel, dessen Emporien Hermannstadt, Bistritz und Kronstadt mit dem Stapelrecht ausgestattet waren. Der steigende Wohlstand ermöglichte die weitere Befestigung des Landes, besonders in seinen südlichen Teilen, als „Bollwerke der Christenheit" rühmte man die genannten Städte außerhalb des Reichs.

Der Besitz von Waffen und Geld, die Vorbedingungen des Einflusses im Staatsleben, hatte zur Folge, daß die Sachsen hier zum Landstand sich entwickelten, der bald auch auf die ungarischen Reichstage gerufen wurde.

Für die gesamte Entwicklung aber wurde das Vordringen der Türken verhängnisvoll. Die nach Europa übergreifende Osmanenmacht kam zum erstenmal schon 1366 in Serbien auch zum Zusammenstoß mit Ungarn, dessen weitblickender König Ludwig der Große die Gefahr erkannte und ihr einen Damm entgegenzustellen versuchte. Doch fielen die Türken 1391 zum erstenmal in Ungarn selbst ein, bei Nikopolis verlor 1396 Sigismund die große Schlacht und seit dem Beginn des 15. Jahrhunderts stand ihnen Siebenbürgen offen, dessen Burgen an den Grenzen und die wachsenden befestigten Städte sich selbst und die Bewohner schützen, aber dem Einfall doch nicht wehren konnten.

Und nun ist Siebenbürgen fast volle dreihundert Jahre den Türkeneinfällen preisgegeben, jahrzehntelang ein türkisches Paschalit gewesen. Für das sächsische Volk bedeutete das eine Zerstörung vieler Gemeinden, Niedergang der Volkszahl, Minderung des Wohlstandes, Rückgang auf allen Gebieten, vor allem in dem entsetzlichen 17. Jahrhundert, das zu den traurigsten der siebenbürgischen Geschichte gehört.

Das 16. Jahrhundert aber brachte nach drei Seiten hin bedeutende Fortentwicklungen. Zunächst eine politische langnachwirkende Tatsache, die Trennung Siebenbürgens von Ungarn und die Konstituierung eines eignen Staatswesens, darin die sächsische Nation der dritte politische Landstand — eine der drei ständischen Nationen — wurde. Die Trennung Siebenbürgens von Ungarn war durch mancherlei vorbereitet. Eine geographische Einheit, mit eignen politischen Gestaltungen, mit selbständigem Völkerleben, mußte das Land, wenn einmal Ungarn nicht imstande war, es zu schützen, sich auf eigne Füße stellen. Schon am Ende des 13. Jahrhunderts traten die Völker hier zu Landtagen zusammen, um Angelegenheiten, die alle betrafen, gemeinsam zu ordnen. Die Türkeneinfälle des 15. Jahrhunderts zwangen die drei Nationen zunächst Schutzverträge mit einander einzugehen und die gemeinsame Verteidigung des Landes zu ordnen (1437, 1459, vor allem 1463), Versuche, eine Art Schiedsgericht einzusetzen für Streitigkeiten, die die Angehörigen der verschiedenen Stände entzweiten, reihten sich daran (1507), so daß die Grundlagen der selbständigen politischen Organisation gegeben waren, als 1526 die Schlacht bei Mohatsch Ungarns Selbständigkeit brach und Zapolya die Hand nach der ungarischen Königskrone ausstreckte und im Verlauf des Kampfes gegen Ferdinand den Königstitel behielt und Siebenbürgen von Ungarn sich trennte. Wohl war das Land mehr oder weniger von der Türkei abhängig, aber um die innern Angelegenheiten kümmerten sich die Türken wenig und so entstand hier ein Staatswesen, das sich den eignen Fürsten wählte und in andrer Weise sich organisierte als Ungarn, von dessen Verhältnissen die siebenbürgischen wesentlich abwichen. Dort war ausschließlich der Adel die politische Nation, die misera contribuens plebs war rechtlos. Die Städte, die einen privilegierten Rechtsstand hatten, waren gering an Zahl, ein Teil der bedeutendsten, die 13 von den 24 Zipser Städten, war durch Sigismund an Polen verpfändet worden. Anders in Siebenbürgen. Hier bildeten von einander unabhängige politische Körperschaften der ungarische Adel, dessen Gebiet die Komitate umfaßte, wo der Adel ausschließlich im Besitz der politischen Rechte war, wo aber der Sachse von jeher adligen Besitz und damit politische Rechte erwerben konnte, sodann die Szekler, die in den Szeklerstühlen angesiedelt waren, und ursprünglich mit ähnlichen Rechten ausgestattet waren, wie die Sachsen, bis die Gemeinfreiheit von einem Adel, der aus der Klasse der Freien sich erhob, in ihrer Mitte unterdrückt wurde, endlich die Sachsen, die auf dem Sachsenboden (Königsboden) als freie gleichberechtigte Bürger wohnten. Jede dieser

Gemeinschaften war mit dem Recht der Eigengesetzgebung ausgestattet, besaß selbständige Vertretungskörper — die Adels- und die Szeklerkongregation und die sächsische Nationsuniversität — in Landesangelegenheiten standen sie gleichberechtigt neben einander und waren auf den siebenbürgischen Landtagen in der Lage, die Landesangelegenheiten gemeinsam zu ordnen. Im neuen Staatswesen sorgten sie ängstlich, daß diese Gleichberechtigung gewahrt werde und überall zum Ausdruck komme. Als Bundesverhältnis faßten sie es auf und setzten gemeinsam fest, daß der Rat des Fürsten — aus dem das spätere Gubernium hervorging — aus gleich vielen Mitgliedern jeder der drei ständischen Nationen zu bestehen habe und daß zur Gültigkeit eines Landtagsbeschlusses die Zustimmung aller drei Völker (Stände) notwendig sei, was selbst nach Aufhebung des Kuriatvotums 1791 in gewissen Grenzen bis 1848 gedauert hat. Es gab im 17. Jahrhundert eine Zeit, wo die wenig begehrte Fürstenmacht so schwach war, daß die Stände die fürstliche Bestätigung ihrer Beschlüsse nicht für nötig hielten. In dem von Ungarn getrennten Siebenbürgen entwickelte sich ein eigenes Landes- und Vaterlandsbewußtsein, in ihm ein eigener Stolz des sächsischen Volkes auf seine Stellung im Lande.

Und diese war: das sächsische Volk war der dritte Landstand, die bürgerliche mit dem Adel gleichberechtigte ständische Nation, die deutsche neben den beiden magyarischen, die ein Bewußtsein dafür hatte, was sie dem Lande war. Sie allein hatte die befestigten Städte und Burgen, ihr Aufgebot war zuerst mit den Feuerwaffen ausgezogen, sie in erster Reihe versorgten das Land mit den Erzeugnissen des Gewerbes, sie hatten in jedem Orte Schulen, in ihrer Mitte herrschte Wohlstand und Bildung, sie zahlten die größten Steuern. Vor der Trennung von Ungarn waren sie schon als Landstand von den Königen auf die ungarischen Reichstage gerufen worden.

Und nun kam ein weiteres dazu. Die Zeit der schweren Türkenkriege und des Thronkampfs zwischen Zapolya und Ferdinand erleichterte hier die Durchführung der Reformation. Der alte geistige Zusammenhang, der zwischen Ungarn wie Siebenbürgen und Deutschland bestand, trug dazu bei, daß verhältnismäßig frühe die ersten Boten der Reformation hieher kamen, die Durchführung selbst nahm längere Zeit in Anspruch. Das Ergebnis aber war, daß die Landtage 1554—1573 den Grundsatz aufstellten, daß im Lande die vier „rezipierten" Religionen d. i. die evangelisch-reformierte, die evangelische Augsburgischen Bekenntnisses, die römisch-katholische und die unitarische gleichberechtigt sein sollten und sie sicherten zugleich jeder Konfession Autonomie zu.

Für die Sachsen hatte das, da sie alle evangelisch geworden waren, eine doppelte Bedeutung, die große innere Stärkung, die mit dem Übertritt zum Protestantismus verbunden gewesen ist, und einen neuen nationalen Zusammenschluß auf dem Gebiet des kirchlichen Lebens.

Die innere Stärkung zeigte sich im Verlauf des 16. Jahrhunderts, da alle Lebensgebiete mit der bewußten Absicht solcher Stärkung einer Revision unterzogen wurden, alle Lebensformen, die Zünfte, die Nachbarschaften, das Leben in Haus und Gemeinde, in dem Beratungssaal und in der Werkstatt auf den Boden einer neuen Sittlichkeit gestellt wurden. Eine nie versiegende Quelle der innern Stärkung aber war der neue Zusammenschluß zur „evangelischen Kirche".

Ursprünglich waren auch die kirchlichen Verhältnisse der einzelnen deutschen Ansiedlungen ähnlich verschieden wie die politischen. Der Andreanische Freibrief, der 1224 die erste politische Zusammenfassung der Hermannstädter Provinz herbeiführte, enthielt für die kirchliche Organisierung dieser Gemeinden die Grundsätze, daß diese Gemeinden sich die Pfarrer selbst wählten, ihnen den Zehnten geben, in kirchlichen Fragen ihnen unterstehen sollten. Von Anfang an ist das Bestreben vorhanden gewesen, die kirchliche Selbständigkeit für diese Ansiedlungen zu gewinnen. Die Gründung der Hermannstädter Probstei schon am Ende des 12. Jahrhunderts war der erste Versuch, doch blieb sie, beim Widerspruch des Siebenbürger Bischofs von Weißenburg (Karlsburg), auf die ältern Ansiedlungen, die Kapitel Hermannstadt, Leschkirch, Schenk beschränkt. Am gleichen Widerspruch scheiterte der Versuch, für die sächsischen Ansiedlungen ein eigenes Bistum zu errichten. So entwickelte sich ein ziemlich buntzweckiges Bild, das aber doch wieder bedeutsame gemeinsame Züge zeigte.

Sämtliche sächsische Kirchen waren in Kapiteln, Dekanaten zusammengeschlossen, an deren Spitze der von den Pfarrern gewählte Dechant stand. Diesen Kapiteln stand das Recht der geistlichen Gerichtsbarkeit zu und die Kapitelsversammlungen ordneten das kirchliche Leben und überwachten das Leben der Angehörigen. Die von der Gemeinde gewählten Geistlichen bezogen den Zehnten, doch nicht überall den ganzen Zehnten, Unterschiede, die sicher in die Zeiten der Ansiedlung zurückgingen und ihren Grund in der Art der Ansiedlung hatten. Es ist nicht zu übersehen, daß in dem alten Auswanderungsgebiet in den Rheingegenden, in den Diözesen Köln, Trier und Mainz die einzelnen Kirchenbezirke sich mit den politischen Bezirken deckten und dort die Kapitularverbrüderung unter dem Landdekan grade so wie hier sich findet. Das Bestreben der nationalen und kirchlichen Selbständigkeit entwickelte sich parallel miteinander. Die Rechts=

stellung der Kapitel selbst aber war eine verschiedene, indem die Hermann=
städter Probstei und das Burzenländer Kapitel unter dem Erzbischof von
Gran standen, während die andern alle der Jurisdiktion des Sieben=
bürgischen (Weißenburger) Bischofs unterstanden. Beide, Bischof und
Erzbischof, versuchten den Kapiteln gegenüber ihre Macht und ihren
Einfluß zu vergrößern, besonders der Siebenbürger Bischof auch den
Zehntbezug ganz oder teilweise an sich zu bringen, doch wehrten sich die
Kapitel tapfer dagegen.

Der gleiche Einigungsdrang, der die Stühle zum politischen Zu=
sammenschluß führte, war auch in den Kapiteln vorhanden und wie dort
die Notwendigkeit der Verteidigung gegen Angriffe politischer Gewalten
die Einigung förderte, so hier der Drang sich gegen kirchliche Angriffe zur
Wehr zu setzen und zugleich gegen Forderungen der Staatsmacht. In
den großen Kämpfen der siebenbürgischen Diözese gegen den Bischof
ergab sich von selbst der Zusammenschluß dieser sächsischen Kapitel zu
einer Einheit, die sich einen Vertreter nahmen und die grade durch solchen
Kampf um ihr Recht näher zusammen wuchsen. Aber auch die Forderungen
des Staats zwangen schon 1420 zu gemeinsamen Vorgehen. In jenem
Jahr versammelten sich auf dem Mediascher Pfarrhof der Dechant und
viele Pfarrer aus den „gesamten Dekanaten der exemten Ecclesien Sieben=
bürgens", um über Abgaben zu beraten, die der König von ihnen forderte
und dabei beriefen sie sich wie schon früher auf „die Universität des
Klerus der exemten Kirchen", und auf einen Beschluß der congregatio
universalis, daß kein Pfarrer sich Abgaben entziehen dürfe, die auf die
gesamte Kirche aufgelegt würden. Die geographische Lage Mediaschs hat
wohl am meisten dazu beigetragen, daß sein Kapitelsdechant als der
ständige Vertreter der gemeinsamen Interessen angesehen wurde und als
„Generaldechant" die Leitung gemeinsamer Angelegenheiten in die Hand
bekam (1502), was um so leichter ging, als 1424 die Hermannstädter
Probstei aufgehoben wurde, doch blieb die Unterstellung der drei Probstei=
kapitel unter Gran, ebenso die des Burzenlandes. Die Wirren, die auf
die Schlacht bei Mohatsch folgten, zwangen zu weiterm Zusammenschluß.

In diese Zeit fiel die Reformation. Sie fand die Organisationen
auf kirchlichem Gebiet, die einfach hinüber genommen wurden. Wenn
auch die erste „Synode", die 1545 in Mediasch tagte, nicht als
evangelische bezeichnet werden darf, das Bewußtsein der Einheit ließ
die Versammelten „als Glieder einer Religion und eines Körpers" sich
erklären und das Organ der obersten kirchlichen Vertretung der neuen
Kirche war gegeben!

XX

Die Reformation war wesentlich vom Bürgertum ausgegangen und von den Beamten, die Geistlichen darunter besonders im Hermannstädter Kapitel folgten nur zögernd. So war es nicht überraschend und bei dem Einfluß, den die bürgerliche Gemeinde auf kirchliche Angelegenheiten besaß natürlich, daß die politische Vertretung die Durchführung der Reformation in die Hand nahm, als Vertreter des eignen „Landstandes" mit vollstem Recht. Die Universität beschloß 1544, es solle „das Wort Gottes überall angenommen werden", und nachdem auf ihren Beschluß hin Honterus 1547 das Reformationsbüchlein deutsch herausgegeben hatte, sprach sie als Gesetz 1550 aus, daß die Kirchen hiernach zu reformieren seien und die Pfarrer darnach sich zu halten hätten. Die neue Kirche, die nun nicht nur die Gemeinden des Sachsenlandes umfaßte, sondern auch die halb und ganz unfreien sächsischen Gemeinden auf Komitatsboden, die alle evangelisch geworden waren, setzte sich 1553 im Hermannstädter Stadtpfarrer Paul Wiener den ersten Superintendenten (Bischof), den Abschluß der Organisation als Kirche.

In ihr selbst aber lief neben einander ein Dualismus der Rechte des geistlichen und weltlichen Standes. Es blieb den Gemeinden das alte Recht der Pfarrerswahl, die Pflicht der Zehntabgabe an die Pfarrer, die weltliche „Universität" wachte über die äußere Ordnung und die Rechte der Kirche, während Geistlichkeit, Kapitel und Synode — die letztere als „geistliche Universität" — die Sorge für die Lehre und die Aufsicht über das innere Leben übernahm, ohne daß die Gebiete streng abgegrenzt werden konnten. In wichtigsten Fragen, die beide Stände betrafen, traten „die geistliche und weltliche Universität" zu gemeinsamer Beratung und Beschlußfassung zusammen. Am 3. Mai 1572 nahm die Synode offiziell die Augsburgische Konfession an und der Fürst Stefan Bathori bestätigte ihre ausschließliche Gültigkeit für die „in Christo geeinigte Kirche des ganzen sächsischen Volkes".

Schon in der Benennung zeigte sich bedeutsam der nationale Einschlag, der hier nicht nur die evangelische Kirche, sondern auch die andern kennzeichnete, ein Charakterzug, der ihnen geblieben ist.

Die gesamte konzentrierte Kraft des neuen Lebens trat in dem neuen Gesetzbuch zutage, das die Universität für das Sachsenland gab und das 1583 vom Fürsten Stefan Bathori bestätigt wurde. Altdeutsches und Römisches Recht vereinigend hat dieses „Eigen=Landrecht der Sachsen in Siebenbürgen" oder die „Statuta", das auch das bisherige Gewohnheitsrecht aufnahm, das ganze Leben des Volks vom Standpunkt des Rechts in feste Formen gefaßt, die schon als Herkommen vielfach sich erprobt hatten und einen neuen Schutzwall um das Volk gezogen, dessen Art und Wesen zugleich in ihm zum Ausdruck kam. Es war dieselbe Zeit, in der der Sachsengraf Albert Huet vor Fürst und Land die Rechte seines bürgerlichen Volkes gegen den Hochmut und die Übergriffe des Adels energisch verteidigte und in stolzem Selbstbewußtsein auf dessen Bedeutung für das Vaterland hinwies.

Das Ergebnis der vierhundertjährigen Entwicklung im Lande war: die kleine Kolonie war ein politisch gleichberechtigter Landstand geworden, dem im Laufe der Zeit drei große Aufgaben zugefallen waren: als deutscher Landstand hier seine nationale Entwicklung zum Nutzen des Landes zu verteidigen, als bürgerliches Volk in Stadt und Land der Arbeit zu leben und als evangelisches Volk die geistigen Güter zu hüten, die die Reformation ihm gebracht hatte.

Der nationale Gedanke hatte in den vergangenen Jahrhunderten an der politischen Parteinahme vielfach Anteil. Wohl ist die Entscheidung in dem Thronkampf zwischen Ferdinand und Zapolya nicht so leicht und allgemein für Ferdinand gefallen, als bisher angenommen wurde, aber daß sie zuletzt für Ferdinand fiel, das hatte seinen Grund auch in der Tatsache, daß Ferdinand den Zusammenhang mit der deutschen Kultur zu verbürgen schien und Ungarn als zum Machtbereich dieser Kultur gehörig angesehen wurde. Das Haus Habsburg, im Besitz der römisch= deutschen Kaiserkrone, nützte diese Stimmung aus. Als im Jahr 1600 Rudolf Herr des Landes wurde, schrieb er an die Sachsen: „Sobald wir erfahren haben, daß Siebenbürgen wieder unter unsre Botmäßigkeit zurückgeführt sei, haben wir für unsre erste Pflicht gehalten, vor allem zu Euch ein Wort der Ermutigung zu sprechen, die ihr nach Herkunft und Sprache und was mehr ist als alles, nach angestammter Reinheit der Gesinnung Deutsche, d. i. unsres Blutes seid." Das konnte um so weniger auffallen, als im 17. Jahrhundert der nationale Gedanke bei allen drei Nationen in Siebenbürgen sich zu einem Faktor auch des politischen Lebens ausbildete. Die Gegensätze der Mitstände gegen die Sachsen auf den Landtagen spiegelten mehr als einmal diese Verschiedenheit wieder. Während die beiden ungarischen Nationen sich etwas darauf zu gut taten, daß der Fürst ihres Blutes sei und der reiche Adel sich ihm gleich dünkte, beide stolz auf ihre Abstammung, wie jedes Volk, das zum Selbstbewußtsein gelangt, und damit die eigne Ehre stützte, waren die Sachsen auf ihr Deutschtum und ihre Abstammung nicht weniger stolz. Im schweren Kampf gegen den Fürsten Gabriel Bathori wandten sie

XXII

sich an den deutschen Kaiser und die deutschen Fürsten, „Hülf und
Beistand bei denen zu suchen, die uns mit Sitten, Gebräuchen, Gottes=
furcht, Freundschaft, ja Blutfreundschaft gar nahe zugetan sind" und
gaben der Hoffnung Ausdruck, jene würden nicht zulassen, „daß gleichsam
ihre Nation selbsten" hier zugrunde gerichtet werde. Und als im Zusammen=
hang mit den Ereignissen jener Jahre 1613 die sächsischen Stühle sich
vereinigten, um Hermannstadt der Nation wieder zu gewinnen, das der
Fürst besetzt hielt, da legten sie das Gelöbnis gegenseitiger Treue ab
„bei unserm ehrlichen sächsischen Namen"! Der Kampf um den natio=
nalen Bestand fand im 17. Jahrhundert vor allem seinen Ausdruck in
dem Kampf für das eigene Recht, das immer wieder angegriffen, immer
wieder verteidigt wurde und vor allem in der Abwehr der Konzivilität,
die von den Ständen beschlossen, doch nicht durchgeführt werden konnte.

Einen Höhepunkt in diesem Kampf bezeichnete die Stellung, die
die Sachsen am Ende des 17. Jahrhunderts in der Frage nach der
Erwerbung Siebenbürgens durch das Haus Habsburg, des Heimfalls
an Ungarn einnahmen. Sie hofften, daß das Herrscherhaus, das die
deutsche Kaiserkrone trug, wenn es den Fürstenhut Siebenbürgens erlangt
hätte, „nicht zugeben werde, daß der sächsische Stand dem Untergang
entgegengebracht und das deutsche Gedächtnis in Siebenbürgen vollends
ausgetilgt werde." Als Deutsche erschienen die Sachsen der Berück=
sichtigung würdig. Der nationale Gedanke fand im treuesten Anhänger
der neuen Politik, in Leopolds eifrigstem Diener, in Sachs v. Harteneck
seine hervorragende Verkörperung am Ende des Jahrhunderts und da
er vom Kaiser die goldene Gnadenkette erhalten hatte, erklärten sie es,
er habe dem Kaiser „die deutsche Treue gehalten"!

Es gehört zu den tragischen Zügen in dem Bild der Entwicklung
unsres Volkes, daß es sich von dem Deutschtum der leitenden Wiener
Kreise, von denen es in entscheidenden Augenblicken Hülfe und Unter=
stützung hoffte, ein Idealbild zurecht gelegt hatte, das mit der Wirk=
lichkeit niemals übereinstimmte. Denn das, was dort als Deutschtum
angesehen wurde, war nicht einmal ein dünner Abguß des geistig-sittlichen
Reichtums, der in der deutschen Volksseele lag und nach Gestaltung rang,
stieß doch ihre bedeutendste und tiefste Äußerung, der Protestantismus,
auf völliges Unverständnis und arge Feindschaft. Und darin lag das
Tragische, daß sie im Jammer jener Tage nach dieser Hülfe greifen mußten,
da es die einzige schien, die überhaupt Rettung zu bringen verhieß.

Der Gegensatz des Adels gegen das sächsische Volk war aber nicht
bloß ein nationaler, sondern mehr noch ein sozialer. Aus dem Stolz

des Bürgertums heraus hatte 1591 A. Huet auf dem Landtag in Weißenburg auf die Schmähworte „Schuster, Kürschner und Schneider" die treffende Antwort gegeben, daß es ehrenvoller und besser sei so zu heißen als „Räuber, Diebe und Mörder". Aber der Gegensatz zu diesem bürgerlichen Volk steckte dem Adel zu sehr im Blut und die Verachtung des Handwerks und der Arbeit war zugleich eine seiner nationalen Eigenschaften.

Grade diese Arbeit war im 17. Jahrhundert schwerer geworden. Den Absatz des Handwerks sowohl nach Ungarn als in die nördlichen und südlichen Nachbargebiete hinderten die Kriege und die Türken und es wurde zugleich, eine Entwicklung, die die Zünfte überall durchmachten, ihre Organisation kleinlicher und engherziger. Sie kämpften mit einander um Vorrechte und Privilegien und der alte große Zug in ihnen schwand dahin. Zugleich entwickelte sich in den sächsischen Städten ein neuer Gegensatz zwischen einem Patriziertum und dem gemeinen Bürger, der wieder zersetzend in die Verhältnisse eingriff, hie und da zu schwerem Kampf führte und schädigend auf die Entwicklung einwirkte. Dazu kam schädigend ein neuer Gegensatz zwischen Stadt und Land, so daß die innern Gegensätze gerade zu einer Zeit sich mehrten, wo die Kraft des Volkes im Schwinden begriffen war, eine häufige Erscheinung in der Geschichte. So gewährt das 17. Jahrhundert den Anblick des Niedergangs. Besonders beim sächsischen Volk, dessen Gebiet das wohlhabende und bestgepflegte war, dessen Orte die beste Unterkunft boten, das darum am meisten von den Feinden litt, die im 17. Jahrhundert hier als die Herren hausten, ging nicht nur der Wohlstand, sondern auch die Bevölkerungszahl unglaublich rückwärts. Wer die Zahlen der von den Seuchen Getöteten, von den Feinden in die Gefangenschaft Geführten, in den Kämpfen Gefallenen, im Elend Verkommenen zusammenstellt, der muß darüber staunen, daß auch nur so viele übrig blieben. Immerhin verloren ganze Gemeinden ihre Bewohner. — Romänen rückten an deren Stelle — ganze Landstriche lagen öde und die Bevölkerung schmolz erschreckend zusammen.

Um so bedeutsamer war, daß auch in jenem Jahrhundert das sächsische Volk nach zwei Richtungen sich den Besitzstand zu erhalten wußte, seine politischen und kirchlichen Rechte.

Um die politischen Rechte wurde im Grunde Tag für Tag gekämpft. Jede Fürstenwahl, jede Landtagssitzung, jedes wichtige Ereignis gab Anlaß dazu. Aber ein Hauptanlaß lag in der Zusammenstellung der Landtagsbeschlüsse, die als dauerndes Gesetz — soweit sie eben nicht nur augenblickliche Bedeutung gehabt, — kodifiziert werden sollten. Es geschah auf dem Landtag in Weißenburg im Jahr 1653. Alles was im Laufe von anderthalb Jahrhunderten die Gemüter erregt und den Sachsen Gefahr gebracht hatte, kam damit auf einmal auf die Tagesordnung. Die Hauptfragen waren folgende.

Der Adel verlangte auf Sachsenboden Vorspann und Bewirtung, wenn er diese Teile des Vaterlandes berührte; eine sonderbare Überhebung, die mit drückenden Erpressungen verbunden war und die früheren Landtagsartikel abgestellt hatten, der Adel verlangte das „Recht" aufs neue! Für die übrigen Teile des Landes war beschlossen worden, jene Forderung solle erfüllt werden, wenn die Reisenden eine fürstliche Vollmacht vorwiesen, für das Sachsenland verlangten sie die unentgeltliche Leistung unter allen Umständen, während der Fürst und der dem Landtag vorgelegte Antrag die eben beschlossene Bestimmung auf das Sachsenland ausdehnen wollten. Das Charakteristische war die Begründung für die freie uneingeschränkte Bewirtung: Die sächsischen Bauern — die altfreien — seien auch nicht besser als die Jobbagyen und nach Verböczy — der im Sachsenland nie gegolten — dürfe kein Bauer gegen einen Edelmann zeugen! Sie wären nur Gäste im Lande und müßten sich fügen! Dem gegenüber die Sachsen: die Bewohner des Königsbodens seien freie Leute, von den Jobbagyen ganz verschieden. Mit Zwang ließen sie sich nicht schrecken, zum Aufgebot des Landes stellten sie auch ihre Leute. Sie seien einst Gäste gewesen, aber gerufen auf Freiheit, nicht auf Sklaverei. Sie seien die dritte ständische Nation und getreue Landessöhne, hätten auch nie jenes geforderte Vorrecht als Recht angesehen.

Es wurde ausgesprochen, nur wer des Fürsten Vollmacht aufweise, habe Recht auf Vorspann und freie Bewirtung auch im Sachsenland.

Die zweite Forderung der Stände war, es solle ihnen erlaubt werden, in den sächsischen Städten Häuser zu kaufen und die Vorladung der Sachsen vor die fürstliche Gerichtstafel gestattet sein.

Die Forderung enthielt mehr, viel mehr, als der oberflächliche Blick erkennen läßt, es war ein Angriff „auf die lebendigen Atemzüge des nationalen Daseins". Denn dieses nationale Dasein stand und fiel in jener Zeit mit dem Recht, das sie gegen diese Forderung verteidigten. Es handelte sich nicht bloß um das Recht des Adels, in sächsischen Städten Besitz zu erwerben, sondern darum, diesen Besitz nach Adelsrecht zu gebrauchen, d. h. keine Steuer davon zu zahlen, lastenfrei zu leben, den sächsischen Gerichtsstand nicht anzuerkennen, wodurch die sächsische

Verfassung einfach zerstört worden wäre. Es ist ein Kampf auf Tod und Leben gewesen, um so anerkennenswerter, als es ein Aufraffen in bedrängter Zeit war, ein Besinnen auf die Lebensbedingungen. Wurde dem Ansinnen des Adels nachgegeben, so blieb kein Stein des sächsischen Rechts auf dem andern, alles wurde über den Haufen geworfen. Die von den Ständen oft bekämpfte, immer bespottete sächsische Exklusivität hatte nicht, wie diese meinten, den engherzigen Hintergrund selbstsüchtiger Menschen, sondern war der Ausdruck einer politischen Klugheit, die alle Engherzigkeit verliert, wo sie ein Volk in seinem Recht und in seiner Reinheit zu schützen geeignet ist. Der Kampf war in diesem Fall um so schwieriger, als auch der Fürst mit den beiden Mitständen sich gegen die Sachsen verband. Es gelang den Sachsen nicht, die beiden Stände von ihrem Vorhaben abzubringen, die beschlossen, es solle dem Adel erlaubt sein, in den sächsischen Städten Häuser zu kaufen, doch wurde auch für diesen Fall der Grundsatz aufrecht erhalten, daß sie dem sächsischen Recht unterworfen seien, wodurch die eigentliche Gefahr beiseite geschoben und dem Adel alle Sehnsucht nach sächsischem Besitz genommen wurde. Aber auch in dieser Form erschien der Artikel den Sachsen unannehmbar, sie legten Verwahrung dagegen ein, und wie er rechtlich ungültig war, da die Zustimmung der dritten Nation fehlte, so hat er tatsächlich keine Folgen gehabt, bis er 1692 in der „Accorda" für gesetzlich nicht bestehend erklärt wurde.

Das Verlangen, die Sachsen vor die fürstliche Tafel rufen zu dürfen, hing mit der berührten Forderung des Häuserkaufs zusammen, doch ging sie noch weiter. Die Absicht war, in allen Fällen, in denen ein Adliger mit einem Sachsen Prozeß hatte, den Sachsen dem sächsischen Gericht zu entziehen. In der Gerichtsstandschaft, im eignen Gericht sahen die Sachsen nicht mit Unrecht eine Hauptsäule ihres Rechts. Denn dieses hieß: Aburteilung durch Volksgenossen, Untersuchung und Urteil nach dem eignen bekannten Volksrecht, Gebrauch der eigenen Sprache dabei, jede einzelne Tatsache auch eine nationale Schutzwehr. Es ist bezeichnend, in welcher Weise die Nationsuniversität den bösen Angriffen auf das Munizipalrecht von Seite der Stände vorzubeugen versuchte. Sie beschloß: der vor die fürstliche Tafel vorgeladene Sachse solle der Vorladung nicht folgen; werde er trotzdem verurteilt, so solle kein sächsischer Magistrat das Urteil durchführen, da es von einem inkompetenten Gerichtshof erflossen sei. Fremde durften und konnten es selbstverständlich nicht durchführen. Den sächsischen Beamten solle in solchen Fällen von allen Seiten gegen fürstliche Befehle Schutz und Beistand geleistet werden.

Es war die Organisierung eines passiven Widerstandes, der zu ganz bedeutenden positiven Taten führte, wenn er sich als nötig erwies. Der schwere Ernst hatte guten Grund. „Der besondere Gerichtsstand und das geschlossene Territorium waren die beiden Bollwerke der sächsischen Verfassung, von denen gedeckt das wirtschaftliche und Kulturleben der Nation sich barg und gedieh, die reellen Voraussetzungen und Bürgschaften, ohne die damals nirgend, am wenigsten in Siebenbürgen, ein freies aufstrebendes Volkswesen bestehen konnte." Es gelang den Sachsen, den freien Gerichtsstand zu retten und nur in den bekannten fünf Fällen (feindlicher Einfall in ein adliges Wohnhaus, Ermordung, Prügeln und Gefangennahme eines Adligen, Falschmünzerei) sollte der Sachse vor die k. Tafel gezogen werden dürfen, was ebenfalls 1692 in der Art abgeändert wurde, daß nur eine Kommunität des Sachsenlandes in den bezeichneten Fällen vor die k. Tafel zitiert werden konnte.

Diese Kämpfe um das Recht auf den Landtagen unter Rakotzi sind in doppelter Beziehung bedeutungsvoll. Es war das letzte Aufflammen alter Kraft und starken Selbstbewußtseins; der Jammer der folgenden Jahre brach auch die letzte Kraft. Dann aber spiegelten jene Kämpfe die ganze Vergangenheit und — kommende Zeiten teilweise wieder, bezeichneten aber nach einer andern Richtung zugleich den Abschluß einer versinkenden Periode.

Sie spiegelten die Vergangenheit wieder. Zuerst in bezug auf die Frage, um die sich der Kampf drehte: es war die alte Frage der Gleichberechtigung der Sachsen mit den beiden andern Ständen, die auch später immer wieder auf die Tagesordnung kam, aber bis 1691 wesentlich in die Form der Konzivilität und des selbständigen Territoriums mit dem eignen Gerichtsstand gefaßt wurde. Die Anschauung des Adels ging von der historisch und rechtlich unhaltbaren Annahme aus, die Sachsen seien Kronbauern, Hörige der Krone, wie der Jobbagy des Komitats Höriger des Adels. Von der Freiheit des Sachsen, die der Adelsfreiheit wesentlich gleich stand, hatte er keine Ahnung und kein Verständnis dafür. Die Anschauung hat nachgewirkt bis ins 19. Jahrhundert hinein, dessen Kampf teilweise die Fortsetzung der alten Kämpfe war. Die Methode der Verteidigung bestand in der Berufung auf Privileg und Gesetz. In diesen Kämpfen entwickelte sich die sächsische Anschauung über den Andreanischen Freibrief zu neuer Kraft, dessen Unklarheiten und Allgemeinheiten man zur selben Zeit zu empfinden begann, daß er nicht aus Gnaden des Königs erflossen sei, sondern daß er den ursprünglichen Vertrag der Krone mit den von ihr gerufenen

Ansiedlern in sich schließe. Aber um so bedeutsamer war die Berufung auf ihn.

Eine zweite Methode war, daß sich die Sachsen, wenn die Mitstände gar zu grimmig und rücksichtslos die eigene Meinung, besser noch den eigenen Vorteil an die Stelle des Gesetzes setzen wollten, an den Fürsten um Schutz wandten, dem sie nach altem Recht unmittelbar unterstellt waren, wie ihre stets geübte Pflicht gewesen: ad retinendam coronam! Man sollte meinen, das sei natürlich, denn darum ist der Fürst da. Und doch barg diese Methode, die noch dazu selten Erfolg hatte, einen bittern Kern in sich, indem sie die steigende Erbitterung der Stände wachrief. Im 18. Jahrhundert zur Virtuosität ausgebildet, ein Mittel des Wiener Hofs, zugleich Mißtrauen zu säen, hat sie zuletzt, da der Hof oft im entscheidenden Augenblick zaghaft zurückwich, den Sachsen häufig geschadet, abgesehen vom Schutz, den Maria Theresia vielfach gewährte.

Aber bei all diesen Kämpfen für das eigne Recht konnte der dritte Landstand sich darauf berufen, daß er zugleich die Verfassung des „Reiches Siebenbürgen" verteidige. Denn diese beruhte auf der Gleichberechtigung der drei Stände und der vier Konfessionen und jede Schädigung der Sachsen in dieser Stellung schädigte das Reich und seine Verfassung. Das bekannte Bild vom dreibeinigen Schusterstuhl, mit dem Siebenbürgen sich verglich, haue man einen ab, so falle das Ganze um, traf den Kern der Sache. Mochte es diese oder jene Nation, dieser oder jener der drei Landstände sein, der vernichtet wurde — auch wenns die Sachsen waren — so konnte das Ganze nicht weiter bestehen.

In diese Kämpfe höchst politischen Inhalts spielte auch ein so zu sagen persönliches Moment hinein, das von alters her vorhanden auch später nachwirkte, die Empfindung, daß die ganze Wesensart des Adels und des bürgerlich-sächsischen Volkes so durchaus verschieden sei, daß ein friedliches Miteinanderleben am leichtesten dann zu erreichen sei, wenn sie beide unvermischt möglichst selbständig nebeneinander und nicht durcheinander lebten. Das alte Wort (1271), „weil sie einfache Menschen sind und im Recht der Adligen unbewandert, mit Ackerbau und Arbeit beschäftigt, sollen sie eigene Rechte und Gesetze genießen," das einst von den Zipser Sachsen gesagt worden war, klingt durch alle Jahrhunderte auch hier wieder. Sie können sich die Verwirrung nicht groß genug vorstellen, die entstehen wird, wenn die Nationen hier durcheinander geworfen werden sollten.

Was in den spätern Kämpfen so in den Vordergrund trat, daß es diesen den Charakter aufdrückte, die Sprachenfrage, das klang im

17. Jahrhundert nur leise durch. Bei dem Verlangen des Adels, die Sachsen vor die k. Tafel ziehen zu dürfen, gab er einmal auch die Sprache als Ursache an, ein andermal verlangte er, es solle seinen Vertretern vor sächsischem Gericht gestattet werden, magyarisch zu reden, — doch wurde das letztere mit Berufung auf das sächsische Gesetz einfach abgewiesen. Im Grunde den Zeitgenossen so selbstverständlich, wie das andere, daß vor dem Komitatsgericht nicht sächsisch geredet werde.

Aber auch die Kämpfe kommender Zeiten durfte man in diesen sehen. Denn die meisten Fragen wurden nicht gelöst, sie blieben bestehen und jede kommende Generation mußte von ihrem Standpunkt aus eine neue Lösung versuchen.

Leichter wurde es den Sachsen, im 17. Jahrhundert die Güter der Reformation zu wahren. Bald nach der Reformation waren diese hier von verschiedenen Seiten schwer angegriffen worden. Der kluge Fürst Stefan Bathori, ein eifriger Anhänger der katholischen Kirche, versuchte es sofort in einer außerordentlich geschickten Weise, indem er unter dem Schein des Wohlwollens der Kirche eine Fessel nach der andern auflegte oder aufzulegen versuchte. Er selbst hatte schon die Jesuiten ins Land gerufen und diese versuchten es mit derben Mitteln. Der Ausweisung durch den Landtag in Mediasch 1588 hatte nicht die Entfernung sämtlicher Ordensmitglieder zur Folge und die Einwirkung der katholischen Propaganda aus Ungarn machte sich bis hieher bemerkbar. Doch fehlte, seit Aufhebung des katholischen Bistums in Weißenburg, der katholischen Kirche ein wirksamer Mittelpunkt. Als für kurze Zeit Rudolf II. 1602—1604 die Regierung Siebenbürgens in die Hand bekam, da begann sofort eine unverhüllte Gegenreformation, zunächst ohne die Erfolge, die sie in Ungarn zu verzeichnen hatte, aber offen gegen die Landesgesetze, um die sich die Jesuiten nie gekümmert haben. Gerade die Übergriffe auf kirchlichem Gebiet führten in Ungarn zur berechtigten Erhebung gegen Rudolf und zur Wahl Botschkais zum neuen Fürsten, der selbst ein Siebenbürger hier seinen Stützpunkt fand.

Und nun begann eine große Zeit für den siebenbürgischen Protestantismus mit der Reihe der reformierten Fürsten, die in Gabriel Bethlen und den beiden Rakotzi Siebenbürgen in die europäischen Verhältnisse einführten. Verbündete der evangelischen Stände Deutschlands und der Schweden, warfen sie die wenn auch kleine, doch nicht einflußlose Macht ihres Staates für die evangelische Sache Europas in die Wagschale und ihnen hat Ungarn in den Friedensschlüssen von Wien (1607) und Linz (1645) die Sicherung evangelischer Freiheit zu danken.

die zwar von Wien aus immer wieder angegriffen, doch gestützt durch das Gesetz und durch ihren innern Gehalt Ungarn seine beste Kraft gab, aus der dann wieder Siebenbürgen stärkende Nahrung zog.

In jener Zeit ist Siebenbürgen von den Jesuiten verschont gewesen und auch die evangelische Kirche der Sachsen nicht angegriffen worden. Dasselbe Gesetzbuch der Approbaten von 1653, dessen politischer Inhalt teilweise so schwere Kämpfe hervorgerufen hatte, und dessen Fortsetzung, die Kompilaten von 1669, enthielten ohne daß es zu Streitigkeiten darüber kam, die liberalsten Grundsätze in bezug auf die Kirchen: daß den vier rezipierten Religionen auch weiterhin die freie Religionsübung im Lande zustehe; Änderungen seien gestattet, in geringern Fragen durch die Geistlichen auf allgemeinen Versammlungen, in allgemeinen durch Übereinstimmung der Geistlichen und Weltlichen. Niemand darf eine ihm gehörige Gemeinde, sein Hausgesinde oder irgend einen Stand zu seiner Religion zwingen. Wer sich dem Prediger= oder Schulmeisteramt widmet, darf nicht vom Studium abgehalten werden. Die Landesämter soll der Fürst Landeskindern ohne Unterschied der Religion geben; der Besuch ausländischer Universitäten soll frei sein, wer ihn je zu hindern versucht, sei vor Gott verflucht und auf dieser Welt jeder Ehre bar; der Sonntag soll heilig gehalten werden.

So konnte sich auch die evangelische Kirche im 17. Jahrhundert ungehindert entwickeln, sofern es unter dem Druck der Verhältnisse überhaupt möglich war.

Doch brachte das ausgehende Jahrhundert die größte Wandlung, die der Entwicklung neue Bahnen wies, die Erwerbung Siebenbürgens durch das Haus Habsburg und den Heimfall an die ungarische Krone.

Das Haus Habsburg hatte von jeher den Erwerb Ungarns als Ziel vor sich. Zum erstenmal gelang es, nach dem Tod Sigismunds 1437 einen Angehörigen des Hauses in Albrecht von Österreich auf den ungarischen Thron zu bringen, dann nach der glänzenden Regierung des Königs Mathias und Ludwigs Tod auf dem Feld von Mohatsch im Thronkampf mit Zapolya alte Erbansprüche, die 1494 auch der ungarische Reichstag anerkannt hatte, wenigstens teilweise zu verwirklichen. Im Kampf mit den Türken und in Verhandlungen und Kämpfen mit den siebenbürgischen Fürsten wurden die Versuche erneuert, die Türken zu verdrängen und Ungarn mit Siebenbürgen zu gewinnen, mit vorübergehendem Erfolg. Am Ende des 17. Jahrhunderts erst wandte sich das Waffenglück auf Leopolds Seite. Mit dem Sieg über die Türken vor Wien (1683) begann der letzte große Akt ihrer Vertreibung auch aus

XXX

Ungarn. Im Zusammenhang damit versuchte Leopold für sich und sein Haus in Ungarn festen Fuß zu fassen. Als auf der Ofner Königsburg nicht mehr der türkische Roßschweif wehte und nicht mehr der türkische Pascha im Lande kommandierte, begannen die Aussichten des Habsburgischen Hauses sichern Boden zu gewinnen. Zweierlei erlangte Leopold: die Anerkennung der Erblichkeit des Hauses Habsburg durch den ungarischen Reichstag 1687 und die Aufhebung des Widerstandsartikels der goldenen Bulle (von 1222), der ein geordnetes Staatswesen überhaupt nicht hatte aufkommen lassen. Die Erfolge in Ungarn wurden mit außerordentlicher Klugheit ausgenützt, um Siebenbürgen von der Botmäßigkeit der schwachgewordenen Türkei zu lösen und „den kaiserlichen Dominat" daselbst zu begründen und jeder Erfolg der Politik in Siebenbürgen diente dazu, in Ungarn einen Schritt weiter zu tun. In Siebenbürgen wurde zunächst der Schein gewahrt, als ob das Land bloß die türkische Hegemonie mit der des Hauses Habsburg vertausche, selbst das Recht des Landes, den Fürsten zu wählen, wurde vorerst anerkannt. Aber „die subtile Staatskunst" faßte von Anfang an die unmittelbare Unterstellung unter Leopold ins Auge. Es war für die zukünftige Entwicklung von maßgebender Bedeutung, daß Siebenbürgen nicht als erobertes Land rechtlos unter die neue Regierung kam, sondern auf Grund eines Vertrags, den Leopold für sein Haus und der siebenbürgische Landtag mit einander schlossen. Am 9. Mai 1688 schlossen die mit unumschränkter Vollmacht versehenen Abgeordneten des Fogarascher Landtags in Hermannstadt mit Karaffa, dem k. General in Siebenbürgen den Vertrag, in dem Siebenbürgen der türkischen Oberhoheit entsagte: nach langen bösen Zeiten kehre das Land unter den König von Ungarn zurück, von dem es die Macht der Geschicke und der Menschen böse Leidenschaft getrennt, und trete unter den väterlichen Schutz Leopolds, des römischen Kaisers und erblichen Königs von Ungarn und aller seiner Nachkommen. Dafür bat das Land um Bestätigung seiner Rechte und Freiheiten. Das geschah dann im Leopoldinischen Diplom vom 4. Dezember 1691, das die Vereinbarungen der frühern Jahre zusammenfaßte und sanktionierte und mit einigen Nachträgen, in denen einige besondere Fragen noch geordnet wurden, die Rechtsgrundlage der spätern Entwicklung gewesen ist.[1]

Nach diesen Vereinbarungen erkannte das Land Leopold als Oberherrn, nach der Abdankung des letzten Apafi als erblichen Herrn des Landes an und verpflichtete sich, dem Kaiser in Friedenszeiten jährlich 50.000 Dukaten und im Kriege 400.000 rhein. Gulden zu steuern, wofür

---

[1] Bd. I, S. 420 ff.

der Kaiser Siebenbürgen zu schützen übernahm. Die Verteilung und Einhebung der Steuern bleibe den Ständen überlassen. Die Besetzung des Landes sollte zum Teil aus einheimischen Truppen bestehen, nicht größer als notwendig sein und unter dem Oberbefehl eines kaiserlichen Generals stehen, der als »caput Germanum« Repräsentant des Kaisers war. Er sollte sich nicht in außermilitärische Verhältnisse mischen, die ihn nichts angingen.

Leopold bestätigte dafür den gesamten bisherigen Rechtsstand, wie dieser sowohl in Vergabungen, Schenkungen und Privilegien, als auch in den Landesgesetzen der Approbaten und Kompilaten, in Landtagsbeschlüssen und sonstigen Konstitutionen, bei den Sachsen im Eigenlandrecht, seinen Ausdruck gefunden. Ebenso wurde die Gleichberechtigung der rezipierten Konfessionen anerkannt, ihre Kirchen und Schulen und Stiftungen wurden in ihrem Bestand und Besitz gesichert.

Zu allen Landesämtern sollten Eingeborene verwendet werden, zu den höchsten Stellen das Land kandidieren, der Kaiser aus den Vorgeschlagenen die Träger des Amts ernennen.

An die Spitze des Landes wurde das Gubernium gestellt, das in feierlicher Ständeversammlung am 9. April 1692 durch den kommandierenden General Graf Veterani in sein Amt eingesetzt wurde, es mußte Leopold Treue schwören, die neuen Siegel und die Münzen trugen den Doppeladler. Das Gubernium war zunächst nichts anders als der alte Rat der siebenbürgischen Fürsten, in dem die Gleichberechtigung der drei ständischen Nationen und der vier rezipierten Konfessionen seinen äußern Ausdruck darin fand, daß die Mitglieder (die Gubernialräte) in gleicher Zahl aus jeder Nation und jeder Konfession genommen werden sollten. Das Gubernium war Verwaltungs- und Gerichtsinstanz, beides beschränkt, indem die Appellation an den Hof nahezu in allen Fällen offen stand und die sächsische Nation nur in sehr engen Grenzen der legalen Aufsicht des Guberniums unterstand. Der Komes der Nation war als solcher Mitglied des Guberniums.

In Wien wurde 1694 als eine Expositur des Guberniums die siebenbürgische Hofkanzlei eingerichtet, unabhängig von der ungarischen Hofkanzlei, die alleinige Quelle authentischer Erlässe des Monarchen an den siebenbürgischen Landtag und das Gubernium. Allmählich legte sie sich auch die Befugnisse einer Appellationsinstanz in allen Angelegenheiten bei.

Die sächsische Nation hatte ihre eigne Verfassung auch in das neue Jahrhundert herübergerettet. In ihrer Mitte vielfach mit partikula=

ristischen Tendenzen kämpfend, die bald hier bald da besonders stark zutage traten, schloß doch die Nationsuniversität sämtliche alten Stühle und Distrikte zur politischen Einheit zusammen. Sie war oberste Vertretung des Sachsenlandes (des Königsbodens), mit weitgehendem Statutarrecht ausgestattet, auch oberste Gerichtsinstanz, in Hattertprozessen sächsischer Dörfer inappellabel. Der Hermannstädter Bürgermeister war ihr Vorsitzer, der Hermannstädter Königsrichter, als solcher comes nationis, ebenfalls gewählt, gleichbedeutend mit ihm. Auch in den Stühlen waren die Bürgermeister und Königsrichter die ersten Beamten, die Stuhlsversammlung, in die allmählich nur die Beamten aus den Dörfern an Stelle ehmals gewählter Vertreter und früher der freien Bürger überhaupt zur Beratung kamen, die Vertretung des Stuhls, während in der Ortsgemeinde die Kommunität und das „Amt" an der Spitze standen. Die alte Organisation der Zünfte, der Nachbarschaften und Bruderschaften, alle mit der Kirche eng verbunden, wie die evangelische Kirche selbst als autonome Landeskirche waren gleichfalls in die neue Zeit herüber gerettet worden.

Aber es waren zunächst Formen; welchen Inhalt sie behalten, welchen Wert sie haben konnten, sollte die Zeit lehren.

Und nun trat die neue Regierung an dieses erschöpfte Staatswesen mit zwei Zielen heran, die sie von vornherein gegen die oben gewährleisteten Grundgesetze Siebenbürgens ins Auge faßte und die sie von Anfang an rücksichtslos verfolgte: zuerst die Einfügung Siebenbürgens in das größere Staatswesen, das unter Habsburgs Szepter stand, aber auch durch die pragmatische Sanktion keine innere Einheit wurde, die mehr oder weniger bloß im Herrscherhaus verkörpert war, wobei jene Einfügung die Beseitigung der Eigentümlichkeiten Siebenbürgens zur Voraussetzung hatte. Da aber grade diese durch den neuen Vertrag des Leopoldinischen Diploms gewährleistet worden waren, so war die Tatsache gegeben, daß das neue Regiment auf Vernichtung der Verfassung ausging, ohne Scheu, als sei sie nicht vorhanden. Es ist eine aufsteigende Linie, falls das Bild hier anwendbar ist, bis zu Josefs II. völliger Aufhebung jeder Verfassung, die nur ein Werk abschloß, das ein Jahrhundert der Rechtsverachtung vorbereitet hatte.

Das andre war: die Rekatholisierungsversuche im Lande. Sie hingen teilweise mit dem ersten Ziel, der Einfügung des Landes in das Gesamtreich zusammen. Die katholische Kirche erschien in diesen Ländern berufen, neben dem Herrscher und dem Heer das zweite zusammenhaltende Band zu sein und auch darum ihre Bevorzugung. Dabei spielte allerdings auch die Überzeugung hinein, die die auf das Land losgelassenen Jesuiten nährten, daß es sich um das Seelenheil und die Seligkeit der zu Bekehrenden handle. In Böhmen war die Ernte reich gewesen, in Ungarn erfolgreich, warum sollte sie in Siebenbürgen nicht wie dort sein? Daß diese Versuche der Gegenreformation wieder dem eben abgeschlossenen Vertrag entgegen waren, ein Hohn auf die eben gegebenen feierlichen Versprechungen, das hat den Veranstaltern der Gegenreformation niemals Skrupel gemacht.

So stand das Land am Vorabend neuer schwerster Kämpfe für seine Verfassung und für die Glaubensfreiheit.

Dabei wurde die Art des Kampfes eine wesentlich andre als früher. Die Kämpfe, die das Land bisher für seine Verfassung, die Sachsen für ihre Rechte, auszufechten gehabt hatten, waren ehmals im Landtag ausgefochten worden, gegebenenfalls zwischen einzelnen Machtfaktoren wie dem Fürsten, dem Adel, dem Woiwoden einerseits und den Sachsen andrerseits. Dabei war die Entscheidung eine Machtfrage. Auch die letzten Beschlüsse des Landtags hingen davon ab, ob zu befürchten stand, daß einer der Stände zuletzt an das Schwert appellierte, wenn die Sache, um die es sich handelte, des Kraftaufwandes wert erschien. Man könnte vielleicht sagen, der Prozeß des Kampfes um das Recht spielte sich öffentlich ab.

Das wurde im 18. Jahrhundert anders. Die Macht des Hofs war so gestiegen, daß er befahl und nun sollte gehorcht werden. Das Land, die einzelne Nation erfuhr von den eingreifendsten Anordnungen erst, wenn sie zur Durchführung kamen. Eine papierne Gewalt war erstanden, gegen die man wehrlos war. In Prozessen und Klagen, in Schriften an Hofkanzlei und Gubernium, in Rekursen an den Hof bestand ein gut Teil der Geschichte des 18. Jahrhunderts. Das Schwert war stumpf geworden und weil es aus vielen Gründen nicht zur Anwendung kommen konnte, mußte nun die Verteidigung eine andre werden. Sollte sie gründlich geschehen, so mußte an der Quelle ein Mann sitzen, der Übles verhinderte. Nicht einen Feldherrn sondern einen Staatsmann forderte die neue Zeit.

Der Widerstand aber gegen die Angriffe auf das Recht, auf Verfassung und Glauben war auch darum schwerer, weil das Land nicht mehr die alte Kraft besaß.

Das galt auch für die sächsische Nation, die von den Kämpfen doppelt betroffen wurde, weil in der geretteten Verfassung die Zukunft der Nation eingeschlossen schien und in der geretteten evangelischen Kirche ein bester Teil derselben eingeschlossen war.

XXXIV

Aber, so seltsam verschlingen sich Völkerschicksale und Entwicklungen, jene Kämpfe, die die letzte Kraft auch unsres Volkes zu brechen schienen und nach dem Willen jener, die sie heraufbeschworen hatten, auch bestimmt waren, sie zu brechen, dienten dazu, neue Kräfte zu erwecken und wurden eine Quelle neuen Lebens.

Die Kämpfe des 18. Jahrhunderts aber sind nur verständlich im Anschluß an die vorangegangenen Leiden und Kämpfe. Die Vergangenheit mit den Erfahrungen, die sie dem Volk gebracht, mit den Urteilen und Anschauungen, die sie hervorgerufen, war eine Macht in den Seelen des lebenden Geschlechts, deren Einfluß, wie er bald hemmend bald fördernd einwirkte, der Nachlebende vielleicht klarer erkennt und deutlicher nachweisen kann als die Handelnden selbst es vermochten. Sie hatten die Empfindung, daß sie ein Erbe ihrer Väter zu schützen und zu verteidigen hätten, für das sie den Nachkommen verantwortlich seien.

Wie sie es taten, was sie litten und erreichten und worin sie fehlten, das wollen die folgenden Blätter erzählen.

# Erstes Buch.

1700—1780.

# I.
## Die Kuruzzenkriege. Sachs von Harteneck.
### 1700—1711.

Die Eroberung und Erwerbung Ungarns und Siebenbürgens durch das Haus Habsburg am Ende des 17. Jahrhunderts bezeichneten für die beiden Länder die Errettung aus der Gefahr, die abendländische Kultur, für die sie Jahrhunderte lang gekämpft und gelitten, zuletzt doch zu verlieren. Die letzten Jahrzehnte mit all dem Jammer, den sie gebracht, hatten die Kraft des Landes gebrochen und alles sehnte sich nach Frieden.

Dabei war aber sowohl bei der Regierung als im Lande selbst die Empfindung vorhanden, daß sie vor neuen großen Aufgaben stünden. Die Regierung erkannte, daß eine Neuordnung nahezu aller Einrichtungen notwendig sei, wenn Schutt und Trümmer der hundertjährigen Kämpfe nicht jedes neue Leben von Anfang an ersticken sollten und auch das Land ahnte, daß eine neue Zeit heraufgekommen sei. Aber im selben Augenblick, wo man zu handeln beginnen sollte, da zeigten sich die vorhandenen Gegensätze. Daß die Zeit Ludwigs XIV. die Gedanken der Staatsallmacht, das Bestreben nach vermehrter Machtstellung für die Krone, auch an dem Wiener Hof zu einem bedeutsamen Faktor der Regierungsmethode machten, ist natürlich. Aber gerade dieses Ziel stieß in Ungarn von vornherein auf sehr entschiedenen, rechtlich und geschichtlich begründeten Widerstand. Das Mißtrauen der ungarischen Autonomisten gegen die „deutsche Regierung" in Wien, gegen alle Neuerungen von da aus war ebenso groß als berechtigt und stellte sich jedem Schritt der Regierung hinderlich in den Weg. Da eine Verhandlung all der dringenden Fragen vor den Ständen von vornherein aussichtslos war, so schlug der Palatin Paul Eßterhazi vor, von den Ständen einen Reformausschuß wählen zu lassen, der dem nächsten Reichstag einen ausgearbeiteten Plan vorzulegen habe; doch wollten die Stände nicht einmal den Ausschuß wählen.

Gegenüber dieser einfach abweisenden Haltung sah die Wiener Regierung sich gezwungen, doch etwas zu tun. Um das den Türken entrissene

Ungarn in die neuen Grundbesitzverhältnisse einzuordnen, hatte sie eine „Neuerwerbungskommission" eingesetzt, die schon als ein Eingriff in die Autonomie des Landes erschien. Der Gegensatz wuchs, als den Grundbesitzern für die Rückerwerbung ihres Grundbesitzes eine Taxe auferlegt wurde. Zugleich war in Wien eine „Kommission zur Einrichtung Ungarns" eingesetzt worden (1688), deren Seele Kardinal Kollonich war, ein Ungar von Geburt, aber dem magyarischen Wesen fremd, klug, weitschauend, ein Staatsmann, der bei dem Neuerungswerk von dem Gedanken erfüllt war, Ungarn in den österreichischen Gesamtstaat einzuordnen und die königliche Gewalt zu heben. Unter seiner Leitung kam der Entwurf zu einem „Einrichtungswerk des Königreichs Hungarn" zustande (1689), das auf jenen Gedanken fußt. Es war ein umfassender Vorschlag zu einer Neuordnung Ungarns: die ungarische Hofkanzlei sollte nach dem Muster der österreichischen eingerichtet werden, die Rechtspflege verbessert, das Los der Untertanen gehoben, Schulen gegründet werden, das Steuerwesen sollte neugeordnet werden, da die Ausgaben die Einnahmen nahezu um das Zehnfache überstiegen, deutsche Ansiedlungen sollten auch zur Hebung der Loyalität unter den Magyaren auf günstige Bedingungen ins Land gerufen werden. Es war ein Plan aus einem Guß, dessen zwei Zielpunkte in Ungarn sofort entschiedenen Widerspruch erfuhren, wenn auch nicht von derselben Seite. Die Autonomisten bekämpften die Vorschläge, die auf eine Zusammenfassung der Kräfte gingen, auf Schwächung der Adelsmacht, auf engern Zusammenschluß mit Österreich, die Evangelischen in Ungarn bekämpften die katholische Tendenz des Entwurfes. Wohl hütete sich dieser vor allem, was als Bruch der Verfassung, als Verletzung der ständischen Rechte angesehen werden konnte, aber er entging diesem Vorwurf doch nicht. Grund genug, daß er von vorneherein in Ungarn verworfen wurde. Da der Türkenkrieg noch immer nicht zum Stehen kam, konnte an so weitaussehende Pläne die Hand nicht gelegt werden. Um so bringender wurde aber eine Ordnung der Steuern und des ganz verrotteten Insurrektionswesens. So berief die Regierung eine Magnatendelegation nach Wien, die aus geistlichen und weltlichen Mitgliedern bestand, um eine Steuerreform herbeizuführen, die natürlich den Zweck der Steuererhöhung hatte, für die der Reichstag nicht zu haben war. Der inzwischen zum Primas von Ungarn ernannte Kardinal Kollonich und Palatin Paul Eßterhazi waren die Vorsitzenden der Kommission. Als die Absicht der Regierung mitgeteilt worden war, da hatten die Mitglieder jener Versammlung „nur ein tiefes Schweigen der Bestürzung", dann verschanzten sie sich hinter der Verfassung und den

Reichstag und wollten sich auf nichts Bindendes einlassen. Es blieb der Regierung nichts anders übrig als eine Steuer auszuschreiben. Noch einmal versuchte sie 1698 durch eine große Regnikolardeputation, die nach Wien gerufen wurde, sich eine Steuer von vier Millionen bewilligen zu lassen. Als die Einberufenen die Billigkeit einer allgemeinen Besteuerung und die bisherige Überbürdung des Bauernstandes zugaben, aber von vorneherein die Steuer für zu hoch erklärten und deren Bewilligung verfassungsgemäß dem Reichstag allein zusprachen, da schrieb die Regierung die Steuer auf eigene Verantwortung aus. Der Palatin erklärte sofort die Unmöglichkeit der Zahlung; es könne nicht der Wille des Königs sein, den Adel und die Geistlichkeit Ungarns zugrunde zu richten.

Die Regierung sparte nicht an berechtigten Vorwürfen gegenüber all den Weigerungen, ließ sich aber doch herbei, statt des vom Adel und der Geistlichkeit geforderten Drittels von vier Millionen bloß ein Sechzehntel von diesen zu verlangen, und da die gleiche Summe auf die k. Städte fiel, so blieben auf dem Volk 3 ½ Millionen Gulden. Es half nichts, daß die Regierung erklärte, es liege ihr fern, diese Steuer zu einer ständigen zu machen und sie werde den Reichstag einrufen, „sobald es die Klugheit raten und der Krieg nicht hindern werde" — die Tatsache, daß eine vom Reichstag nicht bewilligte Steuer ausgeschrieben wurde, vermehrte die Unzufriedenheit im Lande, die noch wuchs, als einige rückeroberte Gespanschaften an der türkischen Grenze unter einen kaiserlichen Statthalter gesetzt wurden, Klein-Kumanien an den Deutschen Orden verpfändet wurde und der Friede von Karlowitz durch Leopold als Kaiser und nicht als König von Ungarn geschlossen wurde. Dazu kam noch einiges, was schwerer wog. Dem grundherrlichen Adel wurde, wie es schien dauernd, ein Sechzehntel der Steuer aufgelegt, der große Haufen des Kleinadels sollte der gleichen Besteuerung wie die Bauern unterliegen. Nun war dieser tief verletzt und sah sich in seiner Existenz bedroht, ein neuer Feuerbrand war ins Land geworfen. Und als die Regierung in den zurückeroberten Gebieten die evangelische Kirche an jenen Freiheiten keinen Anteil nehmen lassen wollte, die die Ödenburger und Preßburger Reichstagsbeschlüsse von 1681 und 1686 in Ungarn gewährt hatten, kam das Mißvergnügen unter die Protestanten und damit in die deutschen Städte Ungarns, die seit zwei Jahrhunderten der Katholisierung sich preisgegeben sahen.

So war in wenigen Jahren alles in Unzufriedenheit geraten. Der hohe Adel und die Geistlichkeit fürchteten für ihre Macht und zahlten ungern die auferlegte Steuer, der Bürger grollte, denn ihn trafen nicht nur die höhern Steuern doppelt hart, auch die zügellose Soldateska quälte ihn und sog ihn aus, der Bauer war voll Ingrimm, denn das Joch, das er unter den Türken getragen, rieb ihm noch immer den Nacken wund, der kleine Adel war zur Empörung bereit, denn die Wiener Regierung hatte es gewagt, an sein Privileg der Steuerfreiheit zu rühren, die Protestanten sahen die Zeiten wieder kommen, wo Willkür und Gewalt ihnen die Kirchen nehmen, die Pfarrer und Lehrer verjagen und harter Zwang sie zur Messe treiben werde. Alle jene, die in der Tökölyschen Bewegung ihr Vermögen und ihre Stellung eingebüßt hatten, bildeten für jeden Aufstand einen festen Kern, zahlreich waren die versprengten Banden, die das Land plündernd und brandschatzend durchzogen, im armen ungarischen Oberland war das Elend groß, das Geld allenthalben knapp und schlecht und im Volk ging ein Lied um „o armes Magyarentum", das allenthalben gesungen wurde:

    Wo bleibt die ungarische Freiheit,
    Wo des Königs Matthias Gerechtigkeit?
    Wo die Freude und der Trost des Reiches? . .
    Sie gingen unter — wir sind Sklaven des Fremden.

  Schon 1696 schrieb der venetianische Gesandte: es bedarf nur einer geschickten Hand, um hier die Flamme des Aufruhrs von neuem anzufachen.

  Sie fand sich bei Franz Rakotzi, der lebendiger als irgend ein Anderer im Bewußtsein des Magyarentums fortlebt und den die nationale Legende des Volkes zu einem Idealhelden umgebildet hat.

  Seine Abstammung schon schien ihn zu einem solchen bestimmt zu haben. Er war ein Enkel des siebenbürgischen Fürsten Georg Rakotzi II., ein Sohn Franz Rakotzis, dem die Stände die siebenbürgische Fürstenwürde zugesichert hatten, in dessen Todesjahr er geboren wurde. Seine Mutter Helene Zrinyi war eine Tochter des 1671 als Haupt der „Magnatenverschwörung" hingerichteten Banus Peter, in zweiter Ehe mit Emerich Tökölyi vermählt, dem Führer der letzten großen Empörung, der als Geächteter seit 1684 bei der Pforte Schutz gefunden. Als zwölfjähriger Knabe hatte Rakotzi miterlebt, wie seine Mutter die Festung Munkacs tapfer verteidigte und als letzten Stützpunkt des Widerstandes 1688 den Kaiserlichen übergeben mußte. Mit seiner Mutter und Schwester nach Wien gefangen geführt, wurde er den Jesuiten in Neuhaus und Prag zur Erziehung übergeben und Kardinal Kollonich zu seinem Vormund bestellt; er sollte Geistlicher werden. Reichbegabt, in sich gekehrten Gemütes, mußten die herben Eindrücke seiner Jugend, die dunkeln Schatten, die über Leben und Tod der nächsten Angehörigen schwebten, auf der einen Seite den melancholischen Zug seines Wesens nähren, auf der andern die ehrgeizigen Gedanken seiner Seele anfachen, unter allen Umständen aber den Haß gegen die Wiener Regierung entflammen, den die Erziehung der Mutter gewiß weiter aufstachelte. Als er großjährig erklärt wurde, und der Kaiser ihm einen Teil des väterlichen Erbes zurückgab, mit der Erlaubnis Reisen zu machen, dann seine Vermählung mit der Tochter eines hessischen Landgrafen anerkannte, da schien es, als ob von einem Gegensatz weiter keine Rede sei. Meisterhaft wußte Rakotzi seine Loyalität zur Schau zu tragen. In deutscher Tracht ging er auf seinen ungarischen Gütern umher und ließ dem Kaiser einen Tausch dieser Besitzungen mit solchen in den Erblanden anbieten, die dieser ablehnte, ohne ihm recht zu trauen. Aber Rakotzi war nicht der Mann der entschiedenen Tat, bei allem Ehrgeiz, der in ihm lebte, liegt über seinem Leben ein Stück Melancholie wie über der ungarischen Heide. Zu entscheidenden Schritten mußte er gedrängt werden und der geeignete Mann dazu fand sich in dem Grafen Nikolaus Bercsenyi von Szekes, einem Mann von leidenschaftlicher Art, dessen finsterer Blick sofort erkennen ließ, daß er „kräftig zu hassen und rücksichtslos zu handeln" verstehe. Ebensowenig ein Staatsmann wie Rakotzi, mit dessen Vaterlandsliebe seine wetteiferte, trug er einen glühenden Haß gegen die Wiener Regierung in sich, die fälschlich als Repräsentant deutschen Wesens galt und war darum ein Gegner alles Deutschen in Tracht und Sprache, in Gesinnung und Politik, was er ebenso wie Rakotzi vorsichtig zu verdecken wußte.

Jesuitisch=französische Intriguen und das Mißtrauen des Wiener Hofs wie Rakotzis Ehrgeiz führten zum ersten Schritt von Seite Rakotzis.

Ein kaiserlicher Hauptmann Longueval, ein Wallone aus Lüttich, hatte sich das Vertrauen Rakotzis zu erwerben gewußt und sich erboten, ein Schreiben Rakotzis an die französische Regierung zu vermitteln, in dem die Verbindung Rakotzis mit Frankreich in Aussicht gestellt, Subsidien erbeten und gemeinsamer Kampf gegen Habsburg=Österreich in Aussicht genommen wurde. Diese Briefe kamen durch Longuevals Verrat in die Hände des Wiener Hofs und hatten die Verhaftung Rakotzis und seiner Vertrauten zur Folge (18. April 1701). In Wiener=Neustadt vor ein Kriegsgericht gestellt, das er nicht anerkannte, gelang es ihm zu entfliehen und nach Polen zu entkommen, wohin auch Bercsenyi sich gewendet hatte. Unterstützt von Frankreich, suchten Rakotzi und Bercsenyi Verständigung mit den Aufständischen in Ober=Ungarn anzuknüpfen, die als „Kuruzzen" dort aus den bedenklichsten Elementen zusammengesetzt raubend und plündernd das Land durchzogen. Am 12. Mai 1703 hatte

Rakotzi sein Manifest „für Gott und Freiheit" erscheinen lassen, Rakotzische Fahnen nach Ungarn geschickt und alle Waffenfähigen aufgefordert, gegen „die despotische Dynastie" das Schwert zu ergreifen. Nur langsam fand der Aufruf anfangs Gehör, die Edelleute fürchteten einen allgemeinen Bauernaufstand. In Wien unterschätzte der Hof zuerst die Gefahr und dachte darum weder an strenge Maßregeln noch an Beschwichtigung der Unzufriedenen, freilich durch den spanischen Erbfolgekrieg mit allen militärischen und Geldkräften nach andern Seiten völlig gebunden, als Rakotzi in Ungarn erschien. Auch jetzt zögerte der Adel noch, aber als Tokay in die Hände der Insurrektion fiel, es allgemein bekannt wurde, daß der König von Frankreich — wie einst an Zapolya — Subsidien schicke, als die Führer anfingen mit türkischer Hülfe zu rechnen, da wandte sich der Adel ihnen zu und der Bauernkrieg verwandelte sich in eine „Konföderation", wie die Insurrektion sich bald nannte, die ihre Einfälle nach Mähren und Österreich ausdehnte. Das Schlagwort der „Libertät" zündete bei der Menge, die einen meinten die Unabhängigkeit vom Haus Habsburg damit, die andern die alten ständischen Rechte der adligen Steuerfreiheit, die dritten die Gleichberechtigung der vielbedrückten evangelischen Kirche mit der katholischen. Denn die beiden Gesichtspunkte, die politischen und religiösen Fragen, spielten nun in den Kampf herein; die Mehrzahl der Truppen der Konföderierten war kalvinisch. Auch die Hülfsgesuche, die von Ungarn an England und Holland gerichtet worden waren und von diesen protestantischen Mächten beim Wiener Hof entschieden vertreten wurden, bewiesen das Gewicht der religiösen Frage. Es war ein kluger Schritt Rakotzis gewesen, daß er in dem berühmt gewordenen Manifest vom 1. Januar 1704 „Wieder brechen die Wunden des rühmlichen Ungarvolkes auf" und dem vom 24. Januar zu den alten Schlagworten auch den Grundsatz der Glaubensfreiheit fügte und damit die Protestanten gewann.

Nun war der Wiener Hof einer Unterhandlung nicht abgeneigt. Aber die Verschiedenheit der grundsätzlichen Auffassung der ganzen Sache zeigte sich sofort. Rakotzi und seine Anhänger betrachteten sich als Vertreter Ungarns, eines Staates, der über sich selbst und seine Angelegenheiten verfügen könne, nicht als Untertanen, die sich gegen ihren rechtmäßigen Herrn erhoben hatten, als Kämpfer für das Recht ihres Landes, das der König gebrochen habe, während der kaiserliche Hof, auf dem Erbrecht fußend, das der ungarische Reichstag 1687 anerkannt hatte, in den Konföderierten Rebellen sah. Unter dem Druck fremder Vermittlung und gedrängt von den Ereignissen des spanischen Erbfolgekrieges erklärte Leopold sich zu einer allgemeinen Amnestie bereit und zur Anerkennung der politischen und kirchlichen Rechte der Stände und unter Vermittlung ausländischer Mächte zu einem endgiltigen Ausgleich, aber bei den Einzelbedingungen stellte es sich heraus, daß Rakotzi an sich zum Frieden wenig geneigt, vor allem seine Anerkennung als Fürsten von Siebenbürgen verlangte, was der Wiener Hof unter keinen Umständen zugeben wollte.

Was für Opfer hatte doch die Besitzergreifung Siebenbürgens, die Rückeroberung und der Heimfall an die ungarische Krone erfordert seit den Tagen, da Ferdinand von Österreich gegen Zapolya das Schwert gezogen bis zum Leopoldinischen Diplom von 1691! Sollte das alles abermals umsonst gewesen sein?

In Siebenbürgen selbst sah es freilich trüb genug aus! Von den vielen Hoffnungen, die die Stände an den Übergang des Landes unter das Haus Habsburg geknüpft hatten, hatten sich wenige erfüllt.

Im Lande standen sich drei Parteien gegenüber. Eine kalvinische Partei, getragen von den maßgebenden magyarischen Adligen, war der Meinung, daß der Übergang unter die Herrschaft des Hauses Habsburg bloß einen Wechsel der Oberherrlichkeit bedeute, die vom türkischen Sultan an den deutschen Kaiser und ungarischen König übergegangen sei, der siebenbürgische Fürst aber der eigentliche Souverän geblieben sei. Länger als ein Jahrhundert waren sie gewohnt gewesen, einen Fürsten aus dem ungarischen Adel an der Spitze des Landes zu sehen, der Eid, den das Land dem Kaiser geleistet, erschien als eine durch die Waffen erzwungene Handlung und die freie Wahl des Fürsten auch nach Apafis Abdankung als eine der „Freiheiten" des Landes. Auch der konfessionelle Gegensatz spielte herein. Dieser Gesichtspunkt kettete die katholische Partei an das Haus Habsburg, die gleichfalls unter den ungarischen Edelleuten ihre Stütze fand. Zwischen beiden die Sachsen, die aus nationalen Gründen die Befestigung der habsburgischen Herrschaft wünschten. An der Spitze der Kalviner stand der Kanzler Nikolaus Bethlen. Der Mann verdankte diese Führerschaft seinen umfassenden Kenntnissen, die er auf großen Reisen vermehrt hatte, seiner Arbeitskraft und Hingebung an die kalvinische Sache. Sein rastlos arbeitender Geist verführte ihn zu absonderlichen Plänen. Neben Staatsschriften, die mit meisterhafter Beherrschung der Sprache — deren er sechs kannte — ihn zum Staatsmann stempelten, standen andere, die ihn als Projektenmacher und kühnen Träumer erscheinen ließen. Derselbe Mann, der Personen und Verhältnisse scharf und geistvoll zu beurteilen verstand, konnte sie auch völlig verkennen. Er hatte sich ein seltsames künstliches Zukunftsbild für die glückliche Entwicklung seines Vaterlandes geschaffen, das als eine Art Mittelglied zwischen der Türkei und Ungarn bestimmt sein sollte, die Friedenstaube zu werden, die den Ölzweig in diese Länder brächte. Nach der Columba Noae — so nannte er seine Schrift, die er den Gesandten von Holland, England und Preußen zugedacht hatte — sollte ein reformierter Prinz aus deutschem Haus mit einer österreichischen Erzherzogin vermählt werden und eine neue siebenbürgische Dynastie gründen, das Land den Türken und Ungarn tributpflichtig sein und eine Art Neutralität genießen, die Verfassung und Rechte Siebenbürgens aber sollten unter die Garantie der protestantischen Staaten Europas gestellt werden. Aus den Rakotzischen Gütern sollten die Anhänger Rakotzis befriedigt und Bercsenyi Palatin von Ungarn werden. Leidenschaftlich konnte er hassen wie irgend einer seiner Zeitgenossen, scharf und kühl durchsah er die Schäden und Mängel, die ihn umgaben und nannte sich selbst einmal „eine Schmiedzange und Feile des Guberniums", das er ein andermal als ein von Gott verfluchtes bezeichnete. Bethlen war wohl selbst mit Schuld daran, daß die Gegensätze immer wieder stark aufeinander prallten, Bethlen gegen Banffy den Gubernator, dieser gegen Apor, Apor gegen beide.

Mit Banffys Ernennung zum Gouverneur hatte die Regierung in der Tat keinen glücklichen Griff getan. Eine langsame und unentschiedene Natur liebte er das Kartenspiel in einer Weise, daß er den reformierten Bischof mit den Dechanten stundenlang im Vorzimmer stehen ließ, ohne sein Spiel zu unterbrechen. Andre trieben es freilich noch schlimmer. Während der Gouverneur schlief oder Karten spielte, war nachmittags alles ohne Unterschied Standesherr, Magnat und Tafelbeisitzer betrunken.

Unter solchen Umständen war es nicht verwunderlich, wenn es im Lande allenthalben elend stand. Die Justizzustände waren erbärmlich. Zahllose Einzelgemeinden hatten neben den Städten das Privileg der peinlichen Gerichtsbarkeit und schalteten damit nach Willkür und wenn etwa schwerere Rechtsfälle bis vor das Gubernium kamen, dann war es Zufall oder Voreingenommenheit oder persönliche Rücksichten, die die Entscheidung gaben. Eine dreifache Kindesmörderin konnte frei werden, weil es dem Gubernator gefiel, ihr zu verzeihen und ein Adliger unbestraft bleiben, der bei einem Bankett in wildem Zorn einen Genossen niedergehauen hatte. Endlos waren die Klagen über die Bedrückungen der Hörigen durch den Adel, unmöglich gegen ihn ein Recht zu erlangen.

Bei den Katholiken hatten Johann und Stefan Haller, Vater und Sohn, Apor und Mikes die Führung, keiner so bedeutend wie Bethlen.

Aber alle für das katholische Interesse immer einzutreten bereit, bildeten sie in den religiösen Fragen eine starke Phalanx, die stets auf die Unterstützung von Seite des Hofes rechnen konnte, der wieder seinerseits auf sie sich stützen zu können meinte.

Zwischen ihnen standen die Sachsen. Seit Jahrhunderten hatten sie die größten Opfer gebracht, dem Hause Habsburg die Anerkennung in Siebenbürgen zu verschaffen. Jetzt hofften sie, dort Hülfe zu finden im Jammer der Gegenwart. Denn ungeheuer lastete sie gerade auf ihnen. Viele tausend ihrer Höfe lagen in Schutt und Asche, andere waren unbewohnt, die Zahl der Witwen und verwaisten Kinder eine große.[1] Was übrig geblieben war, war zum Tode ermattet, verarmt, verschuldet, kaum ein Schatten der einstigen Blüte. In dem einen Schäßburger Stuhl betrug die Schuldenlast 1698 die ungeheure Summe von 164.398 Gulden, davon $^2/_3$ auf die Stadt fielen, vier Jahre später die öffentlichen Schulden schon 201.743 Gulden und die Privatschulden in dem Stuhl 123.106 Gulden. Dabei zählte der Stuhl ohne die Stadt 743 Wirte, von denen 295 kein Stück Vieh besaßen. Die gesamte Schuldenlast der Nation wurde auf 3 Millionen geschätzt. Die Gläubiger waren meist die steuerfreien magyarischen Adligen, die Zinshöhe mindestens 10%. Einzelne Orte verpfändeten Teile ihres Hatterts anstatt der Zinsen, so Henndorf an Haller für 300 Gulden Wiesen, die jährlich 50 Fuhren Heu trugen und Acker, daß er alle seine Schafe und Rinder dort weiden konnte; Arkeden hatte sogar von einem Zigeuner 10 fl. geborgt. Die Schulden der einzelnen Bauern waren so groß, daß es unmöglich war, sich davon frei zu machen. Der freie Bauer ging, um sein Leben zu fristen, in die Hörigkeit über.

Die Not steigerte sich in den Jahren 1691—1699 durch die Militäreinquartierung und durch die Lieferungen für das österreichische Militär, das nach dem Leopoldinischen Diplom ins Land kam. Es ist unmöglich, sich die Aussaugung zu groß vorzustellen, angesichts dessen, was in einem einzigen Jahr hie und da verlangt wurde und daß auf einen städtischen Bürger bis 600 Gulden Steuer fielen. Dazu kam was keine Rechnung aufschrieb, was Offiziere und Soldaten an „Ehrungen" und „Diskretionen", an Naturalien und Geld erpreßten, raubten, sich schenken ließen. Auch ein anderes altes Unrecht war nicht abzustellen gewesen. Wenn der Edelmann durch das Land reiste, so verlangte er auch auf dem freien Königsboden unentgeltliche Vorspann und Unterhalt, und das nicht nur für sich sondern auch sein wenig bescheidenes Gefolge, selbst Hirten und Zigeuner.

---

[1] S. Bd. I, S. 437 f.

Auch im Innerleben des sächsischen Volkes zeigten sich die Spuren des vielhundertjährigen Krieges und der allgemeinen Verwilderung. Die alte freie Verfassung war vielfach von den Beamten selbst und vor allem von dem reichgewordenen Patriziat in den Städten erschüttert und vernichtet worden. Ein sächsischer Zeitgenosse fällt das bittere Urteil: „Wenn ich von uns die Wahrheit schreiben soll, so sage ich: daß wir nicht um ein Haar besser sind als die Kinder Israel zu den Zeiten des Propheten Jeremia waren. Und welcher heutigen Tages den Herren die Wahrheit sagt, der muß auch mit dem armen Jeremia in die Schlammgrube hinein, also daß jetzt recht gesaget wird: Schweig Mund, so hast du Freund. Wie sind heutigen Tages die Armen so gar von den Herren verachtet? Wo ist jetzt jemand zu finden, der nicht mehr das Ansehn der Person achtete als die Gerechtigkeit, die Gunst großer Herren nicht mehr achtete als Gottes Gunst? Hilf lieber Gott, wo findet man und bei wem heutigen Tages Wahrheit, Treu, Glauben, Mäßigkeit, wahre Frömmigkeit und Demut? Hat nicht der Eigennutz, die unersättliche Bestie uns schier alles, was wir gehabt, ausgesogen? Sind wir nicht durch unsere unzeitige Geduld und Stillschweigen um alle unsere Privilegien gekommen? Wo findet man jetzt eine Zeche, eine Nachbarschaft, eine Bruderschaft und Zusammenkunft, da man sich nicht einsaufen muß?" Diese „Herren" mißbrauchten die Gewalt, die sie sich angeeignet, zur Unterdrückung des Armen; stolz und hart nach unten waren sie demütig und unterwürfig nach oben und bedienten sich der öffentlichen Mittel häufig zur eigenen Bereicherung. Das gegenseitige Vertrauen war vollständig geschwunden, der Untergebene beugte sich vor dem Mächtigen und umschmeichelte ihn um seine Gunst, aber er liebte ihn nicht, Neid und Habsucht, die unzertrennlichen Begleiter eines herabgekommenen Geschlechtes, waren allenthalben sichtbar. Aber auch das Familienleben war tief verstört. Der wüste Wallone und nun die Soldateska des neuen Herrn lag nicht nur im Lande, sondern im Haus des Bauern und Bürgers, an seinem Herd, die Heiligkeit der Ehe war tief erschüttert und wovon früher im sächsischen Hause kaum geredet worden war, das machte sich jetzt schamlos auf der Gasse breit. Der liederliche Lebenswandel häufte nicht mehr Schmach und Schande auf das Haupt des ehmals aus der Gemeinschaft Ausgestoßenen. Viele waren geneigt den, der an den Sitten und Tugenden der Väter festhielt, für einen Schwachkopf zu halten. Unmäßigkeit im Essen und Trinken, Putzsucht und Kleiderpracht, Fluchen und Schwören, alles umsonst in zahllosen Artikeln verschiedenster Gemeinschaften bekämpft und mit Strafen bedroht, vergifteten und untergruben das gesellschaftliche Leben.

In den Städten war der goldene Boden des Handwerks schon
lang verloren gegangen. Die versteinerten Zunftsatzungen hatten mit=
geholfen, die Arbeit des Handwerkers zu erschweren, der bei sinkendem
Verdienst, den die langen Kriege fort und fort verminderten, noch ver=
pflichtet war, bei öffentlichen Bauten an Kirche und Schule, an Wall und
Graben, Mauern und Türmen mitzuhelfen, beim Brücken= und Straßen=
bau Handdienste leistete und bei den Toren und auf den Basteien
Nachtwache halten mußte, und oft nicht soviel verdiente, als er brauchte.
Der Handel war aus den sächsischen Händen in die der Armenier,
Griechen und Raizen gekommen und wenn der sächsische Bürger auf
schlechter Straße seine Ware auf den fernen Jahrmarkt führte, die er
in seiner Lässigkeit mit Mühe fertig gestellt hatte, dann geschah es, wenn
der Jahrmarkt nicht auf Sachsenboden stattfand, daß der Preis der Ware
allzu niedrig vorgeschrieben war, oder daß der Käufer sogar Gewalt an=
wendete und der Ertrag eines halben Jahres ging verloren. Sachs von
Harteneck hat ein lebendiges Bild von dem täglichen Leben des städtischen
Handwerkers damals entworfen: „Der Gewerbsmann steht morgens zwischen
5 und 6 Uhr auf und geht, wenn die Glocke das Zeichen gibt, mit seiner
Familie in die Kirche. Dort währt der Kirchengesang eine ganze Stunde
und die Rede des Predigers nimmt ebenfalls eine Stunde in Anspruch;
um 8 Uhr wandert nun unser Gewerbsmann nach Hause zur Arbeit, aber
unterwegs begegnet er einem Nachbar, einem Verwandten, Gevatter oder
Freund; spricht in breitspuriger Weise seinen Morgengruß, erkundigt sich
um dessen Gesundheit, dann um das Wohlbefinden und die Verhältnisse
der Frau Mutter, der Kinder, der Familienmitglieder und muß dann
auf dieselben Fragen die Antworten erteilen. Guter Gott! Wie schnell flieht
da eine Stunde dahin. Es ist 9 Uhr, jetzt ruft die Glocke zu den Leichen=
begängnissen, denn der Geist der Brüderlichkeit hat die Sitte geschaffen,
daß die Zunftgenossenschaften die Leichen begleiten. Nach der Leichenfeier
ist bereits ein halber Tag verflossen, ohne daß zu Hause eine Arbeit ver=
richtet wurde. Das Mittagsmahl darf nicht unterbleiben, denn städtische
Lebenssitte hat sich nicht an die Nahrung der Landleute gewöhnt. Nach
dem Speisen wird höchstens vier Stunden gearbeitet. Um 3 Uhr geht
man wieder in die Kirche. Nach Vollendung des Nachmittagsgottesdienstes
wird zwei Stunden hindurch bis 6 Uhr gearbeitet, so daß also im ganzen
sechs, oder wenn der Kirchenbesuch eingeschränkt wird, höchstens acht
Stunden des Tages der Arbeit gewidmet werden. Ob und in welcher Weise
ein solcher Gewerbsmann den Anforderungen eines Familienvaters gerecht
werden kann, vermag eben nur ein kluger und erfahrener Hausvater zu

beurteilen. Wie viele Tage werden durch Krankheiten, durch den Besuch der Jahrmärkte, durch den Wachdienst und durch die andern öffentlichen Arbeiten der gewöhnlichen Beschäftigung entzogen. Wenn man dies Alles genau betrachtet, so muß man es fast ein Wunder nennen, daß die Gewerbsleute imstande sind, die Steuern zu zahlen und zugleich in der oben bezeichneten Weise zu leben. Man darf darüber gar nicht staunen, daß hundert Bürger sterben, ohne daß das Teilamt in die Lage versetzt wird, die Gläubiger des Verstorbenen zu befriedigen, geschweige denn einen Nachlaß unter die Erben zu verteilen. Da kommt es nun nicht selten vor, daß ein Tisch, der den Wert einiger Denare hat, auf einige Gulden geschätzt wird und der Gläubiger sich damit zufrieden geben muß. Derartige Beziehungen des Schuldners zum Gläubiger, der ebenfalls in ähnlicher Weise verschuldet ist, haben eine außerordentliche Verbreitung und kaum der zehnte Bürger besitzt so viel als er schuldet."

Diese traurige Lage wurde wesentlich durch die Steuern vermehrt, die auf dem Lande lasteten, zu denen immer aufs neue die Lieferungen für das Militär kamen. In Hermannstadt zahlte 1720 ein Bürger, der 90 Gulden Einkommen auswies, 39 Gulden Steuer, ein Schuster mit 120 Gulden Einnahmen 45 Gulden 50 den., ein andrer mit 218 Gulden Einnahmen, der auch ein Pferd und einen Esel hielt und etwas Landwirtschaft trieb, 65 Gulden. Ärger noch wars auf dem Dorf, da die Naturallieferungen kaum zu kontrollieren waren. Ein Klein-Scheuerner Bauer mit Haus und Hof und 25 Joch Besitz, mit 6 Ochsen, 1 Pferd, 4 Kühen und Zugvieh, 3 Schweinen, zahlte 1720 16 Gulden 22 den., daneben $2^{1}/_{4}$ Kübel Weizen, $4^{1}/_{2}$ Kübel Hafer, $^{1}/_{2}$ Fuhre Heu — daneben den geistlichen Zehnten. Der wohlhabendste Mann in Groß-Scheuern mit 46 Joch, 6 Ochsen, 2 Pferden, 7 Kühen und Jungvieh, 10 Schweinen, 12 Schafen und 20 Bienenstöcken zahlte 60 Gulden 12 den., daneben den Zehnten und $23^{2}/_{8}$ Kübel Korn, $11^{12}/_{8}$ Kübel Hafer. Dazu bei allen außerordentlichen Gelegenheiten, die regelmäßig kamen — Gesandtschaften nach Wien, Hochzeitsgaben für mehr oder weniger hochgestellte Personen, Schuldentilgungen u. dgl. m. — neue Auflagen.

Über dem ganzen Lande stand der kommandierende General, das Haupt der Truppen, seit 1696 Graf Rabutin. Nach dem Leopoldinischen Diplom hatte sich der Kaiser vorbehalten, an die Spitze der Truppen Generalem et Caput Germanum — d. i. einen General der kaiserlichen (deutschen) Armee zu setzen, der ausdrücklich in die den Landesbehörden zustehenden Angelegenheiten sich nicht mischen sollte. Es lag aber in der Natur der Verhältnisse, zugleich im Wesen der kommandierenden Generäle, daß sie vom ersten Augenblick an den ihnen gesetzlich angewiesenen Wirkungskreis überschritten. Von Anfang an als Vertreter des Kaisers angesehen erschien „der Kommandierende" als berufener Schiedsrichter in allen Streitfällen der Stände, an ihn wandte sich, wer die Fürsprache am Kaiserhof begehrte, und er nahm keinen Anstand, bald in alle Verhältnisse einzugreifen. Niemand weigerte sich, wenn er gebot, zu einer Beratung nach Hermannstadt zu kommen, kein Gericht hatte den Mut, seinem Winke nicht zu folgen, und so war denn dessen „Vigilanz über den ganzen Siebenbürgischen status rerum" zu einer rücksichtslosen Beeinflussung sämtlicher Verhältnisse ausgeartet, die in jener Zeit zu Gewalttätigkeiten führen mußte. Wenn die Forderungen für die Militärverpflegung von einer Stadt nicht erfüllt wurden, so ließ er ohne Skrupel den Bürgermeister gefangen setzen und Rabutin sah es selbst als ein Zeichen der Selbstbeherrschung an, daß er mit Rücksicht auf die geistliche Würde den Hermannstädter Stadtpfarrer, der allerdings sich in seinem Vorzimmer ungeberdig benommen, nicht die Treppe hinunter werfen ließ. War nun der Charakter des Kommandierenden energisch und rücksichtslos, so läßt sich denken, wie er seine Stellung ausnützen konnte, und wie vielfach er Anstoß und Unwillen im Lande erregen mußte.

Rabutins Wesen war dazu besonders geeignet. Eine rücksichtslose und energische Natur, seinem Kaiser völlig ergeben, aufbrausend und leidenschaftlich, entbehrte er des politischen Urteils, das gerade damals ein Haupterfordernis gewesen wäre. Sein Mißtrauen und seine gewalttätige Art hatten ihn mit sämtlichen führenden Persönlichkeiten im Lande verfeindet und doch konnte er ihren Rat nicht entbehren. „Wir schauderten vor der Art seiner Amtsführung, vor seinen Reden und Botschaften — so schilderte Bethlen ihn — denn besonders seit sich die Dinge ungünstig gestalteten, verwandelte er sich in einen verwegenen Saul." Durch Schrecken wollte er die Siebenbürger beherrschen, er machte wenig Unterschied zwischen Schuldigen und Unschuldigen, Freunden und Gegnern, zuweilen mochte man glauben, nur dem Namen nach den türkischen Pascha gewechselt zu haben, aber als Soldat war er tapfer und einsichtsvoll, bereit sein Leben für seine Sache zu opfern.

Die Stellung der Sachsen war unter solchen Umständen schwieriger als je. Die feindliche Gesinnung der beiden Stände ihnen gegenüber, die Erkenntnis der eigenen schwachen Kraft und der vielseitige Druck, der auf ihnen lag, hatten den Grundsatz ihres politischen Glaubensbekenntnisses geschaffen: „Wir kennen nächst Gott in der Welt keinen andern Trost als denjenigen, welchen wir bei unserm seit unzählbaren Jahren sehnlichst erwünschten deutschen Landesfürsten suchen und zu finden hoffen". Ihre Hauptklage war, „daß die eine Vaterlandsnation, die mit den übrigen gleiches Recht und gleiche Freiheit zu genießen berufen ist, von der andern, die sich zu bereichern strebt, unterdrückt wird. Da der Sachse nirgends eine Hülfe fand, so mußte er Gewalt für Recht nehmen und da alle seine Einwendungen unerhört blieben, seufzend seine Person und sein Zugvieh belastet sehen." (Harteneck.)

Die naturgemäße Führung der Sachsen in so schweren Zeiten fiel dem Hermannstädter Komes (Königsrichter) zu, den seit König Matthias (1477) Hermannstadt zu wählen das Recht hatte. Die Würde bekleidete 1686 bis 1697 Valentin Frank, ein gelehrter Mann, der den schweren Aufgaben weniger gewachsen war und in jungen Jahren (54 Jahre alt) starb. Sein Nachfolger war Johann Zabanius (später Sachs von Harteneck), auch vor dem Antritt des Amtes schon der ausgesprochene Führer der Sachsen.

Er stammte aus einem slovakischen Geschlecht. Sein Vater Isak Zabanius war Konrektor in Eperies gewesen und von dort seines Glaubens wegen vertrieben worden. Mit andern Protestanten fand er eine neue Heimat in Siebenbürgen, wurde Lehrer, dann Rektor am evangelischen Gymnasium in Hermannstadt, später Pfarrer in Urwegen und Mühlbach und 1692 Stadtpfarrer in Hermannstadt, wo er 1704 starb. Die Zeitgenossen rühmten an ihm die Gelehrsamkeit, tadelten die Heftigkeit seines Wesens und seine Streitsucht, seinen Geiz und seine Habsucht. Ein Teil seiner Leidenschaftlichkeit war auch auf den ältesten Sohn, Johann Zabanius, übergegangen. Daß dieses Haus so rasch und innig mit dem sächsischen Volk verwuchs, ist ein Zeichen für die Energie des deutschen Lebens hier selbst in jenen traurigen Tagen.

Johann Zabanius war in Eperies 1664 geboren. Seine Jugend fiel also in die Zeit, wo die kaiserlichen Heere in Ungarn ihren Siegeslauf begannen und die Türken allmählich zurückgedrängt wurden. Der Vergleich zwischen den einen und den andern mußte von selbst auf die großen Gegensätze und die politischen Fragen führen, die damit untrennbar verbunden waren. Als Knabe durchlebte er die Wanderfahrt des Vaters, da lernte er die Stärke des religiösen Empfindens kennen und damit den andern maßgebenden Gedanken, der damals die Welt beherrschte. Als er das Hermannstädter Gymnasium absolvierte, war sein Vater gerade Rektor. Es ist heute noch rührend, den frommen Wunsch zu lesen, den der Vater neben den Namen des Sohnes in die Matrikel schrieb, da dieser mit großem Geleit die Stadt verließ, um nach Tübingen zu gehen.

Dort wurde er Magister, hielt eine Zeitlang selbst Vorlesungen an der Universität und kehrte 1689 in die Heimat zurück, wo er 1690 das einflußreiche Amt des Hermannstädter und Provinzialnotärs erhielt.

Es war in der Tat ein ungewöhnlicher Mann, der damit in die Reihen der Kämpfer für das sächsische Volk eintrat. Er war eine hohe schlanke Gestalt, trug das eigene Haar lang wallend fast bis auf die Schultern, unter der hohen mächtigen Stirne blitzten geistvolle feurige Augen. Sie deuteten mit der scharfen Nase die Beweglichkeit und die umfassende Arbeit des rastlosen Geistes wie die Energie des Willens an. Er war ein scharfer Beobachter der Welt, der Großes und Kleines zur selben Zeit verfolgen konnte; eine wunderbare Klarheit der Gedanken, völlige Beherrschung der Sprache, sicheres Erkennen der Ziele und scharfe Beurteilung der Mittel, die ihnen dienen konnten, machten ihn ebenso zum Staatsmann wie die Furchtlosigkeit, mit der er an die Durchführung seiner Pläne ging. Dabei schlug sein Herz für dieses arme viel angefeindete und bedrückte sächsische Volk, dem er helfen wollte; seine warme Begeisterung für dasselbe setzte sich in selbstlose Arbeit für dessen Gedeihen um. Reich an Gedanken, fand er immer ein geistvolles Wort, eine feine Wendung, den Gegner konnte er mit unwiderleglichen Schlüssen überzeugen oder mit Humor verspotten. Aber wo die eigene Begehrlichkeit mächtig wurde, da hatte er nicht die Kraft, die Leidenschaft zu beherrschen, der Gewalttätigkeit und Zuchtlosigkeit der Zeit hat auch er sein Opfer gebracht.

Der Grundgedanke für seine Politik war: Siebenbürgen kann aus dem Abgrund des Verderbens, in das es hineingeraten ist, nur durch den Anschluß an das Abendland gerettet werden. Diesen Anschluß verbürgt dem Land die Herrschaft des Hauses Habsburg, die Unterstellung unter den Kaiser Leopold, der seit 1687 erblicher König von Ungarn war. Jene soll mithelfen, das sächsische Volk vor dem Untergang zu bewahren, das aber zu diesem Zweck vor allem auch eine innere Regeneration durchmachen muß.

Es ist früher erzählt worden (I, S. 429), wie der Landtag 1692 es für notwendig hielt, zur Beilegung verschiedener Streitigkeiten, insbesonders auch in Religionsangelegenheiten eine Deputation nach Wien zu schicken, Peter Alvinczi und Johann Zabanius, der letztere von der sächsischen Universität bevollmächtigt, sie in allen Angelegenheiten zu vertreten und alles zu tun, damit das Leopoldinische Diplom durchgeführt werde. Dort ist auch erwähnt, wie es Zabanius gelang, die Wiener Kreise über die siebenbürgischen Verhältnisse aufzuklären und Teilnahme für die Sachsen zu erwecken. „Euere Majestät werden nicht zugeben — das ist der Grundton in all den Eingaben und Verhandlungen, in denen Zabanius zu Wort kommt — daß der sächsische Stand dem Untergang entgegen geführt und das deutsche Gedächtnis in Siebenbürgen vollends ausgetilgt werde." Vom Kaiser mit einer goldnen Ehrenkette geschmückt, kehrte er nach fast elfmonatlichem Aufenthalt in Wien nach Hermannstadt zurück und konnte seinen Volksgenossen das tröstliche Wort des Kaisers mitbringen: „Sie können ihre Prinzipalen versichern, daß ich auf Ihre Nation immer ein besonderes Absehen haben und nicht gestatten werde, daß sie unterdrückt werde oder fallen möge."

Zabanius gehörte nach der Heimkehr zu den einflußreichsten und angesehensten Personen. Im Jahre 1695 wurde er Stuhlsrichter, wenige Monate später Provinzialbürgermeister und am 12. Oktober 1697 Königsrichter von Hermannstadt (Komes). Der Kaiser erhob ihn in den Ritterstand des heiligen römischen Reiches mit dem bezeichnenden Prädikat "Sachs von Harteneck".

Je höher er stieg, um so mehr versuchten die Gegner, ebenso sehr die reformierte wie die katholische Partei, ihm Hindernisse in den Weg zu legen. Es war schon ein Erfolg, daß trotz allen Drängens von sächsischer Seite der Hof seine Bestätigung in der Königsrichterwürde zwei Jahre hinausschob und dann erst nicht auf Lebenszeit sondern auf ein Jahr gab.

In seiner amtlichen Stellung aber nahm Harteneck nun mit dem Feuereifer, der ihm eigen war und der rücksichtslosen Energie, die ihn auszeichnete, die beiden Ziele auf, die vor ihm standen: Die Wiedergeburt des sächsischen Volkes mindestens vorzubereiten und die Herrschaft des Hauses Habsburg im Lande zu sichern.

Im Innern litt das sächsische Volk unter dem Druck seiner Beamten, unter ihrer Willkür und Habsucht. Als ein Mittel diese zu bannen, erschien die Festsetzung von „Konstitutionen" für die einzelnen Orte, um durch das geschriebene Gesetz dem Beamten Schranken zu ziehn. Hermannstadt, Schäßburg, Schenk erhielten solche neue Ordnungen, die zum Teil auf den alten fußten, aber mit dem ausgesprochenen Bestreben, Gerechtigkeit und Frieden einzubürgern. Eine Reihe Dorfskonstitutionen fallen in diese Zeit, ebenso die Erneuerung der Hermannstädter Hochzeits-, Leichen= und Nachbarschaftsordnung, ein Erbschafts=Teilungsstatut, ein Appellationsstatut der Nationsuniversität u. a.

Aber Harteneck war nicht der Mann zu glauben, mit der geschriebenen Anordnung sei alles gewonnen. Wo sich Gelegenheit ergab, dem unterdrückten Rechte in der Tat zum Siege zu verhelfen, da scheute er sich nicht einzutreten. Es ist mit ein Grund gewesen, daß er in den Kreisen der sächsischen Beamten bald mehr gefürchtet als geliebt wurde.

Diese Gelegenheit ergab sich u. a. durch Vorgänge in Schäßburg, die zugleich ein trauriges Licht auf die Zustände jener Zeit warfen.

Dort war 1694—97, dann 1699—1700 Johann Schuller Bürgermeister. Als Knaben hatten ihn die Türken in die Gefangenschaft geführt, dort war er ein Liebling des Sultans geworden, der ihm die Freiheit geschenkt hatte. Auf weiten Reisen soll er bis nach Palästina gekommen sein, von wo er dem Fürsten Apafi Rosen mitbrachte, die er an heiliger Stätte gepflückt hatte. Von Apafi war er geadelt worden mit dem Beinamen „von Rosenthal" und noch ist an seinem Haus in Schäßburg auf dem Markt sein Wappen, ein Arm mit drei Rosen in der Hand zu sehen, das seinen Wahlspruch versinnlichte: per spinas ad rosas. Auch er ein Mann von großen Geistesanlagen, ungewöhnlicher körperlicher Kräfte, dabei jähzornig, habsüchtig, prunkliebend, im Verkehr mit den Frauen aller sittlichen Grundsätze bar, von zügelloser Sinnlichkeit, war ihm kein Mittel zu schlecht, Vermögen zu erwerben. Sein Haus war glänzend und mit Bildern geschmückt, mit kostbaren Teppichen belegt, ein Garten am Haus, ein Meierhof außerhalb der Stadt, Pferde und Kalesse, Vieh und Äcker legten Zeugnis von seinem Reichtum ab. Noch ist an einem Gestühl in der Kirche in Mehburg, wo er gleichfalls Besitz hatte, sein Wappen abgebildet. Bald waren die meisten Stuhlsortschaften seine Schuldner und damit in seiner Gewalt. Aber der Reichtum war unredlich erworben, er hatte seine Amtsstellung ausgenützt, um ihn aufzuhäufen. Gefiel ihm irgendwo ein Pferd, so mußte die Gemeinde es ihm schenken, sonst drohte er ihr mit allen möglichen Übeln; die städtischen Vorräte aus den Magazinen und Korngruben waren über Nacht verschwunden und in seine Speicher gewandert, bei den Lieferungen an die Armee hatte er einen Teil unterschlagen, zuletzt die Stadtkassa selbst vielfach geschädigt und Steuereingänge von den Dörfern veruntreut. Um das Maß voll zu machen, wurde er Mitglied einer Falschmünzerbande, die sich in Schäßburg zusammengetan hatte.

Alle diese Schandtaten kamen allmählich 1700 ans Tageslicht und führten zur Absetzung des Bürgermeisters. Es ist bezeichnend für die Zeit, daß der Rat von Schäßburg an drei Beteiligten die Todesstrafe vollziehen ließ, aber den Einflußreichsten aus der Bande, die den vornehmsten Familien angehörten, Gnade zuerkannte. Dem Bürgermeister Schuller gelang es, in Wien persönlich vom Kaiser Begnadigung für seine Beteiligung an der Falschmünzerei zu erhalten, wobei er gegen den Schäßburger Magistrat und Harteneck, der in der ganzen Sache vielfach um Rat gefragt, dem Magistrat in durchaus loyaler Weise die gesetzlichen Wege gewiesen, die widerwärtigsten und lügnerische Anklagen vorbrachte. Nach Hause zurückgekehrt, versuchte er mit Berufung auf sein Adelsrecht, das er nun herauskehrte, und mit Hülfe seiner magyarischen Freunde das sächsische Gericht als inkompetent darzustellen und das war der Punkt, wo Harteneck Gefahr für das sächsische Volk sah. Er drängte den Schäßburger Magistrat, Schuller zur Rechnungslegung zu verhalten, der sich anfangs weigerte, dann endlich sich dazu verstehen mußte, wobei neue Erpressungen und Gewalttaten, Unterschlagungen und die ganze bodenlose Schlechtigkeit des Mannes aufs neue an den Tag kamen. Auf Hartenecks Rat, der bei jedem Schritt von dem schwachen Magistrat in Schäßburg angerufen wurde, verurteilte dieser Schuller zum Tode und am 28. September 1703 fiel das Haupt des mehr als einmal schuldigen Mannes. Harteneck hatte dabei nichts getan, was er nicht verantworten konnte. Wer das Innerleben des sächsischen Volkes aus dem Schlamm und Moder herausheben wollte, konnte nicht anders zugreifen.

Nicht weniger energisch nahm Harteneck den Kampf auf dem politischen Gebiet auf, besonders auf den beiden Landtagen von 1701 und 1702.

Die Regierung hatte den Landtag wegen der Steuer zusammengerufen. Da das Leopoldinische Diplom die Steuer Siebenbürgens für Friedenszeiten mit 50.000 Talern, im Falle eines Krieges mit 400.000 fl. festsetzte, so mußte bei höhern Forderungen der Landtag beschließen. Diesmal nötigte der spanische Erbfolgekrieg zu erhöhten Aufschlägen. Der k. Kommissär Graf Seeau hatte die Instruktion erhalten, 800.000 fl. von den Ständen zu fordern, zugleich aber auch die Ermächtigung mitbekommen, bis auf 700.000 fl. herabzugehen. Durch Bruch des Amtsgeheimnisses in Wien waren Banffy und Bethlen zur Kenntnis dieser Instruktion gelangt und nun entschlossen, jeder höheren Summe als der letztangegebenen entschiedenen Widerstand entgegen zu setzen.

Nach landesüblicher Art war am bestimmten Tag fast niemand anwesend, es dauerte acht Tage, bis der Landtag eröffnet wurde.

Der siebenbürgische Landtag jener Zeit, der in Weißenburg in dem alten bischöflichen Hause tagte, das seit Aufhebung des Bistums als fürstliche Residenz diente und nun zunächst auch dazu nicht mehr nötig war, war eine außerordentlich schwerfällige Körperschaft. Es gehörten dazu das Gubernium, die k. Gerichtstafel, die Oberbeamten der ungarischen Komitate und der Szeklerstühle, die Regalisten — vom König berufene Mitglieder — und die Deputierten aus den drei Ständen (Adel, Szekler und Sachsen) sowie der privilegierten Orte (Taxalortschaften). Der Landtag war verpflichtet, zuerst die „königl. Propositionen" zu verhandeln, dann konnten die Stände Beschwerden und „Postulate" vorbringen, zuletzt gehörten auch gewisse Prozesse vor den Landtag, so die wegen Hochverrat. Das Gubernium nahm nicht regelmäßig an den Sitzungen teil, sondern nur bei wichtigern Fragen. Da den Ständen aber stets daran liegen mußte, die Anschauungen des Guberniums zu kennen, so verhandelten beide miteinander durch Deputationen, was nicht zur raschern Erledigung der Geschäfte beitrug. Auch der k. Kommissär wohnte den Sitzungen selten bei. Wenn die Stände einen Beschluß gefaßt hatten, teilten sie ihm diesen ebenfalls durch eine Deputation mit und war der Kommissär damit nicht einverstanden, so konnte nach neuerlicher Verhandlung der Stände diese Sendung von Deputationen sich mehrmals wiederholen. Die drei Stände selbst hielten wieder abgesonderte Nationalversammlungen, die hin und wieder miteinander auch mündlich und schriftlich verhandelten, und in denen die wichtigern Fragen vorberaten wurden. Kam es endlich zur Abstimmung, so mußten die drei Stände, die alle je eine Stimme hatten, zu einer giltigen Beschlußfassung übereinstimmen, und das beschlossene Gesetz mußte mit den Siegeln der drei Nationen gesiegelt werden. Dann ging es zur Bestätigung an den Hof. Wenn dieser abweichender Meinung war, so kam diese zu neuerlicher Beratung vor den Landtag, so daß dieselbe Sache durch Jahre, ja Jahrzehnte sich hinziehen konnte.

Bei der Steuerforderung war es feststehende Methode, die Sache wie bei einem widerlichen Handel einzurichten. Die Regierung verlangte eine Summe, die Stände boten eine viel niederere. Der Kommissär war damit unzufrieden und verlangte mehr, dann setzten die Stände etwas zu, die Regierung ließ etwas nach und zuletzt fanden sich die Feilschenden, beide Teile wenig zufrieden auf einer mittleren Summe. So ging es auch jetzt. Die Regierung hatte 800.000 fl. verlangt, die Stände beschlossen die Hälfte zu bewilligen. Der Kommissär war natürlich damit höchst unzufrieden und erklärte, es müsse mehr bewilligt werden. Die Stände erklärten sich bereit, noch 100.000 fl. hinzuzufügen. Der k. Kommissär fand die Mehrbewilligung nicht genügend. Hierauf beschloß der Landtag, weitere 50.000 fl. zu genehmigen. Auf die Meldung dieses Beschlusses erklärte der Kommissär, er habe Vollmacht von den geforderten 800.000 Gulden 50.000 fl. nachzulassen, die Stände möchten also 750.000 fl. auf das Land aufteilen. Die Stände aber beschlossen, nachdem die Szekler den zehnten Teil auf sich zu nehmen erklärt hatten, 600.000 fl. endgiltig zu bewilligen, zugleich aber eine Deputation an den Hof zu entsenden, die den Nachlaß jenes mehr von 150.000 fl. vom Kaiser erbitten solle.

Es ist nicht zum erstenmal, daß an einer scheinbaren Kleinigkeit

ein großer Kampf entbrennt und eine Hauptschlacht in einem Neben=
treffen geliefert wird.

Die Stände waren darüber einig, daß eine Deputation nach Wien
entsendet werde mit der Bitte um Steuernachlaß und mit dem Auftrag,
die Gravamina des Landes vorzulegen. Die Ausführung des Beschlusses
entzweite die Gemüter vollständig. Der Adel und die Szekler wollten die
Deputation im Landtag wählen, die Sachsen standen auf ihrem alten
Recht, ihren Deputierten selbst zu wählen. Als die beiden andern Stände
in der Tat die Mitglieder wählten — einen Sachsen, dem kein Sachse
seine Stimme gegeben neben dem Kanzler Bethlen und Lor. Pekri —
protestierten die Sachsen entschieden gegen diesen Vorgang mit Berufung
auf ihre alten Rechte. Als sie aber gar die Zusammenstellung der
Beschwerden lasen, die Bethlen verfaßt hatte, fanden sie hierin neuen
Anlaß zu argen Befürchtungen. Eine ganze Reihe von Tatsachen und
Einrichtungen wurden darin als Beschwerden aufgezählt, die die Sachsen
nicht als solche anerkennen konnten. Das Ziel der Eingabe war klar.
Das Gubernium sollte eine weitausgedehnte Machtbefugnis erhalten,
so daß hinfort der Adel allein maßgebend sein sollte, der König selbst
ihm untergeordnet schien und um die Sachsen wäre es geschehen. So
wurde der Rekurs an den Hof als eine unpassende Belästigung des Königs
bezeichnet, und damit sollte den Sachsen die Gelegenheit genommen werden,
ihre Klagen vor ihn zu bringen und was dergleichen mehr war. Um so mehr
schien es den Sachsen dringend nötig, wenn Bethlen — und noch dazu mit
diesen Gesinnungen — nach Wien ginge, Sachs von Harteneck an seine
Seite zu stellen. Da dieses durch die vorgenommene Wahl von Seite
der Stände und durch ihre Hartnäckigkeit, mit der sie den Sachsen die
Bestellung ihres Deputierten verwehrten, unmöglich erschien, erklärten die
Sachsen: sie hätten ihre Zustimmung zur Entsendung einer Deputation
nach Wien voreilig gegeben, sie wollten natürlich Adel und Szekler in
ihrem Recht, eine solche zu entsenden nicht hindern, aber um für jetzt und
für die Zukunft sich ihr Recht unverkümmert zu erhalten, seien sie ent=
schlossen, jener Deputation sich nicht anzuschließen. Sollten Ränke wider
sie geschmiedet werden, so würden sie dann sich an den Hof wenden.
Im übrigen sei der König im Augenblick von so schweren Regierungs=
sorgen gedrückt, daß es sich zieme, ihn mit diesen Streitsachen zu verschonen.

Die Erklärung der Sachsen hatte einen großen Tumult zur Folge,
aus dem sie Rufe vernahmen: man will Zwietracht säen und den Vor=
wurf hörten, der Komes Sachs von Harteneck sei es, der all das ange=
stiftet habe. Die beiden Stände erklärten, sie seien durch die Sachsen

beleidigt worden, das Gubernium untersagte den Sachsen den Besuch des Landtags, bis die andern Stände über das Weitere schlüssig geworden seien und begründete die seltsame Maßregel noch seltsamer: die Stände hätten den Verdacht, daß alle Erklärungen und Denkschriften der Sachsen nur allein vom Komes ausgegangen seien und daß er diese ohne Zustimmung seiner Nationsgenossen verfaßt und veröffentlicht habe. Harteneck verwahrte sich höchst entschieden dagegen und die sächsischen Landtagsmitglieder erklärten, daß alle Handlungen, Eingaben und Denkschriften der Sachsen aus der einmütigen Überzeugung und freien Zustimmung der Sachsen geflossen seien und der Komes nichts anders getan habe, als den einhellig gefaßten Beschlüssen Ausdruck gegeben zu haben. So wurden die Sachsen eingeladen, an den Verhandlungen des Landtags wieder Anteil zu nehmen, aber dem Komes untersagte es das Gubernium auch weiterhin unter dem Vorwand, es könne „durch die Volksmenge ihm eine Unbill zugefügt werden." Nach vielem Hin= und Herverhandeln erklärte endlich der Gouverneur, da das Geschehene aus dem einmütigen Willen der Nation hervorgegangen sei, so stünden die Stände von weiterm ab; die Klagen gegen den Komes Harteneck aber werde er dem Hofe vorlegen und von dort Abhilfe erbitten. Wieder waren die sächsischen Mitglieder des Landtags bereit, für ihren Komes einzutreten. Sie erklärten gegenüber allen Anklagen nationaler Natur gegen den Komes, insgesamt für ihn einzutreten, seien sie privater Natur, — war das vielleicht ein Bekenntnis, daß solche mit Recht vorhanden waren? — so werde er sich selbst zu verteidigen haben. Zugleich richtete die sächsische Nationalversammlung eine Repräsentation an den Kaiser, in der sie die Verwicklungen der letzten Monate schilderte, mit warmen Worten für den gekränkten und angegriffenen Komes Sachs von Harteneck eintrat und zum Schluß bat, die mehrmals angesuchte Bestätigung des Nationsgrafen auf Lebenszeit zu erteilen. Als die Nationsuniversität am 6. April 1701 in Hermannstadt zusammentrat, sprach sie in einer feierlichen Kundgebung nochmals aus, daß Harteneck unermüdlich im Dienste der Nation und des Kaisers tätig sei, daß alle Nachrede, als suche er aus persönlichem Ehrgeiz Unruhe und Zwietracht zu stiften, eine Verunglimpfung sei, daß alles was er getan habe im Namen und Einverständnis der Nation geschehen sei. Das sächsische Volk war bereit, für sein Oberhaupt und den politischen Führer sich einzusetzen.

Als der Landtag zur Fortsetzung der Arbeiten im Juni wieder zusammentrat, sah er die Deputation, da die Sachsen die Zustimmung verweigerten, als abgetan an und bewilligte endlich auf das Drängen des k. Kommissärs die gesamte geforderte Summe von 750.000 fl. Leopold aber bestätigte den Komes in seinem Amt auf Lebenszeit. Das war die vielsagende Antwort auf die Klagen und Anklagen, die Hartenecks Gegner bei Hof vorgebracht hatten.

Aber diese Gegner ruhten nun um so weniger.

Im folgenden Jahr 1702 sah sich die Regierung genötigt, die Summe von 750.000 Gulden aufs neue von Siebenbürgen zu verlangen und den Landtag zu diesem Zweck nach Weißenburg zu berufen. Zugleich tat sie einen Schritt weiter, indem sie den Landtag aufforderte, „ein beständiges Systema" der Steuern aufzurichten, also feste Grundsätze aufzustellen, nach denen die Steuerleistung erhöht, „keinem mehr oder weniger als dem andern aufgelegt" und doch eben durch die gerechtere Aufteilung eine Erleichterung geschaffen werde.

Die einzelnen Stände erstatteten schriftliche Gutachten über die Steuerreform; das der Sachsen hatte Harteneck verfaßt.

Es ist ein großangelegtes weitschauendes Projekt, das seiner Zeit um anderthalb Jahrhunderte vorauseilte. Von dem Grundsatz ausgehend, daß die Lasten nicht mehr auf dem niedern Volk allein liegen sollten, wurde die Besteuerung Aller ins Auge gefaßt, auch des Adels, den Maßstab sollte das Einkommen bilden, und um dieses festzustellen sollten Aufnahmen des ganzen Landes durchgeführt werden. Wurden diese gerechten Grundsätze angewendet, so wäre eine Folge auch die Erleichterung der Sachsen gewesen. Der springende Punkt im Vorschlag war die Besteuerung des Adels, dessen Privileg energisch angegriffen und dessen Berechtigung glänzend widerlegt wurde: „warum sollte der, welcher für den König zu kämpfen ja zu sterben verpflichtet ist, nicht verhalten sein Steuer zu zahlen, wenn der Dienst des Königs nicht Heeresfolge, nicht Tod sondern eine Kontribution verlangt, die doch ein viel geringeres Opfer ist als der Tod?"

Aber auch einige andere Gedanken und Grundsätze wurden darin ausgesprochen, die für den Verfasser bezeichnend waren, auch darum, weil sie aus seiner persönlichen Lage herausgewachsen sind: „Derjenige darf nicht als Störer der öffentlichen Ruhe betrachtet werden, der gestützt auf gute Gründe nicht nur nicht zum Nachteil des Königs und der Krone, sondern vielmehr über Befehl und Auftrag der obersten Staatsgewalt sein Recht zu verteidigen strebt." „Die öffentliche Ruhe kann nur dann als gestört angesehen werden, wenn jemand sich gegen den Bestand des Staates oder gegen die Krone sich auflehnt; ein Widerstand, der in gesetzlicher Weise die Selbstverteidigung bezweckt, darf nicht als Staats=

verbrechen angesehen werden." "Niemand kann in einer und derselben Rechtssache zugleich Zeuge, Kläger und Richter sein." "Alles was dem Wohle einer Nation dieses Vaterlandes Schädigung bringt, kann selbst wenn es den beiden andern Nationen noch so viel Vorteil, ja hohen Nutzen gewähren würde, nicht als eine Sache des Gemeinwohls betrachtet werden." Eingehend wurde in dem Reformprojekt bewiesen, daß es eine Ungerechtigkeit sei, die Sachsen mit 1400 Porten zu belasten und schlagend die Begründung dieser Ungerechtigkeit zurückgewiesen: die Sachsen seien verpflichtet als Bewohner des Königsbodens höhere Steuern zu zahlen als die Bewohner der Komitate, die Sachsen hätten gegen die Enthebung vom Kriegsdienst, zu dem sie einst verpflichtet gewesen, die höhere Summe auf sich genommen und die Sachsen seien wohlhabender als die andern Mitbewohner des Landes.

Harteneck mußte als Politiker und Kenner seiner Gegner sich dessen bewußt sein, daß dieser Vorschlag einen Kampf auf Leben und Tod heraufführen mußte. In der Tat nahmen die beiden andern Nationen den Kampf auf. Es erschien ihnen unerhört, "den Adel auf eine Stufe mit dem Bürger, dem Bauern und dem Plebejer zu stellen," undenkbar, daß der König jemals darein willige. Es ist nicht zum ersten= und nicht zum letztenmal gewesen, daß der Angriff auf ein adliges Privileg als Hochverrat gedeutet wurde. Der Hauptangriff richtete sich naturgemäß gegen den Führer der Sachsen, den Verfasser des Projekts, gegen Harteneck. Immer wieder kamen die Stände darauf zurück, was sie im vorigen Landtag schon gesagt hatten, daß es sich um die Tätigkeit unruhiger Geister unter den Sachsen handle, die aus eigenem selbstsüchtigem Antrieb im Namen der Nation aufträten. Der ganze schwere Gegensatz nicht nur in der einen Frage, sondern im großen kam zum Ausdruck in einer Erklärung der beiden Stände aus der Feder Bethlens. Der Kampf wurde damit je mehr ein Ringen der beiden Führer Mann gegen Mann. Was Adelsstolz und Überhebung in langen Jahrhunderten gegen die Sachsen geübt, hier erschien es in ein System gebracht. Wahres und Falsches erschien durcheinander gemischt, um daraus den Vorwurf zu beweisen, die Sachsen störten die Ruhe des Landes, sie suchten "das Diplom Seiner Majestät und unsere Milde mißbrauchend und gestützt auf die im Lande begründete deutsche Herrschaft" sich Ehrenstellen anzumaßen, die ihnen nicht zustünden, mißachteten das Gubernium und gingen darauf aus, die adligen Gläubiger, deren Schuldner sie seien, um das Kapital zu bringen, nachdem sie die Zinsen nur säumig zahlten. Der Kern des Ganzen war, die Sachsen stünden nicht gleichberechtigt neben den andern

Nationen, sondern unter diesen, die Ausübung ihres Rechtes wurde als Überhebung bezeichnet, bis auf die Titulaturen erstreckte sich der Ingrimm der Klagenden, die hier plötzlich als die Verfolgten erschienen und zuletzt kam immer wieder das Unerhörte zur Besprechung, daß die Sachsen den Adel in bezug auf die Steuer dem Bürger gleichstellen wollten. Die persönliche Spitze aber war wieder deutlich in der Forderung der Stände, die Sachsen „mögen keine Spaltung und Zwietracht heraufbeschwören, sie mögen sich hüten, persönliche Interessen für öffentliche Interessen der Nation auszugeben."

Die Sachsen blieben die Antwort nicht schuldig. Hartenecks scharfe Feder zerriß das Lügengewebe, edler Stolz auf das deutsche Volkstum, das Kaiser Rudolf ehrend anerkannt hätte, klang in jeder Zeile durch, um zu beweisen, daß der Sachse nicht schlechter und niedriger sei als der Ungar. Was in amtlichen Schriftstücken nicht gesagt werden konnte, das verhehlte Harteneck andern Ortes nicht, dort blieb er seinem Gegner Bethlen nichts schuldig und in einer Streitschrift schilderte er ihn als den ehrgeizigen ränkesüchtigen Menschen, der überall Unheil stiftete: „Siebenbürgen ist zwar das Vaterland Bethlens, aber er hat von diesem Lande kaum anders als die Abstammung; denn er ist an erkünstelter und unpassender Grandezza ein Spanier, an Gewinnsucht ein Holländer, in der Wahl gewinnzielender Mittel schmutzig wie ein Savoyarde, in seinen auf Täuschung berechneten Zusagen ein Franzose, an antimonarchischen Prinzipien ein Engländer, im Verlangen nach Ungebundenheit ein Pole, an Eifersucht ein Italiener und verdient auf diese Weise kaum anders als ein seltsam gearteter Minotaurus genannt zu werden."

Das Reformprojekt Hartenecks hatte aber doch einen großen Erfolg. Die Szekler übernahmen 50.000 fl. der Steuer, den Sachsen wurden von den 1400 Porten 100 abgenommen und den Komitaten zugewiesen, die nun 1100 zahlten. Diese 100 Porten aber sollten nicht auf die Hörigen, sondern auf die Grundherrn aufgeschlagen werden und „es soll bei schwerer Strafe niemand von dieser Leistungspflicht ausgenommen werden, er sei Magnat, Graf oder Freiherr." Zugleich wurde eine Kommission eingesetzt, die die Aufgabe erhielt, die Landesaufnahme und Vermögensbeschreibung durchzuführen. Die Weisheit der Stände zeigte sich in außerordentlich geringem Licht, wenn sie statt der großartigen Gedanken Hartenecks Weisungen dem Deputierten mitgaben, den der Landtag an den Hof schickte, Klagen über die Verarmung des Landes, der dadurch abgeholfen werden sollte, daß man den handeltreibenden Griechen, Raizen und Bul-

garen keine Steuererleichterung gewähre und die aus Siebenbürgen ent=
fliehenden Hörigen zwangsweise ihren Herrn zurückstelle!

Die Erbitterung der Parteien aber war aufs höchste gestiegen. Wenn
Bethlen beim vorigen Landtag wirklich gesagt hatte: „den Sachs laßt
uns verderben; sind wir über ihn Sieger geworden, so werden wir die
Sachsen leicht besiegen", so stand nun für die Gegner fest, daß sie ihn bald
verderben müßten. Dazu halfen die sächsischen Beamten in erster Reihe
mit, die es dem Mann nicht vergaßen, daß er ihren Übergriffen ein Ziel
setzen wollte.

Den Anlaß bot die Hinrichtung des Schäßburger Bürgermeisters
Johann Schuller von Rosenthal. Am 28. September 1703 war er hin=
gerichtet worden, am 14. Oktober berief der kommandierende General
Graf Rabutin Bansfy, Bethlen, Apor zu sich und sie beschlossen, wegen
der ungerechten Hinrichtung Schullers Harteneck verhaften zu lassen. Es
ist kein Zweifel, daß dieser Grund bloß Vorwand war. Auch Rabutin
haßte Harteneck, obwohl er gern auf dessen Rat gehört und hielt den
Untergang des Komes für angezeigt, weil sein Generaladjutant Akton
in intimsten Beziehungen zu Hartenecks Frau gestanden. Sollte man nicht
auch an jesuitische Umtriebe gegen den evangelischen Komes denken dürfen?
Für die politischen Gegner Hartenecks aber war dieses Eingreifen Rabutins
das günstigste was sich denken ließ.

Die Beziehungen Aktons zum Harteneckischen Hause lenken die Auf=
merksamkeit abermals auf die traurigen sittlichen Zustände der Zeit; die
verworfenste Person darin — war Frau Elisabeth, die Frau Hartenecks.
Das Weib, das jeglicher Schandtat fähig war, hatte in intimsten Be=
ziehungen zu dem Generaladjutanten Rabutins gestanden, zu Akton, dann
als dieser sich von ihr wandte, Mörder gedungen, ihn aus dem Wege
zu räumen, Zauberei und Tränke zu Hülfe gerufen, endlich im Diener
Aktons, Hans Adam, den willfährigen Gehilfen zur Mordtat gefunden.
Als er aber seinem Herrn Rattengift geben wollte, merkte dieser Unrat,
fuhr den Diener hart an und dieser flüchtete in das Haus Hartenecks.
Dort wurde er eine Zeitlang versteckt gehalten, dann aber ermordet.
Harteneck selbst hat mindestens um den geschehenen Mord gewußt. Auch
die Freiheiten, die die Frau sich genommen, hatte er für sich beansprucht
und sein Privatleben erschien von manchen dunkeln Flecken entstellt.

Von alle dem wußte man. Die Gegner Hartenecks aber steckten gleich
zwei Eisen ins Feuer; versagte das eine, so sollte das andre helfen.
Das Gubernium erklärte Harteneck seines Amtes enthoben und verlangte,
daß der Landtag gegen ihn wegen Hochverrat, der Hermannstädter Magistrat

wegen der übrigen Privatverbrechen gegen ihn vorgehe. Als Harteneck verhaftet wurde, erklärte er: „Gegen meinen kaiserlichen Herrn habe ich wissentlich nie gefehlt; als ich meinte den richtigsten Weg zu gehen, siehe da bin ich gefallen!"

Die Gefangennahme Hartenecks wirkte betäubend. Da seine Feinde Unruhen fürchteten, wurde er in derselben Nacht unter starker Bedeckung nach Fogarasch geführt, und starke Wachen durchstreiften die Gassen Hermannstadts.

Vor dem Landtag aber wurde der Sachsenkomes des Hochverrats angeklagt. Man hört die alten Donner grollen und erkennt den Urheber, wenn es in der Anklage heißt: er habe Spaltung unter den Ständen herbeizuführen versucht und unheilvolle Berichte an den Kaiser erstattet. Es war ein großes Lügengewebe von dem Vorwurf, Harteneck habe Schuller unrechter Weise hinrichten lassen bis zu der Erfindung, er habe die Pläne des Guberniums verraten und es konnte Harteneck nicht schwer fallen, all das zu widerlegen. War es doch aller Welt bekannt, was er von sich sagte: „Gott und mein Gewissen sind Zeugen, daß in meinen Adern kein einziger Tropfen Blut rollt, dem die Treue gegen meinen durchlauchtigsten Herrscher mangelt." Wenn irgend etwas seine Unschuld in diesem Fall bezeugte, so war es die Begründung des Todesurteils, das der Landtag fällte, das als Grund anführte, was zu beweisen war, daß Harteneck eine für König und Vaterland höchst gefährliche Persönlichkeit sei.

Und es schwiegen bei den unerhörten Vorgängen die Sachsen im Landtag und vor allem in der Universität die Amtsgenossen, die vor nicht zwei Jahren sich gedrängt fühlten, den Führer gegen die feindlichen Angriffe in Schutz zu nehmen und mit dem eigenen Leibe zu decken! Im Volk regte sich die Teilnahme für Harteneck, die öffentliche Stimme erzählte, er sei ohne Grund gefangen gesetzt worden und nahm für ihn Partei. Da sah sich der Hermannstädter Magistrat (am 20. Oktober 1703) „auf allergnädigste Ordre Sr. Exzellenz", des Kommandierenden Rabutin, veranlaßt, beschlußmäßig auszusprechen, daß „dergleichen unzeitig erdichtete Spargamenter" der natürlichen Vorsorge und Liebe zuwider seien, die der Kommandierende nicht nur gegen Hermannstadt und die Nation, sondern auch Harteneck jederzeit erwiesen habe und so vermahne er alle Einwohner, bei Leib- und Lebensstrafe und befehle ihnen, von solch unnützen Plaudereien abzustehen und Alles Gott und der Gerechtigkeit anheim zu stellen, „widrigenfalls dem ersten Besten in dergleichen Lügen erfundenen Menschen der Kopf vor die Füße gelegt werden soll". Zugleich fragten sie in Kronstadt um Rat. Freilich, ein Teil der Beamten fürchtete seine

Energie und Rücksichtslosigkeit, ein andrer mochte erschreckt sein über den Verlauf des Prozesses vor dem Hermannstädter Gerichtshof und was dort zutage kam und eingeschüchtert vor allem durch die Macht jener, die sie als mächtigste Gegner Hartenecks kannten.

Der Hermannstädter Magistrat verurteilte Harteneck gleichfalls zum Tode und am 5. Dezember 1703 ist das Todesurteil an ihm in Hermannstadt auf dem großen Ring vollzogen worden. Religiöse Lieder singend, die er selbst gedichtet, herzhaft und ruhig schritt er aus dem Eckhaus des Großen Rings und der Heltauergasse, wo er unter dem Tor links in einem dunkeln Zimmer die letzten Tage zugebracht hatte, zum Blutgerüst, zu dem sein greiser Vater, der Stadtpfarrer von Hermannstadt, ihn vorbereitete. „Es fällt mir schwer von euch zu scheiden, sprach er zu den Überbringern der Todesbotschaft, nichtsdestoweniger freue ich mich darüber, daß mich Gott jetzt aus dem Leben abruft und ich nicht all das Elend schauen muß, dem Ihr und dieses Land entgegengeht."

Mit ungleichem Maß war auch da gemessen worden. Der zum Tode verurteilte Sekretär Hartenecks, Joh. Kinder, der die Teilnahme am Mord Adams nicht von sich weisen konnte, wurde am Fuße des Schaffots begnadigt und Hartenecks Frau, die Hauptschuldige, ging straflos aus — auf Verwendung Aktons und Rabutins, ja fand wenige Jahre später einen neuen Gatten. Es hatte sich eben um Hartenecks Leben gehandelt, den sie aus dem Wege räumen wollten. Die Sage, daß ein kaiserlicher Kurier die Begnadigung gebracht, aber durch Hartenecks Gegner bis nach Vollzug des Todesurteils vor der Stadt aufgehalten worden sei, spiegelte die Auffassung des Volks wieder, das nicht glauben wollte, es könne der treueste Kämpfer für das Kaiserhaus fallen gelassen werden. Dort hat man aber von dem Tode Hartenecks nur erfahren, als es zu spät war. Die Rache Bethlens und des Guberniums war gelungen. Harteneck war gegen die giftige Liga gefallen, in der der Adel gegen das Bürgertum, der Magyarismus gegen das Deutschtum, der Jesuitismus gegen den Protestantismus, die Soldateska gegen das gemeine Recht stand. Die Feigheit der „Herrn vom Rat" in Hermannstadt kam dazu, der alte Stolz des Bürgertums lag am Boden. Auch der reformatorische Feuereifer des Sachsengrafen in den eignen Innerangelegenheiten war ihnen unangenehm gewesen, der ihrer Habsucht und Überhebung gegenüber die sächsische Volksfreiheit wieder hatte aufrichten wollen!

Über sie aber und über das Land brach nun ein größeres Verhängnis herein, der Kuruzzenkrieg. Als Harteneck verhaftet wurde, war ein Teil Siebenbürgens schon in den Händen der Aufständischen.

Bei allen Kämpfen gegen das Haus Habsburg von den Zeiten Zapolyas an galt Siebenbürgen als Zitadelle, deren Besitz den Sieg verbürgte. So hatte Rakotzi von Anfang an sein Auge auf Siebenbürgen geworfen. Die Zustände hier versprachen Erfolg, besonders als der Aufstand in Ungarn an Boden gewann, berechtigt und erklärlich angesichts aller Rechtsverletzungen auf politischem und kirchlichem Gebiet. Schon im September 1703 waren die Aufständischen bis Mittel-Szolnok vorgedrungen, wenig später standen sie neun Stunden weit von Klausenburg, im Oktober hatten sie schon Weißenburg eingenommen, wo das Gubernium „in Sorg und Ängsten" sich aufhielt und von wo der Kameraldirektor Graf Seeau schon im September schrieb: „Alles ist im Lande in höchster Konfusion sowohl in militaribus als politicis, niemand gehorcht oder hält einige Subordination, der Soldat bekommt hiedurch kein Geld, und wird schwierig und insolvent." Zugleich begann der Abfall des Siebenbürgischen Adels. Thorotzkai ging bei Bonczhida (in der Nähe Klausenburgs) zu Rakotzi über, L. Pekri anfang 1704, als er von Rabutin zur Organisierung der Komitatsinsurrektion geschickt worden war, M. Mikes, mit der Organisierung der Szeklertruppen beschäftigt. Unter dem 29. November 1703 richtete Rakotzi an Siebenbürgen ein Manifest, in dem er es zur alten Freiheit aufrief. Mit kluger Berechnung wurde darin als Ziel die Verteidigung der „adlichen Vorrechte", der „Kampf gegen das fremde deutsche Volk", das „seiner Natur nach" an den Magyaren Plackerei, Vergewaltigung und Grausamkeit verübt, hingestellt, „die Wiederherstellung des alten von uns ersehnten Glanzes unsrer Nation gegen die fremde deutsche Nation" verlockend ausgemalt, während ein besondres Manifest vom 9. Februar 1704 die sächsische Nation an die alten schönen Freiheiten erinnerte, „welche sie von den ungarischen Königen glückseligen Andenkens, unsern Vorfahren, erhalten", deren sie die deutsche Herrschaft beraubt habe, und die Befreiung von drückenden Steuern in Aussicht stellte. Sofort verhieß er die Befreiung von allen Zinszahlungen an des Fürsten Widersacher für jetzt und alle Zukunft.

Rabutin war diesen Ereignissen gegenüber ziemlich machtlos. Er ließ die Stände, so weit sie zuverlässig waren, nach Hermannstadt kommen, wohl vor allem um sie in seiner Gewalt zu haben, und rüstete sich zur Verteidigung. Seine Lage war eine sehr schwierige; schwer vermißte er Hartenecks Rat. In verschiedenen Teilen des Landes standen die Kuruzzen, die Zahl der kaiserlichen Truppen war eine geringe. Oberstleutnant Tiege schlug eine Abteilung der Rakotzianer bei Halvelagen (Januar 1704), Graven eine andre bei Zeiden, aber die kaiserlichen Truppen mußten sich in die festen Plätze zurückziehen und namentlich in die sächsischen Städte. Für diese brach eine böse Zeit an. Am 6. Januar 1704 richtete die Nationsuniversität an die Städte und Stühle eine Aufforderung, sie sollten „samt allen darin befindlichen Märkten und Dörfern" in ihrer dem Kaiser „geleisteten und bisher, dem Höchsten sei Dank, auch treulich gehaltenen Obligation steif und fest getreu verbleiben und sich davon auf keinerlei Weise abwendig machen lassen." Derselbe Geist lebte in allem Volke. Kaum war jene Aufforderung der Universität nach Schäßburg gelangt, so brachen die Kuruzzen über die Stadt herein. Wohl gelang es sie zu vertreiben, aber fast die ganze Stadt sank in Trümmer, vom Feuer verzehrt, selbst das Dach der Bergkirche verbrannte, ebenso der Turm, von dem die Glocken herunterstürzten, der Schaden der Stadt betrug über 100.000 Gulden. Das „Kuruzzenloch" am Schulberg, der Überrest der dort 1602 und 1603 erbauten Verschanzungen, hat die Erinnerung an jene Tage bis heute erhalten. Die Trümmer des bei Halvelagen auseinander gesprengten Haufens erschienen auch vor Mediasch, das die ersten Anfälle zurückschlug, doch wurde ein Teil der Bewohner in den Weingärten überfallen, der Stuhl geplündert und mißhandelt. Am 30. Mai ließ die Stadt die Feinde in ihre Mauern ein, sie mußte eine Brandschatzung von 7000 fl. zahlen, Lebensmittel, Kleider und Pferde liefern. Dann aber zogen die Kuruzzen, „wie sie einmal gut gefressen und gesoffen" ab, doch im Frühling des folgenden Jahres mußte die Stadt sich abermals ergeben und 1500 Mann rückten ein, sie lagen bis zu 30 und 50 Mann auf einem Hof, verzehrten alles was sie fanden und der feindliche Feldherr Lorenz Pekri erwog den Gedanken, die Bewohner „ins Elend" zu schicken. Als er am 2. Februar 1706 endlich mit den Kuruzzen die Stadt verließ, um den kaiserlichen Truppen entgegen zu rücken, ließ er einen großen Teil der Mauern und Basteien zerstören. Noch einmal im Herbst 1706 drang Pekri Lorenz — „der verräterische Bluthund," wie die Chronik des Mediascher Gregori ihn nennt — in die Stadt ein und ließ sie plündern, „bis sich die Leut ermahnt und auf die Rebellen losgegangen und mit Prügeln hinausgejaget". Sie schleppten den Bürgermeister, Stuhlsrichter und einen jungen Ratsherrn mit sich nach Ungarn, die erst nach drei Jahren wieder in die Heimat zurückkehrten. Kronstadt hielt anderthalb Jahre eine Belagerung aus, die allerdings keine strenge Einschließung zur Folge hatte, aber doch die Stadt und vor allem das flache Land schädigte. Die Szekler suchten das Burzenland mit schweren Plünderungen heim und streiften bis in die Nähe Hermannstadts. Dabei litten in erster Reihe die sächsischen Gemeinden des Burzenlandes. Während ein Teil der ungarischen Edelleute auf kaiserlicher Seite stand und in

Kronstadt gute Aufnahme fand, — im Jahre 1704 waren an 650 Edelleute in Kronstadt — brandschatzten die andern die sächsischen Gemeinden. Im Lager bei Honigberg hatten sie die Stadtgassen untereinander aufgeteilt und waren darüber miteinander in Streit geraten. Im Mai 1705 verlangten sie von den Rosenauern, Neustädtern und Weidenbächern, sie sollten ihre Wohnungen verlassen und ins Szeklerland wandern, den Rosenauern gelang es, in die Burg zu entkommen, die andern wurden von Haus und Hof verjagt, wie später Mikes dem Honigberger Pfarrer sagen ließ, er solle den Pfarrhof räumen, denn jener werde nach wenigen Tagen da einkehren. Dabei ein fortwährendes Plündern, Rauben, Morden, das mit gleicher Münze heimgezahlt wurde. Wenn die Kuruzzen den Petersberger Hannen enthaupten und seinen Diener spießen ließen, so ließ der Kronstädter Kommandant zwei gefangene Kuruzzen dafür enthaupten. Bistritz war zuerst von Rabutin aufgegeben worden, der Distrikt wurde schon 1703 so ausgeplündert, daß wer nur konnte, in die Stadt sich flüchtete. Dem Klein=Bistritzer Pfarrer raubten die Kuruzzen die Kleider vom Leibe, den Petersdorfer verwundeten sie, den Pintaker mißhandelten sie. Noch bevor das Jahr 1704 zu Ende ging, mußte auch die Stadt sich den Aufständischen ergeben, die den Distrikt ringsum verwüstet und der Stadt das Wasser abgeschnitten hatten. Der Stadtrichter Johann Klein von Straußenburg hatte dort 1703 und 1704 die Verteidigung der Stadt geleitet, von Rabutin wegen seines Eifers belobt. In Ermangelung kaiserlichen Geschützes ließ er für sein eigenes Geld sechs kleine Stücke gießen. Als die Kuruzzen die Überhand gewannen, hielt er es für angezeigt, der Macht zu weichen und „in dem Rachen der Wölfe sich befindend, sich der damaligen Welt gleichzustellen", was ihm später die Anklage auf Hochverrat und seine Gefangennahme zuzog, doch gelang es ihm, sich zu reinigen und wieder frei zu werden, was Kaiser Karl 1712 selbst anerkannte.

Nach der Besetzung von Bistritz durch die Kuruzzen begannen für die Stadt neue Drangsale. Die Rechnungen haben es aufbewahrt, was für Forderungen die Bewohner befriedigen mußten von der Bekleidung der Kuruzzen bis zum „Rosoli" und zum „Tobak", Gewürz und Zitronen, Zucker und Schreibzeug, nichts fehlt was sich nur denken läßt. Die Frau Pekris hatte dort eine Art Hofstaat eingerichtet, ließ sich auf der Stadt Kosten ihr Zimmer malen und das Mente füttern, den alten Wein für ihre Tafel und die Stricke für den Fischbehälter bezahlen. Ähnlich war es in Hermannstadt, nur zahlten sie es dort für die Kaiserlichen. In der Umgebung streiften die Kuruzzen umher, raubten und plünderten was sie fanden, nacheinander sanken die Dörfer in Asche, ihre Bewohner flohen hinter die Stadtmauern; starb ein Pfarrer so wurde der neue in der Stadt „eingeseligt" und mochte sehen, wann und wie er zu seiner Gemeinde komme. Verlockend war es um so weniger, als die Forderungen an die Geistlichen täglich höher stiegen.

Rakotzi hatte für den 5. Juli 1704 einen Landtag nach Weißenburg zusammengerufen, wo er am 6. Juli einstimmig zum Fürsten von Siebenbürgen ausgerufen wurde; auch Vertreter des sächsischen Volkes waren anwesend. Die in Hermannstadt versammelten legalen Stände protestierten feierlich dagegen und Rabutin entwickelte energische kriegerische Maßregeln. Er schlug Thorotzkai, der Hermannstadt überraschen wollte, bei Groß-Scheuern, Pekri bei Mühlbach, entsetzte Deva, und schlug nochmals ein vereinigtes Herr bei Pata, in der Nähe Klausenburgs, dessen Stadtmauern zerstört wurden und dessen Besatzung herausgezogen wurde, während um dieselbe Zeit Tiege sich bei Mediasch festsetzte. Dennoch blieb das Land zum größten Teil in den Händen der Kuruzzen. Schon im Frühjahr 1704 hatte das Gubernium ein verzweifeltes Bittgesuch nach Wien gesandt, das Land sei dem Verderben preisgegeben, „die furchtbarsten Abarten des Krieges sind hier wie zu einem Ganzen vereinigt: Bürgerkrieg, Bauernaufstand, Winterfeldzug. Viele gemeine Bauern oder Knechte des Adels entfliehen, ergreifen die Waffen, die ihnen eben Wut oder Raub in die Hand gibt, treten in die Reihen der Kuruzzen und stürzen allsogleich, als ob sie von einer Schar böser Geister umgeben wären, auf ihren Nachbar los, auf den Bruder, auf den Herrn und Gebieter, ja selbst auf ihren Vater, rauben Pferde, Waffen, Kleider und alle wertvollere Gegenstände, verunstalten oder zerstören die Häuser, Kastelle oder Kurialgebäude, nachdem sie die Öfen, Türen und Fenster und andere Objekte, die rasch und leicht abgebrochen und herausgerissen werden können, entwendet haben. Auch die Kastelle in den Dörfern und Städten und selbst die Kirchhöfe entgehen diesem Schicksal nicht." Und dem gegenüber die Erklärung des Prinzen Eugen: „Wenn die ganze Monarchie auf der äußersten Spitze stehen und wirklich zugrunde gehen sollte, man aber nur mit fünfzigtausend Gulden oder noch weniger in der Eile aushelfen könnte, so müßte man es eben geschehen lassen und vermöcht dem Übel nicht zu steuern . . . Der meiste Teil der Soldaten ist nackt, dabei ohne Geld und die Offiziere bettelarm. Viele sterben fast aus Hunger und Not und wenn sie erkrankt sind aus Mangel an Wartung. In keiner Festung ist ein Verteidigungsvorrat, ja nicht einmal auf einige Tage ein Erfordernis vorhanden. Nirgends befindet sich nur ein einziges Magazin. Niemand ist bezahlt, folglich aus diesem Grunde das Elend allgemein.

Die Offiziere und Soldaten sind kleinmütig und von allen Seiten werden nur Klagen und Ausdruck der Verzweiflung gehört." Unter solchen Umständen suchte Rabutin umsonst in Wien um Hülfe nach; was an Kräften verfügbar war mußte im spanischen Erbfolgekrieg verwendet werden. Umso mißtrauischer war der Kommandierende und der Wiener Hof gegen die leitenden Personen in Siebenbürgen, insbesonders der Kanzler Bethlen war Rabutin längst verdächtig. Als dieser seine Columba Noae an ausländische Mächte versenden wollte, ließ Rabutin ihn am 19. Juni 1704 verhaften und nach Wien führen. Der siebenbürgische Landtag verurteilte ihn wegen Hochverrat zu achtjährigem Gefängnis, nach dessen Abbüßung er, in Wien interniert im Alter von 74 Jahren starb (1716); was er an Harteneck verschuldet, er hat es grausam gebüßt. Schon 1708 war der Gubernator Banffy gestorben.

Der Krieg in Siebenbürgen war übrigens längst schon in einen Kleinkrieg ausgeartet, dem bis ins einzelne nachzugehen fast unmöglich ist. Rabutin war auf den verzweifelten Gedanken gekommen, den Gegnern mit gleicher Münze heimzuzahlen, so daß Mord, Raub und Brand kein Ende nahmen. Dabei wurde zwischen Freund und Feind kein Unterschied gemacht und Kuruzzen oder Kaiserliche, man weiß nicht wer ärger gehaust. Es ist ein Bild statt vielen, wenn der Hermannstädter Bürger Irthel in seinem Tagebuch schreibt: den 7. August 1705 ist in Heltau von den Kaiserlichen geplündert worden. Den 27. August ist Michelsberg von den Kaiserlichen geplündert und verbrannt, dabei auch fünf brave Männer niedergehauen worden. Den 5. September haben die Kuruzzen Schellenberg ganz abgebrannt. Den 3. Oktober haben die Kaiserlichen Urbigen, Groß-Pold und Dobring ausgeplündert.

Unter solchen Umständen wußte bald niemand mehr, wer Freund und Feind sei. Kaum ein Ort, der nicht mehrmals von beiden Seiten erobert und geplündert wurde, keiner der nicht durch Kontributionen von beiden Seiten ausgesogen wurde. Waren die Kuruzzen Herrn einer Stadt oder eines Landesteils, so mußten die Abgesandten Rakotzi schwören und auf seinen Landtagen Steuern für ihn beschließen, kamen jene in Rabutins Hand, das Gleiche für den Kaiser tun. So erklärt es sich, wie alle Teile bald auf dieser bald auf jener Seite erscheinen, auch die Sachsen. Am 2. Januar 1705 schrieb Rabutin nach Schäßburg, sie sollten treu bleiben, sonst werde er die Stadt der Plünderung preisgeben und keine lebendige Seele verschonen, daß man nicht sehen solle, wo Schäßburg gestanden — und im April tagte dort das fürstliche Gubernium und verlangte Steuern und Soldaten von der Nation. Schäßburg lieferte in 14 Tagen für Rakoßis Truppen 21.798 Brote, 181½ Kübel Korn, 1118 Kübel Hafer, 482 Fuhren Heu, 14.996 Pfund Fleisch, 1079 Eimer Wein, 218 fl. 85 den. In derselben Zeit herrschte in Hermannstadt größter Mangel und unerhörte Teuerung. Von den Hütten der Bauern rissen sie die alten Strohdächer herunter, um die Pferde nicht verhungern zu lassen. Die Bilder des dreißigjährigen Krieges wiederholten sich hier. Der Stückhauptmann Miller gab seinen Forderungen dadurch Nachdruck, daß er dem Schäßburger Bürgermeister schrieb: der Herr soll und muß, sonst wird er beim Kopf genommen und trug ihm auf, ihm „eine Chaise mit zwei Pferden zum Fahren machen zu lassen" und Paul Gyüri der ein rein deutsches Regiment befehligte, fuhr auf einem Schlitten hinter seiner Truppe und machte sich, selbst ein Untergebener Rakoßis, über die Kuruzzen lustig, die in Schafspelzen und grauen Kitteln umhergingen, die sie den Bauern genommen hatten. Der Krieg war in eine allgemeine wüste Räuberei ausgeartet.

Inzwischen rüstete Rakoßi zum Krönungslandtag in Siebenbürgen; die Schüsseln und Teller zum Prunkmahl und die nötige Dienerschaft war aufs Land aufgeschlagen worden, zum Teil auf die sächsischen Städte.

So standen die Verhältnisse in Siebenbürgen, als Kaiser Leopold I. starb (5. Mai 1705). In der Umgebung Rabutins war ein eifrig aufgegriffener Gesprächsgegenstand: weil der Kaiser im 65. Lebensjahr, im fünften des neuen Jahrhunderts, im fünften Monat, am fünften Tage, in der fünften Stunde gestorben sei, er unfehlbar in die fünf Wunden Christi aufgenommen worden wäre. Er hatte die Türken aus Ungarn vertrieben, die Erbfolge seines Hauses landtäglich sicherstellen lassen, Siebenbürgen wieder mit der ungarischen Krone vereinigt, drei große Verdienste, deren ungeachtet aber das Reich während seiner achtunddreißigjährigen Regierung wie bei seinem Tode in Kriege verwickelt, von Parteigeist und Empörung zerrissen war, Grund genug für den Nachfolger, zu überlegen, ob nicht eine Systemänderung sich empfehle.

Dieser, der älteste Sohn Leopolds, Josef I. (1705—11), suchte zunächst durch Milde den Sturm der Empörung zu beschwören. In einem Schreiben an das ungarische Volk erklärte er seine Mißbilligung des Vergangenen, das schlechten Ratgebern seines Vaters zuzuschreiben sei, übertrug das Kommando in Ungarn an Herbeville und begann Verhandlungen mit den Kuruzzen. Unter diesen aber war vor allem Rakoßi nicht geneigt zu Unterhandlungen. Seine Anhänger versammelten sich in Szécsény (September 1705), wo auf Antrag Bercsenys beschlossen wurde, wie in Polen eine „Konföderation" zu bilden und zur Wiederherstellung der

Freiheiten ein Bundesoberhaupt zu wählen. Die Wahl fiel natürlich auf Rakotzi, dem ein Rat an die Seite gestellt wurde, die Siebenbürger Stände begrüßten den „Fürsten" durch eine besondere Gesandtschaft. Durch jene Beschlüsse aber war die Rückkehr unter das Haus Habsburg mindestens sehr erschwert. Immer deutlicher trat zutage, daß die Führer den Krieg um des Krieges und der Beute willen wollten. Prinz Eugen schrieb über Rakotzi: „Wir kennen seine Hinterlist und Heuchelei nicht von heute; der Geist der Revolution hat bei ihm in den Tiefen des Herzens kräftig Wurzel geschlagen." Die schlechte Münze, die Rakotzi ausgegeben, mußte um 40% entwertet und ihr Zwangskurs gegeben werden, und als die Schuldner anfingen, damit ihre Gläubiger zu befriedigen, kam ein neues Moment der Unzufriedenheit in das Land.

Aber all das mußte hinter Rakotzis Plänen zurücktreten, der jetzt vor allem auf Siebenbürgen es abgesehen hatte. Er kam nach der Szécsenyer Versammlung selbst ins Land, dem auf Rabutins Drängen endlich Herbeville Hülfe bringen sollte. Bei Sibo kam es am 10. November 1705 zur Schlacht, in der Rakotzi vollständig geschlagen wurde. Er hatte siegesgewiß den Tag des Einzugs in Klausenburg schon bestimmt, die Stadt hatte Vorbereitungen dazu getroffen, die Herbeville alle vorfand. Die Jesuiten besonders hatten alles aufgeboten, Triumphbogen mit prahlenden Inschriften errichtet, um Rakotzi ihrer Ergebenheit zu versichern. Von Herbeville zur Rede gestellt, hatten sie darauf die Entschuldigung, es sei zur größern Ehre Gottes geschehen, nämlich um Rakotzi abzuhalten, die Jesuiten aus dem Lande zu verjagen. Durch die Niederlage bei Sibo und die darauf folgenden Siege Rabutins und der Kaiserlichen bei Felak, Kronstadt und Weißenburg verlor Rakotzi für den Augenblick jeden Halt in Siebenbürgen. In dieser Zeit durfte aber Josef nicht wagen, sich der Jagd wegen auch nur wenige Meilen weit von Wien zu entfernen, so nahe streiften die Kuruzzen. Alle Versuche des kaiserlichen Hofes scheiterten an ihren Forderungen, Aufhebung der Erblichkeit der Krone, Wiederherstellung des adligen Wiederstandsrechtes nach der goldenen Bulle, Anerkennung Siebenbürgens als Wahlfürstentum (Konvent zu Tyrnau 1706). Die Feindseligkeiten brachen nach kurzem Waffenstillstand wieder aus. Rabutin mußte mit den Truppen nach Ungarn; dadurch geriet Siebenbürgen wieder in die Hände der Kuruzzen. Lorenz Pekri verwüstete, was etwa noch nicht vernichtet war, am ärgsten wütete er in den sächsischen Stühlen, die den Beitritt zur Konföderation verweigerten. Die Mauern von Mediasch, Bistritz, Mühlbach, Broos wurden geschleift, Schäßburgs Unterstadt zerstört, Stolzenburg schwer geschädigt, und andre Orte konnten nur durch große Summen sich vor dem gänzlichen Untergang retten. General Tiege schlug zwar die Kuruzzen bei Kocsárd (1706), aber er hatte zu wenig Truppen, um deren Überzahl im Lande zu zerstreuen. Er mußte sich in die festern Städte zurückziehen; seine klagenden Berichte bewogen den Hofkriegsrat zum Entschluß, Siebenbürgen aufzugeben, von wo die sächsische Universität am 17. Dezember 1705 sich an den neuen Kaiser gewendet hatte, dem sie all ihr Leid darlegte, das sie auch „von unsern rebellischen Mitgenossen" erduldet hatten. Der Kaiser und Prinz Eugen verwarfen den Antrag, weil sonst auch Ungarn in neue Gefahr komme. Rabutin erhielt den Befehl zu neuem Zug nach Siebenbürgen (1707), während der Kaiser allen Amnestie zusagte, die die Waffen niederlegen und ihn anerkennen würden.

Bevor Rabutin nach Siebenbürgen kam, war Rakotzi wieder im Land. Das Phantom der französischen Allianze stand verlockend vor ihm. Ludwig XIV. hatte Rakotzi mit Geld unterstützt, ein Schutz- und Trutzbündnis, das Rakotzi begehrte, unter der Bedingung in Aussicht gestellt, wenn er Fürst von Siebenbürgen sei und wenn die Konföderierten sich endgültig vom Hause Habsburg lossagten. Tieferblickende erkannten schon damals, daß der französische König sich nicht binden wolle und darauf ausgehe, Rakotzi unwiderruflich mit dem Kaiser zu entzweien. Eindringlich machte einer der bedeutendsten Agenten Rakotzis, L. von Vates, diesen hierauf aufmerksam und riet dringendst, Frieden mit dem Wiener Hof zu machen, da Frankreich nicht zu trauen sei. Rakotzi wollte es nicht begreifen. So sollte denn die erste Bedingung auf dem Landtag in Maros-Vasarhely erfüllt werden. Am 5. April 1707 begrüßten ihn dort die Stände als „Fürsten von Siebenbürgen" und Vater des Vaterlandes und nannten ihn Majestät. Aber Rakotzi irrte in der Annahme, daß das Land damit einverstanden sei. Alles was seine Anhänger gesündigt, nicht zuletzt der Terrorismus, mit dem sie alle, die nicht tätig für Rakotzi eingriffen, für Hochverräter erklärten und bestrafen wollten, entfremdete ihnen die Gemüter. Der Szekler Cserei geißelte die Vasarhelyer Vorgänge mit bittern Worten: „Dort gaben ihm die an seiner Seite befindlichen Siebenbürger aus bloßer Schmeichelei den Hoheitstitel und nannten ihn Vater des Vaterlandes. Ich weiß nicht warum. Vielleicht weil er Siebenbürgen in ewige Not und Untertänigkeit stürzte? Dort schrieben sie blöde Artikel nieder, als wenn das Haus Österreich von Grund aus zerstört wäre, was wohl jedweder Mensch von geringem Witze leicht durchschauen konnte. Denn zuvor ächteten sie den armen Apafy II., daß er dem deutschen Kaiser das Fürstentum Siebenbürgen verschachert habe, dann verdammten sie mit unflätigen gräulichen Worten unter beständigen Flüchen das Haus Österreich und die Regierung des römischen Kaisers und befreiten auf dem Papier Siebenbürgen von der kaiserlichen Herrschaft, als wenn das tatsächlich in ihrer Macht gestanden wäre." In Hermannstadt ließ Tiege die Vasarhelyer Artikel durch den Henker verbrennen und das Gubernium erklärte sie für ungesetzlich.

Aus Siebenbürgen ging Rakotzi zum Konvent nach Onod, den die Konföderierten hielten (Mai—Juni 1707), um die andre Bedingung Ludwigs zu erfüllen, damit dieser endlich das ersehnte Bündnis schließe. Er begann mit einem blutigen Vorspiel, indem die Vertreter des Thuroczer Komitates, von dem eine Bewegung ausgegangen war, man möchte endlich dem Bürgerkrieg ein Ende machen, der eine in offener Sitzung niedergehauen, der andre hingerichtet wurde. Am 14. Juni wagte niemand, dem Antrag auf Absetzung des Hauses Österreich zu widersprechen und der Konvent beschloß: „Vom heutigen Tage erkennen wir Josef nicht mehr als König an und widersprechen seiner Regierung, da wir eher bereit sind, den Tod zu erleiden als seine Untertanen zu bleiben. Diese Erklärung bekräftigen wir mit einem Eid auf unsern Bund. Der Thron bleibt solange erledigt, bis wir auf dem nächsten Reichstag einen neuen König wählen. Josefs Absetzung aber wünschen wir in einem besondern Gesetzartikel auszusprechen." Wer binnen zwei Monaten nicht in die Konföderation träte oder in Josefs Diensten verbliebe, wurde für einen Feind des Vaterlandes erklärt.

Zunächst enthüllte sich jetzt auch blinden Augen, daß Ludwig XIV. nicht an ein näheres Bündnis dachte, da er Rakotzi offen erklären ließ, daß dieser ihm lästig falle und die Hülfsgelder einstellte. Auch die andern Hoffnungen auf Rußland und die Türkei versagten. Zugleich gelang es Heister bei Trentsin Rakotzi zu schlagen (August 1708), so daß die Sache der Konföderierten sichtbar abwärts ging, wozu die allgemeine Amnestie des Kaisers viel beitrug, die manchen abzog. Auch in Siebenbürgen gelang es endlich Rabutin das Land wieder in die Hände zu bekommen, die Hauptsitze der Unzufriedenen, die Csik und Gyergyo wurden überfallen und verwüstet. Am 14. Juli 1709 wurden Rakotzi und Bercseny vom Kaiser geächtet und eine päpstliche Bulle vom 17. August wandte sich gegen sämtliche Anhänger der Konföderation, die der neue Primas (seit Kollonichs Tode 1707 Herzog August von Sachsen=Zeitz) ihrer Ämter entsetzte. Die Kaiserlichen dehnten ihre Eroberung in Ungarn immer weiter aus und im Oktober 1710 konnte Rakotzi an den langen Zügen vertriebener Konföderierter, die frostzitternd sich nach Norden gewandt hatten und auf den kleinen Wagen, die im Herbstkot langsam weiter ächzten, ihre Weiber und Kinder mit sich führten, sehen, daß das Glück sich von ihm losgesagt habe. Als an Heisters Stelle Palffy das Oberkommando übernommen hatte, gelang es den Grafen Karoly, den alten Genossen Rakotzis, von ihm zu trennen, der in die Friedensverhandlungen einging. Am 1. Mai 1711 kam es zum Frieden von Szathmar. Er stellte vollkommene Verzeihung für alle in Aussicht, die binnen drei Wochen dem Kaiser huldigten, erkannte neuerdings die Glaubensfreiheit für Ungarn und Siebenbürgen an, ebenso die politischen Rechte und Freiheiten beider Länder — und insofern war der Kampf doch nicht umsonst gewesen! Sämtliche Beschwerden sollten auf dem nächsten Reichstag geltend gemacht werden. Selbst für Rakotzi wurde Amnestie gewährt, falls er dem Kaiser binnen einer bestimmten Frist huldige. Er hat sich dazu nicht entschließen können. Aus der Fremde sandte er wirkungslose Proteste gegen den Friedensschluß nach Ungarn und in die Welt, noch immer das Unmögliche hoffend, es würden die auswärtigen Mächte für ihn eintreten und dem Fluch der Selbstverbannten erliegend, die im selbstgeschaffenen Martyrium sich gefallend, ein unfruchtbares Dasein führen und im besten Falle Mitleid erwecken. Noch 1715 sprach der ungarische Reichstag (49. Gesetzartikel) aus: „Obgleich die Häupter der letzten Rebellion, Rakotzi und Bercsenyi, wie auch alle ihre Anhänger jeden Standes und Ranges, vor dem Abschluß des Szathmarer Vertrages für Rebellen erklärt und als solche verurteilt worden waren, hat Se. Majestät dennoch die Schärfe dieses Urteils durch den Szathmarer Vertrag gemildert und diesen Häuptern und ihren Anhängern einzeln und insgesamt, nicht allein denen, die bald und sogleich, sondern auch andern, die bis zur festgesetzten Frist zu der, dem König schuldigen Treue zurückkehren, eine allgemeine Amnestie, Gnade und ewiges Vergessen aller Vergehungen und jedes Schadens, den sie Sr. Majestät zugefügt haben, gewährt. Da aber Rakotzi, Bercsenyi und einige andere in der festgesetzten Zeit nicht zurückkehrten, um die Amnestie und Gnade zu ergreifen und in der frevelhaften Rebellion noch hartnäckig verharren . . ., so wurden sie insgesamt und einzeln, kraft des gegenwärtigen Gesetzes für öffentliche Feinde ihres gesetzmäßigen Königs und des Vaterlandes erklärt und als Hochverräter und Umstürzer der wahren Freiheit verurteilt, die man überall verfolgen und einfangen soll, damit sie die verdiente Strafe erleiden und ihre Güter für den Fiskus für verfallen erklärt. Auch wird allen Landesbewohnern jeder Briefwechsel und sonstiger Verkehr mit ihnen bei Strafe der Majestätsbeleidigung verboten." Rakotzi starb im Jahr 1735 in Rodosto in Klein-Asien, wohin die

Türken ihn interniert hatten. Das Urteil über ihn geht auch heute noch, durch politische Gedanken der Gegenwart getrübt, auseinander. Die einen urteilen: er besaß nichts von alle dem, was in seiner Lage nötig gewesen wäre. Er war kein Staatsmann und kein Soldat, nicht von ungewöhnlicher Begabung und ohne festen Willen, schwankend in seinen Entschlüssen, von unendlichem Ehrgeiz, den die künstlich zur Schau getragene Bescheidenheit schlecht verhüllte. Die andern halten ihn für den Vertreter eines großen Gedankens, der dem Unrecht und der Gewalt unterlegen sei, groß schon durch das, was er gewollt habe. Von diesem letztern Gesichtspunkt aus hat der ungarische Reichstag 1906 den Reichstagsbeschluß von 1715 kassiert. Der französische Zeitgenosse, der Herzog von St. Simon aber, der ihm befreundet war, und das günstigste Bild von ihm als Privatmann entwirft, urteilt: „Wenn man ihn näher kennen lernte, verwunderte man sich darüber, wie er je der Führer einer großen Partei sein und soviel Erregung in der Welt hat hervorrufen können."

Den vollständigen Abschluß des Szathmarer Friedens erlebte Josef nicht. Er starb in seinem 33. Lebensjahre am 17. April 1711, aber der Friede ist wesentlich auch sein Verdienst.

Mit diesem Friedensschluß endete in Siebenbürgen erst eigentlich die Türkenzeit.

Als sie begann, zog die Reformation in das Land ein, als sie aufhörte, begann der Pietismus, amtlich bekämpft, doch zuletzt siegreich seinen Einzug zu halten.

Was in Deutschland den Pietismus hatte entstehen lassen und dem Einzelnen nahe brachte, das war in Siebenbürgen ebenfalls vorhanden. Kaum ein Überlebender, der nicht in der langen Kriegszeit durch ein günstiges Geschick vor dem äußersten Verderben bewahrt worden war, so daß jedes Geschlecht täglich empfunden hatte, wie die Kraft des Menschen nichts sei. Wenn die Mutter mit den Kindern im „Kuruzzenloch" versteckt war und in Todesgefahr um Rettung betete, während die wilde Schar der Feinde das Waldversteck absuchte und die Geängstigten ihre Stimmen in der Nähe hörten, dann wars natürlich, daß sie die Rettung dem besondern Schutz Gottes zuschrieben. Wenn der oft geplünderte Bauer und Bürger seine letzten Ersparnisse irgendwo vergraben und flüchtig aus der Ferne die Feuergarben aus seinem Dorf und Haus aufsteigen sah und zu Gott flehte, es möchte der Feind jenes Versteck nicht finden, und wenn es ihm später gelang, unter den verbrannten Balken die letzten Silberstücke und Schmuckgegenstände zu finden, so mußte auch er an besondern göttlichen Schutz glauben, der ihm zuteil geworden sei. „Überall wo ungeheure Schicksale in raschem Wechsel über den Einzelnen hereinbrechen, bildet sich der Glaube an Ahnungen, Vorbedeutungen, natürliche Warnungen. Während die Menge auf Nordlichter und Sternschnuppen, auf Gespenster, den Schrei des Käuzchens, ein unerklärbares Anschlagen der Glocken, mit banger Furcht achtete, suchte der feinere Geist die Weisungen des Herrn aus „Träumen und Offenbarungen zu erkennen." Je mehr das eigene arme Dasein wankend und schwach schien, um so mehr suchte die Seele ein Hohes, Festes, das dem Leben Inhalt geben könnte. Die Seele bemühte sich, den Glauben wieder herzlich, hold und vertraulich herzurichten. Er sollte wieder ein lebendiger Glaube werden, jeder müsse im eignen Innern die rechte Bekehrung durchmachen, das Christentum persönlich leben. Es war nicht eine neue Lehre, sondern eine Richtung des Gemüts, die einen Teil jeder echten Religion bildet und von Zeit zu Zeit zurückgedrängt, immer aufs neue hervorbricht. Die Geistlichen brachten diese neue Richtung von der Universität Halle nach Siebenbürgen mit und die offizielle Kirche meinte, sich dagegen wehren zu müssen und verbot den Besuch von Halle, doch 1711 erklärte sie, die Studenten könnten ruhig auch von dort heimkehren, nur solle der Superintendent sie vor der Anstellung im Pfarramt prüfen und außerdem wäre angezeigt, wenn niemand nur nach Halle ginge sondern auch weniger verdächtige Hochschulen besuche. Einer der bedeutendsten Männer in Hermannstadt, Komes Andreas Teutsch († 1730), war ein Hauptträger des Pietismus, deshalb auch mannigfaltig angefeindet, aber doch von allgemeinem Ansehen, der seine Frömmigkeit ebenso im Leben wie in seinen Schriften bewährte. Seinem Beruf nach Arzt schrieb er am Anfang des Jahrhunderts religiöse Abhandlungen, alle im pietistischen Geist und gab u. a. des Thomas a Kempis „Nachfolgung Christi" in Hermannstadt (1709) heraus. In seinen „Davidischen Harfen" legte er (1707) den Zeitgenossen eine Umdichtung der Psalmen vor, soweit sie nicht von andern schon umgedichtet worden waren, wobei für jeden eine bekannte Melodie zugrunde gelegt wurde, aus denen die herzliche Freude an „dem verborgenen Reichtum aller wahren und himmlischen Weisheit", die in den Psalmen verborgen, zutage trat. Im Vorbericht pries er die unendliche Güte Gottes, daß in den letzten zwei Jahrhunderten die ganze heilige Schrift „in unsrer deutschen Muttersprache verständlich und lauter gelesen und gebraucht werden kann" und legte Zeugnis davon ab, daß er in seinem Leben im evangelischen Liede stets gefunden habe, was er nötig gehabt habe!

Auch hier wurde eben der Pietismus eine Quelle neuen Lebens. Es war übrigens eine erfreuliche Erscheinung, daß gerade in dieser

Zeit allgemeiner Zerstörung die Kirche ihre alte Aufgabe, für Zucht und Sitte zu sorgen, neu aufnahm. Während der Bischof in Birthälm vor dem Altar ausgezogen und geplündert wurde, die Auflagen auf die Geistlichen kein Ende nahmen, — an vierjährigen Rückständen des Kathedralzinses, der den Klausenburger Jesuiten verliehen worden war, mußten die Zensualkapitel 1710 11.856 fl. zahlen, wozu die sächsische Nationsuniversität 7200 fl. zuschoß, weil die Pfarrer sie nicht zahlen konnten, — bald Geld, bald Pferde, bald Heu und Hafer von ihnen verlangt wurden, hat die Synode die Frage der Innerreform wiederholt erörtert. Keine tiefer gehend als die im Jahre 1708, also noch mitten in der Kriegeszeit. Daß die weltliche Obrigkeit daran hervorragenden Anteil hatte, erhöhte den Wert.. Die sächsische Nationsuniversität hatte eine Zuschrift an die Synode gerichtet mit einer Reihe von Vorschlägen „zur Abstellung schädlicher Ungleichheiten und ärgerlicher Mißbräuche". Im Zusammenhang damit beschloß die Synode Artikel gegen die Simonie und die Trunkenheit der Geistlichen; es solle die Neuaufnahme der Kirchenvisitation angestrebt, die gefallene Kirchendisziplin wieder hergestellt werden, „liebreiches Herz, große Geduld und heiliger reiner Eifer gehören dazu". Katechisationen sollten eingerichtet werden, die Schulen in ordentlichen Stand gebracht, die Lehrer ordentlich besoldet werden. Die Einigkeit zwischen Geistlichen und Weltlichen war öfter gestört; aber „die brüderliche Eintracht" fand sich doch wieder. Ein Zeichen dessen war es, daß die Synode beschloß, „es seien die Ehrenweine, welche man den wohlgebornen Herrn Dynasten in Hermannstadt sonst alljährlich dargeboten, seit einigen Jahren aber unterlassen hat, von neuem anzutragen."

Die Synode von 1708 wählte auch einen neuen evangelischen Bischof, da Lucas Hermann 1707 gestorben war. Nach alter Sitte stand bei den vornehmern Dechanten die Kandidation. So zogen sich auch jetzt der Generaldechant, die Dechanten des Burzenländer, Unterwälder, Kisder und Kozder Kapitels, dann die Vertreter des Hermannstädter und Schenker Dechanten zur Kandidation zurück und aus den sechs Kandidaten, die sie vorgeschlagen, wählte die Synode den Pfarrer von Meschen Andr. Scharsius, der aber schon 1710 starb, wie sein Nachfolger G. Kraus nur ein Jahr das Amt bekleidete (1711—12).

Wie sehr in den leitenden Kreisen der Kirche die Erkenntnis von der Notwendigkeit, an der Hebung der Sittlichkeit mitzuarbeiten, verbreitet war, beweist das „Visitations-Büchlein" von Marcus Fronius (als Kronstädter Stadtpfarrer 1713 gestorben), der im genannten Werk das gesamte kirchliche Leben behandelte. Die Aufgabe des Predigtamtes ist

darnach „die Zuhörer selig zu machen", dazu aber kommt's nur „durch
eine neue Geburt". Eindringlich ermahnte er zu Katechismusübungen,
mit denen nicht nachgelassen werden solle, „bis sie die Sache ins Herz
gekriegt und selbst verstanden haben". Vom Schulmeister verlangte er
nicht sowohl hohe Gelehrsamkeit als geduldigen Geist und frommes Herz,
in eindringlicher Weise wurde das gottgefällige Leben gezeichnet, mit
besondrer Ermahnung gegen das Fluchen, „das Branntweinsaufen" und „im
Hof, auf der Gasse, im Stall das rauchende Feuer zu tragen" („Tabak=
schmauchen"). Fronius gab bald nach seiner Berufung nach Kronstadt
auch ein Consilium de schola (Schulplan), der die Gedanken des Comenius
in die sächsische Schule hereinzutragen nicht erfolglos sich bemühte. Zur
Förderung der häuslichen Andacht aber befahl die weltliche Universität
das Abendglockenläuten mit dem dreimaligen Anschlagen am Ende, von
dem das Volk noch heut erzählt, es geschehe zur Erinnerung an die Ent=
hauptung Johannes des Täufers, und es wurden Gebete herausgegeben,
die jeder dabei knieend beten solle, ob er zu Hause oder auf dem Feld sich
befinde, mit den Kindern und dem Gesinde.

Um diese Zeit sahen die Sachsen mit Verwunderung eine kirchliche
Veränderung im Lande unter den Walachen vor sich gehen. Mit der öster=
reichischen Herrschaft begann in Siebenbürgen sofort die Arbeit für Aus=
breitung der katholischen Kirche, die trotz allen rechtsichernden Bestimmungen
des Leopoldinischen Diploms überall bevorzugt wurde. Den Jesuiten er=
schien besonders die griechisch-orientalische Kirche der Walachen ein er=
reichbares Objekt, die nicht gleichberechtigt sondern bloß „toleriert" war
und in mannigfache, zum Teil seltsame Abhängigkeit von den Reformierten
gelangt war. Nach den Anschauungen jener Zeit schien es nur einen
Weg zu geben, auf dem diese griechische Kirche zu den Rechten der re=
zipierten Konfessionen gelangen könne, das war der Anschluß an eine
derselben. So war es nicht verwunderlich, wenn der griechische Klerus den
Anschluß an die katholische Kirche wählte, der die meisten Vorteile ver=
sprach und von welcher Seite der größte Druck ausgeübt wurde. Schon
1697 hatte der Bischof Theophil den ersten Schritt zur Union mit der
römisch-katholischen Kirche getan, sein Nachfolger Athanasius aber schloß am
7. Juni 1698 die Union förmlich ab, indem er mit 51 Protopopen und
1475 Popen aus Siebenbürgen, mit 3 Protopopen und 59 Popen aus der
Marmarosch vier dogmatische Sätze beschwor, wornach sie den Primat des
Papstes anerkannten, das Fegefeuer annahmen und den Ausgang des
heiligen Geistes vom Vater und vom Sohn; dagegen behielten sie die
Austeilung des Abendmahles in beiderlei Gestalt, die Heiligen der morgen=

ländischen Kirche, ihre Fasten und die Priesterehe bei. Amtlich hatte der Hof den Walachen den Anschluß an irgend eine der rezipierten Kirchen freigestellt, im stillen wünschte er ihn nur an die römisch-katholische Kirche. Wo der Versuch gemacht wurde z. B. mit der reformierten Kirche sich zu verbinden, schickte der Bischof Athanasius den angesehendsten Pfaffen Soldaten aufs Haus und zwang sie zur Anerkennung der Union mit der katholischen Kirche. In der Folge wurde ein eigenes Bistum für die „unierte Kirche" errichtet, anfangs in Karlsburg, später nach Fogarasch, dann nach Blasendorf verlegt, mit Beibehaltung des Namens „de Alba-Julia-Fogarasch" und aus Landesmitteln reich dotiert. Für die Walachen bedeutete diese Union eine verhängnisvolle kirchliche Spaltung.

Das Zeitalter der Kriege aber nahm von Siebenbürgen Abschied, indem noch einmal die Pest verheerend Stadt und Land durchzog. Wohl wurden Vorsichtsmaßregeln getroffen, Wachen wurden am Ende der Orte und der Bezirke aufgestellt, aus der Ferne holte man wohl einen Chirurgus ins Land, errichtete zum Zeichen der Seuche einen Galgen am Ende der Stadt, um die Fremden abzuhalten oder verbot neuen Wein zu schänken, den man für ungesund hielt, selbst Brücken wurden abgebrochen, um den Verkehr zu hindern — aber Tausende starben dahin. Es gibt kaum ein erschütterndes Bild von der Not der Zeit als die Tatsache, daß selbst diese fürchterliche Krankheit hie und da mit Freuden begrüßt wurde, denn sie zwang die Militäreinquartierung aus Haus und Dorf zu fliehen.

Was der Krieg übrig gelassen, vernichtete die Seuche. Die Städte waren verhältnismäßig volkreich und vor allem rein deutsch oder doch überwiegend deutsch: Hermannstadt mit 9984 Einwohnern, darunter 9870 Deutsche, Schäßburg 5052 Deutsche (396 Walachen, 114 Magyaren), Mediasch 3468 Deutsche (684 Walachen, 148 Magyaren), Kronstadt 6876 Deutsche (neben 5310 Walachen, 4542 Magyaren). Verglichen mit den ungarischen Städten: Pest 2713 Einwohner, Preßburg 7943, Kaschau 1961, Debrezin 8208 standen die sächsischen Orte wirtschaftlich und politisch in der ersten Reihe. Aber auf dem Lande sah es böser aus. In Neppendorf zählte man 78 Wirte, ungefähr ebensoviele in Großau, in den meisten Gemeinden um Hermannstadt war ein Teil des Bodens unbebaut, überall im Lande fast ungezählt die wüsten Höfe und die wüsten Fluren, Elend und Niedergang überall. Der Schuldenstand der Nation betrug 1712 1,248.257 Gulden, die rückständigen Zinsen 384.378 Gulden.

Aus dem Land schien alle Lebenskraft verschwunden. Die neue Regierung aber meinte die Zeit gekommen, um nach Willkür zu schalten.

## II.
## Karl III. Die Pragmatische Sanktion. Gegenreformation und neue Einwanderungen.
### 1711—1740.

Als Josef I. mit Hinterlassung zweier Töchter starb, war der Erbe des Reichs, sein Bruder Karl III. (als deutscher Kaiser VI.) in Spanien im vergeblichen Kampf um die Krone dieses Landes. Auf die Kunde vom Tode des Bruders kehrte er sofort nach Wien zurück, die unbestrittene Krone des Deutschen Reichs in Frankfurt und des ungarischen in Preßburg sich aufs Haupt zu setzen. Er war 27 Jahre alt, seinem Vater in seinem Wesen ähnlich, aber beweglicher und energischer wie dieser, doch seinem verstorbenen Bruder an feuriger Energie nachstehend. In Österreich sah man es ungerne, daß Karl aus Spanien bevorzugte Günstlinge mitbrachte, denen er Einfluß auf die Staatsgeschäfte einräumte, mit denen die alten Räte, voran Prinz Eugen von Savoyen, mannigfache Kämpfe zu bestehen hatten. Da es den europäischen Staaten nicht wünschenswert erschien, in Karls Hand neben Deutschland (mit Österreich) und Ungarn auch die spanische Erbschaft vereinigt zu sehen, kam der spanische Erbfolgekrieg zum Stehen und in den Friedensschlüssen zu Utrecht und Rastatt willigte Karl in die Überlassung Spaniens an die Bourbonen, Österreich erhielt die spanischen Niederlande, Neapel, Mailand und die Königreiche beider Sizilien. Die Rehabilitierung Rakozis, die es anfangs verlangt hatte, ließ Frankreich fallen.

Die Herstellung des Friedens war für Karl um so wichtiger, als ein neuer Türkenkrieg drohte und 1716 in der Tat ausbrach. Seit dem Karlowitzer Frieden lauerte die Pforte auf den günstigen Augenblick, die ungünstigen Bedingungen dieses Friedensschlusses in einem neuen Kampf wettzumachen. Schon während der Rakozischen Revolution hatte die Kriegspartei in Konstantinopel wiederholt zum Angriff gedrängt, den nur die Rücksicht auf Österreichs Verbündete und zuletzt die Erfolge der kaiserlichen Waffen zurückgehalten hatten. Als aber der Sultan 1714 an Venedig den Krieg erklärte und dieses sich an Österreich um Hülfe wandte, gewährte sie Karl und im Sommer 1716 erklärte die Pforte auch an ihn den Krieg, nicht ohne darauf zu rechnen, daß in der Unzufriedenheit Ungarns und in den Rakozischen Erinnerungen ihr ein Verbündeter entstehen werde. In der Tat waren dort die Gemüter noch lange nicht der kaiserlichen Herrschaft gewonnen. Als eine rücksichtslose Katholisierung wieder ihre unduldsame Arbeit begann, wuchs die Unzufriedenheit in Ungarn aufs neue und die Blicke vieler richteten sich in die Ferne, wo Rakotzi und seine Anhänger als Verbannte die Heimkehr ersehnten. Der Kampf mit der Pforte aber fand im Prinzen Eugen nicht nur den sieggewohnten Führer und Feldherrn sondern auch den weitschauenden Politiker, der immer darauf hingearbeitet hatte, es müsse Österreich den Einfluß auf den Balkan sich sichern und donauabwärts ausgreifende Politik treiben. Am 5. August 1716 gelang es bei Peterwardein die Türken zu schlagen, der Tod des Großveziers erhöhte die Niederlage. Das letzte Bollwerk der Türkenherrschaft in Ungarn, die Festung Temesvar mußte sechs Wochen hindurch belagert werden, in vergeblichen Stürmen verloren die Kaiserlichen über 5000 Mann, bis am 12. Oktober endlich die Übergabe des Platzes erfolgte. Das Banat, das seit hundertfünfzig Jahren in den Händen der Türken gewesen, fiel dem Sieger zu, dem Papst Clemens XI. den geweihten Hut und Degen schickte, während man in Wien hoffen durfte, auch die Moldau und Walachei dem österreichischen Einfluß zu unterwerfen. Türkische Friedensanträge wurden zurückgewiesen und Prinz Eugen nahm die Belagerung Belgrads auf, während ein türkisches Entsatzheer von 200.000 Mann unter dem neuen Großvezier sich Belgrad näherte. Es gelang dem siegreichen Christenfeldherrn in einem glänzenden Doppelsieg das Entsatzheer vollständig zu schlagen und Belgrad einzunehmen. Die Erinnerung an Johannes Hunyadi, den Türkenhelden, wurde wieder lebendig, als die Kunde von den Taten bei Belgrad die Welt durchzog; im Gezelt des Großveziers hatten die Sieger getafelt, märchenhaft war die Beute, die sie machten und das Lied von „Prinz Eugen, dem edlen Ritter" trug seinen Ruhm in alle Lande hinaus.

Auch Siebenbürgen war nicht ganz vom Krieg verschont geblieben. Der Hospodar der Walachei Maurocordato war als Gefangener mit seiner Familie nach Hermannstadt geführt worden und 15.000 Mann Türken und Insurgenten drangen aus der Moldau nach Siebenbürgen bis gegen Bistritz vor, ihre Scharen streiften bis ins östliche Ungarn, bis General Martigny sie zurücktrieb. Prinz Eugen aber ließ seine Truppen die Winterquartiere in Ungarn, Syrmien, Serbien, im Banat und Siebenbürgen beziehn und dachte den Feldzug nach Bulgarien und Bosnien fortzusetzen. Inzwischen war ein europäischer Friedenskongreß in Passarowitz zusammengetreten, dem es gelang, nach langwierigen Verhandlungen den Frieden von Passarowitz (21. Juli 1718) zustande zu bringen. Karl III. erhielt darin das Banat, den nördlichen Teil Serbiens mit Belgrad, fünf Distrikte der Walachei (die kleine Walachei) bis zum Alt und ein

vorteilhafter Handelsvertrag, der das türkische Reich dem nachbarlichen
Handel öffnete, schien die friedliche Weiterausdehnung des kaiserlichen
Einflußes auf die Balkanhalbinsel zu verbürgen. Es war ein Zeichen
für die türkische Niederlage, daß die Pforte sich verpflichtete, Rakoßi und
die gesamte Emigration am Gestade des Marmarameeres zu internieren.

Noch bevor der Krieg mit der Türkei ausgebrochen war, hatte
in Siebenbürgen ein Ereignis stattgefunden, das nicht so sehr durch
die Bedeutung, die es an sich hatte, erwähnenswert ist, als durch die
Stärke, mit der es die Zeitgenossen aufregte. Es ist der Durchzug
Karls XII. von Schweden durch das Land. Es ist bekannt, wie
Karl XII. nach der Schlacht bei Pultawa 1709 in die Türkei ging und
dort troß allen Drängens seitens der Pforte blieb, bis er endlich 1714
durch seine Schwester sich bewegen ließ, den Entschluß zur Rückkehr
in die Heimat zu fassen. Von Wien aus war ihm wiederholt das
Anerbieten gemacht worden, wenn er den Weg durch kaiserliches Gebiet
nehme, werde man ihm ein ehrenvolles Geleit nicht versagen. Dennoch
war die ganze Sache dem Wiener Hof nicht sehr behaglich. Noch waren
die Erinnerungen an Rakoßi lebendig, auch fürchtete man einen Verkehr
des Königs mit den Protestanten und bereitete sich vor, den König genau
zu überwachen, wenn er durchs Land ziehe. Der kommandierende General
erhielt den Auftrag, den König ehrenvoll zu empfangen und persönlich
durch das Land zu führen, ihn aber unter keinen Umständen einen andern
Weg nehmen zu lassen, als er (Karl) der Regierung in Wien angezeigt
habe. Die kaiserlichen Truppen in Siebenbürgen erhielten ihre Quartiere
mit Rücksicht auf den bevorstehenden Durchzug, das Gubernium traf
alle Vorbereitungen, den König würdig zu empfangen, insbesonders in
Hermannstadt und Kronstadt; der Kommandierende sollte den schwedischen
König in Kronstadt selbst empfangen, sein Silberservice hatte er gleichfalls
hingeschickt. Während so von allen Seiten auf das Kommen des Königs
gewartet wurde, war dieser am 9. November verkleidet, nur von zwei
Getreuen begleitet, zu Pferd in Hermannstadt angekommen, hatte sofort
die Reise fortgesetzt — über Ofen und Wien — und war am 21. November
schon in Stralsund. Am 24. November schrieb der Hofkriegsrat an den
General Steinville „zur geheimben Nachricht", daß der Schwedenkönig
unerkannt Hermannstadt und Wien passiert habe. Im Lande wartete man
noch vielfach auf ihn. An vielen Orten wollte man ihn gesehen haben.
Tatsächlich sind von 1710—14 eine Menge Schweden durch Siebenbürgen
gereist, freundlich aufgenommen und bewirtet und an vielen Orten, wo
schwedische Offiziere sich aufgehalten hatten, erzählte das Volk, es sei

der König gewesen. So hat sich ein eigener Sagenkreis um ihn gewoben. In Kronstadt sollte er der deutschen Predigt des Stadtpfarrers in der schwarzen Kirche beigewohnt haben, in Heldsdorf das heilige Abendmahl empfangen haben, wofür er den schönen Altar der Kirche geschenkt. Bis vor wenigen Jahren zeigte man das Haus, in dessen Schmiede die Pferde des Königs beschlagen worden seien. In Reps sollte der König gleichfalls das Abendmahl empfangen haben, dann Gast beim Pfarrer gewesen sein, der unter des Königs Teller einen Zettel von Karls Hand geschrieben fand: Beten Sie für den unglücklichen König von Schweden. In Schäßburg zeigte man einen Becher, den er dem gastlichen Haus gelassen habe, das ihn bewirtete und die tanzlustigen Hermannstädter erzählten, der König sei dort auf einem Ball gewesen und habe mit einer Tochter der Stadt getanzt!

Den weitaussehenden Plänen, die an die Erfolge des Türkenkrieges sich knüpften, stellte sich eine unheimliche Aussicht im Innern des Reiches entgegen, die Gefahr des Zerfalls der Länder Habsburgs angesichts der Tatsache, daß das alte Haus Habsburg keinen männlichen Erben für den Thron besaß. Inmitten des Herrscherhauses war schon am Anfang des Jahrhunderts der Gedanke erwogen worden, in welcher Weise ein Vertrag wechselseitiger Erbfolge unter den Angehörigen des Hauses geschlossen werden könne, wobei auch die weibliche Erbfolge berührt wurde. Daneben war aber auch der andere Gedanke maßgebend, den Erbteilungen endlich ein Ende zu machen und die Zusammengehörigkeit der unter Habsburg vereinigten Königreiche und Länder zu sichern. Die Notwendigkeit entschiedener Schritte ergab sich, als der sehnlichst erwartete Thronerbe wenige Monate alt starb und dann zwei Töchter nacheinander geboren wurden. Schon 1713 hatte Karl aus eigener Machtbefugnis eine Erbfolgeordnung festgesetzt, die die Erbfolge auch der Frauen ins Auge faßte, es ist die später sogenannte „Pragmatische Sanktion". Sie wurde zu einem Staatsgrundgesetz, nachdem seit 1720 zuerst die Verhandlungen mit den österreichischen Ständen, dann mit jenen der übrigen Länder zu ihrer Anerkennung durch die einzelnen Länder führte, der die Anerkennung durch die auswärtigen Mächte seit 1725 folgte. Auf dem Landtag in Hermannstadt, der für den 19. Februar 1722 zusammenberufen worden war, gaben die siebenbürgischen Stände am 20. März ihre Zustimmung zur Pragmatischen Sanktion. Es geht ein wärmerer Ton durch die Stellen der Urkunde, in der sie ihre Zustimmung zum Gesetz gaben, wo sie von der ungeheuern Mühe und dem riesigen Aufwand reden, und dem vielen Blute, wodurch Siebenbürgen gleichsam die Vormauer gegen die Wut der geschworenen Feinde des christlichen Namens aus dem schweren Joch der Türken befreit worden sei und die Anerkennung der Pragmatischen Sanktion auch darum gäben, um dem Danke gegen das Haus Habsburg Ausdruck zu geben. Siebenbürgen mußte übrigens mehr noch als andre Länder Habsburgs ein Verständnis für die Bedeutung jener Bestimmungen haben, die der Pragmatischen Sanktion neben der Übertragung der Erbfolge auf die weibliche Linie für den Fall, daß der Mannesstamm fehle, ihren dauernden Einfluß sichern: daß die Länder unter Habsburg für immer ungeteilt sein sollten und daß sie sich zu gegenseitiger Verteidigung verpflichteten. Es waren die Grundlagen des staatlichen Lebens, die jetzt erst der Erbschaft der Habsburger den Charakter eines Privatbesitzes, der beliebig geteilt werden konnte, nahmen. Die um die Annahme der Pragmatischen Sanktion besonders verdienten Siebenbürger erhielten kaiserliche Auszeichnungen, von den Sachsen der Komes Andreas Teutsch und Sam. Vest „garnierte kaif. Symbole" und der Hermannstädter Bürgermeister G. Werder eine goldne Kette. Die Annahme selbst war auf dem Landtag nicht kampflos geschehen. Am 30. Juni 1722 nahm auch der ungarische Reichstag in Preßburg die Pragmatische Sanktion an und behielt sich für den Fall eines erbenlosen Aussterbens des Herrscherhauses die Wahlfreiheit Ungarns vor. Der ungarische Reichstag nahm zugleich wichtige Veränderungen in der Verwaltung und Rechtspflege in Ungarn vor. Unter dem Vorsitz des Palatins wurde eine königliche Statthalterei errichtet, die k. Kurie als oberster Gerichtshof eingerichtet, vier Gerichtstafeln als zweite Instanz im Lande zusammengesetzt, die Komitatsverfassung reformiert. Ein Einwanderungsgesetz sicherte Einwanderern mehrjährige Steuerfreiheit zu und die Regierung selbst gab sich Mühe, besonders in die neuerworbenen Landstriche Bauern und Handwerker hereinzurufen.

In Siebenbürgen war nach den Stürmen des Kuruzzenkrieges ein Neubau des Staatswesens notwendig, die alten zum Teil neugewordenen Formen mußten mit Leben erfüllt werden. In einem Schriftstück aus dem Anfang des 18. Jahrhunderts wirft sich Siebenbürgen sterbend vor die Füße des Kaisers: wie der stumme Sohn des Krösus, als er das Leben des Vaters vom unkundigen persischen Krieger gefährdet sah, plötzlich zu reden begann und den König rettete, so ruft die moribunda Transsilvania, die Jahre lang stumm das Elend getragen hat, um Schonung. Sie wird von einem deutschen Krieger gemartert. Das Bild verträgt eine allgemeinere Deutung. Nicht nur das kaiserliche Heer, auch vieles andere lag quälend auf dem Lande.

Zunächst fehlte eigentlich jegliche Regierung. Das Gubernium war wörtlich ausgestorben, 1709 lebte nur ein einziges Mitglied noch. Der Regierung in Wien schien es angezeigt, unter solchen Umständen überhaupt die erledigten Stellen nicht zu besetzen, sie bestimmte eine Deputation von 16 Männern, die die Geschäfte des Guberniums zu führen hätten und die aus den rezipierten Religionen genommen werden sollten. Die Stände des Landes traten zum erstenmal 1712 in Mediasch zusammen. Sie huldigten aufs neue dem Kaiser und kandidierten sodann die Mitglieder zum Gubernium, das der Kaiser wieder erneuern wollte. Es hat die Stände wenig angefochten, daß niemand von jenen, die sie zum Gubernator vorgeschlagen, bestätigt wurde, sondern der Kaiser Sigmund Kornis, einen ausgesprochenen Feind der Sachsen, in das Amt einsetzte. Das Wichtigste war, daß der Landtag zum Aufbau der Festung Weißenburg, das seither den Namen Karlsburg führte, Arbeiter und Geld bewilligte, auf die Sachsen fiel wieder die größte Summe. Die Festung ist in den Jahren 1715—19 in der Tat erbaut worden, nach der damaligen Anschauung eine entsprechende Festung, nicht ohne den eindrucksvollen Schmuck der Tore, die den Bauten Karls einen Zug des Großartigen geben. Aber angesichts dessen, was alles zu tun nötig gewesen wäre, um dem „sterbenden Siebenbürgen" aufzuhelfen, die blutenden Wunden zu heilen, dem Lande neues Leben zu geben, fehlte es oben und unten an der Kraft, das neue Leben zu schaffen und die Erkenntnis, wo die Wurzeln eines neuen Lebens zu suchen seien.

Fast Jahr für Jahr trat der Landtag zusammen, seine Hauptaufgabe war Bewilligung und Aufteilung der „Kontribution", die immer unter peinlichem und widerwärtigem Feilschen und Markten vor sich ging, wobei bittere Reden die Stände unter einander immer wieder verfeindeten und niemand zufrieden war. Der einzige Ausweg, den die Stände fanden, war der Beschluß, eine Deputation an den Hof zu schicken, um Verminderung der Kontribution, um Nachlaß der Rückstände, um Verlegung des Militärs zu bitten. Nicht immer war es leicht, die Deputationen zu entsenden, denn nach einem kaiserlichen Befehl von 1725 mußte, vor ihrer Absendung, die Genehmigung beim Hof nachgesucht werden. Der Hof hatte damit ein Mittel, unangenehme Bitten und Bittsteller von vorneherein fern zu halten. Zuweilen hatten die Bitten Erfolg, die kaiserliche Milde erließ einen Teil der Kontribution und stand von der Eintreibung der Rückstände ab. In der Regel konnten die Stände sich über die Aufteilung nicht einigen, wenn es schon gelungen war nach endlosen Verhandlungen die Gesamtsumme selbst festzustellen. Dann griff das Gubernium ein und teilte die Steuer auf. Es hatte kein Recht dazu, aber wenn die Stände sich müde gezankt hatten, ließen sie es geschehn. Ja sie taten mehr; sie baten auf dem Landtag von 1727 selbst, das Gubernium möge die Aufteilung vornehmen. Wenn es der Regierung gelang, die Verfassung des Landes an allen Ecken und Enden zu durchlöchern, alte und neue Gesetze beiseite zu schieben und nach Willkür zu schalten, so lag die Erklärung hiefür nicht zum wenigsten im Verhalten der Stände, die zu solchem Vorgehen geradezu einluden.

Das Gubernium war übrigens, ohne auf die Einladung von Seite der Stände zu warten, schon früher einen Schritt weiter gegangen. Es hatte die Aufteilung der Kontribution nicht nur auf die Stände, sondern auch auf die einzelnen Stühle und Komitate vorgenommen. Wieder waren es die Sachsen, denen das Meiste zugewiesen wurde: von den geforderten 500.000 Gulden sollten die Komitate 120.000 Gulden, die Szekler 65.000 fl., die Sachsen 137.000 fl., die Taxalorte 36.000 Gulden tragen. Das Verhältnis der Mehrbelastung der Sachsen bewies u. a. die Verteilung von 1712. Von 122.000 Gulden, 22.933 Kübel Getreide, 37.562 Kübel Hafer, 18.512 Fuhren Heu, die zu liefern waren, gaben

|  | fl. | Kübel Korn | Kübel Hafer | Fuhren Heu |
|---|---|---|---|---|
| die Sachsen | 46.000 | 9800 | 15.000 | 6600 |
| „ Komitate | 41.000 | 7800 | 10.000 | 7412 |
| „ Szekler | 26.000 | 4833 | 10.500 | 4000 |
| „ Taxalorte | 9.000 | 500 | 2.062 | 500 |
| Hievon der Albenser Komitat mit 252 Märkten und Dörfern | 10.050 | 2400 | 3.500 | 1712 |
| der Udvarhelyer Stuhl mit 128 Ortschaften | 6.782 | 1261 | 2.740 | 1034 |
| der Hermannstädter Stuhl mit 58 Ortschaften | 11.810 | 1667 | 2.796 | 1226 |

Sofort erklärte die sächsische Nationsuniversität die Aufteilung für ungerecht, protestierte beim Gubernium dagegen und beschloß für den Fall, als es nichts helfe, vor den Kaiser zu gehn. Es war ein entschiedenes Aufraffen, aber es war doch keine rettende Tat. Ja gerade dieses Mittel, obwohl es kaum ein anderes im Augenblick gab, das Rettung versprach, fachte den Gegensatz und die Erbitterung immer aufs neue an. Die Sachsen sahen sich von allen Seiten verfolgt, von den Ständen mit Mißtrauen betrachtet, sie fanden selten das Verständnis der Mitstände, noch seltener den guten Willen, ihnen zu helfen. Da war's kein Wunder, daß sie dieses Verständnis und jenen Willen beim „Hof" suchten, daß sie ihre Zuflucht immer wieder zum Kaiser nahmen. Die Bitten und Klagen waren endlos, wie der Druck, der auf dem sächsischen Volk lastete: Steuern, Quartierslast, Vorspann, Dreißigstgebühr bei der Einfuhr nach Ungarn, sie wiederholten sich wie der Tag. Der Grundgedanke bei den Hülfsgesuchen war, wie er 1725 einmal ausgesprochen wurde: unter Königen aus ungarischem Geblüt seien die Sachsen ins Land hereingekommen und hätten sich erhalten, nun falle es ihnen um so schmerzlicher, daß sie „als getreue, redliche, alte Teutsche unter der Regierung eines Landesfürsten von unserm teutschen Geschlecht zugrunde gehen sollen."

Im Jahr 1726 war der „kenntnisreiche und erfahrene" Hermannstädter Ratsherr Kinder, einst als Hartenecks Sekretär in dessen Prozeß verwickelt und kaum dem Tode entronnen, nach Wien geschickt worden, wo er jahrelang weilte. Er sollte dort vor allem für eine Erleichterung der Lasten wirken, die auf den Sachsen lagen, dann die Vergütung der großen Schäden erbitten, die Hermannstadt während der „Rakoßischen Rebellion" erlitten hatte, während die Stadt die kaiserliche Sache mit Geld und Naturalien unterstützt hatte und weiter Ersatz der hohen Kosten verlangen, die Hermannstadt jährlich unter dem Titel „Servis" an außerordentlichen Ausgaben für das k. Militär hatte — sie betrugen 1735 allein 19.880 Gulden —. Dazu kamen die weitern Aufträge, die Kinder mitnahm, er solle eine Ordnung des Kasernenwesens verlangen, die Herstellung der Befestigungen um Hermannstadt und im Roten-Turm, wichtige Handels- und Gewerbsangelegenheiten fördern, die Abtretung einer zweiten Kirche an die Katholiken in Hermannstadt verhindern. In einer Audienz vom 19. August 1727 hatte der Kaiser, auf den Hinweis Kinders auf die alte Treue der Sachsen geantwortet: „Ich will, daß der Nation Gerechtigkeit zuteil werde." Ihr Abgesandter glaubte an das Wort, dem doch die Tat nicht nachfolgte.

Im Gegenteil, diese Bitten in Wien mehrten begreiflicherweise das Mißtrauen der Stände, die Sachsen erschienen ihnen wie der Knabe unter den Spielgenossen, der, zuweilen auch hinterrücks, fortwährend über die andern beim Vater klagt und Vorteile durch dessen Eingreifen zu erhalten hofft. Jenes Mißtrauen aber und jener Gegensatz hatte einen doppelten Grund. Der ungarische Edelmann sah mit Verachtung auf das sächsische Bürger- und Bauernvolk herab, dessen Gleichberechtigung als dritter Landstand ihm nie hat einleuchten wollen. Das höhnende Wort, gegen das Huet seine Volksgenossen verteidigen mußte, sie seien nur Schuster, Kürschner, Schneider¹), es klang in zahllosen Variationen auch durch das ganze 18. Jahrhundert hindurch. „Die Herrn Sachsen müssen sich nicht den andern Nationen gleichschätzen — sprach 1727 der Gubernator —; wenn kein Unterschied sein soll zwischen dem Edelmann und dem Bürger, so will ich meinen Sohn auf Hermannstadt oder Kronstadt schicken und eines Schusters Tochter ehelichen lassen." Aber es spielte auch ein anderes mit hinein, der Gegensatz des Magyaren gegen den Deutschen. Ein Drittes, das die Stände trennte, kam in neuer Schärfe eben hinzu, der Gegensatz des Katholizismus gegen den Protestantismus.

Das Gubernium hatte, wie erwähnt, nicht nur die Aufteilung der Kontribution unter die Stände in die Hand genommen, sondern auch die sogenannte Subrepartition, welche die Steuer auf die einzelnen Stühle aufzuteilen hatte, die nach dem Gesetz der sächsischen Nationsuniversität für das Sachsenland zustand. Es kam vor, daß es die von der Universität schon vorgenommene Aufteilung einfach beiseite schob und die Universität ließ es sich ebenso gefallen, wie die Stände ihr Recht aus den Händen gegeben hatten. Darin aber lag nun eine neue Quelle des innern Haders; indem das Gubernium absichtlich die verschiedenen Stühle nicht gleichmäßig behandelte, rief es absichtlich Irrungen und Spaltungen innerhalb der sächsischen Nation hervor. War schon der Hader der Stände peinlich, peinlicher noch war es und gefährlicher, wenn nun die einzelnen Stühle Vorteile beim Gubernium für sich herauszuschlagen versuchten und damit das einheitliche Vorgehen der Nation störten. Das Bewußtsein der Notwendigkeit zusammenzuhalten war nicht geschwunden, aber höher als diese galt im Augenblick, einige tausend Gulden Kontribution weniger zu zahlen. Als 1727 Bistritz beim Gubernium erreichte, daß ihm 18.000 fl. abgenommen wurden, stellte die Universität sie „wegen dieses unerhörten Verfahrens" scharf zur Rede, empfing aber die Entschuldigung, der Bistritzer Abgeordnete habe sich vor seinen Mitbürgern zu verantworten. Die Erkenntnis des Übelstandes und der Schmerz darüber klang in den Worten wider, mit denen der Kronstädter Ratsmann Michael Fronius zum Jahr 1720 bemerkte: „daß es großer Defekt ist und eine Ursache vielen Streites und großer Beschwernis, daß kein adaequata norma erfunden werden kann, nach welcher einem jeden seine Portion zugemessen würde; welche ausfindig zu machen allerdings die investigationes am zulänglichsten wären, wenn einmal eine impartiale investigatio geschehen sollte; und wieviel einesteils die fundi nobilitares das ganze Werk schwer machen, andernteils auch bei einer richtigen investigation und darnach

---

¹) Vgl. Band I, S. 295.

gemachten Norm jährlich manche Mutationes vorgehen: so könnte doch solchen Difficultäten leichter abgeholfen werden als bei dieser Konfusion, da immer ein Teil den andern zu drucken suchet, nur damit auf ihn desto weniger fallen möge, wobei dann das Gubernium Gelegenheit krieget, einen und den andern zu sublevieren, wie solches auch diesmal geschehen."

Es ist nicht nötig, den Jahr für Jahr wiederkehrenden Streit zu erzählen, die Personen und Ziffern wechseln, die Sache wiederholt sich. Auch früher hatten die Ständeversammlungen vielfachen Hader und bittere Worte gesehen und gehört, aber es hatte sich dabei doch um vermeintliches oder wirkliches Recht gehandelt, jetzt handelte es sich bloß um das leidige Geld, um die armselige Frage, wieviel soll ich, wieviel du zahlen? Nicht daß darauf Wert gelegt wurde wundert den Kenner der menschlichen Natur, sondern daß nahezu ausschließlich hierauf Wert gelegt wurde. Die Tatsache findet ihre Erklärung im Jammer und in der Not der Zeit; im grausamen Schicksal der verflossenen Jahre war die Selbstsucht groß geworden und die Armut hoch gestiegen, jeder empfand jeden Kreuzer, den er mehr zu zahlen hatte, als einen neuen Druck. Immer wieder noch suchte die Pest das Land heim. Im Jahr 1706 war sie in Mediasch ausgebrochen, von da verbreitete sie sich nach Reps, Schäßburg, Hermannstadt, im Jahr 1718 brach sie in Kronstadt aus, im Juli 1719 starben dort 1121, im August 782 Personen. Von Wien brachten sie einen Feldscher herunter, 20 Bürger wurden verordnet, täglich dreimal die Häuser zu visitieren und nachzufragen, wie viel Kranke sich darin befänden, zwölf Totengräber bestellt, die Häuser, in denen Kranke lagen, verriegelt, nur durch eine Öffnung im Tor wurden ihnen Nahrungsmittel hineingeschoben. Die Stadttore wurden versperrt, Gottesdienst und alle Zusammenkünfte untersagt, wer flüchten konnte, zog aus der Stadt aufs Land hinaus, die Stadt wurde zu einer Einöde. Handel und Wandel und alle Erwerbsmittel stockten, Mangel und Hungersnot trat ein. Manche von der ärmsten Klasse fielen nicht der Pest sondern dem Hunger zum Opfer. Manche starben, weil ihnen niemand half. „Weinende Säuglinge wurden an den Brüsten ihrer schon erkaltenden Mutter verschmachtend gefunden. Längs den Gärten lagen die Armen jammernd unter dem freien Himmel und riefen nach Brot."

Ähnlich wars in Hermannstadt. Als in der vor dem Heltauer Tor stehenden Zitadelle einige Pestfälle ausbrachen (1717), wurden die dort erbauten Hütten niedergebrannt, als aber weitere Fälle sich zeigten, verließ das Gubernium, die kaiserliche Besatzung und ein großer Teil der Bürger die Stadt, der Magistrat übersiedelte nach Heltau, die Stadt wurde abgesperrt und nur an bestimmten Tagen durften die Verwandten mit den Zurückgebliebenen unter Aufsicht und aus der Ferne sprechen. Bettlern und Zigeunern wurde der Zutritt unter keinen Umständen gestattet; was mit Kranken in Berührung gekommen war wie Wäsche u. dgl. sollte verbrannt werden. Damals sind Pesthäuschen vor dem Elisabethtor aufgeführt worden und die Zünfte und Nachbarschaften sammelten nicht unbedeutende Beiträge zu diesem Zwecke. Die Zahl der Ärzte wurde vermehrt, die Leichenmahle für immer aufgehoben, ein Sanitätsrat eingesetzt, und als 26. September 1719 die Stuhlsversammlung unter einem Zelt im Retranchement abgehalten wurde, nahmen besondre Diener die Geldstücke, die an Steuer einkamen, den Zahlenden ab, wuschen sie und lieferten sie dann erst in die Kassa.

Als die Seuche endlich erlosch, da zählte man in dem Sachsenlande 26.213 an der Pest Verstorbene, nach andern Zählungen im Burzenland allein 22.000, das am schwersten heimgesucht worden war. Über 3000 Hauswirte waren dort gestorben, 2773 waren übrig geblieben.

Jene adaequata norma für die Steuerleistungen herzustellen, von der der sächsische Ratsherr 1720 sehnsüchtig schrieb, fühlten auch die Stände ein Bedürfnis. Schon 1703 war, im Zusammenhang mit den Steuerreformprojekten Hartenecks eine Kommission eingesetzt worden, welche sämtliches steuerbare Eigentum des Landes aufnehmen sollte, um damit die Grundlage für ein neues Steuersystem zu gewinnen. Nach vergeblichen Anläufen wurde die Sache neuerdings am 1. Juli 1721 in Klausenburg beschlossen, zugleich wurden mehrere Kommissionen eingesetzt, mit bestimmten Weisungen, das Werk sofort zu beginnen. Die Sachsen traten eifrig für die Sache ein, denn wurde durch diese Aufnahme eine zuverlässige Grundlage für die Besteuerung geschaffen, so hatten sie ein Mittel, die Unrichtigkeit der ständigen Behauptung nachzuweisen, die Sachsen könnten mehr zahlen als die Komitate, da sie die besten Märkte und Städte hätten. Aus demselben Grunde lag dem Adel und den Szeklern nicht viel daran. Alle aber fürchteten Übervorteilung. Ungarische Kommissäre sollten die sächsische Konskription überprüfen, die Sachsen verlangten, es solle als Unparteiischer — einer der kaiserlichen Offiziere bestimmt werden, was das Gubernium gegen den Willen der Stände zugab. So wurde in der Tat das große Werk der Konskription begonnen, das zur selben Zeit auch in Ungarn aufgenommen wurde. Ende 1723 war die Arbeit fertig. Mit großer Genauigkeit hatte die Kommission im Sachsenland gearbeitet, mit großer Schlauheit und Spitzfindigkeit auch die Höhe des Einkommens zu steigern gesucht, indem sie von Haus zu Haus ging

und durch Abschätzung der einzelnen Bedarfsartikel das Einkommen fest=
zustellen suchte. In manchen Komitaten und im Szeklerland ging die
Kommission in ein Haus hinein und schätzte nach dem Ergebnis die
übrigen, oder fragte gar einen zufällig Anwesenden, der nicht auf dem
Felde war und bestimmte darnach den ganzen Ort. Ein einziges sächsisches
Dorf wies mehr Wein auf als ganze Komitate, Hermannstadt allein mehr
als doppelt soviel wie die Komitate Szolnok, Doboka, Kolos und Thorda!
Die Schuldenlast der Nation war nirgends berücksichtigt und die Aus=
gaben waren nicht beachtet worden. Auf dem Landtag in Hermannstadt
1724 wurde eine Kommission eingesetzt, die nun die Masse von Erhebungen
durcharbeiten sollte, um einen neuen Vorschlag für die Kontribution zu
machen. Die Sachsen und das Gubernium waren der Anschauung, es
müßten zuerst alle Einwendungen geprüft werden, dann solle man auf
Grund der richtig gestellten Bekenntnisse ein Steuersystem entwerfen und
dann die Aufteilung der Steuer vornehmen. Die Kommission begann
mit der letztern, natürlich ohne ein Resultat. Im September wurde unter
dem Vorwand, die Arbeit koste zu viel, eine Verminderung der Kommis=
sionsmitglieder vorgenommen — und der energischste Vertreter der Sachsen,
der Hermannstädter Stuhlsrichter Czekelius entlassen. Als die Sachsen
zugleich neuerdings erkannten, wie verschieden die Aufnahmen gemacht
seien, machten sie die größten Anstrengungen, Czekelius in die Kommission
zurückzubringen, was endlich auch gelang, aber die Gefahr daß am Ende
durch Schaffung eines neuen Systems die ungerechte Beschwerung der
Sachsen verewigt würde, wurde jeden Augenblick größer. Damit aber
war der Widerstand der Sachsen und die Abneigung gegen die ganze
Arbeit wachgerufen, während Ungarn und Szekler bei dieser Aussicht an=
fingen, für das Zustandekommen, das sie anfangs bekämpft, sich zu in=
teressieren. Doch war die allgemeine Empfindung, es werde die ganze
Arbeit zu nichts führen. Unter solchen Umständen war es begreiflich,
daß auch der Befehl des Hofs 1727, die Arbeit solle fortgesetzt werden,
wenig Erfolg hatte. Als er 1728 selbst eine Kommission ernannte, welche
die Berechtigung der sächsischen Klagen untersuchen sollte, erblickten die
beiden Stände des Adels und der Szekler einen Eingriff in ihre Rechte
und verlangten, es solle mindestens ein Mitglied des Guberniums mit
Stimmrecht jener Kommission beigegeben werden und um diesem Begehren
mehr Nachdruck zu verleihen, wollten die Szekler und der Adel, es solle
mindestens der Schein gewonnen werden, als sei es ein Begehren des
Landtags und brachten das Memorial in die Sitzung. Kaum waren
einige Zeilen so leise gelesen, daß niemand etwas verstehen konnte, als

der Sekretär Sigismund Kun laut rief: „Hört, sie haben nichts dawider geredet" — und das Schriftstück rasch zum Gubernium trug.

Gegen solche Hinterlist verwahrten sich die Sachsen sofort gegen die Stände, das Gubernium und den Kommandierenden. Aber sie hielten sich für verpflichtet, mehr zu tun, um doch von der übermäßigen Höhe der Steuern etwas abzuwälzen. Sie beschlossen, durch Geschenke „die vornehmsten Gemüter, so das Werk dirigieren" günstig zu stimmen und gaben dem Gubernator 100 Dukaten, dem Oberlandeskommissär St. Korniß 50, dem Oberkriegskommissär Vogel, der Mitglied der kaiserlichen Kommission war, 50 Dukaten. Der Erfolg bestand darin, daß einige Tage später den Sachsen abermals um 10.000 fl. mehr als den Komitaten auferlegt wurde. Das verbrauchte Mittel der Proteste half nichts, freiwillig ließ die Nation sich bewegen, noch 5000 fl. auf sich zu nehmen; der Aufforderung des Gubernators, auch den Rest zu tragen, antworteten sie mit einem neuen Protest. Als er aber im Landtag am 25. September die Frage stellte, ob sie die ganze Summe übernehmen wollten, da hatten nur die Herrn von Kronstadt den Mut, dreimal nein zu antworten. Zornig schrie der Gubernator: „Verstehts der Herr, merkts der Herr" — und ließ die Gesamtsumme von 237.110 Gulden auf die sächsischen Kreise aufteilen.

Im Streit um die Kontribution hatten die beiden Stände wiederholt über den dritten, die Sachsen, ausgesprochen, daß die Sachsen nur darum die Kontribution als Last empfänden, weil die Beamten übel wirtschafteten, die die Verschuldung der Nation herbeigeführt hätten. Da befahl das Gubernium, um dieser Sache ein Ende zu machen, jedenfalls nicht von wohlwollenden Absichten gegen die Sachsen bewogen, es sollten in jedem sächsischen Stuhl die Rechnungen allerorten geprüft werden. Im Namen des Komes wurden in der Tat die Kommissionen ausgeschickt, deren Arbeit übrigens eine große Erweiterung erfuhr. Sie sollten auch nachforschen, wie die Gerechtigkeit gehandhabt würde, wie für die Waisen gesorgt würde, ob nicht sächsischer Boden an Fremde verpfändet würde, die Zünfte durch Rüpler und Hudler gestört würden, wie die Kirchen und kirchlichen Gebäude beschaffen seien, ob die frommen Stiftungen getreulich verwaltet würden, die geistlichen Ämter nicht durch Simonie erlangt würden, ob bei Hochzeiten und Leichen übermäßige Pracht entfaltet würde. Es war wie das Programm einer großangelegten Visitation des gesamten Lebens. In Kronstadt traf es die Kommission schlecht. Ein siebzigjähriger Senator erhängte sich in der Aufregung und Angst, er werde mit seinen Rechnungen nicht bestehen können. Als die Kommission für sich zwei Drittel aus dem

Vermögen des Selbstmörders beanspruchte, das nach dem Eigenlandrecht dem Richter zustand, verweigerte Kronstadt ihr solches kurzweg. Der Stadtrichter widmete den Teil vielmehr zum Bau eines Zuchthauses.

Viel scheint bei diesen Visitationen nicht herausgesehn zu haben. Denn 1725, wieder im Streit um die Kontribution und als die Stände eine Ausgabe des Gubernators, die nicht belegt war, beanstandeten, tauchte der Antrag im Landtag auf, es sollten die Rechnungen aller Ämter mit allen Belegen veröffentlicht und geprüft werden, eine Sache, die in dieser Ausdehnung einfach undurchführbar war. Die Sachsen entsetzten sich darüber. Der Schäßburger Stadtschreiber gab sicher die Meinung seiner Zeitgenossen wider, als er darüber schrieb: „es würde jedem officium supremum nachteilig sein und sie in die größte Contemption und Verachtung bei dem gemeinen Mann bringen. Aber besonders die Arcana (Geheimnisse) der Sächsischen Nation beruhen größtenteils in beneficiis seu donis gratuitis (auf Wohltaten oder freiwilligen Geschenken), womit alle Benevolenz (jegliches Wohlwollen) erkauft werden muß; das wird dann offenbar die Nation ins völlige Verderben stürzen." Es gibt kaum ein traurigeres Bild aus der Vergangenheit. „Geschenke werden der einzige Rettungsanker der Nation genannt; die Öffentlichkeit in der Verwaltung des Vermögens der Nation soll den Untergang der ganzen Nation herbeiführen!" Darum waren die Sachsen gegen diesen Antrag, gegen den sie den formalen Einwand machten, es habe bloß der Komes das Recht, Einsicht in die Rechnungen zu nehmen. Noch einmal kam die Sache 1728 zur Sprache, wobei die Ansicht ausgesprochen wurde, es sollten die Komitate und die Szekler gegenseitig ihre Rechnungen prüfen und beide dann die der Sachsen, eine Anmaßung ohnegleichen, während das Gubernium die gegenseitige Prüfung der Komitate und Sachsen wünschte. Die Sachsen beharrten darauf, die eignen Rechnungen gingen nur sie allein an. Die ganze Angelegenheit ist, wie alles, was man anfaßte, in nichts verlaufen, auch die Befehle des Hofs haben nicht die Kraft gehabt, Ersprießliches zu erwecken. Man kam über Beschwerden und Klagen nicht hinaus. Was darüber hinausging, war überflüssig, wie die Aufhebung gewisser Titel der Approbaten, die durch die Verhältnisse schon aufgehoben waren, oder unverständig, wie das Verbot, Mais in das Kornfeld zu säen. Am meisten noch raffte sich der Landtag gegen die walachischen Popen auf. In manchen Gemeinden waren drei, auch viere, die alle keine Kontribution zahlen wollten — sie spielte nahezu überall hinein — sich der Zivilgerichtsbarkeit entzogen und das eigene Volk „mit ungestümen und übermäßigen Forderungen" drückten, die Kirchenkinder nach Belieben straften

und exkommunizierten. Es wurde angeordnet, es sollten nicht mehr ge=
halten werden als nötig und sie sollten ordentlich leben und das Volk
nicht bedrücken.

Es brauchte eine ungewöhnliche Gewalt, um in die verarmte ver=
schüchterte Masse des Volkes neues Leben zu bringen. Für das sächsische
Volk ging der Widerstand und damit die erstarkende Kraft überhaupt von
dem Kampf gegen die Katholisierungsversuche, und die neu aufgenommene
Gegenreformation aus. Wohl sind wir gewohnt, Siebenbürgen als das Land
der Duldung zu rühmen, in gewissem Sinn mit Recht. Wer aber damit
die Vorstellung dauernder Ruhe und ungestörter Entwicklung der Kon=
fessionen in verträglichem Nebeneinander verbindet, der übersieht einen
Haufen Ereignisse, die gerade dem 18. Jahrhundert hier seinen Charakter
verleihen.

Allerdings waren schon im 16. Jahrhundert die Jesuiten einmal
nach Siebenbürgen gekommen und hatten ihr zwietrachtsäendes Werk be=
gonnen, aber durch den Landtag in Mediasch waren sie 1588 aus dem
Lande verbannt worden, das unter Stephan und Christoph Bathori manche
Versuche der Einschränkung der evangelischen Kirchen gesehen hatte. Als
dann die kaiserlichen Heere Rudolfs 1602 auf kurze Zeit Siebenbürgen
besetzten, kehrten sie wieder; doch unter den reformierten Fürsten im
17. Jahrhundert hatte das Land im großen und ganzen Ruhe und war
gerade in den Zeiten der wildesten Verfolgung der Protestanten in Böhmen
und in Ungarn eine Stätte der Zuflucht für viele. Als aber am Ende
des Jahrhunderts die kaiserlichen Heere wieder nach Siebenbürgen kamen,
meinte der Katholizismus die Zeit der Ernte für sich gekommen. Ein
Jesuit hat den ersten Entwurf des Leopoldinischen Diploms nach Sieben=
bürgen gebracht und sofort nach Annahme des Diploms, das die alten
Landesgesetze über die Gleichberechtigung der rezipierten Konfessionen
aufrecht erhielt, begann die Arbeit der katholischen Kirche, an Stelle der
Gleichberechtigung die Herrschaft der katholischen Kirche zu setzen. Das
Programm der Zukunft enthüllte die katholische Partei, als sie 1692 auf
dem Landtag in Hermannstadt ihre „Beschwerden" einreichte. Sie ver=
langten einen eignen Bischof, Kollegien, Schulen, Akademien, Freiheit in
kirchlichen Angelegenheiten für ihre Geistlichen und Einkünfte gleich den
Geistlichen der übrigen Konfessionen, Gleichberechtigung ihrer Geistlichen
sowie ihrer weltlichen Beamten, die nicht auf eine bestimmte Anzahl
beschränkt werden sollten; Kirchen in den Städten und an andern Orten,
und zwar wo mehrere vorhanden wären, da sollten sie gleichmäßig geteilt
werden oder wenigstens eine den Katholiken gegeben werden, wo nicht

mehrere vorhanden seien, sollten sie das Recht erhalten, eine zu bauen; Rückkehr aller geistlichen Orden, die in Siebenbürgen gewesen waren. Einiges hievon sah unschuldig aus; so wie die Beschwerdeführer es auslegten, war es der Umsturz der siebenbürgischen Verfassung, die Katholisierung des Landes.

Der Kuruzzenkrieg hinderte die sofortige Durchführung der Gedanken; nach Einkehr des Friedens wurde die Arbeit daran energisch aufgenommen.

Am 19. Februar 1716 war der Graner Domherr Baron Georg Martonfi im Beisein des kommandierenden Generals und des Gubernators als katholischer Bischof in Weißenburg installiert worden. Seit 1556 das katholische Bistum aufgehoben worden war, hatte es keinen katholischen Bischof in Siebenbürgen gegeben. Seine Rückführung bezeichnete den Beginn der Katholisierungsversuche in großem Maßstab. Das aus Landesmitteln reich dotierte Bistum bildete den Mittelpunkt der neuen Angriffe, die der kommandierende General tatkräftig unterstützte. Die katholische Kirche lockte und war um stets neue Mittel nicht verlegen und der Kommandierende lieh ihr den Arm zur Durchführung. Die Berechtigung aber leitete die neue Propaganda von der Tatsache ab, daß das Herrscherhaus katholisch sei und daß seine Religion darum eine bevorzugte Stellung beanspruchen dürfe. Dazu kam die andre Anschauung, die dem Wesen dieser Kirche entsprach, die sich für unterdrückt hält, wenn sie gleichberechtigt ist und für verfolgt, wenn sie nicht herrscht.

Es war ein Vorspiel dessen, was das Land erwarten durfte, als zwei Tage vor der Installation des neuen katholischen Bischofs die alte Kathedralkirche in Karlsburg, die seit 120 Jahren im Besitz der Reformierten war, am 14. Februar 1716 diesen genommen wurde. Der Jesuiten-Superior wandte sich an den eben in Karlsburg einziehenden Kommandierenden Grafen Steinville, der sofort vom reformierten Schulmeister die Schlüssel der Kirche abfordern ließ. Von diesem an die Prediger gewiesen, eilte der Platzhauptmann zum ältesten Prediger und brachte die Schlüssel. Der Kommandierende übergab sie mit eigner Hand dem Jesuiten-Superior, der dem bischöflichen Bevollmächtigten und am folgenden Tag wurde die Kirche neu geweiht. Nicht einmal die Bänke gab man den Reformierten heraus: sie hätten seinerzeit bei der Besitznahme auch nichts herausgegeben. Mit außerordentlicher Schlauheit hatten die Jesuiten den griechisch-unierten Bischof von Karlsburg fortgeschafft. Im Jahr 1725 schickte Martonfi einen Jesuiten nach Blasendorf, der auch dort die Kirchenschlüssel von den Reformierten forderte, in die Kirche ging und die liturgischen Bücher vernichtete, worauf er das Gotteshaus neu weihte; es wurde dem nach Blasendorf versetzten unierten Bischof überwiesen. Am 30. März 1716 fand wieder unter persönlicher Mitwirkung Steinvilles die Wegnahme der unitarischen Kirche in Klausenburg statt, zwei Jahre später erschien der Kommandierende abermals dort und nahm den Unitariern das Pfarrhaus, die Schule und zwei andre Stiftungshäuser. Siebenbürgen sah sich mitten hinein in die Verfolgungen des Protestantismus versetzt, die Böhmen und Ungarn schaudernd vor mehrern Menschenaltern erlebt hatte und die hier durch das Gesetz und durch kaiserliches Wort unmöglich gemacht zu sein schienen. Prinz Eugen hatte gerade in jener Zeit an den Kommandierenden Steinville geschrieben: „die Landeseinwohner bei gutem Mut und Willen zu erhalten und sie weder mit Worten noch mit Werken auch nur im mindesten zu kränken."

Diese Gewaltmaßregeln waren noch widerwärtiger bei der Tatsache, daß es eigentliche katholische Gemeinden in den Orten kaum gab, in denen die katholische Kirche den Reformierten und Unitariern die Kirchen raubte. Das galt am meisten von den sächsischen Städten. Dort war die gesamte sächsische Bevölkerung in der Reformationszeit evangelisch geworden; es waren aber, seit das kaiserliche Militär ins Land gekommen war, überall vereinzelte Katholiken zurückgeblieben, daneben bildeten die aktiven Offiziere und die Mannschaft eine katholische Gesellschaft. Die katholische Kirche hoffte aber, wenn erst ein Kirchengebäude vorhanden wäre, dann werde sich schon eine wirkliche Gemeinde sammeln und so war nun der Feldzugsplan: zuerst überall Kirchen schaffen, die Gemeinde wird sich finden. Wenn dann eine notdürftige Gemeinde zum größten Teil höchst zweifelhafter Elemente beisammen war, galt es ihren Mitgliedern Einfluß und Macht zu sichern und damit hoffte man den Anfang der Rekatholisierung des Landes, speziell der Sachsen, gemacht zu haben. Auf sie war es hauptsächlich abgesehen.

Trotz der Bestimmung des Leopoldinischen Diploms, das die Jesuiten aus dem Lande ausschloß, waren sie schon 1699 in Hermannstadt feierlich eingeführt worden. „Wir sind — so schrieb der Pater Schreyner an seinen Provinzial — in dieser hinlänglich hübschen Stadt von den lutherischen Sachsen mit überaus großer Freundlichkeit aufgenommen worden, wissen aber nicht, ob diese Zuvorkommenheit mehr dem kaiserlichen Befehl oder ihrer Neigung gegen uns zuzuschreiben ist. Wir wollen uns übrigens Mühe geben, diese Sachsen, die dem Kaiser so ergeben scheinen, für uns zu gewinnen und hoffen auf eine reichliche Ernte im Weinberge des Herrn." Zunächst besaßen sie in Hermannstadt weder eine Kirche noch ein

Ordenshaus, die Pfarrgerechtsame wurde dem Feldsuperior zugewiesen, der in einer der auf dem großen Ring stehenden Lauben seine Messen las. Aber schon 1702 hatte der kommandierende General Graf Rabutin an die Kommunität das Ersuchen gerichtet, den Katholiken eine Kirche abzutreten, doch damals erfolglos. Während der Kuruzzenkriege ruhte die Frage. Unter dem Vorwand, es sei kein Gotteshaus da, um die verstorbenen Offiziere zu begraben, verlangte General Steinville später nochmals eine Kirche von Hermannstadt. Im Februar 1716 mußte das sogenannte Nonnenkloster samt der Kirche übergeben werden, das die Franziskaner unter der Bedingung übernahmen, deutsche Ordensmitglieder in das Kloster einzusetzen; Jesuiten nahmen die Weihe vor. Sie arbeiteten auch rührig daran, für sich selber eine Kirche zu erhalten oder einen Platz zum Bau einer Kirche. Sie hatten dazu den großen Ring ausersehen, den mit Lauben und Verkaufshallen bedeckten Raum zwischen dem großen und kleinen Ring, wo sie damals schon ihren Gottesdienst hielten. In eigner Person erschien am 20. August 1721 der kommandierende General Graf Virmont, der die Jesuiten eifrig schützte und förderte, in der Sitzung der Kommunität und trat für Überlassung des Platzes an die Jesuiten ein. Die Furcht vor der Feindschaft des Kommandierenden, nur zu erklärlich in jener Zeit, wo man immer wieder seine Hülfe und Fürsprache in Anspruch zu nehmen sich genötigt sah, die Aussichtslosigkeit des Wiederstandes, die schwere Gefahr, die zu drohen schien, wenn die Stadt die Gunst des kaiserlichen Hofes verscherzte, die doch auf diesem Weg selbst mit den größten Opfern nicht zu gewinnen war, der Mangel an frischer Lebenskraft, die im Jammer der Tage aufs tiefste gesunken war, erklären das anfänglich leichte Zurückweichen Hermannstadts. In offener Sitzung schloß der kommandierende General und die Kommunität einen Vertrag, in dem die Kommunität den Jesuiten den Platz zwischen dem großen und kleinen Ring zum Bau einer Kirche abtrat, wofür die Jesuiten den Ort, wo sie Schule gehalten hatten und der Kommandierende einen Platz auf dem kleinen Ring, „wo etwas Proviantmehl lieget", der Stadt übergaben. Die Kommunität erklärte, solches „vornehmlich ex respectu religionis unsers allergnädigsten souveränen Landesfürsten und Herrn, Kais. und Königl. Majestät, dann aus Observanze gegen vorhochgemeldet kommandierenden Generalen Exzellenz ungezwungen, freiwillig und uns dadurch ein Meritum gemacht haben wollen" getan zu haben und Virmont versicherte, „daß ich diese besondere Willfährigkeit bei Sr. Kais. Königl. Majestät, soviel nur immer kann, möglichst anzurühmen nicht ermangle, in der vollen Hoffnung und alleruntertänigsten Zuversicht, allerhöchst gedachte usw. dieselben werden sothane Bezeugung in Kais. Königl. Landesfürstlichen Hulden und Gnaden aufnehmen und dafür mit ihrer angestammten Clemenz der Stadt in anderlei gewogen und beigethan zu verbleiben geruhen." Es war bezeichnend, wie die Sache weiter ging. Die Jesuiten waren natürlich mit dem, was sie bekommen hatten, nicht zufrieden. Zunächst stellten sie die Schule nicht zurück und verlangten ein an jenen geschenkten Platz anstoßendes Haus (1726), wozu noch zwei andre Häuser kamen, die ihnen überlassen werden mußten. Schon 1721 hatten sie auch die Stadtapotheke verlangt, die in dem Vertrag mit Virmont ausdrücklich ausgeschlossen war — sie stand da, wo jetzt der Turm der katholischen Kirche steht — und außerdem verlangten sie für die Zeit des Kirchenbaues eine der Lauben, die dort standen. Ja sie forderten sogar die Hälfte der evangelischen Pfarrkirche, dieses wohl nur als Schreckmittel, das aber immerhin bedeutungsvoll war angesichts der Erklärung des Kommandierenden, im Weigerungsfall werde er sich mit bewaffneter Hand in den Besitz des Gewünschten setzen. Im Magistrat und in der Kommunität gab es erregte Verhandlungen. Von einer Überlassung der evangelischen Pfarrkirche auch nur in dem von den Evangelischen nicht benützten Teil an die Jesuiten könne keine Rede sein. Die Goldschmiedlaube überließ man ihnen „auf 3 bis 4 längstens 5 oder 6 Jahre". Was von der Stadtapotheke zum Turmbau nötig erschien, wurde ihnen 1727 abgetreten. Aber die Zudringlichkeit kannte keine Grenzen. Im Jahre 1728 verlangten sie die Schlüssel des frühern Dominikanerklosters in der Sporergasse. Die Stadt mußte sie dem Kommandierenden Grafen Tiege ausliefern, damit die Ursulinerinnen davon Besitz ergriffen. Die „teutsche Schule," die in den alten Klosterräumlichkeiten Platz gefunden und die zwei evangelischen Prediger, die dort wohnten, wurden einfach entfernt. Auf die Bitte der Kommunität, die in der Kirche Begrabenen ungestört zu lassen, hatte der Kommandierende geantwortet, er habe kein Bedenken dagegen, wenn in der Kirche keine Arianer begraben seien, was er übrigens nicht annehme! Für die täglich von einer großen Anzahl Menschen besuchten Kirche wurde in der Elisabethgasse die sogenannte Klosterkirche eingerichtet. Den Altar aus der abgetretenen Kirche, der ehemals in der großen Pfarrkirche gestanden, mit Kopien Dürerischer Bilder aus dem 16. Jahrhundert, konnten sie noch retten und in die Klosterkirche in die Elisabethgasse bringen. Die Jesuiten gingen noch weiter. Am 27. Juni 1727 überreichte der Kommandierende eine von den Patres aufgesetzte Liste jener Katholiken dem Magistrat, die in der Stadt und im Stuhl ansäßig waren und verlangten, diese sollten nicht mehr, wie es nach dem Landesgesetz gehalten wurde, dem evangelischen Pfarrer den Zehnten geben, sondern dem katholischen Geistlichen. Das Begehren blieb zunächst unerfüllt, aber an allen Ecken lohte der konfessionelle Kampf auf. Auf dem kleinen Ring in Hermannstadt wagte Pater Sandschuster auf offener Kanzel, die er sich dort errichtet hatte, die protestantischen Kirchen „für Teufels Kapellen, Huren Häuser, die Priester vor schlechte Prädikanten, die Sakramente vor verwerflich und allen Gottesdienst für null und nichtig" zu erklären, „die Protestanten vor verloren und verdammt, daß sie mit den Prädikanten zum Teufel fahren würden." Mit allem Pomp wurden katholische Begräbnisse und Prozessionen gefeiert. Als während einer solchen das sächsische Dienstmädchen des Predigers Schunn das Spülwasser auf die Gasse schüttete, und das Kleid der Frau Zeugleutnantin „zuschanden" machte, das auf siebzig Gulden geschätzt wurde, stempelte man was höchstens eine Gedankenlosigkeit war zur absichtlichen Störung der öffentlichen Religionsübung und strafte das Mädchen mit öffentlicher Auspeitschung. Der General Platz hatte die Wache schon beordert, die Predigerwohnung zu stürmen! Der kommandierende General Graf Wallis hatte angeordnet, wenn die Hostie zu Kranken getragen werde, hätten die Evangelischen stille zu stehen und ihr Verehrung zu bezeugen oder in ihre Häuser sich zurückzuziehen! Es sei sonstwo so und die Hermannstädter sollten sich auch daran gewöhnen.

Im Jahr 1733 konnte die katholische Kirche auf dem großen Ring eingeweiht werden, im selben Jahr kamen die Ursulinerinnen, die nun in die Sporergasse einzogen, wo trotz aller Gegenbemühungen der Kommunität bis zu diesem Zeitpunkt die Jesuiten sich eingenistet hatten, die auch weiter als Beichtväter der Klosterfrauen verwendet wurden. Und als äußeres Zeichen des Siegs der katholischen Fortschritte errichteten sie 1734 auf dem großen Ring in Hermannstadt unter dem Protektorat des damaligen Kommandierenden FZM. Grafen Wallis das Nepomukdenkmal, das heute noch den Platz verunstaltet und mit seiner Meldung von der „frommen Freigebigkeit des Senats und Volks in Hermannstadt" wie ein Hohn auf die Gewaltmaßregeln jener Zeit sich ausnimmt, deren Erinnerung es immer wieder wachruft.

Parallel mit diesen Ereignissen liefen die Versuche, im übrigen Sachsenland das Gleiche zu erreichen. Überall stand der kommandierende General dahinter, der Name wechselte, die Sache blieb sich gleich, die „Coalition des Beichtstuhls mit Büchsen und Kanonen" trieb ihr Unwesen. Im Jahre 1720 mußte Bistritz die Dominikanerkirche und das Kloster an die Katholiken abtreten, „in schuldigem Respekt gegen die

Religion des Fürsten" und eifrig bemüht „die unterwürfigste Devotion gegen den erlauchten Fürsten" zu beweisen. Da aber die Katholiken damit nicht zufrieden waren und die Spitalskirche verlangten, so trat die Stadt auch diese „zum Beweis der brüderlichen Liebe" ab gegen gewisse Bedingungen, die zum Teil wieder nicht eingehalten wurden. Während des Landtags 1721 in Hermannstadt lud der Kommandierende Graf Virmont den Mediascher Bürgermeister und seinen Mitdeputierten zu sich und gab ihnen den Rat, Mediasch solle nach dem Beispiel andrer Orte auch eine Kirche zum katholischen Gottesdienst hergeben, da sie mehrere hätten, die sie nicht brauchten. Es hätte längst scheele Augen gegeben, daß in diesem mitten im Lande liegenden Ort keine Kirche „vor die Religion des Landesfürsten" eingeräumt sei. Als der Bürgermeister sich damit entschuldigte, er könne in so wichtigen Sachen nichts allein entscheiden, gab der Kommandierende Frist, „nur daß die erwartende Resolution nicht zu lang ausbleibe". In Mediasch hätte man am liebsten gesehen, „die arme Stadt mit dieser Anforderung zu verschonen"; aber wenn nicht auszuweichen sei, so sollte dem Kommandierenden die Nikolauskirche auf dem Zekesch angetragen werden. Eine Deputation brachte die Nachricht nach Hermannstadt; sie wandte sich auf Anraten des Komes um Fürsprache an den Gubernator. Dieser aber wußte diese Kirche beim Kommandierenden so zu verkleinern, daß er die Deputation sehr ungnädig empfing: „Er könne nicht glauben, daß ein Mediascher Magistrat und Kommunität so tumm sein sollten und Ihro Kais. Königl. auch Landesfürstl. Majestät mit einem solchen Kapellerle abzustecken gedächten." Er gab ihnen eine dreitägige Frist, „sie sollten das Kloster cedieren" und es ihm schriftlich bringen. Schon am nächsten Tag beschloß die Kommunität das Kloster zu übergeben und das dabei liegende Predigerhaus „auf Ihro hochgräfliche Exzellenz vorbeschehene freundlichste Ansuchung und väterliches Einraten ex respectu religionis unsers Allergnädigsten Erb=Landes=Fürsten und Herrn Kais. und Königl. Majestät wie auch aus unterthänigem Gehorsam gegen Ihro hochgräfliche Exzellenz". Der Kommandierende nahm es an, fügte eigenmächtig die von alters her dazu gehörigen Gebäude dazu und so wurde dann in der Tat die Klosterkirche mit der Kapelle, das Kloster mit einem Stockwerk, „worinnen oben und unten 24 Zellen, einen großen Ort, worinnen vormals ein sogenanntes Refectorium mag gewesen sein," Wagenschopfen, Scheune, Weinkeller, der Hof mit dem Brunnen, die Predigerwohnung mit dem Garten, „uns dadurch ein Meritum zu machen", abgetreten und der Kommandierende versprach, nichts zu unterlassen, die von der Stadt bezeugte Willfährigkeit „bei Ihro Kais. Majestät allerunterthänigst anzurühmen".

Am tapfersten hielten sich die Schäßburger. Dorthin kam 1723 vom Mediascher Landtag der Kommandierende Graf Königseck und wurde feierlich begrüßt und bewirtet. Nach Überreichung eines Geschenkes von Seite der Stadt und ihrer Empfehlung in das Wohlwollen des Kommandierenden, ergriff er das Wort zu einer „kleinen Bitte" an die Stadt: nach dem Beispiel der andern Städte zum katholischen Gottesdienst einen Ort einzuräumen, womit sie sich ein großes Meritum bei Seiner Kais. und Königl. Majestät erwerben würden. Er verlange nichts anders als einige Mauern, damit die armen Franziskaner sich etwas bauen mögen. Die verlangte Beratung der Kommunität gestand er zu. Diese vernahm nicht ohne Bestürzung das Begehren, obwohl man solches lang habe vorhersehen können. Sie wandten sich an den Komes. Um nichts Schlimmeres für die evangelische Religion heraufzubeschwören, die unter der Gnade des Kaisers die Religionsfreiheit so ruhig genieße, wie sie die evangelischen Genossen unter katholischen Herrschern sonst nicht erhalten hätten, riet er unter „genugsamer Caution" nicht zu widerstreben. Magistrat und Kommunität beschlossen, dem Kommandierenden die Nonnenkirche auf der Burg, die als Mehlmagazin diente, und das Nachbarhaus, das auf Stadtkosten anzukaufen wäre, anzutragen. Eine Deputation des Magistrats brachte die Nachricht nach Hermannstadt und da der Kommandierende eben nach Karlsburg gereist war, fuhr sie ihm dorthin nach. Er war mit dem Bericht zufrieden und erklärte: „Es ist mir lieb, ich wills an Jhro Kais. Majestät berichten und dem General Langlet davon schreiben", der in Schäßburg in Garnison lag. In der Tat ließ einige Tage nach der Rückkehr der Deputation Langlet, ein gebürtiger Schwede, der in kaiserlichen Diensten zum Katholizismus übergetreten war, den Bürgermeister und einige Senatoren zu sich rufen, zog einen Brief des Kommandierenden hervor und ließ daraus den Erschienenen vorlesen: die Schäßburger Deputation hätte dem Kommandierenden unter drei Kirchen eine angetragen und Langlet mit dem weitern beauftragt. Es scheint eine Nichtsnutzigkeit Langlets gewesen zu sein. Der Bürgermeister erklärte, das sei nicht richtig; man habe die Nonnenkirche angetragen. Langlet drohte, es werde „Unliebiges und Härteres" folgen, wenn sie nicht nachgäben, er verlangte die Spitalskirche. Der Magistrat erklärte, darauf nicht eingehn zu können und wendete sich abermals, nachdem die Kommunität einstimmig das Begehren Langlets verworfen hatte, an den Kommandierenden, der sich vorbehielt, mit Langlet die Sache noch einmal zu besprechen. Inzwischen berieten sie in Schäßburg weiter und kamen zum Schluß, unter keinen Umständen eine der drei geforderten Kirchen zu geben. Sei der Kommandierende

mit dem angetragenen Ort nicht zufrieden, so wollten sie zur Auswahl
drei Häuser in der Unterstadt zur Verfügung stellen. Wenn auch vor=
sichtig, beriefen sie sich darauf, es dürfe ihrer Religionsübung keine
„Präjudiz" geschaffen werden. Beim Landtag in Klausenburg im Sep=
tember 1723 lud Langlet die Schäßburger Vertreter zu einer neuerlichen Be=
sprechung. Wenn sie von den versprochenen drei Kirchen keine geben
wollten, welche Häuser sie denn zu geben gedächten? Sie legten die drei
genannten Häuser zur Auswahl vor. Langlet tat als wolle man alle
drei geben. Der Bürgermeister berichtigte: nur eines von dreien. Das
sei zu wenig, sie sollten doch lieber das Spital geben. Die Schäßburger
blieben dabei, das sei unmöglich. Langlet meinte zum Schluß, dann sollten sie
die angetragene ehemalige Nonnenkirche mindestens reparieren. Die Antwort
war, sie seien zu arm dazu. Nochmals drängte Langlet einige Tage später,
sie sollten sich zur Übergabe des Spitals entschließen und die Stadt sich
„cathegorice resolvieren". Die Antwort blieb, sie könne vom Beschluß
nicht weichen. Da erklärte Langlet, er sehe ein, daß die Stadt das Spital
nicht entbehren könne, doch solle sie eine Beisteuer zur Reparatur der
Nonnenkirche geben. Dabei blieb es dann in der Tat, nur daß bei der
endgültigen Festsetzung zu dem anstoßenden Haus noch zwei kleine Häuser
mit der Kirche gefordert und gegeben wurden und 100 fl. Almosen zur
Reparatur. Bei etlichen Glas Wein, die sie beim Königsrichter in Schäßburg
tranken, beklagte sich Langlet noch einmal, daß er nicht soviel Rücksicht
gefunden, wie Oberst Geyer in Mediasch, der mehr erhalten habe, aber
er wolle es doch auch so nun gehn lassen und sie unterschrieben die Ver=
tragsinstrumente über die Übergabe. Diese fand am 22. November an
die Franziskaner statt, Graf Königseck versprach, „die von der Stadt
bezeugte Willfährigkeit bei Ihrer Kais. Majestät allerunterthänigst anzu=
rumben", die Stadtmusikanten und Choristen halfen bei der Einweihung
mit, und als die Schlüssel übergeben wurden, bedankte sich ein Franzis=
kaner Pater in deutscher Sprache beim Magistrat und die kaiserlichen
Soldaten, die zum Akt kommandiert waren, gaben drei Salutschüsse,
„wegen Präcaution des Feuers im Schuster=Schanz".

In Kronstadt waren die Mißhelligkeiten schon früher ausgebrochen.
Schon 1712 wagten die dortigen Katholiken unter dem Schutz des General=
Feldwachtmeisters Fabri öffentlich die Frohnleichnamsprozession abzu=
halten, trotzdem der Stadtrichter sich solches entschieden verbat. Im De=
zember 1716 verlangte der Kommandierende Graf Steinville von den
Kronstädtern die Johanniskirche, denn die Schneidergewölbe, die den
Katholiken eingeräumt waren, seien zu enge. Während der Kommandierende

bat, drohte der General Tiege, der dort das Kommando führte, die Kirche mit bewaffneter Hand zu nehmen, und — am 3. Dezember übergab der Magistrat die Schlüssel. Um die Kirche, vor die sofort eine Militärwache gestellt wurde, doch zu retten, trug der Magistrat dem Kommandierenden nachträglich die Klosterkirche an. Der nahm den Antrag an — und stellte auch die Johanniskirche nicht zurück. Als die letztere 1718 abbrannte, besetzten die Jesuiten die Klosterkirche und General Tiege ließ die abgebrannte Johanniskirche wieder aufbauen und übergab sie den Franziskanern, die sofort auch einen Platz daneben an sich rissen, auf dem man bis dahin die Hingerichteten beerdigt hatte.

So hatte denn die katholische Kirche, nicht auf rühmliche Weise, in den sächsischen Orten Kirchen gewonnen und damit Kristallisationspunkte für die neuen Gemeinden. Sie zu vergrößern, die bisher nur „aus dem in kaiserlichen Diensten stehenden Kriegsvolk und aus abgedankten Soldaten bestanden, die hier sitzen blieben, aber nicht das Talent hatten, die päbstlichen Kolonien zu befruchten", war die nächste Aufgabe und damit fiel eine andre zusammen, die Katholiken in die städtischen Ämter hineinzubringen. Wohl war durch das Leopoldinische Diplom das altgesetzliche Recht der Wahl bestätigt worden, aber das Gesetz hatte in den Augen der „frommen" Versucher seine Macht verloren. Es ermüdet, in jeder einzelnen Stadt den Schlichen nachzugehen, die Methode ist die gleiche und das Resultat dasselbe, daß in einem Zeitraum von etwa 20 Jahren in allen Magistraten und Kommunitäten auch Katholiken saßen, und daß man überall Konvertiten zählte. Dabei ist aber doch bezeichnend, das sächsische Volk selbst, die Masse hat keinen Schaden davon getragen. In Hermannstadt waren in nicht ganz fünfzig Jahren 1712—1760 4500 Kinder katholisch getauft worden, aber in der Bürgerschaft wurden nicht mehr als zwei gezählt, die von katholischen Eltern stammten. Die 47 katholischen Bürger Hermannstadts waren Ausländer und hatten das Bürgerrecht erkauft. Außer der angestammten und anerzogenen Treue zum evangelischen Bekenntnis mag der geringe Erfolg der Propaganda auch damit zusammenhängen, daß sich aus dem sächsischen Volk niemand ihr zur Verfügung stellte und der fremde Jesuit und Franziskaner konnte mit dem Volk nicht in seinem Dialekt reden.

In welcher Weise verfahren wurde, um Renegaten in die Ämter zu bringen, dafür lieferten die Vorgänge in Kronstadt einen Beweis. Dort war ein Joh. Drauth zur katholischen Kirche übergetreten, um sich vor den Folgen eines Mutwillens zu retten, in dem er ein hölzernes Bild verfertigt hatte, das Maria vorstellen sollte, aber zugleich ein Spott auf sie war. Das wurde als Gotteslästerung dargestellt und zur Sühne versprach der Kronstädter Magistrat, ein Zeichen wie weit die Einschüchterung ging, den Franziskanern beständiges Quartier, Licht, Holz u. dgl. und erklärte, froh zu sein, auf so billige Art davongekommen zu sein. Nach dem Übertritt Drauths zur katholischen Kirche, über den sein Zeitgenosse Schmeizel sagt, sie habe keine Ursache gehabt, mit dem Fisch, den sie gefangen, groß zu tun, „maßen es auch hier eingetroffen, daß sie einen Taugenichts mehr und wir einen weniger behalten", lebte er eine Zeitlang in Wien, kam dann 1720 wieder nach Kronstadt, vom Gubernator, vom katholischen Bischof und vom Gubernium selbst für die Aufnahme in den Magistrat empfohlen: sie würden es als Zeichen des Religionshasses ansehn, wenn Kronstadt ihn abweise. Die Stadt hatte zunächst würdigere Männer und stand auf den sächsischen Freiheiten, die ihr das Wahlrecht sicherten und wählte die würdigern. Da erklärte der kommandierende General 1731, wenn diesmal nicht Drauth zum Stadthannen gewählt werde, so werde er eingreifen. Die Kommunität wählte den in erster Reihe zur Stelle berufenen Valentin Tartler. Nun erklärte der Stadtkommandant im Namen des Kommandierenden, der neugewählte Stadthann habe sich aller Amtshandlungen zu enthalten, sonst werde er durch die Militärwache abgehalten werden. Tatsächlich wurde Tartler eine Militärwache vors Haus gestellt und es wurden den Magistrats- und Kommunitätsmitgliedern 2—4 Soldaten als Einquartierung ins Haus gelegt, um sie mürbe zu machen. Der kommandierende General in Hermannstadt war allen Vorstellungen und Berufungen aufs Recht unzugänglich. Auch die sächsische Nationsuniversität legte sich ins Mittel, sie riet zur Nachgiebigkeit, „es sei dem reißenden Strom nimmer auszuweichen" und der kommandierende General werde durch einige Kompagnien Kürassiere den Gehorsam erzwingen. Auch Rücksicht auf die ganze Lage der Nation wurde ins Feld geführt, es seien große Angelegenheiten bei Hof „auf dem Tapet", die Ungnade des Kommandierenden werde schaden. Da gaben die Kronstädter nach. Tartler entsagte dem Amt, Drauth wurde angenommen; es kümmerte ihn nicht, daß einige Bedingungen gestellt wurden, die einen ehrlichen Menschen beleidigen mußten, so daß die Stadtkassa, die bisher im Haus des Stadthannen gewesen, ihm nicht anvertraut werde, er übernahm das Amt und im Januar 1732 erschien der zudringliche Mensch in der Sitzung der Nationsuniversität. Und nun gings in diesem Fahrwasser weiter. Dem Schwiegersohn des Drauth mußte das Bürgerrecht gegeben werden, der abgedankte Leutnant Brede in die Kommunität gezogen werden, den Haustrompeter des Generals Tiege, Langhaber, befahl der Kommandierende in den Magistrat zu nehmen und so kam ein Konvertit nach dem andern hinein. Wenn eine Stelle erledigt war, befahl der Kommandierende die Besetzung mit einem katholisch gewordenen Mann, der Hofkriegssekretär gestand, er könne nichts dawider tun, falls er nicht „bei Hof" verklagt werden wollte, „ein solcher Idiot (wie Langhaber) werde den Kronstädtern nichts schaden, sie sollten ihn aufnehmen." Die unglaublichsten Dinge wurden auf das Gebiet der Religion hinübergespielt, jede Beschwerde von dieser Seite in ein falsches Licht gerückt, die Franziskaner verlangten in Kronstadt für die Lieferanten des Rohstoffes in ihre Tuchfabrik Befreiung von allen bürgerlichen Lasten, selbst der Gerichtsbarkeit. Entsprang irgend ein Räuber oder Mörder dem Zuchthaus oder dem Galgen, so fand er in den katholischen Klöstern und bei den Orden Zuflucht und trat er über, so war er nicht nur des Lebens, sondern auch zukünftiger Ehren sicher.

Im Jahr 1732 erschien der Befehl des Hofes, daß die Katholiken allenthalben in gleicher Anzahl mit den übrigen Religionsverwandten angestellt werden müßten! Nun bevölkerten sich die sächsischen Magistrate und Kommunitäten mit abgedankten Feldscheren, heruntergekommenen Weinwirten, ehrgeizigen Postmeistern und ähnlichem Volk, die alle nur das eine Verdienst hatten, katholisch zu sein.

Da meinten die Katholiken die Zeit gekommen für einen Hauptschlag.

Auf dem Landtag in Klausenburg 1730 forderte der Gubernator die Stände auf, einige Punkte der Approbaten und Kompilaten außer Kraft zu setzen, dem Kaiser und dem Kommandierenden liege viel daran. Die sächsische Nationsuniversität erfuhr aus Mitteilungen ihres Komes Andreas Teutsch, es handle sich um die Aufhebung einiger Bestimmungen, die die Katholiken als drückend empfanden. Die Begründung wurde damit gegeben, der Kaiser werde in der Haltung der Sachsen ihren freiwilligen Gehorsam, ihre „Devotion" erkennen, der Kommandierende sehen, ob sie seiner Protektion wert seien. Die Sachsen erkannten sofort, worauf es abgesehen war, sie sahen die Gefahr, die ihnen drohte, aber zu einer entschieden ablehnenden Haltung fanden sie nicht den Mut. Es wurden Stimmen laut, selbst mit dem Verlust aller Freiheit sei des Kaisers Gnade nicht zu teuer erkauft. Aber bei weiterer Erwägung fanden sie doch, eines sei noch wertvoller, das Zusammengehn mit den Ständen. Auch eine andre Erkenntnis ging ihnen auf, nur der sei verloren, der aus lauter Bedenklichkeiten und Rücksichten sein gutes Recht aufgebe. Außerordentlich vorsichtig, um nur ja nach keiner Seite anzustoßen, wurde das weitere Verhalten in diesem Sinn eingerichtet. Es wurde schwieriger, als der Komes die Genossen im Stich ließ, indem er bereit war, die Entscheidung der wichtigen Angelegenheit aus den Händen der Stände in die der Kommission zu überliefern, in der die Katholiken die Herrn waren. Doch reichten die Sachsen eine verwaschene Erklärung ein, die als Ablehnung aufgefaßt werden mußte. Die Reformierten und Uniturier protestierten entschieden gegen jede Verhandlung dieser Angelegenheit sowohl im Landtag als in der Kommission. Die Sachsen vom gemeinsamen Vorgehn mit den andern Evangelischen abzuhalten, alle aber einzuschüchtern, verlangte das Gubernium im Landtag eine namentliche Abstimmung darüber, ob man in die Verhandlung eintreten wolle oder nicht. Es ist nicht zum letztenmal, daß hinter der Formfrage der ganze schwere Ernst der Sache sich verbarg. Die Männer empfanden den Tag (13. Juli) als einen der schwersten in ihrem Leben; sie sahen im Regenbogen, der am Morgen über dem Himmel sich wölbte, ein gutes Vorzeichen. Ihr Mut wuchs, als sie vertraulich erfuhren, daß kein ausdrücklicher Befehl vom Hof in dieser Angelegenheit vorlag und der Kommandierende erklärt hatte, er sei durch die Katholiken und die Pfaffen zu dieser Initiative veranlaßt worden. Die Rede des Gubernators im Landtag, die auf die Forderung hinausging, der Kommandierende verlange Abstimmung über die Frage, berührte doch auch die Hauptsachen. Die katholische Auffassung fand sich darin wieder: die katholische Kirche wurde als bedrückt dargestellt, sie die überall in den Besitz von Kirchen und Einkünften sich gesetzt hatte auf Kosten der andern Kirchen, deren Bischof vom Amts wegen im Gubernium saß; daß man den Jesuiten nicht alle Kirchen öffnete, daß man sie nicht in alle Schulen einließ, das sahen sie als „Präjudiz" an!

Die Freiheit und Gleichheit der Konfessionen war dahin, wenn ihre Forderungen erfüllt wurden.

Die Reformierten erklärten durch den Ständepräsidenten, jede Abstimmung und Verhandlung abzulehnen, denn der Kommandierende habe nicht das Recht, solche Vorlagen vor den Landtag zu bringen. Es kam zu erregten Szenen, der Gubernator drohte, dem Kommandierenden zu berichten, daß die Protestanten den Gehorsam verweigerten, was die Reformierten mit kühner Ruhe und kühler Erwiderung beantworteten: sie hätten nichts Strafwürdiges getan. Die Sachsen waren froh, daß die Reformierten so ins Zeug gingen, und hielten sich zurück. Als die katholische Partei merkte, daß dieser Weg nicht zum Ziele führte, lenkte sie ein und begann Verhandlungen. Die Sachsen hatten gesehn, wie wertvoll das Zusammenstehn mit den Reformierten sei. Da traf sie eine neue Verlegenheit. Ihr Komes Andreas Teutsch, altersschwach und unselbst=

ständig, ließ sie im Stich, indem er im Gubernium erklärte, die Sachsen hätten sich der Erklärung der Reformierten nicht angeschlossen. Dieser Feigheit gegenüber war rasches Handeln geboten, sie schlossen sich dem unbedingten Widerstand der Reformierten an. Die Evangelischen waren geneigt, auf feste Bedingungen hin einen Vergleich einzugehen, die Zahl der Jesuiten, die Orte wohin sie kommen dürften, sollten genau bestimmt werden. Die Katholiken erklärten, nur allgemein gehaltene Sätze anzunehmen; es war klar warum. Diese hofften sie wieder nach eigenem Ermessen zu deuten und zu dehnen. Damit war die Sache für dieses Jahr abgeschlossen. Aber selbst der kommandierende General Graf Wallis, der Freund der Jesuiten, konnte in einem Bericht über die Landtagsverhandlungen an den Hofkriegsrat den Gedanken nicht unterdrücken, wenn die Jesuiten unter die Stände aufgenommen würden, „dürfte das Land Siebenbürgen zu klein sein, ihrer auf das amplius — d. h. auf mehr — abzuzielen pflegenden Extension genugsamen Platz zu geben." Mitten in diesen Irrungen starb Komes Teutsch.; sein Tod brachte neue Schwierigkeiten.

Die katholische Partei aber hatte gesehn, daß mit den Ständen schwer zu handeln war. Sie versuchte soviel als möglich ohne den Landtag durchzusetzen. Es wurde System, die Landesgesetze in allen den Fällen nicht zu halten, wo sie zum Schutz der Evangelischen gegeben waren, direkte Befehle des Hofes zu erwirken und vor allem die gewählten Beamten durch ernannte zu verdrängen. Noch einmal versuchten sie es auch mit den Ständen. Ohne Zuziehung der Protestanten, wesentlich durch das Gubernium war ein Projekt zustande gekommen, das sich auf den Befehl des Hofes stützte, eine Verbesserung der Rechtspflege herbeizuführen. Der Vorschlag kam 1731 vor den Landtag, das Unglaublichste was je unter dem Schein des Rechts zur Umstoßung allen Rechtes versucht worden ist. Darin wurde verlangt: der Landtagsartikel über die Gleichberechtigung der vier rezipierten Konfessionen solle aufgehoben werden und ins fürstliche Belieben gestellt werden, wie weit er die Protestanten schützen wolle, die Union der vier rezipierten Kirchen solle als ein Pestübel vertilgt werden, alle Güter, welche vor den Zeiten Johann Zapolyas, also vor der Reformation, den Katholiken gehörten, sollten ihnen zurückgegeben werden, die Kirchen, die Schulen mit ihren Einkünften, namentlich die reformierte Kirche und Schule in Klausenburg; der Besuch ausländischer Universitäten solle verboten sein, die Jurisdiktion in Ehesachen ausschließlich der katholischen Geistlichkeit zustehen, die Vormundschaft über die Unmündigen, damit die Sorge für ihre Er=

ziehung wie für ihr Erbe solle dem Fürsten zustehen; Druckereien dürften nur nach eingeholter Erlaubnis errichtet werden, keine ohne Zensur Bücher drucken, keine protestantischen Bücher dürften ins Land eingeführt werden; das Jesuitenkollegium in Klausenburg solle zu einer Akademie erhoben und gut dotiert werden, und höhere katholische Schulen seien in Hermannstadt, Kronstadt und Vasarhely zu errichten. Die Protestanten, die bis zum vierten Verwandtschaftsgrad heirateten, sollten als Hochverräter bestraft werden und ihrer Güter verlustig gehen, falls sie nicht neue Schenkungsbriefe erlangten, den Katholiken würden dergleichen Heiraten mit päpstlicher Dispensation und mit Zustimmung des Landesfürsten zu gestatten sein.

Auch dem Blinden mußten bei solchen Anschlägen die Augen aufgehen; sie bezweckten nichts Geringeres als die Vernichtung des Protestantismus in Siebenbürgen! Als die in Klausenburg versammelten Stände zunächst vertraulich von diesen Vorschlägen Kenntnis erhalten hatten, traten die Protestanten sofort zu gemeinsamem Handeln zusammen. Sie wandten sich zunächst an den Kommandierenden in Hermannstadt, die sächsische Universität legte zugleich 6000 fl. für eigene Zwecke den Stühlen auf, trug Kinder, der in Wien weilte, auch diese Angelegenheit auf und wies dem Agenten der Nation dort, L. Stinn, ein Honorar von 100 fl. an für seinen Fleiß und seine Verschwiegenheit. In der Vorstellung an den Kommandierenden wiesen sie nach, wenn auch in vorsichtigen und bescheidenen Wendungen, daß ihre Kirche und Schule auf festen Verträgen und Privilegien beruhe, daß sie diese Mißhandlungen nicht verdienten, da sie dem Haus Österreich unerschütterliche Treue gezeigt; sie hätten alle Lasten willig getragen, auch bereitwillig für die Katholiken Kirchen und Klöster abgetreten und baten um Schutz ihrer Freiheiten. Die Sache wurde übrigens schwieriger durch zwei weitere Irrungen, die in diese Zeit fielen, die Wahl des neuen Komes, und die oben berührte peinliche Sache mit „Herrn Drauth" in Kronstadt, die durch das Eingreifen des Kommandierenden und durch die Nachgiebigkeit der Universität entschieden wurde. Wie konnte auch eine Universität, in der nach wenig Tagen Drauth selber saß, den Mut haben, den Kampf auf Leben und Tod aufzunehmen? In der Tat ließ sie den Gedanken, an den Hof zu gehen und dort Schutz zu suchen, fallen, als der Kommandierende sich weigerte, die Reformierten zu empfangen, die gleichfalls in Hermannstadt erschienen, um bei ihm Vorstellungen zu machen. Der neugewählte Komes solle tun, was er für gut hielt.

Die Reformierten aber ließen sich nicht abschrecken. Sie schickten einen Deputierten nach Wien mit einer sehr entschiedenen Bittschrift an den Hof und einem Schreiben an Prinz Eugen, den sie um ihre Fürsprache baten. Die Bittschrift wurde zu einer schweren Klagschrift, die in ernsten Worten alles zusammenfaßte, was seit Jahren die Herzen bedrückte. Mit Berufung auf das Leopoldinische Diplom und die Gleichberechtigung der vier rezipierten Kirchen klagten sie, daß alle ihre Beschwerden über erlittene Kränkungen unbeantwortet geblieben seien, daß die Katholiken sie aus allen Stellen verdrängten, nach Willkür die Einkünfte und Zehnten der andern Religionen an sich rissen. Die katholische Minderheit habe die Mehrheit der Protestanten aus dem Gubernium verdrängt, der katholische Bischof verfolge jene, die zum Protestantismus überträten und störe die Verhandlungen der Ehesachen der Evangelischen. Wenn die katholischen Gubernialräte etwas zur Durchführung vorschlügen, so lasse der Gubernator es durchführen, bevor es noch Gesetzeskraft erhalten habe. Die kaiserlichen Minister kümmerten sich nicht um die siebenbürgischen Angelegenheiten und es wurde ihnen geraten, die Grundgesetze des Landes zu studieren. Schließlich wurde der Kaiser ersucht einen ständigen Vertreter in Wien zuzulassen, der die Vollmacht haben solle, aufklärend am Hof zu wirken, wenn es sich um Religionsangelegenheiten handle, damit die Gesetze eingehalten würden und damit die einzig wahrhafte Stütze des Thrones befestigt werde, die Liebe und Anhänglichkeit in den Gemütern.

Den einen Erfolg hatte die geharnischte Vorstellung und die ungeheure Empörung, die die Anträge im Landtag hervorriefen, — „die Jesuiten ließen den Bart unter die Bank henken" und von jenem Projekt wurde nicht mehr geredet. — Aber die Katholiken gingen tatsächlich auf demselben Wege weiter vor. Da dem früheren Hofbefehl, wornach zu allen Stellen in den sächsischen Städten auch Katholiken kandidiert werden sollten, der volle Erfolg zu fehlen schien, erfolgte die neue Verfügung, daß sämtliche Wahlen bestätigt werden müßten und 1732 der Befehl, daß die Hälfte sämtlicher Stellen mit Katholiken zu besetzen sei! Der Kommandierende aber nahm daraus Veranlassung zur Forderung, es müßte jede Wahl vor ihrem Vollzug ihm angezeigt werden!

Eine Gelegenheit zum Eingreifen ergab sich von selbst bei der Neuwahl des Komes, die eben bevorstand. „Immer waren schwere Berge zu übersteigen — schreibt Herrmann — wo je die Vergrößerungssucht der Katholiken in die Quere kam."

Die Kommunität in Hermannstadt wählte nach altem Recht am 24. August 1731, fast ein Jahr nach dem Tode Teutschs, Simon v. Baußnern mit fast allen Stimmen zum Komes. Die Bestätigung verzog sich, denn es wurden allerlei Einwendungen gegen ihn und die Wahl gemacht, die kein anderes Ziel hatten als eine neue Schädigung der Protestanten. Es hieß: nicht die Hermannstädter Kommunität, sondern die Nationsuniversität habe das Wahlrecht — die ganze Vergangenheit bewies das Gegenteil. Die Sachsen hätten die Erlaubnis zur Vornahme der Wahl nicht bei Hof angesucht — nach dem Gesetz war solches nie notwendig gewesen; dem Kommandierenden hatte man sie angezeigt. Es sei unzulässig, daß der Hermannstädter Königsrichter Komes der Sachsen und Gubernialrat sei, ein Dienst leide durch den andern. Der Nachweis war leicht erbracht, daß solches nicht der Fall sei. Die Hauptsache war der letzte Einwand: man wolle an der Stelle einen Katholiken haben. Hierauf konnte erwidert werden, die sächsische Nation sei im ganzen der Augsburger Konfession zugetan und es würde eine Ungerechtigkeit sein, ihr einen Katholiken zum Komes zu geben. Dazu: der Komes sei von Amts wegen Gubernialrat; den Evangelischen stünden drei Stellen zu. Wenn der Komes katholisch wäre, verlören sie eine Stelle im Gubernium. Es ist ein Zeichen der Zeit, wenn der gewählte Baußnern, der selbst evangelisch war, zur Empfehlung eines evangelischen Komes anführte, einem katholischen Komes würden die Sachsen mit Mißtrauen begegnen, aber ein evangelischer Komes könne mehr für die katholische Kirche tun als ein katholischer, der von vorneherein verdächtig sei. Es gelang die Bestätigung für die Wahl Baußnerns zu erlangen, den auch der kommandierende General besonders empfahl und der Anfang 1733 sein Amt antrat. Als er 1742 starb, verstanden es die Jesuiten, den Sachsen einen katholischen Komes aufzudrängen.

Das Bestreben, die Sachsen und mit ihnen das bürgerliche Element aus dem Gubernium zu verdrängen, vor allem die Evangelischen durch Katholiken zu ersetzen, war übrigens durch alle jene Jahre vorhanden und immer bereit, Unrecht zu üben. Es kam die Zeit, wo kein einziger Evangelischer mehr im Gubernium saß; das Gesetz sicherte ihnen drei Stellen zu. Der Jesuitismus entriß sie ihnen. Sobald eine Stelle erledigt war, kandidierte die sächsische Nationsuniversität, der Hof beachtete es nicht, sie beschwerte sich und erhielt keine Antwort, aber die Regierung setzte keinen Evangelischen ein. Bald hielt sie es auch mit den andern Stellen so. Als 1714 reformierte Räte zu bestellen waren, meinte der Kommandierende, nicht auf die Religion komme es an, sondern auf die Fähigkeit; man solle den Wahlvorschlag ohne Rücksicht auf die Religion machen! Die Protestanten beriefen sich auf das Gesetz und wollten nicht in die Falle gehen. Aber die Schliche der Jesuiten kannten keine Grenzen. Im Jahre 1736 wollte ihr Einfluß den Landtag zwingen, die Wahlvorschläge so zu machen, daß bei der Abstimmung jeder auf seinen Zettel seinen Namen schreibe, und zwar sollten es wieder gegen das Gesetz Katholiken sein, die gewählt werden müßten. Wer widersprach, sollte sofort erkannt werden. Es bezeichnete in der Tat die Lage: dieselben Jesuiten, die Franz Rakoßi Ehrenpforten gebaut und ihn als Vater des Vaterlandes begrüßt hatten, sie waren jetzt nicht nur die Ratgeber, sondern die Herrn der Regierung, gegen die Rakoßi gekämpft hatte. „Die Kontinuität ihrer Perfidie" zu erkennen, bedurfte die Regierung noch andrer Erfahrungen. Allerdings konnte sie damals schon die wachsende Erregung erkennen, die die Stände erfüllte angesichts der immer offenkundiger hervortretenden Katholisierungen, der allerorts sichtbaren Zerstörung des Rechts und Mißachtung des Gesetzes. Im Jahre 1734 wurde sogar der Gubernator J. Haller in dieses Amt gesetzt, ohne Beachtung der gesetzmäßigen Kandidation des Landtages. Bei seiner Installation hielt es die Regierung für zulässig, aus dem alten Eid die Achtung der vier rezipierten Religionen und der vaterländischen Gesetze auszulassen! Neben dem katholischen Gubernator saß nun der katholische Bischof, dem von Amts wegen eine Stelle im Gubernium angewiesen worden war — gegen das Landesgesetz —, und der oft selbst den Vorsitz führte.

Wenn in dem Kampf für die Aufrechthaltung der protestantischen Kirchen und ihrer altgesetzlichen Rechte im Lande die Protestanten mehr oder weniger vereint standen, so schien es der katholischen Propaganda um so notwendiger, andre Streitpunkte zwischen ihnen nicht ruhen zu lassen. Außer bei den Kandidationen zu den Gubernialrats- und Hofratsstellen fanden sie sich immer wieder bei Festsetzung der Kontribution. Eine dauernde feste Ordnung zu machen gelang nicht. Die Regierung setzte noch einige Male an, die Konskription von 1722 zu verwerten, ihr lag daran, eine Grundlage für die Höhe der Steuern zu bekommen, um unabhängig vom Lande sie aufzulegen, den Ständen lag daran, möglichst wenig zu zahlen. Im Jahre 1730 begannen Verhandlungen unter den Ständen, um einen Vergleich herbeizuführen, der die Aufteilung regelte. Nach gewohntem Feilschen und Handeln und langwierigsten Verhandlungen, bei denen zuletzt die Übereinkunft der Komitate mit den Sachsen die Szekler zur Nachgiebigkeit bewog, kam man auf drei Jahre überein: die Sachsen sollten 38 Prozente übernehmen, die Komitate 37, die Szekler 17, die Taxalorte 8. Zweimal drei Jahre dauerte der Vergleich, während von allen Seiten gehofft wurde, es werde sich die Gelegenheit zur eigenen Erleichterung ergeben. Der Landtag verhandelte 1736 eingehend darüber. Es machte einen heitern Eindruck, wie jeder Stand den andern zu überzeugen suchte, jener sei der wohlhabendere, wie insbesonders den Sachsen vorgehalten wurde, wie schön ihre Orte, wie schmuckreich ihre Kleidung, wie behäbig ihre Lebensweise sei. Fiat, fiat — riefen die Magnaten einstimmig — sumus concives, compatriotae und die 1730 bestimmten Verhältnisse wurden wieder angenommen. Aber das Bedürfnis nach einer sichereren Basis trat immer wieder hervor; 1737 erhob sich die Frage aufs neue, ob die alte Konskription aufzuarbeiten oder eine neue zu versuchen sei? Die Einsetzung der Kommission für eine Landesbeschreibung scheiterte daran, daß niemand zu sagen wußte — woher man die Schreiber für die Protokolle nehmen solle! So feilschten die Parteien weiter und der Streit fand nie ein Ende. Im Jahre 1736 verlangte der Hof zu den 650.000 fl. Steuern auch noch, nach altem Recht, das Hochzeitsgeschenk für Maria Theresia, die zukünftige Thronerbin. Feinfühligkeit kannte jene Zeit in Geldsachen noch viel weniger als die Gegenwart. Der katholische Bischof wußte die Forderung nicht besser zu empfehlen als durch die Erklärung, der Kaiser habe kein Geld und die Hochzeit der Tochter koste viel. Auch hätten die Erblande durch ein Geschenk „ihre schuldige Treue" erwiesen. Er schlug 100.000 fl. vor. Die Stände boten — 20.000 fl., stiegen aber dann bis 50.000 fl., die freilich zum Teil zu leihen genommen wurden und ein Jahr später noch nicht ganz zurückgezahlt waren. Derselbe Landtag bewilligte übrigens anstandslos dem Kommandierenden 1000 Dukaten als „Diskretion".

In den Landtagen war inzwischen eine neue Streitfrage aufgetaucht, die für die sächsischen Gemeinden von besondrer Wichtigkeit war, die wachsenden Ansprüche der griechisch=unierten Walachen, deren Wortführer ihr Bischof Juon Mik aus Zoodt war, der sich übrigens stets mit seinem deutschen Namen als Baron Johann Innocens Klein unterschrieb. Dem Amt nicht im geringsten gewachsen, im Landtag bald nur humoristisch genommen, zudringlich und täppisch, maßlos in seinen Ansprüchen und von einer Unverfrorenheit, die in Erstaunen setzte, hoffte er für sich und sein Volk zu gewinnen, was das Staats= und Kirchenrecht jener Zeit nur den privilegierten Ständen und Konfessionen zugestand. Er verlangte vor allem für seinen Klerus den Zehnten oder Geldgehalt, für seine Kirche

Grundbesitz. Im Hintergrund wetterleuchtete die Forderung der Gleich=
berechtigung, wenn auch noch nicht deutlich ausgesprochen, für das walachische
Volk. Im Land aber warf man dem Klerus jener Kirche vor, daß er
seine Schuldigkeit nicht tue, zu Hause die Messe lese statt in der Kirche,
Ehen scheide und um Geld neue einsegne; wer nur einen langen Bart
habe, wolle gleich Pope werden, ihre Zahl sei übermäßig, ihr Leben
vielfach sträflich. Die Stände setzten fest: in jedem Ort, wo dreißig
walachische Familien seien, könnten sie eine Gemeinde bilden, Pfarrhaus
und Kirche bauen und einen Geistlichen halten. Sei die Gemeinde über
hundert Familien groß, so dürfe sie drei Popen halten, doch müßten
diese in einem Hause wohnen. Aus dem Kommunalgrund solle für die
Kirche ein Anteil ausgeschieden werden. Die Abgaben und Stolgebühren
wurden im einzelnen genau festgesetzt. Dafür sollte die Kirche sich an
folgende Bedingungen halten: der Bischof dürfe nie wieder das Begehren
nach dem Zehnten erheben, die Popen sollten gebildete Männer sein und
vom Bischof ordiniert werden; in Fogarasch, Hatzeg, Karlsburg sollten
sie theologische Schulen halten, Nebenbeschäftigungen dem Geistlichen ver=
boten sein, kein Höriger dürfe ohne Erlaubnis des Grundherrn ordiniert
werden, der Geistliche aber habe von seinen Äckern die Kontribution zu
zahlen, er unterstehe in geistlichen Dingen der Jurisdiktion des Bischofs,
in weltlichen den vaterländischen Gesetzen und den politischen Behörden.

Am allerwenigsten hatte der Bischof Klein eine Ahnung davon,
daß sein Volk und seine Kirche den langsamen Weg innerer Kräftigung,
sittlichen Fortschritts, steigender Bildung gehen müsse, um die Gleichstellung
mit den andern Völkern zu erreichen.

Übrigens zeigte sich, daß am Ende der dreißiger Jahre die erbitterte
Feindschaft der Stände allmählich geringer wurde, daß sie bereiter wurden,
sich auch hie und da zu verstehen und anzuerkennen. Das trat bei der
Errichtung des Landeskommissariats zutage. Als am Ende des 17. Jahr=
hunderts die kaiserlichen Truppen angefangen hatten, Winterquartier in
Siebenbürgen zu nehmen, stellte sich die Notwendigkeit heraus, für die
Unterbringung und Verpflegung des Militärs durch eigene Beamten zu
sorgen. So wurde schon 1696 ein Oberkommissär mit Hülfsbeamten
eingesetzt, deren Zahl und Gehalt wechselte. Im Jahr 1737 wurden ihm
drei Beisitzer beigegeben, die aus den drei ständischen Nationen genommen
werden sollten. Der Wirkungskreis der Behörde war inzwischen bedeutsam
gewachsen, das gesamte Geld- und Rechnungswesen des Landes ihr unter=
stellt worden, die Einhebung und Abfuhr der k. Steuer, die Zahlungen
und Leistungen an das Militär, die Bequartierung desselben usf. gehörte

zu seinen Pflichten, nach einem Landtagsbeschluß von 1714 die Abhilfe bei Klagen und Ansprüchen des Militärs und die Sorge „für die wechselseitige Harmonie zwischen Soldaten und Bürgern". Jetzt kam eine neue Aufgabe hinzu, das Kommissariat sollte sämtliche Rechnungen prüfen, eine Angelegenheit, die schon viele Verhandlungen und noch mehr Ärgernis und Zwiespalt unter den Ständen erregt hatte. Die Sachsen weigerten sich, ihre Rechnungen zur Prüfung diesem Amt vorzulegen, weil solches gegen ihre verbürgte Rechtsstellung verstoße, die von einer Unterstellung in dieser Beziehung nichts wisse. Da fand sich ein Ausweg, der allen Beteiligten genehm schien. Die Rechnungen der sächsischen Orte sollten vom Komes revidiert werden, dann durch ihn dem Kommissariat vorgelegt werden und die Universität sollte einen Beisitzer wählen. Die letztere Forderung ließen die Sachsen fallen, als das Gubernium darauf bestand, die Beisitzer sollten vom Landtag bestimmt werden. Vom Landeskommissariat sollte der Rekurs an das Gubernium gestattet sein. Ein Jahr vorher (1736) war endlich auch die k. Gerichtstafel neu organisiert worden, nach jahrelangen Verhandlungen zwischen den Ständen und der Regierung; sie war in den bekannten „fünf Fällen" — gewaltsames Eindringen in ein adliges Wohnhaus, Totschlag, körperliche Verletzung und Gefangennahme eines Edelmanns, Falschmünzerei — auch für die Sachsen wie bisher Gerichtsinstanz.

Bei all den Angriffen und neuen Gefahren, denen das sächsische Volk ausgesetzt war, kam ihm in jenen Tagen eine Stärkung durch neue Einwanderungen zu, bei denen das alte deutsche Sprichwort sich erfüllte: einem Baume pfropft man auf, was man dem andern nimmt. Auch diese Einwanderungen hängen zunächst mit den Protestantenverfolgungen zusammen. In den österreichischen Landen, die im 16. Jahrhundert nahezu vollständig evangelisch geworden waren, war es den Jesuiten gelungen, die katholische Kirche wieder zur herrschenden zu machen. Mit List und Gewalt hatten sie die evangelischen Gemeinden rekatholisiert, die evangelischen Lehrer und Geistlichen vertrieben; die Rechnungen unserer Städte weisen im 17. Jahrhundert häufig Gaben für „Exulanten" auf, die bis hieher verschlagen worden waren. Und doch hatten jene den Protestantismus nicht ganz ausrotten können. Im geheimen gloste das Feuer weiter. Die zur Beichte gezwungen wurden, lasen im Frieden des Hauses in den alten Gesang- und Gebetbüchern, die sie aus dem tiefsten Versteck hervorholten, das sie niemandem verrieten und im Schutz der Nacht gingen sie meilenweit, um bei einem evangelischen Geistlichen das Abendmahl zu nehmen. Von Zeit zu Zeit schlug die Flamme aus dem Boden heraus, dann wurden neue Maßregeln ergriffen, der Ketzerei Herr zu werden. Im Salzkammergut kamen die Spürer 1732 wieder einmal solch geheimen Protestanten auf die Spur und der Erzbischof Firmian ließ seinem Fanatismus freien Lauf. Wiederholt hatten die Protestanten beim Kaiser gebeten, er solle sie auswandern lassen, aber selbst diese bedauernswerte Vergünstigung wurde ihnen durch Wegnahme des Vermögens und selbst der Kinder geschmälert. Da wandten sie sich an die evangelischen Reichsstände in Regensburg, aber auch deren Verwendung beim Kaiser blieb erfolglos. Die Bekenner des Evangeliums wurden mit Gefängnis belegt und wollten sie auswandern, so wurden ihnen die Kinder und das Vermögen zurückbehalten. Im Jahr 1733 erging der Befehl, alle evangelischen Familien aufzuschreiben, mit dem Beifügen, es werde jeder die Freiheit erhalten zu gehen wohin er wolle, falls er um seines Glaubens willen die Heimat verlassen wolle. Da waren es so viele, die sich zum evangelischen Glauben bekannten, daß das Versprechen erst recht wieder nicht gehalten wurde. Eine sogenannte Reformationskommission wurde eingesetzt, mit dem Auftrag, jeden zu prüfen, der sich als evangelisch bekannt hatte, und diese Kommission erklärte, jene nicht für evangelisch anzusehen und es wurde befohlen, sie hätten katholisch zu sein und im Lande zu bleiben! Mit neuem Bekehrungseifer stürzten sich die katholischen Geistlichen auf die Unglücklichen. Tag und Nacht schickten die Gerichte ihre Diener in die Häuser der Evangelischen, nachzusehen ob nicht Etliche beisammen wären, die eine Predigt oder ein evangelisches Buch läsen. Fanden sie es irgendwo, so wurde der Vorleser und der Hausherr dem Gericht überliefert, die Anwesenden wurden ins Gefängnis geworfen. Trotzdem hielten sie im geheimen, an verborgenem Ort, selbst im Walde evangelischen Gottesdienst und baten 1734 noch einmal um Gestattung der Auswanderung. Schon 1723 hatte sich das Corpus Evangelicorum des deutschen Reichstags in Regensburg der Protestanten in Österreich angenommen, 1724 beschwerte es sich, daß „schlechte Bauersleut" aus Kärnthen wegen ihrer Religion in Eisen und Bande gelegt würden und baten für sie um „die Wohlthat der Auswanderung". Im August 1726 sicherte der Hermannstädter Rat 50 Familien aus Franken, die sich in der Nähe von Debreczin niedergelassen hatten, „Handwerker und Bauernstandes, freie Leute deutscher Nation", wertvolle Rechte und Freiheiten zu, um sie zur Einwanderung ins Sachsenland zu bewegen. Auch in Wien erwachte endlich das Verständnis, daß die verjagten Protestanten besser im eigenen Land zu brauchen seien. So wurde das erste Emigrationspatent 1731 gegeben. Darin wurde den evangelischen Ledigen, Taglöhnern und Beisassen geboten, binnen 8 Tagen das Land zu verlassen, während den Grund- und Hausbesitzern ein Zeitraum von zwei Monaten gelassen wurde, ihren Besitz zu verkaufen. Nach den bisherigen Erfahrungen hatten sie Grund, an der Aufrichtigkeit dieser Mitteilungen zu zweifeln; da wurden sie im November gewaltsam aus der Heimat vertrieben. Sie wandten sich ins deutsche Reich, vor allem in Preußen wurden sie gern aufgenommen, auch nach Amerika gingen einige; vier- bis fünftausend Familien waren schon ausgewandert, da kam die Regierung in Wien auf den Gedanken, den Rest nach Siebenbürgen zu verpflanzen. Am 29. Mai 1734 wurden 44 Hausväter verständigt, sich fertig zu machen, in acht Tagen nach Siebenbürgen zu gehen, wo sie, wie ihnen gedroht wurde, den Rest empfangen würden. Da traten dreizehn Männer aus ihrer Mitte hervor und erklärten, wenn man ihnen in Siebenbürgen den Rest geben wolle, so sei es nicht nötig, sie so weit zu führen, sie wären um des Evangeliums willen bereit, ihn gleich hier zu empfangen. Sofort wurden sie in Haft genommen und nach Linz abgeführt. Die Übrigen erklärten, auch sie seien bereit, für die Wahrheit zu sterben. Am 4. Juli wurde ihnen angekündigt, sie würden am 9. Juli von Linz abreisen. Das geschah denn in der Tat. Am 13. Juli wurden sie dann in Klosterneuburg eingeschifft, dort nahm sie Johann Kinder in Empfang, der als Vertreter der sächsischen Nation in Wien weilte und sie bis Ofen führte, auf vier Schiffen 47 Familien, vor allem aus dem Salzkammergut. Er hatte den Auftrag, den Auswanderern die Verhältnisse der neuen Heimat zu erläutern und sie mit dem, was sie erwartete, bekannt zu machen. Einige hatten sich geweigert, nach Siebenbürgen zu übersiedeln, sie wurden gefesselt auf die Schiffe gebracht. Die offizielle Sprache nannte die ganze Lösung dieser Angelegenheit damals den Ausdruck „der angeborenen allerhöchsten Clemenz (Milde) Sr. Majestät". Von Ofen war Kinder im voraus nach Hermannstadt geeilt, dort für den Empfang Vorsorge zu treffen, „um diese armen Leut nach der Intention des Hofes bestmöglich zu accomodieren". Am 20. August langten sie in Großau an, am 21. zogen sie in Hermannstadt ein, das Lied singend: Ich bin ein armer Exulant, das J. Schaitberger 1686 gedichtet hatte, da er seines Glaubens wegen aus Salzburg vertrieben worden war. Die Einwanderer, „Landler" genannt, wurden zunächst in Heltau untergebracht, es waren 82 verheiratete Männer und Frauen, 4 Witwen, 80 Söhne, 89 Töchter, Familien bis zu 13 Personen, im ganzen 263 Köpfe. Der Magistrat hatte sie zuerst in Stolzenburg und Hamlesch unterbringen wollen, dann sich für Heltau entschieden. Die Heltauer verpflegten sie acht Tag lang mit Brot und Fleisch, dann half die Gemeindekassa, mittlerweile sollte jeder sich entscheiden, „seiner zu erwählenden Lebensart halber". In der Heltauer evangelischen Kirche beantworteten sie vor der Gemeinde 74 Fragen, die an sie gerichtet wurden, zur Bewährung ihres rechten evangelischen Glaubens und zum Schluß erhielten sie die Versicherung, daß Gott ihr Gebet erhören werde, so es ernstlich und im Glauben geschehe. Der 81 jährige Paul Kaiser schrieb an seinen Sohn, daß man sie in Siebenbürgen mit Freuden aufgenommen, sie nicht nur leiblich reichlich verpflegt habe, sondern jeder Familie ein Exemplar von Arndts Paradiesgärtlein und jeder Person Luthers Katechismus und andre schöne Bücher verehrt habe. „Wir haben auch, Gott sei ewig Lob und Dank, gute eifrige evangelische Regenten und Obrigkeiten, die uns sowohl in geist- als leiblichen Sachen Schutz tragen, und einem jedweden nach Stand und Vermögen zum weitern Fortkommen helfen. Wir haben auch, Gott sei Lob, gute evangelische Prediger, die uns das reine Wort Gottes klar vortragen." Mathias Fischer schrieb an seine Brüder in Goisern: „daß ich noch bis dato frisch und gesund bin, und mein Stückel Brot hier in Siebenbürgen reichlich zu gewinnen habe, und wollte, Gott schicke es, daß es in meinem Vaterlande auch also stünde als wie hier in Siebenbürgen." Er freute sich, daß Neppendorf, wohin sie übersiedeln sollten, eine halbe Stunde näher an der alten Heimat sei als Heltau. Die Mehrzahl wurde in Neppendorf angesiedelt und die Gemeinde durch sie zu neuem Leben gebracht.

Um dieselbe Zeit kamen auch aus Kärnthen vertriebene Protestanten nach Siebenbürgen, nach dem Hermannstädter Ratsprotokoll im Jahr 1734, nach dortigen Nachrichten schon 1733. Sie kamen in mehrern Gruppen herein, ihnen schlossen sich auch andere österreichische Evangelische an — ein Teil derselben hatte nicht bloß ihr Vermögen, sondern auch die Kinder dort lassen müssen! Der Rat von Hermannstadt war wiederholt in der Lage, für die neuankommenden „Transmigranten" zu sorgen. Im November 1734 leitete er in Stadt und Stuhl eine Sammlung „vor die notleidenden österreichischen Emigranten" ein und beschloß drei Waisen derselben im Spital zu verpflegen und sie zu erziehen. Auch 1735 und 1736 dauerte die Einwanderung in größern Gruppen weiter, im einzelnen stand sie nie still. Sie ließen sich in Großau, einzelne auch im Unterwald nieder, andere in Kronstadt, wo sie wegen ihrer besondern Kenntnisse in Gärtnerei und Viehzucht willige Aufnahme fanden. Ein eigener Prediger wurde dort für sie angestellt, da nur sächsisch gepredigt wurde. Die Zeitgenossen rühmten ihren „exemplarischen Lebenswandel", wie auch Kinder an den Salzburgern lobte, er habe kein böses Wort von ihnen gehört und sie hätten sich die ganze Zeit auf der Reise musterhaft betragen. Alle waren erfüllt von dem Gedanken, der auf Bildern aus jener Zeit (1732) zum Ausdruck kommt, die die Auswandernden darstellen, von denen der Mann spricht:

> Muß ich schon vertrieben sein
> Und mich trifft sehr große Pein,
> Will doch Gott beständig sein —

und die Frau antwortet:

> Ich halte Gott im Glauben still,
> Mir gehe wie er's haben will!

Für das sächsische Volk war die Stärkung der von Türken und andrer Kriegsnot jahrhundertlang zertretenen Gemeinden von größter Bedeutung. Eine nicht geringe Anzahl ist durch sie zu neuem Leben gekommen und verdankt ihr den weitern Bestand. Heute noch ist ein tiefes religiöses Bedürfnis, ausgesprochener kirchlicher Sinn in ihnen lebendig und die Erinnerung daran nicht erloschen, daß sie um ihres Glaubens willen einst ins Elend wandern mußten.

Jene Stärkung des evangelischen Volkstums war um so bedeutsamer als neue Angriffe sich gegen dieses vorbereiteten. Die Staatsgewalt machte mit Hülfe des Jesuitismus einen Vorstoß gegen den evangelischen Kirchenbesitz. Das apokryphe Wort des Kardinals Kollonich: erst laßt uns sie arm, dann katholisch machen, schien hier Richtschnur des Handelns zu sein. Am 28. Januar 1734 wurde das Burzenländer Kapitel im Namen des Fiskus vor das Forum productionale geladen, es möge den Nachweis des Rechtes auf den Bezug des geistlichen Zehnten liefern!

Das alte siebenbürgische Staatsrecht faßte unter dem Namen des k. Fiskus die Einkünfte zusammen, die aus den Regalien, Gütern usf. der fürstlichen Kammer zustanden, und obwohl Eigentum des Landes dem Landesfürsten zur Verwendung überlassen waren. Frühe schon suchten die Stände der Verschleuderung dieser Einkünfte durch bestimmte Gesetze einen Riegel vorzuschieben. Das schien bei den vielfachen Wirren und Thronkämpfen um so nötiger, als eben diese Einkünfte herhalten mußten, wenn der Fürst Anhänger werben oder belohnen wollte. So beschloß der siebenbürgische Landtag 1615, sämtliche Veräußerungen oder Verleihungen solchen Staatseigentums seien ungültig, insofern sie nach dem Jahr 1588 erfolgt seien; sie sollten für den Fiskus zurückgelöst werden. Hinfort sollten sie unveräußerlich sein und höchstens auf 99 Jahre gegen eine Summe verpfändet werden dürfen, die den wahren Wert nicht übersteige („inskribieren"). Als in den Rakotzischen Wirren im 17. Jahrhundert die Verschleuderung jener Krongüter wieder an der Tagesordnung war, traten die Stände ihr neuerdings entgegen und setzten als neues Epochaljahr 1657 fest. Wer ein Fiskalgut nach dieser Zeit erworben, solle sich ausweisen, auf welche Weise es geschehen sei, der Besitzer solle seine Dokumente „produzieren". Daher hieß der Gerichtshof, der aus den fürstlichen Räten, den Oberbeamten und den Gerichtstafel-Beisitzern bestehen sollte, Forum productionale. Die Stände schienen zu fühlen, daß in dieser den Anschauungen der Rechtspflege widersprechenden Bestimmung, wornach der Beklagte gehalten sein sollte sein Recht zu beweisen, eine schwere Gefahr liege. So wurden eine ganze Reihe Vorsichtsmaßregeln geschaffen, um zu verhindern, daß durch den Schutz des Staatsvermögens, Vermögen und Recht des Einzelnen der Willkür preisgegeben werde. Denn es war von vorneherein klar, wohin es führen konnte, wenn in einem Land, das in dreihundertjährigem Krieg und immer wiederkehrender Parteiung Ungeheures erlitten hatte, Besitzer irgend eines einstmaligen Fiskalgutes aufgefordert wurden, sich rechtskräftig über einen Besitz auszuweisen, der vielleicht Jahrhunderte hindurch in den Händen der Familie gewesen war. Eine solche Vorsichtsmaßregel war, daß der Gegenstand, um den etwa der Fiskalprozeß beginne, nachweisbar Fiskalgut gewesen sei und in dem Verzeichnis sich finde, das 1650 vom Landtag zusammengestellt worden war. In bezug auf den Zehnten, der einmal Fiskalgut gewesen, wurde 1623 bestimmt, er solle auf dieselbe Art zurückerworben werden wie die andern Güter. Die Gesetzesstelle bezog sich ausdrücklich nur auf den dem Adel verliehenen Zehnten.

Nach diesen Bestimmungen sind 1669 und 1673 Sitzungen des Produktionalforums abgehalten worden; im letztern Jahr machte Apafi Anspruch auf den Brooser Zehnten, wurde jedoch abgewiesen. Dieser Zehnte war nie Fiskalbesitz gewesen.

Nach dem Übergang Siebenbürgens unter das Haus Habsburg erhielt das Gubernium Auftrag vom Hof (1692), ein Verzeichnis aller Fiskalgüter vorzulegen, aber die Sache erwies sich als so schwierig, daß die Ausführung unterblieb. Die gegenreformatorischen Bestrebungen am Beginn des 18. Jahrhunderts, der steigende Einfluß der Jesuiten, die bald die Regierung des Landes ihren widergesetzlichen Zielen dienstbar machten, berührten bald die Frage der Zehntleistung der Katholiken an nichtkatholische Geistliche und im Zusammenhang mit den Katholisierungsbestrebungen stand, daß das Gubernium am 12. Oktober 1731 den evangelischen Bischof L. Graffius aufforderte, alle Zehntprivilegien der sächsischen Geistlichkeit vorzulegen. Er wies auf das Leopoldinische

Diplom hin und die Privilegien dieser Geistlichkeit und weigerte sich, dem Auftrag nachzukommen, der in der Tat fallen gelassen wurde. Da meinten die Gegner, es sei wohl geschickter mit einzelnen Kapiteln anzufangen. Am 28. Januar 1734 wurde das Burzenländer Kapitel aufgefordert, vor dem Produktionalforum zu erscheinen, nachdem es vorher zur Vorlage seiner Privilegien vor den Kameraldirektor gefordert worden war, wogegen aber der ganze Klerus Einsprache erhob. Wohl blieb auch diese Vorladung noch erfolglos, weil das Forum nicht zusammentrat — aber die lange Reihe schwerster Rechtsverletzungen war doch damit eröffnet. Mehr als ein Jahrhundert lang ist dies Produktionalforum die Quelle dauernder Beunruhigung, der Urheber gröblichster Ungerechtigkeiten, der Träger einer rechtsverachtenden und die evangelische Kirche und das sächsische Volk schädigenden Willkür gewesen.

Diese Kirche aber stand gerade damals vor schweren innern Fragen. Der Student hatte von den deutschen Hochschulen den Pietismus mitgebracht und es schien die bisher glücklich vermiedene dogmatische und kirchliche Parteiung nun auch hier noch durchgekämpft werden zu müssen. Komes Andreas Teutsch, ein Träger der neuen Richtung, griff nach einem früher schon versuchten Mittel, das damals überhaupt und auch in Hermannstadt darniederliegende Schulwesen zu heben und veranlaßte den Hermannstädter Magistrat, gelehrte Ausländer an das Hermannstädter Gymnasium zu berufen, Christian Voigt aus Halle und Johann Baptist Habermann aus Wien. Die Absicht ging darauf hinaus, das Gymnasium zu einer höhern Lehranstalt zu erheben, damit zugleich für Viele die hohen Kosten zu ersparen, die der Besuch deutscher Universitäten erforderte. Böse Erfahrungen mit diesem Besuch mehrten die Klagen darüber, daß die Studenten mehr Böses als Gutes mitbrächten, Schulden machten und zuletzt doch nichts lernten. Tausend Gulden Schulden hatte einer hinterlassen, während er nicht für hundert Gulden gelernt habe, zürnte der Bischof in der Synode und Schmeizel schrieb von draußen, der Name der Sachsen komme in Verruf durch diese Erfahrungen. So sollte die Fortbildung des Hermannstädter Gymnasiums gleich mehreren Zwecken dienen. Die neuberufenen Professoren ließen ihre Pläne und Methode vom Magistrat und dem Stadtpfarrer billigen und begannen die Arbeit. Voigt suchte sie auch dadurch zu unterstützen, daß er die notwendigen Bücher aus dem Ausland kommen ließ und eine Buchhandlung eröffnete, die erste im Lande, wenn von den Buchführern des 16. Jahrhunderts abgesehn wird. Insbesonders Bibeln und Neue Testamente ließ er kommen; da es aber nicht die gewöhnlichen Lutherischen waren, so erregte schon das Anstoß. Die beiden Fremden kamen bald in den Verdacht des Pietismus. Sie scheinen selbst in den Vorlesungen nicht vorsichtig genug über andre Lehrer sich ausgesprochen zu haben, im Kollegium kams zu Parteiungen, die Gerüchte drangen ins Land hinaus, daß in Hermannstadt nicht die reine Lehre vorgetragen werde. Der Pfarrer von Groß-Schenk Magister G. Haner schrieb an den Komes nach Hermannstadt über die Sache, dieser — selbst ein Anhänger des Pietismus — übergab die Angelegenheit zur Untersuchung an den Stadt= pfarrer, der alles in Ordnung fand. In sehr heftiger Weise antworteten nun der Komes und der Stadtpfarrer Haner und wiesen die „unge= gründeten Zunötigungen und Bezüchtigungen wider das achte Gebot" sehr entschieden zurück. Da kam ganz unvermutet von Seite des Komman= dierenden an den Stadtpfarrer die Mitteilung, daß er den Rektor Obel und die zwei fremden Lehrer „ob deren Pietismus in einem schweren Verdacht habe" und er sei Willens, darüber selbst Rede und Antwort zu fordern. Im Magistrat wurde erzählt, jene Lehrer würden des Pietismus angeklagt. Nur eine Klage war greifbar, das Hereinbringen von Bibeln, die nichts für die Laien taugten, anderes lächerlich, daß Obel ärgerliche Manieren beim Predigen habe, z. B. den Seufzer zu tief hole, noch anderes ließ eine unschöne Quelle des Neides erkennen, es werde jenen als Fremden mehr Höflichkeit als den Einheimischen erwiesen. Es kam zu einer förmlichen Untersuchung und zu einem Glaubensgericht, das bisher hier nicht vorgekommen war. Die ange= sehensten Geistlichen Hermannstadts, der Dechant und Stadtpfarrer, der Unterwälder Dechant, der Syndikus des Hermannstädter Kapitels, die weltlichen Oberbeamten, Komes, Bürgermeister und einige Bürger bildeten unter dem Vorsitz des evangelischen Bischofs das Gericht. Es gereichte ihm zur Ehre, daß es die Anschuldigungen für unrichtig erklärte. Wieder war es der Kommandierende, der dem Stadtpfarrer sagen ließ, sie sollten die drei Beschuldigten vom Gymnasium entfernen, sonst werde er weiteres tun. Es zeichnete die Verhältnisse, wenn hierauf „diese angedrohete Extre= mität zu vermeiden, die obigen drei Praeceptores Gymnasii exauctoriret" wurden. Es hatte nichts geholfen, daß der Bischof nach jener Unter= suchung öffentlich die Unschuld der Männer bezeugte und sich bereit erklärte, auch die Amtsbrüder davon zu verständigen, und daß jene sich durch einen Eid gereinigt hatten. Es war ein verhältnismäßig versöhn= licher Abschluß, daß der Rektor im selben Jahre Pfarrer in Dobring wurde und daß den beiden Ausländern zur Reise aus dem ungastlichen Land vom Magistrat „ein zulängliches Viatikum" gereicht wurde. Der kommandierende General Steinville war bereit, um sein Ziel zu erreichen, auch Schlimmeres zu wagen. Als er die Forderung der Entlassung an den Magistrat stellte, hatte er sich vernehmen lassen: warum sie nicht einen neuen Bürgermeister erwähleten, er — der Kommandierende — wolle sie in ihrer Freiheit schützen! Er ließ durchblicken, diese Beamten seien Schuld an der Beschwerung des Stuhls mit vielen Diensten, an den hohen Zinsen der Stadt, „warum sie die Pietisterei" gestatteten? Die Tyrannei hat mehr als einmal mit Erfolg sich den Mantel der Volksfreundlichkeit umgehängt.

In der Kirche selbst war übrigens der Gegensatz gegen den Pietismus vorhanden. Der neugewählte Bischof A. Scharsius hatte 1708 ernst Umfrage gehalten, wie es mit der Reinheit der Lehre stünde, im Ausland verbreite sich der Pietismus und die Kirche müsse fleißig wachen, daß er sich nicht auch hier verbreite. Die Synode solle vor allem sorgen, daß die Studenten nicht nach Halle gingen. Der Beschluß von 1711, auch die von Halle zurückkehrenden Studenten könnten angestellt werden, doch sollten sie vom Bischof erst geprüft werden, hinderte die Kapitel nicht, den Kampf gegen den Pietismus in ihren Kreisen aufzunehmen, besonders da auch die Synode für gut hielt, die Studenten möchten außer Halle auch weniger verdächtige Akademien besuchen. Es hing mit dem Bestreben, die Augsburger Konfession aufrecht zu erhalten, zusammen, wenn die Synode 1712 beschloß, es dürfe niemand eine Schrift herausgeben ohne vorhergegangene Zensur der Vorgesetzten, des Dechanten und der Kapitelssenioren, wenn nötig des Bischofs, nach dem Vorbild der Gymnasien und Akademien in Deutschland. Später wurden auch Jena, wo Buddäus und Gießen, wo Majus lehrte, außer Halle verdächtig, aber es wurden keine weitern Schritte getan. Tatsächlich sind sowohl Halle als Jena ununterbrochen auch von Sachsen aus Siebenbürgen besucht gewesen und 1726 konnte auf der Synode das milde Wort gesprochen werden, nicht der Ort mache den Häretiker; die Schuld liege vielmehr daran, daß die Studenten zu früh zur Universität gingen, zu rasch nach Hause und ohne Prüfungen ins Amt kämen. Der Vorgang gegen Voigt und Habermann ist nicht mehr wiederholt worden. Über die Bücher, die der erste von ihnen ins Land gebracht hatte, urteilte die Synode sehr vorsichtig: die Cansteinische Bibelausgabe fordere nicht zur Zensur heraus, die Biblia pentapla dagegen schien geeignet, dem Naturalismus, Indifferentismus und Fanatismus den Weg zu bereiten. Über Speners Predigten wollte sie kein Urteil abgeben, weil das Buch selbst nicht vorlag, vom Verfasser erklärten sie zu wissen, daß er ein unvergleichlicher und außerordentlich frommer Mann gewesen sei. Das Urteil über Comenius Geschichte der böhmischen Brüder lehnten sie ab, weil das Buch sich auf die Reformierten beziehe. Das Ankämpfen gegen den Pietismus hat darin seinen Hauptgrund, daß die Kirche innerlich sich verpflichtet fühlte, die Augsburger Konfession zu verteidigen, dann aber auch aus dem politischen Grund, der auf der Synode von 1726 ausdrücklich hervorgehoben wurde, als sie die Formula pii consensus von 1572 vorlasen und sämtliche Mitglieder der Synode als die Vertreter der Kirche mit Unterschrift und Siegel sich auf sie verpflichteten: „damit nicht unsere Gegner, besonders die von der herrschenden Religion, uns überführen könnten, daß wir von der Augsburger Konfession und der alten Lutherischen Religion abgewichen seien, die in Siebenbürgen bis jetzt rezipiert war. Denn alle unsere Religionsfreiheit sei an die Augsburger Konfession und an die von alters her in unserm Vaterland beobachtete evangelische Religion gebunden. Darum sollte auch der kommandierende General Steinville gesagt haben, „die Augsburger Konfession ist eine gute Konfession, bleibt bei derselben". So oft hingegen von Neuerungen gehört wurde, habe man geschrien: wir seien von der alten Religion abgewichen und darum nicht mehr Lutheraner; folglich da wir eine nichtrezipierte Religion in Siebenbürgen einführten, sei der Kaiser nicht verpflichtet, jene Freiheiten, die er den Lutheranern des Augsburger Bekenntnisses zugestanden, jenen zuzulassen, die von dieser Religion abwichen."

Tatsächlich aber drang der Pietismus immer mehr ein, nach der Mitte des Jahrhunderts waren die Lehranstalten von Schülern Halles geleitet, die Methode des Waisenhauses die maßgebende und anerkannte und die Reform der Schule, die in Angriff genommen wurde, hat ihre Anregung von da erhalten.

Seit der Friede wiedergekehrt war, bildete die Verbesserung der Schulen eine ständige Verhandlung auf der Synode, ebenso das gottlose Leben der Lehrer und der Geistlichen, in deren Kreisen Faulheit und Trunkenheit viel Anlaß zur Klage gaben. Den Forderungen, für bessere Schulen zu sorgen und das Leben fromm zu gestalten, kam der Pietismus entgegen. Im Jahr 1722 wurde von der Synode eine durchgreifende Reihe neuer Grundsätze aufgestellt, zunächst als Rat und Mittel, wie die Jugend besser zu erziehen und die Schulen besser einzurichten seien, wenn das zunächst auch nur Anregung blieb. Es war doch kein Kleines, wenn da geradezu die Schulpflicht aller Kinder, ausdrücklich auch der Mädchen, als Grundsatz aufgestellt wurde, „daß sie lesen, schreiben und den Katechismus lernen". Auf öffentliche Kosten sollten Schulbücher gedruckt werden; 1726 beschloß in der Tat die Synode, den Seidelischen Katechismus mit Zustimmung der Erben des Verfassers drucken zu lassen; niemand solle Schulmeister auf dem Dorf werden, der nicht wenigstens zwei bis drei Jahre an einem Gymnasium studiert habe und den Katechismus verstehe. Mindestens einige Gymnasien sollten besser eingerichtet werden, die Rektoren mindestens zehn Jahre in ihrem Amt bleiben, ein Wunsch, der erst viel später in Erfüllung ging; die Lehrer an den Gymnasien besser bezahlt werden, eine größere Einheitlichkeit in diesen Schulen eingeführt werden. Der Besuch der Universitäten solle nur jenen erlaubt sein, die eine Prüfung abgelegt und den Nachweis lieferten, woher sie die Mittel zum Studium zu erlangen hofften. Zur Ausführung aller dieser Vorschläge solle ein fundus nationalis zusammengebracht werden, jährlich 355½ Kübel Korn von den Pfarrern und den Gemeinden „und das wäre was Ordentliches". Doch ist nicht einmal der Versuch der Durchführung unternommen worden. Über das Heilmittel aller Übel, als welches der Bischof 1726 die Besorgung guter Lehrer und angemessene Bezahlung derselben bezeichnete, ist noch viel verhandelt worden. Man kam auch auf dem Gebiet der Schule über Anläufe und Versuche nicht hinaus. In Mühlbach richteten sie 1724 die Schule neu ein, arme Studenten sollten unentgeltlich verpflegt werden, aber sonst blieb überall nur ein tastendes Experimentieren erkennbar.

Für die Kirche war es ein Glück, daß in jenen Jahren an ihrer Spitze Männer standen, die ihrer Aufgabe gewachsen waren. Lukas Graffius, von 1712—1736 Bischof, nicht frei von weltlicher Eitelkeit, die ihn jahrelang um den Adel sich bewerben ließ, war ein tapferer Verfechter nicht nur der bischöflichen Rechte, sondern auch der Kirche und sein Nachfolger Georg Haner 1736—1740 war einer der tüchtigsten Männer seiner Zeit. Schon auf der Universität in Wittenberg hatte er eine siebenbürgische Kirchengeschichte geschrieben, darin der erste Versuch einer umfassenden Reformationsgeschichte, die auf den Quellen fußte. Die Angriffe auf die Kirche führten ihn dazu, eine reichhaltige Sammlung von Urkunden, Synodalverhandlungen, Kapitularstatuten, Visitationsartikeln und andrer wesentlich kirchenrechtlicher und kirchengeschichtlicher Akten anzulegen, die der späteren Forschung gute Dienste leisteten.

Die Kirche stand wie das politische Leben unter der Anschauung, daß die Aufgabe der Behörde im wesentlichen darin bestehe, das Böse zu verhindern, die Übertretungen zu bestrafen, die moderne Auffassung, daß die Förderung des Guten auf allen Gebieten, das Stecken neuer höherer Ziele, die geistige und sittliche Hebung des Volks ihre Aufgabe

sei, hat kaum einem und dem andern noch als Ahnung vor der Seele
gestanden. Es gab des Bösen, das abzuwehren war, so viel, daß es er=
klärlich ist, wenn man darüber das andere übersah.

Trotz alledem war kein Zweifel, daß das Leben anfing, wieder
lebenswert zu scheinen und die Menschen begannen, des Tages wieder
froh zu werden. Zunächst war doch Friede, Handel und Gewerbe hob
sich, beide wurden noch in den alten Formen getrieben, aber sie lohnten
die Arbeit. Auf der via Carolina, die nach der Erwerbung der kleinen
Walachei am Alt hinunter durch den Engpaß gelegt worden war, fuhren
die Wagen hinauf und hinunter und wenn auch Juden und Armenier
am Handel beteiligt waren, die Bistritzer Sachsen handelten in die Buko=
wina und Moldau, die Kronstädter und die Hermannstädter in die
Walachei, alle auch nach dem benachbarten Ungarn. Die Zahl der Zünfte
nahm zu. Den Handschuhmachern machte die Mode ein Ende, auch die
Messerschmiede gingen in Hermannstadt ein, aber dafür entstanden Töpfer,
Ziegler, Faßbinder, Maurer, Zimmerleute, Scheerer, Drechsler, Müller
und Sichelschmiede. Dazu kam seit 1725 die „Kaufmannschaft", die in
Hermannstadt und Kronstadt mit der griechischen Kompagnie in fort=
während Reibungen sich befand. Auch diese Seite des Lebens war nicht
sicher vor dem Eingreifen des Kommandierenden. Es bezeichnete ein all=
mähliches Erstarken des bürgerlichen Selbstbewußtseins, das nur langsam
sich vollzog und häufig rückfällig wurde, wenn die Kronstädter 1732 die
Pläne des Kommandierenden abwiesen, die er ihnen unter dem Vorwand
der Erleichterungen für die Bürgerschaft anriet, sie sollten den Wein=
schank als ausschließliches städtisches Recht ausüben, ein Monopol für
den Handel mit Flachs, Baumwolle und Tabak einführen, ebenso für
das Bierbrauen und gerne deutet man es auch auf dieses erstarkende
Selbstbewußtsein, wenn Hermannstadt 1739 bei der Wahl des Bürger=
meisters sich weigerte, den ihm vom Kommandierenden empfohlenen katho=
lischen Adlershausen zu wählen, trotzdem er auch von Wien empfohlen
wurde und der Adjutant des Kommandierenden in der Kommunität selbst
erschien, um der Empfehlung Nachdruck zu verleihen und selbst der Komes
vor der Wahl darauf hinwies, „wie es eine sehr bedenkliche Sache sei,
auf eine von so hohem Orte erfolgte Rekomandation nicht zu attendieren".
Sie wählten Kinder von Friedenberg und blieben dabei, als der Kom=
mandierende noch einmal dazwischen fuhr und die Begleitung des Neu=
gewählten nach Hause untersagte, mit der Drohung unter sie zu schießen!
Als Kinder freilich im folgenden Jahr starb, da wählten sie Adlershausen
zu seinem Nachfolger.

Es war der Charakter des Zeitraums: immer wieder kam alles auf den Kommandierenden an und dieser mißbrauchte seine Stellung nach allen Seiten! Am allerwenigsten hatten die Träger dieses Amtes ein Verständnis für die Sachsen und ihre Lage. Bezeichnend dafür ist ein unter dem Namen des Grafen Königseck veröffentlichtes Projekt, „wie die siebenbürgisch-sächsische Nation von dem vor Augen schwebenden gänzlichen Untergang zu retten, wieder zu redintegrieren und dadurch auch zugleich die österreichische Walachei zu populieren wäre." Darin wurde vorgeschlagen, die Walachen vom Sachsenboden in die Walachei zu verweisen, deutsche Kolonien in deren Stelle zu bringen und vor allem die Verfassung Siebenbürgens derart zu ändern, daß die Sachsen der Jurisdiktion des Guberniums, des Landtags und der Hofkanzlei entzogen und der Oberdirektion des kommandierenden Generals und dem Hofkriegsrat unterstellt würden! Nicht nur, daß dieses »Paradoxon politicum«, wie der Verfasser es nannte, nur auf dem Umsturz und den Trümmern der siebenbürgischen Verfassung möglich gewesen wäre, es bezeichnete nach alle dem was vorgefallen war und täglich vorging eine seltsame Verkennung der Verhältnisse, wenn der Projektant glaubte, bloß die Furcht vor den beiden andern Nationen werde die Sachsen abhalten, auf diesen Vorschlag einzugehen. Die Sachsen hatten von den kommandierenden Generälen, „die sie auf Befehl des Kaisers protegieren sollten", so zahlreiche Beweise dafür, wie diese Protektion beschaffen war, daß sie sich gehütet hätten, sich ihr ganz in die Arme zu werfen.

In dieses völlig unfertige Staatswesen, das noch unsäglich unter den Folgen der Türkenzeit litt, drohte ein neuer Türkenkrieg neue Verwirrung zu bringen. Im Jahre 1736 brach der Krieg gegen die Türken aus, Prinz Eugen war gestorben, die österreichischen Waffen blieben unglücklich. Auf Siebenbürgen konnte die Wirkung um so weniger ausbleiben, als der Kriegsschauplatz nahe lag und die Furcht nicht unbegründet war, es könne der Krieg herüberschlagen. All die Schrecknisse vergangener Jahrhunderte wurden wieder lebendig und man hätte meinen sollen, daß das Land alles getan, um sich zu rüsten, den Feind abzuwehren. Der kommandierende General Wallis war selbst in den Krieg gezogen und hatte in der Walachei, wo er ein Korps unglücklich befehligt hatte, seinen Tod gefunden. An seine Stelle trat in Hermannstadt Fürst Lobkowitz, eine jähzornige aufbrausende Natur, die mit Poltern und Drohen bald mehr verdarb als erreichte. Schon im September 1737 ordnete der Kommandierende die Insurrektion zur Bewachung der Pässe und der Grenze an, ohne aber das Einzelne genau anzugeben. Die Stände benutzten den Anlaß, sich zu stellen als hätten sie nie etwas von der Insurrektion gehört und stellten allerlei Fragen an den Kommandierenden, aus deren Beantwortung sie entnahmen, daß er selbst nicht recht wußte, wo aus und ein, ja daß er das Ganze als bloße Demonstration ansah. So vor die Notwendigkeit gestellt, selbst das Nähere über das Aufgebot zu bestimmen, trugen die Stände den Sachsen auf, ihre Meinung zu sagen, die zur Insurrektion überhaupt nicht verpflichtet waren, und diese gaben nach einiger Zögerung jene dahin ab: die Aufforderung beziehe sich bloß auf die Adligen. Nun verlangte der Obergespan des Oberalbenser Komitats für die frühern Komitatsortschaften, die nun zum Hermannstädter Stuhl gehörten, nach alter Gepflogenheit von diesem eine Trommel, eine Fahne und zwei Rüstwagen. Aber niemand wollte die Verpflichtung anerkennen und die sie forderten konnten sie nicht begründen. Der Kommandierende aber stellte im November an den wieder zusammengetretenen Landtag die Forderung, 50.000 Kübel Getreide als Kriegszuschlag einzuheben und 258.000 Gulden aufzuschlagen. Die Stände boten 30.000 fl., für den Kommandierenden aber bewilligten sie 1500 Dukaten, denen die Sachsen noch 400 hinzufügten. Lobkowitz weigerte sich, das Geschenk anzunehmen, wenn die Stände für Landesbedürfnisse so wenig hätten und verlangte eine schriftliche Erklärung, die er sofort nach Wien berichten werde. Im Vertrauen hatte er durchblicken lassen, daß er „eben gestern" die Erlaubnis erhalten habe, 80.000 fl. nachzulassen. Da boten die Stände 40.000 fl. und rechneten vor, was an Naturalien alles geliefert worden sei. Der Fürst aber erklärte, er werde noch diese Nacht sich aufsetzen und nach Wien reisen, er sei kein Krämer, der mit sich handeln lasse. Die Stände schienen es ja mehr mit den Türken zu halten als mit dem Kaiser. So werde er wegziehn und sie den Türken überlassen! Im übrigen lasse er auf eigene Verantwortung noch 20.000 fl. nach! Aber wenn noch fünfzig Deputationen zu ihm kämen, so könne nichts mehr geändert werden. Das Gubernium ließ in der ganzen Angelegenheit die Stände völlig im Stich, die nun entschieden, sie seien bereit 50.000 Kübel Korn zu bewilligen, jedoch um den Preis von 2 fl. und als Subsidien. Als sie es dem Kommandierenden meldeten, brauste er auf: als Abschlagszahlung, zu 75.000 fl. gerechnet, werde er das Gebotene annehmen, der Rest solle schleunig bezahlt werden. Die Stände antworteten damit, daß Emerich Bethlen den Antrag stellte, die Stände sollten sich über die groben Worte des Kommandierenden beschweren und als dieser selbst in der Ständesitzung erschien, hatten sich vorher alle Mitglieder des Landtags stillschweigend entfernt, er kam in den leeren Saal. Die Stände waren zu weiterem nicht zu bewegen. Sie teilten vielmehr die 50.000 Kübel auf, es wurde der sächsischen Nationsuniversität überlassen, ob sie die sächsischen Pfarrer auch zu einer Leistung heranziehn wolle zugunsten der Nation; die sächsische Geistlichkeit übernahm 2278 Kübel, nicht ohne daß es zwischen dem Provinzial-Bürgermeister Rosenfeld und dem Bischof Haner zu einem scharfen Briefwechsel gekommen wäre. Dann beschlossen die Stände eine Beschwerde an den Hof und verlangten den Schluß des Landtags, den in diesem Fall der Kommandierende auszusprechen das Recht hatte. Der wollte aber die Entlassung nicht geben, als er erfuhr, daß die Stände die geforderten Steuern nicht bewilligt hatten. „So mögen sie zu Gott, zum Teufel oder zum Kaiser gehen", fuhr er die Deputation an, die ihn um die Entlassung bat; „im Namen des Kaisers halte ich die Stände zurück, und keiner von euch wird von hier weggehen, bis nicht die ganze Summe bewilligt ist". Da ging die Mehrzahl der Landtagsmitglieder auf eigene Faust nach Hause. Der Rest versuchte noch einmal die Entlassung zu erlangen. Als niemand zum Kommandierenden gehn wollte, ging der walachische Bischof Joh. Innoc. Klein zu ihm und sprach ihn um die Entlassung an. Der Fürst gab sie und der Bischof wünschte ihm darauf in seinem Küchenlatein „alles Mögliche". Als er dem Landtagsrumpf den Vorgang meldete, gingen sie mit hellem Gelächter auseinander.

Es war klar, daß diese Stände dem Land nicht helfen konnten.

Siebenbürgen aber spürte den nachbarlichen Krieg fast als ob er im Lande selbst wäre. Eine Menge Soldaten wurde ins Land geworfen, der Leistungen und Lieferungen und der Plackereien war kein Ende: „oft sah man zwei Musketiere auf einem Wagen fahren, vor welchen sie acht Ochsen hatten spannen lassen." Das Militär-Kommissariat kannte sich im Lande gar nicht aus, so daß der Landtag allen Ernstes den Vorschlag machte, nicht die Generäle sollten die Marschrouten bestimmen sondern die Oberbeamten der Jurisdiktionen. Die Unterhaltung der im Lande liegenden Truppen erforderte viel Korn und Hafer, die das Land lieferte, Kasernen gab es keine, für den Quartiergeber war die Last fast unerträglich; das Sachsenland mußte wieder weit über seine Kräfte zu den Lieferungen beitragen. Wo sie nicht nach dem Willen des Militärs einliefen, da geschah es, wie im Broozer Stuhl im Winter 1730, daß sie dem Königsrichter zwölf und dem Stuhlsrichter acht Mann ins Haus legten mit der stillschweigenden Erlaubnis zu allen Exzessen, bis der ausgesogene Stuhl die aufgelegte Lieferung zusammenbrachte.

Am Schluß des Krieges berechnete der Hermannstädter Magistrat, daß der Stuhl allein 200.000 fl. ausgegeben und Schaden gelitten hatte. Im Gefolge dieser Jahre kam wieder auch die Pest ins Land. Menschen und Vieh starben dahin. Im Burzenland raffte die Seuche in einem Jahr (1737) an 12.000 Stück weg, in dem Hermannstädter Stuhl und den ihm benachbarten Stühlen starben 8602 Personen, obwohl diese Stühle fast 19.000 fl. für die Verpflegung der Erkrankten ausgaben und Hermannstadt auf Arzneien für das Militär 1871 Gulden verrechnete, die die Hofkriegskasse nicht ersetzen wollte.

Der Türkenkrieg aber ging unglücklich aus. Im Frieden von Belgrad 1739 mußte Karl Serbien und die kleine Walachei wieder an die Pforte abtreten. Ein Jahr darauf — 1740 — starb der letzte Habsburger.

Was die Lage der Sachsen damals anbetrifft, so hatte jenes Paradoxon politicum sie richtig gezeichnet: „Es hat die Sächsische Nation über ihre vielfachen Bedrückungen bei Hof unzählige Mal geklagt. Allein wenn man das einzige Punktum derer nach immer mehr als 20 jähriger Sollizitation zustand gebrachten Reduktion derer Interessen ausnimmt, das übrige alles umsonst und vergeblich. Die vornehmsten Ursachen, warum die Sachsen in ihren gerechtesten Ansprüchen nicht reussieren, daß ihnen der Hof bisher bei aller Gewogenheit nicht hat helfen können, sind vornehmlich diese: daß die Siebenbürger Hofkanzlei nur einen Sachsen im Rat hat, die übrigen aber aus lauter den Sachsen ungünstigen Siebenbürgern bestehen und diese die kaiserlichen Befehle so zu qualifizieren und zu stylisieren wissen, daß das durch die dicke Haut der Siebenbürger nicht durchdringt. Dann kann das Gubernium in Wien alles so vortragen, bemänteln und entschuldigen, daß die nötigen Connectiones und Animadversiones hinterstellig bleiben. Dann aber wird die Durchführung der zugunsten der Sachsen ergehenden kais. Resolutionen dem Gubernium anbefohlen, das in bezug auf Stimmenmehrheit und gewichtigeres Ansehen gleichfalls aus den den Sachsen unholden Siebenbürger Ungarn besteht. Dieses aber weiß unvergleichlich nach dem Grundsatz zu spielen: was du nicht willst, daß es geschehe, das schieb hinaus, oder es macht zu dergleichen allergnädigsten Resolutionen und Befehlen nur dicke Ohren, wie es denn in Siebenbürgen nichts neues ist, sich vom Kaiser eine Sache etliche Mal befehlen zu lassen, ehe mans thut oder ganz und gar nicht thut oder unter einem ausgesuchten scheinbaren Vorwand das Entgegengesetzte nach Wien zurückschreibt."

Und doch beurteilte der Verfasser diese Sachsen schlecht, wenn er meinte, sie seien so matt und müde gemacht, daß sie allen Mut fallen ließen und mit dem Gedanken umgingen, ihre Nationalität fahren zu lassen und sich mit dem Adel und den Szeklern zu „vernaturalisieren".

Eben begannen sie sich aus jener Ermattung herauszuarbeiten und der Mann war schon in sein Jünglingsalter getreten, der ihnen helfen sollte, sie ganz zu überwinden — Samuel Brukenthal.

---

### III.

## Maria Theresia. Neue Kämpfe und neues Leben. Samuel Brukenthal.

#### 1740—1780.

Im Jahre 1740 bestieg Maria Theresia auf Grund der Pragmatischen Sanktion den Thron ihrer Väter, der letzte Sprosse des Habsburger Hauses. Sie war am 13. Mai 1717 geboren, stand also bei ihrer Thronbesteigung im 23. Lebensjahr und war seit 12. Februar 1736 mit Franz von Lothringen vermählt, der 1745 zum deutschen Kaiser gekrönt wurde. Ein sächsischer Zeitgenosse schildert die Herrscherin also: „Maria Theresia verband mit den Reizen einer ausnehmenden Schönheit, die durch ihre Milde und Leutseligkeit unendlich erhöhet wurde, ein männliches Herz und einen Herrschergeist, der sie über alle ihres Geschlechts erhub, neben dem eine seltene Staats- und Sprachenkenntnis, nebst der Geschicklichkeit alle auch noch so verwickelt scheinenden Gegenstände zu fassen und auseinander zu setzen. Nur schade, daß ihre Bildung unter den Händen herrschsüchtiger und leidenschaftlicher Geistlichen entstanden war, die sie vom ersten bis zum letzten Regierungsjahre an die ihr in der Erziehung beigebrachten Sätze der Intoleranz gefesselt hielten, und dadurch zu manchen Gewaltstreichen verleiteten, zu welchen ihr sanftes Herz unter andern Bestimmungen nicht empfänglich gewesen wäre. Hinter jedem Gedanken lag der Name Religion im Hinterhalte und die wesentlichsten Verdienste wurden in ihrer Wagschale mit ihrem ganzen Gewichte durch das Wort ich glaube in die Lüfte geschnellt."

Zunächst trat nach der Verfassung des Landes der Huldigungslandtag in Hermannstadt zusammen (20. Februar 1741). Die feierliche Eidesleistung erfolgte am 2. März 1741. Daneben nahm der Landtag sein altes Recht in Anspruch, seine Beschwerden (Gravamina) vor den königlichen Thron zu bringen. Aus den von den drei Nationen eingereichten Klagen wurden nach vielem Gezänke diejenigen zusammengestellt, welche im Namen der Stände durch eine Deputation überreicht werden sollten. Es waren nicht weniger als 53 Punkte, die das ganze öffentliche Leben umfaßten, das vom Privatleben vielfach nicht zu trennen war: Bedrückung der Religionen, Forderung, den Landtag und die obersten Landesbehörden nach Klausenburg zu verlegen, Verminderung der Steuern, Einfluß des Landes auf die Besetzung der obersten Ämter, Bevorzugung der Fremden bei den Salz- und Postämtern, Verlangen, daß der Zutritt vor den Thron allen frei gegeben werde, Aufhebung des doppelten Dreißigsten in Ungarn und Siebenbürgen, Rückzahlung der dem Hof gegebenen Darlehn in der Rakotzischen Revolution, Ausschluß der Armenier vom Bürgerrecht, freie Einfuhr des Weins aus der Walachei, größeres und kleineres bunt durcheinander gemischt, ein Bild des Lebens selbst. Sieben Abgeordnete aus den drei Ständen des Landes und den vier rezipierten Religionen genommen, erhielten den Auftrag, die Beschwerden in Wien zu überreichen. Es ist bezeichnend, daß der Hof den unitarischen Vertreter nicht annahm, dazu freilich fast herausgefordert durch die Stände, die dessen geringere Achtung rücksichtslos auch darin zum Ausdruck brachten, daß sie ihm nur 8 fl. Tagegeld bewilligten, während es bei den andern Deputierten das Doppelte betrug. Im Oktober reiste die Deputation nach Wien und blieb fast ein volles Jahr dort, indem sie die Antwort des Hofes auf die ständischen Beschwerden, die unter dem 20. Juli 1742 erfolgte, dort erwarteten, die ihnen erst am 21. August mitgeteilt wurde.

Sie fiel wenig befriedigend aus. Wohl sollten die Bedrückungen durch das Militär durch ein allgemeines Militärreglement gehoben werden, in den Hauptsachen aber wurden entweder allgemeine Versicherungen gegeben oder die Beschwerden abschlägig beschieden. Da die Deputierten noch in Wien waren, beauftragten die Stände sie, noch einmal für die Forderungen der Stände einzutreten; doch blieb es bei frommen Wünschen.

Die Abgeordneten des reformierten und evangelischen sowie des unitarischen Bekenntnisses hatten von ihren Kirchen zugleich den Auftrag erhalten, die besondern Beschwerden in Religionsangelegenheiten der jungen Herrscherin vorzulegen. Das gleiche war auch von Ungarn aus geschehen. Eine Abordnung derselben hatte man bei Hof „in gemeinsamem Namen" nicht einmal vorgelassen, Abraham Vaj überreichte in Preßburg am 26. Oktober 1741 der Königin eine Vorstellung, in der der Druck dargelegt wurde, der auf den beiden evangelischen Bekenntnissen widerrechtlich lastete, und setzte die Forderungen auseinander: daß die evangelischen Geistlichen nur ihren Superintendenten und der eignen kirchlichen Gerichtsbarkeit unterworfen sein sollten, nicht aber der Jurisdiktion der katholischen Bischöfe und daß die Eheprozesse nach evangelischem Kirchenrecht zu entscheiden seien. Es war wenig verheißungsvoll, daß die k. Entscheidung im wesentlichen die ungerechte Resolution vom 21. März 1731 für Ungarn aufrecht hielt. „Um sich als eifrigen Proselyten zu zeigen", hatte der Führer der siebenbürgischen Deputation, Baron Pongratz, bewirkt, daß kirchliche Angelegenheiten nicht erwähnt werden sollten. Nachdem, wie erwähnt, der unitarische Deputierte überhaupt nicht zugelassen worden war, wollte man auch den Vertretern der reformierten und evangelischen Kirche die Audienz verweigern, die ihnen endlich durch Vermittlung des Großherzogs von Toskana zugestanden wurde. So unterbreiteten Graf M. Teleki und Petrus Binder, Senator von Hermannstadt, im Namen der reformierten und evangelischen Kirche in Siebenbürgen der Kaiserin am 18. März 1742 die Beschwerdevorstellung, in der was die drei rezipierten Konfessionen im Lande drückte, zu einem tiefergreifenden Gemälde der damaligen, allem Gesetz und Recht Hohn sprechenden Zustände zusammengefaßt war. Der Grundgedanke war, wie in der ungarländischen Vorstellung, „daß auch wir, Verwandte der A. und H. Konfession als gleichfalls Glieder der Reichsstände ebenso gehalten werden wie die Katholiken" — der religiöse Fanatismus sei die Quelle, aus der alles Unheil fließe. Die oft wiederholten heiligen Eide seien eine Bürgschaft dafür, daß nicht die frommen und gewissenhaften Herrscher daran schuld seien, sondern „der vorgefaßte Haß der Herrn Katholiken." „Ja unsre Mitbürger, unsre Sippen und Verwandten, die demselben Blut wie wir entstammen, die durch das Band und den Eid derselben Union mit uns verbunden sind, hassen uns, ihre Mitbürger und Blutsverwandten, ihre Nächsten nach so vielen Beziehungen, gegen das natürliche und göttliche Recht." Wenn nicht Hülfe komme, müsse Siebenbürgen an dieser tötlichen Krankheit zugrunde gehen. Eine Anzahl reformierter Kirchen sei den Bekennern dieser Konfession mit Gewalt entrissen worden. Die Einkünfte ihrer Geistlichen würden vermindert, Deputationen, die sich beschweren wollten, an den Hof nicht zugelassen, in den höhern Ämtern, der Hofkanzlei und dem Gubernium und sonst seien die Katholiken gegen das Gesetz in der Mehrzahl vorhanden, die an Zahl im Land geringer seien und denen die andern an Treue und Tüchtigkeit und Geschlecht nicht nachstünden. Alles das solle abgestellt werden. Der kommandierende General solle sich des Eingreifens in diese Angelegenheiten enthalten, all das aufgezählte Unrecht gut gemacht werden, die Landesgesetze sollten eingehalten werden, vor allem die Union der drei ständischen Nationen und der vier rezipierten Konfessionen als der Eckstein, auf dem alle vaterländischen Gesetze, Rechte und Freiheiten ruhten, müßten aufrecht erhalten werden.

Eine Erledigung dieser Vorstellung ist nicht erfolgt.

Im Augenblick stand allerdings der Bestand des Staates auf dem Spiel. Der österreichische Erbfolgekrieg, in dem Österreich=Ungarn gegen Preußen, Baiern, Frankreich seine Daseinsberechtigung und die Kraft zur weitern Entwicklung in schweren Kämpfen beweisen mußte, nahm alle Aufmerksamkeit in Anspruch. Auch die ferne Grenzprovinz hier wurde durch Steuern und Truppenstellungen in Mitleidenschaft gezogen. Der Preßburger Reichstag hatte am 11. September 1741 eine allgemeine Insurrektion beschlossen, doch blieben die Erfolge hinter den Erwartungen weit zurück. Statt 13 kamen nur 6 Infanterieregimenter zusammen und auch diese nur mühsam 1742 und ließen nahezu alles zu wünschen übrig. Siebenbürgen sollte ein Husarenregiment unter Graf Kalnocki und ein Infanterieregiment unter Baron Gyulai stellen. Die Regierung hatte 5000 Reiter in voller Rüstung gefordert, allein das Land hatte erklärt, soviel nicht leisten zu können. Da ließ es die Regierung bei 3000 Mann, 2000 zu Fuß und 1000 Reitern bewenden.

Nun erhoben sich eine Menge Schwierigkeiten wegen der Bezahlung. Ursprünglich sollte das Land die Löhnung und das Ärar die Verpflegung geben. Auf erneuerte Vorstellung des Landes entschied Maria Theresia am 26. Oktober 1742, das Ärar werde auch die Löhnung auf 10 Jahre auf sich nehmen, auch wolle der Hof auf die 100.000 Gulden verzichten, die das Land zu zahlen sich erboten hatte, doch solle es dafür auf seine Magazinalforderungen verzichten. Im übrigen solle das Land sich ent= scheiden, ob es die Rekruten und Pferde selbst stelle oder 20.000 fl. jährlich neben der ordentlichen Kontribution zahle.

Siebenbürgen entschied sich für die Rekrutierung. Die Komitate hatten 1056 Mann zu stellen, ebensoviel das Sachsenland, die Szekler 486 Mann, die Taxalorte 201, ebensoviel die Partes (die ehemals zu Ungarn gehörigen Teile). Die Sachsen hatten sich umsonst gegen diese nach dem Steuerschlüssel erfolgte Aufteilung gewehrt. Doch begannen die Werbungen nun auch in den sächsischen Stühlen, bis den 21. Mai sollte der Hermannstädter Stuhl 77 Mann Kavallerie und 152 Mann In= fanterie stellen. Die Stuhlsdörfer stellten die 77 Pferde »a proportion jedes Dorfes,« im November fehlten noch immer von den 152 Rekruten 66. Da man sie im Stuhl „unmöglich aufbringen konnte", sollten die unter= tänigen Dörfer sie geben. Noch im Januar 1743 verlangte Kalnocki für die noch fehlende Kavalleriemannschaft für den Mann 40 fl., für das Pferd 50 fl., was dem Magistrat zu viel erschien. Als ein nochmaliger Versuch der Werbung erfolglos war, zahlte er an Kalnocki für jeden Mann 30 fl. Die Kassen in Hermannstadt waren nicht imstande gewesen, die »Expensen« zu tragen, die Beamten hatten einen Teil vorstrecken müssen, der Bürgermeister und der Komes je 15 Dukaten, die jüngsten Senatoren 12 Gulden 50 Den. Erst im April 1743 fand die Fahnenweihe in Hermannstadt statt, den Schmaus für die Offiziere bezahlte die Nationalkassa als Vorschuß, den das Land zurückzahlen sollte. Im Juni erst fand die Fahnenweihe und der Ausmarsch des Gyulaischen Regiments statt; die Unkosten des Schmauses hoffte man aus Landesmitteln ersetzt zu erhalten. Die Nation war verletzt, daß die Offiziersstellen, die sie zu besetzen das Recht hatte — der Hoffkriegsrat sollte nur die Stabsoffiziere ernennen, — ohne ihr Zutun besetzt worden waren.

Der Gang des Krieges verlangte andre Mittel. Im Jahr 1744 erschien Maria Theresia abermals in Preßburg und verlangte die Insurrektion des Landes. Wieder gab es ein Feilschen und Handeln, das Land stellte Gegenforderungen, die der Hof zum Teil zugestehn mußte, aber die Sache ging doch rascher als in Siebenbürgen. Hier trat der Landtag am 21. September in Hermannstadt zusammen, das k. Reskript vom 7. September forderte in schwungvollen Worten das Land zur Hülfe auf, die Königin werde darin einen neuen Beweis der Treue, der Liebe, der Tapferkeit, des Gehorsams sehen, den sie nie vergessen werde. Die Landtagsverhandlungen zeigten das gewohnte Gepräge ungeheurer Schwerfälligkeit, die Unhaltbarkeit des Insurrektionswesens überhaupt und die geringe Neigung der Stände, rasch und entschieden zu handeln. Wohl erklärten die Deputierten der drei Stände, „wie sie allesampt vor sich stünden, zu Ihro Kön. Majestät Diensten Gut und Blut aufzuopfern", aber das ganze Insurrektionssystem war in Siebenbürgen in eine solche Unordnung geraten, daß die Ausführung wieder auf zahllose Hindernisse stieß. Es lag dem Landtag ein Projekt zur neuen Einrichtung der Insurrektion überhaupt vor. Darnach sollte Siebenbürgen 6000 Mann aufstellen, davon 2112 die Sachsen, außerdem die 500 Mann des Andreanums, dazu noch 48 Reiter; die Adligen der Nation sollten gleichfalls in Person mitgehn oder einen Mann stellen d. h. die Sachsen hätten diesemnach ungefähr die Hälfte der ganzen Last getragen. Die Sachsen wollten davon nichts wissen. Aber auch die Komitate erklärten, sie seien „parat aufzusitzen — nur daß eine gute und practikable Method projektiert würde", die vorgeschlagene sahen sie nicht als eine solche an. Die Szekler schlossen sich dieser Erklärung an und erinnerten daran, daß es zu viel sei, von

ihnen Kontribution, Quartiere und die Insurrektion zu fordern, da sie
ursprünglich nur zur letztern verpflichtet gewesen seien. Die Taxalorte
hielten sich nach Gesetz und Gewohnheit „nirgends verbunden", zur Per=
sonal=Insurrektion „im geringsten zu kontribuieren". Die Sachsen waren
bereit 500 Mann und 48 Reiter zu stellen. Zum Schluß einigten sich
die Stände, der Adel und die Szekler sollten 1000 Reiter stellen. Die
Sachsen aber teilten in der Universität, die am 22. September zusammentrat,
jene 500 Mann und 48 Reiter auf die Stühle auf: Hermannstadt
85 Mann zu Fuß und 36 Reiter, Schäßburg 45 Mann, Kronstadt
82 Mann und 12 Reiter, Mediasch 44, Bistritz 53, Mühlbach 20,
Schenk 50, Reußmarkt 27, Reps 48, Leschkirch 25, Broos 20 Mann.
Schenk, Reps und Bistritz beschwerten sich über die Aufteilung, so daß
die Universität die Zahl der zu stellenden Mannschaft zwar nicht änderte,
aber je 5 Mann für Bistritz und Schenk und 2 für Reps auf gemein=
same Kosten zu verpflegen übernahm. Es war wie ein Bild eben aus den
Tagen der alten „Reichsarmee", wenn die Universität weiter beschloß,
Hermannstadt solle den Oberst=Wachtmeister, Kronstadt einen Hauptmann,
die Sieben Richter gleichfalls einen stellen, der Hermannstädter Stadthaupt=
mann solle die 48 Reiter kommandieren, die Stadthauptleute in Schäß=
burg, Kronstadt und Mediasch sollten die Leutnantsstellen innehaben,
„Kronstadt gibt einen Fähnrich, Bistritz auch einen, Reps auch einen."
Zur Bestreitung der Kosten wurden 4500 Gulden auf die Stühle auf=
gelegt, die evangelische Geistlichkeit trug 1000 fl. bei. Aber noch war
die schwere Arbeit zurück, die Offiziersstellen nun wirklich zu besetzen.
Zum Oberst=Wachtmeister war der Hermannstädter Senator Leonhard
ausersehen. Ihm wäre es lieber gewesen, ihn mit diesem schweren Zu=
muten zu verschonen, aber wenns nicht anders ginge, so wollte er auf
bestimmte Bedingungen sich bereit finden lassen, mitzugehn. Die erste
war, daß „der löbl. Magistrat bevor seine Familie dorthin persvadiren
mögte." Über die andern Bedingungen der Bezahlung, Ausrüstung usf.
gab es ein unangenehmes Feilschen und Handeln, das erst nach vielen
Monaten zu einem Ergebnis führte. Ähnlich ging es bei der Besetzung
der übrigen Stellen. Der Repser Bürgermeister M. Arzt war zum Haupt=
mann gewählt worden, er erklärte „auf keine Weise mit ins Feld gehn
zu können" und als man ihn nicht freilassen wollte, führte er seine
„Hausumbstände" ins Gefecht und endlich entließ man ihn. Der Repser
Fähnrich Abrahami wurde ‚dimittiert', da er weder lesen noch schreiben
konnte und einen unbrauchbaren Arm hatte. Es war in der Tat Wahrheit,
was die „Sämtlichen Offiziere des Sächsischen Insurgenten Corpetto"

in einer Eingabe an die Universität vom 4. Dezember 1744 von sich sagten, daß sie „theils aus Homagialischem Gehorsam gegen unsre allergnädigste Königin theils aus Liebe gegen eine löbl. Nation militares agiren sollen, dieses Handwerk aber, ohne daß es ihnen kann verübelt werden, nicht viel verstehen!"

Nicht geringere Schwierigkeiten machte die Stellung der Mannschaft. Der Hermannstädter Stuhl sollte 85 Mann Infanterie und 36 Mann Kavallerie stellen, die Stadt selbst übernahm 19 Mann Fußsoldaten und 17 Reiter. Um diese rascher zusammenzubringen, beschloß der Magistrat, die Stadtbediensteten einzureihen, vor allem die Stadtreiter. Es bedurfte scharfes Zureden, bis sie zusagten; den einen, der sich weigerte, legten sie in Arrest, bis er nach vier Tagen erklärte, willig ins Feld zu gehen. Auch die niedern Stadtdiener wurden nur durch Androhung der Entlassung und Verweisung aus Stadt und Stuhl sowie durch Arrest gezwungen, sich zu fügen, wie auch der „Statthurner", der zum Trompeter bestimmt wurde, nur widerwillig und nachdem ihm die Pflicht des Gehorsams nachdrücklich ans Herz gelegt worden war, sich entschloß mitzugehen. Überall ging es mit den Werbungen sehr langsam. Unmittelbar vor dem Ausmarsch am 17. Mai 1745 fehlten noch immer 66 Mann.

So war es aber nicht nur bei den Sachsen, sondern im ganzen Land. Und doch haben zuletzt diese Armeen die Schlachten der Theresianischen Kriege geschlagen und die Monarchie vor dem Untergang bewahrt. Siebenbürgen lag so weit vom Kriegsschauplatz ab, daß es eine unmittelbare Einwirkung nicht spürte. Die mittelbare war schon fühlbar genug, die Truppenstellungen und die Kontributionen nahmen kein Ende.

In Siebenbürgen konnte inzwischen die innere Arbeit am Staatswesen aufgenommen werden. Im Jahr 1744 trat der Landtag in Hermannstadt zusammen, er schloß endgültig noch einmal die türkische Zeit ab. Aufs neue entsagten die Stände aller Verbindung mit dem türkischen Reiche, erklärten die frühere Wahlfreiheit des Fürsten für aufgehoben und bestätigten aufs neue die Rechtsgültigkeit der pragmatischen Sanktion und die Erbfolge des österreichischen Hauses in männlicher und weiblicher Linie. Zugleich wurden die Rechte, Gesetze und Privilegien des Landes und der Stände nochmals bestätigt, doch alle der katholischen Religion nachteiligen Artikel aus früherer Zeit aufgehoben. Zugleich wurde die griechisch-unierte Kirche des königlichen Schutzes versichert, da sie nun auch katholisch sei. Der Landtag hielt für nötig, das dahin zu erklären, daß nur die Geistlichkeit und der Adel sich der Rechtsgleichheit zu erfreuen hätten, und zwar nach Maßgabe des Volks, in dessen Mitte sie wohnten, auf das gemeine Volk erstrecke sie sich nicht, damit nicht am Ende das System dieses Fürstentums, das auf den drei Nationen beruhe, durch eine vierte gestört würde und den Rechten und Freiheiten der ständischen Nationen Schaden zugefügt würde! Die Wiederherstellung des römisch-katholischen Bistums in Karlsburg wurde ausdrücklich von den Ständen zur Kenntnis genommen.

Während in Österreich grundsätzlich ein Neubau des Staates vorgenommen wurde und das alte Österreich einem neuen Platz machte, hatte Maria Theresia den Ungarn die Aufrechthaltung der alten Einrichtungen zugesichert und ging darum dort nur behutsam zu Werke. So war es auch in Siebenbürgen nicht auf eine grundsätzliche Neuordnung abgesehn, sondern in erster Reihe auf die Erziehung einer dynastischen Gesinnung, Hebung der Steuerfähigkeit des Landes und vor allem Befestigung und Ausbreitung der katholischen Kirche. Dem letzten Gesichtspunkt ordnete alles andre sich unter.

In bezug auf das erste war die Aufgabe den Sachsen gegenüber keine schwere. Seit Hartenecks Tagen war ja der dynastische Gedanke bei ihnen stärker gewesen als es den Ständen lieb war und sie hatten öfter als es ihnen gut war bei Hof den letzten Halt und die letzte Zuflucht gesucht.

Was die Steuern betraf, so lag die größte Last auf den Sachsen, deren Streben seit einem halben Jahrhundert darauf hinauslief, daß die Steuern gleichmäßiger und gerechter verteilt würden. Dadurch allein schon wäre eine Vermehrung der Staatseinnahmen möglich gewesen. Das letzte Bestreben der damaligen Staatsmacht aber, die Festigung und Ausbreitung der römisch-katholischen Kirche, traf die Sachsen in ihrem Lebensnerv. Denn jene Ausbreitung war nicht möglich ohne Zurückdrängung der evangelischen Kirche, ohne Niederwerfung der Religionsfreiheit, von der der kaiserliche General einst nach Wien berichtet hatte, daß „Siebenbürgen sie vor seinen Augapfel hält." Auf diesem Gebiet ist die Theresianische Regierung die traurige Fortsetzung der Regierung Karls, statt des belebenden Hauches notwendiger Reformen gingen die Atemzüge eines falschen Glaubenseifers über das Land, der nur verwirren und zerstören konnte. Dazu kam, daß der ungarische Adel Siebenbürgens die Zeit für gekommen erachtete, was er unter den einheimischen Fürsten nicht erreicht hatte, nun noch einmal in anderen Formen zu versuchen, dies bürgerliche Volk auf die Stufe der Hörigkeit herunter zu drücken und unter den Formen des Rechts seiner alten Freiheit zu entkleiden. So ist die Geschichte der Sachsen unter Maria Theresia ein schwerer Doppelkampf gewesen einerseits gegen die Angriffe auf die bürgerliche Freiheit, andrerseits für den evangelischen Glauben. Im ersten haben sie auch bei der Herrscherin Schutz gefunden, wenn es gelang, an ihren Gerechtigkeitssinn zu appellieren, im andern waren sie auf sich selbst angewiesen. Die Widerstandskraft war anfangs in dem verschüchterten Geschlecht eine geringe. Die Ereignisse sorgten dafür, daß sie wuchs.

Im Jahr 1742 starb Simon von Baußnern, der seit 1733 Komes gewesen war. Sofort wurde der Plan, der schon bei seiner Wahl aufgetaucht war, einen Katholiken an diese Stelle zu setzen, mit neuer Energie von der Regierung aufgenommen. Die Hermannstädter Kommunität wählte, auf Grund ihres alten Rechtes, den Bürgermeister Michael Czekelius von Rosenfeld zum Komes, den fähigsten Beamten der Nation, der harte Worte über die Ratlosigkeit der Universität hatte, wenn die Deputierten bei allen Fragen schwiegen und der immer wieder versuchte, Leben und Geist in die Verhandlungen zu bringen. Aber er war evangelisch und zwei Jahre nach der Wahl ernannte der Hof (27. Oktober 1744), trotz der wiederholten dringenden Bitten Hermannstadts und der Nation, bei denen sie scharfe Worte gegen „die Ehrsucht und Ränke friedestörender Leute" nicht sparten und auch das Gubernium nicht schonten, den Konvertiten Stefan Waldhütter von Adlershausen zum Komes. Mit dem Amt des sächsischen Komes war die Gubernialratsstelle verbunden und im Gubernium wollte der Hof die Mehrzahl Katholiken haben, wie die Evangelischen gegen das Recht aus der Hofkanzlei fast ganz verdrängt waren.

Der Unwille über Waldhütters Ernennung war so groß, daß die Hundertmannschaft die Installation des neuen Komes zu verhindern versuchte. An eine Bemerkung des Komes anknüpfend, er sei mit seinen Gedanken abwesend, behaupteten sie, einer der geistesabwesend sei, könne nicht schwören und ließen ihn fragen, ob er dazu fähig sei. Die ungeschickte Antwort: er wisse nicht, was er tun solle, ließ tief in die Gewissensangst des abgefallenen Mannes hineinsehn; er hatte durch seinen Übertritt jeden innern Halt verloren und scheute sich den alten Eid zu leisten, der ihn verpflichtete, auch der evangelischen Kirche seinen Schutz zu gewähren. Der Kommandierende aber drängte und die Jesuiten redeten ihm zu und so entschloß er sich zum Schwur, dessen Wortlaut für ihn „neugeschmiedet" wurde, wogegen die Kommunität protestierte. Nach der ziemlich klanglosen Installation des Komes fanden sich an seinem Haus und in der Stadt lateinische Invektiven gegen ihn angeschlagen, die die Stimmung des Tags kennzeichneten: „Stehe Wanderer und beweine die Siebenbürger, die heute Freiheit und Privilegien verloren haben! Ihr edeln Bürger dieser Stadt, seht mit Verwunderung, wie heute Ihr samt eurer Freiheit begraben werdet. Stefan von Adlershausen, der verrückte Apostat ist Komes geworden, ist als Königsrichter uns aufgedrungen worden. Wer vermag am meisten? Rom und Kremnitz . . . Wann? Wenn jeder für sich, niemand für das Gemeinwesen sorgt!"

Ein anderes Pasquill machte ihm bittere Vorwürfe über seine Tat und schloß mit dem treffenden Bibelwort: „Das habe ich wider dich, daß du die erste Liebe verlassen, gedenke wovon du gefallen bist und tue Buße und tue die ersten Werke"! Wenn er hin und wieder Gaben an die evangelische Schule sandte, mochte es geschehen um jener „ersten Liebe" willen, aber die Evangelischen konnte er nicht gewinnen. Als er einmal in die Schule selbst hineinreden wollte, wiesen sie ihn hart zurück. Er selbst war ein gebrochener Mann, seine Amtsführung unbedeutend und kraftlos und als er 1761 an der Schlafsucht starb und von den Jesuiten in ihrer Kirche begraben wurde, sah die Volksstimmung darin eine Strafe Gottes für den Verrat, den er an seiner Kirche begangen hatte.

Durch diese Einsetzung des Renegaten in das Komesamt war ein Doppeltes erreicht, indem an diese bedeutsame Stelle ein Konvertit gesetzt war und eine weitere Bresche in das alte Recht der freien Beamtenwahl gelegt worden war. Im Jahr 1750 verbot der Hof geradezu die Annahme der Beamtenwahl, bevor nicht die Bestätigung der Regierung erfolgt sei. In einer Vorstellung vom 4. Mai 1751, die im Namen sämtlicher sächsischer Stühle und Städte erfolgte, verteidigte die Nation ihr altes Recht der freien Beamtenwahl, worauf die huldvolle Versicherung erfolgte, daß es gar nicht die Absicht sei, die alte Freiheit zu kränken — nur dürfe man sie nicht zum Nachteil der Katholiken mißbrauchen! Es sollten hinfort sowohl in die Magistrate als in die Zünfte gleich viele Katholiken neben den Protestanten aufgenommen werden und jede Wahl sei zur Bestätigung dem Hof vorzulegen!

Es war ein Umsturz des gesamten Rechtsbodens. Und nun geschah das Unglaubliche. „Leuten, die ihr geerbtes Gut verprasset — so schildert der treffliche G. Herrmann aus Kronstadt, ein Zeitgenosse, was nun folgte — oder keinen Sinn dafür hatten, sich ein eigenes Vermögen durch Fleiß und Betriebsamkeit zu erwerben, wurde der Weg eröffnet, sich in die einträglichsten Stellen zu schwingen, gleichviel ob sie denselben gewachsen waren oder nicht, wenn sie nur ihre Religion abschwuren und den Jesuiten huldigten. Stumpfsinn und Unbekanntschaft mit den Bestand= teilen einer regelmäßigen Verwaltung, Unerfahrenheit in den ersten

Grundlinien, die das gemeine Wesen bilden, Mangel an Kenntnis der notwendigsten Sprachen und Wissenschaften, Mangel an sittlicher Bildung, Zügellosigkeit, die sonst ihr Bürgerrecht nur in der geringsten Volksklasse erworben zu haben scheint, verloren hier ihren Unwert, ja sie schnellten, wenn in ihre Wagschale nur das Bekenntnis zur katholischen Religion gelegt wurde, die erhabensten Verdienste auf, wenn der Mann, dem sie zugehörten, das Brandmal des Protestantismus an der Stirne trug. Unter so schmeichelhaften Aussichten sah man Leute, die sich durch ihren lasterhaften Wandel zur niedrigsten Menschenklasse herabgewürdigt hatten, den Ton reuiger Andächtler annehmen, zu Altären wo Reliquien ruhten hinlaufen, um mit ihrem Firnis die Flecken ihres unsittlichen Wandels zu überstreichen und unter dem Nimbus ihrer Religion Posten, die über ihre Ansprüche weit erhaben waren, zu erschwingen; Fremde, die keinen Begriff von den hiesigen Verhältnissen und noch weniger von hiesigen Gesetzen hatten, herbeiströmen, um die den protestantischen Eingeborenen eignen Plätze zu bekleiden. Patrizier, die sich gerade zum gemeinen Dienste gebildet hatten, wurden zurückgescheucht und Menschen von vorbeschriebenen Gattungen herfürgezogen, die ohne Sinn, ohne Gefühl für das gemeine Beste Worte, Meinungen und Handlungen nach dem Tone formten, der ihnen von ihrer Geistlichkeit angegeben wurde." Nun bevölkerten sich die sächsischen Magistrate mit den untauglichsten Subjekten, nicht mehr Tüchtigkeit verlangte der Hof, sondern Katholizismus. „In Broos wurde der dasige Postmeister Königsrichter, — so faßt ein andrer Zeitgenosse das Ergebnis zusammen —, in Reußmarkt der gleichartige Postmeister Stuhlsrichter; in Reps zwar ein geborner Sachs, aber doch ein gewesener Wachtmeister, ein sehr unverständiger Mann Königsrichter, in Bistritz ein der Herkunft nach lothringischer Feldscher — Dignes — Stadtrichter, eben allda ein aus Erfurt gebürtiger Leutnant Notarius, und ein gewesener Stallmeister Archivar; in Mediasch ein unanständiger verdorbener Schreiber — Brabander — Stuhlsrichter, eben allda ein Mainzer Jäger und gewesener Dorfschenker — Heyl — Stadthann, ein durch öffentlichen Betrug bankrottierter Knopfstricker, Weinhold, ein von Taterloch gebürtiger, in Frauendorf Burghüter gewesener Musketier — Duldner — Ratsgeschworener; in Schäßburg ein bösartiger irreligiöser Bürgermeister, — ein Feldscher Leichamschneider — Stuhlsrichter; in Kronstadt ein einfältig dummer Goldschmied — Enyeter — Stadtrichter, etliche bankrottierte Handwerker, Leutnants und Wachtmeister Ratsgeschworene; in Hermannstadt aber war der Mischmasch und die Verwirrung am größten: da waren bankrottierte Handwerker und Kaufleute Ratsgeschworene, ein gewesener Postmeister Stuhlsrichter, ein gewesener Mährischer Auditor, Provinzialbürgermeister und (seit 1781) Comes Nationis Cronenthal!" Dazu kamen im Lauf der Jahre unter Maria Theresia noch eine unzählige Menge anderer, mehr oder weniger anrüchiger Personen, die sich in die städtischen Verwaltungen und in die Vertretungskörper hineindrängten oder ihnen aufgedrängt wurden, von den Jesuiten geleitet und gegängelt, bei denen der Grundsatz galt: „je stumpfsinniger, desto besser". Der treffliche Herrmann hat alle Einzelheiten der widerwärtigen Ereignisse, die in Kronstadt jenen Jahren das Gepräge aufdrückten, zuverlässig dargestellt, und je mehr man ins Einzelne geht, um so abstoßender wird das Ganze. Der evangelische Prediger Johann Tartler aus Nußbach mußte wegen dringenden Verdachts des Diebstahls und wegen überwiesenem Ehebruch seinen Dienst lassen. Er ging nach Wien, wurde katholisch und kam mit einem Befehl des Hofs nach Hause, er solle bei der Stadt angestellt werden; er ist zuletzt Stadthann geworden. Ein verschuldeter Tuchmacher Josef Zeidner, der des Diebstahls überführt worden war, wurde zuletzt Orator usw. in langer wenig abwechslungsreicher Reihe ins Unendliche. Als 1749 der evangelische Pfarrer von Haschagen Daniel Andreä katholisch wurde, glaubte die katholische Propaganda einen neuen kühnen Vorstoß wagen zu dürfen. Die katholischen Gubernialräte, die sich immer mehr als Corpus Catholicorum fühlten, schrieben an den Hof, es würden noch mehrere sächsische Pfarrer übertreten, wenn sie sicher wären, daß sie einen Unterhalt fänden. Einen solchen könne man ihnen leicht anweisen, wenn die von den Sachsen säkularisierten Kirchengüter eingezogen und der Zehnte ihnen genommen würde, den evangelische Geistliche in erloschenen Gemeinden bezögen. Der zweite Gedanke fand bei der Hofkanzlei Zustimmung und sie beantragte zu diesem Zweck Schritte einzuleiten, es solle ein Verzeichnis dieser Sinekuren dem Hof vorgelegt werden. Der eben übergetretene Daniel Andreä aber wurde zum Senator in Mediasch ernannt und bis eine Stelle frei würde, solle er dort erhalten werden! Im Jahr 1751 verlangte der katholische Bischof jene Einkünfte für die katholischen Geistlichen, natürlich unterstützt vom Gubernium! Im Jahr 1752 trat der Klein=Bistritzer Pfarrer Matthias Schwarz zur katholischen Kirche über. Der Piaristen=Superior schrieb über ihn, „wenn er keine Protektionales gehabt hätte", hätten sie ihn aus dem Haus geworfen — empfahl ihn aber für die Stelle eines Vizeprovisors in Borgo, die er in der Tat erhielt. Sein Sohn wurde der evangelischen Mutter weggenommen und in katholische Erziehung gegeben, wozu ein Hofdekret 50 Gulden Erziehungsbeitrag bewilligte. Als in Bistritz ob all dem große Erbitteruug herrschte, die sich öffentlich und geheim Luft machte, wurde Komes Adlershausen beauftragt, „diese Vermessenheit" einzustellen. Das Gubernium, zum Hüter des Rechts berufen, überbot sich in fortwährenden Rechtsverletzungen. Jede einzelne Wahl mußte ihm zur Bestätigung vorgelegt werden und es kam ihm nicht darauf an, sie einfach darum zurückzuweisen, weil der Gewählte nicht katholisch war. Selbst die Begründung, daß keine katholischen Bewerber vorhanden seien, nützte nichts; das Gubernium befahl in solchen Fällen, Fremde zu rufen! Im Gubernium, das solches sich vermaß, war allerdings jahrelang der katholische Bischof Bajtay Präses desselben, von Amts wegen der erste Gubernialrat. Im Jahr 1769 befahl das Gubernium, einen Konvertiten J. Schoppel zum Senator in Kronstadt zu machen, einen unbrauchbaren Menschen, den auch Bischof Bajtay den Kronstädtern empfohlen hatte. Die Kronstädter wollten nichts von ihm wissen und stellten schriftlich und mündlich vor, daß sie ihn nicht brauchen könnten. Et si cornua haberet — und selbst wenn er Hörner hätte, müßte er in den Magistrat kommen, entschied der katholische Bischof! Wenn der Kommandierende einen Wachtmeister hatte, den er belohnen wollte, ein General einen Bedienten, den er los sein wollte, so hielten sie ihn, wenn er katholisch war, für gut genug, in den sächsischen Städten Beamter zu werden. Es war kein Wunder, daß katholisch und unfähig gleichbedeutend wurde. „Der Mediascher Senat bestand aus 7 Personen — schreibt Heydendorff — von denen die Hälfte katholisch d. i. unfähig sein mußte" und ein Konvertit konnte ein Majestätsgesuch mit den bezeichnenden Worten beginnen: „Obschon ich auch nachdeme als ich den römisch-katholischen Glauben angenommen habe mich immer ehrlich und emsig aufgeführet habe." Es lag Plan in dieser Methode. Die katholische Kirche rechnete darauf, wenn diese Leute noch so erbärmlich waren, daß die Nachkommen besser sein würden und raffte darum zusammen, was sie finden konnte, „als ob aus der Asche einer Krähe ein Phönix auferstehen könnte," schrieb Herrmann.

Diese Verkrüppelungen der sächsischen Freiheit, die einfach mit Füßen getreten wurde, stachelten zuerst die sächsischen Magistrate und Kommunitäten zur Gegenwehr. Im einzelnen haben sie sich oft tapfer gewehrt, in wenigen Fällen auch das Recht durchgesetzt, für den Augenblick konnten sie es nicht verhindern, daß die trübe Flut diese Vertretungskörper überschlämmte.

Maria Theresia traf eine besondre Veranstaltung, um gleichsam eine Massenproduktion der Katholiken zu ermöglichen, durch Stiftung des

Waisenhauses in Hermannstadt. Der Jesuit Delpini, der in Hermannstadt eine rege Tätigkeit entfaltete, hatte der Kaiserin den Gedanken nahegelegt, die ihn sofort aufgriff und dazu die Transmigrantengebäude jenseits des Zibin bestimmte. Der Stiftsbrief vom 30. November 1768 wies ihm bedeutende Mittel zur Erhaltung zu, darunter die Ehedispense der „Akatholiken" und sächsische Zehntquarten, in deren Besitz der Fiskus gekommen war, setzte den Pater Delpini für die Unterweisung in Glaubensdingen ein, der den charakteristischen Vorschlag machte, die Kinder aus gemischten Ehen sollten, wenn der katholische Vater sterbe, von ihrem Erbteil im Waisenhaus katholisch erzogen werden. Von vorneherein wurde bestimmt, daß auch Kinder nichtkatholischer Eltern aufgenommen würden, denn die Propaganda war ja ein ganz besondrer Zweck. Unehelichen Kindern sollte die Tatsache der Aufnahme den Makel der Geburt wegnehmen. Das Waisenhaus wurde der Jurisdiktion der Stadt entzogen, von allen Lasten und Abgaben befreit. Die austretenden Knaben sollten Handwerker werden und erhielten das besondre Privilegium, daß sie in die sächsischen Zünfte aufzunehmen seien und des Bürger- und Besitzrechtes teilhaftig würden! Es war wieder eine Bresche, die in die sächsische Verfassung gelegt wurde; die Stiftung schuf eine exempte Gerichtsbarkeit auf Sachsenboden, die Nation sollte zersetzt, das Zunftwesen durchlöchert werden. Auch hiegegen wehrte sich die Nation. Delpini spottete, daß „die sächsische Nation unter dem verblümelten Namen der verletzten Privilegien, in der Sach aber wegen ihrer Sect wieder diese heilsame Stiftung sich setze", „der Titel die Nation oder Nationalverfassung ist nichts als ein gewisser Deckmantel, alle Unterdrückungen derer Katholischen oder dann und wann auch akatholischen Teutschen zu verhüllen". Aber er mußte selbst zugeben: „Es ist wahr, wenn dieses Waisenhaus nur 50 Jahr in seinen dermaligen Freiheiten einen Bestand haben wird, daß menschlicherweise zu urteilen die Sächsischen Städte, ihre Zünfte, die Hermannstadt selbsten katholisch und mit guten Professionisten versehen, folglich das Lutherthum und Pfuschereien zu Boden geworfen werden". Die Vorstellung hatte keinen Erfolg, aber auch die von der einen Seite gefürchtete, von der andern erwartete Folge der Stiftung hat sich nicht erfüllt.

Inzwischen blieb „die Religionssache die Spindel, um die sich die Anschläge und Entwürfe ihrer Verehrer herumdrehten." Ein königliches Reskript hatte schon 1751 allgemein die Arbeit an den katholischen Feiertagen verboten, für die Bekenner andrer Konfessionen eine unleidliche Bedrückung, die zu allerlei neuen Streitigkeiten Anlaß gab. Die Denuntiationen blühten. Wenn ein katholisches Dienstmädchen in einem evangelischen Hause diente und einmal nicht zur Messe ging, dann wurde es mit Ruten gezüchtigt und konnte es sich auf die Herrschaft ausreden, so wurde diese zur Verantwortung gezogen. Bald hütete man sich, katholische Dienstboten zu nehmen. Die katholische Geistlichkeit schickte Patrouillen von Haus zu Haus, nachzusehn ob niemand an katholischen Feiertagen arbeite. Die Sache wurde nur gemildert, als auf Grund eines päpstlichen Breves und später durch die Kaiserin selbst die Zahl der Feiertage eingeschränkt wurde. Die Leute mußten sich die widerlichsten Zudringlichkeiten gefallen lassen. Als in Kronstadt der Pater einmal an einem katholischen Feiertag die Häuser weihte und das Rathaus versperrt fand, sah er darin eine Beleidigung. Schon 1725 war der Befehl ergangen, solche die zur katholischen Kirche übergetreten, dann aber diese wieder verließen, zu bestrafen. Auf Betreiben besonders auch des katholischen Bischofs Bajtay dehnte man diesen Befehl jetzt auf alle aus, die überhaupt aus der katholischen Kirche austraten und das Gubernium nahm keinen Anstand, die Strafe des Hochverrats, Konfiskation der Güter, Ehrloserklärung und Entziehung der bürgerlichen Rechte, zur Anwendung vorzuschlagen. Der Austritt aus der katholischen Kirche, der nach den Landesgesetzen zulässig war, wurde auf gleiche Stufe gestellt mit dem Bruch des Homagialeides. Nichtadlige „Apostaten", wie man jene nannte, sollten mit 25 Stockprügeln auf öffentlichen Plätzen bestraft werden! „Die Heiligkeit der Gesetze und des königlichen Wortes, Recht und Gerechtigkeit, der Friede und das Gedeihen des Vaterlandes — dies alles kam hier nicht in Betracht. Die Bekehrung, die Zurückführung der Nichtkatholiken in den Schoß der römisch-katholischen Kirche wurde als Staatsangelegenheit von hervorragender Wichtigkeit betrachtet und demgemäß in Regierungskreisen zum Gegenstand besondrer Fürsorge gemacht" (Franz Szilagyi). Katholische Kinder durften nicht in evangelische Schulen aufgenommen werden, gemischte Ehen nur mit Bewilligung des katholischen Bischofs von den evangelischen Geistlichen eingesegnet werden! In Ungarn entstanden besondre Katholisierungsvereine, die mit reichen Mitteln ausgestattet, das unheilige Geschäft des Seelenschachers betrieben. Die katholische Kirche tat, als ob sie schon die unangefochtene Herrin sei. In Hermannstadt erzählte man sich, der Kommandierende habe die evangelischen Geistlichen, die eine Leiche über die Gasse an seiner Wohnung vorbei begleiteten, angeschrien: was ist das? und den Gesang einzustellen befohlen, sonst werde er unter sie schießen und in Kronstadt trugen sie die Hostie in Begleitung der Soldaten mit aufgepflanztem Bajonett zu den Kranken. In Kronstadt verlangten die

Jesuiten, die Herrschaften, die katholische Dienstboten hielten, sollten den Jesuiten mitteilen, welchen Lohn sie gäben und bei Strafe die Dienstboten an katholischen Feiertagen von 7—8 in die Kirche schicken. Am 19. März wollten die Jesuiten (1754) in Kronstadt den Bürgern das Arbeiten verwehren und schickten Soldaten in die Häuser und ließen einige auf die Wache führen. Da wurden die Bürger schwierig und weil ein Aufruhr drohte, legte sich der Magistrat ins Mittel und brachte die Gefangenen in Freiheit. Immer wieder gab es Händel wegen Kindern, die katholisch sein sollten, wegen Personen, die mit Gewalt katholisch gemacht werden sollten, wegen Übertritten u. dgl. — Nach einer Verordnung aus dem Jahr 1763 sollten die Nichtkatholiken sogar gezwungen werden, beim Bau katholischer Kirchen und Kapellen mitzuhelfen!

Dem Protestantismus im Lande sollte die Lebensader unterbunden werden. Der Landtag in Hermannstadt hatte 1752 die in den Approbaten und Kompilaten begründete Freiheit des Universitätsbesuchs im Auslande eingeschränkt, als nachteilig und anstößig für die Autorität der Regierung und den Besuch an die Genehmigung des Guberniums und an den Nachweis des erforderlichen Vermögens geknüpft. Der Landtag hatte bei dem Beschluß der Hoffnung Ausdruck gegeben, daß er ohne Unterschied der Religion zur Durchführung gelangen werde. Da erfolgte 1764 der Befehl des Hofs, wornach das Studium im Ausland überhaupt verboten sein sollte! Die evangelische und reformierte Kirche war „wie vom Blitz getroffen". In einer von schwerem Ernst getragenen Vorstellung vom 11. Oktober 1764 erklärte die reformierte und evangelische Kirche, es verstoße solches Gebot gegen die vaterländischen Gesetze, es sei gegen den Vorteil des Vaterlandes, das dadurch wieder in dunkle Barbarei zurückfallen müsse. Es war bedeutsam, daß die Berufung auf das, von der Regierung allenthalben gebrochene Recht gradezu mit Leidenschaft, mit Schmerz, mit der Überzeugung geschah, daß auch die Regierung solches nicht tun dürfe. Sechs Wochen später verhob die Regierung den Einreichern der Vorstellung die „wenig angemessene Schreibart" und hielt das Verbot aufrecht. Im Jahr 1771 gelang es erst eine Milderung zu erreichen: den zukünftigen Geistlichen solle unter den Bedingungen, die der Landtag 1752 geschaffen, das Studium im Ausland gestattet sein. Nach drei Jahren aber dürfe niemand ein bürgerliches Amt erhalten, der nicht innerhalb der Staatsgrenzen seine Studien gemacht habe.

Eine Zeit lang dachte Maria Theresia daran, eine Universität in Siebenbürgen für die Protestanten zu errichten, die sie wohl für ein geringeres Übel hielt als den Besuch ausländischer Hochschulen. Sie kam damit einem Wunsch, der auch im sächsischen Volke erörtert worden war, entgegen, den der evangelische Bischof Haner schon 1762 vielseitig beleuchtet hatte und später Brukenthal aufnahm. Allein es mußte grade diesen Kreisen die Undurchführbarkeit bald deutlich werden, die aus dem Mangel an Mitteln, aus der Schwierigkeit, die Hochschule mit den Reformierten zu teilen, sich ergab und noch mehr, die evangelische Kirche konnte nicht übersehen, daß die Errichtung einer protestantischen Hochschule im Lande den Besuch der deutschen Hochschulen wesentlich erschweren, wenn nicht unmöglich machen mußte. Der Hof ließ selbst den Gedanken fallen, als Bischof Bajtay energisch die Gefahren dargelegt hatte, die eine solche Stiftung nach sich ziehen müßte, die nicht nur den sogenannten Freigeist hereinführen, sondern durch Unterweisung der Jugend und durch willkürliche Auflage der Bücher zuletzt sogar zum Nachteil der monarchischen Regierung beitragen werde!

Das Gutachten des katholischen Bischofs war überhaupt ein Spiegelbild der Ziele und Strebungen in jenen Kreisen, das die ganze Zeit erkennen läßt. Der Fanatismus machte ihn blind gegen jedes Unrecht, das den Evangelischen zugefügt wurde. „Mit Hintansetzung der Gesetze" sei schon viel getan worden, um die Katholiken in die Ämter hineinzubringen. Es sei unleugbar, daß diese öfter die dazu nötige Fähigkeit in der Tat nicht besäßen — „allein könnte man der wahren Religion zu Liebe diesen Abgang nicht dann und wann dulden oder auf eine andre Art ersetzen?" Den Gemeinden sei einzuschärfen, den Konvertiten mit Gunst zu begegnen, dem Präses des Guberniums und dem katholischen Bischof das Recht zu geben, jede Kandidation, die dem Hof vorgelegt werde, mit einem geheimen Gutachten zu begleiten, die katholische Geistlichkeit könnte über alle Personen dem Bischof gewissenhafte Nachricht geben. Sämtliche Stellen der Unitarier, (von denen diese widerrechtlich ausgeschlossen waren), sollten den Katholiken gegeben werden. Die Nichtkatholiken würden sich auf das Leopoldinische Diplom berufen, „allein kein Gesetz in der Welt kann ewig sein und die Gebieter haben die Umstände von allen Zeiten her als die einzige Richtschnur ihrer Gesetze angesehen!" Früher habe man die Katholiken unbillig behandelt, nun hätten die andern kein Recht sich über die gleiche unbillige Behandlung zu beklagen. „Darum wären solche Klagen aus aller Acht zu setzen und wenn sich der Allerhöchste Hof gefallen ließe, sie mit Stillschweigen allein zu beantworten, würden sie mit der Zeit, wie mehrere dergleichen von sich selbst aufhören." Neue Pfarren und Missionen sollten errichtet werden. Die Katholiken sollten ihren Geistlichen den Zehnten geben, die Bürgerrechtstaxe herabgesetzt werden, damit einwandernde Katholiken leichter sich niederlassen könnten; es würde sich empfehlen, inmitten der sächsischen Nation die Beamten alle zwei Jahre wählen zu lassen, um leichter Katholiken in die Stellen hinein zu bekommen, im Gubernium müsse diesen das Vorgewicht eingeräumt werden, bei den Obergespans- und Königsrichterstellen ebenso, selbst in „akatholischen Stühlen und Comitaten". Er gebe sich redlich Mühe, Samuel v. Baußnern, den sächsischen Komes zu bekehren, doch hoffe er mehr beim Bürgermeister Hutter zu erreichen!

Und dabei konnte der katholische Bischof Bajtay, der Schreiber jener Sätze, schließen: „Ich schlage wider die Akatholischen weder Gewalt noch Waffen vor. Die Staatsverfassung und die Lehre des Heilands sind mir bekannt! Ich trachte nur als Vorsteher die katholische Religion zu schützen und so viel es tunlich emporzuheben."

Es brauchte nicht viel Zuspruch von Seite des katholischen Bischofs, daß der Hof in dieser Weise vorgehe. Seine Anschauungen stimmten mit jenen des Bischofs überein. Jede Verhandlung über die Besetzung irgend einer Stelle, die in der Hofkanzlei und in Ministerkonferenzen gepflogen wurde, lieferte den Beweis dafür. In welcher Weise dort die Rechte der Evangelischen hintergangen wurden, dafür nur ein Beispiel. Im Jahr 1750 kamen bei der Hofkanzlei zwei Ratsstellen zur Besetzung, die durch die Beförderung des Grafen Kemeny und durch den Tod Vajdas in Erledigung gekommen waren. Eine gehörte den Sachsen, die andre den Reformierten. Als Kemeny die Hofratsstelle erhielt, war er reformiert, hatte aber vorher den Übertritt zum Katholizismus versprochen und war in der Tat dann katholisch geworden. Die maßgebenden Männer waren der Ansicht, man solle sich derselben Art und Weise bedienen wie früher und einen ernennen, „der als scheinbarlich reformiert in den Kanzleirat zwar aufgenommen, kurz darauf aber sich zur katholischen Kirche bekannt habe"; der Dobokaer Obergespan Graf Bethlen habe es schon versprochen — und so wurde dieser an Kemenys Stelle ernannt! Für die sächsische Stelle kamen nur Katholiken in Frage, darunter auch Seeberg, der sie in der Tat erhielt.

Politische und religiöse Gesichtspunkte flossen im 18. Jahrhundert mehr noch zusammen als heute. Die Angriffe auf das sächsische Volk aber und seine Rechtsstellung gingen damals entschieden von beiden aus. Die Unterdrückung des Protestantismus hier wäre eine Vernichtung des dritten Landstandes gewesen.

Maria Theresia ließ anfangs den Landtag in Siebenbürgen öfter zusammentreten, regelmäßig in Hermannstadt: im Januar 1747, im

August 1748, im Jahr 1751, 1752, auch in den folgenden Jahren noch einige Male. Für die Sachsen war von besonderer Bedeutung, daß sich das Bestreben des Adels gleich anfangs bemerkbar machte, in die sächsischen Orte sich einzudrängen und einige ihm verpfändete Besitzungen der Sachsen in sein Eigentum zu bringen; er begann die Frage der Konzivilität wieder aufzurollen. Es stand damit im Zusammenhang, daß die k. Propositionen, die dem Landtag von 1751 vorlagen, die Sachsen aufforderten, ihre Privilegien vorzulegen, auf Grund deren sie dem Adel die Konzivilität verweigerten.

Der Kampf um eine jener Bastionen der sächsischen Burg, die sie damals für die Vorbedingung hielten, die ganze Burg zu halten, begann damit schärfere Formen anzunehmen. Auch anderes ließ erkennen, daß die Feinde der Nation mit den Jesuiten verbunden sich rüsteten, den Sturmlauf gegen die Sachsen zu unternehmen; daß der Hof die Bestätigung sämtlicher Beamtenwahlen in Anspruch nahm, hieß nichts anders als die Wahlfreiheit kassieren; daß die Kontribution den Sachsen in immer drückenderem Maß aufgelegt wurde, ging auf ihren Ruin aus; daß der Adel unentgeltliche Zehrung und Vorspann auf seinen Reisen auch durchs Sachsenland begehrte, war ein Zeichen, daß er eben die Sachsen seinen untertänigen Bauern gleichstellte. Anlaß genug, daß die Universität am 19. Februar 1751 eine Deputation an den Hof beschloß (Samuel Brukenthal, Peter Hannenheim und Andreas Czekelius v. Rosenfeld). Die Absendung derselben unterblieb zwar, aber gegen die Bestätigung der Beamten durch den Hof remonstrierte die Nation. Um die Konzivilität abzuwehren wurde aber 1752 M. v. Huttern nach Wien geschickt, die Nation legte die Accorda von 1692 vor, den staatsrechtlichen Vergleich mit den Ständen, der die Sache vom Standpunkt des Rechts allerdings entschied, denn dort wurde der Approbatalartikel, der den Häuserkauf in sächsischen Städten dem Adel und den Szeklern erlaubte, feierlich aufgehoben. Dieser Rechtsbeweis schob die Entscheidung hinaus.

Die Sachsen begannen übrigens die Gefahren, die ihnen drohten, mehr und mehr zu empfinden. Diese wurden nicht leichter dadurch, daß im benachbarten Ungarn das gleiche Schauspiel der Protestantenverfolgungen noch viel trauriger aufgeführt wurde, wo die evangelischen Geistlichen sogar der Jurisdiktion des katholischen Bischofs unterworfen wurden und die Eheprozesse nicht nach den Grundsätzen der Evangelischen entschieden wurden. Da hat der Preußenkönig Friedrich der Große sich an den Breslauer Bischof Graf Schafgotsch gewendet (1751), dem er ans Herz legte, dieser solle dem ungarischen Klerus zu Gemüte führen, wie sehr er durch sein Vorgehen die Ehre des Landes schädige, ja den Ruhm der Königin in Gefahr bringe, die nicht die Urheberin jener Verfolgungen sei. Sollten diejenigen, die in schwersten Zeiten sich für die Herrscherin geopfert, den Verlust ihrer Rechte und Privilegien als Lohn empfangen? Der Klerus solle daran denken, wenn bei etwaigen großen Veränderungen diese oder jene katholische Gegend in die Hand eines evangelischen Fürsten käme und dieser nach dem unzweifelhaften Recht der Vergeltung den ungarischen Klerus dann so behandle, wie er die Protestanten. Der Breslauer Bischof meldete die Sache dem Papst, der in seiner Antwort das Vorgehen der ungarischen Bischöfe nicht billigte, und den Nuntius in Wien beauftragte, mit den Ministern zu verhandeln, wie das Recht der Katholiken und Protestanten in Ungarn so geachtet werden könne, daß nicht daraus nichtkatholische Fürsten Anlaß nähmen, nach dem Recht der Vergeltung ihre katholischen Untertanen in der freien Religionsübung zu hindern. Es stand vielleicht im Zusammenhang hiemit, daß der Papst am 1. September 1753 an gewissen katholischen Festtagen die Arbeit nach der Frühmesse gestattete, was doch auch den Evangelischen in Ungarn und Siebenbürgen zugute kam.

Hier hatten die Angriffe der katholischen Kirche inzwischen ein ausgedehnteres Objekt gefunden. Der Jesuitismus meinte, den Widerstand der Protestanten leichter zu brechen, wenn ihre Geistlichen zu Bettlern gemacht würden. Das Produktionalforum schien das geeignete Mittel zu bieten. Der Fiskus griff zu dem gegen das Burzenländer Kapitel schwebenden Prozeß zurück, der 1734 begonnen worden war, aber da das Produktionalforum nicht zusammengetreten war, in der Schwebe geblieben war. Am 23. Februar 1747 erhielt das Kapitel eine neue Vorladung — vor das Gubernium, es solle sich ausweisen, mit welchem Recht die evangelischen Pfarrer des Kapitels den ganzen Zehnten bezögen. Das Gubernium hatte in der Sache nun schon gar kein Recht einzugreifen und da das Produktionalforum zusammentrat, zog dieses die Streitfrage an sich. Sie lag rechtlich außerordentlich klar und einfach. Der Fiskus mußte durch Vorlage der Fiskalregister von 1657 den Nachweis führen, daß er damals im Besitz dieser Zehnten gewesen sei, um damit sein Recht zu klagen überhaupt zu begründen. Das war aber unmöglich, er war nie im Besitz des Burzenländer Zehntens gewesen, er konnte darum gar nicht klagen. Tatsächlich aber verlangte er von den Pfarrern den Nachweis, mit welchem Recht sie den Zehnten bezögen und warum der Fiskus nicht mindestens eine Quarte bekomme? Der Prozeß wurde von Seite der Beklagten ungeschickt geführt.

Sie legten am 20. September 1752 dem Gericht den Andreanischen Freibrief vor, den der ängstliche Komes Waldhütter ihnen nicht einmal hatte herausgeben wollen, bedeckten sorgsam die ganze Urkunde mit weißem Papier und wollten nur den Artikel über das Zehntrecht lesen lassen. Der Fiskaldirektor sah zu ihrem Schrecken die ganze Urkunde an. Aber auch die andern Beweise nützten nichts. Am 26. September 1752 fällte das Produktionalforum das Urteil: den Burzenländer Geistlichen gebühre eine Zehntquarte, dem Fiskus drei! Beide Teile appellierten an den Hof, der das Urteil am 5. Juli 1761 bestätigte. Doch bevor die Königin es unterschrieb, gelang es Sam. v. Brukenthal, sie mit dem Hinweis darauf, daß hier Unrecht geschehen sei, zu bestimmen, neue Erhebungen anzuordnen. „Wir sind weit davon entfernt — meinte Maria Theresia — dem Fiskus irgend etwas zuzuwenden, was ihm nicht gebührt. Im Gegenteil sind wir immer geneigt, zu jeder Zeit und bei allen Streitfragen der Wahrheit und Gerechtigkeit ihr Recht zu lassen und am wenigsten beabsichtigen wir, den Privilegien der wohlverdienten sächsischen Nation etwas abzubrechen." Mit Schriften und Gegenschriften, mit Bemerkungen und Gegenbemerkungen schleppte sich die Sache durch acht Jahre, alle Mittel des ungarischen Prozeßverfahrens wurden angewendet, da wurde 1770, bevor noch die anbefohlene Untersuchung beendigt war, es ist nicht aufgeklärt wie es kam, das Urteil vom Jahre 1752 bestätigt. Die Gründe waren für jene, die sie anwandten, bezeichnend: der Andreanische Freibrief habe für das Burzenland nie gegolten, während er doch von König Mathias für alle Teile des Sachsenlandes bestätigt worden war;[1]) er sei überhaupt ungültig aus Formfehlern, die aber in zahllosen Urkunden sich wiederholten. Der letztere „Grund" hinderte allerdings dasselbe Produktionalforum nicht, die sächsische Nation auf Grund des Andreanischen Freibriefs zur Zahlung des Martinszinses zu verurteilen! Der tiefere Grund war eben ein andrer, das Ganze ging auf Vernichtung der sächsischen Freiheit hinaus. Der Königsboden, das Sachsenland, so behauptete der Fiskus, sei ein Krongut, die Sachsen Erbeigentum des Fiskus, der Zehnte ein Fiskalgut und die Freibriefe durch Landtagsbeschlüsse aufgehoben! Dazu Behauptungen wie diese: das Approbatalgesetz verbiete die Entfremdung der Fiskalgüter vor 1588 — während es dort heißt nach 1588; die Pfarrer seien von der katholischen Kirche abgefallen und hätten darum den Zehnten verloren, alle Kirchengüter seien an den Fiskus gefallen und ähnlicher Unsinn, dessen Unrichtigkeit und historische Unhaltbarkeit jeder Kenner siebenbürgischer Geschichte mit einer „Wolke von Zeugen" widerlegen kann.

---

[1]) Vgl. I. Band, S. 186.

Am 23. Juli 1770 wurde das Urteil publiziert — und der Fiskus setzte sich in den Besitz von drei Zehntquarten des Burzenlandes!

Im selben Jahr strengte der Fiskus einen neuen Prozeß gegen die sächsische Geistlichkeit an und nahm das Zehntrecht in Anspruch für Gegenstände, die bis dahin gar nicht verzehntet worden waren: die Muttertiere der Schafe, Ziegen und Schweine, die Bienenstöcke und das Gartengemüse. Und wieder gingen die Behauptungen des Fiskus auf die Zertrümmerung der Grundlagen der sächsischen Freiheit: der Andreanische Freibrief sei erschlichen worden durch unwahre Angaben und wenn er echt sei, so hätten die Sachsen ihn verwirkt, denn sie hätten sich mit den Tartaren verbündet und das königliche Schloß bei Karlsburg zerstört! Überhaupt seien sie Kammerbauern des Fiskus! Denn der ungarische Heerführer Tuhutum habe Siebenbürgen im Jahr 904 erobert und mit seinen sechs Häuptlingen geteilt, es auf Stefan vererbt, der dann das Gesetz gemacht habe, es dürfe kein Krongut veräußert werden. Demnach gehöre der Zehnte der königlichen Kammer! Man staunt über die Ignoranz und über die Kühnheit solcher Behauptungen, der Kenner hört daraus die nie ganz eingefrorenen Töne des Horns, das u. a. im 16. Jahrhundert die ungarischen Adligen geblasen, denen Huet 1591 auf dem Landtag in Weißenburg heimgeleuchtet! Am 15. Dezember 1770 erklärte das Produktionalforum auf Grund des Andreanischen Privilegs das Sachsenland für Krongut und den Fiskus für berechtigt zum Bezug des „kleinen Zehntens", der Pfarrer müsse seinen Anspruch nachweisen. Selbst beim Produktionalforum war dies Urteil nicht leicht zu erreichen gewesen. Aber freilich, der katholische Bischof Bajtay war Präses des Produktionalforums! Als die sächsischen Nationaldeputierten vor der Urteilsfällung bei ihm vorsprachen, beteuerte er, daß ihm Gott in seiner letzten Todesstunde also gnädig und barmherzig sein möge, wie er der sächsischen Nation ein gerechter Richter sein werde — und dann hatte er vorher gegen die sächsische Nation unter den Richtern Stimmung gemacht und beim Abstimmen noch die Vota zu beeinflußen gesucht. Er nickte jedem freundlich zu, der für den Fiskus stimmte! Es war früher schon durch einen widerrechtlichen Gewaltstreich gelungen, die Sachsen aus der Reihe der Richter auszuschließen! Natürlich ging der Prozeß zur Entscheidung an den Hof, die am 16. Juni 1773 dahin erfolgte, daß der kleine Zehnte dem Fiskus gebühre, in den Ortschaften rechts von der Kokel auch drei Zehntquarten! Im übrigen solle sowohl der Fiskus als der Klerus den „Usus" seit 1612 nachweisen!

Die sächsische Nation sah sich genötigt, gegen die allgemeinen Be-

---

[1]) Vgl. I. Band, S. 295.

hauptungen des Fiskus, nach denen sie einfach aus Hörigen bestand, Verwahrung einzulegen.

Aber der Fiskus war in gutem Zug. Im Jahr 1771 klagte er die evangelische Geistlichkeit des Sachsenlandes an, sich über den Bezug der drei Zehntquarten auszuweisen und das Produktionalforum sprach am 19. Mai 1774 dem Fiskus das Recht zu, von allen sächsischen Ortschaften des Königsbodens hinfort drei Quarten beziehen! Es gelang der Geistlichkeit eine Hofentscheidung zu erwirken (10. Dezember 1777), wornach auch dieser Prozeß zur Feststellung des Usus zurückgeleitet wurde. Unter Maria Theresia ist es zu keiner Entscheidung gekommen; vielleicht hoffte der Fiskus schon daraus einen Gewinn, daß das Damoklesschwert des Zehnt-Verlustes jahrelang über den evangelischen Geistlichen schwebte!

Was hier auf kirchlichem Gebiet versucht wurde, der Umsturz des Protestantismus, das wurde auf politischem mit der Vernichtung der sächsischen Freiheit versucht, wie es in den Fiskalprozessen deutlich ausgesprochen war. Auf den Hof hatte diese Nation ein halbes Jahrhundert ihre Hoffnung gesetzt; es war eine furchtbare Enttäuschung, als sie sah, daß sie nur auf sich angewiesen war. Gubernium und Hofkanzlei bestanden fast nur aus Gegnern der Nation.

Das Eingreifen in die politischen Verhältnisse der Nation hatte einen doppelten Ausgangspunkt. Einmal war die Regierung nach der Beendigung des Österreichischen Erbfolgekrieges überhaupt Willens, auch in Siebenbürgen an dem verknöcherten Staatswesen Änderungen vorzunehmen, dann aber hatten die Feinde der Nation sich zusammengetan, die Nation zu stürzen. Die wirtschaftlichen Fragen schienen dazu den besten Anlaß zu bieten.

Diese waren allerdings verzweifelt. Die Kontribution lastete zum größten Teil auf den Sachsen, die Verschuldung der einzelnen Orte, Stühle und der ganzen Nation war eine ungeheure. Es wird sich eine sichere Summe kaum feststellen lassen, denn die verschiedenen Ausweise weichen vielfach von einander ab. Aber sie war groß. Der Hofkanzler Graf Bethlen gab sie um 1760 auf 1,056.131 fl. 30 kr. an.

Sie war vor allem eine Folge des Aufwandes im Kampf für das Haus Habsburg, wie Brukenthal es einmal selbst bezeichnete. Die Schuldenlast war gestiegen, da in dem Lande mit ausschließlicher Naturalwirtschaft der Zinsfuß wucherisch hoch war und gut zwei Drittel der Schulden standen bei ungarischen Edelleuten, die die sächsischen Gemeinden an den Bettelstab brachten. Diese üble Lage wurde von Feinden der Nation am Hof so dargestellt, als ob an all dem überwiegend die sächsischen Beamten schuld seien. Ihre Bezahlung bestand, was wieder mit der Naturalwirtschaft zusammenhing und mit der historischen Entwicklung, hauptsächlich in der Befreiung von öffentlichen Lasten, in der Benützung eines Teils der Gemeinländer, in kleinen Sporteln und freiwilligen Geschenken, bei denen allerdings Mißbrauch nicht leicht zu vermeiden war. Das war aber in Wien so dargestellt worden, als ob es ein ganzes System der Beraubung und des Betrugs sei. Die sächsische Verwaltung war nicht besser aber auch nicht schlechter als die des ganzen Landes, wo der Oberlandeskommissär Graf Kornis in die Provinzialkassa, die er verwaltete, 20.000 fl. schuldig war und es fast keinen Adligen gab, der nicht Schuldner der Kassa war, ohne Zinsen zu zahlen und die k. Tafel den gesamten Rat von Maros-Vasarhely des Amtes entsetzte, weil sie die öffentlichen Gelder zu eignen Zwecken verwendet hatten. Und wenn es etwa Unordnungen in der sächsischen Verwaltung gab, wen durfte es wundern? Hatte doch die Regierung dafür gesorgt, daß die Beamten dort zur Hälfte aus Leuten bestanden, die billig ins Zuchthaus gehörten! Nun sollte schlechte Wirtschaft in den sächsischen Orten den Anlaß geben, die Sachsen — unter die k. Kammer zu stellen, ihrer alten Freiheit sie zu entkleiden. Im Jahr 1749 hatte die Nation eine Deputation nach Wien geschickt, die sogenannte Ehrenburgische, unter der Führung des Abrahami v. Ehrenburg, um der Überlastung der Nation ein Ende zu machen und eine „stabile Kontributionsnorm" zu schaffen. Tastend wußten sie nicht recht, wo sie anfassen sollten; ein Punkt ihrer Instruktion lautete: „sie sollen unsrer Herrn Gegner Instruktion habhaft zu werden trachten." Die Nation sollte deren Absichten bald kennen lernen, im Sinn des Ausspruchs, den die beiden Mitnationen 1746 getan hatten: mit den Sachsen wollten sie sich als Bürger nicht verbünden (quod se cum Saxone qua cive unire noluint)! Abrahami hatte, um den Beweis zu liefern, wie viele Ausgaben die Hermannstädter zu bestreiten hätten, zu denen sie nicht verpflichtet seien, dem Grafen Kolowratt in Wien die Originale verschiedener Rechnungen, besonders Bürgermeister- und Stadthannen-Rechnungen vorgelegt und Teilungsprotokolle, aus denen hervorging, wie unbegründet die Meinung vom Reichtum der Sachsen sei. Kolowratt machte lächelnd die beleidigende Einwendung: „Man kann auch zweierlei Protokolle haben"! Tief erregt und erbittert erwiderte Abrahami: „Da setze ich meinen Kopf darauf." Nach Hermannstadt aber berichtete er, daraus sei zu ersehen, in welchem Ansehn und Kredit die Herrn Hermannstädter und Kronstädter Beamten stünden, „ob eine dergleichen Suspicion von ehrlichen Leuten oder allein von berüchtigten Schelmen und Dieben kann gemacht werden." Es war das Wetterleuchten kommender Ereignisse; im Jahr 1753 wurde Martin Zacharias Wankhel von Seeberg als k. Kommissär nach Siebenbürgen geschickt, die Angelegenheiten der sächsischen Nation zu „ordnen".

Er war der Nation nicht unbekannt. Sein Vater, ein deutschungarischer Kaufmann, hatte sich in Hermannstadt niedergelassen, hier ein ziemliches Vermögen gesammelt und sich adeln lassen. Der älteste Sohn der kinderreichen Familie besuchte das Hermannstädter Gymnasium, „er hatte vielumfassenden Verstand, aber mehr Ideen als er in richtiger Ordnung zu halten imstande war. Er war aufbrausend, vielgeschäftig, ohne etwas völlig und gründlich auszuführen!" Er lernte auch als Kaufmann die Handelsgeschäfte kennen und ging dann nach Leipzig, sich hierin und in den Wissenschaften weiter auszubilden. Von dort kehrte er nach Hermannstadt zurück, nahm Stadtdienste und wurde Gerichtsschreiber beim Stadthannen, dann Stadtkassa=Protokollist. Neigung und Armut trieben ihn zugleich Advokatenarbeiten zu machen. Nach kurzer unglücklicher Ehe ging er nach Wien, um dort als Agent sein Glück zu machen. Die Not vertrieb ihn auch von da. Auf den Edelsbachischen Gütern war er als eine Art Wirtschafter beschäftigt und heiratete zum zweitenmal eine slovakische Magd aus Großwardein. Da ihm das Glück auch hier nicht lachen wollte, wandte er sich abermals nach Wien. Hier wußte er sich in die sächsischen Nationalangelegenheiten hinein zu drängen und dem sächsischen Nationalagenten Isenflamm als Kenner der siebenbürgischen und sächsischen Verhältnisse zu nähern. Kleinere Dienste, die er der Stadt Hermannstadt getan, lohnte sie mit Geschenken. Doch wurde er angewiesen, nichts auf eigene Faust zu tun, und nur in Übereinstimmung mit Isenflamm zu handeln. Ihm lag daran, als Vertreter der Nation zu gelten; diese hegte Argwohn gegen ihn und verweigerte ihm die Vollmacht. Seeberg war aufdringlich genug, sich trotzdem als Nationalagent zu benehmen. Er schrieb in dringenden Briefen, die er nicht mit der Post sondern durch Staffeten übersandte, wie es seiner ruhelosen Tätigkeit gelinge, den Wünschen der Nation, den Forderungen Hermannstadts Anerkennung zu verschaffen, Steuererleichterungen erlangt zu haben, deren Höhe er in Ziffern angab, und alles war reine Erfindung. Als er mit erneuerten Geldforderungen an diejenigen herantrat, die er zu vertreten vorgab, weigerten sie sich, darauf einzugehen und schickten an Isenflamm hundert Dukaten, er möge sie dem Hofkanzler zum Geschenk geben, damit dieser — auf Seeberg nicht höre. Zugleich wurde Isenflamm verständigt, an allen Orten mitzuteilen, Seeberg sei nie Vertreter der Nation gewesen und habe keine Vollmacht, in ihrem Namen zu handeln. Nun versuchte der

Mann erst recht, sich bei Hof als den Retter der Sachsen darzustellen, die ungegründetsten Verläumdungen gegen das sächsische Volk und seine Beamten sollten dazu die Folie geben — und er wurde katholisch. Aus dem »Fundus Neoconversorum« — auch eine bezeichnende Einrichtung — erhielt er ein Taggeld von 1 Taler. Am 19. November 1736 schon hatte er sich an Karl III. gewendet und sich, mit allgemein gehaltenen Erörterungen über die schlechte Verwaltung und Wirtschaft in Siebenbürgen, angetragen, wenn er einem verschuldeten und ruinierten sächsischen Stuhl von 15—16 Dörfern vorgesetzt würde, binnen 5—6 Jahren sie von Schulden zu befreien, vorausgesetzt, daß dem Stuhl ein Moratorium gegeben und die gezahlten Zinsen am Kapital abgeschrieben würden, dann daß er in dieser Zeit nur dem Kaiser Red und Antwort zu geben schuldig sei. Da er aber von dem betreffenden Stuhl keine Bezahlung nehmen könne, solle ihm ein andres bezahltes Amt gegeben werden! Die sächsische Nation sah sich veranlaßt, in wiederholten Eingaben auch an Maria Theresia selbst (am 28. September 1740, im März 1741) das ganze Treiben Seebergs aufzudecken: was er tue, sei eine Schmach für die ganze Nation, die bereit sei, ihn gerichtlich zu überführen; er sei unkundig der vaterländischen Rechte, verstehe die sächsische Sprache nicht, sei gänzlich verschuldet und alles zusammen ein ehrloser Mensch. Sie verwahrten sich dagegen, daß dieser Mann am Ende, mit Übergehung der evangelisch-sächsischen Kandidaten, Hofrat würde. Die „Nachgier Seebergs werde der Nation alles gebrannte Herzeleid antun." Er rühmte sich dem Komes Adlershausen gegenüber, er wolle sich der Nation ohne Scheu annehmen, „fürchten Sie nichts, ich stehe davor", aber wichtigtuend verlangte er, seinen Brief solle der Komes niemandem zu lesen geben und den Bürgermeister versicherte er, es sei ihm lieber, daß sie ihn aus seinen Werken als seinen Worten kennen lernten! Das Land sollte Gelegenheit haben, es zur Genüge zu tun. Denn in der Tat wurde dieser Mensch — gegen alles Recht — Hofrat bei der siebenbürgischen Hofkanzlei und am 28. November 1753 als k. Kommissär mit unumschränkter Vollmacht nach Siebenbürgen gesendet. Er gab selbst als den Zweck seiner Sendung an, die Verfassung der Nation zu verbessern und sie von ihren Schulden zu befreien. In der Nation meinte man, seine hohen Gläubiger hätten mitgeholfen, ihm diese Stelle zu verschaffen, damit er seine Schulden bezahle. Die sächsischen Gubernialräte waren ihm als Beiräte an die Seite gegeben, zum Aktuar wählte er sich den Hermannstädter Vizenotär Samuel von Brukenthal. Das k. Reskript bezeichnete als seine Aufgabe: Die Mißgriffe der Beamten zu untersuchen, die Schuldigen zur Verantwortung zu ziehen, zur Tilgung der Schulden eigene Fonds zu gründen und den Beamten feste Gehalte anzuweisen. Noch bevor er im Land sein Unwesen anfing, erließ er (29. Juni 1753) eine ausgiebige Verordnung, die getreulich zu beobachten sei, bevor er in die einzelnen Bezirke komme.

Der emporgekommene Abenteurer zeigte sich bei jedem Schritte. Jene Anordnung besagte, daß von jedem Kornhaufen 1 Kreuzer an die neu zu gründenden Allodialkassen abgeführt werden sollte, und als er sah, daß für die Städte daraus ein geringer Ertrag sich ergab und Wein und Korn dem Bauern nicht abgekauft wurden, wurde für Dorf und Stadt die Errichtung von Wirtshäusern befohlen, damit der Wein Abnahme fände. Wie die Wirtshäuser erbaut werden sollten bei den verschuldeten Kassen, dafür fand der Volksbeglücker die prächtige Auskunft, die Bauern sollten sie, wenn sie nichts zu tun hätten, umsonst bauen. Zugleich sollte jeder Bauer 2—4 „weiße Maulbeerbäume" setzen „hinter die Scheune oder wo der Nordwind nicht anlanget", sie umzäunen und die ersten sechs Sommer jeden Morgen begießen. „Wenn die Bäume da sind, wird man denen Bauern fernern Unterricht geben" nämlich in der Seidenraupenzucht! Aber das war eine Kleinigkeit. Die Sache wurde schlimmer, als Seeberg ins Land kam. Zunächst wurde die Kommission konstituiert, die Gehalte mußten die leeren sächsischen Kassen tragen, auf die sofort auch Seebergs Kommissärsdiäten und ein monatliches Tafelgeld von 200 fl. gelegt wurden. Er fuhr im vergoldeten Wagen in Hermannstadt herum und täglich speisten an seiner Tafel mindestens 24 Personen. Die Stadt Bistritz kostete sein Aufenthalt etwa 3000 fl. Den bei den Mahlzeiten und Festen ersparten Zucker und Kaffee nahm sich „die Seebergin" nach Hermannstadt mit. Er kaufte sich in Hermannstadt einen Garten und baute sich darin ein großes Haus, natürlich auf Schulden. Gern spielte er sich als Gönner der Sachsen und der Einzelnen auf, die ihm nahe traten. Sein nicht bösartiges, aber auf den Schein berechnetes Wesen konnte in hohen Phrasen und im Wortschwall sich nicht genug tun. „Im übrigen sage noch einmal: ich bin und bleibe ein redlicher Sachs", schrieb er 1753 einmal und war nie in seinem Leben ein solcher. Nun wurde angeordnet, es sollten die Beamten hinfort feste Gehalte beziehen. Da kein Geld vorhanden war, sollten die großen „Gemeinländer", die auf allen Dörfern vorhanden waren, verpachtet und jene, die keine Pächter fanden, gemeinschaftlich bearbeitet werden, und aus dem Ertrag die Gemeindekasse gestärkt werden. Das griff nun in einer Weise in jede Privatwirtschaft ein, daß jeder es als schwersten Druck spürte. Diese Gemeinländer, die Reste der alten Markgenossenschaft im Sachsenland, waren nicht Gemeindeländer im römisch-rechtlichen Sinne als Eigentum der juristischen Person der Gemeinde, sondern gemeinsames Eigentum der sächsischen Markgenossen. Nur mit ihrer Hülfe, durch die Gemeinweide usw. war es dem einzelnen Wirten möglich, seine Wirtschaft und seinen Haushalt zu bestreiten. Jetzt sollten sie seiner Nutzung zum Teil entzogen werden. Es war das Wetterleuchten einer Entwicklung, dessen letzte Ausläufer sich bis in unsre Tage erstrecken. Als es sich erst nicht möglich zeigte, im geldarmen Lande die Barbezahlung der Beamten von heute auf morgen durchzuführen, mußten diese erst recht ihren Gehalt in Feldfrüchten nach dem Marktpreis berechnet, annehmen. Die Wälder sollten in Schläge eingeteilt werden und alljährlich „die Äste zum Verkauf" gefällt werden. Es fanden sich keine Käufer. Dazu eine ganze Reihe volksbeglückender Befehle seltenster Art: ein Inspektor solle alle Vierteljahre die Häuser visitieren und die Eigentümer zur Reparatur anhalten. Wer binnen Jahresfrist nicht gehorchte, dem sollte das Haus verkauft werden. Aus jedem Orte sollten junge Leute nach Hermannstadt geschickt werden, um Ziegeln schlagen zu lernen, jeder Bauer, der ein Haus aus Ziegeln baute, solle 15 fl. Beisteuer aus der Allodialkassa erhalten, die nirgends bestand. Jedes Dorf müsse Nachtswächter mit Hörnern anstellen und jährlich drei Wolfshäute einliefern bei Strafe von 50 Prügeln für den Hannen und die Geschwornen, daneben Krähen- und Sperlingsköpfe! Zwanzig Prügel soll bekommen, wer seinen Acker nicht düngte und nur wenig Dünger im Hof habe. Jede Bauersfrau solle im Winter ein bestimmtes Gewicht Garn spinnen, wer Geld ausleihe um im Herbst in Most es zurückzubekommen, solle mit 40 Prügeln gestraft werden, niemand dürfe bei körperlicher Strafe ein Gastmahl geben, niemand zur Hochzeit mehr als Eltern und Geschwister einladen. Machte ein Stuhl neue Schulden, so sollten die Oberbeamten Amt und Vermögen verlieren und mit hundert Prügeln bestraft werden. Jeder Bauernjunge solle zwei Eichen setzen, damit er Bauholz habe — „wenn er erwachsen ist". Wenn irgendwo eine Feuersbrunst entstehe, so sollten sofort die Walachen bestraft werden!

Das ging doch weit hinaus über alles, was dem k. Kommissär befohlen worden war. Es war eine „Regulation" der Nation, wie sie es nie erlebt hatte, wie niemand sie für möglich gehalten hätte. „Sollten die guten sächsischen Patrioten, erfahrene und ernste Männer, die wohl wußten, daß sie für ihre Amtsehre auch mit ihrem Kopfe hafteten, sich dem Regimente eines doppelten Überläufers und dem Stocke, welchen das sächsische Gesetzbuch selbst für den geringsten Sachsen nicht kannte, preisgegeben fühlen? Hatte die vielgerühmte Ergebenheit der sächsischen Nation, die unaussprechlichen Opfer an Gut und Blut diese Mißhandlungen verdient? Hatten sie darum ihre Städte in Trümmer schießen, ihre Dörfer in Aschenhaufen verwandeln lassen, daß sie nun in Bausch und Bogen, Städter und Dörfler, Hannen und Geschworene, Männer und Weiber als faule Landstreicher qualifiziert, als elende Wichte, unvermögend nur ihr Hauswesen mit seinen täglichen Arbeiten zu versehen, prostituiert wurden?" (Höchsmann.) Hundert Jahre früher hätte sich die Nation wie ein Mann gegen solche Mißhandlungen erhoben; jetzt war die Methode des Widerstandes eine andre geworden. Die unbedingte Hochachtung vor kaiserlichen Befehlen und königlichen Kommissären war so groß, daß besonders die Beamten zunächst sich nur getrauten, den Befehlen nicht zu gehorchen. Der Mann, dem sie preisgegeben waren, konnte sie alle verderben. Zur Mithülfe bei der Ordnung der nationalen Angelegenheiten waren sie bereit; wie oft hatten sie Wege und Mittel dafür in kleinern Kreisen erwogen. Den törichten Befehlen Seebergs mußten sie und das Volk zunächst passiven Widerstand entgegensetzen, der sich auch sonst erprobt hatte. Aber immer mehr zeigte sich, daß die eigentliche Aufgabe Seebergs, die Schuldentilgung herbeizuführen, nicht nur nicht in Angriff genommen wurde, sondern daß die Schulden grade durch ihn bedeutend wuchsen. In scharfen Worten hatten 1754 die sächsischen Bürgermeister und Königsrichter ihm vorgeworfen, wie er alles versprochen und nichts gehalten habe, wie die Sachsen Mühlen, Bräuhäuser u. a., was sonst privatem Vorteil diene, zu öffentlichen Zwecken überlassen hätten und all das werde nun durch höhere Lasten gelohnt! Gerade daß er, in ungeheurer Selbstüberhebung, befohlen hatte, über die Ausführbarkeit oder Unausführbarkeit seiner Befehle nicht vorher zu disputieren, reizte dazu nur um so mehr, als die Leute deren Qualität sahen. Und vor allem, solche Mißhandlungen mußten auch ruhigere Leute als die Sachsen waren, auch ein verschüchterteres Geschlecht wie jenes war, zuletzt in Harnisch bringen. Die Nation besann sich auf ihr gutes Recht und fing an, sich darauf zu berufen. Seeberg selbst empfand es unangenehm, daß er keine tatsächlichen Besserungen aufweisen konnte — in drei Jahren hatte er nicht einmal den Schuldenstand konstatiert, geschweige denn etwas zur Abzahlung getan —, die Kosten der Kommission waren wieder nur mit Schulden zu decken gewesen. So ging er nach Wien, um dort die Zweifel, die sich gegen ihn erhoben hatten, zu zerstreuen. Eine Begaunerung des Landes im großen war sein Aufenthalt hier gewesen; mit einer Gaunerei im kleinen verließ er es. Die Mitglieder der Kommission begleiteten den k. Kommissär bis nach Broos. Wenn sie Abendstation machten, forderte Seeberg seine Begleiter und die Amtspersonen und Pfarrer, die ihn besuchten auf, Uhren und Schmucksachen hinzugeben, man solle sich durch ein kleines Spiel unterhalten. Dann wurde lizitiert. Seeberg und seine Frau und Kinder überboten alle, nahmen die wertvollen Sachen und zahlten nichts; sie gaben die Versicherung, aus Wien schönern Ersatz zu schicken. Und mit solchem Betrug in den Taschen verließen sie das Land (1756). Er kam später als Gubernialrat und Exaktorats-Präsident wieder. Er war der alte geblieben. Mit Buccows Heftigkeit stieß er oft arg zusammen. Einmal sagte ihm Buccow in der Sitzung: er solle schweigen! Es gab heftige Reden und Gegenreden, so daß Buccow bei Hof sich beschwerte, der entschied, es solle dem Seeberg „seine Unverschämtheit" durch ein Gubernialdekret verhoben werden und er Buccow um Verzeihung bitten. Er war niemandem angenehm und fiel bald und unbeachtet starb er arm und einsam in Halmagy, wo er sich ein kleines Gut gekauft hatte. Den vergoldeten Wagen hat Heydendorff noch unter einem mit Kukurutzstroh gedeckten Schopfen dort gesehen, als er die gefallene Größe besuchte.

Seeberg suchte alle Schuld des Mißlingens auf die Widerwilligkeit der sächsischen Beamten zu wälzen, die alle gegen ihn gewesen seien, voran der Komes Adlershausen, dem er selbst seine „geflickten Kleider" zum Vorwurf machte. Nun schlug Seeberg vor, ein eignes Dikasterium in Siebenbürgen zu errichten, das unter seiner Leitung sämtliche sächsische Angelegenheiten ordnen und verwalten sollte. Den Vorschlag machte der Hofkanzler Graf Gabriel Bethlen zunichte. Sein Urteil über Seebergs Amtswaltung war eine vernichtende, alles, was jener gemacht, sei teils konfus, teils töricht und alles erfolglos. Er habe „in einer so in Unordnung gebrachten und voller Mißbräuche steckenden Nation", ehe er ein Mittel für die Hauptsache, die Schuldentilgung gefunden, die sämtliche Administration der Nation umgekehrt, bei Nebendingen sich aufgehalten und nichts zuwege gebracht. Das von ihm gewünschte Dikasterium sei gegen die vaterländischen Gesetze und darum nicht anzuraten. Außerdem schaffe man ja erst recht für die Sachsen damit fast ein eignes Staatswesen, während es wünschenswert sei, die bei ihnen herrschenden „Prinzipien einer freien Republik zu vertilgen." Im Oktober 1756 legten Rosenfeld und Hutter einen eignen Plan vor, wie die wirtschaftliche Not zu bannen sei, weniger schreiben und mehr tun sei vor allem nötig. Seeberg kam in dieser Eigenschaft nicht mehr ins Land zurück. Aber das Geschäft, das ihm aufgetragen gewesen war, sollte nun doch das sogenannte »Directorium oeconomicum« weiterführen, das unter dem Vorsitz des Komes Adlershausen im Januar 1759 die Geschäfte übernahm. Es sollte die Rechnungen prüfen, die Geschäftsführung der Beamten visitieren und endlich Mittel schaffen, die Schulden der Nation zu zahlen. Bei seiner Einsetzung klangen die alten Seebergischen Beschuldigungen im königlichen Reskript nach, daß der Verfall der Nation der Saumseligkeit und Gewinnsucht ihrer Beamten zuzuschreiben sei. Die Nation blieb die Antwort nicht schuldig, daß es gescheiter wäre, den Aufwand, den das Direktorium erheische und der natürlich auf der Universitätskassa lag, zur Schuldentilgung zu verwenden und daß das Direktorium überflüssig sei. Als es Schäßburg visitieren wollte, ließ der Bürgermeister Kelp den Mitgliedern sagen, am nächsten Morgen um 9 Uhr könne die Kommission zu ihm kommen. Als sie zu seiner Wohnung kam, standen vor dem Hause alle Stadttrabanten und Diener, auf der Stiege der Stadthauptmann mit seinen Leuten, im Vorzimmer die Senatoren, die alle auf die Frage nach dem Bürgermeister erwiderten, er sei in seinem Zimmer. Dort saß er angelehnt in seinem großen Lehnstuhl, erhob sich ein wenig beim Eintritt der Kommission, die M. Brukenthal führte, und ließ ihr Stühle setzen, dann erklärte er: „es wäre ihm leid, daß die Kommission sich dorthin bemüht habe, aber das ansehnliche Schäßburger Publikum wäre imstande, seine Allodiatur selbst imstande zu halten, und Anstände, die sich ergäben, selbst zu heben; er würde sich nie von einem Strohrichter (so hieß man in der Nation die Königsrichter der niedern Stühle, weil ihre in Märkten befindlichen Häuser vormals vielleicht nur mit Stroh gedeckt waren, deren einer auch der Brukenthal als Leschkircher Königsrichter war) und von einem Fremden wie der Honamon, der nicht Bürger in der Nation wäre, in seine Geschäfte sehen und dirigieren lassen." Die Kommission kehrte unverrichteter Sache um. Wenn auch ein Stück selbstherrlicher Überhebung in diesem Verhalten des Bürgermeisters lag, das Bewußtsein des eigenen Rechtes und der auf dem nationalen Recht fußenden Macht sprach doch auch daraus. Als das Direktorium anfing, sich ein Aufsichtsrecht über die ordentliche politische Verwaltung anzumaßen, sich an die Stelle der Universität setzte, wuchs der Widerstand und der Argwohn, man beabsichtige die Nation auf diesem Wege unter den Fiskus zu bringen, indem man diese Wirtschaftskommission mit dem Thesauriariat vereinige und den Sachsen damit die alte Freiheit nähme. Die Nation sann auf Mittel, das Direktorium aus der Welt zu schaffen.

Jener Argwohn mußte durch einen neuen Prozeß frisch genährt werden, der eben gegen die Nation angestrengt wurde und in dem jenes Ziel, die Sachsen zu Kammerbauern herabzudrücken, unverhüllt zutage trat,

der Prozeß des Fiskus gegen die Sachsen um Zahlung des Martins=
zinses (1757). Er war das Gegenstück zu den Zehntprozessen.

Nach dem Andreanischen Privileg von 1224 zahlten die Sachsen
500 Mark Silber als jährliche königliche Steuer. Die Summe wechselte
je nach dem Geldwert. Doch kam zu dieser ordentlichen Steuer schon
frühe manch außerordentliche Steuer hinzu. Als diese einfache Art der
Besteuerung nicht ausreichte, schlug das Land — schon oft in der Fürsten=
zeit — je nach Bedürfnis Steuern auf und teilte sie nach Porten auf,
wobei die Sachsen unmäßig bedrückt wurden. Der Martinszins als besondre
Steuer hatte aufgehört, da ja nun die regelmäßige Steuer jene 500 Mark
weit übertraf. Da fiel es dem Fürsten Apafi ein, einen Teil seines
Hofstaats, die Überwinterung seiner Pferde, den Sachsen aufzubürden.
Es war eine freiwillige Leistung, daß sie solches übernahmen, aber nach
einigen Jahren meinte der Fürst, ein Recht hierauf zu haben und er
forderte an Stelle dieser Leistung deren Ablösung in Geld, die wohl
nicht ohne Hintergedanken Martinszins genannt wurde. Als Siebenbürgen
an das Haus Habsburg kam, verlangten die Sachsen sofort die Auf=
hebung dieser ungerechten Extrasteuer und Leopold erließ sie ihnen bis
1705. Seither war der „Martinszins" in Vergessenheit geraten; nur
1721 hatte der Fiskus einmal die Zahlung verlangt, die Nation sie ver=
weigert, ohne daß weitere Schritte geschahen. Da klagte 1758 der Fiskus
beim Produktionalforum die Sachsen auf Bezahlung des alten ursprüng=
lichen Martinszinses, und verlangte die Nachzahlung von 385.000 fl.
nämlich seit 1705. Die Forderung stand gleichwertig neben dem Anspruch
auf den Zehnten. Es ist klar, daß dieser Prozeß gar nicht vor das
Produktionalforum gehörte, noch klarer, daß nach der historischen Ent=
wicklung von einer Zahlungsverpflichtung der Nation keine Rede sein
konnte. Und hier geschah nun das Unglaubliche, daß das Produktional=
forum, das in dem gleichzeitig fließenden Prozeß um den Zehnten die
Gültigkeit und Echtheit des Andreanischen Privilegs läugnete, die Klage
zur Zahlung des Martinszinses eben auf das Andreanum stützte. Ge=
fährlicher war auch hier wieder die Begründung der Klage: die Sachsen
hätten den Königsboden — das Sachsenland — nicht als freies Eigentum
sondern als Unfreie erhalten und der Martinszins sei die Grundtaxe,
die sie als Anerkennung dieses Verhältnisses zu zahlen hätten. Der Fiskus
erschien wieder als Grundherr der Sachsen! Und das zweite Unglaubliche
geschah auch hier: im Jahr 1762 wurde die Nation zur Zahlung des
Martinszinses und zur Nachzahlung für die vergangenen Jahre ver=
urteilt; sie appellierte an den Hof.

Mit der Auffassung, daß die Sachsen unfreie Bewohner fiskalischen Bodens seien, hing zusammen, daß die adligen Besitzungen, die sie im Komitat besaßen, gleichfalls angegriffen wurden. Im Jahr 1776 nahm der Fiskus den schon 1729 begonnenen Prozeß wegen des Talmescher Dominiums gegen die Nation auf, in dem aber erst nach fast einem halben Jahrhundert die Entscheidung erfolgte.

Ein gleiches geschah wegen Törzburg. Weder Törzburg noch Talmesch kam in dem maßgebenden Verzeichnis der Fiskalgüter vor, in das Approbatalgesetz war die ausdrückliche Bestimmung eingeschaltet worden, daß die sächsische Nation ihre Güter mit demselben Rechte besitze wie andre Edelleute. Die den Kronstädtern wegen Törzburg von Rakoczi II. ausgestellte Schenkungsurkunde, im Grunde ein mit ihm abgeschlossener Vertrag, denn die Schenkung erfolgte gegen höchst bedeutende Gegenleistungen, war den Ständen vorgelegt worden und als Landesgesetz in die Approbaten aufgenommen worden. Das alles hinderte den Fiskus nicht, 1765 Ansprüche auf Törzburg zu erheben. Selbst das Gubernium mußte in seinem dem Hof vorgelegten Gutachten zugeben, daß die Angaben des Fiskus leere Redensarten seien und als der Fiskus sich doch keine Ruhe gab, wies ihn Kaiser Josef II. 1783 derb zurück mit dem Hinweis auf die gesetzliche Lage und mit der Begründung, es sei der Würde des Herrschers abträglich, daß der Fiskus, der den streitenden Parteien mit gutem Beispiel vorangehn solle, derart unbegründete Klagen hervorziehe und sowohl dem Ärar als den Landesbewohnern unnötige Ausgaben und Beunruhigungen bereite!

In solcher unsäglicher Not blieb der Nation kaum etwas andres übrig, als sich an die Kaiserin selbst zu wenden. Es ist ein Zeichen, in welcher Lage die Nation schwebte, daß sie sich nicht getrauen konnte, solches offen zu tun oder es auch nur zu sagen. So ging Samuel von Brukenthal, den die Nation ausersehen hatte, alles was sie drückte, dem Hof vorzulegen, wie in eigenen Angelegenheiten nach Wien und erst, als die Bewilligung zur Entsendung eines Vertreters gegeben wurde, im Mai 1759 trat er als Nationaldeputierter auf, als Vertreter der sächsischen Nation, „die — nach seinem Wort — sich niemals von ihrem ersten Ursprung der deutschen Treue entfernt hat!"

Manches ließ diesen Augenblick als günstig erscheinen. Wie ein vorsichtiger Kaufmann zog die Nation die Möglichkeiten des Gewinnes oder Verlustes in Erwägung. Der Hof befand sich in Geldverlegenheit, der siebenjährige Krieg erforderte alle Kräfte. Im Jahr 1756 waren dem Land 2000 Rekruten zu stellen befohlen worden, für jeden gestellten Mann sollten 10 Taler an der Kontribution abgeschrieben werden, im Jahr 1758 aufs neue, es sollten die Magnaten, Komitate und Stühle Rekruten auf sechs Jahre stellen, das Ärar werde für die Ausrüstung sorgen. Wenn die Stellung „wegen eingerissener Entweichung des dazu tauglichen Volkes" nicht geschehen könne, solle jeder Rekrut mit 25—30 fl. abgelöst werden können. Damals wies Brukenthal darauf hin, die Insurrektion sei unbrauchbar: der lange Friede, die Ruhe und der gestiegene Wohlstand der Magnaten und vieler Edelleute, das gemächliche und untätige Leben, dem die meisten ergeben seien, und endlich die allgemeine Sicherheit, die jedem zugute komme, erwecke fast einen allgemeinen Abscheu vor der Insurrektion und vor den Gefahren und Beschwerlichkeiten des Kriegs und werde alle desto williger zur Rekrutenstellung machen. So waren auch die Magnaten aufgefordert worden zu sagen, wie viel Rekruten sie stellen wollten. Der Hof verlangte zugleich ein Darlehn von jedem Lande und einen freiwilligen Beitrag. Die sächsische Nation erbot sich nun, als freiwillige Gabe 20.000 fl. zu geben, 200.000 fl. als Darlehn und für den Fall, als die Steuerfreiheit der Beamten, die Seeberg aufgehoben hatte, wieder gewährt würde, die Ablösung von 800 Rekruten zu 25 fl. (= 20.000 fl.) Sämtliche Beamte sollten hiezu ihren Vierteljahrsgehalt geben, was als Darlehn zu behandeln wäre für den Fall, als die Bitte um Steuerfreiheit abgeschlagen wurde. Die Summen wurden zum Teil zu leihen genommen, einen Teil schossen die Zünfte und Nachbarschaften zusammen, 3000 fl. gab die evangelische Geistlichkeit, 2900 fl. Privatpersonen, 1000 fl. der Hermannstädter Kirchenfond.

Dafür sollte nun Brukenthal, der 1000 Dukaten für den Hofkanzler Grafen Bethlen, 400 Dukaten für den Hofkammerrat Baron Schmidlin, 200 Dukaten für Seeberg mitbekommen hatte, 400 nach seinem Gutbünken zu verwenden, folgendes zu erlangen suchen: Die neuerliche Verpachtung des Fiskalzehntens innerhalb der Nation an diese selbst, die Steuerfreiheit der Beamten, die insbesonders damit begründet wurde, daß die Steuerzahlung die Beamten sogar unter den niedern ungarischen Adel setze und daß sie bisher bei freiwilligen Leistungen immer „das Eis gebrochen" hätten, was sie im entgegengesetzten Falle kaum mehr würden tun können! Aufhebung des Directorium oeconomicum und neben einigen mindern Angelegenheiten Entscheidung des Prozesses wegen des Martinszinses zugunsten der Nation. Die wichtigsten Fragen, die die Nation bewegten, hingen mit diesen Angelegenheiten zusammen. Da der siebenbürgische Landtag in der Nähe war, konnten die Angelegenheiten vorher nicht erledigt werden, doch erhielt Brukenthal die Erlaubnis, nach Be-

endigung des Landtags wieder nach Wien zu gehen. Und da gelang es
ihm in der Tat, die Verpachtung des Fiskalzehntens an die Nation wieder
zu erwirken, die Entscheidung über den Martinszins wenigstens zu verschieben. Maria Theresia war der Meinung, die Nation sei zur Zahlung
verpflichtet. Sie möchte ihn der Nation gern erlassen, aber sie könne es
wegen der Hofkammer nicht tun. Doch wurde die Angelegenheit eben
„seponirt" — beiseite gestellt. Das Directorium oeconomicum aber wurde
nach längern Verhandlungen 4. September 1761 aufgehoben und mit
Schluß des Jahres 1762 aufgelöst. Die Rechnungen der einzelnen Orte
sollte hinfort der Komes mit Hülfe einiger Universitätsmitglieder prüfen,
der Anfang der Nationalbuchhaltung. Die Allodialkassen, die überall eingerichtet worden waren, blieben, und es gelang bald aus eigener Kraft
an die Schuldentilgung zu gehen. Mißstände im Rechnungswesen aber
sind im ganzen Land noch ein Jahrhundert ein Krebsübel gewesen.

An den Mann aber, dem es gelungen war, bei Hof endlich einmal
einen greifbaren Erfolg für das sächsische Volk zu holen, den die Nation
wegen seiner Kenntnisse, seiner Beredsamkeit, seinem äußern Anstand und
was das meiste war — nach dem Urteil eines Zeitgenossen — wegen
seiner Redlichkeit und Anhänglichkeit an die Nation eben zu diesem Geschäft
für den Tauglichsten gehalten hatte, knüpft sich die Entwicklung der
folgenden Jahre, an Samuel von Brukenthal.

Er war damals seiner Nation kein Unbekannter mehr.

Samuel Brukenthal war am 21. Juli 1721 in Leschkirch geboren,
wo sein Vater Königsrichter war. Er besuchte die Schulen in Hermannstadt, deren Rektor Magister G. Soterius ein Schwager Brukenthals
war. Der Vater starb früh (1736), der Sohn aber ging nach Vasarhely, wo er die magyarische Sprache vorzüglich sich aneignete. Eine
Zeit lang war er beim Gubernium beschäftigt, dann wandte er sich zu
weiterm Studium nach Deutschland, und zwar nach Halle, wo der berühmte Siebenbürger Landsmann Schmeizel Professor war. In Deutschland
trat er in Beziehungen zu den Freimaurern und wurde Mitglied und
Logenmeister. Auf größern Reisen kam er auch nach Berlin und wurde
Friedrich dem Großen vorgestellt, der ihm eine Kompagnie angetragen
haben soll, was Brukenthal mit dem Hinweis darauf ablehnte, daß er nur
seinem Vaterland dienen wolle. Der junge Mann, ungewöhnlich gebildet,
mit glänzenden Gaben ausgestattet, auch körperlich schön und ein-
nehmend, suchte in Hermannstadt Anstellung, die er als Gerichtsschreiber-
Adjunkt fand (25. August 1745). Schon 1741 war er in die Hundertmannschaft (Kommunität) einbezogen worden. Durch seine Heirat, die ihm

bei der Aufnahme als Adjunkt als Bedingung gestellt wurde, falls er aktiv
werden wolle, mit der Tochter des Bürgermeisters Klocknern (26. Oktober
1745) trat er mit den vornehmern sächsischen Kreisen in Verbindung, die
er früher schon in Wien mit dortigen leitenden Kreisen gefunden hatte. Von
seinem Schwiegervater erhielt er das Haus auf dem Großen Ring, „das
eiserne Eck", das Brukenthal später auf vergrößertem Grund vollständig
neu baute. Auf der damaligen Stufenleiter stieg der junge Mann zum
Gerichtsnotär, dann zum Vizenotär auf und war Nachbarschaftsschreiber
der Großen und Kleinen Ring=Nachbarschaft. Schon 1751 bestimmte die
sächsische Nationsuniversität ihn mit zwei andern Vertretern zu einer
Deputation an den Hof nach Wien, die aber nicht zur Ausführung kam. Aber
1752 sah die Nation sich genötigt, sich wieder, wie in jenen Jahren so
oft, an den k. Hof zu wenden, wegen dem Anspruch der beiden Mitstände, Häuser auf Sachsenboden kaufen zu dürfen. Die Kaiserin hatte
befohlen, die Sachsen sollten ihre Privilegien über diese Angelegenheit
dem Landtag vorlegen, was die Sachsen klugerweise verweigerten. Sie
erhielten die erbetene Erlaubnis sie in Wien selbst der Kaiserin vorzulegen. Das geschah und Maria Theresia entschied am 23. März
1753, daß sie sich angesichts der feierlichen Verträge hierüber wundern
müsse, wie die Frage überhaupt in Zweifel hätte gezogen werden können
und ihre Entscheidung schützte die Sachsen in ihrem Recht. Aber im selben
Jahr trat die Nation abermals vor den Thron, die Beschwerden lagen
haufenweis vor und bei dieser Gelegenheit hatte Brukenthal am 25. März
die erste Audienz bei Maria Theresia, die sofort mit weiblichem Scharfblick die Bedeutung des Mannes erkannte. Es ist bezeichnend für die
Zeitanschauungen, daß Brukenthal, um die Gunst des Kaisers zu erwerben, der ein eifriger Münzsammler war, eine ganze Kollektion Münzen
mitnahm, die er ihm verehrte, nicht weniger, daß Brukenthal in einer
Sitzung der Freimaurer, die der Kaiserin bedenklich erschienen, mit vielen
hohen Beamten, ja dem Kaiser selbst, in Wien auf besondern Befehl der
Kaiserin, verhaftet wurde. Brukenthal erreichte in jener ersten Audienz
bei Maria Theresia, daß hinfort auch ein Sachse Gubernialsekretär sein
solle und schon im Januar 1754 machte sie ihn selbst zum dritten Gubernial=
sekretär — der erste Sachse, der zu diesem Amt gekommen ist. Damit
wurde er nun vollständig in die politische Laufbahn hineingezogen. Nun
kamen die Seebergischen Wirrsale; es waren inhaltreiche Lehrjahre, die
Brukenthal mitmachte, indem er dieses Treiben als Sekretär aus der
Nähe kennen lernte. Nirgends in der Welt hätte er so wie hier sehen
können, wie solche Sachen nicht zu machen sind. Gegen dieses Seeberg=

ische System mit seinen bösen Folgen rüstete die Nation zu entschiedenem Widerstand und Brukenthal erhielt 1759 die Vertretung dieser Angelegenheit, weil er der Konstitutionen der Nation kundig sei und sie von seiner Anhänglichkeit an dieselbe überzeugt auf ihn ihr besonderes Vertrauen setze. Es gelang Brukenthal in der Tat, die wichtigsten Fragen bei Maria Theresia zu günstiger Entscheidung zu bringen und noch bedeutender vielleicht war, daß Brukenthal 1760 zum Titular=Gubernialrat ernannt wurde und zunächst als Vertreter der Nation weiter in Wien blieb. Als er 1761 heimkehren sollte, schrieb der Hermannstädter Magistrat an den Bistritzer (7. März): Die Ankunft dieses, der Nation so bewährten Mannes, lasse vermuten, daß diese Ankunft auch einen Einfluß in eine und die andre Nationalangelegenheit unfehlbar haben dürfte und forderte die Bistritzer auf, zu seiner Begrüßung einen Abgeordneten nach Hermannstadt zu schicken.

Als Brukenthal zum erstenmal nach Wien an den Hof ging, waren es gerade sechzig Jahre seit die Sachsen wieder in Lebensfragen, die ihren Bestand als Volk betrafen, Sachs von Harteneck in die Residenz geschickt hatten, was die Nation drücke, günstiger Erledigung zuzuführen (1693). Die Kontinuität der Sorgen der Nation tritt einem lebendig vor die Seele, wenn die Aufgaben der Beiden, ihre Erfolge und die Hoffnungen der Nation mit einander verglichen werden. Die Frage, um die es sich handelte, war in einer Beziehung eine völlig andre geworden. Hartenecks Ziel war, in der größten politischen Frage Siebenbürgens die Entscheidung herbeizuführen, die endgültige Herrschaft des Hauses Habsburg zu begründen, das Land an das Abendland anzugliedern. Das war durch die Entwicklung der Verhältnisse und den Rückgang der Türkenmacht rascher und gründlicher geschehen, als man hatte erwarten können. Die Zugehörigkeit des Landes zum Haus Habsburg bestritt niemand mehr. Der „absolute kaiserliche Dominat" war fester geworden als es anfangs möglich schien. Aber gerade daraus waren neue Gefahren entstanden. Die eine hatten die Zeitgenossen Hartenecks schon empfunden und gegen dieselbe sich zu wehren begonnen, ohne zu ahnen, daß diese sich zu solcher Größe auswachsen könnte, die steigenden Forderungen der Katholiken. Die Zeitgenossen Brukenthals sahen sich einer Gegenreformation gegenüber, die „im Land der Duldung" unmöglich hätte sein müssen. Beide Männer gleichen darin einander, daß sie mit der Macht ihrer Persönlichkeit die Vorurteile und Hindernisse überwanden, die ihnen aus ihrem Protestantismus erwuchsen und beide allen Verlockungen des Abfalls die feste Überzeugung eines innigen Glaubens=

lebens und ihr Gewissen entgegenstellten. Diese Gegenreformation aber hatte im Lande überhaupt nur entstehen können, weil die Rechtsgrundlage der Entwicklung, das Leopoldinische Diplom, durch die Regierung verlassen worden war. Hartenecks Aufgabe ließ sich in den Satz zusammenfassen: er solle die Durchführung des Leopoldinischen Diploms bewirken, daß dessen inhaltreichen Worte Wirklichkeit würden. Und Brukenthals Aufgabe ist im wesentlichen dieselbe gewesen. Das Leopoldinische Diplom sicherte die Sachsen in ihren alten Rechten als dritten Landstand, der gleichberechtigt mit den beiden übrigen im innern seine Angelegenheiten selber zu ordnen das Recht habe. Das wollte die Regierung und wollten die Mitnationen nicht anerkennen und zulassen. Zu Hartenecks Zeiten war es das Gubernium, das alle Machtvollkommenheit an sich reißen wollte und auch in die Innerverhältnisse des sächsischen Volkes rücksichtslos hineingriff, der kommandierende General, der seinen Wirkungskreis weit überschritt, jetzt war es die Hofkanzlei, die selbst dem Gubernium ihre Befehle erteilte und sich um kein Recht kümmerte. Dabei war, was am Anfang des 18. Jahrhunderts hie und da durchklang, nun zum vollsten Brausen angewachsen, die Sachsen seien nicht ein gleichberechtigter Landstand, sondern Kammerbauern, eine Art Leibeigene der Krone, die ihre Rechte sich bloß angemaßt hätten. Harteneck kostete es das Leben, daß er es wagte, den Adel in der Steuerfrage den Bürgern gleichzustellen, jetzt wollte dieser Adel dem bürgerlichen Stand überhaupt kein Recht zuerkennen. Die Konzivilität, die Forderung des Adels auf Sachsenboden Eigentum und Bürgerrecht zu erwerben, hatte man 1692 durch die Accorda abgewiesen, nun bildete sie abermals den Gegenstand erbitterten Streites, denn das Zugeständnis derselben wäre die Durchlöcherung der „Einigkeit und Reinigkeit der Nation" gewesen, der Beginn einer Rechtsungleichheit inmitten des Volkes, die in ihren Folgen unabsehbar war. Eine Hauptfrage für Harteneck war gewesen: wie soll die Nation von dem ungeheuren Schuldenstand befreit werden, Brukenthal stand vor derselben Aufgabe, nur war sie durch das halbe Jahrhundert vermehrter Schulden noch viel schwieriger geworden. Im Zusammenhang damit stand die Steuerfrage. Harteneck gelang es, den Sachsen eine Erleichterung zu verschaffen, indem 100 Porten ihnen abgenommen wurden, an der versuchten Lösung der Aufgabe, auch den Adel steuerpflichtig zu machen, scheiterte sein Reformplan; Brukenthal schuf ein Steuersystem, das den Sachsen gerechtere Berücksichtigung gewährte, es hat fast ein Jahrhundert gedauert, weil er nur das Erreichbare ins Auge faßte. Die Schulden der Nation zu vermindern sah Harteneck als eine Vorbedingung der weitern Entwicklung

an, Brukenthal gab ihr in der Inskription des Fogarascher Dominiums
ein erfolgreiches Mittel dazu in die Hand. Eine innere Kräftigung und
Erneuerung seines Volkes herbeizuführen schwang Harteneck die Zuchtrute
über den vielfach entarteten Beamtenstand, der zur Führung des Volks
berufen war; das Mittel versagte, weil der es anwandte die Rute selbst
in unreiner Hand hielt; Brukenthal hat in unauffälliger Weise jene
Regeneration weiter geführt, indem er vor allem selbst sittlich unantastbar
der Nation wieder zeigte, wie ein Mann beschaffen sein mußte, der in selbst-
suchtloser Weise dem Gemeinwesen dient. Wenn Harteneck beim Hinweis
darauf, daß die Sachsen selbst an ihrer Verkümmerung Schuld trügen,
indem sie und besonders die Beamten statt Mut Zaghaftigkeit zeigten,
mit Recht erwiderte, daß man angesichts der vorsichtigen Behandlung des
Adels bei Hof von den Sachsen nicht mehr verlangen könne, der selbst
in der Frage der goldnen und silbernen Becher, die der Adel als ihm
gebührendes Ehrengeschenk in allen Fällen von den Sachsen verlangte, sich
nicht stark genug glaubte, die Forderung abzuweisen und nur im stillen
zu verstehen gab, man halte es für billig, wenn die Sachsen solchen Forderungen nicht entsprächen, also die Sachsen eben wieder auf sich selber
und die eigne Kraft hinwies, so war Brukenthal später in der Lage,
durch Amt und Person auch diesem Adel seine Überlegenheit zu zeigen.
Die Gefahr, die Güter des deutschen und evangelischen Lebens zu verlieren, war groß, als Harteneck zu Hof fuhr, sie war um ein ungeheures
größer, als Brukenthal hinkam. Harteneck gewann erst die Rechtsgrundlage des Leopoldinischen Diploms für die Sachsen, Brukenthal mußte sie
frisch erobern und neue Schutzwehren da aufführen, wo die alten gebrochen waren. Harteneck hatte die Aufgabe, den Feind an der Grenze
abzuwehren; als Brukenthal auf die Mauern stieg, war er allseitig schon
in der Festung drinnen. Zu Hartenecks Zeiten wäre die Nation in der
Lage gewesen, wenn auch mit dem Aufwand der letzten Kraft und der
erlahmenden Hand des Sterbenden mit Waffengewalt das äußerste abzuwehren, zu Brukenthals Zeiten war das nicht mehr möglich. Darum
war die letzte Entscheidung beim kaiserlichen Hof. Harteneck erhielt dort
Worte und Vertröstungen, Maria Theresia aber erkannte, was Brukenthal
wert war und hob ihn zu hohen Ämtern und tat, was sein politischer
Weitblick ihr riet. Auf Harteneck folgten die Kuruzzenkriege und darauf
in friedlicher Zeit die fast widerstandslose Zerstörung der Verfassungs-
und Rechtsgrundlagen des Landes wie des sächsischen Volkes, auf Brukenthals Zeit der Umsturz der Verfassung durch die Josefinischen Reformen,
aber dabei und darauf ein ruhmvoller Kampf um das Recht, in dem die

Nation zeigte, daß sie eine andre geworden war. Aber der Gouverneur Brukenthal führte, vielleicht nicht ganz unbewußt, des Sachsengrafen Harteneck Gedanken weiter und was an politischen Gedanken in ihren Zeiten vorhanden war, das hat der eine und der andre verkörpert und die Betrachtung der innern Entwicklung unsers Volkes findet den politischen und geistigen Zusammenhang der beiden Großen.

In der Nation wurde die Entscheidung über die Aufhebung des Directorium oeconomicum und die Befreiung der Beamten von der Kontribution mit Freude aufgenommen. Die im Grunde beseitigt gewesene Nationalverfassung und Verwaltung wurde wieder hergestellt. Die Universität trat wieder in ihre Rechte und da der schwache Komes v. Adlershausen zu nichts mehr zu gebrauchen war, gab ihm die Universität im Königsrichter von Leschkirch, Mich. v. Brukenthal, einem Bruder Samuels, einen tatkräftigen jungen Adjunkten an die Seite. Adlershausen starb 1761 und die Hermannstädter Kommunität wählte am 27. November Samuel Brukenthal zum Komes, dazu durch die Verdienste Brukenthals um Hermannstadt und die Nation bestimmt. Die Wahl ehrte die Wähler und den Gewählten, den letztern auch darum, weil sie seine Bereitwilligkeit zeigte, im unmittelbaren Dienst der Nation für sie zu arbeiten und daß sein Ehrgeiz nicht auf Höheres gerichtet war. Die Wahl erhielt die Bestätigung des Hofes nicht, auch als die Nationsuniversität dagegen eine Vorstellung machte. Die Gründe der Nichtbestätigung, weil nur vier und nicht sechs Individuen kandidiert worden seien und die Erlaubnis zur Wahl nicht vorher eingeholt worden sei, waren rechtlich unhaltbar, aber die Nation wurde gezwungen, 1764 eine zweite Wahl vorzunehmen, die erst 1768 ihre Erledigung fand, indem Sam. v. Baußnern bestätigt wurde. Der Vorgang ließ erkennen, wie die sachsenfeindliche Strömung, die Brukenthal einen Augenblick zurückgedrängt hatte, wieder Einfluß gewonnen hatte und sein ganzes Leben ist ein fortwährender Kampf gegen diese gewesen. Bei Maria Theresia mochte in diesem Fall der Sieg damit gewonnen worden sein, daß die Nichtbestätigung Brukenthals ihr die Möglichkeit bot, ihn zu höhern Ämtern zu erheben. Noch bevor seine Wahl zum Komes verworfen wurde (14. Januar 1762), hatte die Königin ihn (11. Januar 1762) zum siebenbürgischen Provinzialkanzler ernannt, in Anbetracht „seines erprobten Eifers für das allgemeine Beste, seiner ausgezeichneten Geistesgaben, seiner Erfahrung, großen Bildung und treuen Dienste". Und so hat Brukenthal die nächsten Jahre abwechselnd in Wien und in Siebenbürgen zugebracht, von Maria Theresia mit immer neuen Aufgaben betraut. Am 1. März 1762 erhob sie ihn in den Freiherrnstand.

Zunächst war Brukenthal mit Baron Buccow bei der Errichtung der Militärgrenze in Siebenbürgen beschäftigt. Seit dem 16. Jahrhundert hatte der Hof zum Schutz gegen die fortwährenden Einfälle der Türken angefangen, zuerst in Kroatien die sogenannte Militärgrenze zu organisieren, indem der Grenzstrich gegen die Türkei einige Meilen breit militärisch organisiert wurde und die Bewahrung und der Schutz der Grenze den dort wohnenden „Grenzern" aufgetragen wurde. Schon bei Abschluß des Belgrader Friedens hatte der Hofkriegsrat die Errichtung der Banater Militärgrenze erwogen, doch geschah sie erst 1765. Siebenbürgen entbehrte eines solchen Schutzes. Der Gedanke die sonst erprobte Einrichtung auch hier einzuführen lag nahe. So machte der kommandierende General des Landes Baron Buccow schon 1761 dem Hof den Vorschlag, die Militärgrenze auch in Siebenbürgen zu organisieren. Er hoffte auf eine Truppenstärke von 17.000 Mann, die sich aus der Szekler- und Walachen-Grenzmiliz zusammensetzen sollte. Maria Theresia genehmigte den Plan am 16. Mai 1762 und betraute Buccow mit der Ausführung, die von Brukenthal wesentlich unterstützt wurde. Das Gubernium war der Ansicht, daß nach den Landesgesetzen die Zustimmung des Landtags zu dieser Neuerung notwendig wäre, was zweifellos richtig war, doch als der Gubernator Kemeny diese Anschauung entschieden vertrat, wurde er seines Amtes enthoben und Buccow mit der Leitung des Guberniums betraut. Brukenthal half die Bedenken der Kaiserin beschwichtigen. Bei dieser Gelegenheit wurde der Bistritzer Distrikt seiner Walachen frei, die in dem zur Militarisierung bestimmten Rodnaer Tal angesiedelt wurden, nachdem dort entstandene Irrungen unblutig beigelegt worden waren. Im Szeklerland kam es zu einem blutigen Gemetzel bei Madefalva, wo die Szekler, die sich gegen die Militarisierung sträubten, Csiker und Haromszeker, die sich dort zusammengefunden hatten, auf Veranlassung des Generalen Sifkovitz, am 7. Januar 1764 bei Tagesanbruch in unmenschlicher Weise zusammengeschossen und niedergehauen wurden, soweit die Überraschten sich nicht durch die Flucht retten konnten. Auch abgesehen hievon waren eine Menge Privatinteressen rücksichtslos verletzt und ein großer Teil des Adels geschädigt worden. Im Süden des Landes traf die Grenzerrichtung auch auf sächsisches Gebiet, eine ganze Anzahl Ortschaften wurden abgetreten und zu diesem Zweck dem Fiskus überlassen.

Brukenthal hatte in Wien vor allem fortwährenden Kampf mit der Hofkanzlei. Der schneidige Buccow nahm keinen Anstand einmal bei einem Hofreskript, das nichtsächsische Angelegenheiten betraf, laut zu erklären: das war ein Stockfisch, der das referiert hat! Hier war der

Herd des Gegensatzes gegen die Sachsen und darum fand Brukenthal
dort steten Widerstand. Mit Brukenthals Eingreifen in diese Verhältnisse
begann eine neue Zeit. Seine überragende Persönlichkeit zwang auch die
Widerwilligen zur Anerkennung, sie mußten sich seiner Einsicht, seiner
Überlegenheit beugen. Seine Kunst bestand darin, klar und durch-
schlagend die Rechtslage darzustellen und zu zeigen, wie das, was er
vorschlug, dem Staatsinteresse diene! „Die Richtung, welche die Hofkanzlei den Siebenbürgischen Angelegenheiten bisher gegeben, verträgt
sich meiner Meinung nach sehr wenig mit Eurer Majestät allerhöchsten
Absichten", schrieb er offen an die Kaiserin. Generalauditor Franck
charakterisierte Brukenthal: „in allen Angelegenheiten redet er wahr und
schreibt er wahr." Die Hofkanzlei hatte formell Recht, wenn sie ihn,
der ja nicht zu ihr gehörte, von ihren Beratungen ausschließen wollte.
Da entschied Maria Theresia „dem Brukenthal ist meine Willensmeinung durch ein ordentliches Dekret zu eröffnen, daß er von der
Kanzlei zu den Beratschlagungen in jenen Angelegenheiten beigezogen
werden soll, welche die bessere Einrichtung des Fürstentums Siebenbürgen in dem Kontributions- und Grenzmiliz-System betreffen"
(19. Dezember 1763), welcher Befehl am 22. Dezember ausgeführt
wurde. Als Buccow, ein treuer Freund auch der Sachsen, wenn auch
zuweilen von übersprudelnder Heftigkeit, 1764 plötzlich starb, schlug
Brukenthal vor, einen interimistischen Präses des Guberniums zu ernennen,
weil das Land das Recht habe, den Gubernator vorzuschlagen und im
Augenblick kein Einheimischer den schweren Aufgaben genügen könne.
Er war bereit, selbst nach Siebenbürgen zu gehen, „vielleicht könnte ich
einige Niedergeschlagene aufrichten, oder Wankende befestigen, vielleicht
würde es mir auch gelingen, einige Andre in den Schranken zu halten,
die sich selbst gelassen verlieren und in unüberlegte Schwachheiten aus-
brechen können." Maria Theresia entschied: „Ihr habt bis auf meine
weitere Anordnung hier zu bleiben", zugleich wies sie den Bischof Bajtay
insgeheim an, — der den Vorsitz im Gubernium führte — mit Brukenthal
über alles, was vorging, eine vertrauliche Korrespondenz zu unterhalten.
Der Hofkanzlei wurde befohlen, alle Berichte, Vorträge, allerhöchste
Entschließungen und Expeditionen in den angedeuteten siebenbürgischen
Angelegenheiten Brukenthal vor der endgültigen Entscheidung mitzuteilen!
Im Jahr 1765 wurde der Hofkanzler Bethlen seines Amtes enthoben
und Brukenthal, der im selben Jahr mit dem neu gestifteten Stefans-
orden geehrt worden war, zum Präses der Hofkanzlei ernannt. Er hatte
das Erbe seines Feindes angetreten, dem er einst erwidert hatte, daß

ihre Wege darum immer auseinandergingen, weil Bethlen die Wege seines Wappens — der gekrümmten Schlange — gehe, Brukenthal gerade Wege. Maria Theresia sprach schon im folgenden Jahr ihm ihre Zufriedenheit über den Gang der Geschäfte aus, lobte seine geschickte und eifrige Verwendung und kargte nicht auch mit äußern Belohnungen, wie Erhöhung des Gehalts u. dgl. Der sachsenfeindlichen Haltung der Hofkanzlei waren durch Brukenthal sofort Schranken gezogen.

Es war das an sich schon eine gewaltige Leistung, erschwert noch durch die Organisation des Dienstes. Alle Vorträge der Hofkanzlei kamen zuerst in den „Staatsrat", der schriftlich seine Meinung abgab. Die Hofkanzlei selbst aber erhielt die Sachen fast alle vom Gubernium mit dessen „Wohlmeinung". Sehr häufig riet aber der Staatsrat noch, die Frage andern Instanzen vorzulegen: dem Hofkriegsrat, der Rechenkammer oder einzelnen Personen, die von Bedeutung waren. Das gab eine Unmasse oft sich widersprechender Meinungen, die dadurch vermehrt wurden, daß Maria Theresia neben diesen amtlichen Äußerungen auch nicht amtliche private hörte wie Buccow und Bajtay und all den Einflüssen gegenüber hielt Brukenthal stand und alle widrigen Mächte überwand er! Treu stand ihm Buccow zur Seite, der oft überheftig den Gegnern zu Leibe ging, Brukenthal stets als Kampfgenossen auch in eignen Sachen aufrief und den Sachsen gut gesinnt war. Auch am Staatsrat Stupan hatte Brukenthal eine Stütze und die Sachsen einen Freund. Sein Kollege Borié beurteilte die Angelegenheiten von allgemeinem Standpunkt, sah die Sachsen nicht so günstig an wie Stupan, doch war er kein Feind der Sachsen. Brukenthals Einfluß war ihm nicht angenehm; er tadelte einmal die Räte der Hofkanzlei, sie hätten vor Brukenthal eine viel zu große „rücksichtsvolle Furcht".

Die wichtigsten Aufgaben jener Jahre aber, die Brukenthals Sorge und Arbeitskraft in Anspruch nahmen, waren die Inskription des Fogarascher Dominiums an die sächsische Nation und die Ausarbeitung einer neuen Kontributionsordnung. Brukenthal hoffte durch das erste der Nation endlich ein Mittel zu geben, die drückenden Schulden zu tilgen. Gewiß half zur Durchführung dieser Angelegenheit die Aussicht mit, daß die Nation bereit sein werde, die im Süden des Landes zur Militärgrenze nötigen Ortschaften dem Fiskus zu überlassen. Am 21. März 1765 konnte der Provinzialbürgermeister Binder von Sachsenfels der zusammentretenden sächsischen Nationsuniversität die erfreuliche Mitteilung machen, daß Maria Theresia den Fogarascher Distrikt der Nation für 200.000 fl. inskribieren wolle, doch sollten gegen den Erlaß von 60.000 fl. die zur Militärgrenze nötigen Orte überlassen werden. Die Inskription war die Überlassung eines Staatsdominiums an irgend jemanden auf 99 Jahre in unbeschränkten Besitz, mit dem Vorbehalt, es nach Ablauf dieser Frist gegen Rückgabe der Inskriptionssumme wieder einzulösen. Brukenthal führte im Auftrag der Nation die weitern Verhandlungen, die zum erwünschten Ziele führten; am 13. Juli 1765 erfolgte die Übergabe an die sächsische Nation. In der Tat verwirklichte sich dadurch Brukenthals Hoffnung, daß aus diesen Einkünften die Nation ihre Schulden allmählich tilge. Brukenthal hatte, noch bevor die Inskription des Fogarascher Dominiums an die sächsische Nation erfolgte, vom ehemaligen Besitzer Graf Bethlen eine Subinskription erhalten, auf die er verzichtete, um die Nation in den Besitz kommen zu lassen. Es war ein Ausdruck der Dankbarkeit gegen ihn, daß sie ihm den frühern Besitz wieder gab und 1768 durch Szombatfalva und Skorej und das Gebirge Remaja gegen 36.000 fl. erweiterte. Bei der Übergabe erklärte die Nationsuniversität, es solle ein Ausdruck des Dankes für die viele Mühe sein, die Brukenthal in den wichtigsten Angelegenheiten der Nation auf sich genommen habe, insbesonders auch die Bemühungen, die er angewendet, ihr die Inskription von Fogarasch zu verschaffen, die ohne ihn schwerlich jemals geschehen wäre, der der Nation bei diesem Anlaß namhafte Kosten erspart habe. Auch habe er von der Nation nie eine Vergütung hiefür angenommen, im Gegenteil 5000 Gulden, die sie ihm angetragen, ausgeschlagen.

Auch hier waren schwere Steine aus dem Weg zu räumen gewesen. Noch nach der Einführung der sächsischen Nation in den Besitz gab es im Gubernium (November 1765) grundsätzliche Verhandlungen darüber, ob die Sachsen überhaupt berechtigt seien, auf Komitatsboden Besitz zu erwerben, wobei die Ansicht entschiedene Vertreter fand, es sei unzulässig, weil sie bloß bürgerlich und nicht adlig seien, darum auch unfähig, adligen Besitz zu erwerben. Brukenthals Einfluß war sehr bedeutend. Was er wolle, so erzählte man sich, geschehe in Siebenbürgen. Auch die ihn nicht liebten, könnten nichts gegen ihn tun.

Um die siebenbürgischen Angelegenheiten in raschern Fluß zu bringen, ernannte die Kaiserin Brukenthal zum Präses einer von der Hofkanzlei abhängigen Kommission, die insbesonders auch die Steuerfrage weiter fördern sollte. Das war eine Arbeit vieler Jahre. Jene Stellung aber gab Brukenthal Anlaß, die Erhebung Siebenbürgens zum Großfürstentum und die Benennung der sächsischen Nation als inclyta bei Maria Theresia zu beantragen und zu erreichen.

Die Erhebung Siebenbürgens zum Großfürstentum hatte den ersten

Anlaß von der Bedeutung des Landes für das Erzhaus und für die Monarchie genommen. Maria Theresia, immer durchdrungen von dieser Bedeutung, gab dieser Anschauung in der ganzen Fürsorge, die sie dem Lande widmete, Ausdruck. Auch fühlte sie sich dem Lande verpflichtet, das in den langen Kämpfen sie mit Geld und Truppen unterstützt hatte. So errichtete sie die Erzämter, die in Ungarn bestanden, auch in Siebenbürgen, Rosenfeld wurde Vizehofmeister, Baußnern Vizetruchseß. So wie dieses zur Ehre des Landes diente, das dadurch einen ansehnlichen Rang erhielt unter den übrigen k. k. Erbländern, sollte es auch das Ansehn des Hofes mehren. Der Hofkanzler hatte die Errichtung dieser Ämter seltsamerweise auch darum empfohlen, weil es unter dem Adel viele ehrgeizige, aber zu Ämtern untaugliche Leute gebe; diesen könne mit einem solchen Ehrenamt genüge geschehen, daß man damit um so eher taugliche Leute zu Ämtern bekomme, die Fähigkeit und Arbeit verlangten! Gewiß lag der Tatsache der Rangerhöhung auch ein andrer Gedanke zugrunde, der der Selbständigkeit des Landes, das auch darum zum Großfürstentum erhoben wurde, „weil es keinem andern Reich oder einer Herrschaft weder durch das Band der Klientel, noch irgend ein Band der Abhängigkeit unterworfen sei." Damit wurde nicht die Zugehörigkeit zur Krone Ungarn geleugnet, aber allerdings die selbständige Entwicklung des Landes, die seit 1526 eigene Wege gegangen, anerkannt und bekräftigt (2. November 1765). Wenig später (26. November 1766) erfolgte die Zuerkennung des Beiworts inclyta — berühmte — an die sächsische Nation, die bis dahin alma — weise — genannt wurde. Dem Nachlebenden mag das als eine Kleinigkeit erscheinen wie das einstmalige Recht, die Urkunden in rotem Wachs zu siegeln, aber in den Tagen der Fiskalprozesse, wo die Nation das Recht auf ihr Dasein angegriffen sah und der schmähenden Behauptungen, die sie der Freiheit verlustig und für Kammerbauern erklärten, sich kaum erwehren konnte, war ihre Gleichstellung mit den beiden andern Nationen, die schon inclyta hießen, eine Tat, die den Mut der für ihr Recht kämpfenden Männer stärken mußte.

In dieselbe Zeit fiel der Versuch Brukenthals, mitzuhelfen, daß eine evangelische Universität in Siebenbürgen errichtet werde. Die Kaiserin hatte ihn beauftragt, einen näheren Plan vorzulegen. Brukenthal war der Meinung, sie müsse in Hermannstadt errichtet werden, und es werde 1 Million Gulden zu deren Dotierung erforderlich sein. Um einen Teil der Mittel zusammen zu bringen, schlug Brukenthal vor, mit dem Burzenländer Kapitel, das 1761 drei Zehntquarten verloren hatte, einen Vergleich zu schließen, daß es einen Teil dem angedeuteten Zweck überlasse.

Die Kaiserin genehmigte auch diesen Vorschlag, der gewiß auch den Burzen=
länder Geistlichen den Verlust verringert hätte. Der ganze Plan scheiterte
bekanntlich am Widerspruch des katholischen Bischofs Bajtay.

Die folgenreichste Arbeit dieser Jahre aber war das neue „Kon=
tributionssystem", das mit Brukenthals Namen verbunden ist.

Es gab in Steuerangelegenheiten noch keine definitive Ordnung.
Noch immer arbeitete das Land an einer brauchbaren Konskription.
Im Jahr 1750 hatten die Beamten der Kreise eine solche unternommen,
die dann eine vom Land aufgestellte Kommission ausarbeitete. Diese
Ausarbeitung wurde 1754 den Ständen vorgelegt. Neben der Kopf=
steuer war nach diesem sogenannten Bethlenischen System eine Art Ein=
kommensteuer ausgeworfen — Grund=, Vieh=Einkommensteuer, Personal=,
Schutz= und Kopftaxe —. Im Jahr 1755 wurde verordnet, zur Be=
streitung der Landes= und der Kreisbedürfnisse auf jeden Gulden 20 kr.
aufzuschlagen, 13 zur Deckung der Kreisbedürfnisse, im Sachsenland der
Stühle (Domestikalfond), 7 für Landesbedürfnisse (Provinzialfond). Aber
dieses System fand keinen großen Anklang. Man klagte über die un=
gleiche Belegung und über die zu hohen Ansätze auf das Vieh und den
Feldertrag, überhaupt über die ungleiche Verteilung der Steuerlast. Die
Kaiserin holte von verschiedenen Seiten Gutachten ein, besonders Baron
Buccow versuchte die Gebrechen zu heben: es solle die Steuer auf die
Äcker aufgeschlagen werden, eine gleiche Kopftaxe eingeführt werden, eine
klassenweis aufzuschlagende Steuer für die Städte eingerichtet, die Vieh=
taxen erleichtert werden. Es wurden drei Emporien im Lande angenommen,
jedem vier plagi gegeben. Jeder Kreis wurde einem der drei Emporien
zugewiesen und die Ortschaften in den Kreisen den verschiedenen plagis.
Die Kontributionsgegenstände waren: der Kopf, der Handel, das Ge=
werbe, die Früchte, das Vieh, die Privateinkünfte und die Häuser.
Alle diese Gegenstände hatten ihre Taxen, wurden zuerst in angenommene
Kübel aufgelöst und dann in Geld angeschlagen.

Die Einteilung der Orte nach Emporien und Plagen hatte bloß
auf die Bestimmung der Kopftaxe und der Steuer bei Handel und Gewerbe
Einfluß. Bei der Sächsischen Nation waltete der Unterschied, daß ihre
Mitglieder überall, zu welchen Emporien sie gehören mochten, eine um
20 kr. höhere Kopftaxe zahlten als die der andern Völker und eine
um $1/4$ höhere Steuer, taxae facultatum, weil man glaubte, in der
Sächsischen Nation würden die Beamten allein aus den Allodialmitteln
besoldet und die Bedürfnisse der Kreise daraus bestritten werden können,
was bei den andern Nationen nicht stattfand.

Der Ertrag nach diesem System (das Buccowische genannt) war höher als nach dem frühern. Aber die Klagen über das System waren doch allgemein und berechtigt. Es erschien dafür verantwortlich, daß die allzugroße Belastung des Viehes und des Fruchtertrages den Viehstand und den Anbau der Äcker vermindere; daß eine nicht gerechtfertigte Verschiedenheit in den verschiedenen Plagis drückend sei; bei aller Kompliziertheit deckte es die jährlichen Erfordernisse nicht. Dazu kam ein anderes. Aus der Provinzialkasse, zu der die Sachsen wie erwähnt 7 Kreuzer vom Gulden steuerten, wurden zum großen Teil Ausgaben für die Szekler und Komitate bestritten, die in den sächsischen Stühlen die Allodialkassen tragen mußten: die Kosten der Straßen und Brücken, die Erhaltung der Offiziersquartiere, der Gefangenen, selbst Beiträge zu den Installationen der Oberbeamten. Vor allem wurden daraus wieder katholische Interessen sehr ausgiebig unterstützt, so das katholische Waisenhaus in Hermannstadt, Normalschulen u. dgl., selbst zur Erziehung von zwei Knaben im Theresianum in Wien mußte die Provinzialkasse jährlich 1000 Gulden geben. Und nun wurden erst recht durch ein Reskript vom 16. April 1762 die Domestikalfonde eingezogen und mit der Provinzialkasse vereinigt. Im Jahr 1761 betrugen diese Fonde im Sachsenlande 59.336 fl. 10 kr., die ihm einfach genommen wurden. Dafür sollte nun den einzelnen Munizipien hinfort aus der Provinzialkasse das sogenannte Excissum oder Dimensum salariale angewiesen werden, als ein Beitrag zu den Verwaltungskosten. In Wirklichkeit hieß das nichts anders als: man nahm den Kreisen ihre durch den Aufschlag von 7 kr. zusammengebrachten Gelder und kumulierte sie in der Provinzialkasse, aus der das Gubernium nun nach dem Bedürfnis, wohl auch nach Willkür jenes Excissum anwies. Tatsächlich war es eine ungewöhnliche Härte und Ungerechtigkeit gegen die Sachsen, indem ihre Kreise kaum den dritten Teil dessen erhielten, was sie mit jenem 7 Kreuzer-Aufschlag zahlten und dann erst recht das was man ihnen zuwies so knapp war, daß es nirgends reichte. Mit andern Worten: die Sachsen trugen einen großen Teil der Verwaltungskosten des Szeklerlandes und der Komitate, ja ihr Geld floß in die Tasche der katholischen Propaganda. Durch ein Dekret vom 12. Dezember 1765 wurde allen sächsischen Kreisen insgesamt eine Pauschalsumme von 22.780 fl. 30 kr. zur Aushilfe aus der Provinzialkasse angewiesen, während sie weit über 50.000 fl. zahlten! In der Josefinischen Zeit wurde der Beitrag eine Zeit lang gänzlich eingestellt. Da jene ungerechte Beteiligung bis 1848 dauerte, so betrug der Schaden, der den Sachsen auf diese Weise zugefügt wurde — auch das Brukenthalische System hatte ihn nicht aus der Welt schaffen können — in 80 Jahren über 5 Millionen Gulden!

Das Buccowische Steuersystem war bloß auf sechs Jahre eingeführt worden (1763—1769). Als die Zeit zu Ende ging, setzte der Staatsrat in einer Besprechung mit Brukenthal und Bajtay die Grundsätze fest, nach denen das neue System einzurichten sei. Diese Grundsätze sprachen aus: es solle der Grund und Boden besteuert werden, es solle das System vereinfacht werden, vor allem die jährliche Konskription vermieden werden; auch müsse der Ausfall hereingebracht werden, der dadurch entstand, daß man den Grenzern einen Nachlaß versprochen hatte. Nachdem Maria Theresia diese Grundsätze gebilligt, erhielt Brukenthal den Auftrag, den Entwurf für ein auf diesen beruhendes System zu entwerfen.

Im Juli und August 1769 beriet der Staatsrat die Vorlage Brukenthals und konnte sie nur billigen, Brukenthal wußte alle Bedenken zu zerstreuen. Darnach sollte jeder Steuerpflichtige zunächst eine Kopfsteuer zahlen, die aber — und das war das neue — nicht gleich war, sondern nach dem Einkommen höher wurde, indem 8 Klassen unterschieden wurden. In den Städten sollte die Taxe als taxa mercatorum et opificum (der Kaufleute und Handwerker) gleichfalls sich nach dem Erwerb richten und konnte bis 21 respektive 12 Gulden steigen, in den größern Städten bis 27 und 16 Gulden. Befreit sollten hievon nur jene sein, die im Schloß des Grundherrn wohnten, kein eigenes Haus hatten und Kost und Kleidung vom Grundherrn bezogen. Die verheirateten Söhne der Pfarrer und Popen, sowie die Organisten sollten steuerpflichtig sein, die erstern um nicht den Müßiggang durch die Steuerfreiheit zu unterstützen. Die Bulgaren, Armenier, Griechen und Juden sollten in die gehörigen Klassen eingereiht werden, bloß die Zigeuner sollten 1—2 fl. zahlen; die Protektionstaxe, die für unverheiratete Leute bestand, für Männer mit 18 Kreuzer, für Frauen 12 Kreuzer, sollte beibehalten werden. Den Ertrag der Steuer berechnete Brukenthal mit 615.159 fl. 20 kr., gegen früher eine Vermehrung um 39.545 fl. 5 kr.

Neben die Kopfsteuer kam die Haussteuer, 5% von der nach dem Schätzungswert bemessenen Nutzung. Der Ertrag wurde auf 6780 fl. berechnet, ein mehr gegen früher um 4519 fl. 27 kr.

Brukenthal schlug den Ertrag der Äcker auf 1,293.720 Kübel an, $1/3$ wurde für das Brachfeld in Abschlag gebracht; je nach der Beschaffenheit des Bodens sollten von $1/2$ Joch 20, 16, 12 oder 8 Kreuzer gezahlt werden, das Ertrágnis berechnete er auf 301.868 fl., gegen früher höher um 82.831 fl. 31 kr. Der Staatsrat wies dabei darauf hin, daß es im Grunde nicht angehe, die Steuer bloß auf den Körnerertrag zu gründen, es müsse die leichtere oder schwerere Art der Bearbeitung, die Gelegenheit des Verkaufs, der Preis des Korns in Betracht gezogen werden, allein dazu sei eine Jahre erfordernde Arbeit nötig. Die Hauptsache erreiche man, „die Kontribution großenteils dem Grund anzuhaften."

Ähnlich wie die Äcker wurden die Wiesen besteuert. Sie wurden in Klassen eingeteilt, ein Joch sollte 20, 16, 12 oder 8 kr. entrichten. Der Ertrag wurde mit 74.412 fl. 40 kr. berechnet, gegen früher eine Erhöhung um 21.189 fl.; von den Weingärten betrug die Steuer von $^1/_{16}$ Joch, wieder je nach den Klassen 30, 24, 18 und 12 kr. Der Ertrag sollte dem frühern gleich sein, wo vom Eimer 3 kr. gezahlt wurden.

Bei der Viehsteuer sollte der Ansatz wie früher bleiben, demnach auch der Ertrag 305.233 fl. 25 kr.

Andre Privateinkünfte sollten mit 10 % belegt werden, früher 5 kr. vom Gulden, was eine Steigerung um 2836 fl. 25 (auf 17.018 fl. 30 kr.) ergab. Im ganzen rechnete man, nach Abschlag der den Grenzern erlassenen 80.000 fl. auf einen um mindestens 50.000 fl. höhern Ertrag als früher.

Das System sollte wenigstens auf sechs Jahre festgesetzt werden, so daß während dieser Zeit nur der Tod des Steuerzahlers, dessen gänzlicher Verfall oder der Verkauf des Besitzes eine Änderung bewirken könne. Um das zu kontrollieren, sollte hinfort jeder Tausch und Verkauf von Grund und Boden nur mit obrigkeitlicher Bewilligung geschehen dürfen; auch sonstige Veränderungen sollten in Evidenz gehalten werden.

Der Staatsrat konnte nicht umhin zu erklären, „daß dem Baron Brukenthal das gerechte Zeugnis gebühre, daß selber diese mühsame Ausarbeitung mit aller guten Ordnung und klugem Bedacht zustand gebracht, die ihm bekannt gemachte Absicht in allen Teilen sich gegenwärtig gehalten hat". Er beantragte die Einführung auf sechs Jahre und bat die Kaiserin, „dem Baron Brukenthal eben diese wohlgefaßte Ausarbeitung dero allergnädigste Zufriedenheit zu erkennen zu geben geruhen wollen". Es bezeichnete Brukenthals Weitblick, daß er zum Schluß die Anregung gab, „die Urbarial-Regulation nicht zu verschieben" und aus dem Überschuß, den das neue System abwarf, eine „Feuer und Wetter-Schadens-Bonifikation" ins Auge zu fassen.

Maria Theresia aber schrieb auf diese Eingabe des Staatsrats: „Finde wie der Staatsrat die Ausarbeitung des Brukenthal klar, schön, eifrig, billig; Er wird aber eine große Unterstützung brauchen, es auszuführen. Bin in allem verstanden, wie auch in beiden diesen letztern Punkten, wie der Staatsrat einrathet. Das Protokoll ist unvergleichlich verfaßt, kurz, klar, bündig, Koller hat sich Ehre damit gemacht. Seit langer Zeit habe nichts besseres, und mit mehr Satisfaktion als dieses wichtige Werk gelesen und approbirt."

Was an der Kaiserin lag, zur Durchführung des Werks mitzuhelfen, geschah. Brukenthal selbst wurde zur Einrichtung desselben nach Siebenbürgen geschickt, O'Donell, der kommandierende General, und das Gubernium erhielten den Auftrag, ihn wirksamst zu unterstützen.

In den Weihnachtstagen des Jahres 1769 kam Brukenthal nach Siebenbürgen, im Auftrag der Kaiserin wie ein kommandierender General überall mit großem Pomp empfangen. Am 22. Februar 1770 teilte er dem Gubernium seine Aufträge mit. Hermannstadt hatte eine solche Feierlichkeit, die einem Sachsen als dem Überbringer königlicher Befehle galt, noch nie gesehen. Gräfliche Exzellenzen, Mitglieder des Guberniums, das unter dem Vorsitz des katholischen Bischofs Bajtay versammelt war, und der sächsische Komes holten ihn aus seinem Haus ab. Auf dem Großen Ring bis zum Landhaus, das dort stand, wo jetzt das evangelische Bischofsgebäude, standen die Pellegrini-Infanteristen mit wehenden Fahnen und zwischen ihnen durch führten der Stadthauptmann und die städtischen Trabanten sowie die Provinzialpostknechte, die Hausoffiziere und Diener des Kommissärs den Zug. Ihnen folgte im sechsspännigen von Rappen gezogenen Wagen Brukenthal, an den in langer Reihe sich die Wagen mit den Oberbeamten, Magnaten, Offizieren und Senatoren anschlossen. Im Landhaus empfing Bajtay den Kommissär am Fuß der Treppe, geleitete ihn in den Saal, wo er auf erhöhtem Platz sitzend an das Gubernium eine Ansprache hielt und das k. Reskript dem katholischen Bischof überreichte, der sofort in der Erwiderung seinen und des Guberniums Diensteifer gegen die allerhöchsten Befehle hervorhob. In derselben Ordnung wie der Zug gekommen war, geleitete er Brukenthal nach Hause.

Die Einführung der Kontribution sollte in drei sechsjährigen Perioden erfolgen und Brukenthal besorgte nun unter außerordentlichen Mühen und Anstrengungen zunächst die erste Einführung. Auch dieses System ist kein vollkommenes gewesen, vor allem war noch immer die Verteilung eine sehr ungleiche, indem auf die Quadratmeile im Sachsenland durchschnittlich 3165 fl. entfielen, in den Komitaten und im Szeklerland aber nur 901 fl., was freilich mit der grundsätzlichen Steuerfreiheit des Adels zusammenhing. Aber es bedeutete doch mit seinen festen Grundsätzen einen großen Fortschritt. Dem Hader der Stände machte es ein Ende. Und was diese Grundsätze wieder bedeuteten, mag man verstehen, wenn erwogen wird, daß Auersperg, der spätere Gouverneur von Siebenbürgen, die Kontribution vom Standpunkt einer Strafe betrachtete und Buccow von dem Gesichtspunkt ausging, Siebenbürgen sei ein vortreffliches Land, dem es an nichts fehle, so daß es die wenige Arbeit seiner Bewohner überflüssig belohne, die grade dadurch, da sie ohnedem dem Müßiggang geneigt seien, noch fauler würden!

Im Zusammenhang mit der Steuerfrage stand die andre über den Zustand der Hörigen im Lande. Es ist ein dunkles Kapitel hier wie sonstwo. Schon 1766 hatte Maria Theresia das Gubernium beauftragt, die Untertanen vor Bedrückungen zu schützen, Berichte über die Frohnden und Giebigkeiten der Hörigen zu sammeln und einen Vorschlag zu machen, wie hier Besserung geschaffen werden könne. Als Brukenthal nun als Kommissär im Lande war, wurde er beauftragt, mit dem Kommandierenden O'Donell und dem katholischen Bischof Bajtay den Entwurf einer Urbarialordnung zu verfassen und der Kaiserin vorzulegen. In den untertänigen Dörfern der sächsischen Nationsuniversität ließ diese die Urbarien anfertigen. Doch waren es zunächst nur Vorarbeiten.

Die sächsische Nation kam nach der Aufhebung des Direktoriums bald in einen neuen Kampf wegen ihren Rechnungen. Die ganze Sache ist unverständlich, wenn nicht im Auge behalten wird, daß die Frage nach der Kompetenz zur Prüfung dieser Rechnungen mit der Hauptfrage der Zeit zusammenhing, ob die Sachsen freie Leute oder Hörige des Fiskus seien! Als nach Aufhebung des Direktoriums eine Zeit lang die Nation selbst die Rechnungen aus den sächsischen Orten und Stühlen geprüft hatte, kam 1769 der Befehl, die Rechnungen an den Hof zu senden und das Thesaurariat begehrte die Prüfung derselben. Die Hofkanzlei, wo Brukenthal die Fäden nun in der Hand hatte, wies in eingehender Darstellung nach: Das widerspreche den Rechten der Nation. Außerdem seien dort keine unparteiischen Subjekte, im Gegenteil Leute, die Mitglieder des ehemaligen Direktoriums gewesen seien, durch die nur weitere Irrungen und Gehässigkeiten zu besorgen seien! Die Sache war damit nicht begraben.

Unter dem gleichen unscheinbaren Begehren, es sollten die Rechnungen der sächsischen Nation vom Thesaurariat geprüft werden, trat 1774 die ganze Gefahr noch einmal an die Nation heran. Maria Theresia hatte den Vorschlag des Hofkammerpräsidenten Graf Kolowrat an Brukenthal gegeben; seine Wohlmeinung machte ihn zunichte. In nackten Sätzen war von Kolowrat hier ausgesprochen, daß die Sachsen Kammerbauern seien und mit unerhörter Geschichtsverdrehung das Unglaublichste behauptet worden. Brukenthals Darlegung zerstörte das Lügengewebe. „Der Fundus regius — so führte die Denkschrift aus dem Jahr 1774 aus — ist der dazu berufenen Nation unter gewissen Bedingungen und Verbindlichkeiten mit dagegen verstatteten Freiheiten und Rechten verliehen, und auf eine aus der Natur der Feudalregierungsart sehr leicht erklärbare Weise gegeben worden; diese Sätze sind gewiß und unleugbar. Unter den Verbindlichkeiten stehet nirgends, daß die Nation ein Kammergut seie, nirgends daß sie von dem Fisko, dem Thesaurariat oder andern Cameralbeamten abhangen, ihre Gerichtsbarkeit erkennen, ihnen Rechnungen legen oder auch von ihnen sich untersuchen und führen lassen solle; es stehet aber in der Reihe ihrer Freiheiten, daß ihr, quod ad solius regis spectat donationem, verliehen und eingeräumt worden, daß sie von niemandem als dem Könige und ihrem Comite gerichtet, daß der Fundus regius niemals geschmälert, oder wenn er durch irgend eine Verleihung geschmälert werden sollte, daß sie, die Nation, nicht der Fiskus, nicht die Kammer dagegen einzureden befugt sein solle." Das Thesaurariat behauptete, die Nation sei ein Kammergut gewesen und allen Privilegien seien Klauseln beigesetzt, die solches bewiesen; sie sei dem Thesaurariat unterworfen gewesen. Brukenthal wies nach, es sei eine Unwahrheit. Das Thesaurariat behauptete, diese seine beanspruchte Jurisdiktion über die Nation führe sie in ihre alte wahre gesetzmäßige Verfassung zurück; Brukenthal erwiderte, „eben die Gesetze und Privilegien sind es, die den Anmaßungen des Thesaurariats Schranken setzen und seine Eingriffe in die Jurisdiktion abweisen". Auf den Vorwurf des Thesaurariats, daß die Sächsische Nation aus einem Krongut zu einer Gegenpartei des Fiskus sich aufwerfe, antwortete er: „Es ist aus häufigen Klagen der Nation mehr als zu bekannt, daß nicht sie sondern der Fiskus auf Neuerungen angedrungen, daß nicht sie sondern er ungewöhnliche und unbekannte Forderungen gemacht und zu seinem Behuf den Gesetzen sowohl als den Privilegien einen Verstand gegeben und Erklärungen ersonnen, die weder von dem Usu alter, noch von der Ausübung neuerer Zeiten gerechtfertigt werden. Wenn die Privilegien, wie verrufen, keine weitere Gültigkeit haben sollten, so würden sie dennoch vor glaubwürdige Urkunden geachtet werden sollen, die geschehene Dinge aufbewahren, und die Vorstellungs- und Denkungsart der alten Welt der heutigen überliefern und wenigstens insoweit würden sie allemal schätzbar bleiben. Aus diesem Gesichtspunkt allein betrachtet, werden ihre Aussprüche und Zeugnisse die historische Unrichtigkeit vorbemeldeter Äußerungen unumstößlich erhärten. Ich will indessen noch einen einzigen Umstand anführen, weil ich dafür halte, er werde über gegenwärtige Frage einiges Licht streuen und verbreiten. In Territorial- oder Grundstreitigkeiten ist

in fundo regio nicht der Fiskus oder das Thesauriat sondern die Nation
der einzige gesetz- und privilegialmäßige, der erste und letzte Richter."
Um sein Begehren nach Unterstellung der Nation unter sich zu begründen,
habe das Thesauriat (die Kammer) für gut befunden, „die Verfassung selbst
anzugreifen und die Stützen, worauf sie ruhen, Gesetze und Privilegien aus
allen ihren Kräften zu erschüttern. Sie hat zu dem Ende in alten und
neueren Zeiten herumgesucht und aus beiden, insonderheit aber aus den
unregelmäßigen Behältnissen der letzten, Begriffe und Meinungen und
Voraussetzungen gesammelt, teils als Waffen und Werkzeuge, um die alte,
schwächliche und beinahe zum Sinken gebrachte National-Konstitution
vollends einzureißen, teils als Materialien, um an ihre Stelle eine neue,
nach eigenem Belieben geformte Verfassung stuckweis zusammenzusetzen,
und den wenigen übriggelassenen Überbleibseln anzupassen.

„Sie hat weder die Zeitfolgen gehörig bemerkt noch die Schranken
ihrer gesetzlichen Wirkungen deutlich angedeutet; sie hat weder auf das
eigentümliche der Regierungsform und die verschiedenen Gestalten, welche
eine lange Reihe von mehr als fünf Jahrhunderten ihr mitteilen können,
hinaus gesehen, noch gründlich bestimmt und ausgemessen, was in jedem
besondern Abschnitte daraus folgen könne und folgen müsse . . . Es ist
unmöglich, alle Zufälle und Ereignisse vorher zu sehen, aus welchen nahe
oder entfernte Veranlassungen zu dergleichen Noten hergenommen werden
können und deswegen ist es betrübend, daß teils Ihro Majestät Stellen
unschuldigerweise so oft scheinbaren Zumutungen und dem Verdacht der
Parteilichkeit ausgesetzt sein, teils Ihro Majestät treue Untertanen alle
Augenblick den Umsturz ihrer Verfassungen und Ordnungen befürchten
müssen, ob solche gleich auf den feierlichsten Festen menschlicher Sicherheit
ruhen und die unläugbare Erfahrung zum Bürgen und Gewährleistung
haben, weil sie in den bedrängtesten Zeiten ein abgesondertes und ver-
lassenes Volk erhalten, und von dem oft gedrohten und eindringenden
Untergang errettet haben.

„Aus dieser Betrachtung erkühne ich mich Ihro Majestät fußfällig
zu bitten, nicht allein die Frage von der Rechnungs-Superrevision, sondern
den ganzen Streit über die Grenzen der Proprietät, die Befugnisse des
fundi regii und der Jurisdiktion auf einmal abtun zu lassen, damit die
schädlichen Quellen doch einmal verseuchen mögen, aus denen die vielen
Mißhelligkeiten, Verbitterungen und Zänkereien herausgequollen sind, die
alle Ruhe und Einigkeit verscheucht und den glücklichen Fortgang vieler
wichtiger Geschäfte verhindert und zurückgehalten haben.

„Gibt die Nation zu wenig, oder kann sie mehr geben, so wird sie es in tunlichen und ihrer Verfassung gemäßen Wegen mit Vergnügen leisten und die Glückseligkeit Ihro Majestät Regierung verehren, die ihr das Vermögen dazu verschafft hat; Wege aber einzuschlagen, die sie in ihren eignen Gedanken herabsetzen, in der Meinung andrer herabwürdigen, und bei ihren Mitnationen in Verachtung bringen, die den Geist der Arbeitsamkeit ersticken, und die Grundsäule ihres Wohlstandes untergraben, scheint weder Ihro Majestät Dienst zuträglich, noch dem allgemeinen Besten des Landes, noch auch dem besondern Wohl der Nation ersprießlich.

„Ein Volk, das immer zu fürchten hat, ist nicht glücklich, wenn es aber dazu gebracht wird, daß es sich selbst verachtet, wegwirft und keinen Wert mehr auf sich leget, so ist es wahrhaft unglücklich."

Maria Theresia entschied 1774, die Rechnungen sollten ans Gubernium geschickt werden.

Zu dieser Frage kam eine andre, welche noch deutlicher die Absicht des Thesaurariats enthüllte. Im selben Jahr 1769, da es die Prüfung der sächsischen Rechnungen begehrte, übernahm es die Einsammlung des Zehntens, soweit er dem Fiskus zustand, selbst durch besondre Zehntner. Mit Entsetzen aber wurde die Nation gewahr, daß mit Berufung darauf, der Sachsenboden sei „pure Fiskalität", Eigentum des Fiskus, der ganze Zehnte vom Fiskus, hin und wieder sogar mit Gewalt, eingehoben wurde, den Pfarrern eine Quarte überlassen wurde u. dgl. m. Es stand eben die ganze sächsische Freiheit in Frage und Brukenthal allein war es, der sie schützte!

Die wirtschaftliche Ordnung der Nation machte langsame Fortschritte und stets aufs neue waren diese Fragen die Ursachen neuer Irrungen. Immer wieder gelangten Anzeigen über unehrliche Verwaltung an die höhern Stellen und an manchen Orten wurde geradezu Kommunität wider Magistrat, gegen beide die Bürgerschaft aufgestachelt und wenns dann zu Untersuchungen kam, stellte sich nichts Erhebliches heraus. Die Zeitgenossen hatten die Empfindung, es handle sich um künstliche Anzettelungen. „Es war die Absicht, die Nation und Religion zu stürzen — schrieb Heydendorff im Rückblick auf diese Zeiten — die Religion durch den Verlust der Zehnten der Geistlichkeit und Ausschließung tauglicher Menschen von öffentlichen Ämtern im politischen Stande und die Nation durch Stürzung der besten Familien und Männer in der Nation, welche Stützen der Nation und Religion waren. Kein Mensch und keine Administration ist ohne Fehler und wird auch, solange die Welt steht, nicht ohne solche sein. Auch in der Nation waren genug, dolose keine, wenig culpose. Die meisten kamen aus Fahrlässigkeit im Rechnungswesen, welche durch Verordnungen

entstanden waren und sich auf die Erhabenheit des Brukenthals — ein
irriger Wahn — stützten, daß er die Fehler der Nation zudecken würde.
Es wurden also Menschen im geheimen gereizt, aufgewiegelt, wider die
schlechte Administration in der Nation zu klagen, Leute fremder Nation
und Religion. Und in der Nation und Religion gab es leider auch unter
der besten Klasse von Menschen Leute genug, die sich, die Hauptsache der
Nation und Religion aus den Augen setzend, aus Privatinteresse, Eifersucht
und Neid an diese Fremden anschlossen und in der Absicht, nur ihre
Beneideten zu stürzen, die ganze Nation ins Unglück brachten . . . Um
die Vergehungen der Magistrate recht groß zu machen, muß ein Exempel
mit Kassation eines ganzen Magistrats gemacht werden, damit es aller
Orten erschalle und selbst der Hof es glaube, die Nation würde recht übel
administriret und damit solches in Zukunft nicht mehr geschehe, so schmelzt
man das System der Nation um und setzt uns alle unter die Kammer."
Die Schatten kommender Ereignisse, die Einfädelung der Regulationen,
lagern auf diesen Tatsachen. Nur darf nicht übersehen werden: die un-
würdigen Subjekte, die in die städtischen Magistrate hineingespült worden
waren, trugen die Hauptschuld an den vorhandenen Übelständen in den
städtischen Angelegenheiten und Brukenthal tat, was er konnte, die Sache
zu bessern. Als in Mediasch ein untauglicher Mann zum Bürgermeister
gewählt worden war, äußerte er: „die Nation könne ihm keine größere
Verlegenheit machen, als wenn sie ungeschickte Beamte erwähle. Denn da
wisse er nicht, solle er die Bestätigung auswirken und die Nation bei
ihrer Wahlfreiheit schützen oder diese verletzen und tüchtige Männer hin-
setzen. Dem Fürsten, der auf seinen Nutzen und auf das Wohl des Ganzen
bedacht sei, könne man es nicht übel nehmen, wenn er den Geschicktesten
ins Amt setze." Es lag im Geist der Zeit, daß auch Brukenthal nicht
durch die Form der Verfassung sich hindern ließ, auch die sächsischen Freiheiten zu verletzen, wo es galt der Nation selbst zu dienen. Er zeigte
das bei der Pensionierung des Komes Samuel Baußnern.

Als Brukenthal von der Einführung der neuen Kontribution nach
Wien zurückkehrte und Bericht erstattete, sprach die Kaiserin ihm ihre
Zufriedenheit aus und erwartete seine weitern Anträge in dieser Sache.

Die Zeit um 1770 aber bezeichnete einen Höhepunkt in den Kämpfen
Brukenthals für die sächsische Nation. Es ist wie wenn alle Feinde sich
zusammengetan hätten, ihn zu stürzen und damit natürlich die Nation
selbst zu treffen. Die Hofkanzlei war durch Brukenthals Präsidium zu
besserer Einsicht in siebenbürgischen Angelegenheiten gelangt, nun war
das Thesaurariat — wir würden heute sagen das Finanzministerium in

Siebenbürgen — der grimmigste Feind der Sachsen. Es galt als der selbstverständliche Vertreter des Fiskus. Die Nation unter den Fiskus zu bringen, brauchte man sie nur dem Thesaurariat zu unterstellen und die stets wiederholten Behauptungen vom Kammerbesitz, den die Sachsen eigentlich bildeten, sollten die Wege zu jenem Ziel ebnen helfen. Es handelte sich beim Thesaurariat vor allem, in irgend einer maßgebenden Form auszusprechen, die Sachsen seien Kammerbauern, Untertänige des Fiskus — alles andre war dann von selbst gegeben. Die Folgen wären unabsehbar gewesen. Im selben Augenblick, wo die Nation als Fiskalgut erklärt wurde, wären die Gemeindeländer (Wald, Weide usf.), der größte Teil des Sachsenlandes fiskalisch geworden und der sächsische Bauer Jobbagy des Fiskus, der Zehnte wäre an diesen gefallen, der Fiskus als Grundherr hätte sämtliche Rechte, die der Adel im Komitat übte, im Sachsenland in Anspruch genommen, im selben Augenblick war die bürgerliche Freiheit und Selbstregierung dahin, Hörige konnten doch keine Stuhlsversammlungen und Nationsuniversität halten, das Recht der Landstandschaft wäre verloren gewesen, die dritte ständische Nation aus den Reihen der Lebenden gestrichen worden.

Und das wollten ihre Feinde!

Unter Brukenthals Vorsitz wurde am 10. April 1770 mit einer Thesaurariatskommission eine Sitzung abgehalten, in der u. a. über die Regulierung des Produktionalgerichts und über die Frage: welche sächsische Ortschaften und mit welchem Recht sie verpflichtet seien, Holz zu den Salzgruben zu liefern und welche Vergütungen ihnen zuständen? verhandelt wurde. Als das Protokoll über diese Sitzung Brukenthal zur Unterschrift vorgelegt wurde, sah er mit Erstaunen, daß das alles andre als ein Protokoll jener Verhandlungen war. Dinge, die darin gar nicht vorgekommen, standen drin, „verschiedene Ausfälle auf den Stand und die Bestimmung der sächsischen Nation", die Thesaurariatsräte hatten ausführlich ihre Anschauungen in besondern Ausarbeitungen erweitert, mit Gesetzen versehen, und vor allem: jene geforderte Holzlieferung wurde nicht mit Gesetzen und Verbindlichkeiten begründet, sondern aus der Natur des Sachsenlandes abzuleiten versucht: die Sachsen sind Hörige des Fiskus, folglich besteht jene Verpflichtung. Sie hatten allerdings an Brukenthal ihren Meister gefunden, der sich nicht betrügen ließ. Aber dieser Grundton der Gehässigkeit gegen ihn und gegen die Sachsen kehrte in steigender Heftigkeit wieder. Der Kommandierende Graf O'Donell klagte u. a. über Brukenthal, er hindere die Weiterarbeiten des Produktional=forums, behaupte die Forderung des Martinszinses sei eine ungerechte,

und doch hätten die sächsischen Beamten ihn bis 1726 eingehoben, ohne
ihn abzuliefern, bei Verhandlung über die Salzbrunnen, die die Sachsen
nicht rechtmäßig besäßen, „hat die Nation sich soweit vergangen, daß sie
sich die Proprietät und summum jus fundi Saxonici hat zueignen
wollen. Diese Keckheit wäre bei den Sachsen, ohne heimliche Unterstützung des Baron Brukenthal, nicht zu vermuten." In der Tat:
Brukenthal und die Sachsen und die letztern wesentlich durch ihn besaßen endlich die „Keckheit" ihr Recht als solches anzusehen und zu
verteidigen und sich ihres Eigentums und ihrer Freiheit zu wehren.
Die ganze Sache kam vor den Staatsrat, der vorsichtig zu lavieren
versuchte, aber doch nicht umhin konnte, die Angelegenheit zu „seponieren",
d. h. im Kanzleistil jener Tage in den Akten zu begraben. „Übrigens
— sprach er aus — sei dem Baron Brukenthal die Parteilichkeit für
seine Nation und Religion wegen seinen anderweitigen Verdiensten . . . .
zu verzeihen und die sächsische Nation wegen ihrer Industrie und beständigen Treue gegen das Erzhaus aller Rücksicht würdig." Maria
Theresia verhob dem Thesauriat das ganze Verhalten sehr entschieden
und bemerkte (1770) in bezug auf jene behauptete Verpflichtung der
Sachsen zu Holzlieferungen für die Salzgruben: „Wenn der Fiskus
ein anderes und mehreres fordert als in dessen Besitz er sich befindet,
muß er seine Befugnis im Weg Rechtens erweisen"! Als Brukenthal
später der Kaiserin vorstellte, daß er um Verleihung einiger an den
Fiskus heimgefallenen Besitzungen gebeten, aber mit der Antwort hin-
gehalten werde, da entschied sie: „Nachdem das Objectum nicht über
4000 fl. in capitali austragen wird, so schenke selbe auf die Zeit, als
der Fogarascher Distrikt der sächsischen Nation verbleiben wird. Seine
großen vielen Dienste verdienen wohl mehreres und daß 7 Monat die
Information ausgeblieben, zeigt nicht einen großen Fleiß vom Thesaurariat" (23. August 1771).

Die Stellung Brukenthals wurde schwieriger und die Angriffe
auf ihn und die Sachsen wuchsen, als Auersperg Präses des Guberniums
in Siebenbürgen wurde. Als Brukenthal Kenntnis von dieser Ernennung
erhielt, machte er sofort bei der Kaiserin Vorstellungen dagegen, Auersperg
kenne Siebenbürgen nicht und sei zum Posten nicht geeignet. Maria
Theresia blieb dabei. Nach seiner Ernennung kam Auersperg zu Brukenthal,
stellte sich als Gouverneur über Auftrag der Kaiserin Brukenthal vor
und bat um seine Freundschaft, die ihm Brukenthal mit Rücksicht auf
seine Aufgaben zusagte, nicht ohne Andeutung, daß es in Siebenbürgen
einen übeln Eindruck machen werde, daß ein Fremder diese Stelle er-

halten habe. Da stemmte Auersperg die eine Hand in die Seite und sagte: „Die Siebenbürger sollen es sich zur Ehre schätzen, daß sie einen Graf Auersperg zum Gubernator bekommen haben." Brukenthal antwortete scharf: „Es gibt noch Familien im Lande, deren Vorfahren regierende Fürsten in Siebenbürgen waren und die werden doch eines Grafen Auersperg würdig sein; aber ich übergehe diesen kleinen Gegenstand und sehe nur auf Ihre Gesinnung und Ihre Art von sich zu denken, die sich nach meiner Überzeugung mit dem Zweck des zu fördernden Dienstes in Siebenbürgen so wenig verträgt, daß es für mich Pflicht wird, sie und meine Besorgnisse darüber Ihro Majestät zu melden." Brukenthal erkannte sofort an dem Eindruck seiner Erklärung auf Auersperg „den Samen, der in der Folge Unannehmlichkeiten jeder Art hervortreiben werde." Er erzählte den Vorgang der Kaiserin, die ihn damit tröstete: sie kenne den Bauernstolz dieses sonst ehrlichen Mannes, werde ihn aber zu beugen wissen. Brukenthals Stellung war eine außerordentlich schwierige. Sie wurde noch schwieriger, als Auersperg einen gebornen Ungarn, den ungarischen Hofsekretär Josef von Isdenczi von Wien nach Siebenbürgen mit sich brachte, dieser solle ihn unterstützen. Isdenczi kannte die siebenbürgischen Verhältnisse ebensowenig wie Auersperg, war wie dieser hochfahrend und eitel, nicht unwissend aber bösartig und tückisch. Brukenthal kannte ihn persönlich nicht, hatte aber vom Grafen Eßterhazi genug von ihm gehört. Er kämpfte einen schweren innern Kampf, ob er es noch einmal versuchen solle, die Kaiserin umzustimmen. Auf der einen Seite standen die bösen Folgen für das Land, wenn Auersperg blieb, auf der andern Seite die Gefahr, die Gunst der Kaiserin zu verlieren und ihren Unwillen zu reizen. „Wenige Augenblicke war ich unschlüssig — schreibt Brukenthal — ich wog Gründe gegen Gründe, Pflichten gegen Pflichten, das mehr als wahrscheinliche Mißfallen gegen die sehr zweifelhafte Ausrichtung gewissenhaft ab. Die Pflicht für das Allgemeine siegte und ich entschloß mich zu einer wiederholten Vorstellung." Er tat mehr, er bat die Kaiserin um seine Entlassung. Sie war unwillig: will Er denn, daß ich meine Resolution zurücknehmen soll? — sie blieb bestehen, ihm aber wurde die Entlassung nicht gewährt. Aber er hatte alles, was er fürchtete, auch von Isdenczi, der Kaiserin nicht vorenthalten.

Kaum waren jene Beiden im Lande, so ging alles buchstäblich in Erfüllung, was Brukenthal vorausgesehen hatte. Auersperg wollte ohne Rücksicht auf die hiesigen Verhältnisse und ohne historisches Verständnis für Land und Leute ein System einführen, das er sich nach den in den

Erbländern herrschenden Zuständen zurechtgelegt hatte, das insbesonders auf die Freiheit des sächsischen Volkes, seine freien Bauern und seine besondre Stellung keine Rücksicht nahm. Als er dann, wie natürlich, an allen Ecken und Enden anstieß, schob er alles auf die Saumseligkeit der Hofkanzlei, die unter Brukenthals Leitung stand. Als dieser bei Maria Theresia die Grundlosigkeit solcher Beschuldigungen nachwies, begann Auersperg einen Feldzug gegen Brukenthal, der auf dessen Sturz abgesehen war. Große und kleine Vorwürfe, Bedeutendes und Unbedeutendes wurde zusammengemischt, die Universitätsprotokolle, die sich Auersperg unter nichtigen Vorwänden vorlegen ließ, sollten ebenso die Beweise liefern wie geheime Angaben unzufriedener Bürger, daß Auersperg der Retter der Bedrückten sei. Und die letzten Spitzen aller Angaben richteten sich gegen Brukenthal: er habe versprochen, die Nation werde von ihren Schulden jährlich 100.000 fl. abzahlen, nun geschehe es nicht; er hindere den Zusammentritt des Forum productionale zugunsten der Sachsen, er habe immer seinen persönlichen Vorteil im Auge und nütze seine Stellung hiefür aus. In versteckten Andeutungen wurden ihm Machenschaften bis zur Unterschlagung von kaiserlichen Erlässen zur Last gelegt! „Ich versichere Eure Exzellenz — schrieb er 5. Februar 1772 an den Minister Blümegen — B. Brukenthal suchet nichts als Verwirr- und Verhinderlichkeit zu machen . . . wofür er auch gute Bestallungen aus den Eingeweiden des bedauernswerten Volkes (ex visceribus miserrimae plebis) zieht" und am 29. August desselben Jahres: „Ich kann Eure Exzellenz auf Pflicht und Ehre versichern, daß B. Brukenthal immer solche Leute hervorsuchet, die Ihro Majestät und den Staat abträglich, seinen particular Absehen angemessen und die Religion, Verdienste und Tugend zu unterdrücken gebildet, anbei nur Zwistigkeiten und Animositäten zu unterhalten wissen, am wenigsten aber das Land und dessen Einwohner zum Nutzen des Landesfürsten und deren selbst eigner Glückseligkeit hülfliche Hand zu bieten gewohnt seien." Und indem er sich in Untertänigkeit ein für alle Mal verbat, „mit B. Brukenthal in eine Contingenz gesetzt zu werden", verfehlte er nicht in seinem schlechten Deutsch hervorzuheben, daß er „kein anderes Absehen hege als dieses bis anhero unglückseligste Siebenbürgen von seinem zeitlich und ewigen Umsturz zu befreien mich zum Uhrheber zu sehen" und dabei wagte er es, da er wußte was das wirkte, zu behaupten, man habe bisher „den Landesfürsten hintergangen, die katholische Religion verkürzet, dann die tüchtigen katholischen Subjecta sich auf dem Lande dem Staat als unnütze Bürger unbekannter zu verstecken die Thür verriegelt!"

In bezug auf die sachlichen Vorschläge Auerspergs konnte es nicht schwer fallen, seine völlige Unkenntnis der siebenbürgischen Gesetze nachzuweisen und die Undurchführbarkeit seiner Absichten, aber auch die persönlichen Beschuldigungen wußte Brukenthal glänzend abzuwehren in einer Sitzung vor dem gesamten Staatsrat, der Hofkammer und andern Würdenträgern, so daß Maria Theresia am 8. April 1773 Auersperg für sein Verhalten einen Verweis erteilte, weil er den Hof mit seinen grundlosen Ansichten behelligt habe. Die Kaiserin hielt ihre schützende Hand über Brukenthal, weil sie seine Treue und Zuverlässigkeit kennen gelernt hatte. Die Beweise ihres Vertrauens häuften sich grade angesichts jener Angriffe. Sie rühmte den Geschäftsgang der Hofkanzlei, weigerte sich, von Brukenthal Verrechnungen über Gelder anzunehmen, die sie ihm anvertraute: „Was aus meiner Hand kommt, braucht keine Quittung, auch niemals keine, was durch seine geht." Auch auf Brukenthals Frau erstreckte sich die Freundschaft. „Seiner Frau einen Gruß", schrieb sie auf das Billett, worin sie ihm auftrug, einen Vorschlag zu machen zur Abschaffung des Forum productionale und ein andermal ließ Maria Theresia ihr sagen, daß sie heute halb ein Uhr zur Kaiserin kommen möge „und sich bezüglich des Aufputzes gar nicht geniere. Jhro Majestät erlauben ihr, im Hauskleid, ihrer Morgenhaube und wie sie will zu erscheinen". In wie feiner Art Maria Theresia es verstand, auch andre zu überzeugen, wie Recht sie habe, sich auf Brukenthal zu verlassen, geht aus folgendem hervor, das Brukenthal selbst aufgeschrieben hat: „Die Kaiserin pflegt alle Dienstag im Beisein des Kaisers, die Minister der Reihe nach vorzulassen und ihre Vorträge anzuhören. Ich hatte meinen kaum beendigt, als dieselbe sagte: „Brukenthal, wie hat er mir dieses und jenes raten können?" Ich antwortete: „Ich habe es nicht geraten, meine Meinung war völlig dagegen." Jhro Majestät blieben dabei und sagten mit einer verdrießlichen Miene: „Er muß mir es geraten haben, sonst hätte ich es nicht getan, denn ich pflege ja nichts zu tun, was er mir nicht ratet." Ich war mir zwar des Gegenteils bewußt, doch aber setzte mich diese Miene in einige Verlegenheit. Ich bat, Jhro Majestät möchten sich die Akten vorlegen lassen, und sich daraus zu überzeugen geruhen, daß ich aus guten Gründen dagegen gewesen sei. Freitag hatte ich den Tag, wo ich mit der kaiserlichen Majestät ohne Beisein des Kaisers arbeitete. Allerhöchstdieselben empfingen mich gnädig, bewilligten meine Vorträge, fielen von einem Gegenstand auf den andern, so daß ich weder vor dem Referat, noch nachher zum Worte kommen und von jenem Gegenstand eine Erwähnung machen konnte. Den Dienstag wieder

in des Kaisers Anwesenheit trug ich meine Geschäfte wie gewöhnlich vor.
Nachdem ich geendigt hatte, gaben Jhro Majestät dem Kaiser einen vor
ihr liegenden Stoß Schriften und sagten zu mir: „Brukenthal, er muß
mir verzeihen, ich habe ihm Unrecht getan, er hat mir das und jenes
nicht geraten, wohl aber mit guten Gründen mißraten, ich werde in
Zukunft mich mehr an seine Meinung halten." Was dieses alles zu bedeuten hatte wußte ich nicht. Einige Zeit hernach aber erfuhr ich, daß
der Kaiser sich geäußert habe, das Geschehene müßte von mir eingeraten
worden sein, weil Jhro Majestät nichts täten, zu dem ich nicht geraten
hätte."

Es ist auch ein freundlicher Zug in dem schönen Verhältnis, in
dem Maria Theresia zu Brukenthal stand, das je mehr es beleuchtet wird
um so heller und schöner erscheint. Es ist geeignet, auch heute noch Freude
und Ehrfurcht hervorzurufen. Auf der einen Seite die Herrscherin, hoch-
gemut und erfüllt von ihrer Aufgabe, für das Beste ihrer Völker zu
sorgen, für alles Schöne warm fühlend, froh, gute Menschen sich menschlich
nah zu fühlen, denen sie vertrauen darf — auf der andern Seite der
Mann, der aus kleinen Verhältnissen zu stolzer Höhe emporgestiegen,
ohne die innere Bescheidenheit und Demut zu verlieren, voll Verständnis
für die Not und Sorgen des kleinen Mannes wie für die Aufgaben und
Bedürfnisse des Staates, beide getragen von dem Gedanken der Pflicht
und der Verantwortlichkeit für all ihr Tun und zusammengeführt von
dem gegenseitigen Erkenntnis der Tüchtigkeit im Wesen des andern. Auf
der einen Seite die unbedingte Hingabe des dienenden Staatsmannes,
die aber die Wahrhaftigkeit und das Eintreten für das als richtig erkannte nicht hindert sondern geradezu fordert, in erster Reihe auch da,
wo die eigne Meinung von jener der Herrscherin abweicht, und auf der
Seite der Fürstin jenes volle Vertrauen, das die ehrliche Offenheit und
Treue nach ihrem wahren Wert würdigt. Maria Theresia stand nicht
allein mit ihrem Urteil über Brukenthal. Der Hofrat Greiner riet
einmal, sie möge in einer Frage, die Böhmen betraf, Brukenthal hören:
„Er hat Länder und Hofstellen dirigiert — schrieb er — und ist eines
der größten Genies, die ich kenne. Auf sein Gutachten kann Eure Majestät
gewiß vertrauen, wenn er schon kein böhmischer Insasse ist." Und Maria
Theresia antwortete: „Ich bin recht vergnügt, daß Er Brukenthal wie
ich kenne; er wird verfolgt, weil ich ihme distinguiere."

Das schönste Urteil über das Verhältnis Beider ist zuletzt die Art
und Weise, wie sie über die Religion hinüberkamen, über die es keine
Einigung zwischen ihnen gab. Maria Theresia, die eifrige Katholikin,

die alles dran setzte, die Ketzer in den Schoß der römischen Kirche zurück=
zuführen, ließ sich von Brukenthal überzeugen, daß das Produktional=
forum, das wesentlich im Dienst katholischer Interessen sein unverant=
wortliches Unrecht übte, am besten aufzuheben sei und Brukenthal blieb,
inmitten all der Versuchungen, die gewiß zahlreich direkt und indirekt
ihn zum Abfall von seinem Glauben zu verlocken suchten, ein treuer
Protestant, dem die Religion Herzenssache war und der durch sein
Festhalten daran in böser Zeit seinem Volk das edelste Beispiel der
Treue gab!

Jenes Verhältnis zu Maria Theresia aber hat auch Brukenthal
das entsagungsvolle Amt des Staatsmannes, der bloß zu raten nicht zu
entscheiden hatte, geadelt, indem die Hingabe an die Pflicht und das Be=
wußtsein, dem Ganzen zu dienen, ihn stützte und hob.

Mitten in diese Kämpfe, von denen die Nation kaum eine Ahnung
hatte, fiel ein Ereignis, das sie und das Land um so mehr aufregte, die
Reise des Kaisers Josef nach Siebenbürgen (1773). Schon am 10. März
war Brukenthal davon verständigt worden und er legte dem Kaiser eine
Darstellung der Verfassung Siebenbürgens vor und eine Skizze des
Landesteils, den Josef berühren wollte. Die Darstellung der Verfassung
wußte besonders die Unterschiede der drei ständischen Nationen, die Verschiedenheit ihres Charakters und ihrer Einrichtungen scharf zu zeichnen
und war nicht ohne politische charakteristische Seitenblicke bei der Zeichnung
sächsischer Zustände und Personen. Es war der Befehl gegeben worden,
daß auf jeder Station 72 Pferde für die 12 Wagen bereit seien, in
denen der Kaiser mit seinem Gefolge reiste und 70 ℔ Rindfleisch, 1 Kalb,
1 Lamm, 24 junge Hühner, 3 Gänse, 2 Hennen, 2 Indian, 6 ℔ frische,
und 4 ℔ „zerlassene" Butter, 40 Eier, $^1/_2$ Viertel feines Mehl, 2 ℔ Zucker,
8 Zitronen, 4 ℔ Speck, 4 ℔ Rindsmark, 100 Kohlköpfe, 2 ℔ Sauerkraut,
Brot und Gemüse, sodann gewöhnlicher Landwein. Der Kaiser liebte keinen
Aufwand, zum Absteigequartier verlangte er Wirtshäuser oder Pfarr=
häuser mit drei Zimmern, eines geeignet für den Tisch mit 12 Personen.
Als Vorbereitung zum Empfang des Kaisers war angeordnet worden,
die Gehenkten von den Galgen abzunehmen und überall verkündigt worden,
daß jeder mit seinen Bitten und Beschwerden freien Zutritt zum Kaiser
haben werde. Die Zeitgenossen erinnerten daran, daß seit Joh. Zapolya
kein König mehr im Lande gewesen sei, und daß aus dem Hause Öster=
reich überhaupt kein Herrscher das Land betreten habe. Josef war den
7. Mai von Wien aufgebrochen und kam in 14 Tagen — eine bewunderte
Leistung — über Temesvar in Siebenbürgen an, ging über Hatzeg,

Hunyad, Deva, Broos nach Karlsburg, ritt von da nach Zalathna, dann wieder nach Karlsburg und kam von da am 28. Mai in Hermannstadt an, wo er im Stadtwirtshaus abstieg, das bis dahin „zum türkischen Sultan" hieß und nun zur Erinnerung an Josefs Aufenthalt „zum römischen Kaiser" genannt wurde. Den Pfingsttag brachte der Kaiser in Hermannstadt zu, von dem er nicht entzückt war: „ich skandalisiere mich über Hermannstadt; es ist eine Hauptstadt wie Czaslau", schrieb er 28. Mai an Lacy, fuhr dann am 31. Mai über Leschkirch und Groß= schenk nach Reps, am 1. Juni über Schäßburg bis Elisabethstadt, am 2. Juni über Mediasch nach Talmesch, dann über Fogarasch nach Kronstadt, wo er am 6. und 7. Juni weilte, von da durch die Haromßek und Esik nach Paraid und Sächsisch=Regen, von wo er am 19. Juni an Maria Theresia die Anregung gab, es möge die Bukowina von Österreich er= worben werden, sie heiße jetzt schon „der deutsche Kreis". Von da gings nach Bistriz, Rodna, über Naßod, Dees, Klausenburg, Thorda, Enyed wieder nach Hermannstadt, wo er vom Ende Juni bis 11. Juli weilte. Von Hermannstadt gings dann abermals über Mediasch, Vasarhely, Reen, Bistriz, Naßod in die Marmaros und nach Galizien. Wenn er irgendwo in einem Ort einfuhr, oder an den Seiten der Straßen auf offenen Wegen das Volk sich gesammelt hatte, das den Kaiser vielfach kniend erwartete, dann stand der Kaiser im Wagen auf, grüßte freundlich nach allen Seiten und das Volk wunderte sich über die Leutseligkeit und Freundlichkeit und wie der Kaiser einfach gekleidet war. Er trug einen grünen tuchenen Rock, mit kleinen roten Aufschlägen ohne alle Borten, ein gelbliches kurzes Wams mit einer kleinen Goldborte, gelblederne Hosen und Stiefel. Auf dem Kopf trug er ein schwarzes Casquet, kam er in eine Stadt, dann wickelte er selbst den Hut, der in einem weißen Tuch vor ihm im Wagen lag, heraus und setzte ihn auf. Die Empfindung der irdischen Majestät war groß im Volk, der Vergleich mit Gott geläufig, der Untertan fühlte sich als Wurm wie einem übermenschlichen Wesen ihr gegenüber. Um so mehr ergriff des Kaisers Leutseligkeit sie. Und wie er sich um alles bekümmerte! Die Strohzeichen, die am Wege standen und die Viehherden, die auf den Feldern weideten, interessierten ihn ebenso wie die Be= handlung der Hörigen, der Lauf der Kokel, die Gefahr des Einsturzes der Burg und Kirche in Pretai, die Frage warum der evangelische Bischof in Birthälm und nicht in Hermannstadt wohne, die evangelische Zehnt= sache und die Bezahlung der Lehrer. In Kronstadt erkundigte er sich beim Besuch des Gymnasiums, ob das Griechische oder Hebräische schwerer sei, fragte nach den Deklinier= und Konjugiertabellen, Großes und Kleines

regte ihn an, er machte Notizen, er versprach Untersuchung, bemerkte,
er werde dieses und jenes seiner Mutter sagen; über 19.000 Bittschriften
hatte er empfangen, zahllose mündliche, überall hatte er ein freundliches
Wort, eine tröstliche Miene. Seine Begleiter bemerkten, daß er den Adel
nicht besonders freundlich behandle. „So hat doch der Brukenthal immer
Recht in allem, was er sagt", hatte Josef II. einmal, da er sich um Landes=
angelegenheiten erkundigte, gesagt und ein andermal über Brukenthal:
„Der Brukenthal in Wien ist ein recht geschickter Mann; er hat Wissen=
schaft, er hat Feder, er hat Phlegma, er könnte im Ministerium gebraucht
werden, wenn ihm nicht die Religion im Weg stünde." Um Josefs Reise
aber schlug die Sage sofort ihre Ranken und noch heute lebt die Erinnerung
daran im Lande: wie ein sächsisches Mütterlein beim Kaiser nach der
Gesundheit seiner Mutter sich erkundigt habe und er freudig bewegt gesagt
habe, so freundlich habe noch niemand nach ihr gefragt; daß eine sächsische
Bäuerin nach seiner Frau gefragt habe und auf des Kaisers Antwort, daß
er keine habe, erstaunt erwidert habe: „also ist er noch ein Knecht?" (im
sächsischen soviel wie unverheiratet). Bei Kopisch habe der Bauer, der auf
dem Sattelhengst saß, sich umgedreht und auf einen Wald gezeigt: „Das
ist der Busch, um den die Kopischer katholisch worden sein." Der Kaiser
habe geantwortet: „Sie werden ihn auch behalten", worauf der Reiter:
„Unsre Herren lassen das nicht zu!"

Josef hatte in einem umfassenden Bericht an seine Mutter die
Erfahrungen seiner Reise zusammengefaßt. Maria Theresia gab ihn ihren
Vertrauten zur Begutachtung, darunter auch Brukenthal. Josef hatte sein
besonderes Augenmerk auf die Lage des niedern Volkes gerichtet, klagte
darüber, daß für Ordnung der Urbarialverhältnisse nur wenig geschehen
sei, die adligen Grundherren übten schwere Bedrückung auf ihre Unter=
tanen, die Sachsen seien von ihren Magistraten bedrückt. Nach seiner
Anschauung sollte die Untersuchung in den Komitaten von Sachsen, im
Sachsenland von den Magyaren geführt werden. Anders würde Recht
und Billigkeit nicht zu erreichen sein. Die Feindschaft zwischen Ungarn
und Sachsen sei groß und beide Teile gleichmäßig im Unrecht. „Miß=
trauen, Argwohn, Intriguengeist und einseitige Ansichten herrschen durchaus.
Man kann nicht mit jemand reden, ohne daß man dies nur gar zu
sehr beobachtet und die kleinsten Mittel sind beiden Teilen nicht un=
bekannt, um nach und nach zu ihrem Zweck zu gelangen." Nur in
einem seien beide gleich, in der Bedrückung der Walachen. Die Justiz
im Lande sei ganz schlecht, das Herz blute einem, wenn man sehe, wie
es unmöglich sei, daß der Arme Gerechtigkeit erlange.

Nach Josefs Meinung gab es zwei Wege, diesen Übelständen ein Ende zu machen, einen kürzern und sichern oder einen längern und ungewissen. Der erste bestehe darin, daß man Siebenbürgen — ohne die Militärgrenze — mit dem Banat, der Marmaros, und den ungarischen Komitaten auf der linken Seite der Theiß zu einem Ganzen vereinige, Großwardein zur Hauptstadt mache und dorthin ein neues Gubernium setze, die siebenbürgische Hofkanzlei aufhebe und mit der ungarischen vereinige und Siebenbürgen zu Ungarn in ein ähnliches Verhältnis bringe wie Kroatien. Im Lande selbst werde der Feindschaft der Nationen durch Vermischung derselben ein Ende gemacht werden können und durch Einführung der Konzivilität auf Sachsenboden. Das Wetterleuchten kommender Tage sprach aus diesen Vorschlägen.

Länger und ungewisser sei ein andrer Weg, meinte Josef, wenn die bestehenden Verhältnisse weiter aufrecht erhalten würden, die wichtigern Stellen aber mit tüchtigen Männern besetzt würden. Das Land habe eine Hofkanzlei ohne einen Kanzler, ein Gubernium ohne Gouverneur, ein Thesaurariat mit einem untauglichen Chef, die sächsische Nation einen kränklichen und unbrauchbaren Komes, der noch dazu keinen guten Ruf habe. Das Kontributionssystem müßte gebessert, den konfessionellen Zwistigkeiten ein Ende gemacht werden.

Maria Theresia wählte den zweiten Weg und Brukenthal erschien ihr als der geeignete Mann, ihre Pläne durchzuführen.

Es stand mit den Eindrücken Josefs in Siebenbürgen im Zusammenhang, daß im folgenden Jahr Auersperg abberufen wurde, da seine Unfähigkeit allenthalben klar wurde. Maria Theresia ernannte am 6. Juli 1774 Brukenthal, dem sie 1773 das Kommandeurkreuz des Stefansordens gegeben hatte, zum bevollmächtigten Kommissär und zum Präses des Guberniums. Auersperg und sein Begleiter Jsdenczi aber schieden mit bittrem Unmut aus dem Lande und der letztere besonders mit argem Haß nicht nur gegen Brukenthal, sondern auch gegen die Sachsen. Er wartete auf die Zeit, um jenes Gefühl in Taten umzusetzen.

Maria Theresia trug Brukenthal auf, die weitern Arbeiten in der Kontributionsangelegenheit durchzuführen, „bessere Ordnung in der sächsischen Nation herzustellen und den öfters angezeigten Bedrückungen der Untertanen durch Einführung statthafter Urbarien abzuhelfen".

Die Einführung der Kontribution erfolgte in der Tat in den geplanten sechsjährigen Perioden, da es unmöglich gewesen wäre, alles auf einmal durchzuführen. Auch Brukenthal war zuweilen daran, zu verzagen. Aber seine Kenntnis und Tatkraft half ihm hinüber. Im

Jahr 1777 stand man daran, das „System" nun endgültig zu regeln. Noch einmal hatte Maria Theresia alle Grundsätze zusammenfassen lassen, der Hauptplan war festgestellt und an das Gubernium gegeben worden. Das Land hatte ein „beständiges System" erlangt und Grund und Boden bildeten die feste Unterlage desselben.

Die Ausarbeitung des Urbariums ist gleichfalls aufgenommen worden. Als die Kaiserin Brukenthal nach Siebenbürgen schickte, geschah es in der Hoffnung, durch seine dienstfertigen Bemühungen das Beste des Landes, „dessen bessere Einrichtung noch immer zurückgeblieben", zu fördern. Sie gestattete ihm, wenn er gegen irgend eine Anordnung ihrerseits Bedenken trage, solche zu äußern, doch ihre weitere Entschließung sei ohne Verzug zu befolgen. Vorzüglich empfahl sie ihm die Religion als die vornehmste Stütze des Staates und die Handhabung der guten Sitten, dann Unparteilichkeit in allen Fällen und stellte den schönen Grundsatz auf: „eine gleiche Benehmung gegen alle Nationen ohne Unterschied, gleichwie gesamte Stellen und Untertanen einem Souverän unterworfen sind, folglich zum besten des Dienstes auf gleiche Art behandelt werden müssen."

Brukenthals Ernennung zu diesem Posten mußte die sächsische Nation stärken und in ihrem Selbstbewußtsein heben. Das ganze Land hatte die Empfindung, daß neue Ereignisse bevorstünden. Das Jahr 1773 war eines der fruchtbarsten gewesen, der russisch-türkische Krieg hatte gute Preise gebracht, die Leute spürten Geld im Lande, die Kontribution war nicht hoch, das Volk begann aufzuleben. Wohl mag auch Josefs Herablassung und Huld es im Selbstbewußtsein gehoben haben, aber der Grund dafür, daß das Volk sich zu fühlen begann, lag doch nicht hauptsächlich darin, sondern es war der Vorbote der neuen Zeit, die sich meldete. Dieser Geist des steigenden Selbstbewußtseins, des Stehens auf dem Rechte, war gerade durch die Mißhandlungen des Volkes erweckt worden. „Der Jobbagy läßt sich von seinem Edelmann kein Unrecht tun — charakterisiert Heydendorff die Zeit, in der er lebte, — und der freie Bauer tut gegen seine Obrigkeit vertraulicher, das Ansehen aller Amtsstellen bis zum Gubernio hat vieles von seiner ehemaligen Fürchterlichkeit verloren. Die Großen des Landes, diejenigen, die den Nationen, Zirkeln, Stühlen vorstehen, der Adel, die Magistrate, die Geistlichkeit aller Religionen stehen und erwarten zwischen Furcht und Hoffnung eine neue Einrichtung der Landesverfassung, die Belassung, Einschränkung oder Verlust ihrer Privilegien, bisherigen Gerechtsame und Gewalt, nach dem Begriff, den sich der Monarch von ihnen zum

Besten der Provinz wird gemacht haben. Der Jobbagy und besonders der walachische Pöbel hofft durchgehends eine glückliche Wendung seines Schicksals, jener eine Verminderung seiner Frohndienste, dieser eine Zulassung zu gleichen Rechten mit den übrigen Landesinwohnern und Aufhebung seines ewigen Pöbelstandes. Der Szekler hofft Befreiung vom Grenz-Militär-Stande. Und unsere liebe arme sächsische Nation ist dem Monarchen sowohl durch den Auersperg, der noch immer in Wien ist, hauptsächlich aber durch die vielen von den Kommunitäten wider ihre Obrigkeit Ihrer Majestät eingereichten Memorialien in ihrer Blöße dargestellt worden und befürchtet sich in einer gänzlichen Verschmelzung ihres von ihrer ersten Anlage her durch viele Säcula bei so vielen Veränderungen bis auf gegenwärtige Zeit gedauerten Systematis. Sie befürchtet solches um so viel mehr, da der Gubernator Graf Auersperg noch in Wien ist und mit seinem der Nation so feindseligen beigegebenen gewesenen Hofrat Jsdenczi an der Neuordnung der Nationalverfassung arbeitet, der Baron Brukenthal aber als einzige Stütze der Nation, dem Vernehmen nach, in seinem Ansehen bei Hof abzunehmen scheint."

Dieses Vernehmen war zum Glück eine Täuschung. Kurz bevor er nach Siebenbürgen entsendet worden war, hatte er durch unermüdliche Vorstellungen einen Hauptschlag, der gegen die Sachsen geführt werden sollte, abgeschlagen. Der Staatsrat hatte beschlossen und der Befehl war an das Thesaurariat nach Siebenbürgen schon ausgefertigt, den sächsischen Gemeindebesitz, und das war damals der weitaus größte Teil des Sachsenlandes, unter die Kammer zu ziehen d. h. den ersten Schritt zu tun, um die Freiheit der Sachsen in Hörigkeit umzuwandeln. Die Kaiserin gab den Vorstellungen Brukenthals Gehör und hob jenen Beschluß auf und schrieb an Brukenthal, er möge daraus ersehen, wie viel sie auf ihn setze und daß sie die teure sächsische Nation unter ihrem besondern Schutz halten werde, welches er ihr zu ihrem Trost sagen könne.

Jener Beschluß des Staatsrats deutete die Gefahr an, unter der die Nation stand, gegen sie hat Brukenthal die ganze Zeit, da er politisch tätig war, gearbeitet, für den Schutz der sächsischen Freiheit gegen die Ansprüche der Kammer, gegen die Anschauung, daß sie es hier mit Hörigen des Fiskus zu tun habe. Ihm war aufgetragen worden, die Nation in eine bessere Einrichtung und Ordnung zu bringen. Sein Ziel fand er klar vorgezeichnet: Wiederherstellung der Rechte seines Volkes, die ihm die Erhaltung seiner nationalen Eigenart zu gewährleisten schienen. Darum Aufrechthaltung der Freiheit und Selbständigkeit in erster Reihe und dann innere Stärkung des Volkes, seiner sittlichen

Kraft, seines Selbstbewußtseins, Ordnung der wirtschaftlichen Angelegenheiten, des Rechnungswesens, Vermehrung des Wohlstandes durch Hebung der Industrie und andre Einrichtungen der Volkswohlfahrt. Wem träte nicht wieder die Erinnerung an Harteneck und der Vergleich mit ihm vor die Seele?

Solange Brukenthal in Wien war und die Hofkanzlei leitete, war das Gubernium der Träger der sachsenfeindlichen Richtung. Als er Vorsitzer des Guberniums geworden war, tauschten sie die Rollen, nun wurde in der Hofkanzlei wieder der alte Gegensatz gegen die Sachsen lebendig. Es war um so verständlicher, als der bisherige Leiter des Guberniums Graf Kornis nun zum Hofkanzler ernannt wurde — auf Brukenthals Vorschlag, dessen Feind er war und an dessen Sturz er arbeitete. Teleki hielt es für einen Fehler Brukenthals, der sich durch persönliche Gegensätze nicht abhalten lasse, auch Leute die ihm nicht wohl wollten, zu befördern. Ebenso war Graf Nemes, der Oberlandeskommissär, ein Gegner Brukenthals, doch gelang es ihm, 1776 auch gegen ihre vielfachen Anschuldigungen, die sich als unwahr herausstellten, die kaiserliche Gnade zu bewahren. Kornis aber hoffte, die Kaiserin zu bestimmen, einen wiederholt ausgesprochenen Gedanken ihrerseits durchzuführen und zum Zweck der Herbeiführung eines größeren Friedens und Einverständnisses in Siebenbürgen die Konzivilität im Sachsenlande einzuführen. Er führte das Beispiel der Erbländer an, behauptete, daß über diese Sache kein gültiges bindendes Landesgesetz bestehe, daß das Recht der Sachsen im Komitat Besitz zu erwerben, das andre notwendig bedinge. Im übrigen sei der Sachsenboden „pures Fiskalgut" und die Einführung der Konzivilität auch vorteilhaft für die Ausbreitung der katholischen Religion.

Die Frage nach der Konzivilität d. i. das Recht des Eigentums und Bürgerrechts im Sachsenland hat die siebenbürgischen Stände und die Gemüter im Lande wiederholt beschäftigt. Die Sachsen sahen darin ein Palladium ihrer Freiheit, die beiden andern Nationen einen Grund zur dauernden Beschwerde. Wiederholt hatten Landtagsartikel, denen von sächsischer Seite immer widersprochen worden war und die darum staatsrechtlich ungültig waren, den Versuch gemacht, jenes Recht auch den beiden andern Nationen zugänglich zu machen; sie hatten auch wenn sie beschlossen wurden niemals praktischen Erfolg gehabt. Darum hatten die drei Stände in der 1692 geschlossenen Accorda jene Bestimmung der Approbaten, wornach die Szekler und der Adel in den sächsischen Städten Häuser kaufen dürften, rechtsverbindlich aufgehoben. Nun sollte nach dem Vorschlag Kornis' nicht nur dieses Recht wieder zugestanden werden, sondern auch Bürgerrecht damit verbunden sein. Die Sachsen wehrten sich zu allen Zeiten hiegegen nicht nur um ihrer eignen Interessen willen, sondern auch darum, weil damit das ganze siebenbürgische Staatsrecht, das auf der Gleich= und Eigenberechtigung der drei Nationen fußte, stand und fiel. Das ausschließliche Bürgerrecht auf dem sächsischen Boden sicherte die nationale „Einigkeit und Reinigkeit" der Sachsen, die rechtliche und gerichtliche Unabhängigkeit der Sachsen, das Munizipalrecht; das geschlossene Territorium gewährte exempte Gerichtsbarkeit und die Gleichberechtigung aller. Das alles stand für die Nation in Frage und damit zugleich die politische Gleichberechtigung als Landstand. Was wäre aus ihm geworden, wenn eines Tages Adlige Vertreter der Sachsen auf dem Landtag gewesen wären? Alle Fragen des nationalen Daseins, die später in der Sprachenfrage sich zusammendrängten, sind damals in die Frage der Konzivilität eingeschlossen gewesen, Lebensfragen des Volkes.

Maria Theresia gab den Antrag des Grafen Kornis zur Begutachtung an Brukenthal, der seiner Aufgabe sich am 17. November 1776 entledigte. Wie zwei Fechter standen die beiden Männer einander gegenüber, der eine mit Lufthieben den Schein erweckend, als ob er Herr der Lage sei, der andre den Gegner mit tötlichem Hieb ins Leben treffend. Brukenthals „Vortrag" an die Kaiserin war eine Staatsschrift ersten Ranges, kühl, scharf, überlegen, nur zuweilen klang der warme Ton für sein Volk aus den klaren Sätzen vernehmlich heraus. Er ging von der Darlegung der siebenbürgischen Verfassung aus, die auf der Gleichberechtigung der drei ständischen Nationen beruhte. Aber diese Nationen seien im Innern ganz verschieden von einander, „Freiheit und deutsches Herkommen sind die Unterscheidungszeichen der sächsischen Nation, der Adel und das Bürgerrecht verträgt sich mit ihrer Verfassung, aber es macht sie nicht aus." Vernichtend ist der Hinweis auf die Unwahrhaftigkeit des Grafen Kornis, der „von einem getroffen sein sollenden Vertrag" rede, während die Accorda von 1692 ihm doch bekannt sein müßte! Das zeige „gelinde geurteilt einen Hang und Fertigkeit, auch ungekannte Dinge zuversichtlich zu bejahen und auf Kosten gutdenkender und treuer Untertanen kränkende Worte zu wagen". Desgleichen sei das alte Recht der Sachsen, Besitz im Komitat zu erwerben, kein Bruch irgend eines Vertrags, und der Königsboden, das Sachsenland kein Kammereigentum! Alles zusammen, verschiedene Rechte und verschiedene Vergangenheit machten den Charakter der Nationen verschieden, hätten andre Sitten, andre Bräuche im Gefolge. „Sie erzeugen zusammen den

Abstand und die Verschiedenheit der Nationen und tragen alle ihren Teil zu der unglückseligen Gemütsverfassung bei, welche sie wechselsweise hinreißt, oder besser hingerissen hat, sich einander zu hassen und zu kränken." Dieser Uneinigkeit von Nation zu Nation sei ein Riegel vorgeschoben worden, indem die Streitpunkte (Kontribution u. a.) geordnet worden seien. Die Gleichheit „der Privatrechte solcher Satzungen und Gebräuche, die das Innere der Nationen betreffen", sei unmöglich und würde, wenn sie versucht würde, nur neuen Streit, nicht Einigkeit herbeiführen. Denn alles sei bei ihnen verschieden. „Völkerschaften pflegen sich ihre Laster und Gebrechen weit eher mitzuteilen als ihre Tugenden; der bürgerliche und sittliche Charakter also würde bei einer Vereinigung auch in dieser Hinsicht schwerlich gewinnen, vielmehr durch die ungleich größere Masse der ersten merklich verlieren". An Klausenburg könne man es sehen. „Das Privatbeste der einzelnen Bürger hat ebensowenig dabei gewonnen und Euer Majestät Allerhöchster Dienst gewiß am wenigsten. Die Vermischung hat auf die Klausenburger Sachsen noch eine besondre Wirkung gehabt, die auch in andern Städten unter gleichen Umständen schwerlich ausbleiben würde. Sie werden von dem Magistrat und dergleichen Ämtern ausgeschlossen und setzen einen so geringen Wert auf ihre Abkunft, daß sie sogar die angeborene Sprache vergessen und nebst ihr die eigentümlichen Sitten, Meinung, Tracht und das ganze Wesen gegen fremdes, vielleicht nicht besseres vertauschen." Noch schlimmer stünde es auf dem Lande, wo die Sachsen durch Walachen verdrängt würden oder zu ihren Fehlern die der Walachen noch annähmen und „dadurch schlechter und dem gemeinen Wesen noch weniger nützlich werden als diese selbst". Die beabsichtigte Maßregel werde neuen Zwist schaffen, die Völkerschaften Siebenbürgens zwar vermischen, aber weder bilden noch bessern. „Wohlstand im ganzen, Wohlstand im Privatleben wird schwerlich durch sie befördert werden und Euer Majestät Allerhöchster Dienst vielleicht am wenigsten." Die Konzivilität unterblieb.

Kornis aber gab den Kampf nicht verloren. Er hatte ihn um dieselbe Zeit auch von einer andern Seite unternommen. Die Sachsen begannen in jenen Jahren die steigende Zuwanderung der Walachen auf den Sachsenboden allmählich als eine Gefahr zu empfinden. Während der Hermannstädter Magistrat noch 1706 die Stolzenburger, die vor ihm erschienen und baten, man solle die Walachen von ihrem Ladamoscher Hattert wegschaffen, da sie ihnen vielen Schaden zufügten und sie von ihren Kindern einen Fluch zu erwarten hätten, „wenn sie ihr habendes Recht, den Nachkömmlingen zum Schaden vergeben sollten", anwies, sie möchten sich eines bessern besinnen, die Walachen könnten ihnen vielleicht dienlich sein und künftig an ihrem Zins tragen helfen, war er im Lauf der Jahre selbst andrer Meinung geworden. Schon im Anfang der zwanziger Jahre waren die zugewanderten Walachen aus einer Anzahl sächsischer Gemeinden im Hermannstädter Stuhl vertrieben worden. Um die Mitte des Jahrhunderts aber schien System hinein zu kommen. Im Jahr 1751 begannen die sächsischen Magistrate, die immer zahlreicher auf Sachsenboden zuwandernden Walachen energischer von dem Sachsenboden zu entfernen, die Dörfer den alten Gemeindebesitz wieder einzuziehn und den Sachsen zu geben, wobei es an Härten sicher nicht gefehlt hat. Die Walachen klagten bei Hof und es kam zu langen Untersuchungen. Die Kaiserin gebot am 24. Juli 1754, es solle der Gewalt sofort Einhalt getan werden und wo man den Walachen Wohnungen zerstört und Besitz genommen habe, da solle ihnen solches ersetzt werden. Die Sachsen wandten dagegen ein, ihre Zahl habe sich so vermehrt, daß sie nicht imstande seien, die Walachen weiter dort zu dulden, da sie selber das Land brauchten, worauf die Kaiserin am 17. Mai 1764 entschied: die Wegweisung der Walachen dürfe nicht durch die Gemeinden erfolgen. Zeige sich, daß in einem sächsischen Ort die Sachsen nicht mehr Platz hätten, ohne Vertreibung der Walachen, so solle eine Gubernialkommission genaue Untersuchungen anstellen, wie viele Familien zu unterbringen seien und wohin die Walachen sonstwo anzusiedeln seien. Im Zusammenhang mit der zwangsweisen Einführung der Union unter den Walachen war die Erregung unter ihnen sehr gewachsen, so daß man geheime Beziehungen zwischen ihnen und den Polen, ja Rußland fürchtete. Angesichts dessen hielt Buccow den Augenblick für geeignet, Schritte zur Hebung der Sachsen zu tun. So befahl 1763 der Hof, die sächsischen Beamten sollten die sächsischen Familien beschreiben und darauf sehen, daß diese vor allem mit Hofstellen versehen würden, selbst mit Hintansetzung der Walachen. Der Hermannstädter Magistrat hatte nun in seiner Sitzung vom 12. April 1776 beschlossen, aus neun sächsischen Stuhlsdörfern die aus den Komitaten zugewanderten Jobbagyen ebenso wie die aus andern sächsischen Orten hieher zugewanderten Walachen in ihre Heimat zu befördern. Für den Fall des Ungehorsams sollten ihre Wohnungen einfach niedergerissen werden. Die in den Dörfern Geborenen, die dorthin Zuständigen würden wir sagen, sollten dort bleiben, ebenso die aus der Walachei Eingewanderten, da die Dörfer diese als Hirten brauchen könnten. Die Durchführung dieses Beschlusses scheint nun nicht milde gewesen zu sein. Es erhoben sich Klagen, als ob überhaupt die Verjagung sämtlicher Walachen geplant sei und es wurden unmenschliche Einzelheiten über Mißhandlungen der Vertriebenen erzählt. Graf Bethlen, der alte Feind Brukenthals, sah eine günstige Gelegenheit, ihm und den Sachsen Schwierigkeiten zu machen und stellte dann die Sache noch gehässiger dar, als sie gewesen sein mochte, so daß Brukenthal Veranlassung nahm, die Unzuverlässigkeit des Bethlenischen Berichtes in einer Eingabe an die Kaiserin (24. September 1776) — er weilte damals bis zum Schluß des Jahres in Wien — darzulegen. Die Kaiserin schrieb auf die Eingabe: „Die Sach ist in sich so schändlich, daß auch dieser Umbstand selbe nicht vermindert, wohl aber jenen, die solche Umbstände ohne Grund anführen, sehr zur Last bleiben." Die Angelegenheit kam vor die Hofkanzlei und hier griff nun wieder Kornis die Angelegenheit auf. Er riet nicht nur zu exemplarischer Bestrafung des Hermannstädter Bürgermeisters und des Magistrats, zur Schadloshaltung der betroffenen Walachen, sondern auch zur Zulassung der Gleichberechtigung der Walachen auf dem Sachsenboden. Was als allgemeiner Gedanke, wenn er ausgesprochen worden wäre auch für die Komitate, als vorschauender und politischer Weitblick gelten müßte, war hier nichts als eine neue Gehässigkeit. Es war wieder auf die Verfassung, auf den Bestand der Sachsen abgesehen. Maria Theresia war auch in diesem Fall so gerecht, Brukenthal vorher um seine Meinung zu fragen. In einer ausführlichen Darlegung (dd. Wien, 26. Dezember 1776) gab er sie ab, führte zunächst die Tatsachen auf das richtige Maß zurück, um zuletzt bei der politischen Seite der Frage zu verweilen. Es war dieselbe, über die er schon so oft mutig und nicht erfolglos sich ausgesprochen. Man müsse hier mehreres unterscheiden. Auf sächsischem Boden — im Sachsenland — gäbe es neben rein sächsischen Dörfern rein walachische und dann gemischte. Die rein walachischen Dörfer hätten in bezug auf Wald und Boden dieselben Freiheiten und Befugnisse wie die Sachsen in den sächsischen Dörfern. Sie könnten sich Häuser nach eigenem Gefallen bauen, würden dabei sogar unterstützt. Was jene gemischten Ortschaften anbelange, so hätten sie dort dieselben Freiheiten wie die Sachsen. „Sie genießen die Wälder, das Wasser, den Grund und Boden frei und unbeschränkt. Sie können sich Häuser darauf bauen, von Stein, Ziegeln, Holz wie sie wollen, sie können und dürfen ihre Wirtschaften einrichten, erweitern und treiben, sie können Vieh, alle Gattungen desselben halten, pflegen, vermehren und nach eigenem Belieben damit verfahren. Niemand hindert sie an diesem vollen Genuß, die Nation wenigstens ist so weit davon entfernt, sie zurückzuhalten, zu beschränken, daß sie sich vielmehr alle Mühe gegeben, sie dazu aufzumuntern, anzufrischen und ihnen werk-

tätig zu helfen . . . Es ist hier also nicht die Rede vom Walachischen
Volk überhaupt, auch nicht von den in Fundo Regio wohnenden Walachen
zusammen genommen, sondern bloß von denjenigen Walachen, die nach
und nach an ungemischte Sächsische Dörfer sich angeschmiegt haben und
nun zu gleichen Rechten und Befugnissen mit den ursprünglichen sächsischen
Einwohnern zugelassen werden wollen." Es sei ebenso den Grundgesetzen
Siebenbürgens, wie der Verfassung der Sächsischen Nation und dem
Dienst der Kaiserin entgegen, wenn die wenigen unvermischten sächsischen
Dörfer gezwungen werden sollten, den sich ansiedelnden Walachen an den
von ihnen und ihren Voreltern seit undenklichen Jahren allein besessenen
Gründen, Hatterten und Dörfern ein gemeinschaftliches Recht einzuräumen.
„Niemand, der Siebenbürgen kennt, wird der Wahrheit das Zeugnis
versagen, daß zwischen den auf dem fundo regio, in der Sächsischen
Nation gelegenen ganzen Sächsischen Dörfern und den eben daselbst be=
findlichen gemischten, von Sachsen und Wallachen, von Ungarn oder
Serwen und Wallachen zugleich besessenen und auch zwischen den unge=
mischten ganzen und allein von Wallachen bewohnten Dorfschaften ein
auffallender Unterschied sei. Niemand, der Siebenbürgen beobachtet hat,
wird in Abrede stellen, daß in solchergestalt gemischten Dörfern die ur=
sprüngliche Einrichtung und Ordnung der Sachsen nach und nach abge=
nommen habe; daß diese meistens die Sitten und Gebräuche der bei
ihnen wohnenden Wallachen nachgemacht, und vielfach noch schlechter und
ungesitteter geworden als diese selbst; daß die Population der Sächsischen
Einwohner allgemach abgefallen und auf die letzt beinahe gänzlich erloschen
sei." Würden die wenigen rein sächsischen Dörfer zu gemischten gemacht,
so würde dort dasselbe eintreten, „Cultur und Industrie, die sich sogar
in den unruhigsten Zeiten in der Nation erhalten und von ihr hin und
wieder in das Land ergossen und es, ob es gleich der Barbarei am
nächsten gelegen, dennoch über alle angrenzenden Provinzen erhoben hatte",
werde herabsinken, auch nicht zum Vorteil des kaiserlichen Dienstes. „Der
Graf Kornis sagt, die Vermischung der Walachen mit den Sachsen würde
diesen letzten auch deßwegen zum Besten gereichen, weil jene aus Furcht
sich selber Schaden zuzufügen, diese nicht mehr abbrennen würden. Es
ist betrübt und ein wahres Unglück, daß jeder Gefühlvolle in seinem
ganzen Drucke empfinden wird, Nachbarn zu haben, mit Leuten vermischt
zu sein, die des Abbrennens fähig sind." Brukenthal erklärte ausdrücklich,
„daß es weit von mir sei, die Cultur und den Fleiß der Walachen über=
haupt auf irgend eine Weise zu hindern oder zu erschweren. Alles was
ich zu wünschen mich unterfange, ist bloß, daß die wenigen ungemischten

sächsischen Dörfer in Fundo Regio bei ihrer hergebrachten Ordnung und Einrichtung gelassen und nicht gezwungen werden möchten, den ihrer Nachkommenschaft notwendigen Grund und Boden ankommenden Walachen einzuräumen, sich mit ihnen zu vermengen und aus ganz deutschen Dörfern gemischte mit allen ihren betrübten Folgen zu erzeugen."

Das Wichtigste hatte Kornis vorsichtig unter unscheinbarer Form in einen Schlußantrag versteckt: „Inwieweit dieses Vorhaben, den Walachen in Absicht auf den Genuß des Grundes und Bodens die nämlichen Vorteile, welche die Sachsen genießen, zuzuwenden, einerseits mit denen der Nation verliehenen Privilegien und andrerseits mit dem von dem Fisco sich vorbehaltenen Recht vereinbarlich sei, hierüber gedenkt man vorläufig das Gutachten der Landesstelle abzufordern."

Damit war die Nation wieder vor die Frage des Untergangs gestellt. Zunächst wieder die Betonung der Ansprüche des Fiskus auf Sachsenboden als etwas selbstverständliches, die es von Rechts wegen nicht gab. Und nun Untersuchung der sächsischen Privilegien überhaupt, die sicher alles in Frage stellte! Brukenthal erkannte die Gefahr, gegen sie stritt er ja seit Jahren. Er wies darauf hin, daß „Ansprüche des Fiskus nicht zulänglich seien, um die Nutznießer in dem hergebrachten Gebrauch zu beschränken". Vor allem aber, wie könne jene Handlung des Hermannstädter Magistrats die Veranlassung hergeben zu einer Untersuchung der Privilegien der Sächsischen Nation, die mit der ganzen Sache nichts zu tun habe. Wenn man aber jene anstellen wolle, dann könne ja diese Untersuchung nur „gerichtlich, vor den gebührenden Richtern, und in rechtlicher Form vorgenommen werden. Nach den Siebenbürgischen Gesetzen werden die Privilegien nicht durch gutächtliche Meinungen der Landesstellen ausgemacht, sondern es wird ihre Gültig= oder Ungültigkeit durch den Spruch gebührender Richter bewähret und bestimmt. In diesem Fall nun könnte das Thesaurariat nicht wohl als Richter darinnen erscheinen, weil es von den Gesetzen unter die gehörigen Richter nicht gezählt wird und weil es den Fiskus, der die Ansprüche auf den Fundum Regium macht, leitet und instruiert." Und wenn nun etwa in der gehörigen Form die Ungültigkeit der fraglichen Privilegien ausgesprochen würde, was werde der „Allerhöchste Dienst gewinnen?" und werde nicht das allgemeine Wohl darunter leiden? So schlug Brukenthal vor, der Hermannstädter Magistrat solle zur Verantwortung gezogen werden, die beantragte Äußerung des Guberniums und Thesaurariats über die sächsischen Privilegien aber nicht eingeholt werden.

Und so ist es dann tatsächlich geschehen.

Kornis wurde bald von seinem Posten enthoben und Graf Reischach trat an seine Stelle.

Einen kleinen ähnlichen Angriff hatte Brukenthal 1767 schon abgeschlagen. Die Armenier fingen an, in den sächsischen Städten sich niederzulassen, besonders auch in Hermannstadt, wo sie den Schutz des Guberniums genossen unter dem Vorwand, nur so könnten die Mitglieder des Guberniums sich mit allem nötigen versehen. Brukenthal stellte dagegen vor, es sei nicht nötig, daß jedes Gubernialmitglied sich seinen eignen Haus=Armenier halte, der es um seinen Schutz zu genießen mit Waren billiger versorge und auch „über einige Kleinigkeiten hinüberhelfe". Als Maria Theresia entschied, es dürfe jeder Armenier, wenn er 6000 fl. habe, sich in Hermannstadt niederlassen, machte Brukenthal nochmals dagegen eine Vorstellung: die Sachsen seien immer unvermischt gewesen und müßten so erhalten bleiben, „eine Handvoll Volk, durch hundert und mehr Meilen von seinem Ursprung und Hauptstamm entfernt und dabei, daß es die nämliche Treue, den nämlichen Fleiß und sogar die Gebräuche ihrer Altväter beibehalten hat und mitten unter andern Völkern und Sitten deutsch gedacht und deutsch gehandelt hat". Er bat, die Armenier mit ihrem Begehren abzuweisen und Maria Theresia tat es!

Es ist erklärlich, daß Brukenthal besonders in den Religionsangelegenheiten keine leichte Stellung hatte. Ob ihm persönlich direkt jemals der Antrag überzutreten gestellt worden ist, wird sich kaum feststellen lassen. Sein Wahlspruch sieht fast wie eine unmittelbare Antwort aus auf solche Zumutungen. Auch in dem treuen Festhalten an der Religion, die ihm Herzenssache war, verkörperte er ein Stück besten Innerlebens seiner Nation. Es war natürlich, wenn ihm die katholischen Wortführer im Lande mißtrauisch begegneten, die nach ihrem eignen Verhalten an Gerechtigkeit nicht glauben mochten. Für die katholischen Angelegenheiten bestand, mehr faktisch als gesetzlich die Einrichtung, daß die katholischen Mitglieder des Guberniums als „katholische Commission" sich als Vertreter der katholischen Kirche ansahen. Die Kommission hatte sich das Recht beigelegt, die Gegenstände wie das Gubernium selbst zu verhandeln, Berichte an den Hof zu senden, Verordnungen zu erlassen, ja sogar über die Allodialkassen zu verfügen und daraus, selbst gegen den Willen der Eigentümer, an katholische Kirchen und Schulen Anweisungen zu geben! Es scheint, als ob Maria Theresia diesem Unwesen wenigstens eine bessere Form geben wollte, dabei aber Brukenthal die katholischen Angelegenheiten anfangs habe entziehen wollen. Am 6. Juni 1774 hatte sie für die katholischen Angelegenheiten eine Religionskommission (politico-ecclesiasticum)

eingesetzt, mit der Aufgabe, die katholischen Schulangelegenheiten, das
Waisenhaus, die Angelegenheiten der unierten Kirche zu überwachen,
besonders auch die weitere Fortführung der Union im Auge zu behalten
und auf die Verwaltung der kirchlichen Fonde zu achten. Daneben sollte
diese Kommission allerdings auch für die Beobachtung der „geometrischen
Proportion inmitten der Sächsischen Nation" sorgen, d. h. also darauf,
daß in den Magistraten überall gleichviel katholische Mitglieder neben
den evangelischen seien! Am 20. April 1775 wurde diese Kommission
mit außerordentlich vermehrter Selbständigkeit ausgestattet, und Bethlen
ihr Vorsitzer. Brukenthal meinte, das sei ja ein zweites Gubernium und
ersuchte den Minister und Staatsrat Blümegen, seine Bedenken der Kaiserin
vorzulegen, bis er selber es tun könne. „Seit meinem Hiersein — so
schrieb Brukenthal am 27. Mai 1775 — habe ich die geteilten Gemüter
zu sammeln und zu vereinigen gesucht. Ich habe sie zu einer gemein=
schaftlichen Handanlegung an vorkommende Gegenstände angeleitet, und
dadurch eine Menge großer und meist zurückgebliebener Arbeiten über=
wältigt; ich habe den Grund zu allen andern durch treffende Einleitungen
gelegt und es ist mir noch keine Schwierigkeit aufgestoßen, die wir nicht
gemeinschaftlich gehoben und auf die Seite gebracht hätten". Alles das werde
nun gestört. „Es sind in Siebenbürgen viele unruhige und intrigante Leute,
selbst unter den, die in Geschäften gebraucht werden, fehlt es nicht daran.
Diese haben in den vorigen Zeiten die unglückliche Kunst gefunden, die
Stellen gegen einander aufzubringen, die Gemüther der Beamten mit
wechselsweisem Groll und Bitterkeit zu erfüllen, allen Vorwürfen nach
den Zeitumständen bald diese, bald jene Farbe anzustreichen; auch in
den unschuldigsten Handlungen eine falsche Seite auszufinden, und in den
reinsten und gerechtesten Maßregeln Religionshaß, Nationalität und
dergleichen hineinzudichten. Durch diese unseligen Mittel haben sie den
Fortgang der meisten Geschäfte gehemmet und dem a. h. Dienst sowohl,
als dem wahren Besten des Landes unwiederbringlichen Schaden verursachet.
Diese Leute werden Gelegenheit suchen und die gesundene mit beiden
Händen ergreifen, um die verlorenen Eindrücke wieder aufzufrischen, den
Samen der Uneinigkeit auszustreuen und alles in die vorige Verwirrung
zurückzubringen. Meine Besorgnis wird nicht im mindesten verringert,
wenn ich gleich die Denk= und Handlungsweise derjenigen erwäge, die
hiebei den meisten Einfluß haben werden. Durch mein redliches, un=
parteiisches und lauteres Betragen hoffte ich es mit der Zeit dahin bringen
zu können, daß alle gemischte Religionsangelegenheit, so von einer als
den übrigen Religionen in dem gemeinschaftlichen Rat des Gubernii ab=

gehandelt werden könnten! Selbst diejenigen nicht ausgenommen, die der Graf von Bethlen dermalen besorget und das als dann gewiß nicht zu ihrem Schaden. Die Verfassung des Landes, die gemeinschaftliche Handhabung der Gesetze und die vollkommene Vereinigung der Völker, die von der göttlichen Vorsehung in diesem Lande beisammen zu wohnen bestimmt sind, würden alle dabei gewonnen haben und Ruhe und Einigkeit mit ihrem Segen würde gewiß nicht ausgeblieben sein."

Auf Grund hievon bestimmte Maria Theresia am 31. Dezember 1777, die Kommission solle dem Gubernator untergeordnet sein, er solle zu allen Beschlüssen seine Bemerkungen machen und sie samt den Protokollen der Kommission dem Hofe vorlegen. Bethlen wurde seines Amtes als Vorsitzer der Kommission enthoben und Bischof Kollonicz trat an seine Stelle.

Um die sächsischen Angelegenheiten zu ordnen, wurden die Städte und Stühle aufgefordert, eine genaue Darlegung der wirtschaftlichen Lage einzusenden, denn noch immer krankte die Nation an großen Schulden. Wohl hatte sie die Abzahlungen begonnen, aber sowohl die Kriegsleistungen als die Inskription Fogarasch hatten neue Schulden erfordert; dazu kam, daß die Regierung selbst wachsende Forderungen der Katholiken fort und fort unterstützte und die Städte zu deren Befriedigung verhielt. Nicht zuletzt bestanden die Beamtenkörper, grade infolge des gesetzwidrigen Verlangens, die Hälfte der Stellen mit Katholiken zu besetzen, zum größten Teil aus unfähigen Menschen. Auch die sächsischen Beamten selber ließen es an der rechten Tatkraft fehlen. Vor allem war der Komes Baußnern selbst der Sache nicht gewachsen. Auf Brukenthals Betreibung wurde er 29. April 1775 in den Ruhestand versetzt. Brukenthals Absicht, den tüchtigen Hofrat Baron von der Mark in die Stelle zu bringen und ebenso zum Hermannstädter Bürgermeister einen tüchtigen Mann im Stuhlsrichter Seiwert zu befördern, scheiterte und so blieb die Komesstelle bis 1781 unbesetzt. Zur Ordnung der Allodialschulden sollten die Gemeingründe verkauft werden: ein zweischneidiges Schwert und eine Schädigung der Sachsen, und nur zu erklären aus der Furcht, es könne doch am Ende einmal die Kammer Hand darauf legen. Das Hermannstädter Königsrichteramt schlug Brukenthal vor, vom Amt des Komes zu trennen, was in der Tat 1796 dann geschehen ist. Zur Beförderung des Handels beantragte er die Auflassung der Zölle zwischen Ungarn und Siebenbürgen und Siebenbürgen und dem Banat. Auch die Waren aus den deutschen Erbländern und jene fremden Waren, die dort verzollt worden seien, sollten zollfrei nach Siebenbürgen kommen, denn die lange Fracht verteure sie schon an sich. Er schlug vor, die Ein- und Ausfuhr in die Türkei möglichst gering zu verzollen!

Maria Theresia aber war mit Brukenthal so zufrieden, daß sie ihn 16. Juli 1777 zum wirklichen Gubernator von Siebenbürgen erhob. „Diesen Abend noch — schrieb sie zugleich in einem Privatbillett — werden die Billetts ergehen . . . ich will doch die erste dem neuen Gubernator begrüßen und ihm meine Erkenntlichkeit bezeigen vor alle Dienste und Plage, die er so lang vor mich ertragen. Gott gebe ihme weitere Stärke und Erleuchtung, die gewiß mit Eifer vor ihme Gott bitten werde." Sechs Punkte legte die Kaiserin ihm besonders ans Herz: Aufrechthaltung der katholischen Religion ungeachtet er evangelisch sei, Verbesserung der Gesetze, gerechte Behandlung der Untertanen, Betreibung der Urbarialregulation, Durchführung der Militärkonskription, Angabe wie die Gubernialberichte besser zur Einsicht der Kaiserin zu bringen seien. Nur gegen die Militärkonskription erhob Brukenthal Einwendungen und Bedenken, die die Kaiserin bestimmten, vorläufig von der Durchführung abzusehen. Brukenthal wurde auf der Fahrt von Wien, wo er sich eben aufhielt, nach Hermannstadt mit höchsten Ehren empfangen, am 3. Oktober 1777 hielt er seinen Einzug in Hermannstadt unter den gleichen Ehrenbezeugungen wie ein kommandierender General, „nur mit Ausnahme der Fahnensenkung", am 12. November fand mit dem ganzen Prunk, den jene Zeit bei solchen Gelegenheiten zu entfalten pflegte, die Installation statt. Es fehlte der vergoldete Wagen mit dem Sechsergespann ebenso nicht wie der militärische Aufzug, die fliegenden Fahnen, Trommelwirbel und Trompetenschall, der Aufzug der Bürgerschaft, der Donner der sechs auf dem großen Ring aufgestellten Kanonen, feierliche Rede und Gegenrede, von denen die des Gubernators tiefsten Eindruck machte, für den es bezeichnend ist, daß er kurz vor der Feierlichkeit Senecas Abhandlung über die Unsterblichkeit der Seele gelesen hatte. Als unter den zahlreichen Gratulanten der ehemalige Schulkamerad, der Generalsyndikus der evangelischen Kirche, M. Fay ihn an der Spitze des Schelker Kapitels begrüßte, erst mit Du und mit Sam anredend, dann mit der Exzellenz schließend, da umarmte und küßte der Gouverneur ihn und zog ihn mit den Worten an seine Brust: „nicht Baron, nicht Exzellenz, nicht Gouverneur, hieher gehörst du, lieber Freund", für alle Umstehenden eine rührende Szene.

Nun wurde der Palast des Gouverneurs, den er früher schon auf dem großen Ring gebaut hatte, Mittelpunkt des politischen, gesellschaftlichen und nationalen Lebens in Hermannstadt. Der Gouverneur selbst

galt als der schönste Mann unter den Großen des Landes. Er war
groß, mit angeborener Würde, die auch dem Unbekannten imponierte,
trug sein eigenes kastanienfarbiges Haar, hatte eine freie Stirne, große,
tief im Kopf sitzende stark behaarte Augen, eine Habichtsnase, ein stark
hervortretendes Kinn und um die Lippen ein freundliches Lächeln. Eine
unverwüstliche Arbeitskraft zeichnete ihn aus, der damals im 56. Lebens=
jahre stand; er konnte viele Stunden lang auf den Füßen sein und war
immer bereit, mit andern zu verkehren. Er war klug, scharfsinnig und
ein angenehmer Gesellschafter, konnte hören und fragen, durch freund=
lichen Witz gewinnen, fand selber immer leicht den richtigen Ausdruck und
war im Sprechen und Schreiben ein Feind der Superlative. Er hatte
jeden Abend Besuch der vornehmen Gesellschaft, wöchentlich zweimal musi=
kalischen Abend. An den hohen Feiertagen speisten die Familienangehörigen
nach alter sächsischer Sitte bei ihm, wobei er wie auch sonst nur Wasser
trank, das aus einer Quelle bei Reschinar ihm täglich gebracht wurde.
In seinem Hause war der sächsische Dialekt die Umgangssprache, in ihr
berichtete der Diener, der ihm ins Gubernium eine Mitteilung brachte,
und erhielt in ihr die Antwort; einen jungen Fähnrich aus Bistritz, der
nicht sächsisch mit ihm redete, fragte er: ob er seine Muttersprache ver=
gessen habe und als in der Josefinischen Zeit der Obergespan des Her=
mannstädter Komitats A. Rosenfeld ihn magyarisch anredete, ließ er ihn
einfach stehen. Der Sitte der Zeit gemäß unterzog er sich in bestimmten
Zwischenräumen einem Aderlaß. Er war auch in seinem Familienleben
ein Muster und Vorbild seines Volkes. Kinderlos wandte er sein reiches
Einkommen an, eine Bibliothek, Bildergalerie, Münzsammlung anzulegen,
Antiken, Mineralien, Kupferstiche zu sammeln, auf seinen Gütern, vor
allem in Freck legte er einen prächtigen Garten an, die Orangenbäume,
die im berühmten Glashaus standen, sollten von Maria Theresia stammen,
in Hermannstadt erbaute er sich ein schönes Landhaus mit einem freund=
lichen Garten daran. Derselbe Mann aber, der für sein Volk alles tat
und seine schützende Hand über ihm hielt, hat niemals zu einer Partei=
lichkeit gegen die andern Völker im Land die Hand geboten. Graf A. Teleki
hat das schöne Urteil über ihn gesprochen, die ungarische Nation habe
nicht Ursache, sich über Brukenthal zu beschweren; er habe ihr wesentlich
genützt, während ungarische Kanzler ihr viel geschadet hätten. Brukenthal
habe angesehene Reformierte zu Obergespänen befördert, was früher nie
geschehen und habe die Siebenbürgischen Magnaten so klug mit Ämtern
und Ehrenstellen bedacht, daß nie einer über den andern sich zu be=
schweren Ursache gehabt habe.

Brukenthals staatsmännischer Geist und umfassender Blick zeigte sich auch darin, daß er das Staats- und Volksleben als ein ganzes auffaßte; die politischen Fragen erschienen ihm nicht wesentlicher wie die wirtschaftlichen, diese letztern ebenso beachtenswert wie jene. So wandte er auch auf Handel und Gewerbe seine Aufmerksamkeit, für Siebenbürgen bedeuteten beide Lebensfragen. Beide waren in frühern Jahrhunderten lange Zeit ausschließlich in sächsischen Händen gewesen; beide lagen nun arg darnieder.

Als die Türken 1699 im Karlowitzer Frieden endgültig auf Siebenbürgen verzichteten, wurde den Siebenbürgern das Recht des freien Handels in sämtlichen türkischen Provinzen zugesichert. Die Erinnerung an alte Zeiten weckte neue Ziele in den Herzen der Zeitgenossen. Der Passarowitzer Friede bestimmte, daß für ein- und ausgeführte Waren 3% (später 5%) Zoll zu zahlen seien. Der Belgrader Friede (1739) und die spätern ergänzenden Konventionen hielten alle diese Bestimmungen aufrecht. Aber Siebenbürgen zog wenig Nutzen daraus. Auf der einen Seite sahen sich die siebenbürgischen Kaufleute in der Türkei, trotz allen Konventionen, den herkömmlichen Plackereien ausgesetzt, dann fehlte es im Lande am alten Unternehmungsgeist. In böser Erinnerung an vergangene Zeiten wollte man türkische Kaufleute anfangs überhaupt nach Siebenbürgen nicht mehr hereinlassen; später zwang das alte Stapelrecht sie, ihre Waren an den Grenzen zum Verkauf niederzulegen und nur was übrig blieb durften sie im Großhandel weiter verkaufen. Als die Pest die Grenze aufs neue zu sperren zwang, wurde auch der geringe Handel mit der Türkei noch mehr zerstört. Die Folge war, daß die Ausfuhr weiter sank, die Einfuhr aus dem Westen stieg. Im Jahr 1747 führte man aus Leipzig und Breslau 74 Arten von Seiden-, Woll-, Baumwoll-, Linnen- und Pelzwaren ein.

Der tiefere Grund hiefür lag im Rückgang des sächsischen Gewerbes, das nicht mehr auf der alten Höhe stand. Die Zahl der Kürschner, Seiler, Lederer, Leinweber und Schneider, Wagner und Goldschmiede war in Hermannstadt geringer als hundert Jahre früher, der Faßbinder, Tuchmacher, Schlosser ungefähr so hoch wie damals, andere Zünfte waren bedeutend an Zahl gestiegen, die Hutmacher von 10 auf 26, die Fleischer von 22 auf 59, die Kammacher von 1 auf 14, die Seifensieder von 7 auf 28, die Wollenweber von 27 auf 44 — die letztern Zahlen aus dem Jahr 1797 — aber allgemein war die Klage, daß die Kunstfertigkeit der Handwerker rückwärts gegangen sei; das Wandern nach Deutschland wurde zu fördern gesucht. Als der Landtag 1749 den

Wunsch aussprach, es solle die Bekleidung des im Lande befindlichen Militärs mit einheimischen Stoffen geschehen, erwiderte der Hofkriegsrat, das hier verfertigte Tuch sei selbst zur Bekleidung des gemeinen Soldaten zu schlecht.

Um 200 Handwerker (Meister) weniger wie Hermannstadt hatte Kronstadt um jene Zeit. Das Verhältnis der Zünfte war nicht das gleiche, indem einige Handwerke besser vertreten waren, andre schwächer. Das ganze Burzenland zählte 316 Leinweber. Aber der Handel Kronstadts war damals schon zum größern Teil in nichtsächsischen Händen. Unter den 32 Firmen des Jahres 1771 fanden sich bloß 12 sächsische und von dem Geschäftskapital von 284.533 fl., das sämtliche Firmen ein= bekannt hatten, fielen auf die sächsischen 84.500 fl.

Besser stand es in dieser Beziehung in Bistritz. Die Erwerbung der Bukowina eröffnete neue Handelsstraßen und auf den alten Wegen führten die Bistritzer, die den Norden Siebenbürgens beherrschten, ihre Waren in die Moldau. Aber auch sie spürten die Konkurrenz von „draußen". Dazu kam, daß in den Armeniern, die sich dort niederließen und in dem armenischen Bistum, das dort eine Zeit lang seinen Mittelpunkt hatte, den sächsischen Kaufleuten eine gefährliche Konkurrenz erwuchs. Das Gewerbe litt unter der gleichen Ungunst, wie sonst im Lande.

In den übrigen sächsischen Orten, mit Ausnahme von Broos, war das Gewerbe ganz in sächsischen Händen. Von einem Handel konnte nicht die Rede sein, außer insoferne er eben mit landwirtschaftlichen Produkten und Gewerbserzeugnissen stattfand. In Schäßburg war der Handel mit dort verfertigter Leinwand bedeutend.

Für das ganze sächsische Handwerk aber galt, was Brukenthal 1779 in einer Note an Baron Reischach auseinandersetzte, daß wenige der Handwerker ganz dem Handwerk lebten. Die Meister trieben daneben Landwirtschaft und nur die Zeit, die jene übrig ließ, verwandten sie auf die Werkstatt. So produzierten sie nicht nur, was sie für die Wirtschaft brauchten, sondern suchten grade auch vom Ertrag des Bodens zu verkaufen. Es blieb aber eigentlich niemand als Käufer übrig. Der Adel, der Bauer, der Geistliche, sie alle wollten verkaufen. Die Folge war, daß auch für die Erzeugnisse des Handwerks die Konsumtion eine außerordentlich geringe war. Es kam fast auf das heraus, daß die Handwerker sich gegenseitig nähren und erhalten mußten. Einige Grund= herrn hielten sich auf ihrem Hofe herabgekommene Handwerker, die für Wohnung und Kost den Herrn und das Gesinde mit Kleidern versahen. Dazu kam, daß die Mehrheit der Bevölkerung überhaupt fast bedürfnislos war. Unter solchen Umständen war auch die Beschaffung der Rohstoffe schwer und manchmal unmöglich. Und was an Binnenhandel noch möglich gewesen wäre, das schädigten Krämer und Griechen, die von Dorf zu Dorf zogen und ihre schlechte Ware billig den Unkundigen aufdrängten. Brukenthal erkannte richtig, wo hier einzusetzen wäre: es müßten Vorkehrungen getroffen werden, um die Rohstoffe gut und billig zu schaffen, darum sollten bessere Schafe eingeführt werden, wobei er auf seinen Gütern mit gutem Beispiel voranging. Flachs und Hanf müsse besser angebaut und besser verarbeitet werden, es sollten Leute hereingerufen werden, die das verstünden und die Einheimischen belehrten. Hebung der Viehzucht, der Pferdezucht; Erleichterung der Einfuhr für jene Produkte, die im Lande nicht zu bekommen seien, Erschwerung jener, die hier ebenso gut zu haben seien; Verbesserung der Färberei, indem junge Leute im Ausland den Vorgang kennen lernten, Einrichtung von Spinnschulen und Garnmärkten. Es war ein großes volkswirtschaftliches Programm, an dessen Durchführung auch noch ein Jahrhundert später gearbeitet wurde.

In der Tat ergaben die Erhebungen über Ein- und Ausfuhr im Lande ein trübes Bild. Der Passivhandel überstieg den aktiven in einzelnen Jahren um mehr als 1 Million Gulden, und wenn die Summe in andern auch auf den fünften Teil herabsank, so war doch der Durchschnitt in den zehn Jahren 1768—1777 616.000 fl. oder, da nach Brukenthals Ansicht die Schätzung der Waren oft um ein Drittel unter dem Marktpreis stand, jährlich fast 1 Million Gulden. Im Jahr 1767 betrugen einzelne Posten: Kaffee war eingeführt worden für 16.688 fl., ausgeführt nichts, Zucker für 18.521 fl., ausgeführt nichts, Bier für 12 fl. 30 kr. eingeführt, Krämerwaren für 30.000 fl. eingeführt, für 11.285 Gulden ausgeführt. Eisen waren 10.000 Zentner hauptsächlich ins Banat ausgeführt worden. Häute und Felle wurden für 18.000 fl. ein- und ausgeführt, Kleider für 216.000 fl. eingeführt, für 17.352 fl. ausgeführt. Die Einfuhr der Kühe und Kälber betrug 18.985 fl., die Ausfuhr 16.096 fl., die Einfuhr der Leinwand 137.000 fl., die Ausfuhr 28.226 fl. Hanf und Flachs war in doppeltem Wert ausgeführt worden. Obst war meistens in die Türkei für 9000 fl. ausgeführt worden. Tücher für 63.000 fl. eingeführt, für 82.479 fl. ausgeführt, Wachs für 1200 fl. eingeführt, für 15.935 fl. meistens nach Ungarn und in die Türkei ausgeführt. Für Weine aus der Moldau und Walachei hatte das Land 71.268 fl. ausgegeben, für ausländische Weine 17.000 fl., für Wolle 26.000 fl.; dagegen übertraf die Ausfuhr bei Ochsen und Büffeln

(301.710 fl. gegen 39.601 fl.), bei Pferden (32.846 fl. gegen 8800), Schafen (32.613 gegen 6300 fl.) die Einfuhr. Bei Schweinen war das Umgekehrte der Fall (Ausfuhr 6117 fl., Einfuhr 19.000 fl.) Die Gesamteinfuhr überstieg in jenem Jahr die Ausfuhr um 343.000 Gulden. Da der größte Teil der Einfuhr ausländischer Waren aus Leipzig und Breslau nach Siebenbürgen kam, so wollte Maria Theresia den Handel nach Brünn und Wien leiten. Dabei stellte sich heraus, daß bei der Einfuhr aus Deutschland 5%, Zoll gezahlt werden mußte, bei den Waren aus Wien 10%. Diesem Übelstand sollte durch Verminderung der Zollansätze abgeholfen werden. Zugleich wurde alles aufgewendet, um die aus Deutschland eingeführten Artikel auch in Wien herstellen zu lassen. In welcher Weise Brukenthal nähere wirtschaftliche Beziehungen Siebenbürgens mit Ungarn, mit Österreich und Deutschland herstellen wollte, ist oben (S. 171) erwähnt. Er ahnte, entgegen der seltsamen damaligen Regierungsweisheit, die die kleinsten Teile, wie Siebenbürgen und das Banat durch Zölle von einander abschloß, die jeden Teil schädigten, daß die kommende Zeit größere wirtschaftliche Einheiten verlangte. Schon 1761 hatte Maria Theresia auf dem Landtag Anregungen zur Hebung des siebenbürgischen Handels gegeben. Temesvar sollte Handelsbeziehungen zum Adriatischen Meer aufnehmen und Siebenbürgen an Temesvar sich anschließen. Die Straßen in Siebenbürgen sollten hergestellt werden. Im Jahr 1771 wurde für das Land eine eigene „Commerz-Commission" eingesetzt, die nun die Aufgabe erhielt, systematisch für Hebung von Handel und Gewerbe zu sorgen. Die Kommission, in der von den Sachsen der Gubernialsekretär Stefan v. Hannenheim und als Referent Michael v. Brukenthal, ein Neffe des Gouverneurs, Mitglieder waren, als Altuar M. Soterius, versuchte dann in der Tat mit Verbesserungen. Auf dem Gebiete des Gewerbes geschah es in den alten Formen der Zunftarbeit. Die Zunftordnungen wurden neu durchgesehen, ohne Wissen der Kommission sollte kein Meister aufgenommen werden und niemandem überhaupt erlaubt sein, zwei Handwerke zu treiben. Ohne Regulationen ging es nun einmal nicht ab. So wurden die Meisterrechtsgebühren, das Aufdinggeld, das Freisprechgeld festgesetzt, jedem Meister gestattet, so viele Gesellen zu halten als er wollte; jene, die gewandert waren, sollten vor andern aufgenommen werden. Die Lehrjungen sollten ohne Unterschied der Nation aufgenommen werden, besonders jene aus dem katholischen Waisenhaus ohne nach Geburt und Taufschein zu fragen. Posten wurden eingerichtet, die Orte mit größern Stationen gezwungen, zur Erhaltung der Rosse „Postwiesen" auszuscheiden. Als die Kommerzkommission 1777 aufgehoben wurde, übernahm das Gubernium deren Aufgaben.

Eines konnte weder sie noch das Gubernium den Sachsen, den Hauptträgern des Handels und des Gewerbes schaffen, Mut und Unternehmungsgeist, die in den ungnädigen Zeiten stark geschwunden waren. Zeitgenossen bemerkten, daß die Vermöglichern sich der Beamtenlaufbahn zuwendeten, die Ärmern und besser Beanlagten dem geistlichen Stande, so daß für Handel und Gewerbe nur die übrig blieben, deren Mittel und Fähigkeiten mehr beschränkt seien. Es fehle der Mut zu jeder Unternehmung. Den ganzen Gewinn habe der Grieche und der Walache, „dem der sächsische Handwerksmann seine Produkte auf Schuld und Zins ums halbe Geld verfertigen und liefern muß, weil er selbst zu mutlos, zu furchtsam ist, zu bequem hätte ich sagen können, daß er die fürchterliche Oratia übersteigen und wohl gar auf einem Saumtier längs der Prahova zu den wilden „Blochen" auf Kimpina und Kimpelung oder über die Ditoscher Anhöhe auf Okna oder Fokschan in die Moldau reisen und acht Tage lang von seinen lieben Kinderchen entfernt, ohne seine teuere Hälfte zur Seite, auf einer walachischen Pritsche allein schlafen sollte; genug der Kaufhandel der Siebenbürger mit der Türkei ist weit schlechter als zuvor und der mit der Walachei und Moldau insbesondre seinem völligen Ende näher als wir glauben." — Im nächsten Menschenalter wurde es allerdings damit wieder etwas besser.

Die Persönlichkeit, der Einfluß und die Wirksamkeit Brukenthals mahnen an die kleinen deutschen Fürsten, die um dieselbe Zeit in ihren Ländchen Kulturmittelpunkte schufen, deren Bedeutung weit über die Grenzen dieser Länder hinausging. Nicht nur zum Auge sprachen die Bauten, die er aufführte, die neuen hier vorher nie gesehenen Gärten, die er anlegte, die Sammlungen, die er zusammenbrachte und von vorneherein zu öffentlicher Benützung bestimmte, alles erweiterte die Lebensanschauung des Geschlechts, erhob das Gemüt, half mit, die Freude an Natur und Kunst und das Verständnis für beide zu mehren, die Zeitgenossen sahen sich endlich wieder einmal in den großen Strom des Kulturlebens ihrer Tage hineingeführt. Der große Einfluß Brukenthals aber auf die Erweckung neuen Lebens besonders in seinen Volksgenossen zeigte sich vor allem auch in der Literatur. Wie das Wirken und die Taten Friedrichs des Großen — um Größtes mit kleinem zu vergleichen — die deutsche Literatur dem Leben gewann, daß sie hinfort nicht mehr auf künstlichen Wegen Schatten nachjagte, die das Herz kalt ließen, so zog im Anschluß an Brukenthals Wirksamkeit in die kleine Geistesarbeit des sächsischen Volkes Leben ein, das insbesondre in die Betrachtung und Darstellung der Vergangenheit einen Herzenston hineinbrachte, der unverloren bis in die Gegenwart nachklingt. Wie mußte seine ganze Persönlichkeit, seine ganze Stellung auf die gedrückte Seele des sächsischen Volkes wirken! An der Spitze der Staatsgeschäfte der sächsische Mann, vor dem der Adel sich beugte, der sonst der Nation überall zu schaden trachtete, seiner Aufgabe gewachsen, Repräsentant des besten Lebens seiner Zeit, durch jene Tugenden emporgehoben, die seinen Volksgenossen als die Grundlagen des Lebens erschienen, nicht nur hier einflußreich, auch im Rat der Großen des Reiches von Bedeutung, durch das Vertrauen der Herrscherin ausgezeichnet, seinem evangelischen Glauben treu, in einer Zeit, wo jeder Konvertit doppelter Ehren sicher war. Die Kraft der Nation wuchs an ihm, ihr Herz hob sich, damit mußte zugleich auch ihr Selbstbewußtsein wachsen!

Eines hat aber Brukenthal auch nicht verhindern können, die weitern Bemühungen der katholischen Kirche im Lande um die Durchführung der Gegenreformation. Mit einzelnen Konvertiten gings ihr zu langsam, so sollte es mit ganzen Völkern in Siebenbürgen versucht werden. Gabs doch 1765 im Lande bloß 93.135 katholische Seelen (1770 schon 102.040).

Sie hatte es zunächst auf die Walachen abgesehen. Die Union der griechischen Kirche hatte nicht die Fortschritte gemacht, die die Anreger erhofft hatten, ja seit 1744 begann der Unwillen über die aufgedrungene Union so stürmisch sich Luft zu machen, daß es wiederholt militärischen Einschreitens bedurfte, um die Ruhe wieder herzustellen. Im Jahr 1760 überreichten eine Anzahl walachischer Dörfer aus dem mittlern Siebenbürgen dem Gubernium eine Klageschrift, worin sie erklärten, lieber das Leben zu lassen, die Russen zu Hülfe zu rufen und das Land in Feuer und Flammen zu setzen, ehe sie die Union annähmen. Eine ganze Anzahl Kirchen war den Unierten von den Orthodoxen gewaltsam abgenommen worden, wie ehemals umgekehrt, nun sollte Buccow Ordnung machen, mit Güte wo nicht mit Gewalt. Das geschah nun ganz nach Willkür. Um Gründe war er nicht verlegen, um den Disunierten bald die Kirche, bald die Dotation, oft auch beides zu nehmen, die griechisch-nichtunierten Klöster wurden zum Teil zerstört. Bei Errichtung der Grenze spielte die Religionsfrage mit hinein. Der Hof verlangte von allen zur Grenze gezogenen walachischen Dörfern den Übertritt zur Union.

Wertvoller wäre es jedenfalls gewesen, wenn es der Propaganda gelungen wäre, die Sachsen katholisch zu machen. Die einzelnen Konvertiten hatten doch das Volk nicht hinter sich, vielleicht ließe sich dieses dazu bringen. Der katholische Bischof Bajtay richtete an den evangelischen Bischof G. Jer. Haner die Aufforderung zu einem Religionsgespräch, als dessen Ziel er die Einigung der beiden Kirchen bezeichnete. Brukenthal hielt es für wichtig genug, um es der Kaiserin zu melden. Der katholische Hermannstädter Bürgermeister Honnamon wußte zu erzählen, man werde im Fall des Übertritts der evangelischen Kirche zur katholischen der evangelischen Geistlichkeit den ganzen Zehnten lassen. Maria Theresia nahm den Gedanken mit größter Freude auf, aber im Staatsrat herrschte eine kühlere Auffassung. Der katholische Bischof habe sich unvorsichtig in ein bedenkliches Unternehmen eingelassen. So befahl Maria Theresia Bajtay, zum Gespräch noch einige katholische Theologen zuzuziehen, aber in keine Zugeständnisse sich einzulassen, vor allem aber darüber zu berichten, was für Vorschläge in Rom zu machen wären. Wie recht der Staatsrat hatte, bewies der Verlauf der Sache, es kam nicht einmal zum Religionsgespräch. Als Haner später eine Audienz in der Zehntangelegenheit hatte, soll ihm der Antrag auf Rekatholisierung der evangelischen Kirche mündlich gestellt worden sein mit demselben Versprechen, daß dann der vielangefochtene Zehnte der Geistlichkeit bleiben werde. Haner entgegnete: auch wenn er dafür sein würde, so werde seine Kirche ihm nicht folgen. In der Tat blieb der Abfall auf wenige Familien beschränkt. Der Thesaurariatsverweser Graf Clary sprach 1772 seine Verwunderung aus, daß „die Bekehrung der Evangelischen" unter dem Landvolk fast ohne Beispiel und unter den Beamten und Vornehmen selten sei, während sie unter den Kalvinern und Unitariern häufig vorkäme. Es war doch auch ein Zeichen innerer Lebenskraft in der evangelischen Kirche!

Auch die Aufhebung des Jesuitenordens änderte in der Verfolgung der nichtkatholischen Bekenntnisse im Lande nichts, denn die Jesuiten blieben unter andern Namen doch bei ihrer friedenstörenden Beschäftigung. Als Maria Theresia den Orden 1773 aufhob, besaß er in Ungarn ein Vermögen von weit über 10 Millionen Gulden im Wert, in Siebenbürgen ein Kollegium in Klausenburg mit 40 Mitgliedern, 3 Residenzen, und zwar in Hermannstadt mit 10, in Karlsburg und Udvarhely mit je 6 Mitgliedern, eine Mission in Vasarhely mit 5 Mitgliedern; unter ihrer Leitung standen die höhere Lehranstalt in Klausenburg und die katholischen Gymnasien in Hermannstadt, Kronstadt, Karlsburg, Vasarhely und Udvarhely. Auch hier hatten sie ein Vermögen von mehr als einer Million zusammengebracht. Noch im Jahr 1775 wurde befohlen, daß in gemischten Ehen der katholische Geistliche die Trauung vorzunehmen habe.

Es hing mit der Übermacht der katholischen Kirche im Lande und mit ihrem Bestreben, diese noch mehr zu sichern, zusammen, daß die Zensur eine scharfe war. Zeitungen gab es keine im Lande, Bücher wurden

fast keine gedruckt, und der katholische Bischof war Vorsitzender der
Kommission für Bücherzensur und von ihr hing die Erlaubnis ab, ein Buch
drucken zu lassen. Die Einfuhr der im Ausland gedruckten Bücher war
strenger Kontrolle unterworfen, das Verzeichnis der verbotenen Bücher
war in Österreich größer als in Rom. Im Jahr 1773 war angeordnet
worden, ohne besonderes Privileg der Kaiserin dürfe keine neue Buch=
druckerei errichtet werden. Sterbe der Besitzer, so solle erst darüber ent=
schieden werden, ob die Fortführung im öffentlichen Interesse liege oder
nicht. Am 15. Oktober 1777 erhielt der Hermannstädter Bürger, Buchbinder
und Buchdrucker Martin Hochmeister — auch ein Konvertit — die Er=
laubnis, eine Buchhandlung zu errichten; Einfuhr und Verkauf verbotener
Bücher wurde mit Verlust des Privilegs bedroht. Bis 1778 mußten
fast alle geistlichen Bücher auf „Nebenwegen" ins Land gebracht werden,
wenn man der Konfiskation entgehen wollte. In jenem Jahr geschah
die Erleichterung, daß die Einfuhr der Bücher gestattet wurde, wenn
vorher ein Verzeichnis vorgelegt würde und nur die im Verzeichnis nicht
enthaltenen sollten der Zensur unterzogen werden.

Für die evangelische Kirche in Siebenbürgen war diese Zeit eine
besonders schwere. Die Angriffe, denen die Sachsen überhaupt ausgesetzt
waren, hatten es in erster Reihe recht eigentlich auf die evangelische Kirche
abgesehen, die in solchem schweren Kampfe völlig allein auf sich an=
gewiesen war. Es war ihr ähnlich ergangen, wie der sächsischen Nation,
kaum ein Zweig ihres Lebens war den zerstörungseifrigen Angriffen der
katholischen Kirche und des mit ihr verbündeten Staates entgangen. Es
ist oben von den Apostasie= und Fiskalprozessen, vom Verbot des Hoch=
schulbesuches und anderm die Rede gewesen, unter dem die evangelische
Kirche, die gleichberechtigte Landeskirche, zu leiden hatte. Am 4. Mai
1764 wurde ihr das Recht des Dispenses zur Eheschließung in den ver=
botenen Graden abgesprochen und gegen das Gesetz und die jahrhundert=
alte Übung für die Krone in Anspruch genommen, wogegen die Kirche
sich vergeblich wehrte.

Aber dieser schwere Kampf traf die Kirche nicht ungerüstet, an ihrer
Spitze stand als Bischof ein Mann, der ihr Recht sowohl mit den Waffen
der Wissenschaft als durch seine Person zu verteidigen imstande war,
G. J. Haner. In seiner Arbeit verkörperte sich, wie die böse Zeit die
Kirche zu äußerem Zusammenschluß und zu innerer Vertiefung führte.
Haner war in Kaisd 1707 geboren, wo sein Vater Pfarrer war, später
1736—40 Bischof der evangelischen Kirche. Er besuchte das Gymnasium
in Mediasch, die Hochschulen Wittenberg und Jena, wo der Landsmann

Schmeizel besonders als Historiker auf ihn einwirkte. Von 1730 an als
Lehrer am Gymnasium in Mediasch tätig, dann Rektor und Prediger
dort, folgte er dem Ruf in die Pfarre nach Klein=Schelken, dann 1740
in die Stadtpfarre nach Mediasch, als zweiter Nachfolger seines Vaters,
dem er in derselben Weise 1759 nach Jak. Schunns Tode als Pfarrer
in Birthälm und Bischof folgte. Als solcher starb er 1777. Die rechts=
verachtenden Angriffe auf das gesamte Leben zwangen die Kirche zunächst
zum äußern Zusammenschluß, denn der Mangel einer einheitlichen Ober=
behörde wurde immer unerträglicher. Die Leitung der Kirche stand nach der
historischen Entwicklung einesteils bei der Synode, der ausschließlich geist=
lichen Vertretung der Kapitel, andernteils bei der Nationsuniversität, der
politischen Vertretung des Sachsenlandes. In gewissen Fällen hatten diese
beiden als „geistliche und weltliche Universität" zusammen die Entscheidung,
die durch Verhandlungen, Botschaften und Schriftenwechsel nicht immer
leicht zu erreichen war, besonders wenn die häufig hervortretende Eifer=
sucht zwischen beiden mitredete. In den einzelnen Orten hatte die politische
Vertretung, auf den Dörfern die Altschaft, in den Städten Magistrat
und Kommunität die Entscheidung auch der kirchlichen Angelegenheiten
in der Hand, denn bis dahin hatte die kirchliche und politische Gemeinde
sich völlig gedeckt. Es mußte auf die Kirche geradezu zersetzend wirken,
wenn nun infolge des Einflusses, der der katholischen Kirche eingeräumt
werden mußte, plötzlich jene Körperschaften, die über evangelisch=kirchliche
Fragen zu entscheiden hatten, zum größten Teil aus Konvertiten und Anders=
gläubigen bestanden. Alles drängte darauf, für die Kirche rein kirchliche
Vertretungen zu schaffen, die dem Einfluß Andersgläubiger entrückt waren.
Ein Vorbild fand sie in dem reformierten Konsistorium, das schon am
21. April 1709 sich konstituiert hatte und die Leitung der kirchlichen
Angelegenheiten in die Hand genommen hatte. Auch für die evangelische
Kirche war schon 1702 ein „Konsistorium" zusammengetreten, doch blieb
es eine vereinzelte Erscheinung. Erst 1752 entwarf Haner einen „un=
maßgeblichen Vorschlag, wie ein evangelisches Konsistorium eingerichtet
werden könne" und am 3. April 1753 trat auf diesem neuen Boden
das erste organisierte evangelische Konsistorium in Hermannstadt zusammen.
Es bestand aus den evangelischen Gubernialräten und Oberbeamten der
sächsischen Nation als weltlichen Vertretern und dem Bischof mit den
Dechanten und Vertretern der bedeutenderen Kapitel als Geistlichen. All=
mählich organisierten sich auch in den Städten die kirchlichen Vertretungen
derart, daß nur die evangelischen Mitglieder der Magistrate und Kom=
munitäten ihre Mitglieder bildeten. In Kronstadt verlangten die katho=

lischen Mitglieder der beiden Körperschaften sogar Beteiligung an der Wahl des evangelischen Stadtpfarrers, was der Hof 1772 abwies, dabei aber doch dem katholischen Oberbeamten das Recht zusprach, bei der Wahl wenn auch ohne Stimme anwesend zu sein und auf gute Ordnung zu sorgen. Das neue Konsistorium gab sich 1754 eine feste Verfassung, die 1766 verbessert wurde und bis 1807 in Geltung stand. Es fand sofort eine Fülle neuer Arbeit vor. Schon in der ersten Sitzung am 3. und 5. April 1753 befaßte es sich mit der Prüfung jener, die zur Universität gehn wollten und erließ genauere Bestimmungen über die Absolvierung des Gymnasiums, bestimmte die zu gebrauchenden Schulbücher. Damit war der Übergang zur Innerarbeit in Kirche und Schule von selbst gegeben. Daß in den schweren Zeiten nur die sittliche Kraft die Nation vor dem Untergang bewahren könne und daß sie zu stärken in erster Reihe die Kirche berufen sei, hatten jene erkannt, die die Verantwortung für die neue Arbeit trugen. So sorgte nun Oberkonsistorium und Synode dafür, daß die Arbeit vertieft aufgenommen wurde. Die Verhandlungen in beiden Körperschaften betrafen fort und fort die Schule, ihre Verbesserung, die Hebung der Lehrer, Zucht und Ordnung in den Gemeinden, die Kirchenvisitationen wurden wieder aufgenommen (seit 1761) und als Maria Theresia selbst 1762 eine solche befahl, energisch fortgeführt. Haner arbeitete die alten Visitationsartikel um (1764), in denen der ganze Ernst der Auffassung auch der Schularbeit zum Ausdruck kam. Zugleich wurde mit Eifer die Verbesserung der Schulen in fast allen Kapiteln aufgenommen, ebenso die Verbesserung der Gymnasien, Hebung derselben, da der Besuch der Universitäten schwerer geworden war, — die Gymnasien in Kronstadt und Hermannstadt hatten teilweise Ziele von Akademien — Verbesserung der „Methode" in den Schulen überhaupt. Die Spaltungen, die der Pietismus zu bringen gedroht hatte, hatte die Kirche glücklich abgewehrt, die dauernden Ergebnisse der neuen Richtung aber wurden festgehalten. Die neuen Verbesserungen in den Schulen standen auf dem Boden des Halleischen Waisenhauses, seine Methode wurde für die sächsischen Schulen maßgebend, seine Lehrbücher waren im Gebrauch und bestimmten den Gang des Unterrichts und wurden bald neben Comenius im Lande nachgedruckt.

Das Bedürfnis der Zusammenfassung und Vertiefung ergab sich auch im Hinblick auf die Herrnhuterei, die sich im Lande zeigte und die der Bischof bei den Visitationen vereinzelt vorfand. Ihr Wanderapostel Hauser war bis nach Siebenbürgen gelangt, auch junge Theologen hatten die Lehre von Deutschland mitgebracht, doch fand sie, in ihren süßlichen

Schwärmereien dem sächsischen Volksgeist völlig fremd, auf die Dauer keinen Boden. Als auf Haners Anordnung in Kronstadt die geheimen Zusammenkünfte dort untersucht wurden, stellte sich heraus, daß die Teilnehmer zusammen beteten und die Bibel erklärten, Arme unterstützten, nebenbei allerdings auch allerlei Seltsamkeiten trieben. Sie kamen nachts zusammen, je zwei von ihnen standen um 12 Uhr nachts einen Monat hindurch auf und beteten für die ganze Christenheit, während des eignen Gebets wurde das Licht beiseite gesetzt, sie nahmen besondre Namen an u. dgl. m. Und doch hat auch die Synode von sich aus 1763 das hierzulande so seltene Schauspiel eines Glaubensgerichtes aufgeführt, indem sie den Jaader Pfarrer J. Hunnius wegen seiner Beziehungen zu den Herrnhutern seines Amtes entsetzte; er ging lieber ins Elend als den Widerruf zu leisten. Der Synode lagen zahlreiche Gutachten deutscher Fakultäten und theologischer Kollegien vor, alle einstimmig in der Verurteilung der Herrnhuter, die Jena mit dem Mohammedanismus verwandt fand und deren Urheber, Zinzendorf, Gießen als „den ärgsten Fanatiker des Jahrhunderts und einen Betrüger ohnegleichen" bezeichnete. Bischof Haner urteilte milde über die Richtung in seinen „christlichen Gedanken von den Herrnhutern", aber er konnte doch den „Wächtern der reinen Lehre" nur diese ans Herz legen. Den Wiedertäufern, die seit Bethlens Zeiten in Alvincz das Niederlassungsrecht besaßen, das ihnen die Approbaten neuerdings gewährleistet hatten, wurde dieses Recht unangetastet erhalten.

Der innern Stärkung sollte auch die neue Agende dienen, die 1748 für die Kirche geschaffen wurde. Schon 1742 hatte der neue Bischof Jakob Schunn darauf hingewiesen, eine neue Agende sei ein dringendes Bedürfnis, da die alte von 1653 vergriffen sei und vielfach nur geschriebene Agenden im Brauch seien. Diese neue Agende beruhte auf der frühern, die die neue vielfach ergänzte und vermehrte. Noch enthielt sie die vielen lateinischen Gesänge und Kollekten, auch sie eine Wächterin der „reinen Lehre" auf dem Boden der Reformationszeit, ließ die Trauung Gefallener nur mit harten Worten zu und hatte, eine Erinnerung an unvergeßliche Leiden, noch ein Gebet „Wider den Türcken bey dessen Einfall".

Auch die neuen Gesangbücher, die in dieser Zeit entstanden, wollten die innere Kräftigung der Kirche fördern. Sie schlossen wie die frühern an die Strömungen in der deutschen evangelischen Kirche an. Im Reformationszeitalter hatte Val. Wagner, des Honterus Nachfolger im Stadtpfarramt in Kronstadt, ein Gesangbuch herausgegeben, das eine Auswahl aus dem von Luther selbst besorgten Gesangbuch war, welches in verschiedenen Ausgaben bei Klug in Wittenberg und Babst in Leipzig erschienen war.

## Die Gesangbücher.

Das erste Gesangbuch, das 1616 in Hermannstadt erschienen war, fußte gleichfalls auf deutschen Gesangbüchern, die auf jenen reformatorischen Arbeiten ruhten. Im Zusammenhang mit dem Einfluß, den Halle und der Pietismus im 18. Jahrhundert auf unsre Schulentwicklung gewann, stand es, daß sein Einfluß auch auf die Kirche sich erstreckte. Das Gesangbuch, das Freylinghausen für das Waisenhaus zusammengestellt hatte, wurde wie seine Schulbücher auch für uns maßgebend, in Kronstadt für das dort 1751 erschienene „Geistreiche Cronstädtische Gesangbuch", in Hermannstadt für die seit dem Anfang des Jahrhunderts bei Johann Barth gedruckten Gesangbücher. Der Hermannstädter Stadtpfarrer Martin Felmer brachte 1766/67 es in die Form, die ganz an Freylinghausen anschloß. An Stelle der alten Reformationslieder waren die Jesulieder getreten, als neuer Gewinn aber die Paul Gerhardtischen Lieder dazu gekommen, die dort in ihrer ganzen ursprünglichen Sprachgewalt auf den Leser wirkten. Die „Sonn- und Festtäglichen Andachten", die bis in unsre Zeit in den Dorfkirchen gesungen worden sind und teilweise noch gesungen werden — die Dikta —, traten zum Gesangbuch hinzu, der Hermannstädter Stadtkantor Sartorius machte die Musik dazu und die „musikalische Vorstellung des Leidens und Sterbens unsers Herrn und Heilands Jesu Christi" war gar der im italienischen Stil geschaffenen Oper des Hamburger Advokatenschreibers Hunold aus dem Anfang des Jahrhunderts entnommen!

Was für unglaublichen Gefahren die Kirche ausgesetzt war, zeigte das Verhalten des Abenteurers Makowsky, eine ähnliche Gestalt wie die Seebergs auf politischem Gebiet. Im Jahr 1747 erschien beim evangelischen Bischof Jac. Schunn in Birthälm ein Mann, der sich unter dem obigen Namen vorstellte und erzählte, er sei ein polnischer Edelmann, von evangelischen Eltern, aber zum römischen Glauben übergetreten. Gewissensbisse hätten ihn zum Studium der Theologie nach Jena geführt, wo er zur evangelischen Kirche zurückgekehrt sei. Nun werde er verfolgt und wolle in die Walachei fliehen und bäte um Unterstützung. Schunn durchsah den Mann, der von Theologie nichts wußte und teilte seinen Verdacht Haner, dem Mediascher Stadtpfarrer mit, an den er ihn mit einem Brief und mit einem Viatikum versehen entließ. Haner unterstützte ihn gleichfalls, machte ihn auch mit andern Pfarrern bekannt und gab ihm Empfehlungsschreiben nach Kronstadt mit, was Makowsky damit vergalt, daß er Haner die silberne Uhr stahl. In Kronstadt wußte er sich an die beiden Prediger Kloos und Lang zu schlagen, die ihm in die Walachei verhalfen. Von da begann nun Makowsky Erpressungsversuche, denen er mit furchtbaren Drohungen gegen alle, die er kannte, ja die ganze evangelische Kirche,

Nachdruck zu verschaffen versuchte. In der Walachei erzählte er, er sei imstande, Schunn und Haner und die Kronstädter Geistlichen, ja die evangelische Kirche in Siebenbürgen zu verderben. Diese hätten ihm Briefe an die Pforte gegeben und wollten das Land an den Türken verraten! Lange habe man Gelegenheit gesucht, die Evangelischen hier zu verderben, nun sei diese da. In der Tat schrieb Makowsky, als das geforderte Geld aus Kronstadt ausblieb, an den Superior der Jesuiten in Kronstadt, er habe ihm Wichtiges mitzuteilen. Die Lutheraner hätten sich gegen die Gesetze und den Kaiser vergangen, die Kronstädter hätten ihn, den katholischen Priester, zum Lutheraner gemacht. Er selbst hatte die Kühnheit, in Hermannstadt zu erscheinen und dort den evangelischen Bischof und die sächsische Geistlichkeit des Hochverrats anzuklagen. Er belegte die Anklage mit einem Brief des Bischofs an die Pforte. Der Bischof Schunn, Haner, die Kronstädter Geistlichen wurden nach Hermannstadt geladen, dort in ihren Wohnungen gefangen gehalten und eine eigne Kommission des Guberniums unternahm auf Befehl der Kaiserin die strenge Untersuchung. Sie ergab, was Einsichtige vorausgesagt, daß die vorgelegten Briefe gefälscht waren und der Ankläger ein ganz gemeiner Betrüger war. Trotzdem entging Makowsky der Bestrafung, er meinte, höhere Personen wüßten um die Sache. Was aus ihm selber geworden ist, ist unbekannt.

All diese Kämpfe der Kirche und der Nation mußten dazu führen, die Hülfsmittel zur Verteidigung zu sammeln und zu sichten und zu schärfen, um die Geschichte sich zu bekümmern und daraus das formale Recht, das überall ein gewordenes ist, nachzuweisen. Die Bischöfe der evangelischen Landeskirche gingen mit gutem Beispiel voran. Schon Bischof Pancratius († 1690) hatte umfassende kirchenrechtliche Studien getrieben und die Privilegien und Synodalartikel der Kirche in einem wertvollen Band zusammengetragen. Die Theresianische Zeit vermehrte das Bedürfnis außerordentlich. Die Urkunden erschienen als der wertvollste Besitz, der nützen und schaden konnte; darum hielt ihn der Besitzer vor dem Gegner geheim, aber für sich selbst den Schatz bereit, daß er in Zeiten der Not Rettung brächte. Die Originalien wurden ängstlich gehütet. Als Hutter 1752 in dem Kampf um die Konzivilität nach Wien geschickt wurde, wurde er angewiesen, die vidimierten Kopien der Urkunden zu produzieren und wenn das nichts nütze, die Accorda transsummieren zu lassen und die vorzulegen. So war jeder stolz darauf, wenn er in seinem wohlverwahrten Besitz Abschriften von Urkunden hatte. Bischof Georg Haner († 1740) hat in wertvollsten Bänden Synodalartikel,

Privilegien, Konstitutionen und Urkunden, die er erlangen konnte, ge=
sammelt, die besonders die Entwicklung der Kirche betreffen. Sein
Sohn G. Jeremias Haner († 1777) setzte die Arbeiten fort. Auch von
ihm ist nicht viel im Druck erschienen, aber seine Schrift „Das königl.
Siebenbürgen" (Erlangen 1763) war der erste Versuch, die Geschichte
Siebenbürgens in dieser Art zusammenzufassen. Wertvoller waren seine
handschriftlichen Werke, die hauptsächlich kirchengeschichtliche und kirchen=
rechtliche Fragen betreffen, unter denen die Abhandlungen über den
Zehnten, die damalige Lebensfrage der sächsischen Geistlichkeit, besonders
wertvoll, die auf die Rettung des größten Teils des Rechts in den argen
Prozessen von Einfluß gewesen sind. Auch in seinen Arbeiten die Fülle
von Materialien, von Urkunden und zuverlässigen Nachrichten, die ersten
Bausteine der siebenbürgisch=sächsischen Geschichte. Dieses Zusammen=
tragen des Materials ist Freude und Stolz vieler Pfarrer gewesen, die
auf ihrem stillen Pfarrhof dem geistigen Leben eine Stätte bereiteten
und das eigene kleine Dasein durch den Dienst der Wissenschaft gehoben
fühlten. G. Soterius († 1728) in Deutsch=Kreuz, L. Weidenfelder
(† 1755) in Michelsberg, Martin Fay († 1786) Pfarrer in Scharosch,
M. Arz († 1805) in Mühlbach, Lukas Colb, † 1753 als Pfarrer in
Rosenau — um nur einige zu nennen — standen in dieser Reihe und
mehr als eine Urkunde wäre verloren gegangen, wenn nicht der Sammel=
fleiß der Männer sie erhalten hätte. Besonders wertvolle chronistische
Aufzeichnungen hat Josef Teutsch hinterlassen, geb. 1702 in Kronstadt, †als
Pfarrer in Honigberg 1770, dabei auch ein fleißiger Sammler, der klug
und fromm und zuverlässig bei seinen anderweitigen Arbeiten auch Quellen
zu Rate zog. Zu den Geistlichen traten die weltlichen Männer hinzu. Die
Juristen, die in erster Reihe berufen waren, das Recht des Volkes zu
verteidigen, fingen ebenfalls mit solchen Sammlungen an. Voran Michael
von Heydendorff (geb. 1730), der zugleich in einer interessanten Selbst=
biographie die Ereignisse seiner Zeit schilderte; Johann Albrich geb. 1687
in Kronstadt sammelte die Urkunden, die sich auf Kronstadt bezogen.
Bei mehr als einem der Genannten waren ausgesprochenermaßen die
Angriffe auf die Rechte des Volkes und der Kirche die Veranlassung
zur Arbeit — und aus solchen Quellen, dem Bewußtsein der Pflicht,
das eigne Recht zu verteidigen, erwuchs uns unsre Geschichte! Von
Anfang an brachte sie nicht nur vermehrte Kenntnis der Vergangenheit,
sondern vertiefte die Liebe zum eignen Volk und zum Vaterland.

  Das Sammeln und die damit verbundene Kenntnis der Ver=
gangenheit weckte bald das Bedürfnis nach zusammenfassender Darstellung.

Der erste, der es für die ganze siebenbürgische Geschichte versuchte, war Martin Felmer († als Stadtpfarrer von Hermannstadt 1767). Sein Werk erschien erst nach seinem Tode im Druck, aber es ist lange das beste und allgemein gebrauchte Handbuch für die siebenbürgische Geschichte gewesen, das seinen größern Wert freilich erst durch die Annotationes Eders erhielt. Denn, wie Eder († 1810) bemerkte, als Felmer schrieb „war das Gefühl bei uns noch nicht erwacht, das in der Geschichte das Unbrauchbare vom Brauchbaren scheidet" und so waren fast neun Bogen des Felmerischen Buches weitläufigen Erörterungen über Skyten und Agathyrsen, Hunnen und Avaren gewidmet, wogegen das folgende in zwei Bogen abgetan wurde, chronikmäßig und mit vielfachen unrichtigen Angaben. Doch galt der Verfasser mit Recht als „der bei weitem gebildetste aller sächsischen Skribenten". Der Mann war auch insofern ein Bahnbrecher, als er neben den historischen Studien volkskundliche trieb, die durch den umfassenden Blick heute noch in Erstaunen setzen. Seine bedeutendste Arbeit auf diesem Gebiet, leider auch Manuskript geblieben — „Abhandlung von dem Ursprung der sächsischen Nation in Siebenbürgen, worinnen die wahre Meinung bestätiget, die gegenseitigen aber aus zuverlässigen Gründen widerleget werden" — betrachtete hier zuerst die Sprache als notwendigen Bestandteil des innern Lebens des Volkes und zog Kleidung, Sitten und Gebräuche in den Bereich der Betrachtung hinein. Das Volksleben erschien als ein ganzes, neben die äußere Geschichte der Nation, die politischen Ereignisse, die bisher interessiert hatten, stellten sich die tieferen Äußerungen des Volksgeistes, der ebenso in der Verfassung wie in der Sprache und in den andern Gebieten des Lebens zutage tritt. Der volkskundliche Teil berührt eben fast alle Gebiete, die die gegenwärtige Volkskunde als wichtig ansieht. Der Verfasser verglich die Namen der Orte, Flüsse und Berge mit Namen in Deutschland, stellte die Familiennamen zusammen, gab Sprachproben und versuchte für das wirtschaftliche Leben wie für Brauch und Sitte und Tracht aus Deutschland Parallelen zu bringen. Es ist ihm Freude, den Nachweis zu führen, daß alle Züge des sächsischen Volkslebens im deutschen Volk sich wiederfinden.

Mit Felmers Arbeiten waren die Johann Seyverts († 1785) darin verwandt, daß auch er geschichtliche und sprachwissenschaftliche Forschungen vereinigte, die Vorläufer der Zeit, die hundert Jahre später die Erforschung unsers gesamten Volkslebens gerade durch Vereinigung der Geschichte im engern Sinn und der Germanistik für notwendig und für möglich hielt. Noch war gerade der sprachgeschichtliche Boden, auf dem er stand, ein schwankender, aber die Sammlung für ein sächsisches Wörterbuch zeigte, welchen Wert die Zeit auf die Untersuchung und Bearbeitung der Mundart legte. Bedeutender waren seine historischen Arbeiten, die alle den Charakter des Zuverlässigen, Sichern und Kritischen an sich trugen. Keiner seiner Vorgänger hatte so reich wie er die Urkunden benützt, kaum einer ist so vielseitig gewesen wie er. Manches auch von ihm erschien erst nach seinem Tode, in seinem Todesjahr sein bedeutendstes Werk, die „Nachrichten von Siebenbürgischen Gelehrten und ihren Schriften". Ihr Zweck war „das Gedächtnis unsrer sächsischen Gelehrten zu erneuen", ein Buch, das für unsre Kultur- und Literaturgeschichte auch heute noch unentbehrlich ist.

Felmer und Seyvert trafen auch darin zusammen, daß sie die Beziehungen der sächsischen Wissenschaft zur größern deutschen vermittelten, Felmer als Angehöriger der Gesellschaft der freien Künste in Leipzig, Seyvert als Mitarbeiter des von seinem Freund Windisch in Preßburg herausgegebenen „Magazins".

Diese wissenschaftlichen Arbeiten aber, herausgewachsen aus dem Kampf um die nationale Erhaltung unsers Volkes und bestimmt seine Kraft zu stärken, fanden den mittelbaren und unmittelbaren Förderer an Sam. Brukenthal. Man darf es behaupten, daß er hier der bedeutendste Historiker seiner Zeit war, weit- und scharfblickend, mit den Quellen vertraut und was den Mann der Tat vom stillen Gelehrten so vorteilhaft unterscheidet, jeden Augenblick imstande, das Wesentliche vom Unwesentlichen zu sondern. Um das wissenschaftliche Leben im großen zu fördern, legte er, wie um dieselbe Zeit Bathyani in Karlsburg, Teleki in Vasarhely, in Hermannstadt seine Bibliothek an, von vorneherein planmäßig zusammengestellt und für die öffentliche Benützung berechnet, dazu die Sammlung der Bilder, Münzen, Naturalien, Kupferstiche, eine vornehme Verwendung des Reichtums, der ihm zuteil geworden war. Spielend umspannte er das Größte und Kleinste; er regierte das Land, machte Staatsschriften an die Kaiserin, lebte der Geselligkeit und bestellte mit eigner Hand die besten Bücher und alte Münzen, besorgte den Ankauf der Bilder wie die Leitung seiner großen Güter, die Anlage der Gärten dort und die neuen landwirtschaftlichen Versuche, alles bewußt von dem einen Gedanken geleitet, seinem Volk zu dienen.

Diesem kam, in den Tagen fortwährender Schwächung und Zerstörung doppelt erfreulich, damals von außen eine Stärkung ohne daß es selbst etwas dafür getan hätte, eine neue deutsche Einwanderung.

Die Einwanderungen in der Theresianischen Zeit zerfallen in drei von einander unabhängige Gruppen: die protestantische Einwanderung aus den österreichischen Ländern, die Einwanderung der Durlacher und die Ansiedlung preußischer Kriegsgefangener.

Den Anfang machte die Einwanderung aus Baden-Durlach. Im Jahr 1744 erschien der erste in Mühlbach, ihm folgten 1746 drei Familien, 1747 eine, 1748 elf Familien, denen in den folgenden Jahren der Theresianischen Regierung ununterbrochen weitere Züge folgten, und zwar nicht nur aus Baden-Durlach sondern auch aus dem Hanauer Ländchen, einer Landschaft auf der linken Rheinseite nördlich von Straßburg, dann aus dem Elsaß und aus Württemberg. Sie ließen sich in Mühlbach, in Kronstadt, Birthälm, Stolzenburg, Broos, Großau, auch in Hadad, d. h. zerstreut im ganzen Land nieder, am zahlreichsten in Mühlbach. Bis zum Jahr 1749 waren in acht Gruppen 177 Familien ins Land gekommen mit 583 Personen, (darunter 406 Söhne und Töchter), die alle in Mühlbach sich niedergelassen hatten bis auf drei Familien, die nach Hermannstadt gezogen waren; eine war nach Reußmarkt, elf nach Mediasch, drei nach Broos, zwei nach Hunyad, zwei nach Karlsburg übersiedelt. Zwei Familien waren wieder nach Haus zurückgekehrt. Unter den hier Gebliebenen waren 79 Bauernfamilien, 85 Handwerker. Die Zuwanderung hieher erfolgte ohne Zutun der Regierung und der Sachsen. Erst 1749 wurde der kommandierende General auf die Einwanderung aufmerksam und fragte beim Mühlbächer Magistrat an, was für eine Bewandtnis es mit der Sache habe. Er vermutete eine Hereinberufung der Leute und bemerkte in seinem Bericht an den Hof-Kriegsrat, die Angelegenheit scheine ihm bedeutsam genug, da u. a. daraus erhelle, „wie bei der Sächsischen Nation neu ankommende ausländische Teutsche freie Familien, Bauern und Handwerksleut, wenn sie Lutherischer Religion seien, nicht nur mit unentgeltlichem Indigenat und Bürgerrecht, sondern auch noch in viel anderm Wege, zu allzuhandgreiflichem Unterschied, Haß und Nachteil der katholischen Religion und derselben zugethanen Teutschen Ankömmlingen als deren beschwerliche und eingeschränkte Rezipierung so viel landtägliche Deliberationen gebraucht hat, begünstiget werden." Er fürchtete, daß bei weiterm Fortgang der Einwanderung die sächsische Nation sehr zunehmen werde, was „für das Systema dieses Fürstentums" sehr bedeutsame Folgen haben könne. Der Magistrat antwortete, er wisse nicht was die Leute bewogen habe, hieher zu kommen, auch seien keine „Reizungsmittel" gebraucht worden; nur hätten die Angekommenen den Zurückgebliebenen Nachricht über ihre Umstände und die Zustände des Landes gegeben, was die andern zum Nachkommen bewog; allmonatlich kamen (1749) neue Zuwandrer. Jene elf Familien, die 1748 in Mühlbach eintrafen, er-

hielten auf ihre Bitten für jeden Wirten eine Hofstelle, groß genug, um
auch die Wirtschaftsgebäude darauf zu stellen, einen Weingarten, Wiesen
soviel die andern Bürger hatten, die Nutzung des Waldes mit den an=
säßigen Bürgern gemeinsam, alles unentgeltlich. Sie sollten eine eigne
Gasse sich erbauen, die Stadt versprach Mithülfe beim Bau, gab ihnen
für 5 Jahre Freiheit von allen Lasten und Abgaben, eine eigne Fleisch=
bank, eignen Weinschank und „vor Jeden einen Ort und Platz in der
Kirche ohne Verdruß und Sauersehen". Kein Zweifel, daß diese günstigen
Bedingungen weitere Einwanderer hereinlockten. Bald darauf kam ein Mann
aus dem Freiburgischen herein und meldete, daß noch mehrere Familien
kommen wollten, doch möchten sie Gewißheit haben, auf welche Bedingungen
sie sich hier niederlassen könnten. Auch ihnen wurden Hof und Grund
in Aussicht gestellt, drei Freijahre und nach deren Ablauf eine Kon=
tribution von 5, später von 10 Gulden. Die neuen Ansiedler hatten der
Landesfürstin und der sächsischen Universität wie dem Mühlbächer Magistrat
Treue schwören müssen und gelobt, sowohl in Kriegs= wie in Friedenszeiten
als fleißige, ehrliebende und gehorsame Bürger sich aufzuführen. Im
Jahr 1770 kamen ungefähr 150 Familien aus dem Breisgau, dem Elsaß
— besonders dem Hanauer Ländchen — ins Land, ein Teil von ihnen
ging in den Mediascher Stuhl, überall mit Hofstellen und Acker unent=
geltlich versehen; in Mühlbach wurde sogar der Hattert neu aufgeteilt.
Auch in Kronstadt hatten früher sich einige der eingewanderten Familien
niedergelassen. Die Ursache der Auswanderung scheint keine allgemein
gültige gewesen zu sein, hier vielleicht politischer Druck, dort ungünstige
wirtschaftliche Verhältnisse. Um die Mitte des Jahrhunderts erließen
sowohl der Kaiser als einzelne Landesregierungen in Deutschland Ver=
ordnungen gegen die Auswanderung, die damals in vielen Teilen des
Reichs den Zug zum Verlassen des heimatlichen Bodens erkennen ließ.

Einen andern Charakter trug die Einwanderung aus den österreich=
ischen Gebieten Oberösterreich, Kärnthen, Krain an sich. Sie stand in innerm
Zusammenhang mit der Einwanderung der Landler unter Karl III. (VI.).
Immer wieder tauchten in den österreichischen Ländern die verhaßten
Zeichen des nicht erstorbenen Protestantismus auf. Das Unglaublichste
war gegen die Ketzerei geschehen, List und Gewalt war nicht zu schlecht
gewesen, das Land zu katholisieren und doch war nicht erreicht worden,
das hellbrennende Feuer ganz zu verlöschen; unter der Asche glimmten
die Funken weiter und von Zeit zu Zeit schlug die Flamme wieder auf.
Dann eilte die Staatsgewalt herbei, aufs neue zu löschen. Ein Mittel,
den Protestantismus in Österreich zu unterdrücken, fand die Regierung

in der Verpflanzung der Evangelischen nach Siebenbürgen, trotz des wiederholten Protestes des katholischen Bischofs. In den Jahren 1752—1772 wanderten aus Österreich, dem Salzkammergut, Kärnthen, Steiermark über dreieinhalbtausend Personen in Siebenbürgen ein, die sich vor allem wieder im Unterwald, dann in der Umgebung Hermannstadts und Schäßburgs, übrigens auch sonst mit Ausnahme von der Reener und Bistritzer Gegend, niederließen. Broos erhielt durch sie eine bedeutende Verstärkung, ebenso Petersdorf, dagegen gelang die Erneuerung von Rumes leider nicht, trotzdem 600 neue Ansiedler dorthin gelenkt wurden, während Groß-Pold durch sie neu auflebte. Sie hatten Erlaubnis erhalten, ihr Vermögen zu Geld machen und so brachten sie mit, was sie hatten, Wolfgang Resch einen Gulden und Christian Neff 1522 Gulden 16³/₄ Kreuzer. Wie oft aber hatte der Fanatismus Mann und Frau von einander getrennt, auch die Kinder nicht immer bei den Eltern gelassen! Eine eigne Transmigranten-Kommission, erst unter Seebergs Leitung, war im Lande eingesetzt worden, die Angelegenheit zu fördern. In der Tat kamen fast bis zum Tode Maria Theresias noch Nachzügler ins Land, darunter Leute, die heimlich aus der Heimat entwichen, um hier den Protestantismus frei bekennen zu können. Ängstlich wurde der Briefwechsel und der Verkehr der Ausgewanderten mit den daheim Gebliebenen überwacht, — war doch unter den Gründen, daß sie nach Siebenbürgen geschickt worden waren, auch dieser, „weilen selbes zur Abschneidung der Correspondenz am weitesten entlegen". Man fürchtete Unheil, wenn der Mann aus Siebenbürgen der Frau, die dort geblieben war, mit ernsten Worten ins Gewissen redete, warum sie sich durch das Gefängnis habe verleiten lassen, den evangelischen Glauben zu verleugnen und mit dem Hinweis auf die ewige Seligkeit sie zur Standhaftigkeit ermahnte. Noch 1774 befahl Maria Theresia, nachdem in jenem Jahr noch ein Transport Transmigranten nach Siebenbürgen geschafft worden war — die Kinder unter 15 Jahren waren zurückbehalten worden! —, die Verführer und falschen Lehrer auf zwei Jahre ins Zuchthaus zu werfen und wenn sie sich nicht besserten nach Siebenbürgen zu schicken und fremde Emissäre sowie Leute, die die Evangelischen unterstützten, auf ein Jahr ins Zuchthaus zu setzen und im zweiten Betretungsfall nach Siebenbürgen „abzustiften". Hier brachten sie dem Deutschtum und Protestantismus Stärkung, ungern gesehen vom katholischen Bischof. Die evangelischen Pfarrer aber haben nicht unterlassen, in die Matrikel, in die sie den Tod des einen und andern verzeichneten, neben dem Namen zu bemerken, wie sein Träger christlich gelebt und im rechten Glauben den Weg zur Ewigkeit gefunden habe. Im Jahr 1753 war eine Bäuerin Barbara Kaltenbrunner, verehelichte Wolfg. Kaltenbrunner von ihrem Manne und ihren drei Kindern fort nach Siebenbürgen geschickt worden. Hier genas sie eines Mädchens. Nach 29 Jahren erfaßte Mutter und Tochter die Sehnsucht nach dem Gatten und Vater und sie machten sich auf, in die alte Heimat zu wandern. Die Tochter starb auf dem Wege, da wanderte die Mutter allein weiter und fand in der alten Wohnung den Mann — mit der Schwester verheiratet. Der Mann sollte verhalten werden, die Frau wieder anzunehmen; sie aber verzichtete auf ihr Recht und lebte still und einsam bis zu ihrem Tode. Ein Josef Stadlhuber war von seiner Frau und seinen drei Kindern 1754 fortgerissen worden, mit tiefstem Schmerz trennte er sich von ihnen und der Heimat. Zwanzig Jahre blieb er in Siebenbürgen, da konnte er das Heimweh und die Sehnsucht nach Weib und Kind nicht mehr bezähmen, er machte sich auf, der Heimat zu, 24 Dukaten ins Kleid eingenäht, die er in harter Tagesarbeit verdient hatte. Anderthalb Stunden weit vom Hause, den mächtigen Traunstein, den Gmundener See schon vor sich, faßte ein Gerichtsdiener ihn ab und führte ihn ins Gefängnis, die funkelnden Dukaten ließen Böses vermuten. Zweihundertvierundvierzig Tage wurde er in Haft gehalten, so nahe den Geliebten, die er einmal sehen durfte, weil der Kerkermeister ein menschliches Rühren fühlte. Sein Geld ging in der Haft drauf, deren Kosten er bezahlen mußte, dann wurde er „weil er in seinem Irrglauben immer verharret und davon nicht abzubringen ist, nochmalen nach Siebenbürgen zurück gesendet" mit dem Bedeuten, wenn er noch einmal zurückkehre und in seinem Irrglauben verharre, werde gegen ihn „mit der gewöhnlichen Strafe verfahren werden". Von Großpold schrieb im Jahr 1756 Kaspar Sonnleithner an sein Weib in der Heimat, er habe sich gefreut zu hören, daß sie sich „ritterlich" benommen habe, daß sie wegen ihrer Standhaftigkeit mit den Kindern bereits im Arrest gesessen sei. Nun höre er zu seinem Bedauern, daß sie „müde" geworden sei. Er redete ihr mit ergreifenden Worten zu, standhaft zu bleiben und auch nach Siebenbürgen zu kommen. Der Brief fiel der Behörde in die Hände, die den Auftrag gab, in Großpold unter den Geistlichen und Lehrern nachzuforschen, wer ihn geschrieben und den Verfasser gefangen zu setzen! Solche Beispiele lassen erkennen, was es mit der „Transmigration" hieher auf sich hatte und wie viel Jammer und Herzeleid daran hing! Als Verbannung mußten sie diese Verpflanzung empfinden und noch 1764 baten eine Anzahl aus Hermannstadt flehentlich, man möge ihnen gestatten, daß sie wieder zurückkehrten, „unsre verlassnen Ehegatten und Kinder zu uns und unsre Güter in Besitz nehmen und in der einmal erkannten evangelischen Religion uns üben"!

Der Fanatismus hat niemals Barmherzigkeit gekannt.

Die Vorgänge hatten in dem evangelischen Deutschland großes Aufsehen gemacht, das Corpus Evangelicorum wandte sich 1753 und 1755 an Maria Theresia mit Klagen und Beschwerden über die Unterdrückung und Verfolgung der Protestanten, so daß die österreichische Regierung sich genötigt sah, in ausführlichen Rechtfertigungsschriften jenen Anklagen entgegenzutreten. Einige der Vorwürfe konnte sie abschwächen, von dem bösesten wußte naturgemäß die Kaiserin nichts, die nun alles mit ihrem Namen decken sollte.

In den einzelnen Gemeinden hat es eine Zeit lang gedauert, bis die neuen Einwanderer mit den Sachsen verwuchsen, völlig verschmolzen sind die beiden Gruppen auch heute nicht, in Mühlbach gab es sogar schwere innere Kämpfe, bis ein Ausgleich stattfand. Aber ihre Zuwanderung wurde von den Sachsen bald als Stärkung empfunden.

Um die letzte Gruppe, die Ansiedlung der preußischen Kriegsgefangenen und Deserteure, hat die Regierung das ausschließliche Verdienst. Sie hatte im Verlauf des siebenjährigen Kriegs an die Nation die Aufforderung gerichtet, ob sie kriegsgefangene Handwerker aufnehmen wolle, und diese hatte sich bereit erklärt, wie es scheint mit der Bedingung, es sollten evangelische Leute sein (1761). Bald ging sie aber weiter und blieb nicht nur bei Handwerkern. Die Regierung stellte Grund und Boden in Aussicht, fünfjährige Abgabenfreiheit, sechsmonatlichen Friedenssold, freie Religionsübung und Heirat nach eigner Wahl, und zwar jedem, der sich meldete, schriftlich. Handwerker sollten 2 Dukaten auf die Hand bekommen, dreimonatlichen Friedenssold, das Bürger- und Meisterrecht für sich und ihre Frauen, fünfjährige Steuerfreiheit, dreißig Gulden zur Anschaffung der nötigen Handwerkszeuge, ja auch einen erforderlichen Kredit zum Beginn des Geschäfts und ebenso freie Religionsübung. In der Tat meldeten sich so viele, daß am 15. September 1761 231 Mann nach Siebenbürgen geschickt wurden. Es folgten in verschiedenen Gruppen weitere Nachschübe, im Juli 1763 waren gegen 100 in Hermannstadt angelangt, im ganzen etwa 1500 Köpfe, nicht lauter arbeitswillige Leute. Die Sachsen betrachteten sie mit Mißtrauen. Als die Aufforderung nach Kronstadt gerichtet wurde, Vorbereitungen zu treffen, 130 derselben im Distrikt anzusiedeln, erwiderte der dortige Magistrat, der Distrikt sei enge und so übervölkert, daß er nicht den geringsten Acker und Wiesengrund zu vergeben habe — angesichts des großen Kommunalbesitzes im

Sachsenland eine schwer faßbare Behauptung — und man solle den Distrikt mit „mehren derley Preußen verschonen". Nach dem Friedensschluß verlangte ein Teil wieder nach Hause und in der Tat wurde ihnen solches gestattet. Diejenigen von den Zurückkehrenden, die in der alten Heimat schon verheiratet gewesen waren und hier wieder geheiratet hatten, sollten die hier genommenen Weiber zurücklassen, die katholischen Frauen aber sollten nicht zurückgehalten werden. Wie viele wieder aus dem Lande fortzogen und wie viele zurückblieben, läßt sich nicht sagen. Unter den hier Gebliebenen aber befand sich der Schneidergeselle Joachim Wittstock aus Berlin, den die Friederizianischen Werber zu den Soldaten gepreßt hatten und der sich in Bistritz niedergelassen hatte, weil dort die Eier, die er gern aß, so billig waren, daß er meinte, nun brauche er nicht weiter zu wandern. Es ist der Großvater Heinrich Wittstocks gewesen, der an der Arbeit in Kirche und Schule und an dem nationalen Ringen der Sachsen hundert Jahre später einen ehrenvollen Anteil gehabt hat.

Dieselben Jahre, die der sächsischen Nation einen so erfreulichen Zufluß an Kräften brachten, schnitten nach einer andern Seite wieder tief in ihren Bestand ein, in dem traurigen Schicksal, dem die untertänigen sächsischen Gemeinden unterlagen.

Wir sind gewohnt, wenn wir vom sächsischen Volk in Siebenbürgen und von seiner Geschichte reden, vorwiegend an die freien Gemeinden des Sachsenlandes zu denken und übersehen oft, daß etwa ein Drittel der sächsischen Gemeinden außerhalb des Sachsenlandes auf Komitatsboden lag. Sie haben ein härteres Los gehabt als die freien Brüder und verdienen doppelte Anerkennung. Sie standen nicht unter dem gleichen Rechte. Abgesehen von kleinern Unterschieden lassen sich drei Gruppen unterscheiden. Am besten hatten es die sächsischen Gemeinden, die Untertanen der Sächsischen Nation, der Siebenrichter oder einzelner städtischer Gemeinwesen waren. Zu diesen gehörte Talmesch und die Güter der 1424 aufgehobenen Hermannstädter Probstei — Reußen, Groß- und Klein-Probstdorf, Besitzungen in Bulkesch und Seiden — und die Güter der 1477 aufgehobenen Kerzer Abtei — Kerz, Kreuz, Klosdorf, Meschendorf, Abtsdorf, Michelsberg, die der sächsischen Nation und Hermannstadt gehörten. Hier war von einem Druck überhaupt nichts zu spüren, sie zahlten geringe Abgaben, ordneten ihre Angelegenheiten unter der Aufsicht ihres Herrn und waren im Grunde persönlich frei. Ihnen zunächst standen jene sächsischen Gemeinden, die einst vielleicht auf Grund bestimmter Rechte sich auf Herrengütern niedergelassen hatten oder einen privilegierten Rechtsstand erlangt hatten. Zu solcher Dorfsanlage hatten besonders auch die sächsischen Erbgrafen mitgeholfen, da sie erfolgreiche Kolonisatoren waren. Eine solche Gemeinde war Martinsdorf, die Nikolaus von Talmesch anlegte, zu einigen Giebigkeiten verpflichtet, sonst frei, was sie sich auch durch Privilegien zu sichern wußte. Ähnlich stand es mit Mortesdorf, ähnlich mit der Gruppe, die unter dem Namen der 13 Dörfer zusammengefaßt wird, ähnlich mit Botsch im Reener Gelände. Bulkesch und Seiden gelang es im 18. Jahrhundert von den Bethlens sich freizukaufen. Auch die Gemeinden des ehemaligen Laßler Kapitels hatten einzelne Rechte und Freiheiten sich zu erwerben gewußt; alle diese Gemeinden wählten sich den Richter und ordneten sich ihre Angelegenheiten selber, das Recht der Gemeinde war dem Herrenrecht nicht ganz gewichen. Am besten waren unter diesen Gemeinden jene daran, die in ihrer Mitte überhaupt keinen Grundherrn hatten, welche vielmehr außerhalb oft an entfernten Orten wohnten und mit geringen Taxen sich zufrieden gaben. Von einer ganzen Reihe solcher „untertänigen Ortschaften" ging die Appellation an die nahegelegene sächsische Stadt, von da an die Universität.

Eine dritte Gruppe sächsischer Gemeinden bildeten jene, die auf Komitatsboden lagen und völliger Untertänigkeit unterlagen, in denen der adlige Grundherr saß und der Herrenvogt die strengen Befehle des Herrn hart ausführte. Da war von einem Recht des Hörigen nicht viel die Rede. Aber auch dort sammelte die evangelische Kirchengemeinde ihre Angehörigen zur selbständigen Ordnung der kirchlichen Angelegenheiten, sie verwalteten ihr Vermögen und wählten sich die Pfarrer selbst. Und doch darf nicht übersehen werden, daß es im 17. und am Anfang des 18. Jahrhunderts diesen untertänigen Gemeinden vielfach besser ging als den freien auf Sachsenboden, die unter unsäglicher Not und öffentlichem Druck mehr litten als jene unter dem persönlichen der Herrn, deren eigenes Interesse es erforderte, die öffentlichen Leistungen und Lasten möglichst von ihren Gemeinden fern zu halten.

Maria Theresia wollte auch für die Hörigen sorgen. Sie nahm damit eine Arbeit auf, bei der sie an die Vergangenheit anknüpfen konnte. Der Landtag von 1714 hatte die Rechtsgepflogenheit bestätigt, wornach der Colone, der eine ganze Session hatte, vier Tage in der Woche für den Grundherrn zu arbeiten habe, der Häusler (Inquilinus), d. i. Bauern, die kontraktmäßig vom Grundherrn angesiedelt waren, im Grunde aber doch von der Willkür des Grundherrn abhingen, die nicht eine ganze Session hatten, drei Tage, wozu sie die herkömmlichen Abgaben zu zahlen hatten. Diese waren zahlreich. Der Bauer mußte Hühner und Gansfedern, Honig und Butter, Hanf und Garn, Eier usw. liefern, unter

mancherlei Vorwänden verlangte Geldabgaben zahlen, an hohen Fest=
tagen Geschenke geben, den Neunten und den Zehnten geben. Der Willkür
war Tor und Tür geöffnet. Wiederholt hatte Maria Theresia (1742
und 1749) Maßregeln getroffen, eben der Willkür zu steuern und das
harte Los der Untertanen zu erleichtern. Schon am 11. Januar 1766
war vom Hof an das Gubernium der Befehl ergangen, einen Vorschlag
zu erstatten, wie die Dienstbarkeiten der Untertanen zu erleichtern seien
und wie jedem zu dem zu verhelfen sei, was ihm sein Grundherr zu
geben schuldig sei? Das Gubernium antwortete erst am 21. Juli 1768,
die eingeforderten Berichte seien so mangelhaft, daß es darauf hin keinen
Vorschlag machen könne. Doch habe es 32 Punkte einstweilen zur
Beobachtung hinausgegeben, durch die das Los der Untertanen erleichtert
werde. Die Kaiserin genehmigte die Anordnungen, drang aber doch auf
den geforderten Vorschlag. Am 3. Juli 1769 wurde er endlich vor=
gelegt und enthielt eine Ausarbeitung Banffis, in dem die Robotten
und Abgaben erörtert wurden, die Wohltaten dargelegt wurden, deren
die Hörigen teilhaftig werden sollten und die Art und Weise erörtert
wurde, nach der Herren und Untertanen zur Erfüllung der gegenseitigen
Pflichten anzuhalten seien. Eine königliche Entschließung vom 12. No=
vember 1769 befahl dem Gubernium, aus dem eingeschickten Vorschlag
und den 32 Punkten ein Ganzes zu machen und als Provisorium hinaus=
zugeben, zugleich aber die Ausarbeitung der Urbarial=Regulation ins
Auge zu fassen. Jene Verordnung vom 12. November 1769, an der
Brukenthal hervorragenden Anteil hatte — man nannte sie „gewisse
Punkte — bizonyos punctumok —" bildete die Grundlage für die
spätere Entwicklung. Darnach sollte der Colone, der eine ganze Session
besaß, wöchentlich vier Tage Handarbeit oder drei Tage Spanndienste
leisten, der Inquilin zwei Tage Hand= oder Spanndienste und der Ein=
häusler einen Tag. Die Hörigen durften bloß zu Treibjagden auf
Raubwild, zur Zehnteinführung zu gelegener Zeit verhalten werden.
Die Möglichkeit der Ablösung wurde offen gehalten. Die Frauen der
Colonen wurden verpflichtet, jährlich für den Grundherrn vier Pfund
Hanf, Flachs oder Wolle zu spinnen. Die Hörigen sollten sich bei der
Herrenarbeit selbst verköstigen; wenn sie aber an entfernteren Orten
verwendet oder über vier Tage in einem dort gehalten wurden, sollte
der Herr ihnen Brot geben. Sie sollten den Zehnten und Neunten
geben, gewisse Taxen und Naturalabgaben auch weiter zahlen. Der
Grundherr durfte den Hörigen im Besitz des Grundes und Bodens nicht
stören, der nach dem Erbrecht an die Nachfolger überzugehen hatte. Der

Inquilin hatte das Recht der Freizügigkeit. Der Grundherr durfte ihn aus dem gemauerten Haus, das jener das Recht hatte sich zu bauen, nur im äußersten Notfall und auf Grund eines gerichtlichen Spruches und nur gegen Vergütung verdrängen (24. März 1774).

Maria Theresia hatte Brukenthal (11. Juli 1772) den Auftrag gegeben, mit dem Grafen O'Donell und Bischof Bajtay einen Urbar=Entwurf zu besprechen und der Kaiserin vorzulegen. Bei diesen Besprechungen vertrat Brukenthal den Standpunkt: es müsse zuerst festgestellt werden, woraus eine Session bestehe, nach seinem Vorschlag eine ganze der 1. Klasse, wenn der Acker für 12 Kübel Aussaat groß genug sei, der 2. Klasse für 10 Kübel, der 3. Klasse für 8 Kübel, der 4. Klasse für 6 Kübel Aussaat. Die Hauptfrage war, zu welcher Dienstbarkeit und zu welchen Abgaben die Hörigen zu verhalten seien? Die Hofkommission beantragte, es solle die gesetzlich bestimmte 4tägige Hand= und 3tägige Zugrobott auf eine ganze Session für das ganze Land angenommen werden. Die Hörigen mit weniger als einer Viertelsession sollten 30 Tage Hand= oder 15 Tage Spanndienste im Jahr leisten. Der Neunte und Zehnte solle beibehalten werden. Zur weitern Erleichterung des Untertanenstandes erhielt das Gubernium den Auftrag, insbesonders auch mit Rücksicht auf die in Ungarn geplanten Erleichterungen eine weitere Zusammenstellung zu machen, die dem Hof vorzulegen sei. Das geschah 1776, doch fand der Hof die Arbeit nicht für gut und ordnete an, es solle eine Neuordnung nach dem Muster der ungarischen vorgenommen werden.

Es war noch immer ein hartes Recht, aber es war doch eine Ordnung, die Maria Theresia geschaffen hatte, die die bisherige Willkür eindämmte. Diese noch sicherer zu bannen, gab Maria Theresia, noch während der Verhandlungen über das Urbar, weitere Anordnungen (6. Juli 1774), wie es mit den Klagen der Untertanen zu halten sei, wie mit den Gerichten und die Bestimmungen über die „unmäßigen Robotten", über die „Grausamkeit, die in unmäßigen Prügeln, Fesseln, Gefängnis und andern unverdienten Körperstrafen" besteht, lassen ahnen, worüber die Untertanen vor allem sich zu beschweren Ursache hatten.

Diese menschenfreundlichen Ordnungen, die den Hörigen eine bessere Zeit bringen wollten und dem in völliger Hörigkeit Stehenden auch wirklich brachten, bildeten den Anlaß zu neuer Bedrängnis für die halbfreien sächsischen Gemeinden, Martinsdorf und Zepling, die 13 Dörfer u. a. Eine ins einzelne gehende Geschichte der einzelnen Gruppen und Gemeinden würde ein lehrreiches Bild des Leidens und Kämpfens dieser Volksgenossen geben. Der Gang der Entwicklung war im allgemeinen dieser.

In jenen Gemeinden gab es keinen ansäßigen Grundherrn. Einzelne besaßen Hofstellen, für die der Colone eine geringe Taxe zahlen mußte, der Grund und Boden auf dem Hattert war Privateigentum der sächsischen Besitzer, der Wald, die Weide war Gemeineigentum. Die Gemeinden wählten sich den Hannen und die Altschaft, ihre Klagen gingen im Appellationsweg an die sächsische Stadt und dann an die Universität. Der Hattert stand unter der Aufsicht des Amts, und selbst wenn ein Grundherr dort wohnte, so hatte er kein Vorrecht auf dem Hattert. Er durfte aus dem Wald, der der Gesamtheit gehörte, nur sein Bürgerlos begehren, sein Vieh mit der Gemeinherde weiden lassen. Was der Sachse rodete und anbaute ward sein Erbe und Eigentum, wollte er es verkaufen, so wurde es vor der Kirche ausgeboten. Nur von dem grundherrschaftlichen Boden, der in einzelnen Gemeinden überhaupt nicht vorhanden war, gaben die Nutznießer den Zehnten an den Eigentümer. Das Schankrecht stand der Gemeinde zu, das Jagd- und Fischereirecht desgleichen.

Nun wurde im 18. Jahrhundert vom Adel der Grundsatz aufgestellt, daß aller Boden in den Komitaten Adelsboden sei, daß es dort einen freien Besitz nicht gebe und jeder Bauer dort Höriger sei. Es war zunächst eine Theorie, aber eine solche, mit der die Freiheit der sächsischen Dörfer sofort in schweren Kampf geraten mußte. Hier nahm der Edling das Schankrecht mit Berufung auf jene Theorie für sich in Anspruch, dort begehrte er den Wald, an andern Orten erhöhte er die Taxen, an andern wieder begehrte er Leistungen, die da niemals vorgekommen waren. Vor allem: der ganze Grund und Boden, auch das langjährige Erbe und Eigen des Einzelhauses, der Privatbesitz sei adliges Eigentum und der Gemeinbesitz erst recht. Die Gemeinden schlugen wohl das Faß entzwei, das der Grundherr hinschickte, um schänken zu lassen oder schafften sich durch andre Art für kurze Zeit Ruhe, aber in der zweiten Hälfte des 18. Jahrhunderts begannen überall die Prozesse zwischen den Grundherrn und den halbfreien Gemeinden. Es war ja die Zeit der Produktionalprozesse; auch diese haben zum Teil ein Jahrhundert lang gedauert, die Gemeinden empfanden plötzlich, sie standen vor etwas Ungeheurem, dem sie nicht beikommen, dessen sie sich nicht erwehren konnten. Hier fing der Grundherr, dort die Gemeinde an, viele Prozesse kamen über den Anfang nicht hinaus, aber der Adlige erweiterte seine Macht, seine Rechtsansprüche tatsächlich und die Berufung auf die Verordnung der Kaiserin von 1769, die für diese Gemeinden füglich nicht gelten konnte, lenkte die Entwicklung in ganz falsche Bahnen. Es kam soweit, daß die Grundherrn, die dort nichts außer einem kleinen Bauernhof besaßen, den Antrag auf

Aufteilung des Hatterts stellten, den sie beanspruchten und der ihnen nie gehört hatte und auf dem sie gar kein Recht hatten.

Es ging zunächst nicht alles auf einen Schlag; Schritt für Schritt nur gelang es dem Adel vorzubringen. Um die Mitte des 18. Jahrhunderts war es gelungen, in Rod den ersten Prozeß wegen eignem Erb und Gut unter das Komitatsgericht zu ziehn, andre folgten an andern Orten und der sächsische Rechtsstand ging verloren. Im Jahr 1751 fingen die 13 Dörfer insgesamt gegen die adligen Grundherrn einen Prozeß an, um den Schutz ihrer Freiheiten zu erlangen. Jahrelang kam es zu keiner Entscheidung; solange Maria Theresia regierte, ist sie nicht erfolgt.

Ähnlich gings in Martinsdorf. Auch seine Bürger sahen sich genötigt, der Behauptung des Adels gegenüber, daß sie auch nur Hörige seien wie die andern Bauern im Komitat, Hülfe beim Hof zu suchen, dessen Bescheid vom 26. November 1760 sie anwies, den Prozeß gegen ihre Grundherrn bei der k. Tafel anhängig zu machen. Sie taten es im Dezember 1771 und die k. Tafel entschied am 8. März 1776, da die Kläger ihre Freiheit nicht bewiesen hätten, so werde die Grundherrschaft freigesprochen. Doch gelang es 1783 einen Spruch des Guberniums zu erwirken, die Grundherrn seien anzuhalten, ihre Forderungen zu beweisen.

So wie die Sachen lagen, war zunächst alles für diese Gemeinde in Frage gestellt, die Macht des Adels im Wachsen, der Grund erschüttert, auf dem die Gemeinden nicht ruhmlos jahrhundertelang den schweren Kampf um ihr Dasein und ihre bürgerliche Freiheit gekämpft hatten.

Mit Kriegen hatte das Theresianische Zeitalter begonnen, mit kriegerischen Irrungen nahm es Abschied. Die Teilung Polens 1772, in der die seit 1412 verpfändeten 13 Zipser Städte wieder an Ungarn zurückfielen, nur Schatten ihrer einstigen Bedeutung, hatte auf Siebenbürgen keinen Einfluß genommen. Die Erwerbung der Bukowina 1777 versprach für den Norden Siebenbürgens darunter auch für das Nösnerland erweiterte Handelsbeziehungen. Als aber der Bairische Erbfolgekrieg (1777—79) ausbrach, trug die Nation der Kaiserin 600 Mann leichter Reiterei an, die sie bis auf die Gewehre vollständig ausrüstete. Hunderttausend Gulden kostete sie. Die Universität war in der Lage, die Summe bis auf 16.000 fl. zum Teil aus den Kassen, zum Teil durch Aufschläge aufzubringen — auf die Geistlichen entfielen 6000 fl. — die Mannschaft wurde auch aufgeteilt. Für die allgemeine Insurrektion war bestimmt worden, es sollten auch Verbrecher angenommen werden, man solle nach dem frühern Leben nicht fragen, und alles im Alter von 18 bis

40 Jahren nehmen, selbst Juden und Zigeuner, doch müßten erstere
getauft sein oder sich zur Taufe entschließen. Die vorangegangenen Kriege
zeigten doch ihre Wirkung. Den echten Soldaten wars nicht recht, daß
die Aufnahme so weit greifen sollte. Wenn Zigeuner eingebracht wurden,
fragte Lebzeltern sie, ob sie nie Hunde oder Katzen abgedeckt und wenn
sie bejahten, wurden sie nicht angenommen. In Vasarhely wurden sie
zurückgewiesen, „bloß wegen der Schwärze ihrer Haut." Am 27. September 1778, noch bevor jene Stellung der sächsischen Reiterei durchgeführt war, gab die Kaiserin Brukenthal ihre Zufriedenheit über die
Verhältnisse in Siebenbürgen zu erkennen. Als die Nation die 600 Reiter
stellen wollte, sprach sie ihr Wohlgefallen darüber aus. Die Nation hatte
gewünscht, aus dieser Mannschaft ein eigenes Korps zu bilden; doch
meinte die Kaiserin, das ginge bei der Einrichtung der Armee nicht;
sie wurden zu den Kalnoky-Husaren eingereiht. Aber Maria Theresia
forderte, als Beweis ihrer Erkenntlichkeit, die Nation auf, einen Vorschlag für die Offiziersstellen zu machen, sie werde dann die Geeigneten
auswählen.

Brukenthal stand in ihrer vollen Gunst. Er konnte seinen Vertrauten als Grund angeben, daß er ihr immer die Wahrheit gesagt habe
und sie wisse, daß sie sich auf ihn verlassen könne.

Der sächsischen Nation, seinem Volke hatte er neue innere Kraft
gegeben, dessen Erhaltung im 18. Jahrhundert ist sein Werk gewesen!
Wie die Volksgenossen jener Zeit empfanden, drückt der schöne Gedanke
eines Zeitgenossen aus: die Vorsicht hat ihn dazu bestimmt, daß er unsre
Fehler gut machen solle! Das Wort, das er, wie oben erwähnt, einmal
an die Kaiserin schrieb, ist aus der Zeit herausgewachsen und hat sein
Volk im Auge: „Ein Volk, das immer zu fürchten hat, ist nicht glücklich.
Wenn es aber dazu gebracht wird, daß es sich selbst verachtet, wegwirft
und keinen Wert mehr auf sich legt, ist es wahrhaft unglücklich." Es
ging wieder Zeiten entgegen, wo es viel zu fürchten hatte; daß es Wert
auf sich legte, verdankte es in erster Reihe seinem großen Sohne Samuel
Brukenthal.

Am 29. November 1780 starb Maria Theresia.

Die neue Zeit, die sie vorbereitet hatte, brach für ihre Länder nun
im Sturme an.

## IV.

### Verfassung, Leben und Sitten im 18. Jahrhundert.

Wer die Verfassung Siebenbürgens und des sächsischen Volkes im 18. Jahrhundert zu schildern unternimmt, darf den großen Unterschied nicht übersehen, der zwischen den rechtlichen und den tatsächlichen Verhältnissen bestand. Die gesetzmäßige Verfassung und die wirklichen Verhältnisse sind kaum zu einer Zeit so auseinander gegangen wie damals.

Die rechtliche Grundlage bildete das Leopoldinische Diplom vom 4. Dezember 1691 und die pragmatische Sanktion, die der Siebenbürger Landtag 1722 angenommen hatte. Darnach stand der Erstgeborene aus dem Haus Habsburg, der König von Ungarn als Fürst, seit 1765 als Großfürst, an der Spitze Siebenbürgens, in Ermangelung sämtlicher männlicher Erben eventuell auch die erstgeborene Frau, wie seit 1740 Maria Theresia. Das Land Siebenbürgen war ein besonderes Land, das nach seinen eignen Gesetzen regiert werden sollte, selbständig, keinem andern unterworfen, aber ein Glied der h. ungarischen Krone. Über diese Unabhängigkeit, besonders auch Ungarn gegenüber, wachte das Land eifersüchtig. Sämtliche Länder des Hauses Österreich waren durch die pragmatische Sanktion zu gegenseitiger Verteidigung verpflichtet.

Die Grundlage der Verfassung Siebenbürgens war die alte Gleichberechtigung der drei ständischen Nationen des Adels, der Szekler und der Sachsen und der vier rezipierten Religionen, des reformierten, evangelisch Augsburger Bekenntnisses, des römisch-katholischen und unitarischen Bekenntnisses. Diese beiden Grundlagen unterschieden Siebenbürgen u. a. auch wesentlich von Ungarn und seiner Verfassung.

Zu Siebenbürgen gehörten außer dem eigentlichen Siebenbürgen noch die sogenannten partes reapplicatae, kurz die partes genannt. Sie umfaßten jene Teile Ungarns, die nach der Schlacht bei Mohatsch zunächst durch den Frieden zu Großwardein bei Zapolya geblieben waren und dann in wechselnder Ausdehnung einen Teil der siebenbürgischen Komitate ausmachten. Im 18. Jahrhundert waren es die Komitate Arad, Kraßna, Marmaros, Mittel-Szolnok, Zarand und der Kövarer Distrikt. Karl III. entschied auf vielfaches Drängen Ungarns 1732, daß Arad, Marmaros und ein Teil von Zarand wieder an Ungarn zurückfallen solle, dagegen der Rest von Zarand, der Kövarer Distrikt und Kraßna sowie Mittel-Szolnok zu Siebenbürgen gehören sollten. Die wiederholten Forderungen der ungarischen Reichstage unter

Maria Theresia, auch die bei Siebenbürgen gebliebenen Teile wieder
an Ungarn zu geben, hatten keinen Erfolg.

Der siebenbürgische Landtag bestand aus den Vertretern der drei
gleichberechtigten Nationen und der vier rezipierten Konfessionen. Der
Landtag übte die gesetzgebende Gewalt im Verein mit dem Landesfürsten,
der an den Gesetzen, die der Landtag ihm vorlegte, vor der Bestätigung
oft weitgehende Änderungen vornahm, die dann eventuell Anlaß zu neuer
Beratung des Landtags gaben. Die Beschlüsse des Landtags erstreckten
sich auf allgemeine Landesangelegenheiten und die Eifersucht der Stände
wachte ängstlich darüber, daß nicht Dinge, die den Einzelständen zustanden, im Landtag entschieden wurden. Insbesonders gehörten die Innerangelegenheiten des sächsischen Volkes nicht zur Kompetenz des Landtags.
Der Landtag trat über Einberufung des Landesfürsten an dem Ort zusammen, den er bestimmte, im 18. Jahrhundert am meisten in Hermannstadt, dem gegenüber die Stände wiederholt Klausenburg als günstiger
für den Zusammentritt des Landtags bezeichneten. Der Landtag bestand
aus dem Gubernium, der k. Gerichtstafel, den Oberbeamten der Komitate,
der Szeklerstühle und des Sachsenlandes, den Vertretern der Komitate,
Stühle und der privilegierten Orte, dann aus den „Regalisten", angesehene Männer, die die Krone in den Landtag berief, deren Zahl unbeschränkt war. Ein königlicher Bevollmächtigter pflegte den Landtag bloß
zu eröffnen und zu schließen, den regelmäßigen Verhandlungen aber nicht
beizuwohnen. Die Verhandlungen betrafen zuerst die k. Propositionen, dann
die „Gravamina" der Stände; die Steuer, Gesetzgebung, Verleihung des
Indigenats gehörten zur Kompetenz des Landtags, der in gewissen Fällen
auch als Gerichtshof sich konstituierte. Ein hauptsächliches Recht war der
Vorschlag zur Besetzung der Landesämter. Der Landtag sollte aus den drei
Nationen und vier Konfessionen je drei Männer zu jeder Stelle vorschlagen,
worauf die Krone die Ernennung vornahm. Diese Landeswürdenträger
waren der Hofkanzler, der Gouverneur, der Thesaurarius (Finanzminister),
der zugleich Vizepräsident der politischen Abteilung des Guberniums war,
der Ständepräsident (Vorsitzer des Landtags), zugleich Vizepräsident der
gerichtlichen Abteilung des Guberniums, der Oberlandeskommissär, der
Provinzialkanzler, der Buchhaltungspräsident und die Gubernialräte.
Außer diesen wählte der Landtag den Präsidenten der k. Gerichtstafel
und die drei Protonotäre. Die Geschichte all dieser Wahlen und Er-
nennungen im 18. Jahrhundert ist eine fast ununterbrochen fortlaufende
Gesetzesverletzung gewesen, indem die Regierung bald überhaupt die Wahlvorschläge nicht machen ließ, bald sich nicht daran kehrte. Die Beschlüsse

des Landtags wurden durch Übereinstimmung der drei Stände gefaßt; zu einem gültigen Beschluß war die Zustimmung jeder der drei Nationen erforderlich und keine konnte dazu gezwungen werden, so daß die Zahl der Vertreter ziemlich belanglos war.

Das Gubernium war die Zentral-Landesstelle, die aus dem alten Rat des siebenbürgischen Fürsten hervorgegangen war und seit 1693 Gubernium hieß. In seiner Hand war die politische Leitung des Landes, es war zugleich letzte Gerichtsinstanz, für die Sachsen nicht in allen Fällen, da manches von der Universität nicht weiter appelliert werden konnte. Es bestand aus zwölf Räten, die gleich geteilt sein sollten nach den drei ständischen Nationen und den vier rezipierten Konfessionen, eine Bestimmung, die im 18. Jahrhundert kaum einmal beobachtet wurde. Die katholische Religion wurde bevorzugt, die Sachsen wurden immer wieder zurückgesetzt. Gegen die Landesgesetze wurde der katholische Bischof als erster Gubernialrat ohne weitere Wahl ins Gubernium gezogen, ja mit der Vertretung des Gouverneurs betraut; von Amts wegen war der Hermannstädter Königsrichter und Komes der Sachsen Gubernialrat. Das Gubernium erließ alle seine Verordnungen im Namen des Landesfürsten. Die stehende Eingangsformel seiner Erlässe war: Sacratissimae Caesareo-regiae et apostolicae majestatis, domini, domini nostri clementissimi nomine und der Schlußsatz: cui (quibus) in reliquo altefata sua Majestas benigne propensa manet oder optimum sperare jubet.

Das Gubernium seinerseits erhielt die Befehle von der siebenbürgischen Hofkanzlei in Wien. Sie war ursprünglich eine Kanzlei des Monarchen, um zwischen der Zentralregierung und Siebenbürgen zu vermitteln. Sie wurde anfangs als eine Expositur des Guberniums betrachtet. Nach der Erwerbung Siebenbürgens am Ende des 17. Jahrhunderts ging die Absicht der Regierung dahin, die siebenbürgischen Angelegenheiten der ungarischen Hofkanzlei zuzuweisen, die hiefür abgesonderte Registratur, Referenten und Sekretäre haben sollte. Das Land bestand darauf, die siebenbürgische Kanzlei von der ungarischen zu trennen und Leopold gab dem Wunsche nach. So wurde die siebenbürgische Hofkanzlei selbständig organisiert. Das Land kaufte für 82.000 Gulden in Wien ein Haus für sie; es lag in der Bankgasse und länger als hundertfünfzig Jahre ist das Land im wesentlichen von dort aus regiert worden. Die Hofkanzlei erließ im Namen des Monarchen die Befehle an Landtag und Gubernium, sie war die maßgebende leitende Stelle, zuletzt die entscheidende Instanz in fast allen Angelegenheiten. Sie empfing durch kaiserliche Hand=

billetts die allerhöchsten Aufträge (altissimae resolutiones), die auf ihre Vorträge (humillimae relationes oder propositiones) oder selbständig erfolgten. An ihrer Spitze stand der Hofkanzler, der auf Grund der vom Landtag vorzunehmenden Wahl vom Kaiser ernannt wurde — falls die Regierung nicht vorzog, ohne Rücksicht auf die Stände die Ernennung vorzunehmen. Er legte den Diensteid vor dem Monarchen ab und wurde vom Obersthofmeister feierlich in das Amt eingeführt. Unter ihm standen die Hofräte und das übrige Personal, die Hofräte gleichfalls über Vorschlag des Landes mit Berücksichtigung der gleichberechtigten drei Stände und der vier rezipierten Konfessionen zu ernennen, was gleichfalls im 18. Jahrhundert einfach beiseite geschoben wurde und zugunsten der Katholiken umgangen wurde.

Die Finanzen mit Mauten, Zöllen, Salzgefälle, Bergwerken usf. standen unter dem Thesauratiat in Hermannstadt, an seiner Spitze der Thesaurarius, ebenfalls von den Ständen zu wählen, vom Fürsten zu bestätigen, im übrigen dem Einfluß des Landes entzogen, da es den Weisungen und Entscheidungen des Hofes unterstand.

Die Militärgewalt stand dem Landesfürsten zu. Das Leopoldinische Diplom hatte ausdrücklich festgesetzt, daß der Kaiser den Kommandierenden General einsetze, Generalem et caput Germanum d. h. einen General der kaiserlichen Armee, einen Nicht-Siebenbürger. Sie galten recht eigentlich als Stellvertreter des Monarchen und waren in der ersten Hälfte des Jahrhunderts die maßgebenden Persönlichkeiten, ihr Einfluß ragte weit hinüber über die durch das Gesetz gezogenen Schranken. In der Theresianischen Zeit nahm ihr Einfluß ab, vor allem auch das derbe Eingreifen in alle Verhältnisse. Doch war ihre Fürsprache stets begehrt, ihr Unwille gefürchtet.

Die Stellung des Militärs erfolgte in der Art, daß vom Hof der Befehl kam, wie viel Mann das Land zu liefern habe. Davon entfiel dann ein Teil auf das Sachsenland. Nach der Assentierungsvorschrift von 1778 sollten die Rekruten auf die einzelnen Gemeinden mit Rücksicht auf die Zahl der Hausväter aufgeteilt werden. Der Hausvater, der einzige Sohn oder Schwiegersohn durfte nicht ausgehoben werden. Die Rekruten sollten nicht jünger als 18 und nicht älter als 40 Jahre sein und eine Größe von 5 Schuh 3 Zoll haben. Die Rekrutierung war im ganzen Land an einem Tag vorzunehmen, nachdem sie im geheimen vorbereitet war, um insbesonders das Ausreißen der ins Auge Gefaßten zu verhindern. Jeder Ortsrichter war verpflichtet, die ihm tauglich schienen, einzufangen und unter sicherer Bewachung an den Ort der

Assentierung zu stellen. Jeder Assentierte erhielt 3 fl., um sich einige Kleinigkeiten anzuschaffen, die er bedurfte.

Seit die kaiserliche Armee übrigens in Siebenbürgen einmarschiert war, traten sächsische Jünglinge freiwillig in sie ein und nicht wenige von ihnen haben auch im 18. Jahrhundert hohe Stellen in ihr bekleidet, Melas, der 1746 als Kadett eintrat und 1806 als General der Kavallerie starb, J. Fr. Sachs v. Harteneck, der 1730 als Fähnrich eintrat und als FML. 1773 starb, S. C. v. Heydendorff, der nach einem romantischen Liebesverhältnis zu des Mediascher Stadttürmers Töchterlein 1754 als Volontär zum Heere ging, den siebenjährigen Krieg mitmachte und als General 1794 starb, M. Waldhütter, ein Denndorfer Pfarrerssohn, der vom Kürschnerhandwerk Soldat wurde, der während der Belagerung der Festung Schweidnitz 27. September 1762 mit 30 Mann, als eine feindliche Mine gesprengt worden war, in die über 7 Meter tiefe Grube sprang und die Feinde zum Teil verdrängte, zum Teil zusammenhieb, „eine Waffentat, wie die Kriegsgeschichte ihresgleichen nicht aufzuweisen hat" und für die er den Maria Theresienorden erhielt. Er starb als Oberstleutnant 1779. Die Zahl dieser Tapfern ließ sich leicht vermehren.

Es ist kulturhistorisch nicht uninteressant, daß schon in den ersten Jahren nach dem Übergang Siebenbürgens an das Haus Habsburg auch Heiraten zwischen Offizieren der Armee und sächsischen Mädchen vorkamen, die erste wie es scheint in Kronstadt. Im ganzen aber bestand doch ein tiefer Gegensatz zwischen der kaiserlichen Armee und dem sächsischen Volk, erklärlich nach all dem, was es von dieser Seite erfahren hatte, nicht zuletzt die Angriffe auf Glauben und Freiheit!

Es war trotz seiner Kleinheit ein kompliziertes Staatswesen, das an individuellen Ausgestaltungen seinesgleichen suchte, das Baron Samuel Szilagyi 1763 mit den Worten kennzeichnete: Siebenbürgen sei ein Feenreich, in dem es immer schwer gewesen sei, die Einigkeit unter den drei Nationen aufrecht zu erhalten, um so mehr als diese drei Nationen sieben Köpfe hätten (die drei Nationen und vier Konfessionen). Inmitten dieses „Feenreiches" nun der dritte Landstand, die sächsische Nation mit ihrem Sonder= leben, steten Angriffen ausgesetzt und gezwungen, sich zu verteidigen.

Die Grundlage ihrer Verfassung war die alte geblieben. Die An= siedlungen des Sachsenlandes saßen auf freiem Boden, auf eigenem Erbe, die einzelnen Gemeinden in den alten Stühlen zusammengeschlossen, der Hermannstädter Gau mit den Stühlen: Broos, Mühlbach, Reußmarkt, Hermannstadt, Leschkirch, Schenk, Reps, Schäßburg, die sogenannten „Sieben Stühle", Mediasch—Schelk, die ehemaligen „Zwei Stühle", dann abgesprengt von ihnen der Kronstädter und Bistritzer Distrikt. Es waren kleine Gemeinwesen, der Leschkircher Stuhl 4, der Mühlbächer 3¼ Quadratmeilen groß, der erste mit 12, der andere mit 11 Gemeinden, der Hermannstädter 19½ Quadratmeilen mit 24 Gemeinden, der größte von allen. Für das Burzenland rechnete man 30, für Bistritz 33 Quadratmeilen. Alle ruhten auf der freien Dorfgemeinde. Sie wählte sich jährlich den Hannen, der an der Spitze des Dorfes stand, ihm zur Seite die Altschaft, die der Kommunität, der Vertretung der Gesamtgemeinde Rechenschaft legte. Noch war das Privateigentum des Einzelnen an Acker und Wiese geringer als das Gesamteigentum, das den Wald, die große Weide, Wasser und soviel an Acker und Wiesen umfaßte, daß zu Zeiten neue Aufteilungen vorgenommen und neue Zuweisungen an die einzelnen Höfe durchgeführt werden konnten. Noch war der Gedanke maßgebend, daß die Gesamtheit der Gemeindeglieder oberste Eigentümerin des liegenden Besitzes sei. Der erbenlose Hof fiel an sie zurück und wiederholt wurden an den verschiedensten Orten Bestimmungen getroffen, daß wüst liegende Äcker, unbebaute Weingärten u. dgl., die nicht in bestimmter Frist bebaut wurden, dem Besitzer entzogen und anders vergeben werden sollten. Das Geschlecht ahnte nicht, welch unabsehbare Folgen es nach sich ziehen werde, daß zunächst die Regierung anfing, an Stelle der Gesamtheit der einzelnen ausschließlich berechtigten deutschen Gemeindebürger die juristische Person der politischen Gemeinde zu setzen.

Die Konskription von 1720 wies sehr geringen Privatbesitz nach, in allen Gemeinden den großen Gemeindebesitz. In manchen teilten sie noch jährlich einen großen Teil des anbaufähigen Landes auf, besonders häufig Wiesen, es gab Gemeinden, wo soviel Land vorhanden war, daß jeder soviel unter die Arbeit nahm „als er brauchte". Noch um die Mitte des Jahrhunderts war — um nur ein Beispiel anzuführen — selbst in Mühlbach der größere Teil des Hatterts nicht in Privatbesitz. Die Kommunität beschloß über neue Aufteilungen, die sie wieder zurückzunehmen, ohne Widerspruch zu finden, sich für berechtigt hielt. Bei solchen Aufteilungen wurden nicht nur die Sachsen berücksichtigt, sondern auch die Walachen, die sich dort niedergelassen hatten. Aber das Drängen der Regierung, den großen Gemeinbesitz zu verkaufen oder zugunsten der politischen Gemeinde nutzbar zu machen, veranlaßte manche Orte, die Aufteilung in Privatbesitz vorzunehmen und nur einen geringen Teil zurückzuhalten. So teilte Kronstadt 1772 etwas über 4000 Joch, der größere Teil Wiesen, auf, die früher gegen eine jährliche Losung ausgegeben worden waren. Um 6—12 fl. erhielten die

Hofbesitzer ein Joch zugewiesen. Überall bestanden noch Losteile und
Teilungen, die von Zeit zu Zeit unter die „Bürger" d. i. die Hofbesitzer neu aufgeteilt wurden oder deren Ertrag jährlich zur Verteilung
kam. In Heltau wurden 1791 „die bisher seit undenklichen Zeiten frei
gewesenen Ackerländer oder Gemeinheiten, wo der erste beste nach Georgi
sie bauen konnte, zu Eigentümern verkauft; dies auf Veranlassung des
Magistrats". „Die Folge wirds weisen — setzte der Chronist hinzu — ob
dies dem Ackerbau aufhelfen wird oder nicht."

Nahezu überall herrschte die Dreifelderwirtschaft, hie und da sogar
das Zweifeldersystem. Mit 4—6 Ochsen oder 4 Pferden pflügten sie, fast
überall wurde das Feld gedüngt, doch manche fruchtbare Hatterteile blieben
auch ohne Düngung. Doch ging auf dem Hattert inzwischen eine bedeutende Veränderung vor sich. Der Hafer, der als zweite Körnerfrucht
das ganze Sommerfeld beherrschte, und die Hirse wurden allmählich vom
Mais (Kukuruz) zurückgedrängt, die Hirse fast ganz verdrängt. Am
Ende des 17. Jahrhunderts war er, „das türkische Korn", ins Land gekommen, noch 1686 hatte der Landtag das Kornfeld dafür verboten,
aber schon um die Mitte des 18. Jahrhunderts hatte er das Land erobert. Wohl mag die bildliche Anwendung des „Palukes" auf einen
weichen kraftlosen Menschen ein Zeichen dafür sein, daß das Volk die
Nahrkraft der neuen Frucht jener des Korns nicht gleichsetzte, aber um
1770 lebte der größte Teil des Landvolks in den Kokelgegenden vom
„Kukuruz". Eine Neuerung im Hause war, daß hin und wieder, doch
nur vereinzelt seit dem Anfang des Jahrhunderts, der Kessel zum
Branntweinbrennen aufgestellt war.

Dafür war der Weinbau eingeschränkt worden. Ganze Halden,
die ungünstiger lagen, waren aufgelassen worden, große Landstriche, die
früher die Rebe gebaut hatten, ließen die Berglehnen „wüst", die so
selten die Arbeit lohnten oder pflanzten Bäume an die Sonnenseite, die
besser gediehen. Die ersten Versuche mit der Kartoffel gingen ins 18. Jahrhundert zurück, doch machten obrigkeitliche Befehle sie erst im Anfang
des 19. Jahrhunderts heimisch. Dem Hanf und Flachs erwuchs zur
selben Zeit ein neuer Konkurrent in der Baumwolle. Schon am Anfang
des 18. Jahrhunderts finden sich unter der Wäsche der Bauersfrau
Frauenhemden mit baumwollenen Ärmeln und Kittel aus Baumwolle.

Auf dem Landbau und auf der Viehzucht beruhte das sächsische
Dorf. Der Hann, dessen Amt wohl Sorge und Verantwortung brachte,
aber in der friedlicher gewordenen Zeit doch nicht mehr so drückend wie
früher war — der Hannenstab gab Ehre und Ansehen — zählte zu

den wichtigsten Aufgaben die Sorge für die Mühle und den Hattert. Daß die Mühle in gutem Stand sei — fast jedes Dorf hatte eine eigene — war Vorbedingung des Lebens. Wenn sie im Winter einfror und das Mehl den Leuten ausging, dann fuhren sie vier, fünf Tage im Land herum, an den Alt und die Gebirgsbäche, um endlich mahlen zu können und die daheim Gebliebenen warteten hungernd der Rückkehr. Für den Hattert galt es zuverlässige Leute als Flurschützen zu dingen, daß Diebstahl auf dem Felde abgewehrt werde, vor allem das Hirtengedinge in Ordnung zu bringen und den Wald zu schützen. Die Herden waren geteilt, am angesehensten die Ochsen= und Pferdeherde, dann folgten die Kühe, Kälber, Schweine, bei denen die Eichelmast eine große Rolle spielte, Schafe und Ziegen. Um 1720 hielten sie in vielen sächsischen Gemeinden noch Esel. In alten Zeiten mochte die Hut reihum gegangen sein, nun wurden überall Hirten gedungen, die für das Vieh verantwortlich waren und durch das Dorf hinter der Herde zu gehen hatten, zum Zeichen ihres Amtes und damit jeder ihnen sagen könne, wenn ein Stück Vieh nicht nach Hause gekommen war. In Hermannstadt wurde am Ende des 18. Jahrhunderts nur Zug= und Melkvieh auszutreiben gestattet, die Stallfütterung unterliege noch zu vielen Schwierigkeiten, doch sollten Wiesen und Äcker nicht nur von Georgi (24. April) bis Michaeli (29. September) verboten sein, sondern vom 1. April bis letzten Oktober. Als allgemein verständliches Zeichen des „Verbots" galt der „Strohpuschen" auf dürrer Stange, der an der Grenze aufgepflanzt wurde. In Bistritz war das Austreiben der Schweine seit 1705 verboten.

Die Zeitgenossen freuten sich an der Stattlichkeit des sächsischen Dorfes. Die meisten Häuser in wohlhabenden Gemeinden waren aus Stein und Ziegeln gebaut. Die Kriegsnot der vergangenen Jahrhunderte hatte dazu gezwungen, daneben aber gab es immer noch Holzbauten, und nicht nur Stall und Scheune, auch das Wohnhaus war mit Stroh gedeckt, doch manches schon 1720 mit Ziegeln und Schindeln, während die Kirchen überall, häufig auch das Pfarrhaus das rote Ziegeldach aufwiesen. Das Licht fiel durch die „Schliemen=Fenster" (mit Häuten verklebt) ins niedere Zimmer, das einzige Wohngelaß, aber am Giebel des Hauses schrieb der Erbauer gern einen Spruch an, der frommes Gottvertrauen, alte Weisheit oder frische Lebenslust verkündete:

Mein Gott bewahr aus Gnad
Den ganzen Hof unds Haus,
Und laß gesegnet sein,
Die hier gehen ein und aus. 1771. (Draas.)

> Wir bauen Häuser feste
> Und sind doch fremde Gäste,
> Dort bauen wir uns wenig ein,
> Wo wir sollen ewig sein. 1720. (Hahnbach.)

Auch das aus dem Mittelalter stammende Wort fand sich noch:

> Ich leb und weiß nicht wie lang,
> Ich sterb und weiß nicht wann,
> Ich fahr und weiß nicht wohin,
> Mich wundert, daß ich so fröhlich bin. 1766. (Kelling.)

Ebenso das andre:

> Da Adam hackt und Eva spann,
> War noch kein Knecht und Edelmann. 1757. (Nußbach.)

Auf den Gassen sah es unsauber aus. Die Straßen überhaupt waren im Regenwetter, im Herbst und Frühjahr trostlos, im Dorf selbst durch das Vieh noch schlechter getreten. Es lag nachts viel im Freien, wo aller Unrat liegen blieb, der aus jedem Hause vermehrt wurde. Nicht nur die Jauche floß heraus, auch totes Geflügel und die Reste geschlachteten Viehs wurden achtlos auf die Gasse geworfen. Um die Brunnen, zu denen das Vieh zur Tränke getrieben wurde, sah es ähnlich aus, der Boden war niemals trocken um sie. Im Winter kamen die Bären und Wölfe und Füchse bis in die Gassen des Dorfes, sie plünderten den Stall des Bauern, der im Sommer vor dem herumstreifenden Gesindel, Deserteuren und Diebsbanden ebensowenig sicher war wie der Speicher und die Schinken im Rauchfang. Die herumschweifenden Zigeuner galten als besonders gefährlich. Unter Karl III. war den Amtleuten befohlen worden, die für vogelfrei erklärten Zigeuner, wo man sie fände, sofort wenn sie sich als Zigeuner bekannten, samt ihren Weibern niederzumachen oder zu hängen, die Kinder aber zu christlicher Erziehung in die Spitäler zu geben! Eine ganze Reihe Dörfer hatte das Jus gladii, das Recht über Leben und Tod zu richten und übte es erbarmungslos gegen jeden Übeltäter, dessen sie habhaft wurden, aus. Dennoch zählte man 1749 „vagierende wallachische Zigeuner" im Sachsenland 2535! Da war das Amt des Henkers in den Vororten und in den Gemeinden, die das Jus gladii hatten, ein wichtiges. Es waren wieder in der Regel Zigeuner, die dazu genommen wurden; es kam vor, daß einer, der durch Mord sein Leben verwirkt hatte, das traurige Amt gegen Zusicherung der Straflosigkeit übernahm. Es galt nicht als Unrecht, die Söhne des Scharfrichters wider ihren Willen zum selben Dienst zu zwingen. In Groß-Schenk bekam er 1735 für ein Hängen 2 fl., Kopf abhauen und

aufs Rad legen kostete 3 fl., ebenso viel Hexen schwemmen und ver‑
brennen und jedesmal dazu eine Maß Wein, ein Pfund Speck und ein
Brot. Auch die Selbstmörder hatte er „hinauszuschleppen" und auf der
Grenze zu verbrennen. Dafür hatte er Anspruch auf das Zweitteil der
Hinterlassenschaft. In Groß‑Schenk meinten sie den Stuhlshenker besser
anders beschäftigen zu können, indem sie ihm auch das Amt des Flur‑
schützen anvertrauten, da er im eigentlichen Amt wenig zu tun hatte;
innerhalb 40 Jahren gab es nur vier Hinrichtungen. Der zum Flur‑
schützen degradierte oder erhöhte Henker faßte aber die neue Be‑
schäftigung vom alten Standpunkt auf und schoß alle Tiere nieder,
die er sah, in einem Jahr, wie die Bürger bitter klagten, auch
24 Schweine!

Das Leben des Bauern, auch des freien auf Sachsenboden, war
im 18. Jahrhundert kein leichtes. Die Lasten, die auf ihm lagen, waren
noch immer fast unerträglich. Neben den laufenden Abgaben des Zehnten
und der stets wachsenden Steuern mußten die Dörfer Sorge tragen, die
alten Schulden abzuzahlen, zu welchem Zweck immer neue Aufschläge,
häufig in natura auf den Hof gemacht wurden. Es blieb dem Einzelnen
kaum soviel, als er zum Leben brauchte. Dann kamen die „Heerreisen",
die „Stuhlsfahrten" und wie sie genannt wurden, die Verpflichtung, in
öffentlichen Angelegenheiten mit Roß und Wagen ins Land zu fahren,
es kam die noch immer trotz allem Verbot geforderte unentgeltliche Be‑
wirtung und freie Verpflegung des reisenden Adels, und — nicht zu‑
letzt — die Einquartierung oder die Lieferungen für das kaiserliche Heer.
Beides waren eigentlich Plünderungen, denn trotz aller Verordnungen
des Hofs war es bis in die Theresianische Zeit herab, die erst den
„Marschordnungen" einigermaßen Ansehen und Gültigkeit verschaffte,
nicht möglich der Habsucht und Willkür Schranken zu setzen. Die frei‑
willigen und erzwungenen Geschenke waren in ein System gebracht. Wohl
hatte Hermannstadt schon 1698 beschlossen: „Die Honoraria kosten viel,
wir aber sein arm; wann man Jedem auch einem etwas, dem andern aber
nichts giebt, so giebt es Consequenzien und Ärgernüsse, derowegen soll eine
löbl. Obrigkeit entweder garnicht oder, da es gar wohl angelegt und da
es auch weislich, mäßig Geschenke anwenden." Das ganze Jahrhundert
hindurch war es nicht möglich, den ersten Gedanken auszuführen, der
den allgemeinen Anschauungen nicht entsprach, die vielmehr die Geschenke
als weislich und wohl angelegt ansahen und es war nur schwer, das
rechte Maß zu treffen. Es ist hier noch wie in den Zeiten des dreißig‑
jährigen Krieges: jeder Soldat wollte Geschenke haben. Kam ein neuer

kommandierender General nach Hermannstadt, so gabs endlose Gastereien auf Kosten der Stadt und der neue Machthaber erhielt 100 Schafe, 10 Ochsen, 3 Faß Wein, 100 Kübel Weizen, 100 Fuhren Heu, 200 Kübel Hafer usf. Zu Ostern brachte die Stadt ihm 1 Kalb, 2 Lämmer, 8 Truthühner, 8 Gänse, 50 Hühner, 24 Maß Butter und 1000 Eier, zum Namenstag 250 Dukaten und so alle nach einander je nach Rang und Würden. Der gemeine Mann erzwang sich als Geschenk Leinwand für die Hemden und das alles kehrte sich zuletzt auf dem Rücken des Bauern um. In der Stadt wurde besonders mit den Quartieren Mißbrauch getrieben. Die Offiziere ließen sich mehr Quartiere anweisen als sie brauchten, die dann in Geld abgelöst werden mußten. Die ungeheure Last der Einquartierung hielt die Leute in erster Reihe ab, ihre Wohnungen und Häuser zu erweitern — warum sollten sies für den Fremden tun? In Kronstadt hatte der Stadtkommandant einmal 30 solcher Quartiere, die Generalsgattin Wallenstein 10 usf. Wenn der Magistrat Miene machte, die Last zu erleichtern, dann drohten die Generäle mit Repressalien und zuletzt gab man nach, um nicht Schlimmeres zu gewärtigen. Graf Königseck hatte sich in Großau eine Viehwirtschaft einrichten lassen, Virmond ließ sich im Jungen Wald bei Hermannstadt einen Tiergarten mit Pallisaden umgeben, Graf Wallis zu seiner „Jagdrecreation" große Waldgebiete anweisen, in denen er allein jagen könne. So wie die Obern machten es die Untergebenen. Die Naturallieferungen von Stadt und Stuhl nahmen kein Ende. Aber auch den eigenen Beamten gegenüber bestand die Verpflichtung Geschenke zu geben und wenn sie auch nicht so beurteilt wurden wie von einer spätern Zeit, so waren sie darum nicht weniger drückend. Bei außerordentlichen Gelegenheiten wurden sie natürlich noch schwerer. Die Landtage, die im 18. Jahrhundert fast immer in Hermannstadt zusammentraten, waren so eine Gelegenheit. Da die Mehrzahl der Mitglieder mit ihren Pferden kam, mußten die umliegenden Dörfer die Verpflegung besorgen, denen befohlen wurde, herbeizuschaffen was notwendig war.

  Es war kein Wunder, daß eine nicht geringe Anzahl Dörfer sich entvölkerte, weil die Bauern nicht imstande waren, alles zu leisten, was ihnen aufgebürdet wurde. Dadurch wurde die Lage der Zurückgebliebenen noch schwerer. Dann schickte wohl der Stuhl oder die Universität Briefe und Boten aus, die „Flüchtlinge" zu suchen, die gezwungen wurden, in die Heimat zurückzukehren oder mindestens den Teil der öffentlichen Schulden zu bezahlen, der auf sie entfiel und denen man Erleichterungen in Aussicht stellte, wenn sie zurückkämen! In einzelnen Gemeinden schloſſen die Einwohner „Verbündniſſe", es ſolle niemand wegziehen; wer es doch tue, verliere ſeinen ganzen Beſitz.

Das alles wurde langſam in der zweiten Hälfte des 18. Jahrhunderts beſſer, nicht ohne Zutun der Regierung.

Eine Erleichterung gewährte die 1745 vom Hof gegebene Verordnung in bezug auf die Militärquartiere. Die Rathäuſer, Edel- und Pfarrhöfe, die Mauthäuſer, Schulen, Mühlen, Allodialgüter, Brauhäuſer und Schenken waren darnach gänzlich frei von Einquartierung. Kein Offizier ſollte ſich eigenmächtig einquartieren dürfen. Ein Oberſt hatte Anſpruch auf 3 Zimmer für ſich und 2 für ſeine Familie, ein Oberſtleutnant und Major (Obriſt-Wachtmeiſter) 3 Zimmer für ſich und 1 für die Familie, ein Hauptmann 2 und 1, der Leutnant und Fähnrich je 1 für ſich und 1 für die Familie. Dazu noch Kammer, Küche, Stall.

Für unſere Dorfsgemeinden aber bedeutete das ganze achtzehnte Jahrhundert nach dem Kuruzzenkrieg die Zeit der allmählichen Geneſung. Jahrhundertelang hatte der Feind die Saaten zerſtampft, die Häuſer niedergebrannt, die Kirchen geplündert, nun war ſeit 1712 doch Friede und die unermüdliche Zähigkeit des deutſchen Bauern baute das Zerſtörte wieder auf. Zwei Mächte haben ihm dabei geholfen, der politiſche Beamte und der evangeliſche Geiſtliche. Wohl zahlten beide der Zeit ihren Tribut und Vieles erſcheint nicht lobenswert an ihnen, aber ſie haben mitgeholfen, daß der feſte Boden der Weiterentwicklung gefunden wurde. Es iſt geradezu rührend zu ſehn, wie das kleine Leben im Dorf die kleinen und großen Bedürfniſſe langſam befriedigte und aus eigner Kraft die Mittel dazu fand. Heute noch ſind die Kirchen außerordentlich zahlreich, in denen Inſchriften an Bänken und Altar, an Orgel und Geräten die Jahreszahlen nach 1712 aufweiſen, ein Beweis wie das Beſtreben nach den Kuruzzenkriegen vorhanden war, das Zerſtörte wieder herzuſtellen. In ihrer Armut ſammelten ſie hier für eine Glocke, dort für einen Kelch oder einen Taufſtein, erneuerten die geborſtenen Gewölbe der Kirche und fanden ſich in gemeinſamer Arbeit zuſammen. Der Gotteskaſten erhielt wieder einige Pfennige frommer Gaben, ſie reichten hin, nicht nur das Glockenſeil zu erneuern, ſondern auch dem ungariſchen fremden Studenten ein Almoſen zu geben, den vertriebenen Pfarrer aus Ungarn zu unterſtützen, einem abgedankten Soldaten, einem bekehrten Juden, einem Kaluger eine kleine Gabe zu geben. Und nun ſorgten Pfarrer und Amt dafür, daß die alten Ordnungen erneuert und gefeſtigt wurden. Die Nachbarſchafts- und Bruderſchaftsordnungen wurden neu beſchloſſen und aufgeſchrieben, mit ihrer Hülfe langſam Zucht und

Ordnung wieder in Haus und Gemeinde heimisch gemacht. Der Trieb des Fortschritts regte sich. Der Bauer begann die Strohdächer durch Ziegeldächer zu ersetzen, selbst aus der Ferne brachten die Leute die Dachziegeln und unterstützten sich mit Fuhren. Im Jahr 1769 wurde für den ganzen Schenker Stuhl geboten, die alte schädliche Gewohnheit zu lassen, Baum auf Baum zu legen und so das Haus zu bauen, sie sollten am besten aus Steinen und Ziegeln gebaut werden. Dem Wegziehen der Leute aus ihren Dörfern sollte gesteuert werden, unnötiger Luxus abgetan werden. Im selben Stuhl wurden 1774 die Nachbarschaften in Zehntschaften eingeteilt, zu 20 bis 30 Wirten zu Polizeizwecken und zur Steuereinhebung.

Immer wieder erneuerte sich in den Gemeinden der Kampf mit den alten Übeln der Beamtenwillkür und Mißbrauch ihrer Gewalt. Alle Ortsbeliebungen, die das 18. Jahrhundert in ungewöhnlich großer Zahl schuf, suchten ihr zu steuern, im Sinne einer Agnethler Bestimmung, daß die Aufgabe des Amtes nicht nur sei, die Bösen zu strafen, sondern auch die Armen zu schützen. Sowohl von der gewöhnlichen Steuer als den außerordentlichen Reisen und was dergleichen Beschwernisse waren, hatten die Beamten sich frei gemacht, es war der Hauptbestandteil ihrer Besoldung, da sie auf dem Dorf nahezu keine feste Bezahlung hatten; über das, was sie eingenommen und ausgegeben hatten, sollten sie jährlich Rechnung legen, bei Aufteilung der gemeinen Erde nicht sich selbst bevorzugen u. dgl. In Agnetheln schafften sie 1717 auch die „Hannen-Zehrung" ab, auch sollten die Borger nicht mehr im Hannenhaus zusammen kommen und auf Kosten des Marktes zehren, „wird er zu Hause gut gekocht haben, so wird er auch gut essen."

In diesem Dorfleben aber gedieh fröhlicher Sinn in den alten Formen. Reicher als heute war uralter Brauch an den hohen christlichen Festen, in dem unverstanden heidnische Erinnerungen sich weiter erhielten, wenn sie am Johannistag feurige Räder den Berg hinunter rollten oder mit den Fackeln durch die Weingärten liefen, den Maibaum pflanzten und am Pfingsttag die Kirche mit frischen Bäumen schmückten, zu Ostern den Hahn schossen und Eier schlugen, Sitten von denen manche sich bis heute erhalten haben. Mehr als einmal griff die Obrigkeit täppisch zu, dann bewährte sich, daß das Leben stärker war als Befehle vom grünen Tisch. Es hing wohl mit dem Pietismus zusammen, daß die Meschner Artikel von 1729 am liebsten das Tanzen ganz verboten hätten „als ein Greuel und Werkplatz des Teufels". „Weil aber" — fügten sie wehmütig hinzu — „die menschliche Unart und das natürliche Verderben es dahin gebracht, daß hier oder dort das Tanzen nicht ausbleibt, so wird mit Unwillen geduldet, daß die Jugend dreimal des Jahres tanze!"

Die Dörfer hatten einen festen Rückhalt an den Städten. Sie waren damals nahezu ausschließlich deutsch bis auf Broos und Kronstadt. Im Jahr 1765 zählte man in Hermannstadt 6557 Evangelische, die nahezu zusammenfielen mit den Deutschen, in Kronstadt 7170, in Schäßburg 3262, Mediasch 2089, Bistritz 2604, Mühlbach 908, S.-Reen 1528. Im Jahr 1785 zählte Hermannstadt alles zusammen in der Stadt 10.818 Köpfe, in den Vorstädten 3452, zusammen eine Seelenzahl von 14.270 Köpfen!

Ihr altes Ansehn hatten die sächsischen Städte zuerst durch ihre mittelalterlichen Mauern und Türme, ihre alte Befestigung. Hermannstadt voran. Im Jahr 1751 umgaben noch 39 Türme und eine stattliche Anzahl von Basteien die Stadt. An den Toren, die abendlich gesperrt wurden, lagen bürgerliche und militärische Wachen, die erstern hatten einst die Bürger nach der Reihe besorgen müssen, jetzt waren es ständige Wächter, die um Sold dienten und zum Teil dort wohnten.

Schon am Anfang des Jahrhunderts ließ es die Bürgerschaft an der gehörigen Sorgfalt bei dieser Wache fehlen. Zehntschaftsweise rückten sie zu den Toren, aber sie waren unpünktlich, folgten dem Zehntmann nicht, schickten ohne Anzeige Stellvertreter, oft Lehrjungen und wenn der Hauptmann bei seinem Haus „Aufwartung" befahl, kam die ganze Zehntschaft einfach nicht. Ein artiges Bild des Kriegerlebens im Frieden geben die Strafbestimmungen aus dem Jahr 1713: es dürfe niemand „von der Paradie weggehen" und sein Gewehr liegen lassen, niemand während derselben Wein trinken oder nachher schießen. Die Zehntschaft beim Tor dürfe das Mittagessen nicht über 12 Uhr ausdehnen und solle im Sommer die Wache vor der Wachtstube „nüchternweis verrichten", niemand auf der Schildwacht schlafen oder ohne Erlaubnis sich entfernen, im Winter nicht im Pelz die Wache verrichten. Wenn der Bürgermeister, Königsrichter oder Stuhlsrichter aus- und einfuhr, hatte die Zehntschaft, die die Wache hatte, „sich im Gewehr zu präsentieren" und in Ordnung zu stehen.

Nach der Pest im Jahr 1720, wo die Bürgerschaft geflohen war, und die Stadt Tor- und Gassenhüter hatte bezahlen müssen, schlug der Bürgermeister vor, die Bürgerwachen überhaupt durch bezahlte Wachen zu ersetzen, was allgemein Anklang fand.

Noch bewahrten die Türme alte Lanzen und Armbrüste, Hackenbüchsen und Kugeln, aber im ganzen war auf Turm und Mauern schlecht gesorgt worden. Sie befanden sich 1751 in verwahrlostem Zustand, und es war nur dem guten Material zu verdanken, daß sie nicht zum Teil zusammenstürzten. Schon hatten Bewohner der Stadt angefangen, sich auch außerhalb der Mauern niederzulassen, neuerdings in der Josefstadt. In den Jahren 1702 und 1703 hatte der Hof dort auf Rabutins Rat eine Zitadelle zu bauen begonnen, das Land trug die Kosten, die Stände lieferten die Leute zu den Arbeiten, von denen die Komitate einen großen Teil schuldig blieben. Um die Steine billiger zu bekommen, wurde von Hermannstadt nach Gurariu ein Kanal gegraben, auf dem der Transport stattfinden sollte. Die Rakozische Revolution brachte die Arbeit zum Stocken. Als nach Wiederkehr des Friedens die Arbeiten nicht wieder aufgenommen wurden, nahm der Magistrat den Grund für Heu= und Holzmagazine in Anspruch, siedelte Zigeuner dorthin an und das Vieh weidete auf dem schönen Grasplatz, während die Töpfer die Erde von einer Bastion für ihr Handwerk verwendeten. Die verschiedenen Anläufe, den Ausbau der Zitadelle in Angriff zu nehmen, mißlangen, und da außerdem die Überzeugung platzgriff, daß auch die ausgebaute Zitadelle der fortgeschrittenen Kriegskunst nicht werde wiederstehen können, verkaufte die Stadt den Grund an Private, von denen einige auch unentgeltlich in Besitz von Parzellen gelangten. Maria Theresia gestattete 1773 und Josef II. bei seiner Anwesenheit in Hermannstadt, daß die österreichischen „Transmigranten" dort angesiedelt würden und andre, die dazu Lust hätten. So entstand die „Josefstadt", in der 1784 die letzten Gründe nach vorausgegangener Verkündigung an vier Markttagen lizitiert wurden, die Quadratklafter zu 2 Kreuzer, im Retranchement zu ½ Kreuzer. Die Bürger empfanden es unwillig, daß die Reichern die bessern Plätze erhielten, die jene eigentlich für die Armen bestimmt glaubten.

Den Mittelpunkt der Stadt bildete der große und kleine Ring. Nicht weit vom großen Ring in der Heltauergasse lag der „Römische Kaiser", das städtische Gasthaus, das ehemals der türkische Kaiser hieß und seit Josefs II. Aufenthalt und Wohnung daselbst umgetauft worden war. Mit Türmchen und Erkern geziert sprang das Haus scharf in die Gasse vor, ihm entsprach in mittelalterlichem Aussehn die Ecke zwischen dem großen Ring und der Sporergasse, von dem die Sage ging, es sei das Probsteigebäude und König Otto von Baiern habe dort bei seiner Anwesenheit in Hermannstadt gewohnt. Die alte Kapelle war im stolzen Patrizierhaus, das dem Komes Frankenstein († 1697) gehörte, noch sichtbar. Auf dem großen Ring stand in der Mitte das Wachthaus, das das Militär besetzt hielt, Kanonen davor, die den Beschauer mit Schrecken erfüllten. Hier war der Richtplatz — nur die militärischen Exekutionen fanden auf dem Zitadellengrund vor dem Heltauer Tor statt — hier stand der steinerne Roland mit dem Schwert in der Hand, man deutete die Gestalt als die Gerechtigkeit, die öffentlichen Strafen wie stäupen u. dgl. wurden hier vollzogen. Auf dem großen Ring war Frucht- und Holzmarkt, steinerne Viertel, die beim Gerichtsplatz aufgestellt waren, erinnerten an rechtes Maß und Gewicht. Auf dem kleinen Ring, wo die Hausbesitzer anfingen, die „Lauben" zuzubauen, mit Erlaubnis der Stadt, denn die Erde war „Gemeinerde", hielten die Handwerker ihre Waren feil, auch Obst war hier zu haben. Auf beiden Ringen spendeten Brunnen, auf dem kleinen Ring ein Radbrunnen Wasser, das Vieh wurde dort getränkt, dort wuschen die Frauen und der große Kanal, der dazu offen stand, war unrein und stank. Kaufläden gab es fast keine, beim Handwerker konnte jeder kaufen, was dieser selbst machte und im Sommer bei offener Türe feil bot. Einige Griechen und Armenier handelten mit ausländischen Waren, deren Umsatz man jährlich auf 400.000 fl. schätzte. Am Montag und Donnerstag wurde die blecherne Fahne ausgesteckt zum Zeichen, daß der Markt beginne, der an den Markttagen bis 11 Uhr dauerte. Da durften nur Städter kaufen. Der Bürger hatte das Vorkaufsrecht beim Vieh und beim Fleischer. Der Marktrichter hatte nach genauer Instruktion auf Ordnung zu sorgen. Die Unreinlichkeit auch in der Stadt war groß. Die Straßen waren nicht gepflastert, bloß die Heltauergasse wurde 1762 auf Befehl des Kommandierenden „durchaus" gepflastert. Der Kot war oft einige Zoll hoch und in den Nebengassen mischte menschlicher Unrat sich mit umgestandenen Hunden und Katzen und totem Geflügel. Den Schmutz vermehrte das Vieh, das morgens und abends durch die Gassen getrieben wurde, auch die Schweine fuhren unruhig durch dieselben und wühlten den Boden auf. Die Zigeuner waren verpflichtet, von Zeit zu Zeit die Stadt zu reinigen, was um so notwendiger war, als auch die Küchenabfälle einfach vor die Häuser geschüttet wurden. Von Zeit zu Zeit mischten die kommandierenden Generäle sich auch hier ein. Wenn ihnen der Schmutz zu groß wurde, drohten und „urgierten" sie, die Stadt wieder einmal zu putzen. Dann wurden die Zigeuner extra aufgeboten, die Häuser, in denen Militär wohnte, wurden gereinigt, fuhrenweise schafften sie den Unrat weg und zur Reinigung der Gassen kaufte der Magistrat besondere „Lapaten". Im Jahr 1721 verlangte das Militär, man solle die Plätze pflastern und die Wege in der Stadt bessern. Da befahl der Magistrat, es dürfe hinfort kein Wagen aus dem Stuhl in die Stadt fahren, der nicht 3 bis 6 Steine hereinbringe, um auf diese Weise die Pflasterung vorzunehmen. Einiges mag auch geschehen sein, denn 1740 wurde der Befehl erneuert, jeder Wagen solle 2 bis 3 Steine mit sich bringen, um das mangelhafte Pflaster verbessern zu können! In der Sommerhitze gab es wenige Häuser ohne Krankheit. So begann man die Unreinlichkeit als Übelstand zu empfinden und klagte über den „Eigensinn auf angeerbte Unordnungen", der davon nicht lassen wollte.

Brachen Krankheiten aus, so war im Lande wenig Hülfe zu finden. Hermannstadt, Kronstadt und Bistritz hatten seit dem 15. und 16. Jahrhundert ihre Ärzte und Apotheken, aber beides fehlte in den andern Städten, geschweige auf dem Lande. Über die Ursachen der Krankheit bestanden die seltsamsten Ansichten, — gegen den Hypochonder trank Heydendorff Sauerbrunnen — man suchte ihr durch Hausmittel beizukommen: schmieren, treten, schütteln, heben, nicht zuletzt beschwören und wenn alles nichts nutzte, so hatte der Betroffene eben „keine Lebtage mehr". Das große Zedlersche Universal=Lexikon berichtete 1735 über Hermannstadt, „sonst ist hier wegen des kalkigten Grundes und wegen allerhand bolearischer Dünste aus denen vielen Teichen nicht allzu gesunde Luft, daher die Einwohner der Kolik, Schwindsucht, Podagra und andern Incommoditäten ziemlich unterworfen; jedoch ist das Frauenzimmer daselbst sehr frisch!"

Außer den Kirchen ragte die evangelische Schule, das Gymnasium mit der Bibliothek daran, die Huet neu gegründet hatte, hervor. Die Bibliothek war wenig besorgt und die Raritätenkammer, die mit ihr vereinigt war, enthielt außer einigen alten Waffen auch nichts besonderes, einen Elefantenzahn, ein zweiköpfiges Kalb u. a. Die Schule stammte aus alter Zeit, es war ein gotisches Gebäude, halb in der Erde, voller Winkel und Löcher, mit unregelmäßigen Zimmern und Kammern, dessen Alter die Zeitgenossen — sicher zu hoch — auf 5—600 Jahre schätzten. Als ganze Zimmer einzustürzen begannen, riß man 1779 das alte Gebäude nieder und baute das jetzige Gymnasium, wesentlich nach den Bauplänen des damaligen Stadtpfarrers D. Filtsch. Im Jahr 1783 konnte Josef II. das neue Gebäude besuchen, den Zeitgenossen erschien es als „ein kostbares prächtiges Werk, welches die Augen jedes Fremden auf sich zieht und worüber der späte Enkel die Freigebigkeit seiner Voreltern segnen wird".

In der Kirche, dem Gymnasium gegenüber, wurden die Vornehmen begraben; sie war voller Grüften und Leichensteine. Der Stolz der Stadt war die Orgel mit ihren 3700 Pfeifen, vom schönen Bild im Chor wußten die Zeitgenossen den Maler nicht, obwohl er darauf zu lesen ist. Die Gestühle der Ratsherrn, der Kanzel gegenüber und die der

Geistlichkeit im Chor waren mit gotischem Schnitzwerk versehen. Im Jahr 1720 hatte man einen neuen Altar aufgestellt. Von den Glocken rühmte man die Stundenglocke, die von vier Männern geläutet werden mußte, „wenn sie anschlägt, erschüttert sie das ganze Gebäude und ihr feierlich trüber Klang, besonders wenn die übrigen Glocken mit einstimmen, durchdringt auch den, der lange mit ihr gewohnt ist, mit ungewöhnlichen Empfindungen. Sie wird nie geläutet als bei den allerhöchsten Feierlichkeiten und bei den vorzüglichern Begräbnissen; denn man muß die Erlaubnis mit Niederlegung eines Dukatens lösen". Die Uhr zeigte auch die Mondphasen und der städtische Uhrmacher Painer hatte um 1780 ein Glockenspiel eingerichtet, welches fünf Minuten vor dem Schlag der Stunde Melodien aus einem geistlichen Liede spielte.

Bei all diesen Anstalten zeigte sich das Bedürfnis nach Verbesserungen, nach Fortschritt. Beim Bürgerspital war es besonders sichtbar. Es wurde vergrößert und verbessert und seit 1748 völlig umgewandelt. Seit 1699 war damit eine Mädchenschule verbunden, der erste Lehrer daran, zugleich Chordirektor der Spitalskirche diente über fünfzig Jahre in dieser Stelle.

Auch ein neues Gefängnis hatte die Stadt 1757 in der Saggasse aufgeführt, das frühere stand in der Burgergasse, wo die Gefangenen hauptsächlich mit Wollarbeit beschäftigt wurden. Die Männer waren von den Frauen, die Sachsen von den Wallachen, ansehnlichere Gefangene von dem gemeinen Auswurf getrennt. Auch hier fehlte jede Ordnung und Reinlichkeit. Über dem Tor war die Inschrift:

> Frevler nimm es Dir zur Warnung, gib des Herzens Besserung Raum;
> Arbeit, Wasser, Brot und Schläge sind allhier des Lasters Zaum!

Schon 1735 hatte die Kommunität genaue Bestimmungen über die Einrichtung des Gefängnisses erlassen. Darnach gehörten ins Zuchthaus, das zugleich Arbeitshaus war und das den Zweck hatte, die Gefangenen zur Gottesfurcht, Ehrbarkeit und Arbeit anzuhalten, dann durch deren Bestrafung andern ein abschreckendes Beispiel zu geben, ungeratene Kinder, liederliche Dienstboten, faule Handwerker, Trunkenbolde, mutwillige Schuldner, unzüchtige Weibspersonen, von welchen noch Besserung zu hoffen war, starke Bettler, Verschwender ihres Vermögens, unbändige Eheleute und Leute, die keinen Willen und die Kraft zur Arbeit hatten. Daneben schickte allerdings der Magistrat 1741 auch eine närrische Kürschnerin ins Zuchthaus! Jeder Züchtling erhielt bei seinem Eintritt eine „zuchtmäßige Bewillkommnungsstraf" und hatte täglich eine bestimmte Arbeit zu verrichten, von deren Ertrag seine Erhaltung bestritten wurde. Gebete am Morgen und Abend, beim Essen und Gottesdienste sollten die sittliche Besserung fördern. Für die Behandlung der Kranken war ein Medicus und ein Chirurgus angestellt. Auch die Mediascher erhielten das Recht, liederliche Leute aus ihrer Stadt hieher zu schicken, das gleiche erbat und erhielt der Leschkircher Königsrichter. Das Fleisch, das der Marktrichter als schlecht in den Fleischbänken konfiszierte, wurde zur Gefängniskost gegeben — ehemals auch „auf die Schule".

Dicht am Gefängnis befand sich das städtische Bierbräuhaus, das aber schlechte Geschäfte machte, da hauptsächlich Wein getrunken wurde. Besser trug sich die Mühle gegenüber, deren Einkünfte der Stadtpfarrer bezog.

Jenseits des Zibins war 1753 von der Witwe des Lederers G. Theyß, Frau Katharina Theyß, in Ausführung eines Wunsches ihres Mannes und im Einverständnis mit ihren Schwägern zur Erziehung von bettelarmen vater- und mutterlosen evangelischen Waisen ein Waisenhaus gestiftet worden, das 1758 ins Leben trat, die Knaben für „eine Profession" erziehen sollte und die Mädchen „wo möglich an Kindesstatt zu befördern bei jemandem, der da verspricht, selbe zu besorgen und auszuheiraten".

Vor der Stadt lagen Gärten und Meiereien, vor allem bewunderte man das schöne Lustschloß, das Brukenthal an der Schellenberger Straße mit sehenswertem Garten gebaut hatte.

Auch Kronstadt trug den Charakter der starkbefestigten Stadt. Hohe Mauern, zum Teil doppelt, zumeist drei- bis vierfach, umgaben die verhältnismäßig kleine innere Stadt, 32 Türme verstärkten sie, 7 große Türme und 5 Basteien, 3 große Tore, die wieder vielfach verstärkt waren, machten sie fast uneinnehmbar. Und über der Stadt erhob sich trotzig das Schloß mit vier Basteien und einem Graben bewehrt. Dieses Schloß kam nach vielem Streit unter Maria Theresia in den Besitz des Staates und wurde dem kaiserlichen Militär übergeben. Im übrigen hatte die Befestigung in Kronstadt im 18. Jahrhundert dasselbe Schicksal wie die Hermannstädter, sie verfiel in der langen Friedenszeit. Auch begannen die Anrainer frühe schon sich in den Besitz des angrenzenden Bodens zu setzen und als 1778 die Stadt den Burggässern das Recht unter gewissen Bedingungen gab, war damit für alle andern das Beispiel gegeben.

Im Aussehen Kronstadts waren den größern Teil des 18. Jahrhunderts die bösen Folgen des großen Brandes von 1689 zu erkennen. Lange Jahrzehnte hindurch arbeiteten sie an den öffentlichen Gebäuden, um den Schaden auszubessern, länger als dreißig Jahre an der Kirche. Auch das Rathaus wurde 1770 erst wieder hergestellt und planvoll er-

weitert, die Kürschner behielten ihr altes Recht, das sie sich 1420 vor=
behalten hatten, als sie gestatteten, daß über ihrer Laube das neue Rat=
haus erbaut würde, in ihrer Stube der Zinne zu im Frühjahr Lamm=
fleisch, im Herbst Pelzwaren zu verkaufen. Das große Kaufhaus konnte
erst 1759 mit Ziegeln gedeckt werden. Die schöne Kirche war von kleinen
bretternen Kammern umgeben, die an die Kirche angebaut waren und,
da die Kirche und der Kirchhof Begräbnisplatz war, als Beinhäuser ver=
wendet wurden. Die Bevölkerung empfand es beengend, daß nur drei
Tore in die Stadt führten und sann auf die Eröffnung eines vierten.
Denn groß war der Verkehr in der Stadt, besonders an Markttagen,
wo an den „Zeilen", die davon den Namen trugen, Korn und Flachs usf.
verkauft wurde. Brot und Backwerk wurde das ganze Jahr hindurch,
Obst sobald es reif wurde verkauft. Auf dem Roßmarkt wurden, außer
an den Jahrmärkten, Pferde feilgeboten; es gab einen besondern Rind=,
Fisch= und Käsemarkt. Im Jahr 1772 war ein neues Zucht= und Arbeits=
haus erbaut worden, auch das Schuldgefängnis befand sich dort.

Kronstadt besaß damals schon die großen Vorstädte, die Altstadt,
das alte Kronstadt mit der schönen Kirche des h. Bartholomäus. All=
jährlich am Sonntag nach dem Bartholomäustage fuhr der Stadtpfarrer
im Sechsgespann in die Altstadt, predigte dort in der Kirche und erhielt
die Ehrengabe der Gemeinde, ein Goldstück und frisches Backwerk aus
Korn, das in dem Jahr gewachsen war. In der Blumenau, wo die drei
Nationen friedlich neben einander wohnten, bauten 1776 Sachsen und
Ungarn sich eine neue Kirche. Am Fuß der Burg war eine Zigeuner=
vorstadt, an die hundert meist kleine Häuser, die Bewohner „ziemlich
wohlbekleidet und zahm", unter ihnen eine Menge Musikanten. Die obere
Vorstadt — die Bulgarei — zählte an 1200 Häuser, die wieder in den
Händen aller drei Nationen waren. Zur Erbauung der griechischen Kirche
hatte die russische Kaiserin Anna das Meiste beigetragen. In dieser Vor=
stadt befanden sich eine Menge Kirsch= und Obstgärten, schöne Orangerien
und Blumengärten mit Springbrunnen, die von den Bergen das Wasser
erhielten.

In der Stadt war das erste Pflaster am Anfang des 18. Jahr=
hunderts gelegt worden, 1737 wurde ein Teil des Markts gepflastert,
und auch hier sollte die Verbesserung dadurch gefördert werden, daß jeder
einfahrende Wagen 3—4 Steine mit sich bringe.

Auf dem Markte war 1718 der neue Pranger aufgestellt und der
alte entfernt worden, der 1595 aufgerichtet worden war, und auf dem
einst Stenners Kopf gestanden, des 83jährigen Führers in dem Aufstand

Kronstadts 1688.¹) Die Gegensätze zwischen der Bürgerschaft und dem Magistrat kamen zu keinem Stillstand. Die Unzufriedenen wandten sich sogar an den Kommandanten Lentulus, der 1744 eine eingehende Schilderung der Kaiserin einschickte über den vom Magistrat verübten Unfug und besonders der Beamten, den diese „zum merklichen Verderben der Inwohner" üben sollten. In der Tat schränkte die Kommunität 1751 die von den Magistrats- und andern Personen „zu viel eingenommene Erde" bedeutend ein, die Äcker sollten gelöst und die Scheunen abgebrochen werden! Die Stadt hatte fortwährend viel durch die Pest und Pestgefahr zu leiden, die aus dem Süden eingeschleppt wurde. Im Jahr 1757 stellten sich sämtliche 14 „Academici" auf eine Aufforderung des Amtes als Pestprediger zur Verfügung. Schon das Gerücht, die Pest sei da, störte das ganze Leben. Im Jahr 1756 wollten die Hermannstädter den Besuch des Jahrmarkts den Kronstädtern nur nach 14 tägiger Kontumaz in Zeiden erlauben. Als viele Handwerker mit vielen Unkosten sie gehalten hatten und eben fortreisen wollten, kam ein unbedingtes Verbot. Einige wagten die Reise doch und mußten sich widerwärtigen Räucherungen unterziehn, um zuletzt doch nicht nach Hermannstadt hineingelassen zu werden.

Als die Pest nun tatsächlich ausbrach, blieb die Stadt mit den innerhalb der Burzen und des Alt liegenden Gemeinden, durch einen Militär-Kordon abgesperrt, von allem Verkehr mit Orten und Leuten außerhalb der Linie abgeschlossen. Wer sich über den Kordon wagen würde, sollte erschossen werden! Eine Sanitätskommission mit besonderem Siegel, mit einem Hauptmann an der Spitze, überwachte den Gang der Seuche und berichtete wöchentlich nach Hermannstadt, wie es stehe. Sie ließ publizieren, daß jeder erschossen werde, der mit der Pest behaftet sich nicht selbst anzeige oder gar durchgehe oder mit verdächtigen Personen Umgang gehabt habe, daß überall Pestträger, Gräber und Krankenwärterinnen bestellt werden sollten. Die Honigberger durften nicht zu gleicher Zeit mit den Petersbergern aufs Feld gehen, sondern bloß abwechselnd Tag um Tag, um nicht mit einander in Berührung zu kommen und die Petersberger, Honigberger, Tartlauer und Brenndörfer — sächsische Dörfer — mußten den abgesperrten ungarischen Dörfern Csernatfalu, Hoßufalu, Türkös und Bacsfalu ackern und säen.

Mit Rücksicht auf die Grenze wurde in Kronstadt besonders scharfe Justiz geübt. Wiederholt wurden Leute, die mit Schaden gedroht hatten, einfach ausgewiesen, am 27. Oktober 1737 „der starke Hannes" aus Marienburg erschossen, „weil er zu schaden gedrohet hatte". Er war so

---

¹) S. Bd. I., S. 422 ff.

stark, daß er ein 40 Eimerfaß allein heben und auf den Wagen laden konnte!
Als 1754 ein Rothbächer Frauenmörder enthauptet wurde, ließ der Stadtpfarrer diejenigen Männer, die „ihre Weiber übel traktierten", in den
geschlossenen Kreis bringen, damit sie mit ansähen, „was solchen Frauen-
Märterern geschehe!"

Am meisten litt aber Kronstadt unter den Katholisierungsversuchen
und den Verfolgungen, die die Jesuiten dort zur Verbreitung der katholischen Religion verübten, deren Einzelheiten in den Chroniken jener Tage
oft erschütternd festgehalten worden sind.

An der Kokel stand in lieblicher Gegend Schäßburg, überragt von
der Burg und dem Schulberg mit der Kirche und dem alten schindel-
gedeckten Gymnasium aus dem Jahr 1619 mit seinen kleinen Zimmern
und dem einen größern zu ebener Erde. Die Bewohner rühmten die
„unterhaltende Lage" der Stadt, umgeben von Obst- und Weingärten,
das außerordentlich gesunde Wasser, die Genügsamkeit und den Mangel
an Luxus. Auch hier ragten die alten Türme und Tore und Mauern
stolz in die Luft, doch trugen sie noch die Verwüstungen des Kuruzzenkrieges an sich, ein Teil der Mauern war stark zerfallen. Auf der Burg
war ein Drittel der Häuser unbewohnt, um 10—20 Gulden war ein
ganzes Haus aufs Jahr zu mieten. Das Rathaus war in den Räumen
des alten Klosters, neben der Klosterkirche, untergebracht, nicht weit davon
auf dem Mönchhof stand die Roßmühle, in frühern Zeiten, da die Stadt
noch Belagerungen fürchtete, wichtig für die Bewohner. Der Stolz der
Stadt war der Stundturm, dessen glasiertes Ziegeldach weit hinaus in
das schöne Tal leuchtete. Der Halbmond war vom Knopf entfernt worden
und der Doppeladler an seine Stelle gesetzt worden. Der Abstieg in die
Unterstadt war mit Eichenpfosten gebrückt und führte über eine Zugbrücke
durch vier Tore bergab. Über einem stand die lateinische Inschrift: Wie
glücklich und groß wäre das Gemeinwesen, wenn eine Liebe alle Bürger
erfüllte, daneben:

> Das ist ein edler tapferer Mut,
> Der sein Leben verachten tut
> Zu helfen seinem Vaterland,
> Damit es bleib in freiem Stand.

und weiter:

> In einem guten Regiment
> Muß sich halten ein Regent,
> Daß er mit seiner G'walt und Macht
> Zu helfen b'reit sei Tag und Nacht:
> Nicht zu unterdrücken arme Leut,
> Wie es zugeht in dieser Zeit.

Mit der Sturmglocke auf diesem Turme wurde morgens den Wächtern das Zeichen zum Öffnen der Tore gegeben, abends zum Schließen. Im Jahr 1774 war der Turm restauriert worden, damals hatten die Werkmeister, Gräuber aus Tirol und Bunge aus Salzburg, die Figuren angebracht, die u. a. die verschiedenen Tage darstellten. Auf dem Schulberg standen schon alte und hohe Linden und die schöne Aussicht von oben wurde gerühmt. Zwischen ihnen, etwas tiefer als die Kirche zwei Gebäude, das eine mit einem gewölbten Zimmer, das fast unterirdisch durch Bretterverschläge in drei Abteilungen geteilt war, in denen die drei ersten lateinischen Klassen untergebracht waren, darüber zwei Zimmerchen, eine Küche und ein Keller, der meistens über der Erde war. Dann noch einige Zimmer für Studenten, mehr Kammern als Zimmer. Das andre Gebäude, damals die neue Schule genannt, das schindelgedeckte Häuschen, das 1619 der Bürgermeister Eisenburger hatte bauen lassen, oben die Wohnungen der Lehrer, unten ein geräumiges Auditorium, das aber finster, feucht und ungesund war. Die Schultreppe führte zur Burg, sie galt als beschwerlich, aber die Bürger trösteten sich damit, daß nirgends so wenig Krüppel und nicht leicht so gesunde und starke Leute zu finden seien als in Schäßburg, was von dieser Lage der Schule käme, die den Schäßburgern sei was den Lacedämoniern ihre Gymnasien waren. In halber Höhe des Schulbergs war die Rektorwohnung, unter ihr die Mädchenschule. Auf dem Pfarrhof stand noch eine verfallene Kapelle, daneben der Priesterhof für die Prediger. Der Marktplatz war mit vier Toren geschlossen, die Korngruben dort wurden für alle Fälle in Stand gehalten; ihre Lage war nicht vielen bekannt und nur Eingeweihte wußten, wie sie zu finden seien. In der Nachbarschaftslade wurde ein Seil aufbewahrt mit Knoten versehen; von einer bestimmten Gassenecke bis zu einer andern gespannt ergaben die Stellen, wo die Knoten lagen, die Lage der Korngruben.

Auf den schlechten Wegen jener Zeit brauchte ein Pferdewagen zwei Tage von Schäßburg bis nach Mediasch; im Februar 1770 mußte Heydendorff vor seinen Wagen 10 Stück Vieh spannen, um überhaupt vorwärts zu kommen. In der Mitte Mediaschs ragte der Trompeterturm hoch in die Luft, ringsum das starke Kastell und um die Stadt die Befestigung, die gleichfalls die Spuren der Kuruzzenverwüstung an sich trug; 1779 fiel ein Teil der Stadtmauer im alten Weiher ein und wurde neu aufgerichtet, auch am Kastell war vieles schadhaft. Innerhalb desselben hatte man gleich nach dem Kuruzzenkrieg 1713 die Schule durch den Anbau neuer Klassen vergrößert; im Jahr 1778 wurde der Forkeschgässer Turm neu gedeckt und es wurden neue kupferne Knöpfe hinaufgesetzt. Heydendorff schätzte 1773 die „Kontribuenten" zweifellos zu hoch auf 4000, ein Drittel davon Walachen. Unter den Sachsen zählte man 700 Handwerker. Die Haupteinnahmen boten doch die Weinberge. Es gab in der ganzen Stadt nur ein zwei Stock hohes Haus, das ehemalige Piaristenkloster auf dem Markt, das unter Josef II. aufgehoben worden und Privateigentum geworden war. Mitten auf dem Markt hatte der Bürgermeister Hannenheim die Fleischerlauben aufrichten lassen, wesentlich darum, damit der junge Heydendorff aus dem Elternhaus nicht in die Fenster des Hannenheimischen sehen könne, dessen Tochter er liebte, während die Väter sich stets in den Haaren lagen!

Auch in Mühlbach und Broos hatte die alte Befestigung viel von ihrer Stärke verloren. Eine einfache Mauer umgab Mühlbach, kaum fünf Fuß dick und diente mehr zum Schutz gegen Räuber und herumstreifendes Gesindel als gegen Feinde im Krieg. Im Jahr 1734 hatte Oberst Weiß einige Verstärkungen vorgenommen. Die zwei Stadttore, die im Osten und Westen den Eingang in die Stadt schlossen, waren stark befestigt. Von der zweiten Umfassungsmauer waren bloß Reste übrig, um sie hatten sich tiefe Gräben und Teiche gezogen, die in der zweiten Hälfte des Jahrhunderts in Gärten umgewandelt worden waren. „Sachseneinfalt, Geselligkeit und Redlichkeit" sollten in der Stadt wohnen, die nicht 300 Familien zählte. Ein halbes Jahrhundert hatte die Spuren des Städteverwüsters Pekry, des berüchtigten Kuruzzenführers, nicht vertilgen können. Erst 1765 ging die Stadt daran, das Rathaus wieder herzustellen. Im Jahr 1718 hatte Steinville die Stadt gezwungen, das sogenannte Generalsquartier zu bauen, damit er von da besser den Bau der Festung Karlsburg leiten könne. Das Hauptgebäude war auch hier die evangelische Kirche mit dem schönen Chor. An die Stadt schlossen sich drei Vorstädte an, die größte die walachische, die Anzahl der Familien war so groß wie die der Sachsen, dazu noch etliche Griechen und Zigeuner. In der andern Vorstadt wohnten die Durlacher und Hanauer, die neuen Einwanderer aus dem „Reich", die eine eigene Schule und einen eignen Lehrer hatten.

Der Handel in Mühlbach war stark zurückgegangen. Ein einziger armenischer Kaufmann trieb Handel mit vier Krämern, die er ausnützte, doch kein Eingeborener wagte es, selbst den Handel aufzunehmen.

Noch gemischter als in Mühlbach war die Bevölkerung in Broos, wo noch die Magyaren dazu kamen und das reformierte Bekenntnis. Die evangelischen Sachsen hatten den Reformierten (Ungarn) den Gebrauch des alten evangelischen Gotteshauses gestattet, es gab fortwährend Reibungen darüber. Noch standen um dasselbe die alten Mauern der Befestigung, doch waren sie ebenso wie die Türme und Bastei vielfach schadhaft. Langsam nur war es möglich gewesen, aus der Zerstörung des 17. Jahrhunderts und den Ruinen, die die Kuruzzenkriege zurückgelassen hatten, sich herauszuarbeiten. Die niedern Häuser waren mit Stroh gedeckt, die Türen mit hölzernen Riegeln versehen, nur die Wohlhabendern deckten mit Schindeln, hatten Glas in den Fenstern und eiserne Türschnallen. Die Gebäude aus jener Zeit waren mit ungebrannten Ziegeln aufgeführt. Neben dem Eingang in das Kastell befand sich das alte Rathaus, klein und baufällig. An der von den Wochenmärkten einkommenden Brennholz-Maut hatten die Schulen der Evangelischen, Reformierten und Katholiken gleichen Anteil. Seit 1785 besaßen die drei Kirchen dieser Konfessionen eine gemeinsame Mühle, welche der dortige Bierbrauer G. Kirchner 1770 erbaut hatte unter der Bedingung, daß sie nach fünfzehnjähriger freier Benützung an die drei rezipierten Kirchen fallen solle. Die Brooser trieben hauptsächlich Weinbau. Die Stadt hatte keinen Arzt und keine Apotheke.

Volkreicher als diese beiden Städte war Bistritz im Norden des Landes, das Haupt des Nösnerlandes. In den Kuruzzenkriegen hatte es unsäglich gelitten, aber die alte Befestigung hatte es erhalten, auch um die Kirche standen noch die alten Ringmauern. Dann war die Pest 1712 ausgebrochen, die den Anlaß gab, die Armenier, die dort ansässig waren, aus der Stadt zu vertreiben, da die Blattern unter ihnen ausgebrochen waren. Auch 1743 zeigten sich abermals einige Pestfälle. Im Jahr 1758 zerstörte eine große Feuersbrunst einen Teil der Stadt, 130 Häuser brannten ab, ein Teil, der aus Holz gewesen war, bis auf den Grund. Als der kommandierende General Buccow wenig später nach Bistritz kam, fehlte es an besserem Hausgerät, er empfing auf einem hölzernen Stuhl sitzend die Vorstellung der Beamten. Nachbarschafts- und Feuerlöschordnungen aus dem Anfang des Jahrhunderts bestimmten, es solle jede Nacht aus jeder Zehntschaft ein Mann von 8 Uhr abends bis 3 Uhr morgens auf der Gasse wachen. Die Sauberkeit aufrecht zu halten war bestimmt, daß wer ein Aas vor der Türe leide, 2 fl. Strafe zu zahlen habe, wer es selbst hinwerfe 3 fl. Der Viehtrieb auf dem Hattert war 1713 geordnet worden.

Auch Bistritz litt in jener Zeit nicht nur unter den Katholisierungsbestrebungen, sondern auch unter den Mißhelligkeiten wegen dem Rechnungswesen. Im Jahr 1761 war dasselbe etliche Monate lang von Seeberg untersucht worden, mehr als 20 Personen speisten täglich auf Kosten der

Stadt, was natürlich ihre Wirtschaft nicht in bessere Ordnung brachte. Auch Bürgerschaft und Magistrat standen, wie auch sonst, in Fehde miteinander. Die Militarisierung des Rodnaer Tals verursachte der Stadt und dem Distrikt viele Not. Die Stadt, dann Jaad, Pintak, Mettersdorf verloren beste Hatterteile, die erstere das Rodnaer Tal und es kam fast zu gewaltsamen Zusammenstößen. Eine Landeskommission versuchte, den Frieden herzustellen. Auch der Distrikt hatte eine Menge Irrungen mit dem Magistrat, er weigerte sich, Auflagen zu bezahlen, auch da mußte mit energischen Maßregeln eingegriffen werden. Vom Komitatsboden wanderten eine Menge Sachsen damals in den Bistritzer Distrikt und wurden gern aufgenommen und auch, als der Adel intervenierte, geschützt. Als aber der Versuch gemacht wurde, Hanauische und österreichische Transmigranten im Distrikt anzusiedeln, da erklärten sämtliche Gemeinden, sie hätten dazu nicht genügenden Grund und Boden und brauchten selber, was sie hätten, und es gelang nur schwer, einige neue Ansiedler auch dorthin zu bringen.

Die Umgebung der Stadt litt viel unter den herumschweifenden Räubern, die zu verfolgen immer neue Aufträge ergingen. Da sie sich besonders im Wald unter der Burg aufhielten, wurde der Wald der Rodung freigegeben: was jeder rodete, sollte ihm gehören. Die wohlhabendsten Familien erwarben da auf diese Weise Besitz.

Das Zunftwesen stützte auch hier Gewerbe und Handel, über manches wurde geklagt, daß die Armenier die „Lampelfelle" aufkauften u. a. und Verbesserungen wurden versucht. Ein „gelernter" Uhrmacher war eine besondre Erscheinung in der Stadt.

Alle diese Städte auf dem alten Königsboden mit den dazu gehörigen Dörfern bildeten die einheitliche politische sächsische Nation, die dritte ständische Nation des Landes. Die städtische Verfassung war nicht ganz gleich. In Bistritz und Kronstadt standen die Oberrichter und Bürgermeister an der Spitze, in den andern Städten die Bürgermeister und Königsrichter. Ihnen zur Seite der Magistrat, aus 10—12 Senatoren bestehend, die wie die Oberbeamten frei gewählt werden sollten. Aber kaum eine Wahl war wirklich frei, indem das Gubernium und der Hof durch Forderung der „geometrischen Proportion" die gleiche Anzahl der Katholiken in den Ämtern verlangten und erzwungen. Die Gesamtvertretung der Stadt bildete die Kommunität, die wieder in gar verschiedener Weise zusammengesetzt wurde, bald nach den Stadtvierteln, bald mit Rücksicht auf die Zünfte, bald unabhängiger, aber sie war nach der Verfassung die maßgebende Vertretung, in Wirklichkeit allerdings vom Magistrat häufig auf die Seite geschoben. Der städtische Magistrat war zugleich Gericht und hatte ausgedehnte Befugnisse auch über den Stuhl.

Jede unserer Städte war zugleich Besitzer von Nobilitargütern im Komitate, am ausgedehntesten Kronstadt und Hermannstadt, alle vielfach durch den Jesuitismus angegriffen. Ihre Wirtschaft wie die der ganzen Zeit war noch ganz eine Naturalwirtschaft. Die Städte bezogen den größten Teil ihres Einkommens aus dem liegenden Besitz, sie hatten eigne Äcker und Wiesen, die sie bebauten, große Magazine, in denen sie reiche Vorräte für alle Fälle sammelten, die bei Bewirtungen, bei den unendlichen „Diskretionen" für das Militär, bei Ehrengaben usf. in Anspruch genommen wurden. Die Dörfer mußten mithelfen, diese Magazine zu füllen. Übrigens nahm sich die Stadt manches gegen sie heraus; Hermannstadt, oft ihre Oberbeamten auf eigne Faust, schickten ihre Schweine in die Dorfswälder, ließen Holz für sich fällen und führen. Die Gebirge, von denen Hermannstadt und die am Fuß der Berge liegenden Gemeinden, dann Kronstadt vor allem ausgedehnte Strecken besaßen, wurden fast gar nicht ausgenützt.

Die Bediensteten waren zahlreich. Der Hermannstädter Bürgermeister und Königsrichter, die beide einen Gehalt von je 2000 fl. hatten, die sechs ältern Senatoren je 400 Gulden, die sechs jüngern je 300 Gulden, hatten alles zusammen genommen bis zu den Torknechten und Kaminfegern bis 150 Leute unter sich, für die der städtische Aufwand rund 20.000 fl. ausmachte. Dazu kam die Besoldung der Geistlichen und Lehrer, die aus der Stadtkassa bezahlt wurden. Bis in die Zeiten Maria Theresias gab es eigentlich für die Beamten keine Gehalte. Grundstücknutzungen und Freiheit von öffentlichen Lasten bildeten die Entschädigung für die Arbeit im Dienst der Stadt.

Eine schwere Heimsuchung für Stadt und Land war, wenn sie kam, die Pest. Und sie kam nicht selten, besonders häufig ins Burzenland. Dann wurde die Sperre über die verseuchte Gegend verhängt, die Galgen am Ende der Gemeinden warnten vor dem Eintritt, die Soldaten wurden herausgezogen, die Gesellen, selbst die Lehrjungen, mußten Wachen übernehmen, aber an den letztern hatte Kronstadt 1758 geringe Freude, „diese jungen Leute spielten und soffen ohne Scheu". Die Kranken, die Verdächtigen und die Genesenden wurden streng von einander abgesondert. Alle Hunde aus den infizierten Häusern wurden erschossen. Geldkocher und Briefräucherer wurden angestellt und oft war alle Sorge vergebens.

Zweierlei war es, was die Städte im 18. Jahrhundert vor allem bewegte. Das erste der aufgezwungene Kampf gegen die Katholisierungs=

maßregeln, die auf städtische Kosten überall katholische Kirchen schufen und sie dotierten, ein Kampf, der bei vielfachen Schwächen, die von Seite der Städte zutage traten, doch ein Ehrendenkmal in ihrer Geschichte bildete. Die Erregung über all das Unrecht, das damit in Verbindung stand, griff tief in die Volksseele hinein, sie klang in den Aufzeichnungen des Chronisten wieder, sie beherrschte den kleinen Mann. Das Schriftstück, das sie in den Knopf eines Hauses legten, wußte der Nachkommenschaft nichts besseres zu wünschen, als daß diese „Greuel" sie nicht auch einmal treffen möchten! Das andre war der Kampf der Bürgerschaft gegen die Magistrate, gegen die Beamten. Die Bürgerschaft hatte vielfach die Empfindung, daß sie bedrückt würde, der Hof unterstützte seltsamerweise diese Strömung und so war der Reibungen kein Ende. Zu diesem Gegensatz trug viel bei, daß sich in den Städten ein Patriziat gebildet hatte, das dem gewöhnlichen Bürger gegenüber sich besser dünkte und die Beamtenstellen inne hatte. Ein Teil davon war geadelt worden. Nun gab inmitten der Nation der Adel keine vermehrten Rechte, der Geadelte blieb Bürger und hatte seine Steuern zu zahlen wie der nicht geadelte Mitbürger, aber es war doch nicht zu vermeiden, daß mancher den Volksgenossen fremd wurde. Die Konvertiten unter ihnen gingen ihm völlig verloren, die andern hielt der deutsche Zug zur Arbeit bei der Stange und sie blieben im Dienst ihrer Gemeinwesen. In den Gegensatz spielte ein Stück sozialer Frage hinein. In Hermannstadt fand die Austeilung des Gemeindelandes jährlich im Beisein eines Ratsherrn durch den Provisor statt. Die Magistratsbeamten und die Vornehmern nahmen das Meiste und Beste und gaben es ihren Meiern um die Hälfte. Wem der Provisor nicht wohl wollte, bekam nichts. Hatte ein Bürger ein Stück gerodet, dann nahm mans ihm und gab es einem Magistratualen. In Broos suchte der ungarische Königsrichter die Sachsen von diesen Austeilungen zu verdrängen und das Beste den Ungarn zuzuschieben.

Unsre Städte und Dörfer aber waren schon im 18. Jahrhundert nicht mehr rein deutsch. In allmählicher Zuwanderung aus dem Süden war seit dem 13. Jahrhundert, dann zahlreicher in den Zeiten der Türkenkriege das walachische Volk nach Siebenbürgen gekommen, hatte zuerst die südlichern Teile des Landes besetzt, dann die nördlichen und befand sich schon im 18. Jahrhundert in der Mehrheit. Besondere Anziehung mußte auf sie der Sachsenboden üben. Denn hier war auch der zuwandernde Walache persönlich frei, eine einzigartige Erscheinung im ganzen ungarischen Reiche. Bei der furchtbaren Verwüstung, die das

17. Jahrhundert über Siebenbürgen brachte, den unerträglichen Lasten, die auf dem Land, speziell dem Sachsenland lagen, war es nicht zu verwundern, wenn die Zuwanderer als Arbeitskräfte und Steuerträger willkommen waren. Politisch waren sie rechtlos und machten zunächst keine Ansprüche nach dieser Richtung. Dennoch sind Zeichen vorhanden, daß die Gemeinden nicht immer freiwillig die neuen Leute aufnahmen. Als 1706 die Stolzenburger — wie oben erwähnt — vom Hermannstädter Magistrat verlangten, die Walachen, die sich auf ihrem Ladamoscher Hattert häuslich niedergelassen hatten, zu entfernen, legte der Magistrat ihnen nahe, sie sollten überlegen, ob ihnen die Walachen künftig nicht dienlich sein könnten und „an ihrem Zins tragen helfen könnten". Die Stolzenburger blieben fest und erklärten, daß ihr Wille sei, es möchten die Walachen weggeschafft werden, „angesehen sie von ihren Kindern einen Fluch zu gewarten hätten, wenn sie ihr habendes Recht, den Nachkömmlingen zum Schaden, vergeben sollten". Aber der Hermannstädter Magistrat fand den Mut nicht, einzugreifen und verschob die Entscheidung, obwohl die Walachen wider den Willen der Stolzenburger nicht bleiben könnten. Im Verlauf des 18. Jahrhunderts erkannten die Gemeinden dann die wachsende Gefahr, aber da war es zum Teil schon zu spät. An die politische Gleichberechtigung derselben hat damals hier niemand gedacht.

Der Besitz war fast ausschließlich in sächsischen Händen, in den Städten Broos und Mühlbach nicht mehr ganz, in Kronstadt nur in der innern Stadt, in den andern Städten mehr. Aus dem Bistritzer Bezirk hatte man bei Errichtung der Militärgrenze sämtliche Walachen fortgeschafft und in den Grenzdistrikt angesiedelt. In Kronstadt gehörten um 1760 in der innern Stadt nur zwei Häuser nicht Sachsen, in Hermannstadt gewiß nicht mehr. Vor allem war das Gewerbe ganz in sächsischen Händen. Es gab in Hermannstadt um 1780 nicht ganz 1000 Handwerker in 40 Zünften und einige nichtzünftige Handwerker. Im Jahr 1719 waren es bloß 26 Zünfte, 1725 34. Das 18. Jahrhundert hatte nicht unbedingt einen Fortschritt gebracht. Die Zahl der Schneider, Kürschner, Schuster, Lederer, Wagner, Weber, Seiler war im Vergleich zur Zeit vor hundert Jahren rückwärts gegangen, die der Hutmacher, Bäcker, Maurer, Riemer, Seifensieder, Wollenweber war gestiegen. In Kronstadt war die Zahl der Gewerbetreibenden nahezu die gleiche wie in Hermannstadt — 967 — dazu 273 Gesellen und 195 Lehrjungen, auch die Stärke der einzelnen Handwerke war ähnlich wie in Hermannstadt. Namhaft aber überragten die Leinweber in Kronstadt die in Hermannstadt, dort 135, hier 45, dazu 181 in den Burzenländer Gemeinden, davon in Zeiden 104, denen die Heltauer Wollenweber die Wage hielten, die die alte einst starke Zunft der Sichelschmiede völlig verdrängt hatten. Als 1758 Maria Theresia eine „freiwillige Geldanleihe" ausschrieb, um für den Krieg die leeren Kassen zu füllen, und auch die Zünfte zu Beiträgen aufgefordert wurden, da zahlten in Hermannstadt die höchsten Summen die Tuchmacher, Kürschner, Lederer, Fleischer, dann kamen die Schneider, Schuhmacher und Kupferschmiede in ähnlicher Höhe. Erst an elfter Stelle folgten die Goldschmiede. Alle hatte die „Handelssozietät" überflügelt, die mehr als doppelt soviel wie die reichste Zunft zeichnete. Der reiche Lederer Theiß mit 1000 Gulden blieb noch immer mit 500 Gulden hinter Dobosi zurück!

Bei dem erwähnten Darlehn an Maria Theresia standen in Kronstadt die Fleischhauer mit 150 Gulden obenan, dann folgten die Leinweber (125 fl.), die Tuchmacher und Goldschmiede (100 fl.), am wenigsten gaben die Scheidenmacher (18 fl.) und die Bäcker (10 fl.).

Alle diese Handwerker, in den kleinern Orten mehr noch als in den größern, trieben neben dem Handwerk auch die Landwirtschaft, eine Beschäftigung zum Nachteil der andern. Sie empfanden hier und dort, daß manches besser sein könne. Denn noch nähte der Schuster seine Schuhe mit den Schweinsborsten wie der Römer es getan hatte, von dem einst der Germane das Handwerk gelernt und den Namen übernommen hatte, der Töpfer drehte seine Scheibe wie der Ahne in der Zeit der Völkerwanderung und der Weber ließ seine Schiffchen fliegen wie es einst die Fugger in ihren Webstühlen gesehn. Brukenthal wies darauf hin, daß es nötig sei, den Betrieb zu bessern! Junge Leute sollten in Wien die Färberei erlernen, Garnmärkte und Spinnschulen versuchte man einzurichten, ohne viel Erfolg. Eine ganze Reihe von Gewerben klagte über Mangel an Absatz. Die Schneider in Schenk und Agnetheln beschwerten sich, das Tuch sei zu teuer, die Heltauer führten alles ins Banat und die Bauern kauften walachische „Kotzen und Zunder" und die Schneider mußten ihre Waren weit ins Land verführen. Die Kürschner litten darunter, daß die Armenier alles aufkauften, die Faßbinder, daß die Eichen schwer zu bekommen waren, die Schuhmacher, daß die Walachen die Häute kauften, die Schmiede, daß die Griechen Sensen aus fernen Ländern brachten. Mit einem Wort: das Gewerbe stand damals schon am Anfang des schweren Kampfes, dem es ein Jahrhundert später fast ganz erliegen sollte. Die Ursachen waren damals wie später dieselben. Brukenthal schilderte sie 1779: es fehlte an einer größern Konsumtion, zwei Drittel der Bevölkerung

Siebenbürgens habe keine andern Bedürfnisse als die sie mittelst der eigenen Wirtschaft decken könnten, die Kontumaz hindere den Handel; „bei der sächsischen Nation widmen sich die Vermöglichsten zu Ämtern, jene aber so bei geringern Mitteln viele Fähigkeiten besitzen, dem geistlichen Stand, folglich zum Handel und bürgerlichen Gewerbe nur jene zurückbleiben, deren Fähigkeiten und Mittel mehr beschränkt sind".

Die ganze Arbeit, die ganze Art der Organisation des Handwerks ging eben in den alten Bahnen. Nur zünftige Meister hatten eigentlich das Recht zu arbeiten. Aber es war trotz aller Drohungen und Strafen nicht möglich, die „Rüpler und Hudler" zu vertreiben, die auf den Dörfern sich niederließen und das Handwerk störten. Das ganze Jahrhundert mühte sich in dem vergeblichen Kampf der Zünfte gegen sie ab, den die Obrigkeit nach Kräften unterstützte. Doch war es nicht leicht, eine neue Zunft zu errichten, wozu die Universität ihre Zustimmung geben mußte. Und diese prüfte genau, ob die Meister, die zu einer Zunft zusammentreten wollten, selbst das Handwerk ehrlich bei einem Meister erlernt hatten, ehrlicher Geburt waren, nicht auf Dörfern wohnten u. dgl., bis sie ihnen die „Zechgerechtigkeit" zuerkannte. Größer noch als der Kampf gegen die Rüpler war der der Zünfte gegen einander, der so erbittert geführt wurde, weil es sich auch hiebei um den Erwerb handelte. Der Kampf aber brach wie die Grenzfehde überall aus, wo die Gebiete der Zünfte sich trafen oder kreuzten. Die Schuster und Tschismenmacher, diese und die Lederer, die Kürschner mit allen dreien und mit den Fleischern, die Wagner und die Tischler usf. ins unendliche. Die Magistrate kamen aus Entscheidungen und Schlichtungen auftauchender Schwierigkeiten nicht heraus. Je mehr die Streitigkeiten sich häuften, um so eingehender wurden die Vorschriften, bis auf die Preise wurde alles geregelt, hie und da verstieg man sich zur Aufrichtung von Schranken für die Zahl der Meister. Das Leben wurde dadurch vielfach noch eingeengter als es schon war und die alten Satzungen zu starren Formen. Freilich boten sie zugleich einen Halt. Die alte Forderung der deutschen Abstammung für die Aufzunehmenden war nicht in allen Zünften aufrecht erhalten worden. Die Töpfer in Hermannstadt schlossen die Ungarn ausdrücklich aus — die Walachen wurden selbstverständlich in keine Zunft aufgenommen — aber die Kürschner gewährten die Aufnahme jedem aus den „drei incorporirten Nationen des Landes als Ungrisch, Teutscher und Zäklischer". Doch waren das Ausnahmen und so hatten die Zünfte ihre nationale und politische Bedeutung auch im 18. Jahrhundert und sie schlossen wie ehedem die

Zusammengehörigen zu einer vollen Lebensgemeinschaft zusammen, die Arbeit und Erholung, Leben und Tod zusammenführte. Die Markgenossenschaft hatte das Dorf zu einer untrennbaren Einheit zusammengebunden, die Zünfte taten das gleiche mit der Stadt. Die Markgenossen urteilten über einander in der Hannenstube, die Zunftmeister saßen in der Stadtvertretung und die Zünfte verteidigten die Stadtmauern und Türme. Freilich wo das letztere nicht mehr so nötig war als ehedem und das ganze Jahrhundert hindurch seit 1712 nicht mehr gefordert wurde, da mußte die kriegerische Tüchtigkeit leiden. Die Zünfte trugen bei aller Ausschließlichkeit doch viel dazu bei, das Gefühl der Zusammengehörigkeit des sächsischen Volkes zu stärken oder doch wach zu halten. Denn nicht nur das Wandern in die Ferne und der Zuzug auch von draußen blieb das ganze Jahrhundert in Übung, ebenso fand eine fortwährende Freizügigkeit unter den verschiedenen Gauen des Sachsenlandes statt und nirgends war die Aufnahme in eine Zunft an die Geburt in dem betreffenden Ort gebunden. Die Regierung selbst nahm sich auch dieser Sache an. Als 1749 die Landstände das Verlangen stellten, es solle das Militär mit inländischen Stoffen bekleidet werden und der Hoffriegsrat einwendete, sie seien unbrauchbar, wurde das Wandern der Gesellen entschieden betont und den Heimgekehrten der Vorrang vor den Übrigen eingeräumt. Auch an einzelnen Anordnungen fehlte es nicht: Ordnung der Taxen (1773), Abstellung verschiedener Mißbräuche, so des blauen Montags (1774).

Aber die Kraft zur Hauptsache fand sich nicht, die Arbeit selbst im Gewerbe zu heben. Im Jahre 1725 hatte das Gubernium an die sächsischen Zünfte geschrieben, daß die „ehrlichen Meister und Handwerksleute ihre Handwerkswaren nicht rechtschaffen, sondern schlecht und untauglich verfertigten", daß jeder arbeite wie er wolle, undauerhaft und teuer. Die Goldschmiede nähmen minderlötiges Silber, die Wagner machten Räder aus grünem Holz, die Schuhmacher und Lederer nähmen schlecht zubereitetes Leder, die Folge sei, daß man von außen Waren einführe, die man auch hier bekommen solle. Wenn aus dieser Verordnung vielleicht auch der Unwille der nicht sächsischen Gubernialmitglieder über die sächsischen Handwerker redete, die jenen immer zu teuer schienen, so dürfte die Klage im ganzen doch begründet gewesen sein.

Eine Ursache für den Rückgang des Gewerbes war, daß der Handel und der Verkehr — das Commercium sagte man damals — arg darniederlag, trotzdem sich die Regierung grade nach dieser Richtung viele Mühe gab. Als am Anfang des Jahrhunderts die kleine Walachei erobert und die Straße durch den roten Turmpaß angelegt wurde, begann der Handel in die Donauländer, der einst blühend gewesen war, wieder aufzuleben, um nach Verlust der Eroberung (1738) sofort wieder ins Stocken zu geraten. Die Sperrung der Grenze durch die Kontumazen besonders bei Pestgefahr mußte auch die dünne Ader weiter unterbinden. Die Folge war, daß die griechischen Handelsleute und die Armenier aus der Moldau und Walachei mehr als früher sich hier niederließen und allmählich den ganzen Handel in die Hand bekamen. Mit den sogenannten „türkischen Waren" hatten sie angefangen, anders wie der Handel mit Baumwolle folgte nach. Es ist kulturhistorisch interessant, daß das Wort Gräk (Grieche) im Sächsischen ursprünglich jeden Kaufmann bezeichnete. Gerade diesen Griechen gegenüber klagte man, daß sie das Land aussogen: wenn der Zentner Baumwolle in Wien 27 Gulden kostete, so verkauften sie ihn in Hermannstadt um 50 Gulden. Und wenn nun gar eine Pest in den Donauländern ausbrach oder wenn sie eine solche auch nur erdichteten, so schlugen sie auf sämtliche Waren einen so hohen Preis auf, daß die Konsumenten schweren Schaden hatten. Der Handel mit deutschen Waren wurde ihnen von der Regierung verboten, um die sächsischen Kaufleute nicht dem Bankerott zu überliefern.

Es gab übrigens wirklich sächsische Kaufleute nicht viele. In Hermannstadt hatte die „Kaufmannssozietät" endlich Hartenecks Gedanken durchgeführt und sich neu organisiert und Maria Theresia hatte ihre Statuten am 13. Oktober 1748 bestätigt. Es war eine Organisation ganz nach dem Vorbild der Zünfte, mit Lehr= und Wanderjahren der zukünftigen Kaufleute, die in ihrem Geschäft nicht nur den eignen Vorteil im Auge halten, sondern auch das öffentliche Wohl und immer der christlichen Liebe eingedenk sein sollten, also die Waren nicht zu teuer verkaufen durften, die übrigens jeder nur in einem offenen Gewölbe feil halten durfte, dagegen geschlossene Warenlager wie viel er wollte. Falls die Kaufleute in den andern sächsischen Städten mit dieser Sozietät eine Union eingehen wollten, so sollten sie sich auf diese selben Artikel verpflichten und sich dieser Rechte erfreuen!

Eine hervorragende Gestalt unter den Hermannstädter Kaufleuten war der aus Preßburg eingewanderte S. Dobosi, der nach Memmingen wie es scheint Familienbeziehungen hatte. Er hatte ein „Gewölb" in Hermannstadt um 1720 errichtet, in dem nach der Sitte der Zeit alles zu haben war: „Da gab es alle Arten von Leinwand und Tüchern, gab es Eisen= und Kolonialwaren, Papier und Schießbedarf, da konnte das alte Mütterchen sich einen Augenspiegel, der junge modisch angehauchte

Herr Sohn einen Haarbeutel, der alte Patrizier eine Perücke erstehen; da gab es wunderbare Goldstoffe auf feinste Kleider, Stöcke mit silbernem Griff für die Ratsverwandten und die Herren Physici, da gab es gar schon das seltene Wunder einer Uhr, die zu bestimmter Stunde einen schrillen Weckruf ertönen ließ." Das Geschäft gewann an Ausdehnung, der Besitzer stieg an Ansehn, wurde Mitglied der Kommunität und Kommerzienrat. Das Geschäft entwickelte sich mehr und mehr zu einem Bankgeschäft, das alte und neue Beziehungen, nach Rumänien und in die Balkanländer, bis nach Konstantinopel, in alle siebenbürgischen und ungarischen Städte, dann vor allem nach Wien, nach Leipzig und den deutschen Universitätsstädten anknüpfte und ausnützte. Die Studenten an den auswärtigen Hochschulen wie die Nationaldeputierten in Wien erhielten ihre Wechsel durch diese Firma ausbezahlt. Als er 1759 starb, betrug sein Vermögen über 100.000 Gulden, von dem er dem Hermannstädter Gymnasium und zur Unterstützung Studierender auf Universitäten Vermächtnisse hinterließ. Noch heute bezeichnet der Ausdruck: „er ist ein Dobosi" einen reichen Mann. Ein Teil des Vermögens ist später an das Brukenthalische Haus gekommen und dann erst recht allgemeinen Zwecken dienstbar geworden.

Wenn es große Geschäftshäuser nicht viele unter den Sachsen gab, kleinen Handel gab es um so mehr. Jeder Handwerker trieb einen Handel mit den Stoffen, die ihm geläufig waren, fast jeder kleine Bürger auch mit Wein. Auch Brukenthal gab in einem guten Weinjahr seinem Vertrauensmann den Auftrag, alle seine Keller mit Wein zu füllen. Es war doch auch ein Zeichen für den Fleiß, die Sparsamkeit und die Kunst des sächsischen Bürgers, immer wieder einen kleinen Sparpfennig zu sammeln, der über Zeiten der ärgsten Not hinüberhalf.

In Kronstadt zählte man 1768 122 Kaufleute mit 23 Gehülfen und 30 Lehrjungen, aber davon waren bloß 11 sächsische Firmen, 31 Kompagnie-Griechen und 80 obervorstädter Kaufleute, zum größten Teil nichteinheimische und lauter nichtdeutsche. Im Jahr 1771 waren außer den Griechen 32 Firmen in Kronstadt, davon bloß 12 sächsisch, die andern walachisch und bulgarisch. Vom Geschäftskapital, das die Firmen in der Höhe von 284.533 fl. angegeben hatten, fielen auf die sächsischen Kaufleute 84.500 Gulden! In Schäßburg saßen einige Baumwollgriechen, die den Handel besorgten, daneben ein Sachse, der neben dem Stundturm auf der Burg wohnte, in Mühlbach hatte sich ein Grieche niedergelassen, der gute Geschäfte machte. Um vor den Wucherern und jüdischen Händlern die Leute zu schützen, war überhaupt verboten, Eßwaren wie Fische,

Baumöl, Feigen u. a. zum Handel zu kaufen, die aus der Walachei und von Karansebesch hereingebracht wurden.

Ein Teil des Handels auch in den sächsischen Orten war in den Händen der Armenier, die in Szamosch-Ujvar und Elisabethstadt zahlreich saßen, dann bei den griechischen Kompagnien in Hermannstadt und Kronstadt. Die Armenier und die griechische Handelskompagnie in Hermannstadt protestierten anfangs auch gegen die Hermannstädter Handelssozietät, doch gelang es die Widersprüche auszugleichen.

Wie viele Einwohner das Sachsenland hatte und wie viele Sachsen dort und im Lande überhaupt lebten, ist nicht leicht festzustellen, da die Angaben sehr verschieden sind. Die Zählung der Evangelischen ergab 1765 etwas über 130.000 Seelen, davon die Nichtsachsen abgezogen ergäbe rund 125.000 Seelen. Ein gleichzeitiger Ausweis über die sächsischen Familienväter zählte 28.319 auf, das gäbe ungefähr die gleiche Seelenanzahl. Eine Zusammenstellung aus jenen Jahren nach andern Gesichtspunkten führte auf:

| | | |
|---|---|---|
| Sachsen in den sächsischen Stühlen und Städten . | 18999 Wirte (Familienväter), | 4035 Witwen |
| in den Städten Bürger . 4408 | — | 1218 „ |
| in den Märkten . . . 1231 | — | 235 „ |
| Deutsche auf Sachsenboden 281 | — | 42 „ |

das gäbe 24.919 Familienväter und 5530 Witwen, was im Durchschnitt mit der obigen Zahl wieder übereinstimmt, da hier die Sachsen fehlen, die auf Komitatsboden wohnten. Je nachdem die Grenze der Untertänigkeit enger oder weiter gefaßt wird, kann die Einwohnerzahl der nicht freien sächsischen Dörfer mit 25—30.000 Seelen gezählt werden, so daß es wohl den Tatsachen entsprechen wird, wenn die Zahl der Sachsen auf Sachsenboden mit rund 100.000 Seelen und die auf Komitatsboden mit 25.000 Seelen — die letztere eher höher als niederer — angenommen wird. Zur selben Zeit zählten die Walachen auf Sachsenboden 14.729 Familienväter und 2661 Witwen also gewiß rund 70.000 Seelen, im Jahr 1761 in ganz Siebenbürgen über $1/2$ Million, — das eine und das andre Zahlen, die die Leistungen und Versäumnisse der Sachsen im 18. Jahrhundert erklärend beleuchten.

Ihre Erhaltung war nur durch den Zusammenschluß möglich gewesen, der als teures Erbe aus der Vergangenheit in die Gegenwart gerettet worden war, durch die Einheit der politischen Nation. Diese Einheit verkörperte sich in der Nationsuniversität. Das Leopoldinische

Diplom hatte u. a. auch die alte Rechtsstellung der Nationsuniversität
aufrecht erhalten und formell hatte das 18. Jahrhundert daran nichts
geändert. Der Wirkungskreis umfaßte zuerst die Vertretung der Nation
nach außen. Die Universität war es, die mit der Regierung über
allgemeine Fragen verhandelte, sie schickte Deputationen an den Hof,
die von ihr Instruktion empfingen, wenn es sich um allgemeine sächsische
Angelegenheiten handelte, die politische Führung lag in ihrer Hand.
Um die unmittelbare Berührung mit der Hofkanzlei und den maßgebenden
Personen in Wien aufrecht zu erhalten, hielt und bezahlte sie einen
ständigen „Hofagenten", in dessen Hand die Fäden der allgemeinen Fragen
und die vielen einzelnen Privatinteressen zusammenliefen, die in Wien
zur Entscheidung kamen. Sie kandidierte für die hohen Landesstellen,
die nach dem Gesetz den Sachsen zukamen, die betreffenden Beamten,
wie sie auch bei den Landtagen die Vertretung der Nation bildete, von
deren Kuriatvotum die Annahme oder Ablehnung eines Gesetzes abhing.
Mit dieser politischen Vertretung hing es zusammen, daß die Nationsuniversität die Rüstungen im Fall eines Krieges beschloß und über die
Art, wie die Kosten zu decken seien. Die Aufteilung der Steuer auf die
einzelnen Stühle fiel in ihren Wirkungskreis, solange diese Art der
Steuerleistung geübt wurde, doch ging das Gubernium oft darüber
hinüber. Sie konnte für eigne Zwecke Steuern auf das Sachsenland auflegen und sie einheben lassen. Dazu kam eine weitgehende statutarische
Befugnis. Vor allem unterlagen die Zunftordnungen ihrer Entscheidung.
Die Universität bestätigte die Zunftartikel, revidierte sie und hatte in
der Hand, die Errichtung neuer Zünfte zu erlauben oder nicht. Bei
Streitigkeiten zwischen den Zünften stand das letzte Urteil bei ihr. Ebenso
war sie letzte Instanz in Hattertstreitigkeiten, zugleich ein Zeichen der
streng durchgeführten Markgenossenschaft, daß in diesen Fragen eine
weitere Appellation nicht gestattet war. Sie war überhaupt zugleich,
ähnlich wie die Magistrate Verwaltungs- und Gerichtsbehörden, die
letzte Appellationsinstanz in gerichtlicher Angelegenheit, in Prozessen, die
aus Stadt und Stuhl an sie kamen. Die „Statuten" oder das Eigenlandrecht von 1583, das die Universität geschaffen und Stefan Bathori
bestätigt hatte, waren die Richtschnur und die Grundlage ihrer Gerichts-
sprüche wie auch des gesamten Privatrechts, des Strafrechts, des Erbrechts
inmitten der Nation.[1]

    Dieser umfassende Wirkungskreis der Nationsuniversität wurde
auch im 18. Jahrhundert unberührt gelassen. Nur in der Zusammen-

---

[1] S. Bd. I., S. 257.

setzung zeigte sich die Zeitveränderung. Am Anfang des 18. Jahrhunderts saßen in der Universität noch eine Menge Handwerker: Goldschmiede, Schneider, Schlosser, Lederer neben Senatoren und Beamten, Leute die das Vertrauen der Mitbürger hatten und auch in ihren Stühlen und Orten zu Ämtern berufen wurden. Aber allmählich bildete sich die Übung heraus, daß die Beamten auch in die Sitzungen der Universität gingen, die jährlich nach altem Brauch in der Regel zweimal stattfanden. Als die Regierung die Magistrate durch unerhörten Zwang zur Hälfte katholisch gemacht hatte, kamen diese Individuen auch in die Nationsuniversität ohne das Vertrauen des Volkes, das die Vertreter ehedem begleitet hatte. Die größern Stühle und Städte hatten ihre eigene Herberge in Hermannstadt, wo ihre Leute einkehrten und wohnten: die Schäßburger ihren „Herrnhof" in der Fleischergasse, ebenda auch die Mediascher, der Bistritzer lag auf der Kleinen Erde, der Repser auf dem Hundsrück. Zur Universität gehörte der ganze Hermannstädter Magistrat, sein Ratsschreiber war auch „Provinzialnotär" bis zum Jahr 1835. Auch die Ältesten der Hermannstädter Zünfte sind hie und da zu den Sitzungen beigezogen worden. Diese dauerten oft wochenlang, weil die „Thädigsachen", die Prozesse, viel Zeit in Anspruch nahmen. Galt es Hattertstreitigkeiten, so ritt oder fuhr noch die ganze Universität hinaus, um an Ort und Stelle zu untersuchen und zu entscheiden.

An der Spitze der Universität stand der Hermannstädter Bürgermeister als Provinzialbürgermeister, neben ihm der Königsrichter, der zugleich Komes der Nation war. Beide waren dem Gesetz nach von der Hermannstädter Kommunität zu wählen, im Laufe des 18. Jahrhunderts wurde das Recht einfach beiseite geschoben und immer wieder versuchte die Regierung, häufig mit Erfolg, die Ernennung durchzusetzen, die stets die Katholiken im Auge hatte. Es war doch ein rühmenswertes Zeichen der Tüchtigkeit für die Männer in der Universität, daß selbst dieses der Körperschaft den Charakter, für das Ganze zu sorgen, im großen und ganzen nicht hatte nehmen können. Bürgermeister und Königsrichter bildeten das Duumvirat, die oberste Leitung der öffentlichen Angelegenheiten lag in ihrer Hand. Der Provinzialbürgermeister hatte insbesonders die oberste Verwaltung und Rechnungslegung, er war der oberste Finanz- und Verwaltungsbeamte der Stadt, des Stuhls, der Nation, er war auch in kleinern Angelegenheiten erste Gerichtsinstanz. Seit 1726 wurden königliche Steuerkassen errichtet, die dem Landeskommissariat untergeordnet waren, später in Hermannstadt und in den Stühlen „Allodialperzeptoren" angestellt, welche die finanziellen Geschäfte übernahmen, so daß die Auf-

gaben des Bürgermeisteramtes geringer wurden. Der Königsrichter stand
an der Spitze des Justizwesens. Der „namhaft wohlweise Herr Bürger=
meister" hatte nach altem Brauch in der Stadt, der „edelnamhaft weise
Herr Königsrichter" außerhalb derselben den Vortritt. Die jahrhundert=
alte Entwicklung spiegelte sich in dem Verhältnis der beiden Ämter ab.
Ursprünglich war der Königsrichter bis zur Zeit des Königs Mathias
ein Königsbeamter gewesen, den der König ernannte, darum führte den
Vorsitz in der Universität der vom Volk gewählte Bürgermeister und
er war der erste Beamte. Als Königsbeamter stand dem Königsrichter
die oberste Gerichtspflege zu. Beide sollten zugleich sich gegenseitig be=
aufsichtigen. Als Ehrenzeichen standen vor dem Hause des Königsrichters
vier Tannen, vor dem des Bürgermeisters drei, beim Stuhlrichter zwei
und beim Stadtpfarrer eine Tanne, die von Zeit zu Zeit erneuert
wurden. Mit feierlichem Pomp und alten Bräuchen wurde der Königs=
richter in sein Amt eingeführt, wobei die Kürschner den Schwerttanz
aufführten und auf dem Großen Ring in Hermannstadt der Ochse
gebraten und Wein geschänkt wurde.

Die Reihenfolge der einzelnen Stühle war altherkömmlich: Hermann=
stadt voran, dann folgte Schäßburg, dessen Vertreter „Orator" der Univer=
sität war, dann kam Kronstadt, Mediasch, Bistritz, Mühlbach, Schenk,
Reps, Leschkirch, Reußmarkt, Broos.

Das Leben des Einzelnen war durchaus durch Sitte und feste
Ordnung an das der Gesamtheit gebunden; auch wen die Zunft nicht
umfing, war an die Nachbarschaft gebunden, die wieder das ganze Leben
umschloß und festhielt. Auch ein anderes war charakteristisch: das Volk
in Stadt und Dorf war weniger von einander verschieden als heute und
in den einzelnen täglichen Gewohnheiten sich ähnlicher als jetzt.

An die Wohnung wurde in der Stadt nicht mehr Anspruch gestellt
als heute auf dem Dorf. Das alte städtische Bürgerhaus zeigte, wenn
auch der Giebel gegen die Gasse vielfach geschwunden war, doch die alte
Bauart, ein größeres und ein kleineres Zimmer gegen die Gasse, dann
das große Vorhaus, in dem der Backofen stand, vielfach auch zur Küche
umgewandelt, wenn nicht wie in Mediasch und Schäßburg die Nachbar=
schaft einen Backofen hatte, in dem reihum gebacken wurde. Vielleicht schloß
sich dann noch ein Zimmer gegen den Hof an, das auch dem Handwerk
diente, falls nicht besondere Räume im Hof oder Schopfen — det wirches
(Werkhaus) — dafür eingerichtet waren. Auch im städtischen Haus war
ein Teil des Vermögens in Leinwand, Kleidungsstücken und Schmuck=
gegenständen angelegt. Öffentliche Kassen zur Einlage des Geldes gab

es im Land keine. Die Einrichtung des Hauses war wieder im großen und ganzen in Stadt und Land die gleiche: der „Rump=Tisch", der bessere mit einem Schloß, gemalte Truhen, „ein Bettspann" aus Holz und Bänke. Auf dem Bette lagen die selbstverfertigten Stücke getürmt, Decken mit alten Mustern, Pölster und Überzüge mit rotem und blauem Garn benäht, hin und wieder auch mit schwarzem und gelbem. In den Truhen aber lagen die Tischtücher aus Hanf und Baumwolle, selbst gewebt, mit roten Streifen oder roten Adlern geschmückt, die Hemden und Schürzen, zu deren Stickerei auch oft die schwarze Farbe gewählt wurde. Das Haus= und Küchengerät war aus Eisen, Kupfer und Zinn, niemals fehlte darunter der Bratspieß. Seit dem Anfang des Jahrhunderts drang sehr langsam zuerst in die höhern städtischen Kreise der Kaffee ein, im Haus des Hermannstädter Stadtpfarrers Zabanius befand sich eine der ersten „Kaffeemühlen". Doch fand das Getränk keine rasche Ver= breitung. Fleisch und Speck bildeten das Hauptnahrungsmittel, auf dem Dorf das aus dem Winter aufbewahrte Fleisch. Die Kocherei war einfach, das Kraut ebenso Festspeise wie es gewöhnlich gegessen wurde. Dafür überrascht die Masse der Gänge bei einem „Tractament": zwei Suppen, Rindfleisch mit Kreen= und Agrisch=Sauce, Kraut mit „Schunk", „Kala= raben bei Hendeln", Forellen, Milchreis, zwei Kugelhupfen mit Rosinen, Lammbraten, Krebse, dann Kirschen und Konfekt. Die Hausfrau schickte dem abwesenden Gatten gern Kraut und Käse von Hause nach, damit er es gut und billig habe. Jedermann hatte den Wein im Keller, er gehörte zu jeder Mahlzeit und wurde reichlicher als heut getrunken. Vor= nehme Häuser legten Wert auf reichen Vorrat. Als der kommandierende General Buccow 1764 starb, fanden sich in seinem Nachlaß 23 ver= schiedene Weinsorten, darunter Mediascher, Heidendorfer, Erlauer, Tokaier, Champagner.

Den Ton gab in Hermannstadt das Gubernium und das Thesau= rariat an, dessen sächsische Mitglieder von den aristokratischen Lebens= gewohnheiten des ungarischen Adels doch verhältnismäßig wenig an= nahmen. Dieser machte vor allem Haus. Oberlandeskommissär Kornis und auch andre hatten täglich freie Tafel, an der nicht nur die ihm untergeordneten Beamten speisten, jeder konnte einen Gast mitbringen, wer aus der Fremde kam und einen Namen hatte, wurde eingeladen. Bei allen diesen Tafeln war Tafelmusik. Kornis selbst war ein weit= gereister Mann und erzählte viel von Sitten und Einrichtungen fremder Länder, von der mediceischen Venus, der Peterskirche, den Katakomben Roms. Er habe in Rom — so teilte er den verwunderten Zuhörern mit — die Werkstätte gesehn, wo die Geistlichen aus Hundsknochen Reliquien der Heiligen verfertigten, die sie dann der Welt für bares Geld verkauften. War keine dringende Arbeit, so ritt das ganze Beamten= personal mit Kornis auf dessen Pferden, deren er stets beiläufig zwanzig hatte, spazieren. Daneben war es freilich noch möglich, daß sein Nach= folger im Amt, Paul Bogati, ein gebürtiger Salzburger, „ein schmutziger, ungesitteter Mensch, vorsätzlich grob", in einem kleinen Zimmer wohnte, das mit einer weißen Bettstatt, einem weißen Tisch und etlichen Stühlen möbliert war. Er hatte keinen Bedienten, keinen Wagen und Pferde und pflegte in Hemd und Unterhosen zu arbeiten, eine zerrissene Schlafhaube auf dem Kopf. Kam jemand die Treppe herauf, so kroch er ins Bett und stellte sich krank und nötigte niemals jemanden zum Sitzen. Das Militär klagte, daß das Brot schlecht sei, das man ihm gebe: er hielt es für gut und schickte einige Proben an die Kaiserin, sie solle sich selbst davon überzeugen! Diese hohen Ämter mit ihren vielen Beamten empfand übrigens der Bürger vielfach als schwere Last. Denn nicht nur das gesamte Militär lag im Haus des Bürgers — der Kommandierende hatte zuletzt fünf an einander stehende Häuser mit 32 Zimmern und den dazu gehörigen Räumlichkeiten besetzt, das Gubernium mit seinen 55 Mitgliedern nahm alles zusammen genommen ganze Gassen in An= spruch — auch die andern vielen Beamten mußten untergebracht werden und zahlten geringe Entschädigung.

Zu den ungarischen Aristokraten blickte auch der sächsische Gubernialrat mit einer gewissen Ehrfurcht auf. Nicht nur der Reichtum imponierte ihm, auch „die freie ungeheuchelte Denkungsart der ungarischen Nation". Durch Heirat in sie zu kommen wurde erwogen, doch wenn der Ehrgeiz dazu riet, so hielt anderes um so mehr ab, darunter daß die ungarische Nation mit der sächsischen doch kontrastiere, die niedere Abkunft und das geringe Vermögen werde später zum Vorwurf dienen. Die Hochachtung vor dem wirklich oder vermeintlich höher Stehenden war allgemein und fand in Formen Ausdruck, die uns fremd anmuten. Die irdische Majestät wurde Gott an die Seite gestellt. Als Josef II. in Siebenbürgen reiste, knieten die Leute vor ihm nieder — er hat solches später als Herrscher ab= geschafft — und die Freundlichkeit und Leutseligkeit des Kaisers erschien ihnen als etwas, das nicht genug gepriesen werden könne. Heydendorff fühlte sich neben dem Kaiser „als Wurm" und die erhabenen Gefühle, die ihn bewegten, da er am selben Zaun in Pretai lehnte wie der größte Monarch der Christenheit, erfüllten ihn mit süßem Schauder. In ver= dünnter Gestalt wiederholte sich das im Verkehr mit jedem andern, der

viel niederer als der Kaiser war, aber doch über dem eigenen Rang stand.
Die Gunst des Höherstehenden zu suchen, um die Protektion zu werben
galt als Klugheit und die Grenze, die der erlaubten Schmeichelei gezogen
war, war eine sehr weite. War ein Verwandter hoch gestiegen, so galt
es als natürlich, wenn er der Seinen sich erinnerte und wenn er etwa
darauf vergaß, hielt der Vergessene es für sein gutes Recht, sich in
Erinnerung zu bringen. Innerhalb der Beamtenwelt selbst wurde der
Unterschied zwischen dem höher und tiefer Stehenden stark empfunden.
Daß der Gubernialrat einem armen Notarius seine Tochter zur Frau
gab, galt als ein Zeichen dafür, daß der Mangel an Männern groß
sein müsse und um die Verbindung dem Schwiegervater einigermaßen
„anständig" zu machen, erwirkte er die Adelsverleihung an den Schwieger=
sohn. Diese Adelsverleihungen wurden im 18. Jahrhundert von den säch=
sischen Patriziern überhaupt gerne gesucht und selbst der evangelische Bischof
meinte es mit seinem Amt vereinigen zu können, für sich „die Nobilitierung"
zu erbitten! Beamten und Patrizier, die übrigens, abgesehen von einem Teil
der katholischen Beamten, zusammenfielen, sahen mit Stolz auf den „Pöbel"
herab, der nicht würdig sei, an der Regierung teilzunehmen, und doch
erschien diesen selben Beamten zuletzt „die Liebe und Achtung des Volkes"
als höchster Lohn für treue Arbeit in ihrem Dienste. Als „Patriotismus"
rühmte die öffentliche Meinung, wenn jemand für sein sächsisches Volk
Opfer zu bringen bereit war, Brukenthal galt als „patriotischer Sachse".
Wer keinen „Patriotismus" zeigte, der verdiente Verachtung. Das größte
Lob, das einem Verstorbenen gespendet wurde, war: er sei ein Christ
und Patriot gewesen. In entscheidungsvoller Stunde beschworen die
sächsischen Landtagsdeputierten 1731 einen Genossen, die Sendung an
den kaiserlichen Hof anzunehmen bei dem Glauben an Gott, bei der
Treue zum Vaterlande, bei der Pietät zu den verstorbenen Eltern, bei
dem Eide, den er dem öffentlichen Wohl geleistet, bei allem, was dem
Menschen achtungswert und heilig sei, da er nicht für sich lebe, sondern
für das Vaterland erzogen sei, für das Volk, welchem er diene!

Um 1770 bemerkte man, daß das Volk selbst nicht mehr von dem
devoten Respekt gegen seine Vorgesetzten erfüllt war wie ehedem und daß
es beginne, an ihnen Kritik zu üben. Das wurde vielfach durch die
Streitigkeiten der vornehmern Geschlechter unter einander in derselben
Stadt gefördert. In Mediasch standen sich die Heydendorff und Hannen=
heim, an andern Orten andre Familien gegenüber und wie heute auf dem
Dorf, so war es damals in der Stadt, daß der Kampf um die Macht, um
Amt und Einfluß in der Regel der Ausgangspunkt des Streites war.

Die Parteien scheuten sich nicht, das Schlimmste einander nachzusagen und sich im Ansehen beim Volk herabzusetzen, bis etwa durch eine Heirat oder ein andres zufälliges oder vorbedachtes Ereignis die Streitaxt begraben wurde.

Die Auffassung des Lebens war eng, aber bei aller Unbeholfenheit und bei aller Selbstsucht, die unverhüllt zutage trat, erwuchs gerade im 18. Jahrhundert der Gedanke der Pflicht neu in den Herzen der leitenden Kreise, der durch die Angriffe auf die Nation gestärkt wurde. Eine feste Frömmigkeit, die nicht frei von Aberglauben war, hielt die Gemüter in Freud und Leid aufrecht. Außerordentliche Naturbegebenheiten galten als Anzeichen und Vorläufer von wichtigen Veränderungen in dem Schicksal der Völker. Auch in gebildeten Kreisen war der Aberglaube noch groß. In schweren Lebenslagen, wo der Mensch sich kaum zu helfen wußte, konnte ein Traum ihn trösten und auf den richtigen Weg weisen. Der Gedanke an den Tod und das Abscheiden von dieser Erde galt nicht als schrecklich, es war selbstverständlich in guten Tagen sich häufig damit zu beschäftigen und es erschien trostvoll, zu glauben, daß die Nachkommen einmal die Grabstätte des Vorfahren besuchen würden und freundliche Tränen des Dankes weinen könnten. Wenn der Hausvater seinen Tod herannahen fühlte, dann sammelte er das Haus um sich, nahm Abschied von allen, dankte ihnen für alles Gute, das sie ihm erwiesen und befahl sich und sie dem Schutz Gottes. Getröstet schlief er ein, aber auch die Zurückgebliebenen waren durch solchen Abschied getröstet. Ein würdiges Begräbnis sich zu sichern war ein von allen begehrtes Ziel. Die Leichen wurden im offenen Sarg zu Grabe getragen, auf der Gasse machte der Zug von Zeit zu Zeit Halt, der Menge Gelegenheit zu geben, die Leiche zu sehen. Je höher der Gestorbene gestanden, um so mehr Stationen wurden gemacht. Zahllos waren die Gesänge, lang die Leichenrede; Rektor und Kollegen begleiteten mit den Schülern den Zug und die erstern hatten die Pflicht, die „Leichencharten" zu machen, in denen der Lebensgang des Verstorbenen mit einigen trostreichen Ermahnungen zusammengestellt war, die an den Sarg angeheftet wurden und für die ein Honorar gezahlt wurde. Auch das erwachsene Kind nahm, wenn es zu sterben meinte, Abschied von den Eltern und tröstete sie. Die Leichenmähler waren in Hermannstadt 1720 verboten worden, doch hier wie sonst vergeblich.

Religiöse Betrachtungen anzustellen und mit religiösen Gedanken sich zu trösten war in allen Lebenslagen Bedürfnis. Nicht nur am Anfang und Schluß des Jahres, an besonderen Gedenktagen, tägliche

Andacht, die häufig in der Kirche verrichtet wurde, war die Begleiterin der Arbeit; bei schweren Gewittern betete man. Der Pietismus hatte die Frömmigkeit vertieft, aber seinen Auswüchsen war unsre Volksseele fremd. Sie ging rasch zum Rationalismus über. Das einfache Bürgerhaus trug einen religiösen Charakter an sich, aus ihm erwuchsen dem Volk vor allem auch seine Geistlichen. Dem Mann blieb unvergessen, wie die Mutter am Sonntag nach dem Essen aus dem Andachtsbuch vorlas und Vater und Mutter an den langen Abenden bei der Arbeit fromme Lieder sangen. Auch der Nachlaß des Bürgers wies religiöse Bücher auf. Beim Wollenweber Capp: Olearius, Jesus der wahre Messias, Hübners biblische Historien und Luthers Teutscher Thesaurus, beim Schneider Binder Schmolk heilige Flammen. Ein Kaufmann schrieb auf sein Kontobuch die Worte: Jesu sei von mir gepriesen! und der Großvater des Stadtpfarrers Filtsch flüsterte bei seinem Tode 1754 die sächsischen Worte:

<blockquote>
Härr gäw mer en sanft und selig ängd,<br>
Dat meng sil den hemmel fängt.
</blockquote>

Der Besuch des Gottesdienstes und des Abendmahls war selbstverständlich. Bei Vermächtnissen auf den Todesfall sprachen religiöse Motive stets mit. Bei Ausbruch einer Seuche im Jahr 1742 ordnete über Auftrag des Guberniums der Hermannstädter Magistrat für jeden Sonntag einen Buß-, Bet- und Fasttag an „zur Verminderung des Strafgerichts Gottes", mit dem besondern Zusatz, die Tage sollten nicht „mit laulichter Andacht", sondern mit ernstlichem und inbrünstigem Gebet gehalten werden und alle Lustbarkeiten entfallen.

Die gebildeten Kreise hatten die frohe Empfindung, daß sie mit ihrer Bildung einen Besitz hätten, der sie über die andern emporhob. Sie suchten die Bildung an heimischen Schulen; wer studieren wollte ging, nachdem er die sächsischen Schulen absolviert hatte, nach Enyed und Klausenburg oder Vasarhely ins „Kollegium", wo er ungarisch lernte. Die Kenntnis dieser Sprache galt als unumgängliche Voraussetzung für den, der in öffentlichen Dienst treten wollte. Daneben lernten diese Kreise auch französisch; das walachische konnten sie durch den Verkehr erlernen. Das Bedürfnis nach französischer Lektüre war aber auf kleine Kreise beschränkt; 1769 konnte der Gubernialkonzipist Herrmann in einer Lizitation zwölf französische Bücher nach dem Gewicht billig kaufen! Diese Kreise aber lasen auch Voltaire und Rousseau. Der Besuch der deutschen Universitäten wurde nicht unbedingt gerühmt; es hatten verschiedene Leute wenig Ehre und geringe Gelehrsamkeit von da mitgebracht. Neben der Erbauungsliteratur jener Zeit und den klassischen

Werken, die aus der Schulzeit mit ins Leben genommen wurden, war hier 1754 schon Klopstocks Messias bekannt. Die Bücher waren schwer zu bekommen. Doch entstand in Hermannstadt 1780 neben der Hochmeisterischen Buchhandlung noch eine zweite, die Barth=Gromen=Genselmeierische Buchhandlung, die mit Büchern jeder Art nach Wunsch dienen zu können versicherte, doch schon 1792 wegen Schulden gesperrt wurde. Neben der Lektüre suchte der Gebildete besonders gern gute Gesellschaft, in der das Gespräch über Staatsangelegenheiten, Religionssachen auch Fragen der Wirtschaft, Neuigkeiten u. a. betraf. Gefühlvoll aber freute sich jeder am Verkehr mit den Angehörigen, der lieben Frau, den zärtlich werten Kindern, die die Liebe der Eltern dankbar erwiederten. Wer frei war von öffentlichen Geschäften teilte seine Zeit zwischen der „Ökonomie", der Kinderzucht, den Büchern und dem Verkehr mit guten Freunden, bei deren Wiedersehn nach längerer Zeit die Tränen der Freude und Rührung nicht fehlten. Sich selbst suchte der Mann zu einem moralischen Charakter zu erziehen und das Höchste war das gute Gewissen.

Die Erholungen und Vergnügungen suchte jene Zeit noch wenig in der Öffentlichkeit. Jeder besaß vor den Stadttoren seinen Garten, oft mit Meierhof, von wo die Hausfrau das „Gewürz" — das Gemüse — das sie selber anbaute, holte, wenn sie es brauchte; dorthin gingen sie mit guten Freunden zur Erholung. Aber schon boten in Hermannstadt einige Gärten vor dem Heltauer Tor Erfrischungen zu billigen Preisen und das Publikum bedauerte, daß ähnliches nicht auch im Lusthaus im Jungen Wald zu bekommen sei. Verwandte und Freunde kamen an bestimmten Tagen zu Hause zusammen, von 7 Uhr bis um 10 Uhr, Fackeln und Laternen, von Knecht und Magd getragen, beleuchteten die meist ungepflasterten Gassen. Noch häufiger kamen die Nachbarn und Freunde „in der Gasse" zusammen; „än de gaff gon" heißt heute noch in der Mundart, jemandem einen vertraulichen Besuch machen; auch der Hermannstädter Königsrichter saß abends in der Dämmerung auf der Bank vor seinem Hause.

Aber schon hatte Hermannstadt auch ein deutsches Theater. Im Jahr 1761 erhielt die Bodenburgin die Erlaubnis, Komödie zu spielen, erst in einer unsteten Bretterbude, dann im Hafermagazin, das über den Fleischbänken auf dem Kleinen Ring war. Auch das gab der Magistrat nur widerwillig zu, denn die verdienstlosen Zeiten mit ihrer Geldklemme erlaubten es nicht, den „Kontribuenten Gelegenheit zum unnützen Geld=vertun zu geben". Das Theater bot außer den herkömmlichen Hans=wurstiaden und Balletts schon „gelernte Stücke". Als sie 1766 Hermannstadt verließ, obwohl der Besuch der Vorstellungen ein guter war, zog eine andere Gesellschaft ein, die hauptsächlich Balletts aufführte, 1772 eine italienische Oper, deren Impresario aber zuletzt Inhaber eines Tanzbodens für das Gesinde wurde! Im Jahr 1776 errichtete Baron von Möringer im Ständehaus auf dem Großen Ring — es stand an der Stelle des jetzigen Bischofshauses — ein kleines Theater, ein „Theatralisches Wochenblatt" versuchte die künstlerische Erziehung des Publikums und der Schauspieler in einer, auf der Höhe der Aufgabe und der Zeit stehenden Weise, die Moral, deutsche nationale Kunst und Geschmack zu vertreten sich bemühte. Damals sahen die Zuschauer hier zuerst Shakespeares Romeo und Julie und Lessings Emilia Galotti, Beaumarchais Barbier von Sevilla, ja eine dramatische Bearbeitung der „Leiden des jungen Werther". Und von Opernkomponisten waren nach dem „Wochenblatt" Hiller, Gluck, Wolf, Schweitzer, Benda, Haydn vertreten.

Das Theater aber galt nicht als Unterhaltung für die große Menge, mehr nur für die Gebildeten, „die ein gutes Buch, einen witzigen Dichter, einen vernünftigen Schriftsteller, ein vertrauliches Gespräch mit klugen freundschaftlichen Leuten, ein regelmäßiges Schauspiel, eine das Herz rührende Musik der tollen Freude vorzogen". Dieser „tollen Freude" huldigte die Menge auf Bällen, die von der vornehmen Gesellschaft und vom Bürger nicht besucht wurden. Der letztere fand seine Erholung im Kreis der Familie, sein Vergnügen in der Zunft und in der Nachbarschaft. Auch die letzte hatte noch ihre ganze alte Kraft, ihr altes Ansehen. Wiederholt wurden die einzelnen Ordnungen im Laufe des 18. Jahrhunderts verbessert. In Hermannstadt gehörte auch der Gouverneur Brukenthal als Hausbesitzer auf dem Großen Ring in die Nachbarschaft, deren Schreiber er 1749—51 gewesen war und besuchte ihre Tage. Ihr Wirkungskreis umfaßte eine Menge Angelegenheiten, die polizeilicher Natur waren und später in das Bereich der Verwaltung überhaupt fielen, die Sorge für Reinhaltung der Gassen, für die Nachthut, das Feuerlöschwesen, die Instandhaltung der Brunnen, ihre Bücher ersetzten für die Häuser das Grundbuch; sie hatte acht auf die Rauchfänge, auf herumstreifendes Gesindel, sie schlichtete kleinere Streitigkeiten zwischen den Nachbarn, besorgte das Weinschroten und ähnliche Arbeiten. Die vielfältigen Mahlzeiten, die unter dem Namen des Schrotweins veranstaltet wurden, erregten das Ärgernis der Obrigkeit und 1769 schaffte sie sie in Hermannstadt ab, die berufsmäßigen „Schröter" traten an die Stelle der helfenden Nachbarn. Das war überhaupt der Gang der Entwicklung, Berufsämter lösten die Nachbarhilfe ab. Im Jahr 1757 forderte das Gubernium den Hermannstädter Magistrat auf, anstatt der Bürgerwachen

Nachtswächter anzustellen, was nach längerer Weigerung der Bürgerschaft 1760 geschah. Ähnlich gings mit der Gassenreinigung, für die bestimmte Leute, zunächst von der Nachbarschaft gedungen wurden. Die Nachtwächter gingen mit der Hellebarde bewaffnet und mit der „Ratsche" in der Hand durch die Gassen, im Winter von 8 Uhr abends an, im Sommer von ½ 9 Uhr bis 4 Uhr morgens. Auch die Reinigung der Rauchfänge kam 1750 an besoldete Rauchfangkehrer. Im Jahr 1727 fehlte es an solchen in Hermannstadt, so daß der Magistrat beschloß, der Zigeunerwoiwode solle zwei bis drei junge Leute stellen, die dazu geeignet seien und 1728 schrieben sie sogar nach Wien, „damit einer mit einem Gesellen unter freien Reiseunkosten quo citius hereinkommen möge". Um 1750 begannen zunächst die vornehmen Bürger die Pflichten der Nachbarschaft gegenüber leichter zu nehmen, es hielt schwer, „einen guten Nachbarn" willig zur Übernahme des Amtes eines Nachbarhannen oder Brunnenmeisters zu finden. Der Eine und Andre löste mit Geld die Verpflichtung ab, in den einzelnen Gassen in sehr verschiedener Höhe, aber der Dienst litt unter allen Umständen darunter. Es gab in Hermannstadt 31 Nachbarschaften, alle in die Altschaft, „das mittlere und das junge Schaar" geteilt, das letztere wie die Jugend jener Zeit überhaupt in einer gewissen Abhängigkeit und Unterwürfigkeit gehalten. In Heltau mußten sie die Alten vom Festmahl nach Haus begleiten.

Während so der Wirkungskreis der Nachbarschaften einer langsamen Zersetzung und Abbröckelung entgegenging, blühte die Unterhaltung und das gemeinsame Vergnügen darin in alter Weise. Nicht nur am Richttag, am Aschermittwoch, wo die ganze Nachbarschaft beisammen war, unterhielten sie sich, auch beim wechselnden Zeiger innerhalb der Nachbarschaft versammelten sich die Nachbarn am Abend zum kühlen Trunke. Die Weineinfuhr war in den größern Städten nicht frei, die Städte hatten eine Akzise darauf gelegt, die aber mäßig war. Der Hermannstädter Stadtpfarrer hatte „zum jährlich zu genießenden Mund- und Tischtrank" 30 Faß, die Oberbeamten je 60 Faß, der Rektor 4 Faß einzuführen das Recht und dafür bloß je 24 Den. zu zahlen. Ebenso zahlte wer 10 Faß einführte, vom zehnten Faß nur 24 Den., weil solches auf Füllung gerechnet wurde. Jeder Bürger hatte das Recht, Wein auszuschänken, doch galt der Most als ungesund, dessen Ausschank bis Martini, später bis Weihnachten verboten wurde. Der Ausschank ging nach einer bestimmten Ordnung um. Wer ohne Recht Wein ausschänkte, dem wurden die Fässer eingeschlagen. Neben dem Wein wurde auch Meth getrunken, die Akzise war für dies Getränk halb so hoch als auf Wein, dann Bier, das hier gebraut wurde. Wirtshäuser zu besuchen galt nicht für anständig. Es gab auch noch wenige im Lande. Das Leopoldinische Diplom hatte geboten, um die unentgeltliche Bewirtung der Reisenden abzuschaffen, Gasthäuser zu errichten. Im Jahr 1727 waren zwei in Hermannstadt, das alte Stadtwirtshaus in der Heltauergasse, wo der kommandierende General seine Pferde hielt und ein Armenhaus, das zu einem Wirtshaus umgewandelt wurde. In den folgenden Jahren entstanden noch zwei, ebenso wurden auf einigen Dörfern Wirtshäuser errichtet. In Hermannstadt besaßen zwei derselben Kegelbahnen. Das städtische Bräuhaus war 1711 eingerichtet worden, doch sollte das Bier bloß in einem Haus geschänkt werden dürfen, „umb den Weinhandel nicht so sehr zu kränken".

Öffentliche Vergnügungen gab es wenige: wenn ein Trampeltier durch die Stadt zog, ein Mann Schattenbilder zeigte, ein Bärentreiber die brummigen Tänzer vorführte, so lief alt und jung es zu sehen. Als 1746 ein „Marktschreier oder Arzt aus Wien" eine Otter in den Mund nahm und von ihr gebissen starb, war das Mitleid mit ihm gering, da er „ohne einige Not, bloß aus Vorwitzigkeit sein Leben ausgegeben".

Neben den Nachbarschaftsunterhaltungen waren die fröhlichsten die der Zünfte, wenn in mittelalterlicher Weise die Zunftlade vom alten zum neuen Zunftmeister getragen wurde; die Zunfttage mit ihren mannigfaltigen Bräuchen bildeten lange vorher und nachher das Gespräch nicht nur der Zunft sondern der ganzen Stadt.

Die „hohe Zeit" im Leben des Einzelnen war aber doch die Hochzeit. Die Werbung hat das deutsche Volk immer nicht nur als Privatsache angesehen sondern als eine Angelegenheit zweier Familien, die nicht leichthin behandelt werden dürfte. Wie im Bauernhaus heute noch, so war vor hundertfünfzig Jahren auch im Bürgerhaus der Einfluß der Eltern auf die Wahl, ja ihre Entscheidung maßgebend. Darum wurde im voraus reiflich erwogen, wo der junge Mann, der in das Heiratsalter gekommen war, anklopfen solle. Bestand gar eine Entfremdung zwischen den beiden Familien, deren Kinder sich gefunden hatten, dann gab es lange Vorverhandlungen, bis der entscheidende Schritt öffentlich getan wurde. Erst wenn die Familie des Jaworts sicher war, ging der Vater des Bräutigams zu den Eltern der Braut und hielt förmlich an. Nach guten Vorbedeutungen äußerer und innerer Art hatten sie eifrig gesucht. War das Mädchen schön, gut, fleißig und sparsam, so konnte der Bräutigam auf „ein irdisches Paradies" hoffen, das die Güte des Herzens in erster Reihe zu sichern schien. Heydendorff erklärte, seine Braut darum zu heiraten, „weil sie Vernunft habe". In den sächsischen Kreisen galt eine gemischte Ehe für ein Unglück, zu dessen Abwendung eine lange Reihe von Gründen angeführt wurde. Der Ringwechsel gehörte notwendig zur Verlobung. Diese — der Handschlag — wurde gern für einen Jahrmarkt aufgespart, weil er Gelegenheit auch in der Stadt bot, besser einzukaufen, was sie bedurften, „einen lustriösen Kittel," „einen Schurz mit Virkeln dran" für die Braut oder auch ein Schmuckstück. Das Bräutigamshemd und ein seidenes Bräutigamsschnupftuch durfte nicht fehlen und öfter bekam die künftige Gegenmutter zum Geschenk gleichfalls ein Schnupftuch. Die Hochzeit stattlich auszurichten war das Haus seinem Ansehen schuldig. Dann wurden Köchinnen aufgenommen, oft aus der Nachbarschaft geholt, die Musikanten, die u. a. 1758 für eine Hochzeit in Mediasch sich aus Schäßburg und Hermannstadt verstärkten, spielten auf und es wurde geschossen, daß es eine Art hatte. Die Lust hatte um so mehr Recht, als vorher der Ernst des Lebens zu seinem vollen Recht gekommen war. Denn „zur Verhütung von Schwierigkeiten und zur Beibehaltung von aufrichtig freundschaftlicher Liebe sowohl zwischen den Brautleuten selbsten als auch zwischen beiderseitigen lieben Angehörigen" war vorher im Ehekontrakt alles festgesetzt worden, was heute oder morgen Anlaß zu Schwierigkeiten geben konnte. Wohlüberlegt wurden alle Fälle, der Tod in erster Reihe, und ohne Empfindsamkeit Bestimmungen über dies und jenes getroffen. Verwandte und Freunde stellten sich mit Hochzeitsgedichten ein, die mit allerlei klassischen Reminiszenzen den Schweiß der Arbeit verrieten und hölzern und langweilig auch das junge Ehepaar kaum amüsiert haben können. Um so interessanter, daß in kurzen Scherz- und Trinkversen, die bei Hochzeiten und ähnlichen Gelegenheiten die Runde erfreuten, neben dem „steifen Perückenstil" wie

Der Tod und sonsten kein Person<br>Soll enden meine Affektion

auch neue volkstümliche Gedanken in sanglicher Form sich fanden, die den alten Zopf fallen gelassen hatten:

Viel tausend Herzen in der Welt —,<br>Nur eines ist, das mir gefällt!

oder:

Rechte Lieb hat Wunderkräften,<br>Kann zwei Herzen zusammenheften —

oder das schelmische Verslein:

Ein Grübel im Backen,<br>Ein Schelm im Nacken,<br>Im Herzen die Treu,<br>Es bleibt dabei!

oder endlich „echt siebenbürgisch", wie der beste Kenner des 18. Jahrhunderts unter uns es kurz benennt:

> Der Weg, der wär mir nicht zu weit,
> Wenn ich nur hätte — Gelegenheit!

In höhern Gesellschaftskreisen begann die Unterhaltung mit dem Kartenspiel, an dem auch Frauen sich beteiligten. Die Musik wurde im Bürgerhaus kaum gepflegt. Gouverneur Brukenthal gab wöchentlich musikalische Abendunterhaltungen, in Mediasch rühmte Heydendorff, daß in den fünfziger Jahren des Jahrhunderts ein Baron Szilagyi durch sein wöchentliches freies Collegium musicum einen musikalischen Geist in die Stadt gepflanzt habe, der eine Zeit lang dort üblich geblieben sei. In einzelnen Häusern ließen die Eltern die Kinder — und wie es scheint zuerst die Knaben — Klavier spielen. Im Land war keins zu kaufen; in Tübingen kosteten die bessern 20 fl., auch um 15 fl. war schon eines zu haben. Die Stadtkantoren sahen es als Recht und Pflicht an, Arien und Motetten, besonders für Kirche und Begräbnisfeier, zu komponieren und ihre Arbeiten fanden reichen Beifall.

Zu den jährlichen Festen gehörten die Namenstagfeiern. Nicht nur die Angehörigen kamen glückwünschen, auch fernerstehende Hausfreunde fanden sich ein, wer es vermochte wohl mit einem schriftlichen Glückwunsch in Versen. Bei hervorragendern Personen spielten die Stadtturner, auf dem Dorf die „Scholaren" auf und erhielten dafür eine „Collation".

An den Erholungen und Vergnügen, die das Haus bot, hatten naturgemäß die Frauen hervorragenden Anteil. Daß ihr Leben darin liege, für das Wohl und das Behagen ihrer Umgebung zu sorgen, das lernten die Töchter schon frühe und übten die Gattinnen und Mütter ihr Leben lang. Daß das sächsische Haus seinen innern Halt, die sittlichen Grundlagen wieder fand, das ist vor allem das Verdienst der sächsischen Frau gewesen. Ihre Stellung hatte im Lauf des Jahrhunderts eine Wandlung erfahren. Wohl war ihre Bildung aus der Schule keine große; auch die Frau aus besserem Hause schrieb unorthographische Briefe und ihr Wissen war dürftig, aber aus den erhaltenen Briefen spricht ein klares Urteil, innige Empfindung, fester Sinn und hingebende Fürsorge für die Ihrigen. Auch ein anderes ist darin zu erkennen, daß die Frau begann an den Sorgen und Arbeiten des Mannes nicht nur in der Werkstatt Anteil zu nehmen, sondern auch an jenen des öffentlichen Lebens, eine Teilnahme, die nach 1780 allerdings bedeutend wuchs. Was für treffliche Urteile hatte auch über den Gang der öffentlichen Ereignisse Frau Maria Elisabetha v. Straußenburg, freilich eine ungewöhn-

liche Frau. In Hermannstadt taten sich die Frauen auf ihre Bildung
etwas zugute, als sie „die Seebergin" 1753 lehren mußten, wie man
sich bei Besuchen und Gesellschaften in Reden, Sitten usw. betragen müsse
und freuten sich, daß sie nicht wie jene ein gebrochenes „Kucheldeutsch"
redeten. Unter den vornehmen Frauen Hermannstadts ragten Brukenthals
Frau Katharina Sophie Klocknern († 1782) und die „Soteriusin" hervor.
Beide wußten nach Frauenart im richtigen Augenblick die richtige Antwort
zu finden. Als Seeberg sich einst durch einen Kammerdiener bei Frau
Brukenthal entschuldigen ließ, daß er ihr am Namenstag nicht gratuliere,
ließ sie ihm vor allen Gratulanten zurück sagen: sie habe nicht bemerkt,
daß er nicht da sei. Die Frau Soterius erregte durch ihre Schönheit und
ihren Geist die Aufmerksamkeit Josefs II. und wußte in anregender Weise
in einem Tagebuch diese Begegnung und andre Erlebnisse zu schildern.

Die angenehmste und fröhlichste Erholung, die zugleich die Zusammengehörigkeit der Familie stärkte, war das Zusammenessen der Angehörigen an hohen Festtagen beim Ältesten des Hauses, eine Sitte, die
Brukenthal auch als Gouverneur noch in seinem Hause festhielt. Aber
auch die häuslichen Vergnügungen überwachte die strenge Obrigkeit, jene
in den Zünften und in den Nachbarschaften verbot zu Zeiten der Magistrat,
wenn ihm schien, daß die Gastereien und Tänze den Bürger „zum allerhöchsten Herrn- und des gemeinen Wesens Diensten" untauglich machen
könnten.

Ein großes Fest aber, das auf königliche Privilegien sich stützte,
war für jedermann der Jahrmarkt. In den Nachbarschaften lief vorher
„der Nachbarzeichen" um, es solle jeder auf Feuer und Licht sorgen und
bei jedem Hause eine gehörige Wassermenge in Bereitschaft stehen, niemand Unbekannte beherbergen und Bettler und Lumpen in die Häuser
lassen. Der Jahrmarkt wurde eingeläutet, dann begann das Handeln und
Feilschen. In langen Reihen saßen die einheimischen Bürger, die ihre
Waren feil boten und vom Standgeld frei waren, dann die fremden, die
das Standgeld bezahlt hatten, die „Tuten und Gräcken, Armenier und
Polacken", die aus der Fremde kamen und gesuchte Ware brachten. Sie
durften nicht über den dritten Tag zugelassen werden. Der Bürger hatte nun
den Weinschank frei und von Mediasch berichtete die Bürgermeisterin erfreut
ihrem Gatten, sie habe „am Margrethi" mit Wein und Käse, die sie
unter dem Tor verkauft, gute Geschäfte gemacht. Nach dem Landtagsbeschluß von 1714 galten im Lande die alten Hermannstädter Hohlmaße
und die Wiener Gewichte. Eine üble Beigabe an den Jahrmärkten waren
die vielen Bettler. Sie lagen am Wege, entblößten die Körperschäden,

die sie hatten und baten kläglich um ein Almosen. Dafür bot der Tag aber auch andres zu sehen und zu hören. Der fahrende Sänger zog auf den Jahrmärkten herum, er sang von den letzten schrecklichen Verbrechen und merkwürdigen Ereignissen und zeigte Bilder dazu, die die Sache erklärten.

Auch die Rechtspflege fiel für das Volk zum Teil unter den Gesichtspunkt der Schaulust, um nicht Belustigung zu sagen. Der Magistrat war auch erste Gerichtsinstanz, kleinere Sachen urteilte der Stadthann allein ab. Das „Statutarrecht" war die Grundlage, dann Karls V. Ordnung des peinlichen Gerichts und Carpzows Kriminalrecht, später die Theresianischen Verordnungen. Auf Diebstahl stand Todesstrafe, die öffentlich vollzogen wurde, zuweilen wurde sie auf Schläge ermäßigt, verschärft durch Ausweisung aus Stadt und Land. Immer war die Absicht, durch die Strafe auch abzuschrecken. Dem Hingerichteten wurde die Hand abgehauen und an den Galgen genagelt, der Leichnam verbrannt, hin und wieder auch der Körper des Lebenden verstümmelt. Vor der Hinrichtung brach der Scharfrichter den Stab über den Verurteilten. Wollte der Angeklagte nicht gestehen, so schritt man zu den „scharfen Fragen" — der Tortur! Sie wurde 1778 aufgehoben. Der Wahn des Hexenglaubens erforderte noch immer seine Opfer. Aber schon regte sich im Herzen und Verstand der Richter der Zweifel an der Richtigkeit und Zulässigkeit des Vorgangs bei Hexenprozessen. Als 1718 zwei Klagen auf Hexerei vorlagen, wendete sich der Hermannstädter Magistrat an die Wiener juridische Fakultät und fragte an: wie man dort und an andern Orten in solchen Fällen verfahre, ob die Wasserprobe mit gutem Gewissen angewendet werden könne? Die Wiener Fakultät hielt die Anwendung der Tortur für zulässig, die Wasserprobe aber sei mehr eine Versuchung Gottes als ein rechtlicher Beweis. Die Leipziger Fakultät, an die sich der Magistrat gleichfalls gewendet hatte, hielt im vorliegenden Fall die Hexerei nicht für erwiesen, auch die Anwendung der Tortur für unzulässig, denn es sei nichts Übernatürliches vorgegangen, erklärte die Wasserprobe gleichfalls als unzulässig, da sie „keine rationem physicam et moralem" habe und der Hermannstädter Magistrat sprach die beiden angeklagten Frauen frei, weil es besser sei in solchen Fällen „dem lieben Gott als allwissenden und gerechten Richter die Strafe im Fall der Schuld anheimzustellen", als jemandem durch ein übereiltes Urteil Unrecht zu tun. Zehn Jahre früher wären die Angeklagten verloren gewesen! In Hermannstadt sind keine weitern Hexenprozesse vorgekommen, wohl aber in den übrigen Teilen des Sachsenlandes, der letzte vielleicht 1746 in Mühlbach.

Aber sonst gab es noch genug zu strafen, besonders häufig an=
gewendet wurden die Prügel, die öffentlich gegeben wurden, wieder „Andern
zum Exempel".

Das charakteristische Zeichen des Lebens war die große Bevormundung
desselben von allen Seiten. Die Äußerung persönlicher Kraft und persön=
licher Ausgestaltung des Lebens war fast ausgeschlossen, auch das Be=
dürfnis nach ihr nicht vorhanden. Das Amt stellte die Preise für die
Arbeiter fest, für Mäher und Drescher, wie für die Rohware des Hand=
werkers und die verarbeitete Ware.

Viel machten durch das ganze Jahrhundert den Magistraten die
Kleiderordnungen zu tun. Im Jahr 1767 hatte der Mediascher Magistrat
„mit vielem Befremden und Mißvergnügen wahrgenommen", wie Hoffart,
Kleiderpracht und Unmäßigkeit überhand genommen hatte, „daß sich Unter=
schiedliche von diesen üppigen Lastern getrieben nicht scheuen mit Verachtung
der Furcht Gottes und der bürgerlichen Spar= und Sittsamkeit, um sich
nur ein falsches Ansehn vor andern zu geben, auch mit geborgtem Gelde
erkaufte Kleider anzuschaffen, die sich vor ihren Stand gar nicht schicken ...
in schwere Schulden stechen, daß sie unmöghast sind, die k. k. Kontribution
zu entrichten, also daß beinahe kein Unterschied mehr zwischen Vornehmen
und Geringen wie auch armen und wohlhabenden Bürgern zu sehen
ist". Um all den Übeln zu steuern, setzten sie eine Kleider= und Polizei=
ordnung fest, die durch die vielen Unterscheidungen, die sie machte, die
Übertretungen von selbst hervorrief. Darnach wurden die Bürger in fünf
Klassen eingeteilt und im einzelnen aufgezählt, was den einzelnen ver=
boten wurde: der untersten Klasse, zu der neben den Dienern, Stadt=
reitern, Torhütern auch die Bäcker und Bäckinnen gehörten, werden nicht
weniger als zwanzig Dinge verboten, selbst die Knöpfe sind nicht un=
bestimmt geblieben. Zur obersten Klasse gehörten die zwölf Ältesten der
Kommunität und jene, die die obersten Ämter bekleidet hatten; auch bei
diesen ist die Liste des verbotenen noch lang genug, wenn im einzelnen
auch die Freiheit wenig eingeschränkt war, so wie es von den Kopfnadeln
der Frauen hieß: „was sie anbelanget, wird sich jede nach ihrem Stand
und Vermögen vernünftig zu bescheiden wissen". Dazu kam eine Polizei=
ordnung, die hauptsächlich das Übermaß der Gastereien besonders bei
Hochzeiten einschränken wollte. Sie gestattete der untersten Klasse bloß
drei Paar Gäste zur Hochzeit einzuladen und bloß die drei von alters
her gewöhnlichen Hochzeitspeisen, Gebratenes, Stritzel und Hanklich und
Obst, während der höchsten Klasse sieben Paar Hochzeitsgäste erlaubt
waren, acht Gänge beim Mahl, bei dem Torten und fremdes Konfekt

verboten blieb. Und all das bei schwerer Strafe, von der ein Teil den
Nachbarvätern und Zunftvorstehern zugesichert wird, falls sie die Über=
treter zur Anzeige bringen „zur Vergeltung ihrer fleißigen Aufsicht und
treuen Denunciation". Sollte jemand sich nicht fügen, so soll er dem
Magistrat angezeigt werden, „damit dieserlei wilde Leute mit Magistratual=
gewalt gebändigt und nach Unterschied der Personen in dem Zuchthaus
zahm gemacht werden mögen".

Die Hermannstädter Kleider= und Polizeiordnung von 1752 unter=
schied sogar neun Klassen, in denen bis auf Hemd und Unterrock genau
festgestellt wurde, was zu tragen erlaubt und verboten war. In Schäßburg
hatte der Magistrat 1750 „mit Wehmut" erfahren, wie die Gastereien
ins Maßlose wuchsen, daß die liebe Bürgerschaft anfing, bei Hochzeiten
sogar silberne Geschirre zu gebrauchen, daß sie allerlei unanständige
Kleidung gebrauchten, die mehr der Hoffart als der Bedeckung des
Leibes diene. Eine Generalmahnung drohte, „die Contribution nach Maß=
gabe solcher Ausschweifungen zu vergrößern". Es war hier wie sonst
ein vergeblicher Kampf, den aber das 18. Jahrhundert überall mit Hart=
näckigkeit geführt hat.

Der geistliche und weltliche Stand stand gerade im 18. Jahrhundert
vielfach feindlich gegen einander. Aber der geistliche half mit, die Barbarei
der Türkenzeit langsam zu überwinden. Nicht alle hatten an ausländischen
Hochschulen studiert, aber doch die meisten. Wer zur Hochschule zog,
bekam von Verwandten und Freunden ein Viatikum mit, das durch
Geschenke von Gönnern in der Fremde vermehrt, die Kosten der Studien
häufig deckte. Sie waren nicht groß, denn die Bedürfnisse waren gering
und immer wieder fanden sich Wohltäter, die dem armen Studenten halfen,
wenn die Stipendien, die aller Orten zu finden waren und an einigen
Universitäten besonders auch für Siebenbürger gestiftet waren, nicht aus=
reichten und die Konvikte und Alumnate versagten. Die Studiendauer
war nicht bestimmt, nach zwei oder höchstens drei Jahren kehrte der
Student heim, er brachte die Bücher mit, die er draußen sich erworben,
bisweilen mußte er den Schatz mit List an den Grenzen vor den Augen
argwöhnischer Wächter verbergen. Sein Stolz war sein Stammbuch, in
das sich seine Freunde mit irgend einem Spruch eingetragen hatten, ebenso
Professoren und Gönner, die er aufsuchte und um ihre Eintragung bat.
Zu Hause fand er gleich Anstellung, durchlief in wenigen Jahren sämtliche
Stellen am Gymnasium des Hauptorts oder der höhern Schule des
Vororts, ebenso die Predigerstellen, dann wurde er Pfarrer. Als Lehrer
lebte er eigentlich auf Rechnung der Zukunft. Die Gehalte waren klein

und liefen unregelmäßig ein, es kam wohl vor, daß sie jahrelang über=
haupt ausblieben. Aber in der zweiten Hälfte des 18. Jahrhunderts
mehrte sich gerade im Lehrerstand das Bewußtsein seiner hohen Aufgabe,
die edle Hingabe an den Beruf, von dem sie hoch zu denken ein Recht
zu haben glaubten. Daß alle Bürger in der sächsischen Nation ohne Aus=
nahme durch ihre Hand gingen, daß durch sie dem Staat Leute für alle
Stellungen erzogen wurden, daß mithin der Beruf ein hoher sei, das hob
ihren Mut und 1778 schrieben die Hermannstädter Lehrer, „sie werden
nicht müde werden, ihre letzten Kräfte im Dienst des Vaterlandes, dem
sie Bürger, und im Dienst der Menschheit, der sie Menschen zu bilden
das Glück haben, zu verbrauchen".

Wurde der Lehrer Pfarrer, so war die Art der Lebensführung nicht
so verschieden zwischen Stadt und Land wie heute, aber sein Leben er=
hielt doch ein anderes Gepräge.

Das Einkommen war bis dahin gering gewesen, vielleicht war nötig
gewesen, neue Schulden zu machen, das Hauswesen war eng und klein,
nun wurde das anders. Größer waren die Räume des Pfarrhofs, wenn
auch der größte immer die Küche, ausgedehnt ringsum Hof und Garten,
reich die Besoldung des Zehntens. Auch da, wo die Fiskalprozesse oder
alte bischöfliche Übergriffe einen Teil der Einnahme weggenommen hatten,
reichte der Rest hin, in guten Jahren auf einmal die Schulden zu be=
zahlen, die Kinder zu erziehen und etwas für die Zukunft zurückzulegen.
Noch war auch am Pfarrhof des 18. Jahrhunderts das Glasfenster
anfangs nicht, später spärlich verwendet, die Einrichtung, die oft zum
Haus gehörte, bäuerlich, hölzerne Tische, Betten und Bänke, große Öfen,
die oft rauchten; der behagliche Raum das „Studierzimmer" des Pfarrers,
abgelegen, klein, aber da standen die Bücher, dort die Matrikeln, die er
führte, während die eichene Kirchenlade im Schlafraum sich befand. Die
alte Orthodoxie war dem Pietismus gewichen, trotz allen Eiferns der
Synode, und dieser machte dem Rationalismus Platz, aber das hinderte
nicht, daß der Luxus auch in diesen Kreisen wuchs. Die Synode sah ein
„punctum valde delicatum" darin und gab 1752 die „neue wider Kleider=
und Mählerexcesse gerichtete Verordnung", die in sich selbst die Un=
möglichkeit des Einhaltens trug. Sie teilte die Pfarrer in vier Klassen
ein, dazu die Prediger und die Schulleute mit ihren Unterschieden. Mit
großem Liberalismus wurde der ersten Klasse — „Herr Superintendent
bleibt allen Klassen vorgesetzt" — nichts vorgeschrieben, „sondern alles
ihrer vernünftigen und christlichen Einrichtung überlassen", dafür war
die Liste des Verbotenen bei den andern Klassen groß genug, von den

farbigen Gürteln der zweiten Klasse und dem Verbot mit sechs Pferden zu fahren, außer die Not gebiete es, bis zum Verbot der fremden Kleidungsarten bei den Frauen „mit Palatineln, Cantouchen, Strickröcken, Pantoffeln, gestutzten Haaren, geschminkten Gesichtern usw.". Beim Hochzeitsmahl eines Pfarrers der ersten Klasse wurden nicht mehr als zwölf Paar Gäste zugelassen, „unter willkürlicher Strafe". Die Zahl der fremden Gäste zu „determinieren" war dem Dechanten anheimgestellt. Zwölf Speisen waren der ersten Klasse gestattet, außer dem Konfekt, alles Zuckerwerk war verboten, „Piskoten und Zwieback" erlaubt. „Beim Getränke wird nichts als der übermäßige Genuß des Weins, folglich die Trunkenheit, unter willkürlicher Bestrafung des Excedierenden, verboten." Die Leichenmähler wurden verboten, aber sofort doch gestattet „dem Leichenredner und denen Capitularibus, welche die Leiche tragen helfen, ein kleines Essen zu geben".

Die meisten Sorgen machten dem Pfarrer die wirtschaftlichen Fragen seines Hauses und der Gemeinde. Es war nicht leicht, die Menge des Korns und des Weins und was der Zehnte sonst noch brachte in guten Jahren zu verkaufen. Noch größer war freilich die andre Sorge für die Gemeinde. Da die politische Gemeinde und die kirchliche Gemeinde auf dem Dorfe völlig zusammenfiel, denn die Walachen hatten ja keine politischen Rechte, so hat ein Unterschied zwischen politischem und kirchlichem Vermögen damals nicht bestanden. Die politische Gemeinde half auch die kirchlichen Bedürfnisse decken. Die Dorfkasse trug die Kosten der Wahl und Präsentation des Pfarrers. Die Seebergischen Beglückungspläne brachten von 1754 an auch in diese Verhältnisse Verwirrung. Die Leistungen der Allodialkassen an die Kirche wurden eingestellt, und als auf jeden Fruchthaufen 2 Kreuzer aufgelegt wurden, fingen die Leute an, den „Meddem", den in den meisten Dörfern damals noch jeder zu geben hatte, bald in Geld, bald in natura, gleichfalls zu verweigern. Hie und da suchte die Kirche sich damit zu helfen, daß sie die Leute bestimmte, ein Stück Land gemeinsam zu ihren Gunsten zu bebauen. Aber wenn dann der Segen ausblieb oder „der gerechte und über unsre großen Sünden erzürnte Gott" die Feldfrüchte durch Hagel verwüstete, blieben nur die wenigen Kreuzer aus dem Gotteskasten, für Lösung der Kirchenstellen und etwa Strafen übrig, die verhängt wurden. Das trieb dann wohl manchen Pfarrer, sich nach einer andern Stelle umzusehn. Der Wechsel war häufig und die Freizügigkeit durch die ganze Landeskirche unbeanstandet. Maria Theresia hatte das schon von den siebenbürgischen Fürsten geübte Bestätigungsrecht der neugewählten Pfarrer energisch aufgenommen und forderte 1754 eine nicht niedere Taxe von

jedem Gewählten. Auch die nicht kirchlichen Dorfsangelegenheiten sahen
auf den Pfarrer. In Großscheuern kamen sie auf dem Pfarrhof zusammen,
wenn Rechnung gelegt werden sollte. Mit der großen Glocke wurde das
Zeichen gegeben, sich zu versammeln. Wenn der Hann gewählt worden
war, so wählte er sich mit Zustimmung des Pfarrers die übrigen Amt-
leute. Im Jahr 1759 hatte der Komes eine Anweisung gegeben, wie
der Hann beschaffen sein solle: er solle ein Herz haben, das Gott und
die Obrigkeit fürchtet, seinem Haus weise vorstehen, höflich und ehrbar
sein, gerecht und ein guter Wirt, nicht verschuldet. Er mußte einen guten
Ruf haben und Ehre genießen, damit die Leute den gehörigen Respekt
vor ihm hätten, von gutem Herkommen und ehrlichem Geschlecht sein,
so wohlhabend, daß seine Wirtschaft nicht darunter leide, wenn er in
eigner Person den Dorfgeschäften nachginge und jene andern überlasse.
Er durfte das eigene Interesse nicht dem des Dorfes vorziehen, für
Kirche und Schule zu sorgen sollte er geneigt sein, friedfertig, kein
Trunkenbold, nicht eigensinnig und widerspenstig, sondern vernünftig
überlegend, von hinlänglicher Erfahrung, treu und zuverlässig, daß die
hohe Obrigkeit sich auf ihn verlassen könne, verschwiegen und beim Wort
bleibend, nicht der Verwirrung und Lügen zugetan!

Eine große Last war ihm abgenommen, seit Maria Theresia die
drückende Verpflichtung, die reisenden Adligen unentgeltlich zu verpflegen
und weiter zu befördern, den sächsischen Dörfern abgenommen und damit
altes Unrecht gut gemacht hatte.

Eine schwere Sache war die Verzehntung auf dem Hattert. Der
Fiskus hatte sich fast überall in den Besitz eines Teils des Zehntens
gesetzt, davon war mancher verschenkt worden, vor allem an katholische
Institute, so an die Jesuiten in Karlsburg und nun zwang er die Gemeinden, den Zehnten auch dorthin zu führen. Bis der Zehnte nicht
genommen war, durfte niemand „einführen". Dem Pfarrer halfen bei
der Verzehntung bald die Altschaft, bald die „Dritteiler". Sie erhielten
dreimal des Tags das Essen, bei jedem Essen eine Kanne Wein von
drei Maß, der Hann besonders eine Maß. Bei der Scheune stand Brot,
Käse und Wein, solange die Einfuhr dauerte. War alles vorüber, so
hatte an manchen Orten das Dorf das „große Mahl" zu fordern: in
Großscheuern ein Faß von 40 Eimern Wein, wobei das Dorf von
dreien eines wählen konnte, — „bei Mißwachs erkläret das Dorf christlich
mit dem Pastore zu verfahren" — 80 Pfund Fleisch, 12 Brote, 4 Pfund
Speck, 12 Lichter und einer jeden Zehntschaft Pfeffer auf das Kraut,
ein viertel Pfund zusammen.

Die Schule machte dem Pfarrer weniger Sorgen. Die Synode klagte wiederholt darüber, daß die Pfarrer sich zu wenig um sie kümmerten. Taten sie es, dann gelang es zuweilen die Schule für eine Zeit zu heben und sie berühmt zu machen, so daß bisweilen ein Schüler von Schäßburg nach Birthälm ging. Die „Waisenhausmethode" hatte von Halle aus den Siegeszug durch die Welt begonnen und begann auch hier langsam einzuziehen. Die Schule sollte das Herz des Kindes zu erfassen versuchen. Doch war es für die meisten Schulen noch ein fernes Ziel. Wohl hatte jede sächsische Gemeinde ihre Schule. Neben den alten Gymnasien in den Städten Bistritz, Hermannstadt, Mediasch, Schäßburg und Kronstadt zählte die allgemeine Schulvisitation, die auf Befehl Maria Theresias im Jahr 1763 vorgenommen wurde, 24 höhere Volksschulen in den Märkten und größern Dörfern und 236 „Trivialschulen" d. i. gewöhnliche Volksschulen. In den höhern Volksschulen lernten die Kinder lesen, schreiben, rechnen und die hauptsächlichsten Kapitel der christlichen Lehre nach dem Katechismus, einige lateinisch und Musik. In den andern Dorfsschulen lernten alle lesen und die hauptsächlichsten Grundsätze der christlichen Lehre aus dem Katechismus, einige schreiben, wenige rechnen und sehr wenige Musik. Als wünschenswert erschien, wenn sie noch biblische Geschichte durchnähmen, Mindestens die Lieder im „Psalmbuch" sollten alle aufsuchen lernen. Die Fragpunkte der Visitationsartikel setzten wenigstens als möglich voraus, daß der Lehrer jene, die fertig lesen konnten, auch etwas auswendig lernen lasse, und zwar aus dem Katechismus, dem Gesangbuch, der „Ordnung des Heils" oder dem Donat und der Grammatik, also auch in der Volksschule noch als letztes Ziel — lateinische Sprache! Das Bildungsziel für die Mädchen war geringer, für sie hieß es im allgemeinen: rechnen und schreiben gehet dies Geschlecht nicht an. Noch gab es keine Vorschrift für die Vorbildung der Lehrer. Einige besuchten bloß die untern Klassen eines Gymnasiums, andre brachten es bis zu höhern Klassen, andre wieder holten die höhere Bildung von Heltau, Agnetheln, Birthälm, oder wo grade ein tüchtiger Schulmeister sich fand und den „Schuljungen" in das Reich des Wissens einführte. Die Prüfungsnot kannten sie nicht. Wer sich selbst für fertig hielt, ging in die Gemeinde, wo er eine Stelle wußte, hielt um den Bartholomäustag, wenn er klug war zuerst beim Pfarrer, dann bei der Altschaft, wenn er sich Unannehmlichkeiten aussetzen wollte zuerst bei der Altschaft, dann beim Pfarrer um die Schule an und hatte er Glück, so übertrugen sie ihm die Schule — auf ein Jahr; war es um, so mußte er wieder „um die Schul bitten". Für jede Übertragung mußte er der Altschaft mit einem

Mahl aufwarten, das oft den Jahreslohn verschlang. Denn dieser war
gering, einige Gulden auf das Jahr und Naturalien, alles unregelmäßig
gegeben. Der Schulmeister in Zeiden hatte 28 fl. Gehalt, alle hatten
Jahrbrote und Kasualien, Präbenden und Sabbathalien, wechselnd im
Wert und in der Menge, in Niemesch jeden Sonnabend ½ Maß Korn
oder Kukuruz, in Pretai „Erbsen und was arme Leut haben", in Wald=
hütten „Erbsen, 2 Eier, Pelsen ½ Maß". Der Schulmeister (Rektor)
dang sich seine Gehilfen, die noch geringer an Bildung waren als er
und noch weniger Bezahlung hatten, unter ihnen den Kantor, der nicht
nur in der Kirche und bei Leichen zu singen, bei Hochzeiten mit den
Adjuvanten aufzuspielen hatte, auch das Musizieren bei „Namenstagen"
nahm viel Zeit weg und nicht weniger das Kurrendentragen zum Nachbar=
dorf, bei dem der Kampanator mithelfen mußte, der die Kirche rein zu
halten, das Taufwasser zu holen und alles Läuten zu besorgen hatte,
der auch „das Himmelbrot" für das Abendmahl zu backen verpflichtet
war und die strittigen Eheleute zum Pfarrer zur Versöhnung vorlud.
Auch der Rektor selbst war viel neben der Schule beschäftigt, „im Hannen=
haus" mit Schreiben und Rechnen, wie bei Lösung der Ackerländer, „bei
Exigierung der Portion", bei Teilungen und gerichtlichen Verhören. Da
blieb ihm allerdings oft nicht viel Zeit für die Schule, die die Kinder
schwach besuchten, im Sommer überhaupt nicht. Noch weniger für die
eigne Fortbildung und jene seiner Gehilfen, zu der er verpflichtet war.
Wenn sie bei Visitationen nach dem einen und dem andern fragten, dann
stellte sich heraus, daß der eine kein Freund von Büchern war außer der
Bibel, während ein andrer hin und wieder nicht nur schöne Musikalien,
sondern auch Bücher dogmatischen und moralischen Inhalts besaß. Über
jene Fortbildung aber hieß es: „wir sitzen abends zusammen, lesen in
der Bibel und schicken uns zur Information" oder „wir lesen in der
Bibel und reden darüber miteinander" oder — wie der Rektor in Wald=
hütten erklärte —, „bei Winterszeit lesen wir abends ein Kapitel; obgleich
der Kantor mein Bruder ist, liest er nicht gern."

    Der Innerarbeit der Schule stand der schlechte Schulbesuch hinderlich
im Wege, dann der Mangel an Büchern, vielfach die schlechten Schulgebäude und nicht am wenigsten der Mangel jeder Ordnung auch für
den Unterricht. Im allgemeinen begann das Lesenlernen mit dem Kennen=
lernen der Buchstaben. Vorher aber wurde in jeder Stunde vor= und
nachmittag der „Wochenspruch" durchgenommen und erklärt. Der Lehrer
schrieb die Buchstaben an die Schultafel, die das einzige Lehrmittel war,
und zeigte sie im ABC=Buch. So buchstabierte sich das Kind allmählich

ins Lesen hinein und lernte die deutschen und lateinischen Buchstaben. Das Lesen selbst war unsagbar dadurch erschwert, daß die Kinder aus dem deutschen Buch sächsisch lasen, eine große Einwirkung der Mundart auf das Hochdeutsche und umgekehrt, die nur darum nicht verhängnisvoll wurde, weil das Hochdeutsche fast gar nicht verstanden wurde. Die Gebete wurden in der Art gelernt, daß der Lehrer sie satzweise vorsagte und die Kinder sie nachsagten, bis sie sie konnten. Die vorgeschriebenen Buchstaben an der Tafel wurden „von den Kindern, die dazu geschickt sind, nachgemahlet". Unablässiges Fragen und Erklären sollte dazu dienen, den Stoff zu befestigen.

Die Schulgebäude waren um 1750 im allgemeinen klein und anspruchslos, auf dem Dorf fast überall die Fenster mit „Schliemen" verklebt, alte Eichenstämme als Bänke benützt, die die wechselnden Geschlechter glatt gesessen hatten und vor denen die einfachen Tische standen. Die Gemeinden waren immer bereit, den alten Schullohn — drei Viertel Korn und zwei Viertel Kukuruz — zu vermindern und in den Eimer Most Wasser zu schütten, und Kapitel und Synode mußten immer wieder für die rechten Maße und die gute Qualität eintreten. Die Lehrer waren, ein Ersatz für anderes, was sie nicht hatten, von öffentlichen Lasten und Beschwernissen frei und hatten neben dem Pfarrer ein Vorrecht in der Dorfsmühle. Alles in allem konnte doch der um die Schule Bittende sein Gesuch mit den Worten beginnen: „Wir leiden an der Schulkrankheit, die Hunger und Durst heißt und bitten denn . . ." So war das Leben für die Lehrer oft nur erträglich, weil sie nur für sich zu sorgen hatten. Im Jahr 1724 klagte die Synode in Birthälm, „es beginnen viele Mißbräuche in Kirche und Schule einzureißen, vor allem das Heiraten der Lehrer, da nun fast alle verheiratet sind, nicht bloß die Rektoren, sondern auch die Kantoren, woraus sehr viele Ungelegenheiten entstehen" und der Bischof mahnte, das Heiraten solle bloß jenen gestattet werden, bei welchen ihres vorgeschrittenen Alters wegen keine weitere Hoffnung sei, daß sie den Studien nachgehn und der Kirche zu größerem Nutzen gereichen würden!

Der Lehrer sollte sich auch um die Sitten der Schüler kümmern, um Anstand und Benehmen. Es werden pietistische Einflüsse gewesen sein, die dem Knaben verwehren wollten, im Winter aufs Eis zu gehn, mit Schneebällen zu werfen, Schlitten zu fahren, im Sommer zu baden, überhaupt auch nur den Arm um des Freundes Schulter zu legen. Es war ein Glück, daß die Natur stärker war als die Pädagogik. Bei Tisch sollte das gesittete Kind den Schein unbändigen Hungers meiden, nicht auf eines andern Teller sehen, mehr Brot als Fleisch und Butter essen, „soviel möglich" die Gabel und nicht die Finger gebrauchen und beim Trinken nicht über das Glas sehen, auch die Knochen nicht unter den Tisch werfen.

In den Lehrerkreisen beklagte die Synode abwechselnd die Rohheit und den Luxus. Die Lehrer sähen aus wie die Kuruzzen, wie Bauern und Walachen, sprach der Hermannstädter Dechant 1736, besonders dann, wenn sie Korn auf den Markt brächten. Körperliche Strafe sollte dem Übel steuern. Auch Trunksucht und andre Laster forderten zum Einschreiten auf. Als der Stolzenburger Kollaborator 1746 seinem Pfarrer in der Ernte geholfen hatte, wozu er nach den Kapitularbestimmungen verpflichtet war und dieser ihm einen schlechten Wein vorsetzte, warf jener den Krug mit dem Wein auf die Erde und rief: er soll sich den Wein selbst saufen, wenn er keinen bessern geben will und wenig später (1766) hatte der dortige Rektor sich zu verantworten, weil er mit den Hermannstädter „Gestütterknechten" der Stadtreiter auf der Straße in Händel geraten war und „dabei eben nicht zu modest und seinem Stande gemäß sich aufgeführet." Es war nicht das Schlimmste, worüber Kapitel und Synode zu Gericht saßen. Bei der Visitation wurde jeder gefragt, ob er mäßig sei, oder bald in bald außer der Schule Freß-, Sauf- und Spielgesellschaften veranstalte oder den von andern veranstalteten fleißig beiwohne? Im Jahr 1755 setzte das Burzenländer Kapitel Strafen für Vergehen der Geistlichen und Schulmeister fest: wenn ein Pfarrer trunken ertappt würde 10 fl., der Prediger im selben Fall 6 fl., der Rektor, Kampanator und Kantor bei jedem Fall je 50 Den., wenn der Pfarrer tanzt 12 fl., der Prediger 5 fl., dem Schulmeister war das Tanzen gestattet. Der Wirtshausbesuch war allen verboten. Wenn der Pfarrer mit seiner Ehefrau unfreundlich lebt und sie schlägt, soll er mit 12 fl. bestraft werden, der Prediger mit 6 fl., die Lehrer mit 2 fl. Das Bistritzer Kapitel hatte 1709 den Lechnitzer Prediger zur Bestrafung vorgemerkt, weil er mit seiner Braut, der Tochter des dortigen Pfarrers, auf einem Schlitten nach Haus gefahren war.

Ein neuer, für die Zukunft folgenschwerer Gedanke trat in der Theresianischen Zeit zum erstenmal auf: die Schule sei ein politicum d. i. Staatsangelegenheit. Noch wurden die Konsequenzen daraus nicht gezogen, aber er schloß eine neue Welt in sich. So nahm Maria Theresia keinen unmittelbaren Einfluß auf die sächsischen Schulen, aber die Tatsache, daß sie das Schulwesen überhaupt der Beachtung würdigte, neue Schulen errichtete, Lehrpläne und Unterrichtsmethoden bestimmte, das förderte mittelbar doch zuletzt auch die sächsischen Schulen.

Zunächst versuchten es die Kapitel auf ihre Weise, wenig erfolgreich, indem sie immer erneuert den Pfarrern einschärften, sie sollten sich um die Schulen kümmern, sie jährlich mindestens zweimal besuchen u. ä.

Dafür gelang um die Mitte des Jahrhunderts die Verbesserung der Gymnasien, wesentlich im Anschluß an Halle und die neue Methode, die von da ausgegangen war. Auf Grund der alten Einrichtungen wurden die »Leges« umgearbeitet, dem Geist der Zeit angepaßt, der Unterricht erhielt neue Ziele und eine bessere Ordnung. Die besten Namen jener Zeit: Schunn, Felmer, Haner u. a. hatten sich der Arbeit angenommen.

In Bistritz hatte bis 1754 der Rektor mit zwei Lektoren die „Information der Studiosorum und sogenannten Chlamydatorum" zu besorgen, und Jeder des Tags zwei Stunden zu unterrichten. Die Anfangsgründe lernten die Kinder bei den Togaten, den auf der Schule wohnenden Schülern, das eine wie das andre ohne Ordnung und geregelten Fortschritt. In jenem Jahr wurden auch die jungen Schüler in ordentliche Klassen eingeteilt, jede sollte täglich sechs Stunden Unterricht erhalten und es wurde der Grundsatz eines stufenweise aufsteigenden Unterrichts aufgestellt. „Damit aber die Dozenten nicht wie bisher nach ganz verschiedenen Methoden und ein jeder, wie es ihm einfällt dozieren", sollten sie sich an die gemeinsam festgestellte Methode und Instruktion halten. Die Zuweisung der Anfänger solle an die besten erfolgen. Die ganze Unterweisung am Gymnasium wurde in Kurse eingeteilt. Jeder „Discent" sollte vierteljährlich wenigstens 34 Den. an das Gymnasium zahlen und eine Fuhr Holz aufs ganze Jahr. „Da denn alles Holz zur Schule geliefert wird, auf einen Haufen gelegt und nach dem die Witterung ist mit Vorwissen und nach gut Befinden des Visitatoris in einzelne Portionen vor alle auf dem Gymnasio befindliche Öfen, um die Klassen und Stuben nach Notdurft einzuheizen, soll aufgeteilet werden."

Für das Hermannstädter Gymnasium schufen sie 1756—58 eine neue Ordnung, weil es nötig erschien, „zur Ehre Gottes, zum Besten des gemeinen Wesens, zum Aufnehmen der Kirchen, zum schleunigern Wachstum in der Erkenntnis und um so viel eher zu befördernden Besserung des Willens in Übung der Gottseligkeit und allerlei christlichen Tugenden" den bisherigen Unordnungen abzuhelfen. Bis ins einzelne hinein wurde Ziel und Lehrgang für die einzelnen Gegenstände und die 10 Klassen festgesetzt und Ordnung in den Unterricht hineingebracht. Die große Organisation diente Mediasch zum Vorbild, das 1762 sein Schulwesen hiernach ordnete. Im Jahr 1772 folgte dann Schäßburg mit eignen Schulgesetzen nach. Überall hatte das Schülerleben noch die alten Formen aus der Humanistenzeit festgehalten. An der Spitze des Coetus standen die selbstgewählten Beamten Praefectus, Rex, Orator, Ädilen und Dekurionen, überall die Bestimmungen über das Lateinischreden, den Kirchenbesuch, die Schulfeste. Aber sie waren bis ins einzelne und kleinste gegangen, fingen an zu verknöchern, hie und da, so in Mediasch, bevorzugten sie die „besseren Stände" und was einst Leben geschaffen und gestützt hatte, begann es einzuengen. Die Gymnasien selbst aber hatten, bei aller kümmerlichen Bezahlung der Lehrer, die stolze Empfindung, daß sie ihre Schüler dem Staat „in allerlei Lebensarten" erzögen. „Alle, die zu Zivilbedingungen angestellt werden, alle die sich dem Kriegsstande weihen, alle Landprediger und Schullehrer und endlich alle Bürger in der sächsischen Nation ohne Ausnahme kommen aus den Händen derer auf Gymnasien dienenden Schullehrer", schrieben die Hermannstädter Lehrer 1778 und fügten hinzu: „Nur diese schönen Vorstellungen von der Hoheit ihres Berufes haben den Mut der Hermannstädter Schulkollegen in einer der stärksten Prüfungen, da sie nämlich vor wenigen Jahren über drei Jahre hindurch in der bekannten teuren Zeit, den aus dem Aerario ecclesiastico fälligen wichtigsten Teil ihrer Salarien, wegen damaliger Verwirrung des Fundi, nicht bekommen konnten, erhalten und erhält ihn auch noch. Sie werden nicht müde werden, ihre letzten Kräfte im Dienst des Vaterlandes, dem sie Bürger, und im Dienst der Menschheit, der sie Menschen zu bilden das Glück haben, zu verbrauchen; aber sie fordern auch jeden Menschenfreund, der Macht und Gelegenheit dazu hat, auf, ihnen zu helfen und sie zu unterstützen."

Die Sitten der Geistlichen wurden im Lauf des Jahrhunderts besser. Während Kapitel und Synode anfangs häufig gegen Trunksucht und Unzucht, gegen Hoffart und andre weltliche Laster zu eifern Anlaß fanden und sie bestrafen mußten, wurden diese Übertretungen allmählich kleiner an Zahl. Das Ansehn des geistlichen Standes war groß, Schmeizel meinte, es sei größer als das jedes andern weltlichen Standes, während die Geistlichen selbst öfter die Empfindung hatten: „Neid und Verachtung treten dem Geistlichen auf die Hälse."

Es hing mit den veränderten Sitten zusammen, wenn die Geistlichen anfingen, mehr als früher sich mit wissenschaftlichen Arbeiten zu beschäftigen. Den Mangel an Büchern zu verringern, liehen sie sich die Bücher aus wo sie solche fanden, aber es dauerte lange, bis ein Paket mit Jahrmarktsgelegenheit von einem Pfarrhof zum andern wanderte. Auch die eigenen Predigten gab man zum Gebrauche an Amtsgenossen, selbst mit der Aussicht, sie nicht mehr zurückzuerhalten. Die wissenschaftlichen Studien hingen mit den Tagesfragen zusammen, der Rechtsstellung der Kirche, den Zehntprozessen, sie mußten von selbst auf die Urkunden, die Landtagsakten, die Quellen der historischen Arbeiten überhaupt kommen und so erwuchs auf dem Pfarrhof manch Sammelband, der für die spätere Forschung wertvollstes Material bot. Die Schwierigkeiten der Ausarbeitung und Veröffentlichung waren noch so groß, daß wenig im Druck erschien. Am Anfang des Jahrhunderts hatten dogmatische Fragen die Gewissen manches Pfarrers beschwert: ob die Genugtuung des fleischgewordnen Gottes Jesus Christus unbedingt grenzenlos sei, oder andre wie die nach den Ehehindernissen der Verwandtschaft. In den Briefen der Zeitgenossen aber nahmen den breitesten Raum nicht die Erörterungen über Tagesfragen ein, sondern wirtschaftliche Angelegenheiten, Familiensorgen, persönliche Nöte und was etwa an Zweifeln und Bedenken die eigene Seele bewegte. Der Ausdruck, wenn er schriftlich festgehalten wurde, war schwerfällig und schwulstig, die Titulaturen übermäßig und gehäuft, aber schon begannen Einzelne freier zu werden und schrieben, wie z. B. Heydendorff, daß wir es noch heute mit Leichtigkeit und Vergnügen lesen.

Ein Zeichen des frischern geistigen Lebens war, daß in diese Zeit die ersten schriftstellerischen Versuche auf dem schöngeistigen Gebiet hier fielen; aber sie bewiesen zugleich, wie dieses Leben um zwei Menschenalter hinter dem „draußen" zurückgeblieben war. Im Jahr 1778—80 erschien in Klausenburg der erste sächsische Roman: „Das unerkannte Verbrechen oder die Merkwürdigkeiten Samuel Hirtendorns", von J. Lebrecht (Löpprich), dem spätern Pfarrer in Klein-Scheuern, der dieses Buch noch als Schüler in Hermannstadt geschrieben hat. Der Roman ist künstlerisch wertlos, ein Soldaten-, Ritter- und Räuberroman, wie sie am Anfang des Jahrhunderts in Deutschland Mode waren, nach dem Vorbild Happels und Hunolds zusammengestellt, aber eine tiefere Naturempfindung ist darin schon erkennbar und die Schlagworte Freigeist, Rationalismus u. a. klingen darin wieder.

Mehr als dieses Buch bewiesen die Männer, die eine neue Stätte der Wirksamkeit ferne von der Heimat gefunden hatten, das wachsende geistige Leben. Mich. Agnethler, der als Professor in Helmstedt 1752 starb, war ein Mann von umfassender Gelehrsamkeit, Doktor der Weltweisheit und Medizin, Lehrer der Beredsamkeit, Altertümer und Dichtkunst. Er starb kaum 32 Jahre alt. Andr. Heldmann aus Birthälm hatte den Weg nach Upsala gefunden, wo er Professor der deutschen Sprache wurde. Seine Abhandlung über den Ursprung der sächsischen Nation in Siebenbürgen verteidigte die Anschauung, die Sachsen seien Deutsche, die unter

König Geisa II. aus Deutschland nach Siebenbürgen eingewandert seien. Michael Hißmann, geboren in Hermannstadt 1752, errang als Professor in Göttingen einen großen Ruf als Philosoph, Martin Schmeizel aus Kronstadt, 1716—31 Professor in Jena, dann in Halle, wo er 1747 starb, wirkte als Lehrer des Staatsrechts und der Geschichte vielfach anregend, darunter auch auf die Entwicklung unsrer Geschichtsforschung.

Es hing vielleicht mit diesen ausgewanderten Sachsen zusammen, daß die öffentliche Meinung in Deutschland anfing, wenn auch noch in sehr bescheidenem Maß, von dem entfernten deutschen Leben in Siebenbürgen langsam Kenntnis zu nehmen, kleine Anfänge, in denen aber ein warmer Ton durchklang, so wenn der Göttinger Professor Kästner 1776 schrieb: „Noch angenehmer ist es dem Deutschen dort, wo seine Donau zum getischen Ister wird, in einem Lande voll natürlicher Vorzüge, die schon unser Opitz in einem seiner vortrefflichsten Gedichte geschildert, selbst durch die Überschrift seines Gedichtes uns gewöhnt hat, einen Ort des Landes Slatna und Gemütsruhe zusammen zu denken, in einem solchen Lande also Sachsen zu finden, die vielleicht, aus welcher deutschen Provinz Geisa sie ruft, nicht bestimmt anzugeben wissen, die aber jeder Deutsche gern zu seiner Landsmannschaft zählen wird."

Während das wissenschaftliche Leben langsam vorwärts ging, war die Kunst im 18. Jahrhundert fast völlig erstorben. Sie war auch bis dahin vorwiegend kirchliche Kunst gewesen, die jetzt völlig verwilderte. Die Kirchenbauten des 18. Jahrhunderts trugen den Charakter völliger Stillosigkeit an sich und die Altarbilder der Zeit sind von abschreckender Häßlichkeit. Nur ein Meister der Goldschmiedekunst hatte die Traditionen der guten Zeit festgehalten, Sebastian Hann in Hermannstadt, geboren um 1645, gestorben 1713, und Werke geschaffen, Kannen und Schalen, Becher usf., die heute noch durch Geschmack und zierliche Ausführung entzücken. Auf eine seiner schönsten vergoldeten Silberkannen hat ein Zeitgenosse die lobenden Worte gesetzt:

 Hermannstadt ist durch die Kunst dieses Meisters Augsburg worden,
 Lebe lang Sebastian Hann in werter Menschen Orden!

Alles zusammengefaßt war das 18. Jahrhundert bis zum Tode Maria Theresias für das sächsische Volk eine große Erziehungsschule für die kommende Zeit. Der schwere Kampf, der der Nation auf allen Gebieten aufgezwungen war, erweckte die schlummernden Kräfte aufs neue und ließ die Schwäche, die eine Folge der jammervollen Türkenzeit die Seelen umfangen hielt, überwinden. Am Anfang des Jahrhunderts sprachen sie einmal, da sie daran gingen, die Religionsfreiheit zu verteidigen, „dazu sei nichts anders zu tun als zu bitten, zu flehen, untertänigst zu supplizieren"; diese Form des Bittens und Supplizierens blieb die allgemeine auch im Lauf des Jahrhunderts im weitern Kampf um das Recht, aber das Bewußtsein der Pflicht, es zu verteidigen, die Kraft des Widerstandes wuchs mit der Stärke des Angriffs. Und mit dieser Kraft wuchs der nationale Gedanke im Volk. Er war nie völlig in ihm erloschen, aber nun lebte er frisch auf. In den Schulen fand er eine Stätte; ein Beweis, daß der Kronstädter Rektor Filstich 1736 zum Thema seiner Rede die Muttersprache der löbl. sächsischen Nation in Siebenbürgen wählte, darin den Dialekt verteidigte und mit den Worten schloß: „wünsche von Herzen, daß wir in allen unsern Ordnungen und Gesellschaften wahre Sachsen i. e. tapfere und aufrichtige Männer verbleiben und unsern löbl. Vorfahren nachahmen, damit man zugleich sehe, wir seien ihre rechten Kinder" und Rektor Felmer in Hermannstadt wenig später den Stoff zu einer Examenrede „von dem sechshundertjährigen Andenken an die Erbauung von Hermannstadt" nahm. Aber auch im Leben trat er zutage. Während Wieland einmal darauf hinweist, daß der Zusatz deutsch in seiner Jugend niemals als ehrendes Beiwort gebraucht worden sei, rühmte Georg Haner hier 1727 von dem verstorbenen Samuel Heydendorff neben der Gottesfurcht die „deutsche Redlichkeit" und 1731 schrieb die Nation in dem Entwurf einer Eingabe an den Kaiser: „Es ist weltbekannter= maßen die deutsche Nation unter den europäischen Völkern eine von den streitbarsten und kultiviertesten und von dieser vortrefflichen Nation schreibt sich auch her die anitzo in Siebenbürgen wohnende sogenannte Sächsische Nation" und sie rühmte von diesem „Handvoll teutschen Blutes in Sieben= bürgen", daß „sie in Ansehung ihrer teutschen Nationalität von keinem schlechtern Herkommen und natürlichem nascitu ist als die andern in Siebenbürgen rezipierten beiden Ungrische und Siculische Nation". Der ganze schwere und vielseitige Kampf unter Maria Theresia für die Rechts= stellung der Nation wurde nicht nur um der Freiheit willen geführt und weil die äußern Lebensbedingungen mit ihr standen und fielen, sondern auch bewußterweise um die „Ein= und Reinigkeit der Nation". Vor allem war Brukenthals Arbeit von dem nationalen Gedanken erfüllt und was er als Wahlspruch seines Lebens sich gewählt: fidem genusque servabo — den Glauben und das Volkstum will ich bewahren — das ist der Sinn, das Ziel der Kämpfe unseres Volkes im 18. Jahrhundert gewesen.

Was ihm an innerer Stärke in der Theresianischen Zeit noch fehlte, das sollte die Josefinische ganz ihm geben.

# Zweites Buch.

## 1780—1813.

V.

## Josef II. Die Sachsen im Kampf um ihr Recht.
### 1780—1790.

In der landläufigen Geschichtsauffassung stehn die Zeiten unter Maria Theresia und Josef II. in schroffem Gegensatz zu einander. Hier die Freiheit, dort mittelalterlicher Zwang, hier frisches Leben, rasches Vorwärtsschreiten, dort zögerndes Fortfahren in altem Geleise, hier Religionsfreiheit dort Glaubensverfolgung. Wer tiefer zusieht, findet bald, daß man die beiden Zeitalter nicht unrichtiger beurteilen kann. Die historische Entwicklung liebt Sprünge überhaupt nicht und die Josefinische Periode ist die unmittelbare Fortsetzung der Theresianischen, deren gleichartiger Charakter besonders in der Geschichte des sächsischen Volkes sich zeigt, Regulationen hier und Regulationen dort, die ohne Rücksicht auf die bestehenden Gesetze unternommen wurden, so daß eine stetige Entwicklung unmöglich war. Ein neuer Einschlag war allerdings dazu gekommen, die selbstherrliche Persönlichkeit des neuen Herrschers mit seinem stürmischen Schaffensdrang, der ein Sohn der Aufklärungszeit für das historisch Gewordene ein geringes Verständnis hatte und Menschen und Verhältnisse nach dem Idealbild umbilden zu können glaubte, das er sich philosophisch zurecht gelegt hatte. Wenn ein späterer Dichter ihn kennzeichnet:

> Ein Despot bist du gewesen, doch ein solcher wie der Tag,
> Dessen Sonne Nacht und Nebel neben sich nicht dulden mag...
> Ein Despot bist du gewesen, doch fürwahr ein solcher bloß,
> Wie der Lenz, der Schnee und Kälte treibt zur Flucht erbarmungslos —

so hat er damit das Wesen des Kaisers gezeichnet.

Josef II. war bei dem Tode seiner Mutter 39 Jahre alt (geb. 1741), seit 15 Jahren Mitregent, entschlossen was er, gehindert durch seine Mutter, nicht hatte durchführen, ja kaum hatte anfangen können, nun sofort in die Hand zu nehmen. „Von allem, was ich unternehme — so schrieb er einmal sich selbst zeichnend — will ich auch gleich die Wirkung empfinden. Als ich den Prater und Augarten zurichten ließ, nahm ich keine jungen

Sprossen, die erst der Nachwelt dienen mögen; nein, ich wählte Bäume, unter deren Schatten ich und mein Mitmensch Vergnügen und Vorteil finden kann." Die Hast, die in seinem Wesen lag, die Ungeduld, die kein Reifen erwarten konnte, sprach sich darin aus. Rasch wie sein Urteil war sein ganzes Wesen, sein Gang, sein Handeln. Stets bereit zu lernen, ging er dabei zu sehr ins Einzelne und Kleinste und übersah Friedrichs des Großen Rat, er möge sich nicht von Bagatellen erdrücken lassen, das ermüde den Geist und verhindere, an große Sachen zu denken. Gern nahm er den Schein an, als ob er niemandes bedürfe. Gewohnt zu befehlen, streng, rücksichtslos oft gewaltsam, hatte er Verständnis für persönliches Leid, besonders für die Armen und Bedrückten. Er lebte dem Gedanken des Vaterlandes und der Pflicht.

Das Ziel, das der neue Herrscher sich setzte, war die Schaffung eines österreichischen Einheitsstaats, in dem alle politischen Sonderrechte beseitigt sein, gleichartige Gesetze herrschen sollten, über allen aber der absolute Herrscher, der Kaiser, der nicht nur regieren und Gesetze geben, sondern auch Leiter der Verwaltung sein sollte. Diese einheitliche absolute Monarchie mußte eine Geschäftssprache haben, nach Josefs Anschauung natürlich die deutsche, Bildung und Wohlstand sollte gehoben, an Stelle der veralteten historischen Formen und überlieferten Rechte die allgemeine Gleichheit treten und die Wohlfahrt aller sollte die natürliche Folge von all dem sein! Zu diesem Ergebnis gelangte Josef II. nicht nur infolge der allgemeinen Zeitrichtung, der Vorbilder, die er sonst fand, sondern vor allem auch durch die Zustände seines Reiches. Die bunteste Mannigfaltigkeit, die sich denken ließ, war hier zu finden, eine Individualisierung des Lebens, die historisch geworden, geschichtlich berechtigt und nur so erklärlich war, die aber demjenigen, der das historische Werden nicht verstand, einfach als töricht und vernichtungswert erscheinen mußte. So ergab sich von selber, daß das Bestehende erst in Trümmer geschlagen werden müsse, um Platz für den Neubau zu schaffen. Im Jahr 1783 veröffentlichte er die bekannte Anweisung und Ermahnung an sämtliche Staatsbeamte, in der er verlangte, daß seinen Anordnungen und Befehlen pünktlich und eifrig nachzukommen sei und daß allen Beamten, vor allem den leitenden die Pflicht obliege, aufklärend und erklärend des Herrschers Willensmeinung zu unterstützen, „weil nur aus dem ganzen Umfang und aus genauer Befolgung das wahre Gute entstehen kann". Er erklärte Eigennutz als das Verderben der Geschäfte und das unverzeihlichste Laster eines Staatsbeamten, „wer dem Staate dienen will und dienet, muß sich gänzlich hintansetzen". „Da das Gute nur eines sein kann, nämlich dasjenige, so das Allgemeine oder doch die größte Zahl betrifft, und ebenfalls alle Provinzen der Monarchie nur Ein Ganzes ausmachen, und also nur Eine Absicht haben können, so muß notwendig alle Eifersucht, alles Vorurteil, so bis jetzt öfters zwischen Provinzen und Nationen, selbst zwischen Departements, viele unnütze Schreibereien verursachet hat, aufhören und muß man sich nur einmal recht überzeugen, daß bei dem Staatskörper, so wie bei dem menschlichen Körper, wenn nicht jeder Teil gesund ist, alle leiden und alle zur Heilung auch des mindesten Übels beitragen müssen. Nation, Religion muß in allen diesen keinen Unterschied machen und als Brüder e i n e r Monarchie müssen alle sich gleich verwenden, um einander nutzbar zu sein." Alles komme darauf an, „daß die Befehle richtig begriffen, genau vollzogen und die zu verwendenden Individuen nach ihrer Fähigkeit und Unfähigkeit richtig beurteilt, erkannt und darnach angewendet werden". Als ob durch Befehle die Völker glücklich gemacht werden könnten!

Am ersten Tag seiner Regierung versicherte Josef II. die Völker Ungarns seines Schutzes und der Unverletzlichkeit ihrer Rechte, ernst gemeint in seinem Sinn, aber es machte doch stutzig, daß er die Huldigung in den deutsch=österreichischen Ländern nicht verlangte und den österreichischen Herzogshut in die kaiserliche Schatzkammer bringen ließ, wie er die Krönung in Böhmen und Ungarn unterließ und die Königskronen gleichfalls in jene Schatzkammer verwies. In sein einheitliches Österreich paßten diese alten Symbole nicht mehr.

Das ganze Reich sollte, das war der leitende Gedanke, in Regierungsbezirke eingeteilt werden, an deren Spitze Landesregierungen („Landesstellen") oder Statthaltereien oder Gubernien gesetzt wurden. Ungarn und das Banat bildete einen solchen Bezirk, ebenso Siebenbürgen. Über allen stand die oberste Hofstelle, dabei der Kaiser die oberste und letzte Instanz, ihm zur Seite der Staatsrat als einflußreiche beratende Behörde. Als die zwei neuen Zentralbehörden sollten die böhmisch=deutsche Hofkanzlei und die vereinigte ungarisch=siebenbürgische Hofkanzlei eingerichtet werden. Bei der Thronbesteigung des Kaisers war der Plan fertig; die Durchführung ließ nicht lange auf sich warten.

Auf den 21. August 1781 war der Huldigungslandtag nach Hermannstadt einberufen worden. Für die Stadt war das keine leichte Aufgabe, da sie die Quartiere beizustellen hatte und die 160 Adligen, die diesmal kamen, mit Wagen, Pferden, Dienern nicht anspruchslose Leute waren. Die höher Gestellten hatten auf 3—4 Zimmer, Stall, Küche, Wagenremise Anspruch, die besten Häuser in der Oberstadt waren durch die ständig

in Hermannstadt wohnenden Beamten der Dikasterien schon besetzt, so
daß viele in die Unterstadt ziehn mußten. Zum k. Bevollmächtigten war
der kommandierende General Baron Preiß ernannt worden. Er nahm
in der Tat in der herkömmlichen Weise von den Ständen den Huldigungseid
in Empfang. In der k. Proposition war dem Lande die Anerkennung
für die dem Haus Österreich bisher erwiesene Treue ausgesprochen und in
Aussicht gestellt worden, sobald Zeit und Umstände es gestatten würden,
einen Landtag auch zur Verhandlung andrer Gegenstände zusammen zu
rufen. Der Landtag unterließ nicht, hiefür besonders zu danken. Fest=
lichkeiten schlossen die Tage in Hermannstadt. Nach Klassen geschieden
wurden die Ständemitglieder zu je Hundert vom Kommandierenden Baron
Preiß und von dem Gouverneur Brukenthal, dann durch neun Tage wieder
sämtliche Mitglieder zu je 30 Gedecken bewirtet. Inzwischen harrte das
Land gespannt der ersten Regierungsmaßregeln, aus denen es den Geist
der neuen Regierung erkennen könne. Der Osten Siebenbürgens war
von Heuschrecken so schwer heimgesucht, daß der Gouverneur selbst dorthin
reiste, um die Vertilgung zu überwachen. In Mediasch war durch den
Tod zweier katholischer Senatoren die Notwendigkeit einer Neuwahl ge=
geben, und sie hofften dort nach dem Tode Maria Theresias „mehr Freiheit
und besonders in Ersetzung erledigter Amtsstellen mit evangelischen Sub=
jektis" zu erhalten und zogen Erkundigungen beim Gouverneur Brukenthal
und den vornehmsten evangelischen Männern in Hermannstadt ein, ob
es zu wagen sei, evangelische Männer an deren Stelle zu wählen. In
Hermannstadt erhielten sie den Rat, noch zu warten, bis die Gesinnungen
des Kaisers besser bekannt sein würden.

Sie brauchten auf diesem Gebiet wenigstens nicht lang zu warten.
Zu den ersten Maßregeln des Kaisers gehörten die Anordnungen, die
das kirchliche Gebiet berührten. Der Gedanke der Staatsallmacht und
des unbedingten Rechts des Herrschers war auch hier der leitende. Nachdem
schon Ende 1780 das Recht der Schenkungen an Kirchen und Klöster
eingeschränkt worden war, wurde anfang 1781 das Aufsichtsrecht der
bischöflichen Ordinariate über die Klöster vermehrt, vor allem aber die
Verbindung der Klöster mit fremden Orden und auswärtigen Obern
gelöst. Die Verordnungen fremder Bischöfe und die Bullen und Erlässe
der Päpste sollten der kaiserlichen Genehmigung unterliegen und durften
nur mit dem k. placet versehen veröffentlicht werden. Auch die Hirten=
briefe und Kurrenden der einheimischen Bischöfe waren an die Bewilligung
der Landesstelle gebunden. In Siebenbürgen wurde die politisch=kirchliche
Kommission — in publico-ecclesiasticis —, deren Präses der katho=

lische Bischof war, unter ihm drei katholische Beiräte, die übrigens rechtlich mit den evangelischen Kirchen nichts zu tun hatte, ganz dem Gubernium unterstellt. Sie hatte Gründung und Einrichtung von Pfarreien zu überwachen, sollte die Bettelorden sowie die Mißbräuche bei Wallfahrten und der Ablaßbriefe abstellen u. dgl. Am 8. November 1781 aber erschien das Toleranzpatent. Es gewährte den Nichtkatholiken freie Religionsübung, doch gestattete es ihnen da, wo sie bisher das Recht nicht gehabt, nicht Kirchen mit Türmen und Glocken zu erbauen und jene mit einem Eingang von der Gasse aus zu versehen. Bei Besetzung der Ämter sollte hinfort nicht auf die Religion, sondern auf Verdienste, Eignung und sittlichen Lebenswandel gesehen werden. Kein Protestant sollte zur Ablegung eines Eides gezwungen werden, der seiner Religion widerspreche und niemand dürfe gezwungen werden, dem katholischen Gottesdienst beizuwohnen. Für Siebenbürgen wurde besonders angeordnet, daß in gemischten Ehen der rezipierten Kirchen die Kinder in der Konfession der Eltern erzogen werden sollten, daß die katholischen Geistlichen sich keinem Kranken aufdrängen dürften, Kirchenvisitationen dürften ungehindert abgehalten werden, doch ohne Belastung des Volkes, Synoden bedürften der vorherigen Erlaubnis des Kaisers. Wegen der Religion dürfe niemand gestraft werden, doch solle sich Jeder beleidigender Äußerungen und Schmähungen über andere Religionen enthalten. Josef II. war weit entfernt, eine moderne Gleichberechtigung der Religionen in seinen Staaten einzuführen, ihm galt die katholische Kirche als die alleinseligmachende und zu ihrem Schutz wurde angeordnet (1782), daß jeder, der aus ihr austreten wolle, sich einem vier- bis sechswöchentlichen Unterricht unterziehn müsse, um vielleicht doch noch von der Wahrheit des katholischen Glaubens überzeugt zu werden.

Für die österreichischen Länder bezeichnete das Toleranzpatent den Anbruch eines neuen Tages. Für Siebenbürgen hatte es rechtlich keine Geltung. Die alten Religionargesetze des Landes, im Lauf des 18. Jahrhunderts oft übertreten und mißachtet, bestanden doch zu Recht und gewährten den Protestanten viel mehr als das Toleranzpatent, nämlich unbedingte und völlige Gleichberechtigung und Religionsfreiheit. Aber das Land war so gewöhnt an Mißhandlungen des Protestantismus, daß es gar nicht an den alten Rechtsstand dachte, sondern auch hier dem Toleranzpatent freudige Aufnahme bereitete. Tatsächlich hatte es auch für Siebenbürgen eine Bedeutung. Die Verfolgten hofften nicht vergebens, daß nun doch „jener schandbaren Proselytenmacherei, jener höhnischen Begünstigung der Konvertiten, die auch in der sächsischen Nation lange böse Jahre hindurch so viele Erbitterung erzeugt hatte," endlich ein Ziel gesetzt sei. Die Apostasieprozesse wurden eingestellt, dem nichtsnutzigen Religionswechsel Einhalt getan, es sollte acht gegeben werden, daß niemand den Glauben wechsle, um einer Strafe zu entgehn oder aus andern unlautern Absichten. Auch die andern Maßregeln, die den staatlichen Einfluß auf das kirchliche Gebiet ausdehnten, fanden dem Geist der Zeit entsprechend keinen lauten Widerspruch. Im Jahr 1783 suchte der evangelische Bischof Funk um die rechtlich gar nicht erforderliche Erlaubnis nach, eine Synode zusammen zu rufen, die in Birthälm zusammentrat und der der Schäßburger Königsrichter Schech und Mich. Heydendorff aus Mediasch als königliche Kommissäre beiwohnten. In der Eröffnungsrede behandelte der Bischof das Recht die Synode zu berufen, an den uralten Beispielen der Vorgänger dargelegt, aber Schritte zur Verteidigung dieses Rechtes wurden nicht getan. Brukenthals Scharfblick blieb es nicht verborgen, daß mit dieser Ausdehnung der Staatsallmacht über die nichtkatholischen Kirchen Gefahren verbunden seien. Der Kaiser verlangte 1782 von Brukenthal ein Gutachten darüber, inwiefern die nicht katholischen Konsistorien dem Gubernium unterstellt werden könnten. Brukenthals Antwort ließ, trotz der vorsichtigen Form, den Unterschied der Meinungen deutlich erkennen. Die Aufgaben der Konsistorien erstrecke sich auf dreierlei, führte die Antwort aus: 1. auf die Handhabung der Kirchenzucht; das sei eine innere Angelegenheit der Kirche, da könne der Kaiser nichts dazu tun und das Gubernium habe, was es bedürfe; aber es könnte noch angeordnet werden, das Konsistorium solle Visitationen beim Gubernium melden und die Genehmigung einholen, wenn es allgemeine Gebräuche ändere; 2. auf die Erziehungsanstalten; da wäre es gut, wenn das Gubernium sich an die Konsistorien hielte; 3. auf die Sorge der Kirchen- und Schulgefälle; hier habe der Kaiser schon angeordnet, es sollten die frommen Stiftungen untersucht werden und der Erfolg werde zeigen, ob es nötig oder überflüssig sei, die Schranken der Oberaufsicht weiter hinaus zu setzen oder näher einzuziehen. Die Entscheidung des Kaisers, die am 22. Mai 1782 erfolgte, stand auf andrem Boden: es solle zum Zweck der Oberaufsicht jede Kirche ihre Konsistorialprotokolle monatlich dem Gubernium „zur Heraufbeförderung" vorlegen. Die katholische Kirche tue es, warum nicht auch die evangelische? Die Agenden der Konsistorien schlügen in die politische Verwaltung ein und es stehe „dem Kaiser als Landesfürsten und nach der Religionsverfassung der Protestanten als ihrem eigentlichen Kirchenoberhaupt und »summo patrono« allerdings die letzte Entscheidung zu." Das Gubernium beschloß die geforderte Vorlegung der Protokolle

„ohne die mindeste Bedenklichkeit!" Das Staats=Kirchenrecht Siebenbürgens war damit auf den Kopf gestellt, die Grundlage der alten Religionar= gesetze verlassen und die evangelische Kirche hat — wie die reformierte Kirche — unter dieser ungesetzlichen Theorie Menschenalter hindurch schwer gelitten, bis sie erst um die Mitte des 19. Jahrhunderts in langem Kampf den Boden des alten Rechts wieder eroberte, nachdem jene Jose= finische Anschauung auch in den Köpfen evangelischer Männer viele Ver= wirrung angerichtet hatte.

Die Josefinischen Reformen auf kirchlichem Gebiet standen nur scheinbar im Gegensatz zu den Theresianischen Zeiten. In Wahrheit sind nahezu alle Maßregeln, die von Josef II. durchgeführt wurden, schon unter Maria Theresia nicht allein im Staatsrat beraten, sondern zum Teil auch deren Durchführung in Angriff genommen worden. Maria Theresia hatte schon erkannt, daß die katholische Geistlichkeit was sie be= sitze, nicht so anwende wie sie solle, das Volk bedrücke, und daß da eine Reform notwendig sei, die dem gemeinen Besten, nicht aber den Geist= lichen, Mönchen und Klöstern zum Nutzen gereiche. Als Josef die katho= lischen Feiertage und Prozessionen einschränkte, die Disziplin in den Klöstern zu heben versuchte, stand er ganz auf dem Boden, den seine Mutter schon gefunden. Selbst die Aufhebung der Klöster hatte sie in der Lombardei begonnen, Josef dehnte die Maßregel auf das ganze Reich aus. Die eingezogenen Güter sollten zu Studienzwecken verwendet werden.

Auf das Sachsenland hatten diese Vorgänge keinen Einfluß. Hier hatte schon die Reformation mit den Klöstern aufgeräumt.

Aber andre Verordnungen in bezug auf das Studienwesen empfand auch die evangelische Kirche schwer.

Die Schritte der Regierung auf diesem Gebiet des Lebens schlossen sich ebenfalls an Anfänge aus der Theresianischen Zeit an. Mehr als einmal hatte die Kaiserin betont, „das Schulwesen ist und bleibet ein politicum«, aber sie hatte sich damit begnügt, neue katholische und staatliche Schulen zu gründen, sie besser einzurichten und die evangelischen Schulen weiter nicht behelligt. Wenn nach der allgemeinen Zeitanschauung die Gleich= förmigkeit der Schule allein imstande sein sollte, „die Einförmigkeit in der allgemeinen Denkungsart und Grundsätzen, in den Begriffen von Vaterland und den ihm schuldigen Pflichten hervorzubringen, welche das festeste Band zwischen der souveränen Gewalt und der ruhigen Folg= samkeit der Untertanen abgeben müssen", so konnte Josef II. nach seinem ganzen Wesen dieses Mittel nicht außer acht lassen. Wie ihn bei all seinem Tun die Rücksicht auf das Nützliche, auf das unmittelbar Praktische bestimmte, so verlangte er von den Schulen, sie sollten nützliche Bürger, brauchbare Beamten und Soldaten erziehen. Schon 1781 erschien die Norma regia für die Schulen des Großfürstentums Siebenbürgen. Vom Grundsatz ausgehend, daß die vornehmlichste Grundlage der öffentlichen Wohlfahrt die richtige Jugenderziehung sei, wollte sie diese gleichförmig für alle ordnen und stellte ein Lehrsystem auf und gab methodische Vorschriften, die im einzelnen zum Teil vortrefflich Menschenalter hindurch nachgewirkt und das innere Leben der Schule, Unterricht und Disziplin wesentlich beeinflußt haben. Es war der erste wuchtige Eingriff des modernen Staates in ein Gebiet, das die siebenbürgischen Religionargesetze mit gutem Vorbedacht der Autonomie der Konfessionen vorbehalten hatten. Im September 1781 trat das evangelische Oberkonsistorium in Hermannstadt zusammen, um zu erwägen, ob und wie das neue Schulsystem „mit unsern juribus, privilegiis etc. vereinbart werden möge". Doch getrauten sie sich nicht, die ganze Sache grundsätzlich abzulehnen, ordneten vielmehr die Einführung an, in der sichern Überzeugung, daß jene zunächst unmöglich sei. Inzwischen studierte es die Sache weiter und begann seine Bedenken gegen einzelne Punkte zu äußern. In der Tat kam eine Repräsentation an den Kaiser zustande, die 1782 an den Hof geschickt wurde. Doch wurden die Beratungen im Oberkonsistorium und in Kommissionen weiter fortgesetzt. Den größten Angriffspunkt bot der Schulplan durch die Tatsache, daß er ausschließlich katholische Schulen bei den Lehrbüchern im Auge hatte, deren Annahme evangelischen Schulen nicht zugemutet werden konnte. Inzwischen hatte der Kaiser einen weitern Plan verlangt, wie die Erlernung der sogenannten höhern Wissenschaften an den evangelischen Gymnasien verbessert und die Gleichförmigkeit herbeigeführt werden könne, doch solle inmitten der sächsischen Nation nur ein Gymnasium, höchstens zwei dafür in Aussicht genommen werden. Die eingehenden Beratungen führten zu keinem praktischen Ergebnis, als tiefer einschneidende Verordnungen zu entschiedener Gegenwehr zwangen. Alles Kollektensammeln war am 5. März 1783 verboten worden und dem Verbot wurde die unerhörte Ausdehnung gegeben, daß der alte Schullohn der sächsischen Gemeinden, der in Jahrbroten, Präbenden, Naturalabgaben bestand, gleichfalls verboten wurde und die Lehrer mit einem Schlag alle brotlos waren. Im Jahr 1784 befahl die Regierung, es dürfe niemand in eine lateinische Schule aufgenommen werden, der nicht gut deutsch lesen und schreiben könne, wenig später wurde der unentgeltliche Unterricht verboten und die Erhöhung des Lehrgeldes befohlen — die Periode rücksichtsloser Verordnungen brach herein, bei denen niemand nach deren

Durchführbarkeit fragte. Das evangelische Oberkonsistorium wies eingehend nach, daß die Aufhebung des unentgeltlichen Unterrichts und die Erhöhung des Lehrgeldes eine schwere Schädigung der Bildung inmitten der evangelischen Landeskirche sei, man müsse das Studium erleichtern, nicht hindern! Vor allem waren die Bedenken vom Standpunkt der Religion nicht zu unterdrücken. Das reformierte Konsistorium, streitbarer und entschiedener als das evangelische, sprach es unverhohlen aus, „die Katholiken sind in unserem Vaterland so erzogen, daß selbst die mildergesinnten sich in ihrem Gewissen verpflichtet fühlen, die Häretiker, unter die sie auch unsre Religion rechnen, mit aller Anstrengung auszurotten" — und an der Spitze der Kommission für Schulangelegenheiten stand der katholische Bischof und die Mehrzahl ihrer Mitglieder war katholisch. Im Sommer 1784 rief der Kaiser Vertreter der vier rezipierten Konfessionen zusammen, um ihre Bedenken zu zerstreuen, was aber nicht gelang. Durchgeführt wurde von all den Verordnungen nahezu nichts, aber die Verwirrung war eine gründliche geworden.

Auch auf den andern Gebieten erfuhr das Land ein gleiches. Eine ungewöhnliche Erregung rief die Anordnung hervor, das Land zu vermessen, besonders auch als der Befehl auf die Vermessung der Wälder und gemeinschaftlichen Weiden ausgedehnt wurde. Innerhalb des Sachsenlandes entstand eine allgemeine Aufregung im Zusammenhang mit der großen wirtschaftlichen Frage, die im Fluß war, der Aufteilung der großen Gemeindeländer. Noch war der Privatbesitz gering, nahezu überall wurden noch Teile des Hatterts alljährlich verlost, überall stellten die Walachen die Forderung, mehr als bis dahin an diesen Losen und Teilungen beteiligt zu werden. Angesichts der Gefahren, die den Kommunalgründen überhaupt drohten, gingen die Gemeinden an deren Aufteilung, da diese Gründe nicht Besitz der politischen Gemeinde als juristischer Person gewesen waren, sondern gemeinsamer Besitz der sächsischen Bürger, die bedeutenden Besitz verloren, wenn jene Anschauung konsequent durchgeführt wurde. Dieser Übergang ist eine der größten wirtschaftlichen Umwälzungen gewesen, die unsre Gemeinden erlebt haben. Als die Regierung, in Fortführung Seebergischer Beglückungstheorien, kurzweg die Aufteilung der Gemeindegründe befahl, hatte sie keine Ahnung von der wirtschaftlichen und sozialen Revolution, die sie damit anbahnte. Die erste politisch bedeutsame Aktion, die unliebsames Aufsehen inmitten der Nation machte, war die Ernennung des Johann Cloos von Kronenthal zum Komes der Sachsen (1781), eines Renegaten und Proselyten schlimmster Sorte; auch das gemahnte an die Theresianische Zeit.

Cloos war ein Kronstädter von Geburt, er hatte Theologie studiert, war nach seiner Heimkehr aus Deutschland am Kronstädter Gymnasium Lehrer gewesen und hatte in unglücklicher Ehe das Vermögen der Frau durchgebracht. Er war ein schöner Mann, besaß Verstand, Dreistigkeit und Willen, kannte viele Sprachen und konnte reden. Nach dem Tode der Frau ging er nach Wien, — und wurde katholisch. Sofort erhielt er die Anweisung auf ein Amt in Kronstadt, wo man ihm eine niedere Stelle 1762 geben mußte und über besondern Hofbefehl, da ihm diese zu gering war, eine bessere. Er wußte in verschiedenen Stellungen Einfluß auf die öffentlichen Verhältnisse zu gewinnen, in denen er sich eine ganze Reihe von Vergehn zuschulden kommen ließ, Bestechungen und Erpressungen und Schädigung der Stadteinkünfte zu seinem Vorteil. Als im Jahr 1776 eine sächsische (katholische) Hofratsstelle in Erledigung kam, waren die Sachsen in Verlegenheit, welchen Katholiken sie der Kaiserin vorschlagen sollten; Brukenthal empfahl Cloos und 1777 wurde er in der Tat Hofrat. Es ist nicht ganz erklärlich, wie der sonst so kluge und vorsichtige Gubernator dazu kam, diesen charakterlosen Menschen zu empfehlen. Er mag freilich bessere Konvertiten nicht gekannt haben, „auch maß er — wie Herrmann den Fehlgriff freundlich erklärt — jeden Nationalisten mit seinem Gemeingeist nach seiner eigenen Denkungsart und Anhänglichkeit an seine Nation ab und hielt es für einen offenbaren Widerspruch, die Gaben, die man von der Natur zum Dienst des Vaterlandes empfangen, nicht auch diesem Dienst ohne Rückhalt zu widmen, so oft sich dazu die Gelegenheit anböte." Bei Cloos, der nun auch geadelt wurde, sollte er diesen Widerspruch bald und reichlich erfahren. Cloos war von Anfang an der entschiedenste Feind Brukenthals, ein Feind seines Volkes, der bei den schnöden Angriffen, die Brukenthal abwehrte, seine Hand mit im Spiel hatte. Seit 1774 war die Komesstelle nicht besetzt, Brukenthal wollte seinen Neffen Michael v. Brukenthal, einen ungewöhnlich tüchtigen Mann, der später in dieser Stelle seinem Volk gedient hat, zu dieser Würde erheben, als er und die Nation 1781 durch die Ernennung des Cloos unangenehm überrascht wurden. Das Mißbehagen wuchs, als dieser in Hermannstadt erschien und dort Reden fallen ließ, wie sie seit Jahren die Feinde der Nation geführt, daß die Vorsteher das Volk ins Unglück gebracht u. a. m. Brukenthal suchte ihn durch Freundlichkeit zu gewinnen, er gab ihm zur Installation Porzellan und Silber und Tafelzeug, seine Köche und Diener. Die Installation fand am 27. November 1781 mit dem alten Pomp statt, mit Rücksicht auf des Komes Krankheit war der Anfang um zwei

Stunden verschoben worden. Säbel und Streitkolben prächtig ausgestattet wurden voran getragen, die Komitialfahne von grünem Damast
schmückte auf der einen Seite das siebenbürgische, auf der andern das
Kronenthalische Wappen. Der Staatswagen war mit sechs Pferden
bespannt, die Bürgerschaft mit Gewehr, Fahnen und Trommeln unter
dem Kommando des jüngsten Senators machte Spalier, der Weg war
mit Tannen geschmückt, die Wache trat ins Gewehr. Im Rathaus vor
der Universität, dem Magistrat und der Kommunität legte der neue
Komes den Eid ab und hielt seine Antrittsrede mit vollendetem Anstand
und Würde. Festlich war die Rückgeleitung in sein Haus, vor dem
inzwischen die vier Tannen aufgepflanzt worden waren, zwei geharnischte
Männer zu Pferde trugen die Nationalfahne und die Stadtfahne, ein
Bild alter schöner Bürgerherrlichkeit in einem Augenblick, wo ihr schon
das Grab gegraben war. In vier verschiedenen Häusern wurden die
zahlreichen Gäste bewirtet, die Kosten des Komes dabei wurden auf
3—4000 Gulden geschätzt. Die Aufführung des Schwerttanzes durch
die Kürschnerzunft, die Vorführung des Schneiderrößchens und Bälle
am Abend bildeten den Schluß des Festes. Über den Komes aber schrieb
ein Zeitgenosse: „Entspricht er dem, zu was er sich anheischig gemacht
hat und was man auch von ihm fordern wird, so werde ich und jeder
Patriot ganz ausgesöhnt und wir alle wollen ihm die Ehre, Hersteller
der guten Ordnung worden zu sein, mit Vergnügen gönnen. Noch sieht
es nicht ganz so aus; inzwischen kann von der Zukunft niemand sprechen."

Diese selbst gestaltete sich immer düsterer. Eine k. Entschließung
von Brüssel den 4. Juli 1781 gestattete den rezipierten Nationen im
Lande, auf Sachsenboden Grundbesitz zu erwerben und gab ihnen damit
den Vollgenuß der politischen Rechte, die Konzivilität. Wie oft war
früher, zuletzt noch unter Maria Theresia, von den Feinden der Nation
der Versuch gemacht worden, das Recht des ausschließlichen Besitzes und
das ausschließliche Bürgerrecht den Sachsen zu nehmen. An Brukenthals
Vorsicht, Sachkenntnis und Berufung auf die Heiligkeit des Rechts und
die siebenbürgische Verfassung und an dem Rechtssinn der Kaiserin waren
die Versuche gescheitert.[1]) Es bezeichnete die Wandlung der Zeit, daß
die Feinde der Nation ihr Ziel erreichten. Den Zeitgenossen erschien
damit der Untergang der Nation besiegelt. Nicht darum, weil nun der
Adel Haus und Grund in sächsischen Städten in Menge kaufen werde,
sondern weil sie meinten, der Adel, der sich auf Sachsenboden niederlasse,
werde seine Steuerfreiheit auch auf Sachsenboden in Anspruch nehmen,

---
[1]) Vgl. oben S. 163.

die Ämter besetzen, mit der Gleichberechtigung und der Verfassung, die auf der Freiheit und Gleichberechtigung der einzelnen beruhte, sei es aus, wenn die adligen Rechte auch auf das Sachsenland ausgedehnt wurden, „aus einem durch seine Nationalverfassung frei gebliebenen industriösen Volke werde ein träges Sklavenvolk und aus einer deutschen Nation ein wildes buntscheckiges Gemisch von allerhand Nationen ohne Vaterlandsliebe, ohne Nationalcharakter und Kultur erschaffen werden". Nur die Aufhebung der Nation hat einen noch tiefern Eindruck als diese Maßregel gemacht, die der ganzen Welt- und Lebensanschauung des Geschlechts entgegen stand. „Seither schlagen sich in mir die Gedanken wie Wasserwogen — schrieb einer der bedeutendsten politischen Köpfe der Zeit, Joh. v. Herrmann — wahrscheinlicherweis werden in 40—50 Jahren kaum noch Spuren der alten sächsischen Nation angetroffen werden. Kronstadt wird eine walachische Stadt, Mediasch eine armenische und Hermannstadt ein Gemisch von beiden werden ... Wie es bei diesen Umständen zuletzt auch um die Religion aussehen wird, das steht bei Gott, zumal da es mir auch mit dem Clerus aus zu sein scheint." Auch eine andre Gefahr als von Seite des Adels beschwor die Konzivilität herauf, von Seite der Walachen. Wenn die Konzivilität sich ursprünglich auch nur auf die rezipierten Nationen erstrecken sollte, so war klar, daß die Walachen davon nicht auszuschließen waren, die auf Sachsenboden zahlreich ansäßig waren. Sie kargten nicht mit ihren Ansprüchen. Sie verlangten, alles was sie in Pacht hätten, was ihnen sonst auf Grund von Verträgen zur Nutznießung überlassen war, solle ihnen als Eigentum überlassen werden, Anteil an den Gemeindegründen u. dgl. Besonders im südlichen Teil des Sachsenlandes waren auf dem Gebiet sächsischer Gemeinden eine große Anzahl walachischer Gemeinden entstanden, auf Hermannstädter Gebiet Resinar, auf Neppendorfer Poplaka, auf Großauer Orlat usf. Auf kaiserlichen Befehl mußten ganze große Gebiete aus dem Eigentum der sächsischen Orte ausgeschieden und jenen übergeben werden, die durch jahrelange Prozesse immer neue Ansprüche an Wald und Gebirge zu verwirklichen strebten, nicht ohne nennenswerten Erfolg. Es stand im Zusammenhang mit der Konzivilität, daß Nichtsachsen nun die Aufnahme in die Zünfte begehrten, die sie bisher nahezu allgemein ausgeschlossen hatten, und in die Nachbarschaften, wohin sie gleichfalls nicht gehört hatten. Da ein Teil der Verwaltung bei beiden lag und das gesellige und sittliche Leben in erster Reihe von ihnen getragen wurde, bedeutete die geforderte Zulassung eine neue Zersetzung des Lebens. Und all das, meinten die regierenden Kreise, solle durch die Bestimmung wettgemacht werden, daß

hinfort Sachsen auf Komitatsboden Eigentum erwerben dürften und daß
der Hof ein Verzeichnis vornehmer Sachsen verlangte, um sie in den
Adelsstand zu erheben und dadurch der Ehren und Ämter im Komitat
teilhaftig zu machen. Es gibt kaum etwas, was die Verwirrung in den
Köpfen jener, die die Verantwortung für diese Neuerungen trugen,
besser beweist als diese Anordnungen. Die Sachsen besaßen ja das
Recht, Eigentum im Komitat zu erwerben seit alter Zeit, die ihr Recht
für nicht geringer als das Adelsrecht angesehen hatte. Sie hatten es in
den letzten Jahrhunderten selten benützt, weil sie immer aufs neue
empfanden, was einst König Stefan V. von den Zipsern gesagt, sie
seien einfache Menschen und im Recht der Adligen unbewandert, mit
Ackerbau und Arbeit beschäftigt und darum sollten sie eigenen Rechts
und Gerichts genießen. Die leitenden Kreise Wiens hatten dafür kein
Verständnis, wie sie überhaupt dieses bürgerliche, vom Adel durchaus
verschiedene Volk und seine Einrichtungen nicht verstanden. Der ungarische
Adel verlangte die Konzivilität mit der herkömmlichen Begründung, das
gemeinsame Wohnen und die tägliche Berührung mit den Sachsen würden
zur Herstellung eines besseren Einverständnisses dienen, während jeder
Kenner der siebenbürgischen Geschichte und Verhältnisse das Gegenteil
zu beweisen leicht imstande war. Das andre wußte auch der Adel, daß
das Recht des Sachsen, Besitz auf Komitatsboden zu erwerben vor allem
wieder ihm, dem Adel zugute kam, denn die schönsten Gemeinden dort,
die fleißigsten und wohlhabendsten, des Adels beste Einnahmsquelle
waren die sächsischen Gemeinden. Wie die sächsischen Kreise die ganze
Frage, abgesehen vom Rechtsstandpunkt, beurteilten, dafür lieferte eine
Fabel den Beweis, die von einem Sachsen gemacht in sächsischen Kreisen
verbreitet wurde. Sie lautet folgendermaßen:

„Mauritius hatte einen großen, in drey Halter abgeteilten, Teich.
In einem dem größeren Halter, hielten Hechte, Schleyen, Störl und
Dicken Haus, im zweiten etwas kleineren, stritten Lachsforellen, Aschen,
Alruthen und Forellen ewig miteinander; in beiden schwammen auch
einige Grundeln, Semmerlinge, Weißfische, Rotfedern umher, sie dienten
jenen zur Speise. Auch fraßen die stärkern in beiden Hältern nicht selten
ihre eignen schwächern Brüder. Im dritten, dem kleinsten Hälter endlich,
nährten sich vom Schlamm und der Fette der Erden Karpfen, Schleyen
und einige andre friedliche und gesellige Fische.

Es traf sich, daß Mauritius im Spazierengehen, gerade zu einer
Zeit an diesen Teich kam, als sich einige Fische aus den beiden größeren
Hältern, in diesen letzten geschlichen hatten. Sie übten allerhand Mut=

willen in demselben aus; sie verfolgten, verwundeten und fraßen sogar einige seiner friedlichen Bewohner.

Dem Mauritius fiel dieser Unfug auf; denn er hatte seine Fische lieb und wollte sie fremdem Eigenwillen nicht überlassen: Wart, sagte er, dieser Unordnung will ich bald ein Ende machen. Alle diese Fische sollen zusammen ohne Unterschied wohnen, sich aneinander gewöhnen, und dadurch ihre Verschiedenheit und Neigungen und Gewohnheiten ablegen, und mit ihnen wird zugleich die Feindschafft und gegenseitige Abneigung abnehmen und zuletzt aussterben. Er ließ die Dämme der drey Halter durchbrechen; die Fische der beiden ersten strömten mit Macht in den letzten, sie verschlangen, und fraßen alles was ihnen in den Weg kam, sie suchten emsig auf, was die friedlichen Fische von ihren Ahnen ererbt, und mit weiser Sparsamkeit künftigen Nothfällen aufbehalten hatten, und eigneten es sich willkürlich zu. Auch aus den friedlichen Bewohnern des kleinen ruhigen Behalters waren einige ausgeartete Fische so vermeßen, und dumme, daß sie sich unter jene mengten, und ob ihnen gleich die Natur die Werkzeuge ihresgleichen zu berauben, oder gar zu freßen, versagt hatte, sich dennoch wenigstens gebehrdeten, als wollten sie jenen nachthun und nachaffen.

Nun glaubte Mauritius, es sey alles zweckmäßig geschehn, und der Erfolg werde seine Güte und Weißheit, zum beßten aller seiner Fische rechtfertigen. Einige Zeit hernach bekam er Gäste, denen Er unter anderen Gerichten auch Karpfen, Schleyen und Schalfische vorsetzen wollte. Er ließ den großen Teich fischen; die Fischer durchkreuzten den Teich etlichemal umsonst, sie fanden zwar hin und wieder in Letten und Löchern versteckt einige Fische, aber sie waren ausgehungert, mager, gebißen, voller Narben, und so furchtsam, daß sie sich nicht hervorzukommen getrauten. Mauritius wurde unwillig, schalt die Fischer, und schob die ganze Schuld auf ihre Nachläßigkeit. Er wollte wißen woher dieser Unfall gekommen? „Aus ihren Anstalten" — erwiderten die Fischer, und gingen davon; Mauritius aber sahe es leider! zu spät ein, daß über dem Zwang ungleicher Arten, und Gattungen in einer Gemeinschaft, die beßer gearteten derselben, nicht ohne seine Schuld, zu Grunde gerichtet worden sey."

Zunächst war keine Zeit, die Richtigkeit der Fabel im Leben zu erproben, stückweise wurde die siebenbürgische Verfassung in Trümmer geschlagen. Eine kaiserliche Entschließung vom 14. August 1782 ordnete die Vereinigung der siebenbürgischen Hofkanzlei mit der ungarischen an und dem ungarischen Hofkanzler wurde die Leitung der siebenbürgischen

Finanzen übergeben. Der Staatsrat war gegen die Vereinigung gewesen, diese werde „eine neue Werkstätte für den aristokratisch-republikanischen Geist" sein, der in Ungarn herrsche. Wolle man die Selbständigkeit Siebenbürgens aufheben, so sei die Vereinigung seiner Hofkanzlei mit der böhmisch-österreichischen besser. Für die Sachsen war es wieder schmerzlich, daß kein Volksgenosse in der neuen nun ungarisch-siebenbürgischen Hofkanzlei war, von Siebenbürgen überhaupt der Vizekanzler Baron Banffy und als Hofrat Szekely.

Tiefer ins Volk hinein griff eine andre Maßregel. Ein Reskript des Hofes vom 24. Dezember 1782 verurteilte die sächsische Nation zur Zahlung des Martinszinses mit den Rückständen seit 1705 — im ganzen 387.806 Gulden! Es sind oben[1]) die Fiskalprozesse wegen des Martinszinses erwähnt worden. Die Rechtsfrage ist heute klar. Wenn alles andre nicht als beweiskräftig angesehen werden wollte, die Tatsache konnte niemand leugnen, daß seit der Einführung des neuen Steuersystems von 1754 und 1769 der Martinszins, die alte Staatssteuer der Sachsen, in den viel höheren Steuern des neuen Systems aufgegangen war. Als der Fiskus 1758 den Prozeß gegen die Nation wegen Zahlung des Martinszinses erhob und das Gubernium sie 1762 verurteilte, appellierte die Nation und zwanzig Jahre ruhte die Sache. Brukenthal hatte sich bemüht, Maria Theresia zu einer günstigen Entscheidung zu bewegen. Sie war der Meinung, die Nation sei zur Zahlung verpflichtet, doch war sie bereit, um Brukenthals willen den Zins der Nation zu erlassen, aber „sie könne mit der Hofkammer nicht zurecht kommen", äußerte sie einmal zu Brukenthal. Es gelang ihm nur, daß die Frage beiseite gestellt wurde. Unter Josef II. gelang es den Feinden der Nation, all die Sachen, die ihr schaden konnten, hervorzusuchen und zu ihren Ungunsten auszunützen. Auch jetzt hatte niemand eine Ahnung davon, daß diese Frage neuerdings ins Rollen gebracht werde, da überraschte die kaiserliche Entscheidung die Sachsen. Der Eindruck war ein unbeschreiblicher. „Es läßt sich mehr denken als sagen — schrieb der Zeitgenosse Michael v. Heydendorff — diejenige Nation, deren Denkungsart und Taten von Jahrhunderten her aus der Geschichte bekannt sind, soll nun eines großen Teils ihres Vermögens und was noch mehr, des Eigentumsrechtes gerade zu der Zeit auf dem sächsischen Boden verlustig werden, da sie vor hundert Jahren wider ihre Mitstände aus natürlichem Hang gegen das Allerdurchlauchtigste Haus Österreich alles, was in ihren Kräften stand, zur Gründung und Erhaltung der rechtmäßigen österreichischen

---

[1]) Vgl. oben S. 126.

Beherrschung Siebenbürgens beitrug." In der Tat war es nicht bloß die materielle Seite der Frage, die schwer ins Gewicht fiel, sondern die Rechtsfrage, die mit dem Martinszins verknüpft war. So wie die Sachen nun lagen und ausgelegt wurden, bedeutete die Verurteilung der Sachsen zur Zahlung des Martinszinses den Sieg der Anschauung, die unter Maria Theresia in erster Reihe von Brukenthal widerlegt und zurückgedrängt worden war, daß die Sachsen Kronbauern, Untertanen des Fiskus seien, — ihre alte Freiheit war damit begraben, wenn die Konsequenzen gezogen wurden. Zunächst freilich mußten sie sich entscheiden, was im Augenblick zu tun sei. Die Nationsuniversität war gerade zusammen. Als das kaiserliche Reskript in der Sitzung vom 30. Januar 1783 verlesen wurde, "wurden alle von Erstaunen und Bestürzung hingerissen". Niemand hatte etwas vom neuen Beginnen gewußt, die Sache zur Entscheidung zu bringen und daß die Entscheidung auf willkürlichen Voraussetzungen beruhte, erhöhte die Besorgnis. Die Universität beschloß eine Petition an den Kaiser und bat zugleich beim Fiskaldirektor um Aufschub der Exekution. Den Kaiser baten sie um gänzlichen Nachlaß oder doch um Erlaubnis, die unerschwingliche Summe in Raten zu zahlen.

Bei dieser Gelegenheit stellte sich heraus, wie ein Teil der Männer, die die Führung der Nation in der Hand hatten, unter einander feindlich gesinnt nicht imstande war, Gedanken gemeinsamer Arbeit für das Ganze höher zu stellen, als die persönlichen Gegensätze und vor allem, daß der Komes, dem eine Hauptaufgabe zufiel, gradezu ein Verräter der Nation war. Er ließ seinem Haß gegen Brukenthal freien Lauf, besonders seit dieser ihm einen Pacht unmöglich gemacht hatte, den Cloos in Thodoritze, einem Gut des Fogarascher Dominiums übernommen hatte, um zum Nachteil der Universität sich zu bereichern. Dafür sollte Brukenthal büßen. Als die Frage erörtert wurde, wie die Forderung des Fiskus beglichen werden solle, ging die Meinung des Komes dahin, die Nation solle ihm das Fogarascher Dominium abtreten, — dann hätte auch der Gouverneur seine Subinskription verloren, — während die übrigen Mitglieder der Universität, mit Ausnahme Kronstadts, das vom Komes beeinflußt war, einen Aufschlag auf die Stühle wollten, u. zw. um so mehr, weil sie dem Aufschlag selbst im Falle der Abtretung der Fogarascher Besitzungen nicht entgingen, da sehr hohe Schulden auf der Nation lagen und diese getilgt werden mußten. Sie durften aber hoffen, aus dem Fogarascher Dominium mit der Zeit nicht nur die Schulden zu tilgen, sondern auch Kapitalien zu sammeln. So war Cloos

mit der Universität nie eines Sinns, auch mit den sächsischen Gubernial=
räten nicht, dabei verriet er die privaten Besprechungen und was in
den Sitzungen verhandelt wurde an den Thesaurarius, mit dem er ge=
meinsam der Nation das Fogarascher Dominium entwinden wollte. Nach
einem vielfachen Intriguenspiel, in dem der Thesaurarius den Gouverneur
täuschte, daß die angedrohte Exekution nicht werde vorgenommen werden,
folgte dann doch am 24. Februar die Verständigung, daß die Exekution
am nächsten Tag erfolgen werde. Das Ganze war „nichts anders als
ein gehässiger Akt wüsten Übermuts". Da es sich hier nicht um eine
Einzelperson handelte, sondern um die Nation, war das „Brachium",
das angewendet wurde, geradezu empörend. Am 25. Februar 1783
erschienen Kanzellisten des Thesaurariats auf dem Hermannstädter Rathaus mit 38 Personen, meist walachischen Bauern aus Salzburg, Mundra,
Alamor, legten ihre Hüte und Schriften auf den Tisch, schrien herum
und verlangten Geld. „Wir wollen die berühmten Sachsen plündern,"
sollte einer aus der Menge gerufen haben und ein anderer habe, so
erzählten sie, im Vorzimmer des Rathauses mit der Peitsche geknallt.
Die Universität gab ihrer Entrüstung in der schriftlichen Antwort
Ausdruck: die Sachsen seien kein flüchtiges Volk, auch nicht zahlungs=
unfähig, im Augenblick aber nicht in der Lage das Ganze zu zahlen. Bis
die kaiserliche Entscheidung auf die eingereichte Bitte der Nation komme,
wurde der Fiskus an die einzelnen Volksgenossen gewiesen; es wurden
übrigens täglich auf dem Rathaus aus den öffentlichen Kassen an den
Fiskus über hundert Gulden ausbezahlt. Die Zeitgenossen sahen in
dieser mutwilligen Rohheit ein Bild der Zeiten Bathoris und Rakotzis,
die Brandschatzung von der Stadt forderten und Heydendorff schrieb die
bittern Worte: „So wurde die Nation vom Fiscus regius an dem Ort
behandelt, wo sich die Treue der Sachsen gegen das allerdurchlauchtigste
Haus Österreich von Jahrhunderten her werktätig bewiesen hatte." Die
Universität beschwerte sich am 28. Februar beim Kaiser über die Art
der Exekution, als habe man es mit einer widerspenstigen Bauern=
kommunität zu tun gehabt. „In der Tat müßten wir uns schämen, auf
eine so niedrige Art behandelt zu werden, wenn wir überzeugt werden
könnten, mit unsern Handlungen und Gesinnungen für das allerdurch=
lauchtigste Erzhaus Österreich eine solche Demütigung verdient zu haben.
Allein, da wir uns keiner andern als allergetreuesten und pflichtschuldigsten
Handlungen für das Allerh. Kaiserhaus bewußt sind und als ein vielleicht
nützliches Mitglied der Siebenbürgischen Landesstände mit der gehörigen
Achtung von unsern Mitbrüdern angesehen zu werden vermeinen, so

wollen wir jenes widrige Verfahren Allerh. E. k. Majestät zur allergerechtesten Beurteilung überlassen."

Inzwischen redete in der Universität der Komes mit unverhohlener Freude breitspurig darüber, daß die Nation »in Cridam« verfallen müsse, wofür Brukenthal ihn gradezu einen Spitzbuben nannte, als die Entscheidung des Kaisers der Exekution endlich ein Ende machte, es solle der laufende Martinszins jährlich gezahlt werden, die Rückstände aber sollten in 77 Jahren abgetragen werden. Es gelang der Nation, die letzte Rate schon 1823 abzuzahlen. Die Empfindung tief erlittenen Unrechts und brutaler Mißhandlung blieb.

In der k. Entscheidung war zugleich befohlen, es solle die Universität eine Zusammenstellung ihrer Aktiven und Passiven vorlegen. Sie wollte bei dieser Gelegenheit auch darlegen, was für außerordentliche Lasten sie unter der österreichischen Regierung getragen habe und außerdem bitten, eine Deputation an den Hof schicken zu dürfen, zugleich es möchte ein sächsischer Hofrat angestellt werden. Als die Sache in der Sitzung zur Verhandlung kam, wurde der Komes zornig und strich die Bitte um Anstellung eines sächsischen Hofrats und um Erlaubnis eine Deputation zu schicken eigenmächtig aus. Den Hermannstädter Bürgermeister Honnamon aber, der ein katholischer Mähre, von Wien aus zum Bürgermeister ernannt worden war und öffentliche Gelder nicht verrechnete, nannte er in der Sitzung einen „unverschämten schlechten Menschen", einen Betrüger, der nicht wert wäre, auf dem Rathaus zu sein, und diese Leute standen an der Spitze des Volkes.

Das Volk aber wurde in Atem erhalten durch die sich drängenden Verordnungen der Regierung, die in buntem Wechsel Gutes und Schlechtes, Kluges und Törichtes durcheinander befahl: die Zigeuner sollten angesiedelt und zivilisiert werden, bei Hochzeiten dürfe wegen der Feuersgefahr nicht geschossen werden, Stockschläge dürften nicht angewendet werden um ein Geständnis zu erpressen, die Richter von Bulkesch und Seiden dürften nur im Beisein zweier Hermannstädter Senatoren Todesurteile fällen, die dem Hermannstädter Magistrat zur Revision einzuschicken seien, Hermannstadt müsse eine Kaserne bauen, die Maut zwischen Ungarn und Siebenbürgen wurde aufgehoben, die Tortur abgeschafft, Denuntianten, die gegen Beamte oder andere Leute Anzeige machten, daß sie den Allerh. Dienst schädigten, wurden Belohnungen in Aussicht gestellt, niemand dürfe ohne Paß im Land hin und her ziehen, niemand ohne Vorwissen der Obrigkeit Pulver und Blei kaufen, Stuten dürften nicht ausgeführt, Quecksilber dürfe nicht gekauft werden, dazu eine Masse Verordnungen in Zunftangelegenheiten, alle getragen vom alten engherzigen Standpunkt; das papierene Zeitalter bureaukratischer Weisheit trug die üppigsten Blüten. Zu den folgenreichsten Verordnungen gehörte die Aufhebung der alten Zensur (11. März 1781).

Mitten in die vielfachen Aufregungen, die die Jahre brachten, fiel die Nachricht, daß Josef zum zweitenmal ins Land kommen wolle. Ein Kurier brachte am 22. Mai 1783 die Nachricht nach Hermannstadt. Auf jeder Station sollten neun Züge zu sechs Pferden und zehn Reitpferde bereit gehalten werden und Lebensmittel wie vor zehn Jahren.

Am 28. Mai traf der Kaiser in Deva ein, vom Gouverneur Brukenthal und dem Oberlandeskommissär bewillkommnet; er war am 30. Mai in Karlsburg und kam am 31. Mai in Hermannstadt an, von Reußmarkt zu Pferde, nur vom General Colloredo begleitet. Er stieg in Hermannstadt, wo er noch nicht erwartet wurde, im „Türkischen Kaiser" ab, dem Stadtwirtshaus in der Heltauergasse, das seither „zum römischen Kaiser" genannt wurde. Jedem war gestattet, ins Vorhaus hinauf zu gehen. Der Kaiser erschien von Zeit zu Zeit dort, hörte jeden, der ein Anliegen hatte, an und nahm die Bittschriften der Leute entgegen. Er besuchte die verschiedenen öffentlichen Gebäude, darunter auch das evangelische Gymnasium, die Hauptwache auf dem Kleinen Ring usf. Der Gouverneur Brukenthal hielt sich in erster Reihe für verpflichtet, die nationalen und kirchlichen Angelegenheiten, die wie ein Alp auf den Gemütern lasteten, bei dem Kaiser zur Sprache zu bringen. Er stellte dem Kaiser alle bösen Folgen vor, die aus der hier begonnenen Neuordnung hervorgehen mußten, doch konnte er nichts ausrichten. „Ich rede mit dem Kaiser in einem ganz besondern Verhältnis — erklärte Brukenthal Heydendorff — von mir fordert er Wahrheit und ich bin schuldig solche zu sagen; ich habe ihm solche ja oft gesagt; ich habe in meinem Leben gar vieles mit ihm gehabt und ihm bei dem Leben seiner Mutter gar manches seiner Projekte vereitelt." Die Vertreter der Nation hatten am 3. Juni eine kurze Audienz, die über Formalitäten nicht hinauskam und bevor die Nationalangelegenheiten zur Sprache gebracht werden konnten, entließ der Monarch die Deputation. Komes Cloos fürchtete, seine Mißliebigkeit werde dem Kaiser zugetragen werden und bestimmte die sächsischen Vertreter, es solle niemand allein zum Kaiser gehen — dann ging er selbst allein hin und „es war leicht zu vermuten, daß er nicht viel Gutes würde gesagt haben". Auf Brukenthals Drängen, mit Rücksicht auf die böse Lage, in die die Nation geraten war, wie um den eignen Schritten mehr Nachdruck zu verschaffen, hatten die Sachsen eine Vorstellung gegen die Konzivilität und die Rechtsgleichheit der Walachen vorbereitet, dann die Bitte um Nachlaß des Martinszinses. Bei der Beratung mußte der Komes gestehen, da er nur die letztere für wünschenswert hielt, daß er allein beim Kaiser gewesen sei und über die andern Sachen schon mit ihm geredet habe. Es werde nichts fruchten, denn der Kaiser wolle den Unterschied der Nationen im Lande aufheben, er wünschte besonders, daß solches durch Heiraten unter einander befördert werde! Nun getrauten sich die andern sächsischen Vertreter nicht gegen des Komes Willen und ohne Auftrag der Nation etwas zu unternehmen und so unterblieb die Überreichung der Beschwerde. Dafür sollte in Religionssachen eine Audienz genommen werden. Der Tag der Abreise des Kaisers (7. Juni) wurde dazu bestimmt.

Am Vorabend gab Brukenthal zu Ehren des Kaisers eine große Abendgesellschaft in seinem neuen Palais, wo die vornehme Gesellschaft Hermannstadts sich zusammenfand. Der Kaiser war aufgeräumt und ungemein leutselig, der Gouverneur machte, wie er es gut verstand, den Hausherrn. Der Kaiser war einfach gekleidet, schwarzseidene Hosen und Stiefel mit silbernen Sporen, weiße Weste, grünen Rock, einen großen Degen an der Seite, das spanische Rohr in der Hand, einen breiten mit einer Diamantschnalle geschmückten Hut unter dem Arm. Er ging an den Spieltischen, an denen Tarock und L'Hombre gespielt wurde, zwanglos hin und her, wobei die Spielenden sich nicht stören ließen und redete mit Einzelnen, darunter besonders mit der schönen und geistvollen Frau Soterius, der Frau des Gubernialrats-Konzipisten, die auf die Frage des Kaisers, ob sie nicht gerne nach Wien kommen möchte, die gute Antwort gab: O ja, wenn er ihren Mann in die Hofkanzlei berufe. Die sächsischen Frauen waren gebockelt, die Mädchen mit dem Borten, von den Männern einige in ihren gewöhnlichen täglichen Kleidern.

Am folgenden Tag ging der evangelische Bischof Funk, der Hermannstädter Bürgermeister Rosenfeld und Heydendorff zur Audienz. Sie hatten ihre Bitten schriftlich aufgesetzt, aber der Kaiser ließ sich auch in ein Gespräch darüber ein. Zunächst klagte der Bischof, daß es die evangelische Religion beschwere, daß die Katholiken, die zur evangelischen Kirche übertreten wollten, erst einen längeren katholischen Religionsunterricht mitmachen müßten. Der Kaiser erwiderte, die katholische Religion müsse als Religion des Herrschers einen Vorzug haben, den sich die Evangelischen nicht schwer fallen lassen sollten. Der Bischof klagte weiter, daß bei Übertritten der Eltern aus der katholischen in die evangelische Kirche den Kindern nicht gestattet werde, auch evangelisch zu werden, ja sie würden den Eltern weggenommen. Der

Kaiser hielt das erstere für recht, denn die Religionsveränderung sei eine wichtige Sache, die Selbsterkenntnis verlange, die das Kind nicht habe. In bezug auf die Wegnahme, die er für Unrecht hielt, versprach er Abhülfe. Eine weitere Beschwerde war, daß die Evangelischen gezwungen würden, an solchen Orten, wo keine evangelischen, wohl aber katholische Geistlichen waren, in allen Fällen die katholischen Geistlichen zu rufen, was besonders beim Tode und Begräbnis, dann beim Abendmahl als schwerer Zwang empfunden werde. Der Kaiser antwortete: „Sie sind ja toleranter wie die Katholischen, sie halten die geistlichen Funktionen für ebenso gültig als wenn sie ein evangelischer Geistlicher verrichtet hätte, und die Sterbenden tröstet der katholische Geistliche wie der ihrige mit den Gründen aus der Religion." Auf den Einwand, daß ein Sterbender den Trost in der Freiheit genießen wolle, erwiderte der Kaiser ungeduldig ausweichend: „Ich wünsche Liebe und Einigkeit einzuführen und möchte, daß da jedermann mitwirke." Zum Schluß baten sie den Kaiser, die Kollekten und Präbenden, mit denen die sächsischen Lehrer bezahlt worden seien, solange zu erlauben, bis eine andere Art der Bezahlung eingerichtet werde. Der Kaiser meinte, man müsse für die Lehrer feste Bezahlungen einführen. Er hatte eine völlig falsche Vorstellung von dem sächsischen Schullohn, wenn er ihn unter die Kollekten einordnete, durch die man den Leuten das Geld aus dem Beutel herauslocke und sie sich einbildeten, durch solche Gaben den Himmel zu erwerben. Mit dem Hinweis, die Lehrer aus Gemeindemitteln zu bezahlen, hatte er gewiß nicht Unrecht. Zuletzt ergriff Rosenfeld das Wort, um die Bitte zu stellen, den Martinszins zu erlassen. „Über das Ding sind wir gerichtlich hinüber," sagte der Kaiser lachend, „ich kann die Einkünfte der Krone nicht vergeben, ich muß meiner Nachkommenschaft von meinem Tun Auswege geben; ich habe eine gar große Rechenschaft über mir und muß alles in der Ordnung halten."

Als Brukenthal von der Audienz erfuhr, sprach er ernste Befürchtungen für die Zukunft aus, die ihm düster erschien: er sah noch Schwereres kommen. Am 7. Juni verließ der Kaiser Hermannstadt; sein letztes Wort zu den versammelten Landesspitzen war: „Leben Sie wohl meine Herrn, tun Sie ihre Schuldigkeit rechtschaffen und lassen Sie die Chikanen aufhören!" Er fuhr am 7. Juni nach Kronstadt. Als er vom Zeidner Berg ins Burzenland hinuntersah, brach er in die Worte aus: „Ah, das ist ein schöner Garten!" Er wohnte in Kronstadt beim Stadtrichter Fronius, besuchte am Pfingsttag die katholische Kirche, dann einige Minuten die evangelische, mitten in der Predigt des Stadtpfarrers,

darauf die griechische und fuhr noch am selben Tag nach Kezdi=
Vasarhely. In Kronstadt ließ er das Schloß neu herstellen und be=
festigen. Am 11. Juni kam er über Csik=Szereda in Bistritz an, wo
er den 12. Juni verblieb und unter anderm an den Gouverneur den
Befehl ergehen ließ, fünf näher bezeichnete Straßenlinien durch Sieben=
bürgen bauen zu lassen, wozu aus Landesmitteln 50.000 fl. ange=
wiesen wurden. Am 13. Juni verließ er Bistritz und das Land und
ging in die Bukowina.

Die Eindrücke, die er im Land empfangen hatte, spiegelten die
Notizen wieder, die er bei der Bereisung des Landes gemacht hatte. Er
hatte sie der ungarisch=siebenbürgischen Hofkanzlei mitgeteilt, die ihrerseits
Bemerkungen dazu gemacht hatte. In seiner Antwort trat die grund=
sätzliche Verschiedenheit der Anschauungen scharf hervor. „Einen Quark"
nannte er jene Bemerkungen und fuhr dann fort: „In keinem Stück wird
zum Werk geschritten, sondern bloß kahle Auskünfte werden erteilt, oder
unbedeutende Schwierigkeiten aufgeworfen und geflissentlich wird Eins
mit dem Andern vermengt, um nur nicht das Wahre erkennen und
greifen zu müssen. Ob nun dieses aus Gesinnung (d. h. in der Absicht),
die alte Verwirrung beizubehalten oder aus Scheu der Arbeit geschehen
ist, will Ich dahin gestellt sein lassen. Wenn Ich nach genauerer Lokal=
einsicht Meinen Stellen Aufträge mache, so müssen dieselben nach Pflicht
sich meine Gesinnung eigen machen, selbe mit Eifer ergreifen, und nur
über Zweifel und Anstände sich bei Mir anfragen, nicht aber meine
Befehle als Klaglibell betrachten, auf das sie ihren ganzen Witz ver=
wenden, um eine advokatische Replique zu machen und Mir das Vor=
hergegangene zu beschönigen." Wie von der ersten Reise hatte er jetzt
den unangenehmen Eindruck der Rechtlosigkeit und Bedrückung der
Walachen und der Hörigen überhaupt durch den Adel, dann der Reibungen
und Zerwürfnisse unter den im Lande wohnenden Nationen. Die erste
Wunde zu heilen ergriff er das richtige Mittel, zur Behebung des zweiten
Übelstandes sicher das ungeeignetste.

Am 16. August 1783, also gleich nach der Siebenbürger Reise,
erschien ein königliches Reskript, das die Untertanenverhältnisse ordnete.
Darnach sollte — es war wieder eine Fortsetzung der Theresianischen
Anfänge, — jedem Untertanen erlaubt sein, auch ohne Einwilligung seines
Grundherrn, zu heiraten, zu studieren, ein Handwerk zu lernen und
über sein Vermögen frei zu verfügen; kein Grundherr durfte weiterhin
einem Untertanen ohne gerichtliches Urteil seinen Besitz nehmen oder ihn
versetzen, auch keine neuen Lasten auflegen. Die Komitatsfiskale sollten

den Untertanen gegen ihre Grundherrn beistehen. Die Urbarialregulation wurde in Aussicht gestellt.

Diese wurde durch den walachischen Bauernaufstand im folgenden Jahr (1784) unterbrochen. Es war eine soziale Revolution, die ihren Grund in der Mißhandlung der Jobbagyen durch den Adel hatte und im Erzgebirge ihren Anfang nahm. Die ersten Nachrichten kamen in den ersten Tagen des November nach Hermannstadt, wo der Gouverneur Brukenthal sie sehr ernst nahm, aber an dem Kommandierenden keine rechte Stütze fand. Die ersten Forderungen, die Hora und Kloska stellten, waren Freiheit von der Leibeigenschaft und Militarisierung, die letztere sollte eben die Form für das erstere sein. Die Bedrückungen durch den Adel waren in der Tat schwere. Nur das Wasser habe man nicht bezahlen müssen, klagten die Aufständischen. Nicht nur hätten sie zu Weihnachten und Ostern dem Herrn die alten Abgaben an Backwerk, Hennen, Licht usf. geben müssen; wenn der Untertan zwei Schweine gehabt, habe der Herr ihm eins genommen und habe er nur eins gehabt, so habe er ein zweites kaufen müssen, um es dem Herrn zu geben. Butter hätte geben müssen auch wer keine Kühe gehabt; für ein viertel Joch hätten sie vier Tage in der Woche arbeiten müssen, am Christtag mußten sie Holz führen, „was geht uns euer Feiertag an", habe der Herr ihnen gesagt; starb jemand, ohne einen Sohn zu hinterlassen, so warf der Herr die Witwe und Töchter einfach aus dem Haus und nahm alles weg. Die Weiber mußten spinnen und weben, es gab kein Recht und keine Billigkeit. Mit unheimlicher Schnelligkeit verbreitete der Aufstand sich weiter und die Forderungen der Aufständischen wuchsen: der Adel solle abgeschafft und vertrieben, seine Steuerfreiheit aufgehoben, seine Grundstücke verteilt werden. Mord und Brand bezeichneten seinen Weg und wo der Adel konnte, nahm er blutige Rache.

Der Kaiser war empört und unzufrieden nach allen Seiten. Alles ging ihm zu langsam, in bittern Worten schalt, drängte, befahl er: die Behörden sollten ihre Pflicht tun, man könne nicht eine Armee gegen die eigenen Untertanen unter Waffen halten, daher sei es nötig, die drückenden Lasten abzustellen und dem Volk Liebe und Vertrauen zu zeigen. Sein Herz stand auf der Seite des Volkes. Aber es blieb doch nichts anders übrig, als mit Waffengewalt die Empörung niederzuschlagen. Am Ende des Jahres war die Ruhe hergestellt, die Führer wurden am 28. Februar 1785 grausam hingerichtet. Der Kommandierende General Preiß wurde, da er sich den Verhältnissen nicht gewachsen gezeigt hatte, in den Ruhestand versetzt. Brukenthal aber hatte auch hier getan was möglich war und fand des Kaisers Zustimmung. Mehr als hundert Menschen waren ermordet worden und eine große Anzahl adliger Schlösser war verwüstet und zerstört.

Auf das Sachsenland war die Bewegung nach zwei Richtungen hin von Einfluß. Ein Teil des Adels, von dem viele in Deva und Karlsburg auf Staatskosten verpflegt worden waren, suchte Schutz in den sächsischen Städten, in Hermannstadt, Mediasch, Bistritz; für Heydendorff in Mediasch war es eine angenehme Erinnerung, daß die dorthin geflüchteten Magnaten täglich bei ihm verkehrten und daß er ihnen einmal eine Mittagstafel und Abendgesellschaft gegeben, deren sie auch später dankbar gedachten. Dann aber war ein Hinübergreifen des Aufstandes auch ins Sachsenland nicht ausgeschlossen, es gährte auch unter den dort ansäßigen Walachen und es wurden Vorsichtsmaßregeln getroffen, jede Bewegung niederzuhalten. Doch es entstand keine, gewiß auch aus dem Grunde, weil die im Sachsenland persönlich freien walachischen Bewohner ihr Los nicht mit jenem der Hörigen vergleichen konnten und über keine Bedrückungen ähnlicher Art zu klagen hatten.

Nach Wiederherstellung der Ruhe fuhr Josef fort, das Los der Hörigen zu erleichtern, während der Adel sie noch mehr unterdrückte als früher. Umständliche Erhebungen sollten die weitere Grundlage zur Regelung der Urbarialsache liefern und am 22. August 1785 wurde verkündigt, daß der Name Jobbagy für immer abgeschafft und somit die Hörigkeit aufgehoben sei; die Untertanen sollen Kolonen heißen und eine beschränkte Freizügigkeit haben. Dienste und Gespinste der Weiber sollten in den Frondienst eingerechnet werden, zu beständigen Hofdiensten niemand gezwungen werden können. Neuerdings wurden die Bestimmungen vom 16. August 1783 eingeschärft, die Gerichtsbarkeit der Grundherrn wurde eingeschränkt, der Untertan geschützt und bei größern Vergehen dem Komitatsgericht die Entscheidung zugewiesen. Im Vergleich zu dem, was damals in Frankreich geschah, noch wenig, aber hier bezeichnete es doch einen Fortschritt. Alle diese Ordnungen faßte das Urbarialpatent vom 15. Februar 1787 zusammen, in dem der gegenseitige Rechts- und Pflichtenkreis der Grundherrn und Kolonen festgestellt wurde, „für Hunderttausende der Anfang eines neuen menschenwürdigen Daseins".

Neben der Erleichterung des Loses der Hörigen war der Lieblingsgedanke des Kaisers die Herstellung näherer Beziehungen zwischen den Völkern seines Reichs, in Siebenbürgen zwischen den einzelnen Nationen. Dazu sollte die Aufhebung der bestehenden Landeseinteilung nach nationalen Territorien dienen. Die Hofkanzlei hatte bald nach der siebenbürgischen

Reise des Kaisers Gelegenheit gehabt, sich zu diesem Plan zu äußern. Sie wies darauf hin, daß die Verfassung verbiete, derartiges ohne Zustimmung des Landtags zu machen, daß es weiter Eigentumsrechte verletze und die königl. Finanzen schädige. Im Oktober 1783 verhandelte der Staatsrat die Angelegenheit, in dem drei Räte den Einwand der Hofkanzlei billigten. Trotzdem forderte der Kaiser im November 1783 das Gubernium auf, im Anschluß an den Plan, den er ihm mitteilte, die Mittel zur Durchführung vorzuschlagen. Das Gubernium gab seiner Bestürzung entschieden Ausdruck, berief sich auf die Landesverfassung, auf das Leopoldinische Diplom, „auf die heiligen Zusagen" und erklärte die Absichten des Kaisers mit all dem für unvereinbar. Auch Brukenthal äußerte seine schweren Bedenken dem Hofkanzler Graf Eßterhazi gegenüber. Doch arbeitete das Gubernium, um dem Auftrag des Kaisers nachzukommen, den Plan aus, schlug aber statt den angetragenen zehn Komitaten elf vor. Das kaiserliche Reskript vom 4. Juli 1784 vollzog den Bruch mit der Vergangenheit. Die alte Landesverfassung wurde aufgehoben, die drei ständischen Nationen aufgelöst, das Land in elf Komitate eingeteilt und ein neuer Verwaltungsorganismus eingeführt. Der Hunyader Komitat und Zarander Distrikt wurden vereinigt, ebenso Csik, Gyergyo und Udvarhely, desgleichen Inner-Szolnok und Ober-Doboka, dann Mittel-Szolnok, Kövar und Kraßna; der Aranyoser Stuhl, der obere Koloser und untere Thordaer Komitat wurden verschmolzen. Das Sachsenland wurde auseinandergerissen, der neue Hermannstädter Komitat umfaßte die alten Stühle Broos, Mühlbach, Reußmarkt, Hermannstadt, die Dörfer des Mediascher Stuhls, die auf der linken Seite der Kokel lagen, dann ehemalige Enklaven des Ober- und Unter-Albenser Komitats. Der Leschkircher, Repser, Schenker Stuhl wurden zum Fogarascher Komitat geschlagen, der auch die angrenzenden Teile des Schäßburger Stuhls umschloß, mit dem Hauptsitz Groß-Schenk. Das Burzenland wurde mit einem Teil des Oberalbenser Komitats und mit dem Haromßeker Stuhl zum Haromßeker Komitat verbunden, dessen Vorort St.-György war. Bistritz und Sächsisch-Reen wurden mit Teilen von Kolos, Doboka und Thorda verschmolzen und dem Kokelburger Komitat endlich außer dem alten Kokelburger Komitat, dem Maroscher Stuhl Teile des Hermannstädter, Schäßburger und Mediascher Stuhls zugewiesen. Was von Unter-Alba übrig geblieben war, blieb unter diesem Namen beim Vorort Tövis.

An die Spitze der Komitate wurde der Obergespan gestellt, jeder Komitat in kleinere Verwaltungsbezirke geteilt, die Städte mit Ausnahme Mühlbachs behielten eine gewisse, doch sehr beschränkte Selbständigkeit.

Dem Gubernium wurden auch jene Agenden zugewiesen, die bisher das Thesaurariat und Oberlandeskommissariat besorgt hatte, der katholische Bischof aus den Räten gestrichen, das Gubernium in die zwei Abteilungen des politischen und Kameralfachs einerseits und des Gerichts andrerseits geteilt.

Die neue Ordnung sollte am 1. November 1784 ins Leben treten.

Der Eindruck dieser Ereignisse auf die sächsische Nation war ein erschütternder. Am 11. September 1784 richtete die Nationsuniversität „bei alle dem was heilig ist" an den Kaiser eine Vorstellung um Belassung der alten Verfassung; wenn sich in ihre Verwaltung Fehler und Mißbräuche eingeschlichen hätten, so ließen solche sich heilen ohne Vernichtung der Verfassung. Sie bat um die Erlaubnis, Deputierte an den Hof zu schicken, ohne Erfolg. Eine Vorstellung Hermannstadts fruchtete natürlich ebensowenig. Die Aufgabe, die Neuordnung einzuführen, war als k. Kommissären den beiden Baron Wolfgang Banffi und Graf Wolfgang Kemeny übertragen. „Siehe zwei Wölfe gingen aus, Siebenbürgen zu zerfleischen", lautete das Urteil der öffentlichen Meinung im Anschluß an die Namen der Kommissäre. Zum Obergespan des Hermannstädter Komitates wurde A. Rosenfeld, zu dem des Fogarascher Komitates Ahlefeld — zwei Sachsen — ernannt, die der Kaiser, dem der Fortgang auch dieser Angelegenheit zu langsam war, selbst aus dem Schematismus der Gubernialbeamten, weil sie dem Rang nach die zunächst in Frage Kommenden waren, in der Hofkanzlei herausgriff und sofort die Ernennungsdekrete ausstellen ließ. Am 14. September 1784 fand die Konstituierung des Hermannstädter Komitates statt, bald darauf die des Fogarascher. Die Nationsuniversität hatte sich noch einmal auf dem Hermannstädter Rathaus versammelt, von wo sie mit tiefstem Schmerz in die erste Sitzung der — Markalkongregation gingen, wo der Adel schon beisammen war. Es war bezeichnend, daß der k. Kommissär Baron Banffi die neue Einrichtung, die einen völligen Bruch mit der Vergangenheit bedeutete, mit dem Hinweis auf die im Andreanischen Freibrief vorkommende Tatsache zu begründen suchte, damals schon habe der König sämtliche Komitate, mit Ausnahme des Hermannstädter Komitates aufgehoben! Ein Teil der sächsischen Beamten trat in den neuen Dienst über, aber die Sachsen merkten sofort das Bestreben des Adels, die Sachsen von den Ämtern möglichst auszuschließen und sie unter den Einfluß des Adels zu beugen. Dabei trat zugleich der seltsame Widerspruch zutage, daß was hier im Namen der Freiheit ins Leben eingeführt wurde, eine größere Freiheit der frühern sächsischen Verfassung in Trümmer schlug. Denn auch in diesen neuen Komitaten sollte nun nicht etwa die gleichberechtigte Teilnahme Aller die Angelegenheiten ordnen, sondern es behielt der Adel sein altes ausschließliches Vorrecht der politischen Alleinberechtigung. Der freie sächsische Bauer, der freie Bürger, der bisher gleichberechtigt die Angelegenheiten in Stadt und Stuhl geordnet hatte, war im neuen Komitat rechtlos und den Untertänigen, den Hörigen gleichgeachtet! Es war kein Ersatz dafür, daß der Kaiser verlangte, es sollten ihm vornehme sächsische Familien zur „Nobilitierung" (Erhebung in den Adelsstand) vorgeschlagen werden! In jener ersten Sitzung des neuen Komitates überreichten die Sachsen eine Erklärung „zu künftiger Verwahrung gegen alle der Nation aus dieser Umwandlung erfolgenden Nachteile", welche die Nationsuniversität gebilligt hatte, aber sie wurde nicht angenommen, weil die erste Aufgabe bloß die Konstituierung sei und weil die Markalkongregation ihrerseits eine Remonstration einreichen wollte, mit der die der Sachsen vereinigt wurde. Es geschah unter dem 16. September 1784 und sie führte aus, daß zu solchen Umänderungen, wie sie hier geschehen, die Zustimmung des Landtags erforderlich sei und die Absicht des Kaisers, den Haß der Nationen zu vertilgen, werde auf diesem Wege am wenigsten erreicht, denn die Folge dieser Durcheinandermischung der verschiedensten Elemente müsse die Zwietracht der Nationen gerade entfesseln, da die Kollision der Rechte unausbleiblich sei. Sie erinnerten den Kaiser an sein Versprechen aus dem Jahr 1781, den Landtag zusammen zu rufen.

  Das neuernannte Beamtenpersonal des Hermannstädter Komitates hielt es für seine Pflicht, dem Gouverneur Brukenthal sich vorzustellen, der Obergespan Rosenfeld führte sie. Brukenthal empfing sie in seinem Gartenhaus vor dem Heltauer Tor, umgeben von einer zahlreichen Gesellschaft, darunter viele vom ungarischen Adel. Rosenfeld, wohl in der Absicht, die Gunst des Adels zu gewinnen, mit dem er sonst nicht auf bestem Fuße stand, redete den Gouverneur magyarisch an. „Die veränderte Gesichtsfarbe und Physiognomie des Gubernators zeigten, wie dieser Vorgang, da ein sächsischer Obergespan, der als Sachse und weil er ein Sachse war zu dieser Stelle gelangt, den Gubernator gleichfalls als Sachsen im Namen des neuen Personals, worunter weniger Ungarn als Sachsen waren und im Namen des neuen Komitates, welches größtenteils aus dem größten und schönsten Teil der sächsischen Nation bestand, in ungarischer Sprache anredete, seine ganze sächsische Seele erschütterte und seine Empfindungen rege machte. Er wurde aus seiner gewöhnlichen Fassung gesetzt, bewegte den ganzen

Körper, strich nach seiner Gewohnheit in Fällen leidenschaftlicher Ereignisse mit der Hand über das Gesicht, schwieg eine Weile, endlich antwortete er sächsisch, kurz und machte der ganzen Zeremonie ein Ende, nachdem er noch vorher einen und den andern gegenwärtigen Ungarn aus Politik gleichsam im Privatgespräch ungrisch angeredet und den Rosenfeld stehen gelassen hatte. Die Sachsen gönnten dem Rosenfeld diese Belehrung und die Ungarn lachten ihn darüber aus". (Heydendorff.)

In jener ersten „Markalkongregation" empfanden die Sachsen schon an den äußern Vorgängen, wie die Wandlung von dem ungarischen Adel ihnen gegenüber ausgenützt wurde. Der Edelmann A. Thüri ließ den Hermannstädter Bürgermeister nicht zu Wort kommen und eröffnete die Sitzung magyarisch, wozu er überhaupt kein Recht hatte. Neben fünf bis sechs Magnaten und zehn bis zwanzig besseren Edelleuten waren hundert andre da, die man für „Salzüberreiter" hätte halten können und so schmutzig und zerlumpt, wie nicht der geringste sächsische Bürger vor einem Vorgesetzten erscheinen würde. „Ich versichere — schrieb ein Augenzeuge — es werden wenige Dörfer bei uns sein, deren Altschaft nicht ehrwürdiger aussehn als eine congregatio nobilium, wie diese war. Nun frage noch jemand, ob die sächsische Nation so unrecht daran sei, eine Vermischung mit solchen Leuten zu scheuen und das Ärgste zu besorgen, wenn es diesen Leuten gelingen sollte, das Heft allein in Händen zu haben, so wie sie mit gutem Erfolg öffentlich und heimlich darnach ringen." Ein Graf Bethlen suchte in der Sitzung darzutun, daß dies eine Adelsversammlung sei und nur aus Edelleuten bestehen könne! Nach solchen Eindrücken war es erklärlich, daß das Festessen bei Collignon den Sachsen „ziemlich leichenmahlmäßig" erschien.

Ganz ähnlich war es in Kronstadt gegangen, das mit Haromßek vereinigt worden war. Die Szekler und der Komitatsadel hatten dort geradezu gegen die Anstellung der Kronstädter protestiert und „gaben ihre Kondition zur Ursache an" und obwohl der k. Kommissär Baron Banffi gegen diese „Ungezogenheit" protestierte, war das Resultat doch, daß sehr wenige Kronstädter angestellt wurden.

Nicht viel anders wie in Hermannstadt und Kronstadt wurde die neue Ordnung überall eingeführt. Im Zusammenhang damit wurde die sächsische Nation für erloschen erklärt, es war noch die erträglichste Folge, daß damit Cloos aufhörte Komes zu sein, er wurde dem Gubernium zugeteilt, mit dem Referat in Nationalsachen. Schon im Juli 1784 waren die Einkünfte der National- und Sieben-Richterkasse für das Land eingezogen worden, die Güter wurden der Bethlenischen Familie zugewiesen, und am 26. April 1787 forderte ein Edikt sämtliche Gläubiger der Nation auf, sich mit ihren Forderungen zu melden wie bei einem Kridatar und ein Rechnungsbeamte, C. Dachauer, wurde nach Siebenbürgen geschickt, um den Aktiv- und Passivstand der Nation festzustellen. Das Nationalarchiv wurde eingezogen und sollte mit dem Gubernialarchiv vereinigt werden, die Mittel der Verteidigung des Rechtes mit diesem selbst dem Volk genommen werden!

Der Schlag war furchtbar, die Betäubung groß, „wir waren wie die verscheuchten Schafe," schrieb ein Zeitgenosse und ein andrer, „wenn Gott und der Monarch nicht für uns mächtig sorgt, so wird über 40—50 Jahre nicht ein Schatten mehr von dem übrig sein, was die Nation vorhin in Siebenbürgen war." Nicht nur als Unrecht, als Schmach empfanden die Lebenden die Ereignisse, „als wenn die Nation das größte Verbrechen begangen hätte, da sie sich doch keines Vergehens wider den Landesherrn und wider das Vaterland schuldig wußte". Aber der religiöse Sinn jener Zeit sah darin zugleich „die gerechte Strafe Gottes über uns wegen unsrer Väter und unsrer Sünde und die Folgen unsrer eigenen Unart" und das führte zu einer unmittelbaren Einkehr und Vertiefung und zu neuen Arbeiten inmitten des sächsischen Volks, die lange nachwirkten.

Im Augenblick freilich stand es noch mitten drin in „der Revolution von oben", die zerstörend durch das Land fuhr.

Schon im Jahr 1784 hatte ein k. Reskript vom 11. Mai angeordnet, es habe an Stelle der toten lateinischen Sprache die deutsche Sprache als Amts- und Geschäftssprache im ganzen Reich zu treten. Vom 1. November 1784 an sollte die Hofkanzlei alles mit Ausnahme der Prozesse in deutscher Sprache behandeln und alle Dikasterien sie handhaben, vom 1. November 1785 an alle Komitate und Städte und nach drei Jahren alle Gerichte. Die bisherigen Verordnungen waren zum großen Teil gegen die Verfassung gewesen, die vorliegende war gegen die menschliche Natur. Vergebens wies Josef wiederholt darauf hin, daß er nicht die Verdrängung irgend einer Sprache wünsche, daß es sich nicht um Entnationalisierung von vielen Millionen Menschen handle, sondern darum, daß wer sich dem öffentlichen Dienst widmen wolle, hinfort eben statt lateinisch deutsch lerne. Es war eine völlige Verkennung der menschlichen Natur zu glauben, es sei überhaupt möglich, was er angeordnet hatte durchzuführen und wie ein Hohn klang es, wenn ein Hofdekret vom 18. Mai 1784 behauptete, daß der Entschluß zum Vorteil und zur Ehre der ungarischen Nation gefaßt worden sei.

Die Hofkanzlei hielt sich für verpflichtet, gegen die Erhebung der deutschen Sprache zur Amtssprache das Wort zu ergreifen: nur der Landtag habe hiezu das Recht und die Bevölkerung werde dadurch aufgeregt. Der Staatsrat mußte anerkennen, daß die Anordnung berechtigte Gefühle verletze und zahllose Interessen schädige, Kaunitz riet sogar, die Durchführung zu verschieben bis die Komitatsbeamten und Advokaten die Befähigung dazu erlangt hätten. Der Kaiser wollte davon nichts wissen, sondern schrieb an die Hofkanzlei: „Die Kanzlei hätte sich die Vorstellung ersparen können, weil ich nicht der Mann bin, Seifenblasen für Kugeln zu halten. Es hat bei dem Verfügten zu verbleiben; wie die Behörden und Komitate sich hiebei behelfen wollen, ist gleichgültig, wenn nur der Untertan zur Domestikalkassa nicht höher herangezogen wird. Wer sich nicht fügen will oder Hilfsmittel hiezu nicht ergreift, dem steht die Tür offen von der Kanzlei bis zum letzten Komitatenser herab."

In Ungarn aber erhob sich ein Sturm der Entrüstung. Die Komitate stellten sich wie ein Mann gegen diese Vergewaltigung und was an Gründen der Politik, der Billigkeit, der menschlichen Natur zu finden war, das klang zum Teil in ergreifenden Tönen aus jenen Vorstellungen. „Nicht der Fürsten wegen sind Millionen Menschen geschaffen — schrieben die Szabolcser — sondern er ist ihretwegen auf seinen Platz gesetzt" und die Zempliner wiesen auf den Mongolen Timurbeck und seine Nachfolger, „sie enthielten sich des vergeblichen Strebens, die eroberten Reiche in die Formen ihres eignen Volkes umzuwandeln, sondern nahmen lieber selbst die Sprache und Gebräuche des unterjochten Volkes an und erwarben sich dadurch desselben Liebe und Vertrauen"; die Ungarn aber sollten durch die allerh. Verfügung zu einem andern Volk umgebildet werden, denn mit der Sprache würden auch die Sitten, die Lebensart, der kräftige Nationalgeist, durch den sie sich bisher vor andern ausgezeichnet, begraben. Sie weinten darob, daß sie hinkünftig in ihrem eignen Vaterland gleichsam wie Verbannte leben sollten und „müssen, noch bevor sie ins Grab steigen, sehen, wie ihre Nation ausstirbt und ihre Enkel zu einer andern Nation umgewandelt werden."

Die Vorstellungen hatten keinen andern Erfolg, als daß der Termin um ein Jahr verschoben wurde, die Komitate könnten zunächst bei ihrer Sprache bleiben. In den folgenden Jahren aber mußten in den ungarischen Komitaten Siebenbürgens sächsische Notäre zur Führung der deutschen Korrespondenz angestellt werden und es wurde befohlen, die der deutschen Sprache Unkundigen von jeder Bedienstung, auch von der Advokatur auszuschließen. Die Distriktualtafel in Vasarhely aber

schrieb: Die ungarische Nation wäre eine der edelsten in Europa, die
selbst Deutschen ihren Kaiser gegeben habe, sie habe ihre Sprache nicht
vom Fürsten sondern von der Natur und lasse sich solche vom König,
dem ersten Bürger des Staats, nicht nehmen!

Die Sprachenverordnung war eine der wenigen, die die Sachsen
nicht berührte. Sie hatten die deutsche Amtssprache in ihrer Mitte, das
Deutsche war ihre Muttersprache. Um so bezeichnender, daß auch sie
diese Verordnung für verfehlt hielten, für bedenklich und ungerecht gegen
die andern. So hielt es auch der Gouverneur Brukenthal für seine
Pflicht, „die Verlegenheiten und Besorgnisse" darzulegen, die er für den
Gang der Geschäfte empfand, da die Räte und das Personal zunächst
beim Gubernium nicht genügende Kenntnis der deutschen Sprache hätten
(30. November 1784).

Aber schon schien dem Kaiser auch was er selbst geschaffen reform=
bedürftig. Die elf Komitate Siebenbürgens sollten in drei Distrikte zu=
sammengelegt werden, von den Beamten befahl er, die Konduiteliste
jährlich einzuschicken, zur bessern Handhabung der Polizei wurde für
das ganze Land ein Landespolizeidirektor in Hermannstadt angestellt,
der für die Sicherheit zu sorgen und den Staat vor Nachteilen zu be=
wahren hatte. Dazu wieder eine Vielregiererei, die im Namen der
Freiheit in das persönlichste Leben eingriff und jede Freiheit zerstörte:
das Gebot, die Toten nicht in den Kirchen, aber auch nicht in Särgen
zu begraben, das Verbot Mieder zu tragen, der Befehl, die Eltern von
mehreren Kindern zu verhalten, sie in Dienst zu geben u. ä. Im Jahre
1786 erschien, ein Zeichen, wie der Gedanke der Staatsallmacht alle
andern Rücksichten zurückgedrängt hatte, sogar eine Kirchenordnung
für die Katholiken in Siebenbürgen, vom Kaiser anbefohlen und zuerst
in Hermannstadt eingeführt. Sie griff in die Dinge ein, die die katholische
Kirche nie aus den Händen gegeben hat, indem sie Vorschriften über
das Meßopfer, den Unterricht, das öffentliche Gebet und die Kirchen=
gebräuche gab. Dabei wurde die Aufrichtung des heil. Grabes in der
Karwoche und die Auferstehungsfeierlichkeit am Karsamstag verboten,
ebenso der Handel mit Amuletten, geweihten Stricken, Wachskerzen u. dgl.
Das Volk sollte dahin gebracht werden, Gott im Geist und in der
Wahrheit anzubeten! Im September 1785 reiste Brukenthal nach Wien,
dort mit vielen Arbeiten bis März 1786 festgehalten. Die bevorstehenden
geplanten Veränderungen, darunter die neue Einteilung des Landes
wurden mit ihm besprochen. „Der Kaiser hat nichts wider mich —
sprach Brukenthal nach der Heimkehr — Ich sage ihm zwar die Wahr=

heit, aber das muß ich tun und er nimmt es von mir an. Den Ungarn aber habe ich auch diesmal gezeigt, daß sie mir nichts anhaben können." Während er in Wien war, entschied der Kaiser, der Hunyader, Hermannstädter, Albenser und Kokelburger Komitat hätten den ersten Distrikt zu bilden, zum königlichen Kommissär wurde Graf Wolfgang Kemeny ernannt mit dem Sitz in Mühlbach, zum zweiten Distrikt wurde Fogarasch, Haromßek, Udvarhely geschlagen mit dem Sitz des Kommissärs in Fogarasch, zu dem Mich. Brukenthal ernannt wurde, der dritte Distrikt, unter dem königlichen Kommissär Graf Teleki mit dem Wohnsitz in Klausenburg, setzte sich aus den Komitaten Kolosch, Thorda und den beiden Szolnok zusammen. Am 1. Mai 1786 begann auch die königliche Gerichtstafel, die nach Hermannstadt verlegt worden und Appellationsinstanz für ganz Siebenbürgen geworden war, ihre Wirksamkeit auf Grund einer neuen Gerichtsordnung. Im selben Jahr hatte das Ehepatent vom 6. März 1786 ein neues materielles Eherecht gegeben, dem ein neues Strafgesetzbuch (2. April 1787) und eine neue Strafprozeßordnung (21. Dezember 1787) folgte.

Es war nur natürlich, daß bei einem Mann wie Josef II. die Steuerfrage nicht ohne Beachtung bleiben konnte. Er scheint darüber u. a. mit Brukenthal schon 1783 verhandelt zu haben und wohl im Zusammenhang damit stand die Geschichte der Kontribution, die Brukenthal am 27. März 1784 an den Hof sandte. Der Kaiser war der Anschauung, der Grund und Boden sei die einzige Quelle, aus der alles komme und wohin alles zurückfließe und dieser habe die ganze Last der Besteuerung zu tragen. Schon 1785 ordnete der Kaiser mit Beseitigung des bestehenden Systems an, jeder Grund solle gleich besteuert werden, die Industrie solle frei bleiben, „das Consumo in größern Städten allein ausgenommen". Brukenthal machte auch hier aus seinen abweichenden Anschauungen, die im bestehenden System ausgesprochen waren, kein Hehl und wies besonders darauf hin, daß es dem Land an Konsumenten fehle.

Zur endgültigen Steuerregelung sollte die Grundausmessung dienen, die der Kaiser 18. Februar 1786 anordnete, eine der wertvollsten Anordnungen der Regierung, auch für die adligen Güter sollte ein Grundbuch eingeführt werden (9. Juni 1786); die ausgedehnten Arbeiten wurden sofort in Angriff genommen.

Dem Kaiser ging die Durchführung seiner Anordnungen stets zu langsam, mit den Jahren wuchs die Ungeduld. Es war ein Zeichen dessen, daß er am 16. Juli 1786, mitten in den mannigfaltigsten Arbeiten und neuen Anordnungen, zum drittenmal nach Hermannstadt kam.

Er stieg wieder im Römischen Kaiser ab, besah alles, was ihn interessierte, besuchte aber die Abendgesellschaften beim Gouverneur nur einmal, wo er sich ausschließlich mit der Frau Soterius unterhielt, die er vom vorigen Besuch kannte. Die Beobachter hatten von ihm den Eindruck, er sei mit Siebenbürgen nicht zufrieden. In der Tat schrieb er am 18. Juli aus Hermannstadt an Kaunitz: „Über die Angelegenheiten des Gouvernements hier will ich Ihnen nichts sagen. Hier besteht das System zu allem ja zu sagen, dabei aber nur Schwierigkeiten und Hindernisse zu suchen, um nichts zu tun. Ich will ihnen bei meiner Abreise einige heilsame Weisungen geben und haben sie nicht den gewünschten Erfolg, so werde ich mich an den Chef halten, denn ich habe ihm genügende Macht gegeben, sich das zur Durchführung der Arbeiten taugliche Personal auszuwählen." Man meinte ferner zu beobachten, daß der Kaiser diesmal dem Adel und den Walachen sich nicht so günstig zeige wie beim vorigen Aufenthalt. Vor der Ankunft des Kaisers hatten die leitenden Persönlichkeiten in Hermannstadt ausgemacht, es sollten das Gubernium und die königliche Tafel anstatt der nicht vorhandenen Stände oder mindestens deren Vorstände den Kaiser bitten, ohne Stände keine Änderung der Verfassung vorzunehmen. Brukenthal wurde ersucht, die Audienz zu erwirken. Als der Gouverneur diesem Ersuchen nachkam und den Kaiser um die Erlaubnis bat, daß sie ihm die Beschwerden und Kränkungen zu Füßen legen dürften, die dem Land hart fielen, fragte der Kaiser, worin diese beständen? Brukenthal erwiderte, in den Neuerungen, die weder dem Kaiser noch dem Lande förderlich, den Grundgesetzen des Landes und der Verfassung entgegen seien, die hergebrachten Verhältnisse verrückten, die wohltätigsten Bande zerrissen, die im Lauf der Jahrhunderte bewährt, das Zusammengehörige zusammengehalten, das nun eins ins andere fallend, eine Verwirrung hervorbrächte, die Menschenalter lang anhalten werde. Der Kaiser erwiderte, dazu sei nicht jetzt sondern auf dem nächsten Landtag Zeit. Brukenthal warf dagegen ein, der Kaiser habe ja die Stände, die den Landtag ausmachten, aufgehoben und „das ist — schloß er seine Ausführungen — einer der wichtigsten Gegenstände, die wir vorstellen wollten, weil unserm getreuen Dünken nach nicht allein unsre und unsrer Nachkommen Sicherheit darauf ruht, sondern auch Ew. Majestät eigene Gerechtsame, das Recht der Erbfolge mit allem, was ihm anklebt."
„Ihre Majestät sprachen nicht weiter — so erzählt Brukenthal die Audienz — und entließen mich; von der Stunde aber schien es mir, als wäre die Zeit der Gnade und des Vertrauens verflossen." Die an=

gesuchte Audienz unterblieb. Auch von den Sachsen getraute sich niemand, die Beschwerden der Nation vorzubringen. Brukenthal hatte noch einmal Gelegenheit, dem Kaiser die Sache des ganzen Volkes vorzulegen. Er schildert es selber also: „Nachdem ich meinen allerunt. Vortrag geendigt hatte, redeten Ihre Majestät von dem langsamen und stockenden Gang der Geschäfte; ich sagte, ich hätte dieses zu bemerken viele Gelegenheit gehabt und hätte auch seiner Ursache oft nachgedacht. Außer den Hindernissen, die sich jeden Neuerungen entgegen zu setzen pflegten, und auch das Nichtwollen oder die Untauglichkeit einiger Beamten abgerechnet, müßten ihnen noch andre und größere Hindernisse im Wege liegen. Vielleicht wären in Anordnung der Geschäfte selbst noch hin und wieder Lücken; vielleicht wären ihre Teile nicht so geordnet und eingerichtet, daß sie willig auf einander folgten und sich wechselweise forthelfeten, vielleicht stießen sie an solche Glieder in der Kette der Verwaltung an, die ohne Vernichtung des Ganzen weder abgelöst noch gebrochen werden könnten; ich vermute dieses Erstere, weil die Geschäfte gleich stockten und unbeweglich stillstunden, sobald Ihre Majestät die Hand zurückgezogen hätten und der Stoß nachließe. Dieses würde meinem Denken nach nicht geschehen können, wenn nicht ein oder mehrere der genannten Verhinderungen statt hätte. Denn eine Maschine, in der alle Räder in einander griffen, und die an nichts stärkeres anstöße, als sie selbst, ginge nach dem angefangenen Stoß noch lange fort und verlöre die Bewegung nur nach und nach. Ihre Majestät sahen mich mit großem Befremden an und entließen mich."

Josef II. reiste nach einigen Tagen über Mediasch, Bistritz abermals in die Bukowina. Die Veränderungen, die der Kaiser in den leitenden Kreisen seiner Beamten in fast allen Provinzen vornahm, während Siebenbürgen davon unberührt blieb, weckte die Besorgnis, daß noch Größeres hier bevorstünde. Im Burzenland brach die Pest aus, Teuerung und Geldmangel wurden unangenehm empfunden, im Sachsenland empfanden sie besonders schmerzlich, daß die Umänderungen in der Rechtspflege dem Recht selber schweren Schaden zugefügt, alles war komplizierter, schwerfälliger, langsamer, unzuverlässiger geworden. Es wuchs die bittere Empfindung, die Sachsen seien dem Adel preisgegeben worden, auch die Städte wurden dem Komitat untergeordnet (1787) und als das oben erwähnte Edikt erschien, das die Gläubiger der Nation aufforderte, sich zu melden, da hatte jenes Geschlecht das Gefühl vollständigster Niederlage. „So war die sächsische Nation — schrieb Heydendorff — nicht nur erloschen, sondern mit Schimpf und

Schande vor der ganzen Welt zu Grabe getragen. Unsre Feinde hatten gänzlich über uns gesiegt." Der Zustand schien bedauernswerter als zu Zeiten Gabriel Bathoris. Damals blieb doch die Verfassung der Nation und das kommende Geschlecht durfte hoffen, neu zu grünen, „jetzt aber wurden wir dem Adel überliefert und ist keine Hoffnung der Herstellung unsrer Verfassung mehr da." Die bösesten Ansprüche der Feinde der Nation schienen verwirklicht zu sein. Was Brukenthal durch Jahrzehnte mutig abgewehrt, unterstützt von Maria Theresia, nun behauptete ein königliches Reskript es selbst, die Sachsen seien Kronbauern, der König Grundherr des Sachsenlandes, die Theorie einer neuen Jobbagyenschaft wurde für die Sachsen in demselben Augenblick aufgestellt, als sie für das übrige Land aufgehoben wurde. Gewiß „unsre Feinde hatten gänzlich über uns gesiegt".

Da ergriff noch einmal Brukenthal im Namen der Nation und für sie das Wort. Wie oft hatte er sich, dem Deichhauptmann gleich, an die gefährdete Stelle des Dammes gestellt, der die Nation schützte; nun da die Flut alle Dämme weggespült, stellte er sich in die Bresche. Am 28. Januar 1787 schrieb er an den Kaiser: „In diesen traurigen letztern Jahren hat die sächsische Nation vieles gelitten, sie ist sehr gedrücket worden. Wenn ich das Geschehene mit den Gesetzen, ihren Rechten und Freiheiten vergleiche, so werde ich versucht zu glauben, die Sachsen wären weder die Kinder, noch weniger die Erben ihrer glücklichen und redlichen Vorfahren. Der Nationalkörper ist zerstückt und unnatürlich verteilt worden; selbst seine einzelnen Teile sind aufgelöst; verbrüderte Gemeinen sind getrennt, gewohnte Bande zerrissen und alles ist bei ihr über und unter sich gekehrt worden. Ihr wohlhergebrachtes Recht, die Obrigkeiten zu wählen, ist ihr entzogen worden und damit ist das Ansehn der Beamten gesunken, das Vertrauen des Volkes zu ihnen verschwunden, und da es viele neue Beamte weder kennt noch von ihnen gekannt wird, da es siehet und empfindet, wie sie nicht seinen sondern fremden Gesetzen, Gebräuchen, Gewohnheiten folgen, nach solchen über Eigentum und Privatrechten entscheiden und sprechen, auch nur zu oft willkürlich verfahren, so ist es mutlos worden und hat alle Freude verloren. Mit Gut und Blut errungene Besitzungen sind der Nation entrissen, der alleinige Besitz und Genuß eines Grundes, zu dem ihre Vorfahren berufen hereingekommen, den sie mit ihrem Blut erhalten, behauptet und mit deutschem Fleiß bebauet, den ihre Väter Jahrhunderte ungestört besaßen, der wird nicht allein angesprochen, sondern dem Belieben jedes Kommenden preisgegeben. Selbst solche, die sie nur als Knechte neben=

her zu wohnen duldete, derffen nun ihre Felder zu sich reißen, und ihre mit vieler Sorge erhaltene Wälder, zu ihrem und ihrer Kindes Kinder unaussprechlichen Schaden, unaufhaltsam verhauen. Sie, die Nation selbst, wird gezwungen, ihren eigentümlichen deutschen Grund zu gleichen Teilen ihnen dahin zu lassen. Alles dieses und noch mehrere Drangsale andrer Art hat sie erfahren, gelitten, und obschon mit Kummer doch ohne Widersetzlichkeit ertragen, selbst auch dann ertragen, wenn ihre Klagen und Flehen von der Stelle abgewiesen, nicht allein abgewiesen, sondern mit einer unerklärbaren Härte verboten und zu Verbrechen gedeutet werden wollen. Sie ist ruhig und der festen Verpflichtung gegen Ew. Majestät ihren Fürsten gehorsam und treu geblieben, und hat es allein Gottes gnädiger Fürsehung anheimgestellt, der das Herz der Fürsten lenket, ob Er Hülfe herabsenden werde. Diese Hülfe hoffet sie nun von Ew. Majestät Milde, Gnade und Gerechtigkeit. Gestärkt von dem Bewußtsein treu und redlich jede Untertanenpflicht erfüllt und eine gerechte Sache zu haben, erwartet sie Ew. Majestät allergnädigste Entschließung über die verschiedenen Klagen und Vorstellungen, die bei der Hofstelle unerledigt geblieben. Mir aber, dem Ew. Majestät die Sorge für die Ruhe und den Wohlstand des Landes, einer Nation wie der andern aufzutragen geruhen, liegt es ob, Ew. Majestät ernste Befehle zu befolgen, und so die Lage dieser Nation und ihrer jetzigen Umstände, als die Stimmung und Niedergeschlagenheit dieses sonst so zufriedenen Volkes alleruntertänigst, freimütig und wahrhaft anzuzeigen und die weitern allh. Befehle zu erbitten."

Es war der letzte Dienst, den Brukenthal im Amt seinem Volk erweisen konnte; da er jene Eingabe schrieb, war seine Entlassung schon beschlossen. Unter dem 9. Januar 1787 enthob der Kaiser ihn seines Amtes, unter dem Vorwand, daß mit Rücksicht auf die vielfachen und beschwerlichen Geschäfte der Gouverneurstelle, Brukenthals „erschöpften Kräften" der Kaiser Ruhe zu gönnen beschlossen habe. Die Verleihung des Großkreuzes des Stefansordens und der Ausdruck „der höchsten Zufriedenheit über die mit so vielem Eifer und Tätigkeit geleisteten langwierigen Dienste" täuschten weder den Empfänger noch die Zeitgenossen über den wahren Grund, und das um so weniger, als Brukenthal noch nicht 66 Jahre alt vollkommen rüstig und arbeitsfähig war. Der Grund seiner Pensionierung, die ihn als letzten unter den Staatsmännern der Theresianischen Periode getroffen, lag in seinem Widerstand gegen die neuen Staatseinrichtungen. Außerdem war Josef II. ihm nie eigentlich herzlich gesinnt gewesen, er vergaß nicht, daß bei den

## Brukenthal nach der Entlassung.

vielfachen Reibungen mit seiner Mutter Brukenthal stets für sie einge=
treten war. Dazu kam der Unterschied der ganzen Charakteranlage, der
Unterschied zwischen Jugend und Alter, der ein gemeinsames Wirken auf
die Dauer ausschloß.

Brukenthal war von der Entlassung nicht überrascht, er hatte sie
kommen sehen und hatte überhaupt mit der Welt abgeschlossen. Schon
1785 hatte er einmal zu Heydendorff gesagt: „Ich habe nun Alles ver=
loren, was ich Liebes auf der Welt hatte, Vater, Mutter, Bruder,
Schwestern, meine Frau und mein einziges Kind. Ich bin nun allein
von den Meinigen in der Welt und sehne mich auch bei ihnen zu sein.
Es hält mich auch nichts davon ab. Ich bin fertig, Gottes Wink gleich
heute in die Ewigkeit zu folgen. Alles das, was die Welt glaubt, was mich
glücklich macht, Stand, Ehren, Vermögen, meine Gärten, meine äußerliche
Pracht, nichts hält mich ab. Das ist die Bestimmung des Menschen,
den Weg müssen wir gehen." Als ihm die Entlassung bekannt wurde,
äußerte er: „Sie mögen mit mir machen, was sie wollen, ich will doch
gut und zufrieden leben." Seine Umgebung fand ihn vergnügt und zu=
frieden. So sehr die sächsische Nation auch sein Ausscheiden aus dem
Dienst bedauerte, so hatte sie doch die Empfindung, es sei gut, denn die
Folge werde noch eine Menge neuer Einrichtungen besonders gegen den
Adel bringen und da sei es nützlich, wenn nicht ein Sachse den Haß für
die Durchführung auf sich und auf die Nation lade. In der niedrigen
Pension von 4000 fl. — der Gehalt als Gubernator betrug 24.000 fl. —
sah Brukenthal eine Benachteiligung, die er ohne Erfolg zu heben sich
bemühte. Auch andre Kränkungen blieben ihm nicht erspart. Die Art,
wie Schriften des Amtsarchivs von ihm verlangt wurden und Rechnungs=
legung, die er leicht bewerkstelligte, gefordert wurde, mußte ihn verletzen.
Die persönlichen Gegensätze, die er im Amt niedergehalten, hielten nun
die Zeit der Rache gekommen. Er aber blieb auch weiterhin der treue
Ratgeber seines Volkes, bemüht auch für dessen Zukunft Schätze zu
sammeln, die ihn überdauerten, und ein echter Sohn jenes Zeitalters der
Humanität, begann er nun, da er dazu mehr Zeit fand, sein Leben selbst zu
einem Kunstwerk zu gestalten. Sammelnd, schauend, forschend wollte er
grade auch mit seinen Sammlungen, in erster Reihe der Bibliothek, die
dauernden Lebensmächte in seinem Volk stärken. Es kam vor, daß er
ein schönes Bild, das er für die Gemäldegalerie erworben hatte, in
sein Zimmer bringen ließ, um sich ungestört daran zu erfreuen und es
zu genießen. Grade in bezug auf die Malerei wurde er durch die Bilder=
galerie, die er anlegte, ein neuer Anreger auf einem Gebiete, das einst

auch hier Bedeutung gehabt hatte. Einst hatte auch unser Volk sich an der Schönheit der Altar- und Kirchenbilder erhoben und Anteil an der Kultur des Westens auf diesem Gebiet gehabt, den die ungnädigen Zeiten des 17. Jahrhunderts unterbrochen hatten. Nun knüpfte Brukenthal den Zusammenhang wieder an und die Zeitgenossen lernten ein ihnen verloren gegangenes Gebiet staunend wieder kennen. Auch in der eignen Mitte erstand wieder ein Maler, J. Martin Stock (1742—1800), der nicht nur Brukenthal helfend und mit künstlerischem Beirat zur Seite stand, sondern selbst arbeitend und schöpferisch tätig eine Reihe von Altarbildern und Porträts und Landschaften malte, deren beste heute noch den Künstler rühmen.

An Brukenthals Stelle wurde der Vize-Hofkanzler Graf Georg Banffi zum Gouverneur ernannt, ein Mann, an dem gleiche Verdienste und Talente, Edelmut, Gerechtigkeit und Rastlosigkeit gerühmt wurden. Bis zu dessen Einführung in das Amt (21. Mai 1787) führte noch Brukenthal die Geschäfte.

Inzwischen war die Aufregung über all das Geschehene in Ungarn und Siebenbürgen mächtig gewachsen, die angeordnete Volkszählung und die Häusernumerierung trugen das ihrige dazu bei, es gab niemanden mehr, der zufrieden gewesen wäre. Zunächst waren sämtliche Religionen auch in Siebenbürgen mißstimmt. Die katholische Kirche sah sich von der herrschenden Stelle verdrängt und den Staat in nie dagewesener Weise in ihre Verhältnisse eingreifen, die Reformierten fürchteten für ihre Stiftungen, die evangelische Kirche, deren Verfassung der reformierten darin ähnlich, noch immer eng mit der politischen Verfassung verknüpft war, sah sich durch Aufhebung der Nation auch ihrer kirchlichen Organe zum Teil beraubt. Das Gespenst des Zehntverlustes stand vor ihr, ihre Lehrer litten Mangel durch das Verbot der bisherigen Besoldungsart. Die Unitarier hielten sich für benachteiligt, der Adel klagte über den teilweisen Verlust seiner Privilegien und fürchtete die Steuerfreiheit zu verlieren, der Bürgerstand bedauerte die Aufhebung der Zünfte und die Freigabe des Handels, die Untertanen verlangten völlige Freiheit, die sächsische Nation aber hatte alles verloren. Bis in das Kommunalvermögen der Dorfgemeinden griff die Willkür hinein und verteilte es frisch und an den ehemaligen freien Hannen des sächsischen Dorfes schrieb der ungarische Komitatsrichter wie an die ehemaligen Jobbagyen: te biró! Alle edeln Leidenschaften des Menschen mußten sich aufbäumen gegen ein solches Willkürregiment, in das die Verordnungen des Kaisers ausgeartet waren.

Die bisherigen Schritte zur Abwehr hatten nichts genützt; so sann zunächst der Adel auf erfolgreichere Wege, nicht ohne Zusammenhang mit dem Adel in Ungarn. Da der Landtag, der in erster Reihe berufen gewesen wäre, das Recht des Landes zu verteidigen, nicht beisammen war, so erwachte der Gedanke, die sonst im Landtag vertretenen drei ständischen Nationen sollten den Kaiser um Herstellung der im Leopoldinischen Diplom gewährleisteten Verfassung bitten. Der Präsident der königlichen Tafel, Graf Paul Bethlen, der gewesene Gubernialrat Baron St. Daniel, B. Simon Kemeny, Graf Miko standen an der Spitze der Bewegung, in die sie die maßgebenden Großen des Landes hineinzogen, die allmählich alle ihre Unterschrift gaben. Sie benützten dazu jede sich darbietende Gelegenheit, Leichenbegängnisse, Hochzeiten, Gastmähler. Selbst der Gouverneur schien im Geheimen im Einverständnis zu sein. Der Adel wendete sich auch an die Sachsen, sie möchten sich der gemeinsamen Petition anschließen, Heydendorff und Rosenfeld wurden gewonnen, sie zogen auch den Hermannstädter Bürgermeister Hirling ins Vertrauen, aber die Sache ging schwer. Sie fürchteten sich vor der Verantwortung, sie hätten keine Vollmacht zu solchen Schritten. Doch kamen die Genannten mit dem Hermannstädter Stadtpfarrer Filtsch auf dem dortigen Pfarrhof zusammen und „fanden es dem Dienst des Herrn und der Erhaltung der Nation gemäß, uns in allen billigen Dingen mit unsern Mitständen in Absicht der Bittstellung zu vereinigen," nachdem sie zur eignen Deckung vorsichtig erst die Zustimmung der sächsischen Magistrate und der ehemaligen Stuhlsbeamten eingeholt hatten. Der Adel sollte den allgemeinen Teil der Beschwerde verfassen und jede Nation ihre eignen Beschwerden hinzufügen, das Ganze aber dann im Namen der drei, durch Gesetze und Verträge verbundenen Nationen Siebenbürgens dem Kaiser vorgelegt werden. Im Sommer 1787 waren Adel und Szekler fertig. Am Hermannstädter großen Herbstjahrmarkt fanden sich zahlreiche Vertreter des Landes in der Wohnung des Baron Daniel, im Hannenheimischen Haus in der Sporergasse, zur entscheidenden Sitzung zusammen, die Vorstellung wurde gelesen, genehmigt und unterschrieben, zuerst von sämtlichen Beamten des Guberniums; der Gouverneur Banffi war an jenem Tage, wohl absichtlich, von Hermannstadt abwesend. Die Sachsen waren mit ihrer Schrift noch nicht fertig und baten um Aufschub. Der Adel aber hielt mit Rücksicht auf die Vorgänge in Ungarn und in den Niederlanden eine weitere Verzögerung für eine Schädigung und schickte die Bittschrift an den Kaiser, ein zweites Exemplar an die Minister und ein drittes gaben sie dem Gubernator Banffi. Daß die Sachsen ihre Bitten von den des Adels trennten, lag auch in der Verschiedenheit der Interessen und der abweichenden Meinung über mehrere Punkte. „Der Aufsatz des Adels war gar zu hart abgefaßt — schrieb Heydendorff — verbat sich alle Neuerungen des Kaisers und auch solche, wider die wir Sachsen gar nichts einzuwenden hatten z. B. die Einführung der deutschen Sprache, Populationskonsignation, Numerierung der Häuser 2c."

Daneben wurde gerade damals die Konfiskation des Nationalvermögens durchgeführt, wogegen nochmals eine Verteidigung versucht wurde. Am 10. Juli 1787 richtete der Hermannstädter Magistrat eine Vorstellung an den Kaiser, er könne doch nicht die Absicht haben, daß man einem unschuldigen Volke, das in Treue, Gehorsam und Ergebenheit gegen das Kaiserhaus sich von niemanden habe übertreffen lassen, sein rechtmäßig erworbenes Eigentum, welches es unter dem Schutz der Landesgesetze jahrhundertelang besessen, einfach wegnehme. Noch bevor eine Erledigung kam, war angeordnet worden, aus dem Hermannstädter Archiv alle Urkunden herauszunehmen, die die Sächsische Nation und die Sieben-Richter angingen und sie — ins Fiskalarchiv zu geben. Eine Kommission, in der u. a. auch der gewesene Komes Cloos war, den sie als Renegaten und Konvertiten von allen Besprechungen nationaler Angelegenheiten ängstlich fernhielten, sollte die Arbeit durchführen. Es hat kaum etwas einen tiefern und niederschmetterndern Eindruck auf die Gemüter der Zeit gemacht als diese Verordnung. „Die unschuldigen Sachsen — schrieb Heydendorff — hatten nicht nur ihre Nationalkonstitution, Korporation, gemeinschaftlichen Unterstützungsmittel, National- und Ständedignität, sondern auch ihre teuern mit Gut und Blut erworbenen schönen Güter verloren und man nahm ihnen auch die Beweise darob und die Beweise ihrer freien ehrlichen Herkunft und des rechtschaffenen Betragens und edler Taten ihrer Vorfahren, und gab solche dazu den alten gleichsam natürlichen Feinden der Nation, dem Fiskus in die Hände und Bewahrung, so daß unsre Nachkommen nicht einmal werden beweisen können, woher ihre Vorfahren in dieses Land gekommen und was sie hier getan haben." Am 8. Dezember 1787 machten der Hermannstädter Magistrat und die Kommunität eine Vorstellung auch hiegegen; des Kaisers Gerechtigkeit könne doch nicht gestatten, daß das sächsische Volk aller Schutzwehren seiner Freiheit verlustig ginge, um fortan preisgegeben, von jedermann ungerügt mißhandelt zu werden. Von 900 Hermannstädter Bürgern unterschrieben war eine ähnliche Bittschrift an den Kaiser gegangen und alles zusammen hatte den Erfolg, daß der Gubernator den Befehl erhielt, die Urkunden im Archiv wohlverwahrt zu lassen, aber sie nicht herauszunehmen.

Unter solchen Umständen wurde auch die sächsische Bittschrift endlich im Dezember fertig. In Heydendorffs Wohnung auf dem Mediascher Hof war sie am 15. Dezember 1787 von den bei den Landesstellen bediensteten Sachsen festgestellt und unterschrieben worden und wurde im Namen der „k. Frei=Städte und Märkte, die vormals der sächsischen Nation incorporirt waren," an den Kaiser und seine Minister geschickt. Es war ein schwerer Schmerzensschrei aus tiefverwundetem Herzen gegen das Unrecht, das der Nation, dem dritten Landstand, zuteil geworden, „der Jahrhunderte hindurch dem allerdurchlauchtigsten Erzhaus Österreich in diesem Lande mit den teuersten Aufopferungen vorzüglich anhing und dessen Absichten wider alle Feinde zu befördern suchte." In 13 Punkten zählten sie auf, was ihnen alles widerfahren war: daß der Fiskus sich als Herr des Sachsenlandes geberde und einer ganzen Reihe von Gemeinden ihr Eigentum weggenommen werde, daß die Konzivilität ihnen Schaden bringe, man zwinge die Sachsen, die lang schon aufgeteilten Gemeindegründe nochmals mit den Walachen zu teilen, den Städten würden immer mehr Lasten aufgelegt, dagegen entziehe man ihnen den Beitrag aus der Provinzialkassa, ja man verlange was sie früher empfangen zurück; sie beschwerten sich über den Martinszins, man nehme den Sachsen ihre Nobilitargüter, „eines Verbrechens sind sie nicht einmal beziehen, viel weniger überwiesen worden," durch die Einteilung in die Komitate habe der freie Mann seine Freiheit und Teilnahme am öffentlichen Leben, der deutsche und bürgerliche Mann jeden Einfluß verloren, die neue Einteilung beschwere die Gemeinden, die Gehalte der Beamten seien heruntergesetzt, den Komitatsbeamten seien die städtischen Angelegenheiten selbst dem Namen nach unbekannt, die Landstandschaft der Nation sei aufgehoben worden, sie selbst für erloschen erklärt worden, was sie um so mehr schmerzen müsse, „als dieses Schicksal nur die Strafe der Untreue gegen den Landesfürsten oder gegen das Vaterland sein kann, deren Schatten ihr nicht einmal von ihren ärgsten Verläumdern von Anbeginn ihres Hierseins jemals angedichtet worden ist". Auch in bezug auf die Rechtspflege sei die Lage beschwerlicher geworden. „Ew. Majestät geruhen Sich hieraus zu überzeugen, wie ungleich und wie traurig unser Los bei dieser neuen Einrichtung gefallen sei und daß uns durch die Aufopferung beinahe aller unsrer Gerechtsame, worauf freigeborne Untertanen einen Anspruch machen können, von der andern Seite nicht der mindeste Vorteil zuwächst. Es ist am Tage, daß der Grund davon lediglich in dem liege: daß die feierlichsten königlichen Versicherungen, Verträge, Gesetze, Verleihungen, Privilegien, auf welchen unsre Konstitution beruhete, gegen unsre Wünsche abgeändert oder gar umgestoßen worden sind; weswegen es nicht anders möglich war, als daß auf bloße Voraussetzungen gebaute Anordnungen unerwartete Folgen haben müßten."

„Die Sache selbst aber — so schlossen sie — drängt uns den brünstigsten Wunsch und die demütigste Bitte ab: wieder in unsre vorige Verfassung und Rechte eingesetzt zu werden; um die Vereinigung aller königlichen freien Gemeinden in einen Körper und Landesstand; um die Absonderung von Landessassen, die nicht deutschen freien und bürgerlichen Standes sind; um die Bestätigung unsrer persönlichen Freiheit; um die Versicherung des Eigentums auf unsre liegenden Zivil- und Nobilitargründe; um die Unabhängigkeit von Komitats- und Gremial- beamten, Richtern und Gerichten, die nicht unsres Standes nicht unter uns wohnhaft, nicht von uns gewählt sind; um die Bestätigung unsres Munizipalgesetzes und überhaupt aller unsrer wohlhergebrachten Privilegien alleruntertänigst zu flehen." Zugleich baten sie, zwei Deputierte an den Hof schicken zu dürfen, zur Unterstützung jener Bitten.

Schon am 10. Dezember 1787 hatte der Minister Graf Hatzfeld in Wien Nachricht erhalten, in Siebenbürgen gehe von einem Edelhof zum andern eine Monstre-Petition zur Unterschrift, die den Kaiser um Bestätigung und Einhaltung der adligen Privilegien bitte; eine Deputation werde demnächst an den Hof kommen, aus Ungarn und Kroatien stehe ähnliches bevor. Der Kaiser war bestürzt und ließ sofort beim Gouverneur Banffi Erkundigungen einziehen, der allerdings erst nach Wochen antwortete: er habe die Annahme der Bittschrift verweigert und den Gubernialbeamten ihre Unterschrift verwiesen, da sie mit ihrer Stellung unvereinbar sei; mehr zu tun habe die Klugheit widerraten. Am 7. November konnte die ungarische Hofkanzlei dem Kaiser die ersten offiziellen Meldungen machen und 14 Tage später einen deutschen Auszug aus der Petition vorlegen. Es war eine Bittschrift der äußern Form nach, in Wirklichkeit ein Absagebrief an den Kaiser: Da die Möglichkeit nicht vorhanden sei auf dem Landtag auszusprechen, was sie drücke, so hätten sie diesen Weg gewählt, den Kaiser um Aufrechthaltung der Verfassung und der Gesetze zu bitten. Wenn sie auch voraussetzten, daß der Kaiser das Glück aller Völker erstrebe, so könnten doch diejenigen, die eine Wohltat erhielten, sie besser beurteilen als jene, die sie erwiesen und für das eigene Wohl habe jeder das eigne Maß und seine eigne Empfindung. Daher bäten sie alle Änderungen der Gesetze und die Schaffung neuer Gesetze nur in Übereinstimmung mit dem Volk vorzunehmen, das sein Glück besser kennen müsse als andre, und

dem das Recht, bei Schaffung und Änderung der Gesetze mitzuwirken,
durch Fundamentalgesetze gewährleistet sei. „Und nun schreiten die
langen Reihen der Beschwerden einher wie Schlachthaufen in dunkler
klirrender Stahlrüstung und aus der ganzen strengen Darstellung der
verletzten avitischen Rechte, wie aus den zahlreichen, den alten Gesetzen
und Staatsverträgen entnommenen Beweisstellen klingt bisweilen schrill
ein Ton heraus wie Trompetenruf und Schwerterschlag" (G. D. Teutsch).
An der Spitze der Beschwerden stand, daß kein Landtag gehalten worden
sei und die politische Verfassung des Landes zerstört worden sei, daß
das Land neu eingeteilt und die Nationen vermischt worden seien. Sie
beklagten die Aufhebung der Komitatsautonomie, die Einführung der
deutschen Sprache als Amtssprache, der ungarischen Sprache zur Schande
und zum Spott, daß die bisher bloß tolerierten Nationen zur Gleich=
berechtigung zugelassen würden, daß das Los der Hörigen umgestaltet
werde, falsche Angebereien seien begünstigt worden, das Gerichts= und
Steuerwesen sei verändert worden, die Studieneinrichtungen gestört, die
Zahl der Studierenden vermindert worden — nichts ist vergessen. Und
zum Schluß bitten und beschwören sie den Kaiser kniefällig, daß er sie
in den alten Rechten und Freiheiten erhalte, das Land in den früheren
Stand zurücksetze, die alten Ämter wieder herstelle, alles aber was zur
Mehrung des öffentlichen Wohles notwendig sei, dem Landtag und den
Ständen ordnungsgemäß zur Beratung vorzulegen und „uns, um deren
Gut und Glück es sich handelt, gnädig zu hören!"

Die großangelegte, bedeutsame Staatsschrift, die das gesamte Fühlen
und Denken des Adels bezeichnend widerspiegelte, hat die Krisis ein=
geleitet, den Sturz der Josefinischen Einrichtungen, die Wiederherstellung
der alten Verfassung in Ungarn und Siebenbürgen.

Josef II. forderte zunächst den Staatsrat Izdenczy, den ersten
Ungarn, der unter Maria Theresia in den Staatsrat gekommen war,
der sich aber mit dem Absolutismus des Kaisers abgefunden hatte, in
Ungarn nicht gut angeschrieben war, auch als Feind der Sachsen galt,
auf, die Beschwerden zu prüfen. Als auch der Gouverneur Banffi seine
Bemerkungen dazu gemacht hatte, ergriff auch die Hofkanzlei den Anlaß,
die Beschwerden zu unterstützen. Die siebenbürgischen Stände hätten das
Mitgesetzgebungsrecht, es sei dringend nötig zur Beruhigung des Landes
solches öffentlich zu erklären. Die Klagen des Adels über Eingriffe in
die Komitatsverfassung seien gerechtfertigt, die neuen Gesetze, wenn auch
an sich gut, müßten dem Landtag vorgelegt werden, schon ein derartiges
Versprechen werde das Land beruhigen. Die Verordnungen über den

Gebrauch der deutschen Sprache seien ehestens zurückzuziehen, für Berichte an den Hof könnte sie immerhin beibehalten werden. Die Form der Bevölkerungskonskription sei verfehlt gewesen, die neue Einteilung Siebenbürgens mit der Verfassung unvereinbar. Daß Armenier und Walachen zu den öffentlichen Ämtern zugelassen würden, sei billig, aber gegen die Verfassung, dem könne nur der Landtag abhelfen, ebenso nur ein solcher die Regelung der Urbarialverhältnisse herbeiführen. Die Protestanten seien die größten Gegner der neuen Studieneinrichtungen, sie müßten mit Schonung behandelt werden, die Militärgrenze müsse aufgehoben werden und das Steuerwesen nach der Verfassung den Ständen zur Regelung überlassen werden. Mit andern Worten, Gouverneur und Hofkanzlei billigten die Beschwerden sämtlich und gaben ihnen Recht, dem Kaiser Unrecht.

Dieser hielt die Akten, die ihm am 26. Januar 1789 zur Kenntnis gebracht wurden, monatelang bei sich und übergab sie dann dem Staatsrat. Izdenczy schrieb darauf eine Antwort von 261 Folioblättern, die er wieder der Hofkanzlei und dem siebenbürgischen Gubernium mitgeteilt wissen wollte. In der schriftlichen Verhandlung der Reichsräte darüber gab auch Kaunitz seine Meinung dahin ab, daß das Gesetzgebungsrecht der Stände historisch nachweisbar sei; man solle eine Reorganisation des ungarischen Landtags vornehmen, das Volk mehr heranziehen, die vollziehende Gewalt kräftigen, Izdenczys Rechtsanschauung sei verfehlt. Am 20. August 1789 erledigte Josef II. die Sache, „oder glaubte wenigstens sie zu erledigen", indem er alles mit den Worten zurückwies: „Dieses ganze Konvolut ist bloß eine Sammlung politisch-scholastischer Fragen, über welche man sich krumm schreiben und disputieren kann, ohne daß dabei jemand etwas gewinnt oder verliert. Mögen nun beide Teile gute Patrioten bleiben, welche sämtlich mit dem Könige nur das wünschen, was gut und für die große Anzahl vorteilhaft ist. Damit das Gute als solches von, mit Vorurteilen erfüllten Köpfen erkannt werde, hilft weder Wohlredenheit, noch die sicherste und überzeugendste Logik, sondern nur die Probe. Am Anfang wird Unterwürfigkeit gefordert, hernach erfolgt aus der Gewohnheit Überzeugung, und am Ende kann zur Vollbringung des Ganzen die gehörige Form, wo sie nötig ist, zur Erkenntnis der Rechtskräftigkeit mit Vernunft, Erfolg und allgemeiner Zufriedenheit veranlaßt und angewendet werden. Das vorliegende Werk ist also bloß in der Kanzlei zu hinterlegen."

Schlechter noch erging es der sächsischen Petition, die früher schon erledigt wurde. Am 26. Mai 1788 befahl ein Hofdekret dem Gubernium,

„es solle den Beschwerdeführern ein scharfer Verweis gegeben werden, daß sie sich das Eigentum des fundi regii als eines boni coronalis zuzumuten erkühnet und habe das königliche Gubernium es sich zur Richtschnur zu nehmen, auch andere hierländige Behörden dahin zu belehren, daß sie keine Bittschrift, in welcher dies widerrechtliche Petitum vorkommt, jemals annehmen, viel weniger aber selbe in Vortrag bringen oder weiter befördern sollen". Den Urhebern der Vorstellung aber wurde bedeutet, sich dergleichen in Zukunft zu enthalten, sich nicht in Sachen zu mischen, die sie nichts angingen und sich auf ihre Amtspflichten zu beschränken, eine Warnung, die auch den Urhebern der Adelsrepräsentation zuteil geworden war.

Die Sachsen fühlten schmerzlich den Unterschied der Behandlung, die ihnen und dem Adel zuteil ward, vielleicht bedauerten sie nun, nicht doch den Weg gemeinsamer Beschwerdeführung gewählt zu haben. Der Inhalt der Antwort aber weckt auch heute noch dieselbe schmerzliche Empfindung wie damals. Es ist ein tragischer Zug im kleinen Bilde: Der Monarch, der das Recht und die Gerechtigkeit wollte, wurde der Verkündiger des unerhörtesten Unrechtes und dem sächsischen Volk wurde im Kampf für seine Freiheit und sein Recht beides in dem Augenblick abgesprochen, wo es den bisher Rechtlosen und Unfreien zuteil wurde. Der schlagendste Beweis dafür, wie der Kaiser in siebenbürgischen Angelegenheiten schlecht beraten war. Seine Ratgeber hatten ihm hier eine Behauptung unterlegt, die jedes Blatt der Geschichte Lügen strafte, vom Andreanischen Freibrief an, der von der „alten Freiheit" redet, auf die die Sachsen ins Land gerufen worden seien und der Berufung der Sachsen zum ungarischen Reichstag durch König Wladislaus 1510 als specialis ramus sacrae coronae nostrae — als besonderer Zweig der heil. ungarischen Krone — bis zur feierlichen Erklärung der Stände am 21. Juli 1692, daß die sächsische Nation nicht in statu servili et sub jugo vel titulo domini terrestris aut fiscalitatis gewesen, sondern pro natione libera et tertio statu gehalten worden, die sächsische Nation sei nie in unfreiem Stand und unter dem Joch oder dem Namen eines Grundherrn oder des Fiskus gewesen, sondern für eine freie Nation und den dritten Landstand gehalten worden! Man glaubte Izdenczys Einfluß wahrnehmen zu können.

Zwei Ereignisse halfen die siebenbürgische Sache im Sinn der Opposition entscheiden, die ungarischen Verhältnisse und der Türkenkrieg, der wieder den Gang der ungarischen Verhältnisse beeinflußte.

Im Frühjahr 1788 hatte Josef II. als Verbündeter Rußlands den Krieg gegen die Türkei begonnen. Dazu brauchte er Geld und

Truppen. Als ihre Bewilligung von den Komitatsversammlungen verlangt wurde, während die Hofkanzlei auf Berufung des Landtags drang, verweigerte ein Teil der Komitate alles, da der Landtag allein dazu berechtigt sei, während andre dem Unwillen, der auch da die Gemüter erfüllte, beredten Ausdruck gaben. Auch dort klagten sie über die Änderungen in der Verfassung und Verwaltung, über die Steuer- und Zollreformen, die Einführung der deutschen Amtssprache und forderten Abhülfe; ein Petitionssturm brach los, wie ihn das Land nicht mehr gesehen hatte. Am 28. Juli 1788 mußte der Hofkanzler dem Kaiser melden, daß die Kongregationen fast durchwegs sich außer Stande erklärt hätten, den Forderungen nachzukommen, worauf der Kaiser die Beschwerden als „unnütz" bezeichnete „und sind selbe als unstatthaft zu reponieren", und als Ende August 1788 nur wenig über 1000 Mann gestellt worden waren, befahl er der ungarischen Statthalterei, gegen die Säumigen mit Strenge vorzugehen. Der Sturm ließ nicht nach. Da legte der Kaiser Ende November 1788 der Hofkanzlei die Frage vor: „ob es zur Ausschreibung der Adelsinsurrektion eines Landtags bedürfe oder ob bei der wahrhaft unsinnigen Stimmung und erhitzten Einbildungskraft der Mehrsten vom Adel ein Landtag ratsam?" Die Hofkanzlei konnte nicht anders als die Frage bejahen. Sie wies zugleich darauf hin, daß die Komitatsversammlungen zum äußersten entschlossen seien, aber alles Mißvergnügen werde weichen, wenn der Kaiser einen Landtag zusammenrufe und wenn er die Fundamentalgesetze des Landes wie die Adelsvorrechte aufrecht zu halten gelobe. Wieder war es Izdenczy, der dem Kaiser den Entschluß erleichterte, nach Zeit und Umständen sei es im Augenblick nicht angemessen, einen Landtag zu halten. Es hieß Öl ins Feuer gießen, als derselbe Izdenczy zu gleicher Zeit die ungarischen Advokaten mit Einstellung ihrer Praxis bedrohte, wenn sie nicht deutsch schrieben oder einen deutschen Konzipienten sich hielten, bloß das wurde 30. Juni 1789 gestattet, daß bis auf weiteres die Hauptbeilagen der Prozeßschriften in ungarischer Sprache verfaßt sein dürften, vorausgesetzt, daß die Ausfertigung doppelsprachig deutsch und ungarisch sei.

Da lief eine neue Mahnung der Hofkanzlei ein, den ungarischen und siebenbürgischen Wirren abzuhelfen, sie verlangte die Besetzung der siebenbürgischen Landesämter, die Maria Theresia 1762 errichtet und von denen vier erledigt waren. Izdenczy trat dagegen ein, das sei eine neue Anerkennung der Selbständigkeit Siebenbürgens, die der Kaiser doch aufgehoben, indem er die beiden Hofkanzleien vereinigt und erst jüngst (29. April 1789) erklärt habe, daß die Siebenbürger in Ungarn und die Ungarn in Siebenbürgen als Inländer zu betrachten seien. Die Verfassung kenne nur das Amt des Woiwoden und das sei mit der Gouverneursstelle vereinigt. Die Hofkanzlei nahm sich ihres ersten Antrags an, die Landtage beider Länder zu vereinigen, was die Konsequenz der kaiserlichen Anschauung sei, werde größte Aufregung in Siebenbürgen hervorrufen, was der Hofkanzlei den Vorwurf eintrug, daß sie als Haupt der Opposition dem Fürsten entgegenträte. Bei der Verhandlung der Frage im Staatsrat machte Hatzfeld darauf aufmerksam, ob es denn im Interesse des Fürsten liege, das mehr zum Gehorsam geneigte Siebenbürgen wirklich mit dem schwerer zu behandelnden Ungarn zu einem Reiche zu vereinigen? Als der Kaiser die Entscheidung sich für später vorbehielt, ahnte er schon, daß was er begonnen erfolglos sei und wenn er es noch nicht eingestand, „die steigende Unzufriedenheit derjenigen, welche er zu beglücken vorhatte, die wachsende Kriegsgefahr und das Schwinden seiner Körperkraft in einer Zeit, wo er mehr als je der rüstigsten Gesundheit bedurft hätte, um den Stürmen stand zu halten, bewirkten vereint, daß er nachgiebig wurde." Besonders hatte das Unglück des Feldzugs, die Schreckensnacht von Lugosch (20. September 1788), wo der kranke Kaiser zu Pferde steigen mußte, um der eingerissenen Verwirrung im Heer zu steuern, die alle mitzureißen drohte, ihn tief erschüttert, im Dezember 1788 war er schwer leidend aus dem Feld nach Wien zurückgekehrt.

In Siebenbürgen hatte der Krieg die Aufregung gesteigert. Feindliche Truppen fielen ins Banat, ja ins Hatzeger Tal und ins Burzenland ein. All die Schrecken der alten Türkenzeit wurden in den Herzen jenes Geschlechts wieder lebendig, wer Vermögen hatte, packte es zusammen zur Flucht bereit oder vergrub die Kostbarkeiten in die Erde, die alten Schlupfwinkel „im Türkenloch" und beim „Türkengraben" wurden wieder aufgesucht, um Weiber und Kinder zu retten, wenn der Feind käme. Man hörte, daß in den Niederlanden der Aufstand gegen den Kaiser ausgebrochen war, vor allem las und hörte man, was für eine Sprache die Markalkongregationen in Ungarn führten. Ein Lichtstrahl in das Dunkel dieser Tage brachte die k. Entscheidung vom 29. Oktober 1789, in der der Zehntprozeß der sächsischen Geistlichkeit — mit Ausnahme des Burzenlandes und der rechtsseitigen Kokelgebiete — dahin entschieden wurde, daß sie im Bezug dreier Quarten zu bleiben habe, allerdings „bloß aus Gnade"; in einem Rechtsstreit eine seltsame Form der Entscheidung, die Anlaß zu neuen Befürchtungen gab.

In Ungarn und Siebenbürgen wurden durch alles zusammen die Verhältnisse von Tag zu Tag unhaltbarer. Der Kaiser sah sich genötigt, im Herbst 1789 zu erklären, daß der Landtag nach hergestelltem Frieden zusammen berufen werden sollte. Zu Beginn des Jahres 1790 setzte er eine besondere Konferenz zusammen, die Vorschläge zur Beruhigung des Landes machen sollte; auch der Hofkanzler Graf Palffy und der Gouverneur Banffi waren Mitglieder derselben. Die Konferenz riet schon am 26. Januar 1790 — zur Umkehr. Kaunitz hatte schon am 25. Januar die gleichen Grundsätze wie die Konferenz vorgelegt und darauf hingewiesen, „daß durch deren genaue Befolgung allein das größte Unglück für den Staat noch abgewendet und die Monarchie gerettet werden kann." Am 28. Januar erklärte Kaunitz nochmals, daß er mit den Vorschlägen der Kommission einverstanden sei, die außer der sofortigen Beseitigung aller gesetzwidrigen Einrichtungen und Vorschriften auch die Sistierung der Grundausmessung verlangten, die feierliche Zusicherung der Aufrechthaltung der Verfassung, wobei den Ständen die Mitwirkung bei der Gesetzgebung ausdrücklich zu bestätigen sei und die Einsetzung einer Kommission zur Vorbereitung der Vorlagen für den nächsten Landtag. Der Primas, der Judex curiae und der k. Personal sollten die Kommission bilden. In den ungarischen Komitatsversammlungen wurden die Erklärungen vorbereitet, die Anfang Februar erschienen, in Ungarn könne ohne Übereinstimmung der Stände mit dem König kein Gesetz gegeben und keins aufgehoben werden; würden ihre Bitten nicht erhört, so könnten sie für bedenkliche Folgen der Verzweiflung eines erschöpften und auf das äußerste aufgebrachten Volkes nicht mehr stehen!

Da entschloß sich der Kaiser zum schwersten Schritt seines Lebens, er vernichtete mit einem Federzug fast sämtliche Schöpfungen seiner zehnjährigen Regierung. Am 30. Januar 1790 schrieb er:

„Bei so bewandten Umständen läßt sich nichts halb machen. Ich will also, um allen ersinnlichen und nur einen Schein von Billigkeit habenden Klagen der Stände in Ungarn und Siebenbürgen auf einmal Einhalt zu tun, alle diejenigen seit meiner Regierung das Allgemeine betreffende Verordnungen und Veranlassungen hiemit aufheben und selbe auf den Stand, wie sie bei Ihrer Majestät der seligen Kaiserin Ableben waren, zurücksetzen, wovon ich jedoch das Toleranzpatent, die das neue Pfarreinrichtungsgeschäft betreffenden Veranlassungen, dann das was die Untertanen betrifft, allein ausnehme. Die Krone mit den Kleinodien soll, sobald ein anständiger Platz im Ofener Schlosse wird zugerichtet sein, dahin überbracht werden. Da dadurch nun die Gravamina gehoben, so werden die Stände einen Landtag nicht so dringend verlangen, welcher bei jetzigen Umständen und Stimmung der Gemüter, dann meiner zer=

fallenen Gesundheit zu halten unmöglich ist. Ich hoffe, daß die Stände hieraus meine Uneigennützigkeit und mein Bestreben und Verlangen zu ihrem Besten erkennen werden und erwarte Ich mit Billigkeit von ihnen, daß sie den Staat einstweilen mit Rekruten und die Armee mit den nötigen Lieferungen versehen werden. Der Abschnitt wegen des Ausmessungsgeschäftes ist so zu machen, daß das Vorhandene, weil es so viel gekostet hat und doch notwendig ist, noch gebraucht werden kann. Nach diesem Sinne ist Reskript zu entwerfen und vorzulegen. Ich wünsche von Herzen, daß Ungarn durch diese Veranlassung an Glückseligkeit und guter Ordnung so viel gewinne, als Ich durch meine Verordnungen in allen Gegenständen selbem verschaffen wollte."

So entstand das Restitutionsedikt, das auf den 28. Januar zurückdatiert, dem Land im Sinne der kaiserlichen Entschließung seine vorige Verfassung zurückgab und alle Verordnungen des Kaisers, mit den dort bezeichneten Ausnahmen, aufhob.

Am 17. Februar wurde die ungarische Krone von Wien weggeführt, unter dem Jubel der Bevölkerung brachte man sie am 21. Februar nach Ofen; am 20. Februar hatte der Tod den Kaiser von allen ferneren Sorgen befreit. Kurz vor seinem Tode hatte er an seinen Bruder Leopold geschrieben: „Du kennst meinen Fanatismus für das Wohl des Staates, dem ich alles geopfert habe, das bißchen guten Ruf, das ich besaß, das politische Ansehen, welches die Monarchie sich erworben — alles ist dahin. Beklage mich mein teurer Bruder und möge Gott Dich vor einer ähnlichen Lage bewahren!"

Die Freude über das Restitutionsedikt inmitten des sächsischen Volkes war ungeheuer. „Jedermann äußerte sein eigenes Vergnügen über die Wiederauflebung der Nation," schrieb Heydendorff über die Versammlung der Vornehmsten der Nation, die in Hermannstadt zusammen kamen, um die ersten notwendigen Schritte zu beraten und J. Th. v. Herrmann beeilte sich, an einen Freund zu schreiben: „Das Größte, das Unerwartetste, was in Ihrem, in meinem, in unser aller Köpfen aufsteigen konnte, zu melden; die große Nachricht, daß der Monarch alles, alles widerrufen hat, was er seit seiner Thronbesteigung in Absicht auf die Länder und ihre Verfassungen neues gemacht hat. Die drei Nationen werden wieder hergestellt. Anno 1791 ist Landtag, und der Monarch verspricht, daß alles, was künftig Großes geschehen und gemacht werden soll, mit den Ständen verabredet und beschlossen werden soll. Dieses alles berichte ich Ihnen mit einer vollen, klaren Freudesträne im Auge. Ich habe die größten und herrlichsten Hoffnungen wegen der Zukunft.

Da ist gewiß Gottes Hand! Die Nation wird auf einmal gerochen werden und vielleicht in einem herrlichern Kleid wieder aufstehen als sie je bekleidet war."

Die Freude über das Restitutionsedikt übertönte die Trauer über den Tod des Kaisers; die Freude war um so größer, je tiefer der Schmerz über all das Unrecht des gesetzlosen Jahrzehnts gewesen war. Bis in den März hinein machte Siebenbürgen keine Anstalten zur offiziellen Trauerfeier und als sie angeordnet wurde, sah man schwarze Kleider aber keine betrübten Mienen. Die Weissagung des alten Kapuziners wurde erzählt, der Josef gesagt hatte: „Du wirst viel Neues beginnen, nichts vollenden und ruhmlos sterben" und Brukenthal äußerte im vertrauten Kreise, das habe so kommen müssen; früher schon hatte er gemeint, es könne dem Kaiser nicht gut gehen, er habe seine gute Mutter zu viel betrübt. Im Augenblick schienen alle Gegensätze vergessen, Adel und Sachsen erkannten, daß nur Einheit stark mache und daß sie auf einander angewiesen seien. Die letzte Markalkongregation des Hermannstädter Komitates fand am 22. und 23. März in Stolzenburg statt, am selben Tag auch in den übrigen Komitaten, wo die Restitution publiziert werden sollte. Ein Taumel hatte die Gemüter erfaßt, man schmauste und trank gemeinschaftlich, Adel und Beamten, Magyaren und Sachsen tanzten in gemeinschaftlichen Reihen am hellen Tage auf der Gasse und Landstraße und bei der Tafel trank der Obergespan Graf Wolfgang Kemeny, der Vorsitzer der Komitatsversammlung, auf die Gesundheit der Siebenbürger patriotischen Damen aus dem Pantoffel der schönen Gräfin Tholdi, die ihn ausziehen mußte, worauf der Pantoffel die Runde machte!

Seine Schöpfungen hatte Josef II. aufheben können, die Geister und den Geist, den sie wachgerufen, konnte niemand mehr bannen; damit beginnt die neue Geschichte Siebenbürgens.

Für das sächsische Volk bedeutete die Josefinische Zeit die Lehrzeit, die ihm Schild und Waffen für das kommende Jahrhundert lieferte.

Die meisten der sogenannten Reformen Josefs waren Eingriffe in das innerste Leben des sächsischen Volkes gewesen. Da war keine Frage mehr, ob man sich wehren müsse, nur das rechte wie? mußte gefunden werden und das ergab sich aus der Art des Angriffs und dessen, was verteidigt werden mußte; die Verteidigung mußte auf historischer Grundlage geschehen. Was Brukenthal fast allein unter Maria Theresia getan, was in den Einzelfällen des Kampfes um den Martinszins und den Zehnten versucht worden war, das Recht historisch zu verteidigen, das mußte nun auf die ganze Rechtslage der Nation ausgedehnt werden. Im Namen abstrakter philosophischer Lehrsätze schlug Josef II. das Bestehende in Trümmer, im Namen des historischen Rechts verteidigten die Betroffenen, was sie besaßen. Jedes historische Recht ist ein gewordenes und nur als solches zu verstehen und darum konnte es nicht anders sein als daß mit dem Kampf und im Kampf um das Recht die wissenschaftliche Geschichtsforschung, die siebenbürgisch-deutsche Verfassungs- und Rechtsgeschichte begann. Ihre Vertreter mußten nachweisen, wie die Verhältnisse geworden waren, auf die Quellen, auf die Urkunden zurückgehen. Dazu kam ein Zweites hinzu: es galt den Nachweis zu führen, daß auch die Vorfahren kein unwürdiges Glied des Vaterlandes gewesen, dann daß die Lebenden auch noch etwas bedeuteten und das Volk ein Recht des Bestandes habe. So trat ein streitbarer Zug in unsre Geschichtsforschung ein, die von Anfang an nicht nur unterhalten und belehren, sondern das gute Recht des Volkes verteidigen und schützen wollte, es kam von vornherein ein Herzenston in sie, dem es nicht beschieden ist, kalt und gleichgiltig über Dinge zu reden, die die tiefsten Empfindungen des Menschen, Volk und Vaterland, Recht und Freiheit betreffen. „Die würdigste und ernsthafteste Unterhaltung für Männer ist die Geschichte — schrieb die Quartalschrift 1790 — zwar nicht jene mikrologische Krittelei, die in Namen und Jahrzahlen wühlt, aber desto mehr die treue und lebhafte Darstellung der Menschen, ihrer Gesinnungen, ihrer Handlungen und ihres Einflusses auf Nationalbildung, Volksglückseligkeit und Revolutionen. Besitzt der Geschichtschreiber noch die Grazie des Vortrags, muß er dann nicht der Lieblingsschriftsteller seiner Zeitgenossen, das Muster der Nachwelt werden?" Der Wunsch J. Th. Herrmanns nach dem Restitutionsedikt, es möchte „ein Büchel" gemacht werden, „aus dem jeder Sachs, auch der niedrigste Bauer, erkennen könnte, was ihm für ein Heil durch das Wiederaufleben der Nation zugeht, aber auch aus dem er sehen könnte, was die alten Sachsen für Männer waren und was wir werden sollen", war der Grundton der Schriften, die damals erschienen, ausgesprochen bei den Volksschriften, aber auch in den wissenschaftlichen Publikationen zu spüren.

Die bedeutendste dieser Art erschien schon 1790 in Hermannstadt „Der Verfassungszustand der sächsischen Nation in Siebenbürgen, nach ihren verschiedenen Verhältnissen betrachtet und aus bewährten Urkunden bewiesen". Das Buch, das seinen Verfasser nicht nannte, trat zum erstenmal mit dem schweren Rüstzeug urkundlichen Materials auf, um zu beweisen was es behauptete; die verwickelte deutsche Rechtsgeschichte bildete den Hintergrund der rechtshistorischen Auseinandersetzung, die in schwerfälligem Stil, aber „in um so strengerer logischer Ordnung und fester Methode dem Ziel entgegen geht, wie ein eng geschlossener Heerhaufe aus alter Zeit, mit vorgehaltenem Schild und Speer lückenlos in gleichem Schritt und Tritt, den Feind nicht aus den Augen lassend." Wenig später, schon im Zusammenhang auch mit Vorgängen auf dem Klausenburger Landtag erschien 1791 in Wien J. Tartler: „Das Recht des Eigentums der Sächsischen Nation in Siebenbürgen auf dem ... ihr verliehenen Grund und Boden" und ein Jahr später, ebenfalls in Wien das Buch von Michael Fronius „Über das ausschließende Bürgerrecht der Sachsen in Siebenbürgen auf ihren Grund und Boden". Im selben Jahr veröffentlichte Herrmann „Die Grundverfassungen der Sachsen in Siebenbürgen und ihre Schicksale" (Offenbach 1792), eine Schrift, an der die besten Köpfe der Sachsen Anteil hatten, die beiden Rosenfeld, Soterius, Bransch, der Gouverneur Brukenthal. Alle diese Werke behandelten jene Rechtsfragen, die damals die Gemüter tief erregten, die Grundbedingungen für den Bestand der Sachsen, sie waren entstanden unter dem unmittelbaren Eindruck des Erlebten und wollten das Recht des Volkes in allen seinen Teilen schützen! Es war etwas Neues, daß das Recht des Volkes und seine Geschichte als ein Ganzes betrachtet wurde und daß die führenden Männer die Öffentlichkeit als eine Instanz in dieser Angelegenheit anriefen. Es hatte eben die deutsche Entwicklung ihre Wellen bis hieher geschlagen. Die „Publizität" begann dort um die Mitte des Jahrhunderts im Dienst der Aufklärung ihre befreiende Tätigkeit durch öffentliche Besprechung der bestehenden Staats- und Regierungsverhältnisse. Es war zugleich ein Kampf gegen Kleinlichkeit und Engherzigkeit, gegen Vorurteile und Selbstsucht, die Vorbedingung für die politische Arbeit im modernen Sinn. Mit stolzem Selbstbewußtsein schrieb Schlözer, der bedeutendste Publizist seiner Zeit von der „Despotie der Wahrheit, der Tatsachen, der Publizität. Das sind nun freilich fürchterliche Despoten, allmächtiger wie Sultane und Paschas und schlechterdings so lang es Leute gibt, die denken oder auch nur sich schämen können, unbezwinglich". Man begann auch hier etwas von dieser Macht der Publizität zu ahnen und für die eignen Volkszwecke zu gebrauchen.

Aber jenes Geschlecht tat hier zur selben Zeit einen doppelten Schritt. Nicht nur die gelehrten, maßgebenden und führenden Kreise sollten überzeugt und gewonnen werden, die neuergriffene Publizität hier wandte sich gleich ans Volk, an die breite Schichte der Nation.

Zur selben Zeit, da diese gelehrten Arbeiten mit den schweren Belegen aus Urkunden und Staatsakten das Recht des Volkes verteidigten, rief Jakob Aur. Müller, damals Pfarrer in Hammersdorf, gestorben 1806 als Bischof der ev. Landeskirche, in der Schrift „Die Siebenbürger Sachsen". Eine Volksschrift herausgegeben bei Aufhebung der für erloschen erklärten Nation 1790. (Hermannstadt, Mühlsteffen), das Volk selbst auf. Dabei war zweierlei neu. Einmal daß die Besten es nicht unter ihrer Würde fanden, zum Volk zu sprechen und dann daß sie es für nützlich hielten, die alten Schranken, die zwischen Gelehrten und Ungelehrten aufgerichtet waren, niederzureißen und das Volk als ganzes ins Auge faßten. Zwei Jahre später gab Herrmann eine „Übersicht der Grundverfassungen der sächsischen Nation in Siebenbürgen" heraus (1792), die eine Zusammenfassung des gelehrten Werkes desselben Verfassers gleichfalls das Volk im Auge hatte. Ein schönes Zeichen für die Verfasser der Bücher und ein gutes Zeichen für jene, an die sie gerichtet waren. Jene erste Volksschrift gab in edler Darstellung ein Bild der geschichtlichen Entwicklung des Sächsischen Volkes, immer auch seines Rechtes, zum Herzen sprechend und das Gemüt ergreifend, einfach und schlicht, gab es auch den Mitnationen gern ihre Ehre. Dabei spürt der Leser auch heute noch, es wollte auf den Willen wirken.

Alle diese Schriften gingen von der Liebe zum Volke und zum Vaterlande aus und wollten diese in den Herzen der Leser wecken und stärken; keine hat es tiefer angefaßt als die Volksschrift Müllers. Sie hielt dem Volk vor, daß die Zukunft in seiner Hand liege, „wir, wir selbst sollen nun unsre Fortdauer, unsern Wohlstand und unsern Flor auf die gegenwärtige und auf die künftigen Zeiten begründen... Ein Sachse hat gegründete Ursache, seine Nation zu schätzen, zu ehren und zu lieben; durch Treue, Redlichkeit und Eifer in jeder Bürgertugend diesem Namen Ehre zu erwerben... So müssen denn ein Gemeingeist, ein Gemeinsinn alle unsre Gedanken beleben und sich unser aller Herzen bemeistern, daß niemand unter uns nur auf das Seine allein sehe, vielmehr ein jeder sein eignes Beste mit dem Wohl des Ganzen verbinde, und demselben unterordne... Wir haben Vorurteile zu bestreiten und tiefgewurzelte Gewohnheiten auszurotten: aber diese große glückliche Veränderung, die mit unserm Volk vorgegangen ist, muß uns ganz begeistern und beleben und durchglühen und unserm Mute Kraft und Schwung geben, alles für Tugend, Vaterland und Volk getrost zu wagen. Mitbürger, jetzt ist es Zeit! O wir können ein glückliches Volk werden, wenn wir nur wollen!"

Josef II. hatte eine Verschmelzung und Einschmelzung der verschiedenen Nationen in Siebenbürgen versucht, die Antwort war ein energischeres Erwachen des Nationalbewußtseins, ein bewußtes Hinarbeiten auf dessen Stärkung bei allen Volksstämmen in Siebenbürgen. Unsre Literatur begann zum erstenmal von „Nationalbildung" zu sprechen, verstand unter „Patriotismus" die Hingabe und Liebe zum eignen Volk, der Stolz auf das eigne deutsche Volkstum hob die Seelen und der nationale Gedanke ist seither nicht mehr gewichen, weder aus dem politischen Kampfe, noch aus der Literatur.

Er erhielt eine neue Stärkung dadurch, daß die deutsche Wissenschaft und Publizistik vor allem in A. L. Schlözer, damals Professor in Göttingen, sich der Siebenbürger Sachsen annahm. Von den oben angeführten Schriften waren zwei, die Volksschrift von J. A. Müller und Verfassungszustand der sächsischen Nation in die Hände Schlözers gelangt, der aus beiden eine machte und sie unter dem Titel „Geschichte der Deutschen (gewöhnlich Sachsen genannt) in Siebenbürgen vom Jahr 1141—1550 und Bestand ihrer von Josef II. vernichteten aber von Leopold II. wieder hergestellten Rechte", in den „Staatsanzeigen" 1791 veröffentlichte. Der Eindruck war hier ein so großer, daß der um den damaligen Heltauer Pfarrer Filtsch gescharte Freundeskreis, zu dem auch der Hermannstädter Bürgermeister Fr. v. Rosenfeld gehörte, die mit Brukenthal in Verbindung standen, den Gedanken faßte, Schlözer, — den J. Filtsch auf seine Kosten nach Siebenbürgen kommen lassen wollte — aufforderte, ein Buch über die Sachsen zu schreiben. So entstanden Schlözers „Kritische Sammlungen zur Geschichte der Deutschen in Siebenbürgen", die 1795—1797 erschienen. Es war ein Buch, in dem sich nationales Gefühl mit kritischem Scharfblick vereinigte, in dem der weite Blick, dem auch die entfernteste Analogie nicht entging, immer wieder eine erobernde Wirkung machte. Es hat unsre Auswanderung und unsre Entwicklung in die große deutsche Entwicklung hineingestellt, hat die Grundlage für die kritische Geschichte unsres Volkes geschaffen, die auf Urkunden und zuverlässigen Daten sich aufbaut, es war, ohne darauf auszugehen die bedeutendste publizistische Verteidigung unsres Rechts und es bedeutete mit dem frischen nationalen Sinn, der das Ganze durchzog, nicht nur eine Aufklärung des deutschen Auslandes, wie sie wertvoller nicht möglich war, sondern auch eine Stärkung des nationalen Bewußtseins des sächsischen Volkes von einer Seite, von der mans bis dahin nicht gewohnt gewesen war. Wie mußte es hier ermutigend wirken, wenn sie in dem Buch lasen: „Die meisten unsrer

Ausgewanderten, die ihre Heimat in Scharen verlassen, und sich in alle Welt verlaufen haben, machen uns wenig Ehre … Doch eine Schar von deutschen Kolonisten macht auch hier eine für sie selbst und für den deutschen Namen überhaupt glorreiche Ausnahme, es sind die Deutschen oder — wie man sie gewöhnlich, wiewohl historisch unrichtig, nennt — die Sachsen in Siebenbürgen … Sie erhielten sich unter und neben Nichtdeutschen unvermischt und ihre ganze Deutschheit rein!"

Politik und Geschichte hängen ihrem Wesen nach eng mit einander zusammen, „denn das öffentliche Leben in der Vergangenheit, welches darzustellen die Aufgabe des Historikers ist, hat eine innere Beziehung zu dem öffentlichen Leben der Gegenwart" (Ranke). So kräftig wie damals hatte sich der Zusammenhang bei uns noch nie offenbart; auch die folgende Zeit hat ihn nie mehr zerrissen.

Zur selben Zeit, da Schlözer uns und unsre Wissenschaft in die deutsche Wissenschaft einführte, unser Wissen von uns selbst und unsre Ehre in gleicher Weise mehrte, führte der Kampf ums Recht einen andern Mann, von Geburt ein Siebenbürger, wenn auch kein Sachse, auf das Feld historischer Arbeiten, die nun hier den festen Grund der vaterländischen Geschichte legen sollten, Jos. Carl Eder, neben Schlözer die andre Säule der kritischen Geschichte Siebenbürgens und besonders der Sachsen. Im Jahr 1791 hatte er über die walachischen Beschwerden und Forderungen seinen Supplex libellus Valachorum veröffentlicht, in dem er die Nichtigkeit ihrer Forderungen von historischem Standpunkt aus und die exemplarische Ignoranz der Vertreter derselben nachwies und im folgenden Jahr ein Büchlein De initiis juribusque primaevis Saxonum Transs. — Die Anfänge und die ursprünglichen Rechte der Siebenbürger Sachsen —, das in klarer lichtvoller Darstellung die Bedingungen auseinandersetzte, unter denen die Sachsen nach Siebenbürgen eingewandert und dabei den urkundlichen strengen Beweis lieferte, daß sie nicht Kammerbauern, Hörige des Fiskus gewesen seien oder seien, sondern freie Leute, die ihr Gebiet zu vollem Eigentum bekommen hätten. Verheißungsvoll leuchteten im Buch die Siegel der Nation, zum Teil zum erstenmal veröffentlicht, dem Leser entgegen mit der bedeutungsvollen Umschrift auf dem einen: ad retinendam coronam, auf dem andern: Siegel der sächsischen Nation!

Im Zusammenhang mit der wachsenden literarischen Tätigkeit der Zeit stand die wachsende Teilnahme des Publikums an geschichtlicher Erkenntnis. Die Bahn dazu hatte Joh. Seivert gebrochen, der als Pfarrer in Hammersdorf 1785 starb. Von erstaunlicher Arbeitskraft

und Arbeitsfreude hatte er in Windischs Ung. Magazin, das in Preß=
burg erschien, Untersuchungen über historische Einzelfragen aus verschiedenen
Zeiten veröffentlicht, die alle auf mühsamen gründlichen Forschungen
beruhten, wie die Grafen der sächsischen Nation und Hermannstädter
Königsrichter, die Provinzialbürgermeister, die Hermannstädter Stadt=
pfarrer, die evangelischen Superintendenten, Entwurf der katholischen
Bischöfe in Weißenburg. Diese Arbeiten wie seine Mitteilungen über
die sächsische Mundart wirkten nicht nur im In= und Ausland anregend,
sie befriedigten hier zuerst das Bedürfnis nach eingehenderer Kenntnis
der eigenen Vergangenheit. Als in seinem Todesjahr 1785 in Preßburg
sein bedeutendstes Werk erschien: „Nachrichten von Siebenbürgischen Ge=
lehrten und ihren Schriften" mit seinem außerordentlichen Reichtum an
wissenswürdigsten und schwer zugänglichen Daten, die hier kritisch und
zuverlässig zusammengestellt waren, da staunten die Zeitgenossen über
den reichen Inhalt, den das geistige Leben der vergangenen Tage ge=
habt, und der nationale Besitz erschien herrlicher und größer als bisher.
Minderwertiger waren die Arbeiten Löpprichs (Lebrecht), der als Pfarrer
von Klein=Scheuern 1807 starb, aber auch sie standen im Dienst der
Zeitbedürfnisse. Schon 1784 gab er eine „Geschichte Siebenbürgens in
Abendunterhaltungen vors Volk" heraus, einen stattlichen Band, der von
der Sintflut beginnt und auf 416 Seiten es bloß bis zur Gründung
des ungarischen Reiches bringt. Die Zeit von 1526 bis zum Ende des
17. Jahrhunderts schilderte er in „Siebenbürgens Fürsten", doch nahmen
die zwei Bände des Werkes fast ausschließlich auf die Kriege Rücksicht,
so daß selbst die Reformation gar nicht erwähnt wird. Im Jahr 1789
folgte der „Versuch einer Erdbeschreibung des Großfürstentums Sieben=
bürgen", lückenhaft und nicht ohne Irrtümer, aber als Wahlspruch stand
auf dem Buch „man muß sein Vaterland kennen, wenn man es lieben
soll!" Die politische Geographie bot die Josefinische Landeseinteilung.
Tiefer ging die Schrift „Über den Nationalcharakter der in Siebenbürgen
befindlichen Nationen" (Wien 1792), aber auch hier muß die Freude
am Vaterland und seinen zwölf Nationalitäten, die das Buch aufzählt,
über Irrtümliches und Überflüssiges hinüberhelfen. Das heute noch
lesenswerte Büchlein sieht als Eigenheit des Siebenbürgers überhaupt
die Festigkeit und Vorliebe zur Fortpflanzung der eigenen Nationssitten,
Kleidung, Religion und Denkungsart an, während der Verfasser bei
den Sachsen besonders außerordentliche Fürsten= und Königsliebe, sehr
viele Gottesfurcht, Zucht und Ehrbarkeit fand, dabei seien sie langsam,
bedächtig, schwerfällig, was zuweilen in Eigendünkel und Stolz ausarte,

doch immer „gesellig, freundlich, zahm und überaus gastfrei". „Ein
Sachs verspricht überhaupt nicht viel. Er rechnet immer, ehe er verspricht. Was er aber dann gesagt, das hält er. Wahr ists auch, er wird
niemandem ungebeten zu Hülfe eilen, auch seinem Bruder nicht; aber
schaden wird er auch niemandem, weder durch Vorsatz noch Überlegung."
Im Jahr 1796 erschien mit dem Verlagsort Leipzig und Gera der
„Versuch einer Staats- und Religionsgeschichte von Siebenbürgen" „von
einem Siebenbürger Sachsen", der in zwei Teilen die Geschichte dieses
„merkwürdigen Staats präcis und mit Berührung alles Merkwürdigen,
aber Weglassung alles Kritischen, aus weitläuftigen und zum Teil zer-
streuten, einzelnen Zeitperioden enthaltenden Schriften zu veranstalten
und Liebhabern der Geschichte zu übergeben" sich zum Ziele setzte. Der
zweite Teil, der die Kirchengeschichte enthalten sollte, scheint nicht erschienen zu sein. Unter den Quellen fehlte noch Schlözer, die älteste
Zeit nahm auch hier einen unverhältnismäßigen Raum ein, während
für die Zeit von 1699—1795 nicht ganz fünf Blätter genügten. Immerhin berührte das Büchlein doch die Spitzen der sächsischen Entwicklung,
die Einwanderung unter Geisa II. — „es waren auch Franken unter
ihnen" — den Andreanischen Freibrief, neben manchen damals allgemeinen Irrtümern.

Die Josefinische Zeit brachte auch die Entstehung der ersten deutschen
Zeitung in Siebenbürgen. Am 9. November 1783 kündigte der rührige
Buchhändler und Buchdrucker in Hermannstadt, Mart. Hochmeister, an,
daß er vom 1. Januar 1784 den „Siebenbürger Boten" herausgeben
werde. „Wir sind am Vorabend großer Begebenheiten, — so beginnt der
Aufruf — an denen der Mann von Gefühl und Einsicht um so leb-
haftern Anteil nimmt, ob sie nicht bloß Schlachten und Belagerungen,
das ermüdende Einerlei der Menschengeschichte, sondern Dinge, von denen
das Wohl der gesamten Menschheit abhängt, betreffen. Wenn der politische
Kannegießer Schlachten liefert, Städte zerstört, Reiche zergliedert usw.,
so wendet der Weise seinen Blick von diesen Szenen weg und sucht
würdigere Gegenstände seiner Neugierde; aber nur wird diese befriedigt,
wenn er sieht, daß die Fürsten wetteifern, ihre Völker glücklich zu
machen; daß sie den Schutz und die Achtung, die sie bisher dem privilegierten Müßiggang schenkten, dem Talent und der Industrie angedeihen
lassen; daß sie durch Josefs Beispiel einsehen lernen, ihre Macht erstrecke
sich nicht auf die Gewissen; daß sich eine sanftere, menschlichere Denkungsart fast aller Nationen Europas bemächtiget und daß sich der Zeitpunkt
nähert, wo der Mensch den Menschen nicht erst um seinen Katechismus

fragen wird, um ihn als Bruder zu lieben. Da sich jetzt fast alle Reiche in dieser Lage befinden, so muß eine gute Zeitung notwendig eine interessante Lektüre für jedermann werden." Der Siebenbürger Bote erschien zweimal in der Woche, Montag und Donnerstag je ein halber Bogen und kostete auf das ganze Jahr 3 Taler, und fand allgemeinen Beifall. Hochmeister hatte gebeten, ihn von der Zensur zu befreien. Der Hof hatte das nicht bewilligt, aber das Gubernium angewiesen, ihm alle tunliche Erleichterung zu gewähren, damit die „Zensurierung" nicht verzögert werde. Wohl brachten die ersten Jahrgänge wenig politische Nachrichten aus dem Inlande und von dem, was draußen geschah, spärliche und späte Kunde, aber sie waren doch Boten einer neuen Zeit, die Belehrung bezweckten und brachten, Toleranz und Aufklärung rühmten und Beispiele davon gern mitteilten, um auch die Leser zur Humanität zu erziehen.

Das neue geistige Leben, das jene Zeit erweckte, spiegelte sich auch in den Versen J. S. Keßlers wieder, des ersten Sachsen seit den Tagen des Honterus und Val. Wagner, dessen Gedichte als vollwertig außerhalb des Landes anerkannt wurden. Er war 1771, ein Predigersohn, in Hermannstadt geboren, wurde Soldat, 1793 Fähnrich und starb 1796 im bairischen Kloster Eberach an den Wunden, die er wohl im Treffen bei Würzburg (3. September) erhalten hatte, kaum 25 Jahre alt. Von Herder, Rousseau und Shakespeare hatte er vielleicht schon an den Schulen seiner Vaterstadt etwas gehört, der mächtige Geistesflug des Weltbürgertums hatte den nationalen Gedanken, unter dessen Fittigen sein Volk um sein Dasein rang, in ihm nicht ausgetilgt und im Kampf und Krieg klangen ernste schwermütige Weisen aus seinem Herzen. Sprachgewaltig redet er „die Saat" an:

> Flutest wie ein goldnes Meer;
> Sieh mit stolzen Wogen
> Kommt ein reiches Ährenheer
> Wallend angezogen.
>
> Winkend will die Sichel dich
> Deiner Last entladen;
> Sinke willig, ehe sich
> Stürme in dir baden!

Mit dem hübschen Saxonismus grüßt er die Quelle:

> Biß willkommen, holde Quelle!

und im Gedicht „das befreite Vaterland" stehn die Gedanken des Vaterlandes und der Menschheit nebeneinander:

> Triumph! Die Siegeszeichen wehen
> Auf der befreiten Menschheit Höhen! ...
>
> Triumph, (ja) wir sind Brüder,
> Ein Blut und ein Geschlecht.
> Zum Himmel tönen unsre Jubellieder
> Fürs Vaterland und dessen Recht!

Die Gedichte, die 1797 in Wien erschienen, wurden im selben Jahr in Mannheim nachgedruckt und in der Vorrede in die allgemeine deutsche Literatur eingereiht. Die echte, ungeheuchelte Empfindung der Gedichte fand auch in den Briefen der Schwester, der spätern Pfarrerin Capesius von Schönberg, Ausdruck, die ein reiches Geistes= und tiefes Gemütsleben in gewandter Darstellung äußern konnte. Auf die letzte Seite seines Tagebuchs hatte der Bruder den lateinischen Spruch gesetzt: „Im Zweifel gelebt, doch nicht ohne Gott; im Zweifel nun sterbe ich, doch nicht ohne Halt; Seele alles Daseins, erbarme dich mein!" — es war auch der Ausdruck neuer Stimmungen, die die Seelen erlebten.

Der politische Kampf der Sachsen fand seinen Widerschein, bezeichnend für die Zeit, in der ersten wissenschaftlichen Zeitschrift, die seit 1790 in Hermannstadt erschien, in der „Siebenbürgischen Quartalschrift." Im Anschluß an neue Erscheinungen der Literatur, als Rezension eines unwahren Buchs, in der Verteidigung gegen verunglimpfende Rezensenten kamen die großen politischen Fragen zur Erörterung, in denen das historische Recht zu Worte kam. Die Zeitschrift wollte der Wahrheit und dem guten Geschmack dienen und tat das in umfassender Weise. Das letzte Ziel war, das Vaterland mit sich bekannter zu machen, die Landsleute auf wichtige Wahrheiten aufmerksam zu machen, die ihnen in moralischer, politischer, wissenschaftlicher und ökonomischer Hinsicht nützlich sein könnten, alles aber um „den Vaterlandsgeist" zu nähren und zu stärken. Was an tüchtigen und gelehrten Männern in Hermann= stadt und Umgebung zu finden war, sammelte sich um die Quartal= schrift, um den eigentlichen Herausgeber Joh. Filtsch standen Eder, Binder, J. Aur. Müller, Neugeboren u. a. Sie alle überragte auch durch die Anregung, die von ihm ausging, der Gouverneur Brukenthal, der die Muße seit seiner Pensionierung benützte, was er an Sammlungen an= zulegen begonnen hatte, zu vergrößern und gerade auch nach der Rich= tung der wissenschaftlichen Arbeit nicht nur durch die reiche Bibliothek, deren Schätze er freigebig und kundig vermehrte, sondern auch durch persönlichen Verkehr für neue weitere Ziele sorgte, für die der Wunsch „nach dem möglichst richtigen Abdruck eines sächsischen Nationalurkunden=

buchs" bezeichnend war. Bei Brukenthal, der in dem neuen geistigen Leben zugleich ein Ergebnis seiner Lebensarbeit sehen konnte, versammelte sich ein kleiner Freundeskreis zu gemeinschaftlicher Lektüre, auch andre Lesegesellschaften entstanden, eine ganze Reihe deutscher Journale fanden den Weg hieher und Schiller und Goethe fingen an auch hier bekannt zu werden!

Wie tüchtige Menschen, wenn schwerstes Leid über sie hereinbricht, besser werden und zu tiefinnerlicher Betrachtung des eigenen Lebens gelangen, dessen Wurzeln prüfen und was etwa minderwertig im Herzen erscheint ausstoßen und bessern, so geht es im Leben des Volkes, das innerlich gesund ist. Die Besten der sächsischen Nation erkannten in der Josefinischen Umwälzung die Aufforderung, das Volk innerlich zu stärken, vor allem die führenden Kreise, selbst besser zu werden. Wie Heydendorff sahen es auch Andere von den Beamten als ihre Aufgabe an, neue Kräfte in den ihnen anvertrauten Kreisen zu erwecken, sittliche Stärke zu erziehen, in der Zuversicht, „daß männliche Entschlossenheit das Heil der Völker sichert". So wurde die Reformarbeit auf dem Gebiet des Schulwesens aufgenommen, die nicht nur auf die Gymnasien sondern auch auf die Volksschulen sich erstreckte, denen eine Reihe von Kapiteln neue Ordnungen gaben, in denen die neuen Gedanken der Basedow-Rousseauischen Richtung zum Ausdruck kamen. Brukenthal hatte schon darauf hingewiesen, daß auf dem Gebiet des Handwerks und der Industrie sehr viel zu bessern sei; an die Landwirtschaft dachte außer ihm kaum jemand. Die Kirche erwog neue Einrichtungen in bezug auf Gesangbuch und Liturgie, es war ein frisches Leben auf allen Gebieten angebrochen.

Wie anders war doch das Endergebnis der Josefinischen Umwälzung, als das Geschlecht gefürchtet, das jene tiefergriffen über sich hatte ergehen lassen müssen. Die Nation war wieder hergestellt, der nationale Gedanke hatte eine Tiefe und Stärke erreicht wie nie zuvor, das Geistesleben neuen Aufschwung genommen, die Geschichte des eignen Volks, vor allem die Verfassungs- und Rechtsgeschichte war aus der Zerstörung jener Tage herausgewachsen, ein neuer Zusammenhang mit dem deutschen Geistesleben, ein schönes Einverständnis mit den Mitnationen war gefunden worden, das Leben schien wieder lebenswert geworden zu sein, ein religiöser Zug erhob die Gemüter, die dankbar empfanden, daß Gott im Regiment saß und der Mensch nicht verzweifeln dürfe, wenn im Augenblick auch alles verloren zu sein schien und die Ahnung durchzog die Herzen, daß die Einzelnen bereit sein müßten, für Volk und Vaterland auch Opfer zu bringen.

## VI.
## Die Wiederherstellung der Verfassung. Die Klausenburger Landtage.
### 1790—1795.

Als Josef II. starb, war sein Bruder Leopold, der berufene Thronerbe, 43 Jahre alt, von denen er 24 Jahre als Großherzog von Toskana zugebracht hatte, die ihm eine gute Schule gewesen waren. Seine Anschauungen über Pflichten und Rechte des Herrschers und des Volkes waren vielfach andre als sein Bruder sie gehabt, sie standen auf dem Boden Rousseauischer und Montesquieuischer Anschauungen, daß es ein Glück für das Land sei, wenn es eine Verfassung habe, und wo keine sei, habe die Regierung ein Interesse daran, eine zu schaffen. Man meint fast einen Wiederklang der Anschauungen der ungarischen und siebenbürgischen Komitate vor sich zu haben, wenn Leopold schreibt: „Es ist schwer dem Volk gegen seine Überzeugung Gutes zu erweisen, weil es schwer ist, daß eine Regierung oder selbst der aufgeklärteste Minister besser wisse, was für die Nation und ihr Wohl nützlich ist als das Volk selbst, seine Individuen und deren Vertreter. Verfassungen, welche zwischen Volk und Souverän vereinbart wurden, sind geheiligte Verträge, welche erst mit Übereinstimmung beider Teile abgeändert oder modifiziert werden können; aber kein Teil kann sie einseitig verletzen, ohne ein Unrecht zu begehen." Mit solchen Meinungen war der neue Herrscher besonders geeignet, die Rückführung des Landes in die alten gesetzlichen Bahnen zu leiten. Auf die Bitte des totkranken Bruders war er bereit gewesen nach Wien zu kommen, als ihn die Todesnachricht überraschte. Nun zog er als Nachfolger am 12. März 1790 in die Hofburg ein.

Schon am 14. März erließ er für Siebenbürgen das Reskript, in dem das Restitutionsedikt bestätigt wurde und die Stände die Versicherung aller ihrer Rechte und Privilegien erhielten. Unter allgemeinem Jubel traten am 22. und 23. März die Josefinischen Marfalkongregationen zum letztenmal zusammen und nahmen das Restitutionsedikt zur Kenntnis. Aber die meisten fügten dazu die lange Reihe der Beschwerden über all das, was sie in den vergangenen Jahren drückend empfunden hatten, die Verletzung der Verfassung auf allen Punkten, die rechtswidrige Ernennung der Beamten, die Steuerregulierungen, die Landesausmessung. Die Komitate verlangten die letztere heraus und ein Teil verbrannte die wertvollen Akten, die die sächsischen Orte in ihrem Wert erkannten und aufbewahrten. Die Aufhebung der sächsischen Nation als dritten Landstandes galt auch als Gravamen, dessen Beseitigung gefordert wurde, wofür die letzte Hermannstädter Markalkongregation daneben ebenso die Herstellung der Adelsrechte verlangte; die Josefinische Zeit, das gemeinsam erlittene Unrecht hatte die Stände für kurze Zeit zusammengeführt. Der Hermannstädter Magistrat und Kommunität gaben der allgemeinen Stimmung Ausdruck, als sie in schwungvollen Worten an den Grafen Kaunitz ihren Dank für die Wiederherstellung der Verfassung aussprachen und ähnliche Worte an den Kanzler Palffi, den Vizekanzler Teleki und den Gouverneur Banffi richteten. In den sächsischen Stühlen geschah die Restauration unter der Leitung k. Kommissäre, die das Gubernium ausschickte, Michael v. Brukenthal leitete das Geschäft in Kronstadt, Reps, Schenk, Schäßburg, Leschkirch und Hermannstadt, Gubernialrat Ahlefeld in Bistritz und Mediasch, Heydendorff in Broos, Mühlbach, Reußmarkt, und überall traten die Kommunitäten und Magistrate in ihre alten Rechte und wählten sich die Beamten. Am 1. Mai 1790 begann die neue alte Ordnung.

Für die sächsische Nation, die nun auch als politischer Landstand wieder auflebte, war eine Hauptfrage die Besetzung der Komesstelle. Bei Aufhebung der Nation war es der einzige Trost gewesen, daß sie dabei den damaligen Komes Cloos von Kronenthal frei geworden war. Es war erklärlich, daß niemand „den fatalen und der ganzen Nation verhaßten Mann" zurückhaben wollte. Konvertit und Renegat war er noch dazu auf ungesetzlichem Weg zum Amt gelangt, nämlich ohne gewählt zu sein vom Hof dazu ernannt worden, mehr als genügende Gründe, sich gegen ihn zu wehren, um so mehr als er in der Zwischenzeit auch von seiner Stelle als Gubernialrat suspendiert worden war, weil Anklagen wegen Unterschlagungen gegen ihn vorlagen. So griff die Hermannstädter Kommunität zu ihrem alten Recht, den Komes zu wählen, da dessen Stelle rechtmäßig erledigt sei, ihre Mitglieder hatten erklärt, wenn Cloos auf das Rathaus komme, würden sie ihn zum Fenster hinauswerfen und wählten Michael von Brukenthal, einen Neffen des Gouverneurs, der schon 1781 an erster Stelle kandidiert worden war. Brukenthal ergriff sofort die Geschäfte und bestärkte, unterstützt von Samuel Brukenthal, die andern leitenden sächsischen Männer in dem Bestreben, vor allem das sächsische Nationalarchiv d. h. die aus dem Archiv zur Überführung ins Fiskalarchiv herausgehobenen wertvollen Schriften zurückzuerhalten. Als solches endlich gelang, wurden sie auf Samuel Brukenthals Rat mit ungewöhnlicher Feierlichkeit übernommen

(11. Mai). Der alte Gouverneur hatte seinen Staatswagen und sechs prächtige Pferde dazu gegeben, die Kiste mit den kostbaren Privilegien war mit schönen Teppichen bedeckt, Hundertmänner vom Orator geführt, nahmen sie im Frankensteinischen Haus — Ecke des großen Rings und der Heltauergasse — in Empfang und brachten sie, von den Bürgerfahnen begleitet durch das Spalier der ausgerückten Bürgerschaft, in feierlichem Zug ins Rathaus, wo der Magistrat, Bürgermeister und Komes an ihrer Spitze sie übernahmen. Während Hundertmänner sie vom Wagen nahmen und ins Archiv trugen, wurden auf der Galerie des Rathauses die Pauken geschlagen und Trompeten geblasen. Dann begab sich die ganze Versammlung in die evangelische Pfarrkirche, „wo auf diese Umstände passende Reden und Musiken aufgeführt und neugemachte Volkslieder mit Freudentränen abgesungen wurden". Abends wurde die Stadt festlich beleuchtet. Das ganze Fest spiegelte die Freude wieder, daß das Recht wieder einmal über die Gewalt triumphiert hatte, daß die Nation auch äußerlich ihre Privilegien und Rechte wieder im Besitz hatte. Der Gouverneur Banffi war nicht zufrieden, daß so viel Aufhebens gemacht werde; sie erwiderten ihm, wie Ungarn die Krone empfangen habe, so habe die sächsische Nation ihr größtes Kleinod auch äußerlich ehren müssen!

Michael v. Brukenthal war selbst nach Wien gegangen und hatte gegen Cloos' Umtriebe den Sieg davon getragen. Leopold, der ihn mit den Worten empfing: er könne ihm zur Ehre seiner Nation nicht so viel sagen, als der Komes selbst schon wisse und wie er die Sachsen kenne, bestätigte ihn im Amt und am 29. September wurde der neue Komes mit aller Pracht und Feierlichkeit in sein Amt eingeführt. Die alte Bürgerherrlichkeit trat darin zutage und wieder die Freude, daß das alte Recht neu erstanden war; auch uns — so sang eine Ode zur Verherrlichung des Tages, —

> Ließ Gott ein selig Los heut ziehn,
> Ein Brukenthal wird seines Volkes Zierde,
> Hast du noch einen Segen, segne Ihn,
> Und leichtre seines hohen Amtes Bürde!

Michael v. Brukenthal war ein Mann von vortrefflichen Anlagen, er hatte sich durch Privatstudien und in seinem Dienst reiche Kenntnisse erworben und Erfahrungen gesammelt. Sanft, freundlich, leutselig konnte er ungarisch wie deutsch, doch ließ ein gewisser inaktiver Zug seiner Natur ihn ungern hervortreten. Von Jugend auf in engem Verkehr mit dem magyarischen Adel fehlte ihm jener spezifisch sächsische Einschlag, den das ununterbrochene Leben inmitten des eigenen Volkes und die Jugendeindrücke aus dem Verkehr mit ihm schaffen. Darum sah er manche Verhältnisse selbständiger, kühler und mit andern Augen an als seine Volksgenossen. Er hielt die völlige Absonderung der Sachsen nicht für gut, auf das ausschließende Bürgerrecht rechnete er nicht, „das ist eine Sache, die nirgends in Europa, und vielleicht auch außer Europa nicht existiert". Er hatte sich mit dem Gedanken abgefunden, daß an Stelle der bisherigen Nationalverfassung ein anderes Gebäude errichtet werden müsse, „in welchem freilich neben dem Gersich, Koller, Huber 2c. 2c. dem Izikutz, Konstandin Popa usw. ein Fenster zum Hinaussehn wird eingeräumt werden müssen." Er meinte, die Sachsen trauten sich zu viel zu, reizten die Gegner, ohne die Stärke zu haben, die sie selber glaubten und schadeten damit ihrer Sache. Er übersah nicht, daß Volksgenossen es ihm zuweilen übel deuteten, daß er nicht Intoleranz und eine gewisse Abneigung gegen alle zeige, die nicht Sachsen seien. Für Schule und Kirche lebhaft fühlend und voll Teilnahme für ihre Verbesserungen, empfand er bald schmerzlich die vielen Hindernisse, die dem Guten in den Weg gelegt wurden, „allein wir dürfen uns dadurch nicht abschrecken lassen, denn es mag nun biegen oder brechen, so muß mehr Geist von Ordnung, Eifer und Betriebsamkeit unter den sächsischen Beamten rege gemacht werden, denn sonst verlieren dieselben alles, und auch das gesamte gute Sachsenvolk wird auch mit leiden. Es ist noch eine sehr kurze Pause zurück, wo der dermaligen Schläfrigkeit zugesehen werden kann."

Mit solchen Anschauungen war er, in zweiter Ehe mit einer Gräfin Teleki verheiratet, der geborene Vermittler zwischen Sachsen und Adel, aber das machte auch begreiflich, daß er häufig nicht mit vollem Herzen bei den politischen Schritten der Nation war. Doch er hielt es für seine Pflicht, wenn die Volksgenossen etwas beschlossen, mitzutun.

Am 25. Mai 1790 trat die sächsische Nationsuniversität zu ihrer ersten Sitzung zusammen. In den Reden des Bürgermeisters Fr. v. Rosenfeld und des Komes Brukenthal klang all das Leid der vergangenen Jahre wieder und alle Freude über die Wendung des Schicksals. Die Erinnerung an die Vorfahren, deren Treue und Arbeit die Nation ihre Privilegien verdanke, die Lehre der letzten Ereignisse, daß der Geist der Eintracht und Liebe, der Treue und Redlichkeit das Volk erfüllen und als starke Stütze des Glücks gemehrt und ausgebreitet werde, weckte den Dank gegen Gott in den Herzen, der im feierlichen, von der Universität besuchten Gottesdienste, in der Predigt, im Te Deum und „Nun danket Alle Gott" fromm ausklang. Wieder war abends die Stadt schön

erleuchtet und allenthalben vereinigten Schmausereien die frohen Gesell=
schaften. Bis tief in die Nacht verkündigten die Freudenschüsse allent=
halben den Jubel der Bevölkerung. Die Nation beschloß, jährlich am
Sonntag der Zerstörung von Jerusalem (10. Sonntag nach Trinitatis)
die Erinnerung an die Wiederherstellung der Nation zu feiern, aber „aus
Furcht vor übler Auslegung" unterblieb die Ausführung.

Die Aufgabe der Universität war eine doppelte, die Wieder=
herstellung der alten Verfassung des Sachsenlandes zu fördern und das
Einlenken in die alten Geleise zu ermöglichen sowie die Zurüstung zum
bevorstehenden Landtag. Die ausbleibende Bestätigung des Komes ver=
anlaßte die Universität, eine Repräsentation an den Kaiser zu richten mit
der Bitte um die Bestätigung, die in der Tat bald erfolgte. Dann nahm
die Universität das Danksagungsschreiben an Kaunitz auch ihrerseits an,
das der Hermannstädter Magistrat und die Kommunität an den Staats=
kanzler geschickt, in dem der Dank für die Restitution ausgesprochen
wurde und, nach eingehender Darstellung der alten Verfassung und der
Kränkungen und Verletzungen aus den letzten Jahren, die Bitte gestellt
wurde, eine Nationaldeputation an den Hof schicken zu dürfen „zur Be=
gründung und festen Fortdauer des gemeinen Nationalbesten," wie es
auch früher der Fall gewesen war.

Die Zurüstung zum Landtag geschah in der Aufstellung eines ge=
meinsamen Programms, dessen Ziel die Sicherstellung des nationalen
Rechtes für alle Zukunft war. Die Nationsuniversität forderte die
sächsischen Kreise auf, ihre Meinungen über das zu sagen, was den
nächsten Landtag voraussichtlich beschäftigen werde und gab selbst zu
diesem Zweck gewisse Richtpunkte hinaus. Was sie schon in dieser Session,
dann in der zweiten des Jahres im November auf Grund der einge=
laufenen Gutachten beschloß, umfaßte das ganze damalige politische System
und schloß eine ganze Anzahl von Fragen in sich, die ein Jahrhundert
hindurch die Nation und das Land beschäftigen sollten.

Das Land Siebenbürgen sollte wie bisher ein selbständiges, un=
abhängiges Land sein, mit seinen eignen Gesetzen und Ordnungen. Darum
sollte die siebenbürgische Hofkanzlei von der ungarischen getrennt und in
den Stand zurückversetzt werden, in dem sie vor dem Josefinischen Um=
sturz war. Jede Union mit Ungarn sei abzuweisen. Alljährlich sollte
der Landtag zusammentreten, die Abstimmung wie bisher nach Kurien
stattfinden, die Regalisten mit ihren Kurien stimmen. Dem Landtag stehe
die Steuerbewilligung zu und die Kontrolle über deren Verwendung.
In der Hofkanzlei und im Gubernium seien wie beim Thesaurariat eine

entsprechende Anzahl sächsischer Räte anzustellen, die innere Verwaltung des Sachsenlandes sei eine innere Angelegenheit der Nation, in die das Land sich nicht zu mischen habe. Die Grenzstreitigkeiten auf Sachsenboden hätten von der Universität an den Hof — nicht an das Gubernium — zu gehen. Insbesonders solle die Nation gegen alle Eingriffe des Guberniums sicher gestellt werden. Das Recht des Eigentums der Nation auf ihren Grund und Boden müsse verteidigt werden, am besten werde es sein, die Angelegenheit nicht dem Landtag sondern dem Hof zur Entscheidung vorzulegen, denn der erstere sei Partei! Die gesamte Ordnung des Sachsenlandes, dabei auch die Zünfte, seien beizubehalten, wobei die Nation ihre Bereitwilligkeit zu einer zeitgemäßen Reform der Zünfte aussprach. Auch über den Martinszins werde es besser sein, nicht mit dem Landtag, sondern mit der Krone zu verhandeln. Über das Produktionalforum solle ein Gesetz gemacht werden, daß es nicht die sächsischen Rechte angreifen könne und das Unrecht des Ausschlusses der sächsischen Oberbeamten aus diesem Gerichtshof solle gut gemacht werden. Denunzianten dürften nicht geduldet werden, sie seien die sichersten Merkmale des Despotismus. Da alle Menschen frei geboren seien, so sei die Leibeigenschaft den Naturgesetzen zuwider und darum illegal, die Ordnung des Verhältnisses zwischen Herrn und Untertan sei Aufgabe des Landtags.

Die bösen Erfahrungen des letzten Jahrzehnts sprachen mit, da sie feststellten, daß der Fürst kein Recht habe, mit Umgehung der gesetzgebenden Gewalt, die dem Landtag zustehe, Gesetze zu geben; tue er's doch, so seien sie nichtig. Kein Gesetz könne ohne Zustimmung der Stände zustande kommen. Könnten sie sich nicht einigen, so entscheide der Fürst, indem er einer Meinung beipflichte.

Die Schulen und frommen Stiftungen der einzelnen Nationen sollten unberührt bleiben, die sächsische Nation werde ihre Schulen abgesondert verwalten und werde die Schuleinrichtungen andrer Nationen nicht stören.

Wie die Erlöschung der Nation vor Jahren im Lande publiziert worden sei, so solle die Restitution verkündigt werden und es sollten alle Hofdekrete und Entscheidungen, in denen der Ausdruck „erloschene sächsische Nation" vorkomme, als gesetzwidrig vertilgt werden.

In bezug auf die Taktik, über die die Meinungen in Einzelfragen auseinandergingen, wobei Kronstadt mit den realen Mächten weniger rechnete und ein direktes Losgehn aufs Ziel befürwortete, Komes Brukenthal vorsichtiger den Verhältnissen Rechnung tragen wollte, einigte man sich unschwer und vor allem war das Ziel eines, es solle alles auf den Stand vor 1780 zurückversetzt werden!

Wie verschieden war doch die Stimmung in der gleichzeitigen französischen Revolution und hier! Dort schlug ein empörtes Volk die alten Formen in Trümmer, die ihm schmachvoll für die Menschheit und ungeeignet für die eigene weitere Entwicklung zu sein schienen und es brach mit seiner Vergangenheit so gründlich, daß keine Brücke mehr zu ihr zurückführte. Hier hatte ein Herrscher gegen den Willen des Volkes das Alte vernichtet und da er gezwungen war, den unhaltbaren Bau, den er aufgeführt, selbst zusammen zu reißen, legte das Volk die alten Steine wieder auf einander, das Haus frisch zu errichten, in dem es solange befriedigt gewohnt und das sein Gemüt und seine Liebe nun doppelt inbrünstig umfaßte.

Aber unberührt war doch auch das sächsische Volk und waren auch seine Vertreter von der neuen Zeit nicht geblieben. An mehreren Punkten wurde die Möglichkeit und Notwendigkeit der Fortbildung der bestehenden Zustände anerkannt. Gerade die Denkenden sahen nicht ohne Sorge in die Zukunft. Daß zunächst der Landtag schwere Arbeit, heißen Kampf bringen werde, wußten sie. Darum bedauerten gerade die Einsichtigen, daß die Vorbereitung nicht gründlicher möglich gewesen. Daß Bürgermeister Rosenfeld im Sommer zum Homroder Sauerbrunnen zur Erholung ging, konnte nicht als solche angesehen werden, während der Adel und die Szekler schon in den letzten Jahren Josefs eifrig mit Vorbereitungen für die Tage der Wendung sich beschäftigt hatten.

Der Landtag war am 5. November für den 12. Dezember 1790 ausgeschrieben worden, u. zw. nach Klausenburg. Der Hof, ein Teil des Landes wünschte Hermannstadt, ein Teil des Adels und der Gubernator Klausenburg. Die nationale Frage spielte wesentlich hinein, wie Klausenburg für die Verlegung des Guberniums dorthin ins Feld führte: es gereiche der ungarischen und szeklerischen Nation zur Schande, wenn das Gubernium auch ferner in einer sächsischen Stadt bleibe. Die sächsische Nation tat keine Schritte nach dieser Richtung. Sie meinte, so ein Landtag habe doch auch viele Ungelegenheiten für die Stadt und wenn die Landesämter von Hermannstadt verlegt würden, könnten die vielen Leute, die dort bisher in niedern Stellen gedient, sich besser dem Gewerbe und Handel widmen, der Luxus werde in Hermannstadt nachgeben und die Nation davon Vorteile haben. Gegen den Willen des Kaisers und des Generalkommandos ließ Banffi das Archiv des Guberniums, die Kasse usw. nach Klausenburg führen und damit war die Entscheidung gegen Hermannstadt gefallen. Auch das Gubernium übersiedelte nach Klausenburg und blieb dann dort.

Da die Wege außerordentlich schlecht waren, konnten die Deputierten am bestimmten Tage nicht eintreffen und die Eröffnung des Landtags zog sich bis 21. Dezember 1790 hinaus. Die sächsischen Abgeordneten waren, ein Ausdruck der Freude des Volkes an dem großen Ereignis, in sächsischen Orten zum Teil von Banderien empfangen worden, und Segenswünsche geleiteten sie zum großen Werke. Die Mediascher Abgeordneten waren vier Tage bis Klausenburg gefahren, in mehreren Wagen; 29 Stück Vieh, abwechselnd Pferde und Ochsen waren nötig gewesen, die Straße zu überwinden.

Auch als die Stände ziemlich beisammen waren, konnte der k. Bevollmächtigte FML. Baron Christian von Rall die Eröffnung nicht gleich vornehmen, denn es fehlten die verfassungsmäßigen Organe, ohne die der Landtag nicht tagen konnte, weder das Gubernium, noch der Gouverneur, noch die Protonotäre, auch der Ständepräsident waren nicht gewählt. Die Nationen einigten sich darüber, man solle die Träger der Ämter darin vom Lande bestätigen, damit der Landtag endlich eröffnet werden könne.

Es geschah am 21. Dezember mit den üblichen Formalitäten. Die erste Sitzung beschloß zugleich, „mit einmütigem Willen, daß zum Ruhm unsres Vaterlandes und unsrer Nation, und auch andrer Nationen richtigem Beispiel folgend, das Verhandlungsprotokoll dieser Versammlung in der vaterländischen magyarischen Sprache abgefaßt und durch den Druck zur allgemeinen Kenntnis gebracht werden solle". Die Korrespondenz mit dem Hofe und die Beschlüsse wurden in lateinischer Sprache abgefaßt. Am 22. Dezember sprach der Ständepräsident Graf Wolfgang Kemeny, nachdem er den Amtseid geleistet: „Wir sind eines Hausherrn Kinder, eines Vaterlandes eingeborne Söhne; in einem dreifachen Band ist dieses Großfürstentum stark; durch die Schwächung welches immer von diesen werden auch die andern kraftlos; darum lassen Sie uns jedem das Seine geben; ferne von uns sei Mißgunst und gegenseitiges Herabzerren; dadurch werden wir noch so glücklich sein, daß unsre gute Sache, die in unserm Wortstreit zerrüttet und verschüttet worden, durch unsre einträchtige Liebe verjüngt erstehen und groß wachsen wird." Am 23. Dezember geleitete der Adel in farbenprächtigem Aufzug den k. Kommissär Baron Rall in den Landtag, wo er in klassischem Latein die Stände in schwungvoller Ansprache begrüßte, und als der Gouverneur ebenfalls lateinisch geantwortet, schwuren die Stände in derselben Sprache den Treu- und Huldigungseid, worauf der k. Kommissär im Namen Seiner Majestät den Eid auf die Verfassung ablegte. „Siebenbürgen stand wieder auf dem Boden seiner Gesetze und seines alten Staatsrechts."

Festlicher Jubel schloß den Tag. Auf dem Markt in Klausenburg floß nach altem Brauch der Wein aus dem Fasse und Silbermünzen wurden unter das Volk geworfen. Die Stände waren Gäste des k. Kommissärs und die Straßen der Stadt waren bis tief in die Nacht hell erleuchtet.

Am 31. Dezember schloß der Landtag das Jahr mit der Ablegung des Unionseides, in dem die Stände sich gegenseitig gelobten, alle Gesetze der rezipierten Nationen und Konfessionen zu achten, zu verteidigen, was für das Wohl des Vaterlandes heilsam erscheine zu fördern, der gerechten Sache aller und jedes einzelnen zu Hülfe zu kommen. Einige „hitzige sächsische Deputierte" erwogen, ob sie sich nicht weigern sollten, den Eid magyarisch abzulegen — sie dachten an die deutsche Muttersprache oder an die lateinische Sprache — aber „der klügere Teil der Nationaldeputierten" wies darauf hin, daß der Unionseid nie anders als magyarisch abgelegt worden sei und so schwuren alle anstandslos. Der Landtag, der schon gemeint hatte, die Sachsen wollten sich von den andern Nationen trennen, nahm den Schwur der Sachsen mit großem Jubelgeschrei auf, die Mitglieder umarmten und küßten sich, „nicht anders als ob nun alle Besorglichkeiten der gewaltsamen Illegalitäten beseitiget, und die Rechte und Freiheiten des Vaterlandes, eines jeden Volkes und jedes einzelnen auf ganze Generationen gesichert wären". Als abends landständischer Ball war, tanzte der 88 Jahr alte Graf Paul Haller mit der mehr als 80jährigen verwitweten Gräfin Bethlen und Heydendorff forderte einen Szekler und einen ungarischen Deputierten auf und alle drei tanzten mit zusammengelegten Händen miteinander brüderlich und alle frohlockten!

Aber die Gegensätze saßen tiefer, als daß sie durch die Einigkeit in der Freude hätten versöhnt werden können.

Der siebenbürgische Landtag war noch immer die unförmliche Versammlung von ehemals. Zu ihm gehörten zunächst das Gubernium — 17 Räte und 15 Sekretäre — dazu der Gouverneur, der Präsident der k. Tafel und die 10 Beisitzer, 3 Protonotäre, 18 Oberbeamte der Komitate, Szeklerstühle und Distrikte, 1 Abgeordneter des Karlsburger Domkapitels, 3 Abgeordnete der aufgehobenen Abtei Kolosmonostor, 8 Vertreter von adligen Witwen, 33 Abgeordnete der Komitate, 17 Deputierte der Szeklerstühle, 27 Abgeordnete der sächsischen Stühle und 38 Vertreter der 19 Taxalorte, dazu 232 Regalisten d. i. von der Krone berufene Magnaten und Edelleute. Da 5 Komitatsabgeordnete zugleich als Regalisten anwesend waren, zählte der Landtag 419 Mitglieder, darunter 119 gewählte Abgeordnete, 300 waren infolge ihres Amtes oder als Regalisten anwesend. Dem Adel gehörten 349, dem Bürgerstand 70 an; die beiden „Nationen" der Ungarn — der Adelsboden — und der Szekler waren durch 384 Mitglieder vertreten, die Sachsen, der dritte Landstand, durch 35! Das Steuerverhältnis im Jahr 1791 war: Die ungarischen Komitate zahlten bei der Steuerfreiheit des Adels 719.220 Gulden, das Szeklerland 136.431 Gulden, das Sachsenland 489.320 Gulden, die Taxalorte 44.616 Gulden!

Die Verhandlungen geschahen auf Grund von k. Propositionen oder über Initiative aus der Mitte des Landtags. Die Debatten wurden magyarisch geführt. Mehr als einmal wurden sie so heftig und stürmisch, daß alle es mißbilligten — und bei nächster Gelegenheit wiederholte sich das Schauspiel. Wiederholt gab der Präsident gegenüber der „unanständig tobenden Art" seinen Unwillen kund und bat sich anständiger zu benehmen, immer umsonst. Waren die Meinungsverschiedenheiten zu groß, sei es inmitten der Stände, sei es zwischen den Ständen und der Krone, dann riefen sie das Gubernium in die Sitzung, das ihr nicht immer beiwohnte, damit es vermittle. Die Beschlüsse wurden nicht durch Abstimmung nach Köpfen gefaßt, sondern die drei ständischen Nationen stimmten als solche, wie sie es in ihren abgesonderten Nationalversammlungen beschlossen hatten. Ein rechtsgültiger Beschluß erforderte die Zustimmung aller drei Nationen, so konnte keine vergewaltigt werden und darin lag eine Sicherung der Minderheit. War ein Gesetz beschlossen, so erfolgte in offener Sitzung die feierliche Besiegelung mit den drei Landessiegeln, von denen eines bei den Komitaten, das zweite bei den Szeklern, das dritte bei den Sachsen in der Hand des Provinzialbürgermeisters verwahrt wurde. Bei der ersten Gelegenheit, wo die Siegel in diesem Landtag gebraucht wurden, stellte sich die überraschende Tatsache heraus, daß das Siegel der ungarischen Komitate nicht das echte war, das früher — unbekannt wann — verloren gegangen und durch ein anderes ersetzt worden war. Die so beschlossenen Gesetze unterlagen, und zwar wieder seit 1744, der Bestätigung der Krone. Geschah diese einfach, indem sie die Beschlüsse des Landtags billigte, so kam das bestätigte Gesetz wieder an den Landtag, wurde dort zur Kenntnis genommen, und nun erfolgte die Authentifikation und Bekanntgabe des Gesetzes. Hatte aber die Krone, was häufig vorkam, Änderungen an den Landtagsbeschlüssen vorgenommen, so hatte der Landtag das Recht, eine abermalige Beratung vorzunehmen und wenn er sich den Änderungen der Krone nicht anschloß, mußten die Artikel wieder dem Hof vorgelegt werden, so daß ein mehrfaches Hin- und Herschieben nicht ausgeschlossen war.

Die führenden Männer des Klausenburger Landtags waren unter dem Adel vor allem der Gouverneur Graf Georg Banffi, dessen Verstand und Klugheit, Mäßigung und Ruhe, Bildung und Menschenliebe alle, die ihn kennen lernten, nicht genug rühmen konnten. Auch den Sachsen war er wohlgesinnt, er äußerte sich, wer Wissenschaft, Künste, Ordnung und gute Sitten, wer Kultur in Siebenbürgen finden wolle, müsse zu den Sachsen gehen; er wünschte, die ungarische Nation wäre wie die sächsische. Nur ganz ausnahmsweise verließ ihn den Sachsen gegenüber sein angeborener Gerechtigkeitssinn. Ähnlich war der Präsident der k. Tafel Graf Paul Bethlen, viel erfahren in der Geschichte und den Geschäften des Landes, ein gerechter und billig denkender Mann. Dagegen wußte der Ständepräsident Graf Wolfgang Kemeny seine Abneigung gegen die Sachsen nicht immer zu bemeistern.

Auch Baron Simon Kemeny gehörte zu den einflußreichen Männern, ein Diplomat, der sich in die Verhältnisse zu schicken wußte und nach Beschaffenheit der Umstände sich richtete, dabei von Welterfahrung, feinen Formen und ungewöhnlicher Beredsamkeit.

Das genaue Gegenteil war Baron Nikolaus Wesselenyi, eine Gestalt wie aus den Zeiten des Faustrechts. Gewalttätig und unbändig hatte er mit der halben Welt Streit; seinen Nachbarn, den Grafen Haller, wollte er in seinem Schloß wegen eines aus dem Dienst Wesselenyis entwichenen Reitknechts, der zu Hallers Gerichtsbarkeit gehörte, übrigens aus dem Gefängnis, in das ihn Haller gesteckt hatte, entwichen war, überfallen und belagerte ihn mit einem aus einem halben Tausend bestehenden „Heer", das er aus seinen Jobbagyen aufgeboten hatte. Wegen öffentlicher Ruhestörung wurde er auf die Festung Kufstein gebracht und dort mehrere Jahre gefangen gehalten. Ohne Besserung 1789 begnadigt, zeigte er seine ganze Wildheit, die bei dem jähzornigen Mann unberechenbar war, auch auf dem Landtag, von dem ihn fern zu halten der Gouverneur und andre sich umsonst bemüht hatten. Er war ein glaubenseifriger Reformierter, ein rücksichtsloser Verteidiger der adligen Freiheiten und seine ungezähmte Leidenschaft trug viel dazu bei, die Verhandlungen turbulent zu machen.

Unter den Szeklern ragte ein Graf Nemes hervor, der aber sein Glück durch Abfall zum Katholizismus gemacht hatte; er galt für klug, erfahren aber „von schlechter Moralität und mithin auch von unbestimmtem Charakter, entschlossen sich durch alle möglichen Wege wieder emporzubringen", beredt und von weltmännischen Formen. Die drei Protonotäre Csernatoni, Cserei und Thüri waren ungewöhnlich gebildete

Männer, in der Geschichte und Verfassung des Landes gründlich unterrichtet, der letztere der entschiedenste Anhänger des Bestrebens, die sächsische Nation in der ungarischen aufgehn zu machen.

Die sächsische Vertretung war, wie auch die der andern Nationen, eine gemischte Gesellschaft. Die bedeutendsten Männer waren der Komes Michael v. Brukenthal, dessen oben gedacht wurde, dann der Provinzialbürgermeister Fr. v. Rosenfeld, der Gubernialrat Soterius, der Kronstädter Stadtrichter M. Fronius und der dortige Abgeordnete Tartler, sowie der Bürgermeister von Mediasch Michael v. Heydendorff. Rosenfeld war ein wissenschaftlich gebildeter Mann, für die Rechte seines Volkes begeistert, aber eigensinnig und nicht leicht gewillt sich unterzuordnen. Auf dem Gebiet der vaterländischen Geschichte selbst schriftstellerisch tätig, hatte er an Schlözer die Aufforderung gerichtet, über die Sachsen zu schreiben. Es fehlte ihm die unbedingte Zuverlässigkeit des Charakters. Den beiden Mitnationen war er nicht angenehm, er sprach auch nur fehlerhaft ungarisch. Er schien ohne rechte Spannkraft auf den Landtag zu kommen, handelte vielleicht auch im Zusammenhang damit öfter eigenmächtig auch in wichtigen politischen Fragen. Seine Aufgabe war die Zusammenberufung und Leitung der sächsischen Abgeordneten zur Universität und während des Landtags zur Nationalversammlung. Vor dem Landtag hatte er versäumt, für die rechte Vorbereitung zu diesem wichtigen politischen Ereignis zu sorgen, auch in Klausenburg war er nicht dazu zu bringen, die wichtigen Beratungen der Nationalversammlung zu beginnen. Unter Heydendorffs Leitung ging die Universität zu ihm, um ihn dringend an seine Pflicht zu mahnen. Sie fanden ihn beim Kartenspiel und als M. v. Heydendorff ihn nachdrücklichst ermahnte, sich der Nationalsachen anzunehmen und auf die Verantwortung hinwies, die ihn in erster Reihe für alle Versäumnis treffe, ließ er sich nicht stören, antwortete nichts auf die Vorstellungen, sondern sagte im Spiel fortfahrend zu einem Mitspieler: „Schlagen Sie den Spadilli her." Trotzdem hat er auf dem Landtag mehr wie einmal in kritischer Lage seinen Mann gestellt.

Der Gubernialrat Soterius v. Sachsenheim war schon früher mit den politischen Fragen des sächsischen Volkes eng verflochten, an den Vorbereitungen zu dem Widerstand gegen die Josefinischen Einrichtungen hatte er regen Anteil genommen, war — wie nahezu sämtliche höhere Beamten der sächsischen Nation — ein genauer Kenner des Rechts und der Geschichte seines Volkes und bereit, für dieses einzutreten.

Auch vom Kronstädter Stadtrichter Michael v. Fronius konnten die Genossen die Kenntnis der Landesgeschichte und der sächsischen

Geschichte rühmen, von seinen schriftstellerischen Werken war „über das ausschließende Bürgerrecht der sächsischen Nation auf ihrem Grund und Boden" im Namen der Nation herausgegeben worden, aber er war mit dem Herzen nicht bei seinem Volk. Seine Kinder gingen mit seiner Hülfe sämtlich ihrem Volk verloren, ein Teil auch dem evangelischen Glauben und er selbst furchtsam und habsüchtig, hielt mit seinen Gesinnungen zurück und verkehrte mit wenigen Leuten.

Sein Mitabgeordneter von Kronstadt J. Tartler war eine andre Natur. Er hatte in lustigem Studentenleben die Welt kennen gelernt, viel gelernt, erst Theologie dann Jura, rührig und tätig wußte er überall so mitzutun, daß er keinen Nachteil davon hatte, doch hielten die ihn kannten ihn keiner niedrigen Handlung fähig. Vielgeschäftig hatte er sich in Kronstadt eine Stellung zu schaffen gewußt und mit Umtrieben es durchgesetzt, daß er neben den ordentlichen drei Deputierten von Kronstadt als Deputierter von der Kommunität in den Landtag gewählt wurde. Er spielte sich äußerlich auf den Weltbürger hinaus, der nur sich, nicht Volk und Vaterland habe, aber an dem Kampf für die nationalen Güter nahm er in Wort und Schrift guten Anteil.

Der Mediascher Bürgermeister M. v. Heydendorff gehörte zu dem Schlag der tüchtigen sächsischen Beamten, deren es nicht Viele gab. Außerordentlich fleißig, nicht nur ein Sammler sondern auch geschmackvoller Darsteller, wie seine außerordentlich bedeutsame und interessante Selbstbiographie beweist, von umfassendsten Studien auf dem Gebiet der Geschichte, Kenner der Literatur seiner Tage, war er getragen von dem Bewußtsein, daß seine Arbeit als Beamter und auf den Gebieten, die sich ihm sonst öffneten, im Dienst des Volkes stehe, berufen diesem zu dienen und glücklich im Gedanken, daß seine Nachkommen ihm ein rühmliches Andenken bewahren würden. Bei allem Bürgerstolz, den er hatte und bewährte, imponierte ihm der Adel, dessen Freundschaft er suchte und dessen Gunstbezeugungen wie die der Mächtigen überhaupt ihm wohl taten. Aber neben kleinlicher Eitelkeit stand doch überwiegend die innere Tüchtigkeit, die in Arbeit und Pflicht nicht das ihre suchte, sondern das Wohl des Ganzen, getragen von einer Frömmigkeit, die stark genug war auch im Leide nicht zu verzagen. Den Angehörigen der treueste Freund und Helfer war er in den Fragen der politischen Aktion für die mildere Tonart, den Gegner nicht verletzen, nichts Übermäßiges verlangen, aber auf dem eignen Rechte beharren, ein Mann, an dem auch der Nachfahre noch seine Freude haben kann.

Neben diesen Männern nun eine ganze Anzahl der verschiedensten Vertreter, gute Leute aber unbedeutend, denen schon diese Klausenburger Welt als eine zu große erschien, um in sie sich hineinzufinden, dann andre, die ihr Glück zu machen suchten, und auch solche, wie der Bistritzer Deputierte Frank, der ein Konvertit war und dem daher niemand recht traute.

Immerhin war der Geist der sächsischen Vertreter als Gesamtheit, von jenen Besten geleitet, auf das Ziel gerichtet, dem Volk zu dienen. Die wichtigsten Angelegenheiten wurden in der Nationalversammlung, die beim Provinzialbürgermeister zusammen kam, verhandelt; neben den Deputierten kamen in diese auch die sächsischen Beamten der Dikasterien, unter diesen besonders Gubernialsekretär v. Straußenburg, ein Mann von Verstand und Herz, Mut und Sprache und der Gubernialkonzipist Seivert, ein gelehrter und fleißiger junger Mann.

Die eigentliche Führung wäre am besten in des Komes Brukenthal Hand gewesen. Aber bei seinem etwas zurückhaltenden Wesen, angesichts dessen es doppelt zu bedauern war, daß der alte Gouverneur Samuel Brukenthal die Berufung als Regalist nicht angenommen hatte — was ja übrigens erklärlich war — fiel sie in die Hand Fr. v. Rosenfelds. Es mochte dabei auch maßgebend gewesen sein, daß Rosenfeld als ein Gegner, Brukenthal als ein Freund des ungarischen Adels galt, und im sächsischen Volk hatte eine böse Erfahrung aus vielen Jahrhunderten ein berechtigtes Mißtrauen gegen den Adel groß gezogen. Als die Gegensätze im Landtag sich zuspitzten, da ging im Volk das Gerücht, Brukenthal, Heydendorff und Straußenburg, die durch ihre Beziehungen zum Adel die Vermittler zwischen ihm und den sächsischen Vertretern waren, seien mit dem Adel einverstanden und infolgedessen hielten die sächsischen Vertreter es für angezeigt, noch einige angesehene Männer aus der Nation — den Hermannstädter Stuhlrichter Bransch, den Senator Enyeter von Kronstadt, den Königsrichter Schuster von Mediasch und von Bistritz den Senator Bertlef — nach Klausenburg zu rufen, damit sie die Geschäfte mit eignen Augen sähen, um eventuell an deren Besserung mitzuhelfen.

Gegen Ende des Landtags, am 6. Mai 1791, war von Kronstadt auch Georg v. Herrmann eingetreten, einer der tüchtigsten und kenntnisreichsten Männer nicht nur der Stadt sondern der Nation. Seine Geschichte des sächsischen Volkes, die er unter dem unscheinbaren Titel „Das alte und neue Kronstadt" schrieb, ist eine hervorragende Quelle für die Geschichte des 18. Jahrhunderts, besonders auch der zweiten Hälfte, die der Verfasser mit erlebte. Er besaß, was seinem Mitdeputierten Fronius so sehr abging, das Herz für sein Volk und die warme Begeisterung für dieses wie für seine Kirche.

Für den ganzen Gang der Geschäfte war es kein glückliches Zusammentreffen, daß der Bruder des Bürgermeisters Rosenfeld, obwohl nicht in Klausenburg anwesend, der Gubernialrat Andr. v. Rosenfeld Einfluß auf die sächsischen Angelegenheiten gewann.

Andr. v. Rosenfeld hatte in wechselvoller Jugend, erst als Gardist, dann nach umfassenden Studien als Beamter in verschiedenen Stellungen Welt und Menschen kennen gelernt und mannigfaltige Erfahrungen gesammelt. Er war mit Kronenthal in Freundschaft, die wesentlich durch die Feindschaft gegen den Gouverneur Brukenthal zusammengehalten wurde. Durch Josefs Eingreifen war er fast zufällig Obergespan des neuen Hermannstädter Komitates geworden und zeigte bei dieser Leitung viele gute Eigenschaften. Aber sein leitender Gesichtspunkt war, dem Landesherrn zu Diensten und Willen zu sein, bei dem Adel war er verhaßt. Nach kurzem Amt als Obergespan in Munkatsch in Ungarn, gelang es ihm, ohne Mitwirkung der Stände und der sächsischen Nation, Hofrat zu werden, dort machte er einen verrufenen Hofsekretär Somlyai zum Referenten der sächsischen Angelegenheiten, statt sie selber in die Hand zu nehmen, was eine Quelle bösester Verwirrungen in den folgenden Jahren wurde, doch hat auch er später als Hofrat mehr wie einmal in wichtigster Angelegenheit wacker das Recht seines Volkes vertreten. Von seinem Bruder wurde er im laufenden erhalten über das, was in Klausenburg geschah und man mutmaßte, daß durch ihn der Kaiser von manchem unterrichtet werde, was Rosenfeld natürlich von seinem Standpunkt darstellte. Die gemäßigten Sachsen auf dem Landtag schrieben seinem Einfluß die Haltung eines Teils der sächsischen Deputierten gegen den Adel zu.

Vielleicht mit Unrecht. Denn die kühl abwehrende Haltung der Sachsen gegen den Adel, die in der Regel nur auf Verteidigung des eigenen Rechts gerichtet war, war eine Antwort auf die Haltung des Adels den Sachsen gegenüber. Diese Haltung war charakterisiert durch den Hochmut des Adels gegenüber dem Bürger- und Bauernvolk, das er — wenige dankbar anerkannte Ausnahmen herausgehoben — nicht verstehen wollte und teilweise nicht verstand und durch das neuerwachte nationale Selbstgefühl der Magyaren, dem das deutsche Wesen des sächsischen Volkes unsympathisch war und die einen Teil des Grimmes, den sie gegen Josefs Einrichtungen berechtigterweise empfunden hatten, unberechtigt an den Sachsen ausließen. Dazu kam natürlich die Verschiedenheit der Lebensinteressen der beiden von einander völlig verschiedenen Stände. Noch bevor der Landtag in Klausenburg eröffnet wurde, fürchteten die Sachsen, sie würden in der nichtsächsischen Stadt vom Adel verachtet und beleidigt werden. Der Adel hatte die gleiche Befürchtung, doch gaben seine führenden Männer sich und den Sachsen das Wort, daß sie ihnen alle Ehre und Liebe erzeigen wollten und keine Beleidigung dulden wollten. In der Tat hielten die Höchsten und Gebildetesten von ihnen das Versprechen, halfen auch andre zurechtweisen, aber von der Masse des Adels galt doch Herrmanns drastisches Wort: „Sie verrieten ihre hunnische Denkungsart bei jeder Gelegenheit, wo die Universität Bedenken fand, zu ihren Beschlüssen blindlings ja zu sagen!" Sie trauten den Sachsen nicht und hielten sich für besser als sie. Es bezeichnete die Richtung ihrer Gedanken, wenn der wilde Wesselenyi sagte, man dürfe nicht in das Gesetz schreiben, nur ein Edelmann von moralischem Charakter könne Mitglied des Landtags sein, denn Edelmann sein und einen moralischen Charakter haben, sei eins, und wenn er wollte, sämtliche Edelleute sollten Mitglieder des Landtags sein! So wurden die Ersten der Nation zu den privaten Besprechungen der Ersten der beiden andern Nationen nicht zugezogen und die Nation wußte selten im voraus, was im Landtag vorkommen werde. Bei den glänzenden Gesellschaften des ungarischen Adels hatten nur Adlige Zutritt, kein Bürgerlicher. Und was die nationale Richtung des ungarischen Adels betraf, so zeigte er schon äußerlich die Wandlung der Zeit. Unter Josef II. konnten nur wenige aus dem Adel nicht deutsch reden und schreiben, sie hatten die deutsche Tracht angenommen, trugen das Haar nach der deutschen Mode, der Gouverneur Banffi trug in Hermannstadt deutsche Schuhe und Strümpfe, und redete nahezu ausschließlich deutsch, selbst wenn er ungarisch angeredet wurde. Das änderte sich sofort mit Josefs Tod, die deutsche Sprache wurde verbannt, ungarische Kleidung verdrängte die deutsche, die langen Haare wurden geschnitten, die „nationalen" Schnurrbärte gepflegt und je gewaltsamer alle nationalen Regungen unterdrückt worden waren um so entschiedener traten sie zutage.

Auf den ganzen Gang des siebenbürgischen Landtags übte der Gang des ungarischen Reichstags, der in Preßburg zusammengetreten war, bedeutsamen Einfluß und wenn früher schon die Entwicklung des öffentlichen Geistes in beiden Ländern parallel gegangen war, von nun an war das noch mehr der Fall. Das Ziel beider war das gleiche, die alte Verfassung wieder herzustellen und dann solche Bürgschaften zu schaffen, daß eine Wiederkehr der letztjährigen Erfahrungen unmöglich sei. Es lag ebenso in der Natur der Dinge wie der Menschen, daß sich mit diesem Ziel das andre verband, daß jede der drei ständischen Nationen und der vier rezipierten Konfessionen die eigene Stellung zu befestigen, den eigenen Rechtskreis zu sichern trachtete.

Die königlichen Propositionen, die nur in allgemeinen Umrissen gehalten waren, sprachen die Absicht des Königs aus, das Land auf den Boden der alten Gesetze zu stellen, aber sie deuteten doch die Notwendigkeit gewisser Reformen an. Vor allem verlangten sie einen Organisationsplan für die Landtage, um die eingeschlichenen Mißbräuche auszurotten, die überflüssigen Ausgaben zu verringern, eine bestimmte der Würde und dem Ernst der Sache entsprechende Ordnung in die Verhandlung der öffentlichen Geschäfte zu bringen. Ebenso verlangten sie Verbesserung der Rechtspflege, Milderung der Strafen, Regelung der Untertänigkeitsverhältnisse, Verbesserung des Steuersystems, alles auf den alten Grundlagen und ohne Umsturz der bestehenden Verhältnisse. So konnte es nicht anders sein, als daß das gesamte Staatsleben, daß alle bewegenden Gedanken des öffentlichen Lebens jener Zeit zur Sprache kamen. Es war dabei ein großer Mangel, daß es keine Geschäftsordnung gab. Willkürlich und zufällig wurden die Gegenstände zur Behandlung gebracht, derselbe Gegenstand in weit von einander abliegenden Sitzungen behandelt, so daß Wiederholungen und langwieriges Hinausziehen der Fragen fast unvermeidlich waren. Verhältnismäßig spät, erst im April kamen sie auf den verständigen Gedanken, neun „systematische Deputationen," Kommissionen würden wir heute sagen, einzusetzen, denen die Vorbereitung der wichtigern Angelegenheiten zugewiesen wurde.

Im März begann die sächsische Universität die Verhandlung der für die Nation außerordentlich wichtigen Frage, der Organisation des Landtags. Nach eingehendem Meinungsaustausch erhielt Tartler den Auftrag, einen Plan auszuarbeiten und der Universität vorzulegen. Noch bevor das geschah, überreichte S. Kemeny dem Landtag ein von der ungarischen Nation ausgearbeitetes Operat über diese Frage, doch setzte der Landtag einen Ausschuß von 15 Mitgliedern, darunter vier Sachsen, ein, um eine Vorlage über den Gegenstand auszuarbeiten. Die sächsische Universität beriet die Sache auch in ihrer Mitte und entwarf einen Organisationsplan, in dem drei Grundsätze aufgestellt oder besser aus der Vergangenheit festgehalten wurden: Rechtsgleichheit der drei ständischen Nationen auf dem Gebiet der Landesgesetzgebung, die Beschränkung der Gesetzgebung des Landtags auf allgemeine Landes=

angelegenheiten und solche, die den drei Nationen gemeinsam seien, so daß die Innerangelegenheiten jeder Nation „nach der Natur der Union", der eigenen Entscheidung überlassen blieben. Schließlich wurde die Abstimmung nach Nationen festgehalten und — wie bisher — die Übereinstimmung aller drei zu einem Gesetz gefordert. Sie sahen voraus, daß es einen harten Kampf geben werde, aber die Universität erklärte es für unverletzbare Pflicht, „sich durch die bekannte Zudringlichkeit und das Toben der Mitstände, so bei Verhandlung dieses Plans wahrscheinlich erfolgen dürfte, keineswegs irre machen zu lassen", und eventuell auf Vorlage des Plans an den Hof zu bringen. Die Arbeit der systematischen Deputation behandelte eine ganze Reihe von Fragen, die mit der Landtagsorganisation in keinem Zusammenhang standen, und hatte das unverhüllte Ziel, die Macht der Krone vielfach zu beschränken, war zum Teil auch eine Antwort auf Josefinische Einrichtungen und Anordnungen, so der Antrag, die Denunzianten mit Landesverweisung zu bestrafen, und die Bestimmung, der König dürfe keine willkürlichen Verordnungen erlassen, die mit den Landesgesetzen in Widerspruch stünden. In bezug auf den Landtag beantragten sie: er solle jährlich abgehalten werden und das Gubernium zur Einberufung verpflichtet sein, die Zusammensetzung bleibe die bisherige, doch sollten die Regalisten von den Jurisdiktionen gewählt, dem Gubernium vorgeschlagen und von diesem sofort einberufen werden. Sie sollten übrigens mit den Deputierten der betreffenden Kreise stimmen. Könnten sich die Nationen über einen Beschluß nicht einigen, so habe die Mehrheit der einzelnen Stimmen zu entscheiden. Wesselenyi ging weiter: Der gesamte Adel solle Mitglied des Landtags sein, auf der Ebene bei Thorda zusammenkommen und auch ohne Einberufung der Regierung zusammentreten können. Es klang darin nicht nur sein Ideal der Adelsoligarchie durch, es war bei ihm und den Vielen, die seinen Worten Beifall zollten, die verblaßte Erinnerung an die Zeit, wo das alles in Siebenbürgen nahezu Wahrheit gewesen war, da im 17. Jahrhundert die Fürsten eine bloße Scheinexistenz hatten und die Landtagsbeschlüsse auch ohne weitere Bestätigung Gültigkeit hatten. Die Sachsen nahmen sofort Stellung gegen den Entwurf, sie bekämpften insbesonders die Abschaffung des Kuriatvotums und wollten die Ernennung der Regalisten als Kronrecht nicht preisgeben. Als dazu andre Schwierigkeiten kamen, das Gubernium überdies sah, daß Adel und Szekler von einem wirklichen Organisationsplan nichts wissen wollten, tat es den ungewöhnlichen Schritt, selber einen solchen zu machen und dem Landtag vorzulegen, der am 8. Juli zur Verhandlung kam. In 16 Paragraphen

waren in der Tat alle wichtigen Fragen behandelt. Darnach sollte die
Zusammensetzung des Landtags die bisherige bleiben, die Regalisten
aber aus Vorschlägen der Jurisdiktionen von der Krone ernannt werden,
die Deputierten aus den Nationen gewählt werden, u. zw. aus jedem Komitat,
Stuhl und Distrikt je zwei Abgeordnete, nur aus dem Hermannstädter Stuhl
und Kronstädter Distrikt je vier nach altem Brauche. Der Landesfürst
rufe den Landtag zusammen, der Ständepräsident führe den Vorsitz, bei
Anwesenheit des Guberniums der Gouverneur. Dieses solle bei allen
wichtigen Fragen anwesend sein, ebenso zur Wahrung der Kronrechte
wie der Rechte der Stände verpflichtet und solle stets bemüht sein, Uneinigkeit der Stände beizulegen. Als Gegenstände der Verhandlung wurden
bezeichnet: alle Fragen der Gesetzgebung, Gravamina des Landes und
der Nationen sowie Einzelner, die Kandidationen zu den Kardinalämtern, Steuerbewilligung und gewisse gerichtliche Verhandlungen. Die
Abstimmungen sollten nach Köpfen und nicht mehr nach
Nationen vorgenommen werden. Weil aber die Nationen durch
die Union zu gegenseitigem Schutz verpflichtet seien, so sollte folgendes
gelten: gar nicht verändert werden dürfen das Sukzessionsrecht des
Hauses Österreich und die Zugehörigkeit Siebenbürgens zur ungarischen
Krone, der Grundsatz, daß die gesetzgebende Gewalt geteilt sei zwischen
dem Fürsten und den Ständen, die Abhaltung der Landtage, die Rechtsgleichheit und Freiheit der rezipierten Religionen, das Recht, daß niemand
seinem ordentlichen Richter entzogen werden dürfe und ohne Richterspruch
niemand an seiner Person und seinem Vermögen Schaden leiden dürfe;
das Steuerbewilligungsrecht der Stände, das Leopoldinische Diplom und
die Freiheit des Adels. Eine Änderung der Union der Stände und die
Aufnahme in einen Stand sollte nur möglich sein unter allseitiger Übereinstimmung. Ohne Einwilligung der betreffenden Nation sollte nicht geändert werden dürfen: das Privatrecht der Ungarn und Szekler und
das Munizipalgesetz der Sachsen die Vertretungsarten bei allen dreien
wie: Komitatsversammlungen, Universität, Kommunitäten; die Wahl der
Beamten. Den Schluß bildeten Grundsätze der Geschäftsordnung, in der
u. a. bestimmt wurde, daß wie bisher das Siegel der Komitate beim
Albenser Obergespan aufbewahrt werde, das der Szekler beim Königsrichter des Udvarhelyer Stuhls, das der Sachsen beim Provinzialbürgermeister in Hermannstadt. Die Schriftstücke der Stände müßten
mit allen dreien gesiegelt sein. Zur Vorbereitung der Verhandlungs-
gegenstände sollten systematische Deputationen eingesetzt werden. Die
Landtagsverhandlungen sollten nicht öffentlich sein.

Die Sachsen nahmen sofort auch gegen diesen Entwurf Stellung, der durch eine Bestimmung vor allem ihnen unannehmbar erschien, die Aufhebung des Kuriatvotums, durch die sie mit einem Schlag jeglichen Einfluß auf die Beschlüsse verloren hätten. Sie erklärten, von ihren Sendern angewiesen zu sein, von der Abstimmung nach Nationen nicht zu lassen, sie hofften aber es verantworten zu können, wenn sie zu folgenden Grundsätzen ihre Zustimmung gäben:

„I. In allen Gegenständen der gesetzgebenden Gewalt, worüber Landesartikel abgefaßt werden sollten, müssen die Nationalvota Statt haben;

„II. Versaget eine Nation ihre Beistimmung, so muß ihre separate Meinung aufgenommen und der strittige Gegenstand dem Hof zur Einsicht vorgeleget werden;

„III. In allen übrigen mindern Gegenständen kann die Mehrheit der Stimmen entscheiden, jedoch müssen auch dann die Stimmen zweier Nationen als die Mehrheit der Stimmen betrachtet werden."

Fände dieser Vorschlag die Zustimmung der Stände nicht, so bäten sie, den sächsischen Organisationsplan und diese Erklärung dem Hof vorzulegen.

Es waren im wesentlichen dieselben Grundsätze, die die Sachsen in ihrem Organisationsplan aufgestellt hatten.

Eine leidenschaftliche Verhandlung knüpfte sich an diesen Gegenstand. Die Sachsen mußten den Vorwurf hören, sie hätten die Absicht, jede Beschlußfassung des Landtags unmöglich zu machen, die Grundverfassung und Freiheit des Adels umzustürzen. Dagegen konnten sie darauf hinweisen, daß die beantragte Änderung der Abstimmungsart das alte siebenbürgische Staatsrecht umstürze, indem das Gleichgewicht der Stände gestört, ja in gewissem Sinn auch der Einfluß der Krone beeinträchtigt werde, ein Argument, das bei den Ständen eher für den Gubernialantrag sprach. In der heißen Debatte begannen die Reihen auch der beiden andern Nationen sich zu lockern, die ganze Vorlage kam in Gefahr zu fallen, als es dem Gouverneur gelang, den Beschluß herbeizuführen: es solle der von den beiden Nationen angenommene Organisationsplan dem Hof samt der Mitteilung von der abweichenden Meinung der sächsischen Nation vorgelegt werden. Graf Bethlen drohte, wenn die sächsische Nation, wie sie es ohne Zweifel tun werde, ihren Plan zur Kenntnis des Hofes bringe, dann würden die beiden andern Stände Genugtuung verlangen.

In der Tat hielt es die Nation für ihre Pflicht, den Kampf für ihr gutes Recht nicht aufzugeben. Aus der Landtagsdeputation, die nach

dem Schluß des Landtags nach Wien geschickt wurde, legten sie dem
Kaiser Leopold II. eine eingehende Denkschrift vor, in der sie ihren
Standpunkt von Seite des Rechts, der Verfassung, der Landeswohlfahrt
verteidigten und für die Kuriatstimmen eintraten, weil die individuelle
Abstimmung „sie aus dem Gleichgewicht mit den zwei Nationen heraus=
setzte und ihren Einfluß in die allgemeine Gesetzgebung völlig unbe=
deutend machte". Das Gutachten der Hofkanzlei sprach sich gegen die
Sachsen aus, Andreas v. Rosenfeld gab vergebens Sondermeinung. —
Die Krone bestätigte im Wesen die Landtagsbeschlüsse, ja es wurde sogar
die Bestimmung gestrichen, daß über Eigen= und Sonderrechte einer
Nation nur mit ihrer Einwilligung ein Landtagsbeschluß gefaßt werden
könne. Dafür wurde aber ausdrücklich ausgesprochen, daß die abweichende
Meinung dem Hof vorzulegen sei. Die Union und die Pflicht gegen=
seitigen Rechtsschutzes war gleichfalls bestätigt.

Damit war das Kuriatvotum abgeschafft.

Den Sachsen blieb nun gegen mißliebige Beschlüsse des Landtags,
außer der zweischneidigen Appellation an die Entscheidung des Hofs,
nur eine Waffe übrig, die Verweigerung des Siegels, — es kam eine
Zeit, wo auch sie hervorgeholt werden mußte.

Auch die Vorlagen des judiziellen Ausschusses gaben zu Meinungs=
verschiedenheiten im Landtag, auch zu neuen Gegensätzen gegen die Sachsen
Anlaß, die sich an den Debatten über die meisten Punkte, sofern sie sich
auf das Sachsenland nicht bezogen, nicht beteiligten. Vereint mit den
Szeklern gelang es das Recht der Appellation an den Hof zu retten,
das der Adel aufgehoben wissen wollte, und die deutsche Sprache als
Amtssprache für die sächsischen Gerichte zu erhalten, was übrigens keinen
Anstand fand. Eine unangenehme Überraschung bildete für die Sachsen
der Antrag des Guberniums, es sollten die Geldstrafen ganz aufgehoben
und bloß Leibesstrafen gestattet sein. Die Sachsen hatten keine Ein=
wendung gegen die Bestimmung, sofern die beiden Stände sie auf ihren
Territorien angewendet wissen wollten, gegen deren Ausdehnung auf
das Sachsenland verwahrten sie sich sehr entschieden. In dem wieder
sehr erbittert geführten Kampfe zeigte sich vielleicht schärfer als sonst
noch, wie der Adel unfähig war, den Unterschied zwischen dem freien
sächsischen Bauern mit seiner Selbstregierung und seiner stolzen Ver=
gangenheit und den geknechteten Hörigen, der unter des Adels Joch
seufzte, zu begreifen. Der Gegensatz der Sachsen gegen die Leibesstrafe
wurde auf die Selbstsucht ihrer Beamten zurückgeführt, die das Geld
haben wollten, als ob die Geldstrafen nicht in die Kassen geflossen

wären! Die Sachsen erklärten, „die Würde der Nation, die Freiheit des Volkes und das Grundprivileg, kraft dessen alle Sachsen derselben Freiheit genießen, fordere es, daß man in bezug auf das Ausmaß der Strafe nicht einseitig vorgehe und angesehene und wohlhabende Personen wegen geringer Vergehen nicht mit derselben entehrenden Strafe belege wie größere Verbrecher oder gänzlich mittellose Personen. Übrigens sei nur ein Schritt vom Bürgertum zum Adel und gleichwie der Edelmann einen Vorzug darin zu finden glaube, wenn er nicht in eine Klasse mit seinen Untertanen gesetzt werde, ebenso lasse sich ein freier Sachse, gestützt auf seine Grundverfassung, nicht mit den Untertanen in eine Klasse der Prügel setzen." Gegen die Stimme der Sachsen kam der Beschluß zustande, daß fortan „das gemeine Bauernvolk" — der Ausdruck war absichtlich wegen seiner Unklarheit gewählt worden — „nur körperlichen Strafen" unterzogen werden solle! Auch hiegegen mußte die Nation, um ihrer Ehre Willen, die Entscheidung des Kaisers anrufen. In einer Vorstellung an Leopold II. führte sie aus: „Das ganze sächsische Volk, ohne Eine Klasse davon auszunehmen, steht auf einem Grad der Kultur, der seiner Freiheit angemessen ist, und der allenthalben in dieser Nation, wohin man kommt, in die Augen fällt. Diesem Volke, das durch Begriffe von Religion und Ehre bisher geführet worden ist und eben durch seine Gesetze und Verfassung diesen Grad der Kultur erreicht hat, oder auch nur einen Teil davon andre Strafgesetze, u. zw. knechtische geben, heißt seine Moralität verderben und seine Kultur untergraben. Es scheint zwar, daß man diese Einführung der körperlichen Strafen nur auf das sächsische Landvolk habe beschränken wollen, allein dieses Landvolk ist frei und aufgeklärt, hat richtige Begriffe von Ehre und Schande, befindet sich in einem, seinem Fleiß und seiner Freiheit angemessenen Stande; es hat mit den vorzüglichern Sachsen, mit den Beamten und mit dem Bürger in den Städten gleiche Rechte, gleiche Freiheiten, das gleiche Grundprivilegium, einerlei Gesetze und wird durch die sächsischen Deputierten auf den Landtagen mitrepräsentiert. Es gehört also zum populo und kann mit dem eigentlichen Bauernstand, der sich in den übrigen Teilen Siebenbürgens befindet, mit dem plebe rustica, nicht verglichen werden."

Die Vorstellungen hatten doch den Erfolg, daß der Hof bei der Bestätigung der Artikel hinzufügte, es könnte auch Gefängnis und Fasten bei Wasser und Brot als Strafe verhängt werden. Tatsächlich haben auch die Geldstrafen im Sachsenland niemals aufgehört.

Zu den wichtigsten Fragen, über die der Landtag verhandelte, gehörte die über die Union Siebenbürgens mit Ungarn, historisch inter=

essant und politisch bedeutsam. Welche Wandlungen und welche Entwicklung hatten doch diese partes regni Hungariae ultrasilvanae durchgemacht von den Tagen an, da sie von Ungarn her zuerst von den Magyaren besetzt, dann von deutschen Einwanderern kolonisiert, von walachischen Nomaden durchstreift worden waren. Das frühe schon selbständige Leben, das auf der Grundlage der Gleichberechtigung der drei ständischen Nationen erwuchs, schuf sich nach der Schlacht bei Mohatsch ein von Ungarn unabhängiges Staatswesen und es kamen Jahrzehnte im 17. Jahrhundert, in denen was an Förderung des Verfassungslebens und Schutz des Protestantismus in Ungarn überhaupt geschah, selten ohne Siebenbürgens Hülfe und Einfluß Leben gewann. Als Siebenbürgen 1691 durch das Leopoldinische Diplom zur ungarischen Krone zurückkehrte, da geschah es mit voller Aufrechthaltung der inzwischen errungenen Selbständigkeit und Unabhängigkeit von Ungarn. Was hätte damals auch zu näherer Vereinigung locken sollen? Einzig die katholische Partei im Lande wünschte, aber auch nur in der Form der Unterstellung des Landes unter die ungarische Hofkanzlei, eine nähere Verbindung, die die calvinische Partei aus religiösen Gründen, die Sachsen auch aus nationalen entschieden ablehnten. Siebenbürgen erhielt seine eigene Kanzlei. Im 18. Jahrhundert wandelte sich aber allmählich das Verhältnis der beiden Länder zu einander. Die Verwüstung, die jenes Jahrhundert auf dem Gebiet der Verfassung und der konfessionellen Freiheit und Gleichberechtigung in Siebenbürgen geschaffen hatte, übertraf jene in Ungarn, das größere Land entwickelte größere Kraft, sie wuchs im Widerstand gegen Josefs umstürzende Verordnungen und die Restitution der Verfassung Siebenbürgens war eine Folge der Vorgänge in Ungarn, die maßgebenden Einfluß auf die Stimmung und Entwicklung hier nehmen mußten. Damit erwachte in Ungarn das Verlangen nach einer engern Vereinigung mit dem Schwesterland. Als es auf dem Reichstag von 1741 in Preßburg zum erstenmal greifbare Formen annahm und die ungarischen Stände an Maria Theresia die Bitte richteten, Siebenbürgen mit Ungarn vereinigt und in Ungarn inbegriffen zu erklären, da erwiderte Maria Theresia, sie könne die Forderung nicht gewähren, denn sie wisse, daß die Union Siebenbürgens mit Ungarn eine Ungerechtigkeit in sich schließe. So erklärte der 18. Gesetzartikel von 1741 bloß, was nie bezweifelt worden war, daß Siebenbürgen ein Glied der heiligen ungarischen Krone sei und daß die Könige von Ungarn als solche das Land besitzen und regieren würden.

Die tiefaufregenden Ereignisse der Josefinischen Zeit brachten in Siebenbürgen den Gedanken eines Anschlusses an Ungarn zur Erwägung, u. zw. im Zusammenhang mit der Frage, was für Schutzwehren das Land etwa gegen eine Wiederkehr solcher Ereignisse aufrichten könne? Der Anschluß an das größere, mächtigere Nachbarland könnte vielleicht auch Schutz gewähren. Der Gedanke einer „Inkorporation" lag dabei allen völlig fern. Als im Sommer 1790 sich einige Komitate und Szekler Stühle an den ungarischen Reichstag wandten, da wünschten sie nur, das Inauguraldiplom und der Krönungseid des ungarischen Herrschers möchten auch die Verfassung und den Rechtsstand Siebenbürgens gewährleisten. Unter solchen Umständen war es natürlich, daß auch die Sachsen schon bei den Vorbereitungen zum Landtag auch die Union erwogen. Sie kamen zum Schluß, die Herstellung des Zustandes vor 1780 zu verlangen, also die Trennung der siebenbürgischen Hofkanzlei von der ungarischen, die Josef II. bekanntlich eigenmächtig vereinigt hatte. Rechtliche und nationale Gesichtspunkte bestimmten sie zur Abweisung jeder Union. Ein Gutachten der Kronstädter Kommunität und des dortigen Magistrats vom 6. März 1791 erwog eingehend die Vorteile und Nachteile der Union, um zum Schluß zu gelangen, daß „die höchst nachteilige Union" abgewehrt werden müsse, denn die Nation hätte jedenfalls nur Nachteile von ihr; die ungarischen Hofräte würden immer glauben, ihren Eid zu erfüllen, wenn sie einseitig die Sachen der Ungarn und des Fiskus gegen die Sachsen verteidigten, die ungarischen Stände würden nicht Geduld genug haben, sich der sächsischen Sachen anzunehmen; von hundert Punkten, die Ungarn beträfen, würde kaum einer für Siebenbürgen und unter diesen wieder kaum einer für die Sachsen passen.

Die Krone war gleichfalls gegen die Union. Leopold II. hatte seiner Meinung in einem Billett an den k. Bevollmächtigten Feldmarschallleutnant v. Rall schon am 5. November 1790 Ausdruck gegeben, daß er in eine Vereinigung der beiden Länder nicht willigen könne noch wolle und den Bevollmächtigten beauftragt, dafür zu sorgen, daß ein solcher Antrag unter den Ständen am besten gar nicht gestellt werde. Auch unter den Ständen war keine Neigung zu einer „Inkorporation" vorhanden, aber die Beibehaltung der vereinigten Hofkanzlei fand Anhänger. Besonders hatte die katholische Partei die Hoffnung, die nähere Vereinigung werde den Katholizismus im Lande stärken, während ein Teil der Reformierten aus nationalen Gesichtspunkten jener Vereinigung nicht abgeneigt war. In stürmischer Verhandlung einigten sich die Stände am 18. Januar 1791 vorläufig in der Bitte an den Hof, bis zu einer endgültigen Entscheidung der Stände solle die Hofkanzlei in der damaligen (vereinigten) Einrichtung bleiben. Als eine von den Ständen eingesetzte Kommission einen Plan über die Union vorlegte, kam es zu äußerst stürmischen Szenen. Die vorgeschlagene Vereinigung bestand im wesentlichen in der Beibehaltung der vereinigten Hofkanzlei, in der Forderung, daß der ungarische König bei seiner Krönung auch die Aufrechthaltung der siebenbürgischen Verfassung und Gesetze beschwören solle, der Gouverneur solle mit zwölf Abgeordneten der drei Stände und der vier rezipierten Religionen Siebenbürgens beim ungarischen Reichstag anwesend sein, sich aber in nichts einlassen, was über die erhaltenen Aufträge hinausgehe; die ungarischen Stände dürften nie ohne den Willen Siebenbürgens eine Inkorporation auch nur beantragen.

Die wesentlichste Frage war die der Vereinigung der Hofkanzleien. Die Sachsen hatten sich nochmals gegen jede Vereinigung entschieden, Brukenthal, Rosenfeld, Heydendorff führten das Wort: Siebenbürgen sei ein selbständiges Land, das bei der Vereinigung die Selbständigkeit verliere, die Entscheidung werde immer bei den Ungarländer Räten sein. Diese würden die von Ungarn doch ganz verschiedenen Siebenbürger Verhältnisse immer nach dem Gesichtspunkt ihrer eigenen Landesverfassung beurteilen. Die Sachsen fanden in diesem Kampf an den Unitariern, dann an mehreren aus dem Adel Unterstützung; für die „Independenz des Landes" wollten alle sorgen. Dem Hermannstädter Bürgermeister war in der Hitze der Debatte dies Zugeständnis entschlüpft, daß unter gewissen Bedingungen die Nation in einigen Punkten nachgeben werde. Da der Kommissionsvorschlag nicht Aussicht auf Annahme hatte, stellte S. Kemeny einen Vermittlungsantrag: die vereinigte Kanzlei solle in zwei Senate geteilt werden, u. zw. in einen ungarischen und in einen siebenbürgischen; eine gemeinsame Beratung solle nur über Verfassungsfragen und Landesangelegenheiten stattfinden. Bei dieser Teilung glaubten auch die Sachsen sich beruhigen zu können und stimmten für diesen Vermittlungsantrag, „wenn hinlängliche Präkaution geschaffen würde, daß die Munizipalgesetze und Rechte Siebenbürgens vollkommen gesichert, die sächsischen Publika aber vorzüglich in ihrem bisherigen Stand belassen und die Gefahr von ihnen auf immer abgewendet würde, nach dem Fuß der ungarischen Städte behandelt zu werden."

In diesem Sinn beschlossen denn die Stände am 7. März 1791 eine Repräsentation an Leopold II.; ängstlich wurde darin alles vorgesehen, was die Unabhängigkeit Siebenbürgens wahren, seine Verfassung und seine Rechte, darunter seine Landtage und Religionsfreiheit schützen konnte; eine Vereinigung der beiden Hofkanzleien wurde in obiger Form erbeten. Zugleich wurde ersucht, die Dreißigstämter (Zollschranken) zwischen Ungarn und Siebenbürgen, die Josef II. aufgehoben hatte, nicht wieder zu errichten. Auch verständigten die siebenbürgischen Stände den ungarischen Landtag von diesen Beschlüssen.

Der Beschluß verursachte in den sächsischen Kreisen außerordentliche Aufregung. Am 30. April 1791 traten Beamte und Abgeordnete der Nation in außerordentlicher Versammlung in Hermannstadt zusammen, um Stellung dagegen zu nehmen. Sie erklärten dem Landtagskommissär und k. Bevollmächtigten Baron v. Rall, daß sie jeden Vorschlag zur Union Siebenbürgens mit Ungarn, sowie zur Vereinigung beider Kanzleien „unter was immer für Qualifikationen und Clauſuln ſolche verwahret sein mögen," als dem System Siebenbürgens widersprechend abweisen müßten.

Zugleich setzte jene außerordentliche Versammlung einige Richtpunkte fest, nach denen sich die Landtagsdeputierten halten sollten. Nationales Selbstgefühl sprach daraus: die ganze Nation wünsche Frieden und Eintracht mit den beiden Mitständen. Wenn diese jedoch nur um den Preis offenbarer Verletzung sächsischer Rechte zu erreichen seien, wenn gefordert werde, daß die Nation zu allem bloß ja sage und im Weigerungsfalle allerlei unanständigen Vorwürfen und Beleidigungen ausgesetzt sei, dann könne freilich Friede und Eintracht nicht bestehen. Die Deputierten sollten jede Union verhindern, für die sächsischen Rechte eintreten, auf Beschleunigung der Beratung und baldige Beendigung des Landtags dringen, die Nationalvota sollten aufrecht erhalten werden, im Falle einer Steuerregulierung die Nation nicht höher bebürdet werden und wenn ein Urbar beraten werde, so sollten die sächsischen Abgeordneten für die Freizügigkeit eintreten.

Die abweichende Meinung der Nation in der Unionsfrage wurde dem Hof zur Kenntnis gebracht. Baron v. Rall hielt es, angesichts der gereizten Stimmung der Ständemitglieder, für angezeigt, diesen von jenen Beschlüssen in Hermannstadt keine Mitteilung zu machen.

Als die ganze Angelegenheit dem Hofe vorgelegt wurde, war er mit den Beschlüssen des Landtags betreffend die im Sinne der Stände vorzunehmende Vereinigung der Hofkanzleien nicht einverstanden. Er verhob den siebenbürgischen Ständen, daß sie sich mit den ungarischen in direkten Verkehr eingelassen, das sei bloß durch den Hof zulässig. Auch hatte er schon unter dem 28. Februar die Zurückführung der siebenbürgischen Hofkanzlei in den Stand vor 1780 beschlossen und damit auch hier die Wiederherstellung des alten Rechtes begonnen. Als das in Klausenburg bekannt wurde, brauste die Mehrheit der Stände stürmisch auf und versuchte in einer neuen Vorstellung an den Kaiser ihrer Anschauung Eingang zu verschaffen, doch beharrte der Hof bei seiner Entscheidung. Er führte insbesonders ins Feld, daß die siebenbürgische Hofkanzlei 1782 eingehend und schlagend nachgewiesen habe, es sei die damals erfolgte Vereinigung mit der ungarischen Hofkanzlei den Gesetzen und der Verfassung Siebenbürgens zuwider gewesen, Leopold aber habe geschworen, diese aufrecht zu erhalten. Die Zollschranken zwischen beiden Ländern sind nicht mehr errichtet worden, aber der sechste Landtagsartikel von 1791 bekräftigte, daß Siebenbürgen, zur heiligen ungarischen Krone gehörig und von den gesetzlichen Königen Ungarns regiert, ein unabhängiges Land sei, keinem andern unterworfen, seine eigene Verfassung besitze, nach seinen eigenen Gesetzen zu regieren sei, im übrigen nach der pragmatischen Sanktion verpflichtet, mit den andern Ländern und Provinzen sich im Besitz wechselseitig zu schützen und gegenseitig zu verteidigen.

Wenn schon in der Unionsfrage der nationale Gedanke mitredete, so klang er naturgemäß unverhohlener in der Sprachenfrage hervor.

Diese hatte sich in Siebenbürgen, entsprechend der nationalen Verschiedenheit der Bewohner, in den einzelnen Landesteilen verschieden gestaltet. Die früher allgemein herrschende lateinische Sprache trat in der Mitte des 16. Jahrhunderts inmitten der einzelnen Stände für Amt und Schule und Kirche zurück und es war natürlich, daß diese in ihrem eigenen Bereich ihre Muttersprache brauchten, die Szekler und der Adel die magyarische, die Sachsen die deutsche und ihren sächsischen Dialekt. Auf den Landtagen benützten sie die lateinische und magyarische, wobei die letztere im 17. Jahrhundert auch die lateinische stark verdrängte. Seit der Begründung der Herrschaft des Hauses Habsburg im Lande galt als die offizielle Sprache im Verkehr mit dem Hof und der Regierung die lateinische Sprache. Auch die Landtage faßten die Beschlüsse, ihre Repräsentationen usf. in dieser Sprache. Josef's II. Befehl, die deutsche Sprache zur Amtssprache auch in Ungarn und in Siebenbürgen zu erheben, mußte alle nationalen Empfindungen der Nichtdeutschen verletzen und zum Widerstand reizen. Die große Gravaminalvorstellung des siebenbürgischen Adels von 1787 hatte auch dieser Beschwerde nachdrücklich gedacht: Die Sprache müsse sich dem Volk, nicht dieses sich einer ihm unbekannten Sprache anbequemen; nach ihrer Kenntnis, nicht nach ihrer Sprache müsse man die Männer für den öffentlichen Dienst suchen.

Darum verlangten sie den Gebrauch der lateinischen und ungarischen Sprache oder wenn man nicht zwei wolle, der ungarischen allein als Geschäftssprache. Was an den Hof gehe, könne deutsch übersetzt werden und die Erlässe von dort könnten deutsch erfolgen.

Ein solches deutsches Hofdekret entzündete in der Sitzung vom 8. April 1791 im Landtag den Kampf. Graf J. Gyulai brachte zur Sprache, daß leider auch dermalen Hofdekrete in „fremder, in deutscher Sprache" dem Gubernium zugeschickt würden und die Mehrheit beschloß, das Gubernium zu ersuchen, das Reskript zurückzuschicken und es möge gegen den Gebrauch der deutschen Sprache in Hofreskripten überhaupt Verwahrung eingelegt werden. Die Sachsen hielten sich in ihrer Ehre und in ihrem Gewissen verpflichtet, das nicht einfach hinzunehmen. In ihrem Namen erklärte der Hermannstädter Bürgermeister Rosenfeld, die Nation könne dem Verlangen nach Rücksendung des deutschen Hofreskripts und daß hinfort bei diesen Reskripten die deutsche Sprache nicht mehr zu gebrauchen sei, nicht beistimmen, „weil sie ansonsten ihrer eignen Muttersprache widersprechen müßte; indessen habe sie nichts dagegen, wenn die Dekrete auch in lateinischer Sprache erlassen würden, welche der Nation verständlicher sei als die ungarische". Die Sachsen hatten diese Erklärung für um so notwendiger gehalten, als auch andre Zeichen vorhanden waren, daß die beiden andern Stände darauf ausgingen, die magyarische Sprache mit Beseitigung der deutschen zur öffentlichen Geschäftssprache zu machen. Das Gubernium hatte angefangen, auch an die sächsischen Jurisdiktionen ungarisch zu schreiben und forderte von diesen ausschließlich ungarische oder lateinische Berichte. „Diese Behandlung dünkt uns ungleich zu sein — hatten die Hermannstädter an die übrigen sächsischen Jurisdiktionen geschrieben und sie zu einer Besprechung auch dieser Frage nach Hermannstadt (unter dem 18. April) eingeladen — zu dem sind die Wenigsten unter uns der ungrischen Sprache mächtig und selbst diejenigen, die sie sonst vollkommen gut inne hatten, verstehen wegen der großen Menge neu aufgenommener Wörter und Redensarten oft nur halb und mit Mühe was befohlen wird." In der Tat fand die Versammlung Ende April in Hermannstadt statt und einigte sich u. a. auch in der Sprachenfrage, es solle an den König ein Bittgesuch gerichtet werden. Im Landtag selbst aber führte die Haltung der Sachsen zu außerordentlich stürmischen Szenen, so daß der Direktor der k. Rechtssachen den ungeheuerlichen Antrag stellte, die Sachsen aus der Reihe der Stände auszuschließen und Wesselenyi ihnen den Vorwurf machte, sie seien an allen Hemmungen des Landtags schuld und verträten verderbliche Grundsätze zum Nachteil des Landes. Der Gouverneur wußte mit kluger Rede und geteiltem Lob und Tadel nach beiden Seiten eine Verständigung herbeizuführen, die Komes Brukenthal durch milde doch ernste und würdige Worte förderte. Die Beschwerde wegen der deutschen Reskripte wurde dem Gubernium überlassen.

Der Landtag aber beschloß in bezug auf die Sprache, die ungarische Sprache sei die „Haupt-National-Sprache," sie solle die Amts- und Geschäftssprache der Behörden sein, an den Hof und ins Ausland solle lateinisch geschrieben werden. Zur Beförderung der Kenntnis der ungarischen Sprache sollten allenthalben im Lande Schulen errichtet werden. Für ein Volk könne es keine größere Ehre geben, erklärte der Landtag, als daß seine öffentliche Verwaltung in seiner Muttersprache geführt werde! Es war nicht ausgeschlossen, daß mit dem Artikel ein Sprachenzwang auch für das Sachsenland beabsichtigt werde. Darum erklärten die Sachsen in einer Repräsentation an den Kaiser, daß sie nichts gegen die Bestimmungen einzuwenden hätten, wenn sie sich auf die Komitate und das Szeklerland bezögen. Für sich könnten sie die ungarische Sprache nicht als Hauptsprache anerkennen und um allen Zweideutigkeiten die Spitze abzubrechen, solle ausdrücklich bestimmt werden, daß die Errichtung von ungarischen Schulen bloß auf die zwei ungarischen Nationen sich beziehe. Zugleich sei festzusetzen, daß bei allen jenen Stellen, wo die Geschäfte aller drei Nationen verhandelt würden, die Amtssprache für Protokolle und Expeditionen die lateinische Sprache sei. So nahm die Krone an dem Wortlaut der vom Landtag beschlossenen Artikel wesentliche Änderungen vor und setzte dessen Inhalt dahin fest: „Der auch vormals übliche Gebrauch der ungarischen Sprache soll inmitten der ungarischen und Szekler Nation und bei allen Difasterien, Ämtern und Gerichtshöfen auch weiterhin seine Stelle behalten, die lateinische aber in den Hof- und Kameralerledigungen, in den Gubernialprotokollen, sowie in den Korrespondenzen, welche mit dem Generalkommando und über die Grenzen der Provinz hinaus zu führen sind, angewendet werden." Für die sächsische Nation blieb damit die deutsche Amts- und Geschäftssprache bei allen ihren Ämtern.

Tiefer griff eine andere Bestimmung in das Leben der Nation ein, die Aufrechthaltung der Konzivilität im Sachsenland. Sie war von Josef II. angeordnet worden, von der Nation immer bekämpft, bis dahin mit Erfolg, seither als schweres Unrecht empfunden, so daß sie nun hoffen durfte, da das Restitutionsedikt auch diese Verfügung aufgehoben hatte, in den alten Stand zurückversetzt zu werden. Aber vor allem der Adel wollte hievon nichts wissen und beharrte auf der Aufrechthaltung der Konzivilität. Die Gründe, mit denen gekämpft wurden, waren von beiden Seiten die alten, oft ins Feld geführten. Auch in vertraulichen Verhandlungen versuchte der Adel mit allen möglichen Versprechungen die Sachsen zur Zustimmung zu gewinnen: es solle jeder Anspruch des Fiskus auf den Sachsenboden getilgt werden, die geadelten Besitzer im Sachsenland, namentlich die Sachsen sollten von allen Abgaben und Steuern befreit werden, ihr bürgerlicher Besitz dem adligen gleichgestellt werden — was bei den Denkenden unter den sächsischen Vertretern erst recht die volle Gefahr erkennen ließ; sie blieben standhaft. Um so entschiedener bestand der Adel auf seinem Anspruch, den er auch damit zu begründen suchte, daß er — unter den Ungarn und Szeklern — der status nobilitaris sei, dem zwei Drittel aller Landesämter zuständen. In der Tat machte er ausschließlichen Anspruch auf die Kardinalämter — Gouverneur, Thesaurarius, Hofkanzler, — der Bürgerstand dürfe nur bis zu den Sekretärstellen, die Sachsen bis zu Gubernialratsstellen vorrücken. Allen Vorstellungen der Sachsen ungeachtet, daß auf diese Art ein neues erdichtetes Recht in das Verfassungssystem Siebenbürgens eingeführt werde, erhielten die Beschlüsse die Bestätigung der Krone. Auch mit der Konzivilität ging es nicht anders, die zugleich das Recht in sich schließen sollte, zu den sächsischen Ämtern zu befähigen. Gleich nach Schluß des Landtags wandten sich unter dem 6. September 1791 die Sachsen an den Hof um Beseitigung dieses Beschlusses, zu dem der Landtag nach dem bisherigen Verfassungssystem gar kein Recht hatte, weil es ein Eingriff in das Innerleben eines Standes war. Auch die sächsischen Vertreter der Landtagsdeputation, die nach Schluß des Landtags nach Wien gegangen war, versuchten eine Änderung des Landtagsartikels herbeizuführen, doch vergeblich. Sie erreichten bloß, daß ein Hofreskript am 26. Mai 1792 erklärte, es bleibe der sächsischen Nation freigestellt, was sie mit neuen Dokumenten gegen die Konzivilität auf dem Königsboden anführen könne, dem Landtag vorzulegen. So dauerte der Streit um die Konzivilität noch die folgenden Jahre weiter.

Im Zusammenhang mit diesem Gegenstand stand die Walachenfrage, die zum erstenmal auf dem Klausenburger Landtag verhandelt wurde, für das Sachsenland damals schon eine Lebensfrage.

Sie kam vor den Landtag, bezeichnend genug, nicht aus der Initiative des Landtags, sondern durch den König. Die beiden walachischen Bischöfe hatten sich an ihn gewendet, indem sie in einer ausführlichen Denkschrift die Klagen des Volkes vorbrachten, die Zeichen, daß auch

dort der nationale Gedanke und der Gedanke der Freiheit anfing
lebendig zu werden. Sie schilderten die Rechtslosigkeit ihres Volkes und
ihrer Kirche und baten schließlich um Gleichberechtigung, Bürgerrecht,
Zulassung zu den Ämtern, Benennung der Komitate und Stühle, in
denen die Walachen die Mehrheit waren, mit walachischen Namen oder
Aufhebung sämtlicher nationaler Benennungen und Vertauschung derselben mit solchen, die von Burgen und Flüssen hergeleitet würden.
Die Begründung dieser Forderungen wurde mit historischen Beweisen
versucht: sie seien die älteste Nation im Lande, die einst berechtigt, durch
Unrecht und Gewalttat aus dem Besitz ihrer Rechte verdrängt worden
seien und nun ein kümmerliches Dasein führten. Was sie von ihrer
politischen Rechtslosigkeit sagten, ließ sich nicht bestreiten; was sie aus
der Geschichte anführten, hielt schon damals einer vorurteilslosen Prüfung
und Kritik nicht Stand. Aber es war bezeichnend für den ganzen Zeit-
geist hier, daß die Ansprüche auf Gleichberechtigung nicht mit der Berufung auf Menschenrechte auftraten sondern im Gewande historischen
Rechtes. Diese Bittschrift schickte Leopold an den Klausenburger Landtag mit dem Auftrag, die darin enthaltenen Beschwerden und Forderungen
zu beraten und Vorschläge zu machen, wie den Walachen mit Rücksicht
auf das staatsrechtliche System Siebenbürgens die Konzivilität und freie
Religionsübung gewährt werden könne. Wesselenyi hatte Recht, als er
nach Verlesung der Bittschrift im Landtag den Genossen, die aus dem
Saal hinauszugehen begannen, als die Sturmglocke einen Brand in der
Vorstadt meldete, zurief: sie sollten hier bleiben, hier sei ein genügend
großes Feuer zu löschen. Es herrschte allgemeine Stille und große Bestürzung allenthalben.

  Die Angelegenheit wurde an eine Kommission gewiesen, die dem
Hause, ohne Wissen der Sachsen, den Antrag vorlegte, die walachischen
Edelleute sollten in den Komitaten und im Szeklerland den ungarischen
Edelleuten, die Walachen im Sachsenland den freien Sachsen an Rechten
und Pflichten völlig gleichgestellt werden, die walachischen Untertanen
aber den andern Untertanen gleich gehalten werden. So natürlich der
Antrag auf den ersten Blick erscheinen mag, so war er doch unter den
gegebenen Verhältnissen nichts als ein listig ausgeklügelter Plan, die
Sachsen die Kosten der Angelegenheit bezahlen zu lassen. Die Walachen
wohnten zerstreut durch das ganze Land, am zahlreichsten als Untertanen auf dem Adelsboden der Komitate, wo ihr Los als ehemalige
Hörige das härteste war, über das sie am meisten zu klagen Ursache
hatten; das sollte bleiben wie bisher. Dann gab es vereinzelte walachische

Adlige, die aber lange schon so mit dem ungarischen Adel verschmolzen waren, daß sie ihres Ursprungs ganz vergessen hatten, auch nicht gern sich daran erinnern ließen. Diese besaßen vollkommen alle Adelsrechte, waren dem ungarischen Adel völlig gleich. Wenn ihnen der projektierte Artikel das Zugeständnis machte, sie sollten den ungarischen Edelleuten gleichgestellt werden, so bedeutete das gar nichts, denn sie waren ihnen eben schon gleichgestellt. Eine dritte Gruppe Walachen wohnte im Sachsenland, teilweise in eigenen Dörfern, teilweise in den sächsischen Orten. Sie hatten das beste Los unter ihren Genossen im Lande, sie waren persönlich frei, hatten Besitz, wenn auch bis zu Josef II. beschränkten, doch waren sie politisch rechtlos. Wegen der bessern Lage, die sie im Sachsenland fanden, hatten sie sich dort am liebsten niedergelassen, und nun sollte nach dem Antrag der Kommission im Sachsenlande ihnen das volle Bürgerrecht, das Recht auf öffentliche Bedienstungen, Anspruch auf das Gemeindeeigentum mit einem Schlage gegeben werden. Man begreift, daß die Sachsen, wohl nicht nur mit Berufung auf das k. Restript, das die Aufrechthaltung des staatsrechtlichen Systems des Landes ausdrücklich betonte, von dieser Art das Los der Walachen zu verbessern nichts wissen wollten. Die Kommission selbst zog ihren Antrag zurück und der Landtag einigte sich in einer Repräsentation an den Hof, in der im Grunde nicht viel mehr stand, als daß man im Augenblick nichts tun könne, doch wurde ein Artikel über die nichtunierte griechische Kirche verfaßt, wornach sie, die bisher unter die geduldeten gerechnet wurde, hinfort von dem durch den König zu ernennenden Bischof abhängen solle, jedoch mit Emporhaltung der Oberaufsicht des Guberniums, der Komitate und Stühle, damit die Zahl der Pfarrer nicht unnötigerweise vermehrt und die Leistungsfähigkeit der Steuerzahler nicht untergraben werde. Diese letztere Bestimmung veränderte der Hof dahin, daß sie nach ihrem Stande den übrigen Bewohnern gleich behandelt werden und mit öffentlichen Lasten nicht mehr als andre bedrückt werden sollten. Die sächsischen Mitglieder der Wiener Deputation hatten den Auftrag erhalten, auf diese Frage ein besonderes Augenmerk zu richten und obwohl die Mitstände sie nicht unterstützten, wurden diesmal die Forderungen der walachischen Bittschrift nicht erfüllt. Die Haltung der Stände ihnen gegenüber mag als ein Beweis dafür gelten, wie tief die Anschauungen jenes Geschlechts noch im Mittelalter drin standen und wie wenig die Ideen der französischen Revolution hier Eingang gefunden hatten; sie bewies aber auch ein andres, daß die Stände bei aller Selbstsucht, die in diesem Fall erklärlicherweise mitspielte, doch auch die Gefahr erkannten, die für das alte System in Siebenbürgen mit der Lösung dieser Frage verknüpft war, mehr noch die Gefahr, die damit den alten gleich- und alleinberechtigten Volksstämmen drohte. Über die Bestimmung, daß der König einen Bischof ernenne, hinaus, gab 1809 Kaiser Franz I. der griechischen Kirche das Recht, sich den Bischof zu wählen, und bestätigte aus einem Ternavorschlag der Kirche 1810 Basilius Moga in diesem Amt, das seinen Sitz in Hermannstadt hatte und unter dem Metropoliten in Karlowitz stand.

Wie sehr der ganze Landtag noch mittelalterlichen Anschauungen huldigte, zeigte die Verhandlung der Untertänigkeitsfrage. Die k. Proposition hatte den Ständen aufgetragen, ein Urbarium — die Bestimmung der gegenseitigen Rechte und Pflichten des Adels und der Hörigen — festzusetzen und als Inhalt bezeichnet: Aufhebung der Leibeigenschaft, Verbot willkürlicher körperlicher Strafen, Verfügung über das erworbene Vermögen, persönliche Freiheit, wobei das Eigentumsrecht des Adels am Boden nicht erschüttert werden solle. Diesen Worten gegenüber sahen sich die Stände vor die Unmöglichkeit einer Rückführung der alten Verhältnisse gestellt, wie auch Josef II. im Restitutionsedikt die Verordnungen betreffend die Untertanen aufrecht erhalten hatte. Die Frage betraf hauptsächlich den Adel. Die Sachsen waren von zwei Gesichtspunkten aus dabei interessiert. Einmal besaß die Nation, dann besaßen die meisten sächsischen Städte auch adlige Güter, deren Bewohner untertänig waren. Hier hatte sich schon bisher ein Mittelding zwischen Freiheit und Hörigkeit herausgebildet, ein befriedigender Zustand für beide Teile. Die Pflichten waren geordnet, die Auflagen und Forderungen gering, die Behandlung milde; es war vorauszusehen, daß das Land das nicht gewähren werde, was diese Gemeinden hatten, die einen Teil der Selbstregierung ähnlich wie die freien Gemeinden besaßen. Dann befand sich, wie schon erwähnt worden ist,[1]) etwa ein Drittel der sächsischen Gemeinden, getrennt von dem Sachsenland, auf Komitatsboden unter adliger Untertänigkeit, die schwer auf ihnen lastete.

Der Adel legte schon im März dem Landtag den Entwurf eines Gesetzes vor, in dem er die Freizügigkeit unter gewissen Bedingungen gewähren wollte, wogegen sofort eine große Anzahl sich gegen die Freizügigkeit erklärte, die Szekler als Nation, während die Sachsen ebenso entschieden für eine Besserung der Lage der Untertanen war. Nachdem die Szekler ein eigenes Operat überreicht hatten, setzte der Landtag am 1. April eine 22gliedrige Kommission ein, die einen dritten Vorschlag über das

---

[1]) Oben S. 195.

Verhältnis der Untertanen zur Grundherrschaft machen sollte. Er kam am 3. Juni zur Verhandlung. Sein Inhalt entsprach auch den geringsten Erwartungen nicht, indem er die Leibeigenschaft aufrecht hielt, die Freizügigkeit verbot und bloß einige Mißbräuche abstellen wollte. Die gebildeteren Elemente des Adels, von dem edeln Grafen Josef Teleki geführt, traten entschieden für die Freizügigkeit ein, der Gouverneur warf seine schwerwiegende Stimme dafür in die Wagschale, die Sachsen wünschten sie und beantragten zugleich, es solle ein Ausschuß eingesetzt werden, der ein vollständiges Urbar für den nächsten Landtag ausarbeite, doch waren die Szekler nicht dafür zu gewinnen. Trotzdem arbeitete das Gubernium, da Ungarn und Sachsen für die Freizügigkeit sich erklärt hatten, einen Artikel aus, der am 1. August angenommen und dem Wesen nach von der Krone bestätigt wurde (26. und 27. Artikel von 1791). Darnach wurde die Hörigkeit aufgehoben und den Untertanen unter gewissen Bedingungen die Freizügigkeit gestattet: sie mußten die Absicht, am Georgentag wegzuziehen, zu Michaeli des Vorjahres erklären und die Wintersaat gegen Ersatz des Saatgutes besorgen, dann einen Ersatzmann an ihren Platz stellen, rückständige Verpflichtungen erfüllen usf. Zugleich wurde eine Kommission eingesetzt, die für den nächsten Landtag ein Urbar ausarbeiten solle. Bis dahin sollte die Theresianische Verordnung von 1769 maßgebend sein, wobei willkürliche Strafen ausdrücklich verboten wurden.

Im Zeitalter der französischen Revolution und der Gedanken des nordamerikanischen Freiheitskampfes, das die Gleichheit der Menschen auf die Fahne geschrieben hatte und die persönliche Freiheit als ein natürliches Recht verkündete, eine kärgliche Abschlagszahlung. Es hat noch zwei Menschenalter gedauert, bis die Revolution auch hier die unhaltbaren Verhältnisse in Trümmer schlug.

Glücklicher waren die Stände bei der Verhandlung eines andern wichtigen Gegenstandes, der konfessionellen Frage, hier standen sie auf dem Boden alter Freiheit, alter Gesetze, die freilich, wohl nicht die Josefinische sondern die vorjosefinische Zeit vielfach verletzt und in ihr Gegenteil verkehrt hatte. Gegenüber den Mißhandlungen der protestantischen Kirche im 18. Jahrhundert in Siebenbürgen hatte das Land auch hier das Toleranzpatent Josefs II., obwohl es angesichts der bessern gesetzlichen Lage der evangelischen Kirchen für Siebenbürgen keine Geltung haben konnte, doch froh begrüßt, weil es dem schamlosen Proselitentum und der staatlichen Begünstigung des Konvertitenwesens ein Ende bereitete. Auf dem Landtag waren die Protestanten Willens, die alten Rechte und den alten gesetzlichen Boden wieder zurückzuerobern und der Wiederkehr der Protestantenverfolgungen einen Riegel vorzuschieben. Der konfessionelle Ausschuß legte seine Vorschläge erst am 13. Juli den Ständen vor und wiederholt wurde der Gegenstand verhandelt. Es fand keinen Widerspruch, daß die alten Landtagsartikel, welche den vier rezipierten Religionen Freiheit und Rechtsgleichheit gewährten, aufs neue bestätigt wurden und daß das Toleranzpatent angesichts jener alten Religionsgleichheit und Freiheit für ungültig erklärt wurde. Die Katholiken sollten hinfort wie die übrigen Religionsgenossenschaften eigene Konsistorien haben. Die Konsistorien sollten die Schulen und Stiftungen ihrer Kirche überwachen, die Bücherzensur ausüben, die Einziehung der Kirchengüter verboten sein, der Besuch ausländischer Universitäten frei sein! Keine Religion dürfe hinfort eine andre in ihrem Besitz stören, jede Konfession soviele Kirchen und Türme erbauen und Schulen errichten, wie sie brauche. Gegen die Bestimmung, daß der Übertritt in jede Religion jedem freistehe und daß alle Verordnungen, die dieser Freiheit widersprächen ebenso aufgehoben sein sollten wie der Befehl Josefs, wornach der aus der katholischen Kirche Austretende erst einem mehrwöchentlichen Unterricht des katholischen Geistlichen sich unterziehen müsse, erhoben die Katholiken lauten Widerspruch, sie könnten nach ihrer Kirchenlehre nimmermehr zugeben, daß der Übertritt straflos bleibe, bloß das wollten sie zugestehen, daß er nicht als Verbrechen gebrandmarkt werde. Scharf trafen die Gegensätze aufeinander, aber die Mehrheit entschied sich, gegen die Sondermeinung der Katholiken, für die Freiheit des Übertritts. Die Bestimmung, daß gemischte Ehen beliebig vor dem evangelischen oder katholischen Seelsorger geschlossen werden könnten, bei Ehescheidungen der Kläger dem Gericht des Geklagten zu folgen habe, fand ebenso energischen Widerspruch der katholischen Partei, die aber in die Erziehung der Kinder aus gemischten Ehen nach dem Geschlecht der Eltern willigte, so daß dem Vater die Knaben, die Mädchen der Mutter zu folgen hätten. Die dieser Bestimmung widersprechenden Reverse haben keine Gültigkeit. Die Ehedispense wurden den betreffenden Kirchen zurückgegeben, ebenso das Recht, die Kirchenvisitationen vorzunehmen. In der Bestätigung des Hofs haben die ständischen Vorschläge folgende Form erhalten: Der 53. Gesetzartikel sprach die Rechtsgleichheit der vier rezipierten Religionen aufs neue feierlich aus, und erklärte alle dagegen erlassenen Verordnungen für wirkungslos. Im 54. Artikel wurde bestimmt, daß die frommen Stiftungen nach dem Geist und Willen der Stifter zu verwenden seien, mit den Stiftungen andrer Religionen nicht vermischt werden dürften und daß das Oberaufsichtsrecht der Krone aufrecht erhalten werde. Der 55. Artikel schützte die Kirchen in ihrem gegenwärtigen Besitz — die Unitarier erreichten die Rückgabe der ihnen geraubten Kirchen nicht — und gab den rezipierten Kirchen das Recht, überall ungehindert Kirchen, Türme, Schulen erbauen zu dürfen, auch sollten sie nie in dieser wie in der Benützung der Glocken, Friedhöfe, Kollegien und Gymnasien gestört werden. Nach dem 56. Artikel konnte jede Kirche die Religionsbücher, deren sie bedurfte, frei drucken, doch solle jede Verletzung andrer Kirchen vermieden werden. Der 57. Artikel bestimmte, daß die Kinder aus gemischten Ehen dem Geschlechte der Eltern zu folgen und Reverse keine Gültigkeit hätten, während es nach dem 58. Artikel den Geistlichen der vier rezipierten Religionen freisteht, die zu ihrer Kirche gehörigen Gläubigen im ganzen Lande überall an allen Orten aufzusuchen und ihnen die Tröstungen der Kirche nach deren Brauch zu bieten. Der 59. Artikel gibt der reformierten, evangelischen und unitarischen Kirche das Dispensationsrecht in Ehen verbotener Grade ein für allemal, in der katholischen Kirche soll es beim bisherigen Brauch bleiben.

Mit einem Schlag war auf konfessionellem Gebiet die alte Freiheit und Rechtsgleichheit wieder hergestellt!

Mit Befriedigung konnte die sächsische Nation auch auf eine andre Bestimmung sehen, den 13. Artikel des 1791er Landtags, nach dem „auch die sächsische Nation, ihre Universität, die Magistrate und Kommunitäten der Stühle und Distrikte wie der freien und k. Städte und privilegierten Märkte sowohl in bezug auf die Wahl der Beamten, zu der sie nach dem Gesetz berechtigt sind, als auch in bezug auf die politische, juridische und ökonomische Verwaltung im gesetzlichen, dem Leopoldinischen Diplom entsprechenden Stand erhalten werden." So trat auch ihr vielzertretenes Recht neuerdings unter den Schutz des Landes, das zugleich eine neue Mauer um alles Recht zog, als die Stände beschlossen und die Regierung bestätigte, „daß die vollziehende Gewalt nur im Sinne der Gesetze ausgeübt werden dürfe!"

Noch war ein kampfreiches Stück im Landtag zurück, die Vorschläge zu den Kardinalämtern. Stürmische Verhandlungen gingen ihnen voraus, noch einmal tobte der wilde Wesselenyi, er werde den Josika, der ihn beleidigt hatte, mit dem Säbel zusammenhauen wie Brutus den Cäsar, alle zusammen wollten das Recht der Sachsen für diese Ämter nicht zugeben und als für den Kanzler auch drei Sachsen kandidiert waren, wurden diese trotz des Widerspruchs der Sachsen gestrichen. Nur für die siebente und achte Gubernialratsstelle kandidierte der Landtag ausschließlich Sachsen. Es war doch bezeichnend, daß der katholische Bischof nicht gewählt worden war, die Behauptung der Katholiken, daß ihm von Amts wegen die erste Gubernialratsstelle gebühre, bestritt der Protonotär Türi sehr entschieden, doch sollte die Sache dem Hof zur Entscheidung vorgelegt werden.

Die Hartnäckigkeit, mit der die Sachsen an dem Recht zu den Kardinalämtern festhielten, fand im eigenen Lager nicht allgemeine Billigung. Der einsichtige G. v. Herrmann meinte, es sei nicht klug gewesen, der Frage so einen Wert beizulegen. Auch unter den beiden andern Nationen seien die Magnaten im ausschließlichen Besitz der höchsten Landesstellen gewesen, die Sachsen hätten nicht genügend Leute gehabt, die sie zu diesen Stellen hätten vorschlagen können und wenn die Wahl einen oder den andern getroffen hätte, so wäre es fraglich gewesen, woher er die Mittel hätte nehmen sollen, die solche Stellung erforderte. Man hätte also tatsächlich nichts verloren, wenn man den Anspruch aufgab, aber dafür vielleicht die Unterstützung der beiden andern Nationen zu andern wesentlichern Punkten gewonnen. Doch „die Nation ließ sich von Schwindelgeistern leiten" meinte Herrmann, ein unzutreffendes Urteil, da es doch ehrenrührig erscheinen mußte, wenn grundsätzlich allein die sächsische Nation von jenen höchsten Ämtern ausgeschlossen sein sollte. Auf den Kronstädter Magistrat hatten die Erfahrungen des 1791er Landtags überhaupt solchen Eindruck gemacht, daß den Deputierten für 1792 der Auftrag mitgegeben wurde, „daß man auch von den billigsten Gesuchen lieber etwas herabstimmen möge, um nur wenn möglich diejenigen Gerechtsame zu retten, die in den Wohlstand der Nation den wesentlichsten Einfluß haben".

Neben den großen und vielen politischen Fragen, die der Landtag behandelte, war von schwerwiegender Bedeutung, daß er eine allgemeine Regelung der Zünfte durch den Landtag beschloß. Trotz der verschiedenen vorsichtigen Wendungen des Beschlusses, daß auch die Zünfte zu hören seien, daß ihre Rechte geschützt werden sollten, hatten die Sachsen Bedenken dagegen und verlangten darum in Wien 1792 für die Universität das alte Recht zurück, Zunftartikel zu erteilen und die Zunftangelegenheiten inmitten der Nation zu regeln. Die Universität erhielt darauf den Auftrag, einen Vorschlag über die Verbesserung und Regelung der Zünfte vorzulegen, was am 6. September 1793 auch geschah, ohne einen weiteren Erfolg, bis in die allgemeine Regulation auch dieser Gegenstand hineingezogen wurde.

Am 9. August 1791 schloß der Landtag mit herkömmlichen Feierlichkeiten.

An die Spitze des 55. Artikels, der die Religionen in ihrem Besitzstand sicherte, hatten die Stände das schöne Wort gesetzt, das das Ziel jenes Artikels bezeichnete, „um die beständige Harmonie der brüderlichen Liebe und des Vertrauens zu bewirken und hiedurch die öffentliche Befriedigung des Vaterlandes unerschütterlich zu machen", — es war im großen und ganzen doch auch das Ziel des ganzen Landtags gewesen. Es war nicht in jedem Fall erreicht worden, aber der Landtag hatte doch die Grundlage für die Weiterentwicklung geschaffen, indem er die Grundmauern des alten Rechtes wieder aus dem Schutt und Schlamm erhob, in denen die Rechtlosigkeit des 18. Jahrhunderts sie begraben hatte. Auf dem Grund, den er neu gelegt, hat das 19. Jahrhundert in seiner ersten Hälfte gestanden und manche von den damals neu behauenen und frisch eingefügten Ecksteinen tragen noch einen Teil des heutigen Lebens. Bei den Ständen des Jahres 1791 war das Bewußtsein ihrer vermeintlichen Stärke außerordentlich groß, vielfach trat das Bestreben hervor, die eignen Rechte auf Kosten der Krone zu erweitern, aber hinter den Forderungen blieb die Wirklichkeit zurück, das Gemeinwesen war zu klein, um größere Ansprüche mit genügendem Nachdruck geltend zu machen.

Die Sachsen hatten nicht alles erreicht, was sie im Recht begründet hielten und wofür sie gekämpft hatten. Am schmerzlichsten traf sie die Abschaffung des Kuriatvotums und der Beschluß über die Konzivilität. Schmerzlich hatten sie insbesonders das Mißtrauen, ja die Gereiztheit und die Unfreundlichkeit der Mitstände empfunden, mehr als einmal sie auch im Landtag selbst offen beklagt und sich darüber beschwert. Die leitenden Kreise der Nation sahen darin wie in den, den Sachsen ungünstigen Beschlüssen einen Beweis für das Bestreben des Adels, die Nation zugrunde zu richten und viele gerade von den Besten fürchteten den Untergang. Hie und da erörterte man, ob dieser Gefahr nicht durch Militarisierung der Nation zu entgehen sein werde! Ihrer Haltung im Landtag muß bei aller Vorsicht, die sie leitete, bei mancher Ängstlichkeit, die unterlief, doch die Anerkennung werden, daß ihre Vertreter in Treue zu ihrem Volk gestanden und sein Bestes zu fördern suchten. Wenn hie und da einiges anders und besser hätte gemacht werden können, wobei die Späterurteilenden nie übersehen dürfen, daß ihre Aufgabe nicht ist zu richten sondern was jene taten zu verstehen, so mag Heydendorffs aus den Verhältnissen geschöpftes Urteil sie den richtigen Maßstab finden lassen, der in der Schilderung der aufregenden Tage schreibt: „daß es ganz was andres ist, eine Sache nur von weitem als in der Nähe zu betrachten, daß es was andres ist, die Rechte des Sachsenvolks auf den Rathäusern zu Hause vor lauter gleichgesinnten Menschen (zu verteidigen) als auf dem Landhaus vor den andern Nationen, vor geübten Gegnern, u. zw. wo immer verhältniswidrig zehn und mehr Gegner wider einen Sachsen aufstehen und ein sächsischer Patriot wider die ganzen ansehnlichen Körper und die vielen Mitglieder der andern Nationen zu fechten, zu verteidigen hat."

Für die Sachsen war dieser Landtag wie für die andern Nationen im Lande „eine wahre Schule für einen jeden verständigen Beobachter", die sie die Verhältnisse und Menschen kennen lehrte, „die Mittel und Wege, gerade und schiefe zum vorgesetzten Ziel zu gelangen" und die Erfahrungen sollten für die Zukunft nicht verloren sein. Auch der Einblick in das adlige Leben, wie es sich in Klausenburg entfaltete, war nicht ohne Eindruck auf sie. Den naiven sächsischen Gemütern wollte es doch nicht einleuchten, bei aller Bewunderung, die der Reichtum des Adels ihnen entlockte, daß beim Pharaospiel die Bank etliche 100 Dukaten zählte, in der Stadt im Januar 1791 fast keine Karten mehr zu kaufen waren und nur der für einen anständigen Menschen gehalten wurde, „der einmal in einer Gesellschaft einen Spitz hat und einigen Herrn in seiner Begeisterung etliche Wahrheiten ziemlich grob unter die Nasen sagt."

Der Landtag hatte für die Zukunft durch zweierlei vorgesorgt, er hatte sieben sogenannte systematische Deputationen eingesetzt, Landtagskommissionen, die für den nächsten Landtag die verschiedensten Vorlagen vorbereiten sollten und er hatte eine Deputation gewählt mit dem Auftrag, nach Wien zu gehn und dort die Bestätigung der Landtagsbeschlüsse zu betreiben. Die politische Kommission sollte einen Plan für die politische Verwaltung und die Konskription vorlegen, die Kontributionskommission über das Steuerwesen, Rekrutenaushebung, Dislokation des Militärs; die Urbarialdeputation erhielt die schwere Aufgabe ein Urbar zu machen, die Kameral= und Bergwerksdeputation sollte das Finanzwesen neu einzurichten, zu vereinfachen einen Vorschlag machen, über Zoll und Handelssachen, über Bergwerksangelegenheiten ebenso, zugleich ein Verzeichnis über gewisse Fiskalgüter anlegen. Die juridische Deputation sollte die Landtagsartikel von 1669 herwärts sammeln und revidieren, ein Erbrecht und Strafrecht ausarbeiten, das Obligationsrecht und Schuldrecht, das Prozeßverfahren feststellen u. a. m., der kirchlichen Deputation wurden die zwischen den Konfessionen im Lande auftauchenden Streitigkeiten zugewiesen, sofern sie sich auf Wegnahme von Kirchen, Schulen, Zehnten usf. bezogen, die seit dem Leopoldinischen Diplom (1691) geschehen waren, die Frage der Kongrua und wie die Bildung beim walachischen Volk zu heben sei. Die literarische Deputation endlich sollte einen Lehrplan für die Schulen für beide Geschlechter feststellen, und über die Mittel beraten, wie die freien Künste zu heben, die Sprache zu pflegen und eine gelehrte Gesellschaft zu errichten sei. In der Tat ein weitausschauendes Programm für die Kommissionen, in denen überall auch Sachsen als Mitglieder waren; sie sollten in Klausenburg tagen, bloß die juridische in Vasarhely.

Die Erlaubnis zur Entsendung der ständischen Deputation nach Wien wurde erst im Januar 1792 gegeben. Sie bestand unter der Führung des Gouverneurs aus drei Regalisten, je drei Vertretern der drei ständischen Nationen und einem Vertreter der Taxalorte. Die Sachsen waren der Hermannstädter Bürgermeister Fr. v. Rosenfeld, der Gubernialsekretär Mich. Soterius und der Kronstädter Abgeordnete Joh. Tartler. Im Auftrag der Universität traf dieser schon im Oktober 1791 in Wien ein, um im Interesse seiner Nation die notwendigen Schritte zu tun, was die Mitnationen den Sachsen sehr verübelten. Nach dem damaligen Staatsrecht war es noch möglich, durch die Krone Änderungen in den Landtagsbeschlüssen zu bewirken und die sächsische Nation sah es als ihre Pflicht an, den Kampf für das, was sie für ihren Bestand für notwendig hielt, nicht aufzugeben sondern einerseits am Hof, dann vor der öffentlichen Meinung fortzusetzen. Tartlers frühe Reise erwies sich um so notwendiger, als der Hof die Bearbeitung der Landtagsartikel schon in Angriff hatte nehmen lassen, bevor die ständische Deputation nach Wien kam. In offener freimütiger Weise, mit den Mitteln des Rechts und der Wissenschaft verteidigte Tartler in einer Reihe großer Eingaben an den König die Ansprüche der Nation in bezug auf Kuriatvotum, Abweisung der Konzivilität, Sprachenfrage usf., was die Sachsen auf dem Landtag schon bekämpft hatten und versuchte aufzuklären und das Verständnis für die siebenbürgischen und besonders die sächsischen Angelegenheiten zu erwecken, anfangs nicht ohne Hoffnung auf Erfolg.

Diese mußte freilich wesentlich sinken, als nach der Ankunft der Deputation in Wien zur letzten Ausarbeitung der Landtagsartikel bloß der Hofkanzler Graf Teleki und der Gouverneur Banffi zugezogen wurden und die sächsischen Mitglieder angewiesen wurden, ihre Bemerkungen bei der ständischen Deputation einzureichen. Da hat sich denn in ihrer

Mitte noch einmal der ganze schwere Kampf wiederholt, den die Nation
schon in Klausenburg geführt hatte, doch ohne großen Erfolg. Es ist
oben im einzelnen dargelegt, welche Form die Landtagsartikel in der
Bearbeitung des Hofs erhielten. Eine ganze Reihe von Aufträgen, die
die Universität der Deputation gegeben hatte, wagte diese nicht einmal
vorzubringen, so die Bitte um Ausstellung einer feierlichen Versicherungs=
urkunde, daß der Sachsenboden Eigentum der Sachsen und nicht des Fiskus
sei, weil sie fürchtete, es könne eine ungünstige Entscheidung noch viel
mehr schaden. Mit Schmerzen sahen die Sachsen, daß trotz aller schönen
Worte bei Hof, an denen auch jetzt nicht gespart wurde, der Einfluß
der Mitstände größer war und dieser war den Sachsen nicht günstig.
Es waren gerade hundert Jahre, seit wieder in Lebensfragen der Nation
als ihr Vertreter Sachs von Harteneck am Wiener Hof weilte und die
Grundlagen für die Neugestaltung des Landes wie den neuen Boden
für die sächsische Entwicklung zu finden und zu verteidigen suchte. Zum
Teil handelte es sich um die gleichen Fragen, aber wie verändert war
doch die Zeit. Damals galten die Sachsen als die Grundkraft Sieben=
bürgens, sie meinte der Hof mit Rücksicht auf das große politische Ziel,
das damals im Vordergrunde stand, die Erwerbung Siebenbürgens, die
endgültige Loslösung des Landes von den Türken, in erster Reihe schützen
zu müssen und das Leopoldinische Diplom garantierte den ganzen Rechts=
und Besitzstand der Nation. Jetzt war der Besitz des Landes gesichert, von
den Türken nichts mehr zu fürchten, und Stück für Stück von jenem alten
Rechts= und Besitzstand wurde in Trümmer geschlagen. Damals gelang es
durch die Accorda (1692) das ausschließliche Eigentums= und Bürgerrecht
im Sachsenland wieder zu sichern, jetzt war es nicht mehr möglich, es zu
schützen. Um dieses dauerte der Kampf am längsten. Die Publizistik wurde
zu Hülfe gerufen, in Wien, in Deutschland die öffentliche Meinung für das
Recht in die Schranken gerufen, die Kämpfenden selbst sahen, daß der Erfolg
ausbleiben werde und ein Zug der Entsagung klang aus dem Motto der be=
deutendsten Schrift „Das Recht des Eigentums", die Tartler geschrieben:

Fremdling war ich dereinst, als der fremde Tartar dich verwüstet —
Wehe, wenn ich doch jetzt immer noch Fremdling dir wär!

Der Verfasser des Sinnspruchs Val. Frank hatte einst ähnlich
empfunden, da sein Geschlecht im Kampf um das Recht des Volkes sich
abmühte. Die Nation erreichte zunächst nur soviel, daß der Hof erklärte
(26. Mai 1792), der sächsischen Nation stehe es frei, wenn sie mit
neuen kräftigen Dokumenten nachweisen könne, daß die Konzivilität vom
Sachsenland ausgeschlossen sei, solches dem Landtag vorzulegen. So kam

die Sache abermals vor den Landtag 1792, dann nach langem Schriften=
wechsel der Parteien nochmals vor den Hof. Hier hatte insbesonders
der Komes Brukenthal allseitig vorgearbeitet und da er sah, daß in
irgend einer Form die Konzivilität doch zugestanden werden müsse, den
Gedanken vertreten, es solle jeder, der das Bürgerrecht auf dem Sachsen=
boden erlange, dem Munizipalgesetz sich fügen, den Ortsbehörden sich
unterwerfen, die Steuern zahlen und kein Vorrecht beanspruchen, das
die gesetzliche Ordnung stören könne. Diese weise Mäßigung brach der
Gefahr, die die Konzivilität in sich schloß, die Spitze ab. Sie war um
so anerkennenswerter, als unter den Volksgenossen auch ganz andre
Vorschläge erörtert wurden: da die Stände durch Einführung der Kon=
zivilität die Union gebrochen hätten, so sei die Nation nun aller Pflichten
gegen sie ledig und könne sich auf den Stand vor der Unionsschließung
stellen, die eigenen Angelegenheiten völlig frei sich ordnen und erklären,
sie wolle mit den Ständen nichts mehr zu tun haben. Warnend hatte
Brukenthal geschrieben: „Ich hätte vermuten sollen, daß da die Nation
in den vorhergegangenen Jahren so viel verloren hatte, man sich einmal
den Eiter aus den Augen auswischen, klarer sehen und da die bisherigen
Heilungsmittel ohne Wirkung waren, man andre anwenden solle." Er
wies darauf hin, daß, wenn die Nation sich von den Ständen trenne,
sie sehr leicht die Landstandschaft verlieren könne und dann falle der
Hauptgrund weg, der bisher doch ein Hindernis gewesen sei, die in
königlichen Erlässen mehr als einmal ausgesprochene Anschauung ins
Leben zu übersetzen, wornach das Sachsenland Fiskalgut und dessen
Bewohner Kronbauern seien! Er hatte nicht hindern können, daß sogar
die Nationsuniversität der Deputation, die nach Wien ging, den Auftrag
gab, die Aufhebung der Union, also die Trennung der Nation aus dem
politischen und administrativen Verband mit den beiden andern Nationen
zu betreiben. Der Hermannstädter Magistrat entschied sich dafür, die
Lossagung von der Union solle dem Kaiser angezeigt und dieser um
seinen Schutz gebeten werden. Die sächsischen Mitglieder der Landtags=
deputation sprachen das am 4. Mai 1792 auch dem Gouverneur Banffi
gegenüber aus, der meinte, der König und die zwei Nationen würden
gerne dazu beistimmen, die sächsische Nation aber möchte verlieren.

Dem Eintreten des Komes Brukenthal war die Lösung im Sinne
seiner Anschauung zu danken, so daß die Krone, vom Kanzler Teleki
in diesem Sinne informiert, unter dem 10. April 1793 die Entscheidung
in der vorgeschlagenen Weise gab. Der Adel und die Szekler erklärten
sich in der Landtagssitzung vom 2. Februar 1795 mit diesem „gnädigen

Bescheid" zufrieden, am 22. März legten die Sachsen nochmals gegen
den Konzivilitätsartikel auch in dieser Form Verwahrung ein, die die
Stände ihrerseits für ungültig erklärten.

Tatsächlich schirmte jene Hofentscheidung die sächsische Freiheit
außerordentlich. Unter diesen „Präkautelen" war das Bürgerrecht auf
dem Sachsenboden, besonders da auch die Zeiten friedliche blieben, weder
für den Adel noch für die Szekler verlockend und die Gefahren, die die
Zeitgenossen befürchtet hatten, blieben aus.

Im übrigen empfanden die sächsischen Mitglieder der Deputation
schmerzlich, wie gering ihr Einfluß, wie wachsend jener der Gegner in
der Hofkanzlei war.

Die Lage wurde noch schwieriger durch den Tod Leopolds, der
erst 45 Jahre alt am 28. Februar 1792 starb. Am 10. März 1792
begrüßte den Nachfolger, seinen Sohn Franz II., die sächsische Nationsuniversität als „Nachkömmlinge jener Siebenbürger Deutschen, die in
den jetztlaufenden und den zurückgelegten Jahrhunderten für E. M.
durchl. Haus so manche Proben treuer unwandelbarer Anhänglichkeit
geben haben" und legte die heißesten Wünsche an den Stufen des
Thrones nieder.

Für den 21. August 1792 war der Huldigungslandtag nach
Klausenburg einberufen worden. Die Huldigung vollzog sich ohne Anstand. Die Zusammensetzung und der Geist des Landtags war im wesentlichen dem vorigen gleich, nur der Geist des Adels hatte, nach Heydendorffs Bemerkung „mehr Nachgebung und dessen Lebensart mehr Sparung
angenommen." Er dauerte bis in den Oktober. Die Stände schwuren
zunächst den Huldigungseid lateinisch, den Unionseid, in dem sie sich
verpflichteten, die gesetzmäßige Verfassung Siebenbürgens und der drei
Nationen gegenseitig zu schützen und zu verteidigen, in ungarischer
Sprache. Bevor der Unionseid abgelegt wurde, erklärte der Hermannstädter Bürgermeister Rosenfeld, daß die Sachsen den Eid abzulegen
bereit seien und ihn halten wollten, doch hofften sie, daß die beiden
Mitstände dem Unionseid gemäß bewirken würden, daß die sächsische
Nation in ihre vorige gesetzmäßige Konstitution eingesetzt und darin
erhalten werde, was mit lautem Beifall aufgenommen wurde. Am nächsten
Tag fanden einige vom Adel, daß diese Erklärung eine Beleidigung sei
und vor Ablegung des Eides gradezu »injurios«. Vergebens bemühten
sich die Sachsen nachzuweisen, sie sei bloß mit Rücksicht auf die zu be-
wirkende Restitution gemacht, der Protonotär Thüri rief heftig: „wir
nehmen von der sächsischen Nation weder Intimationen noch Konditionen

an" und als auch der Präsident die gestrige Erklärung als beleidigend ansah, zogen die Sachsen sie zurück. Die gereizte Stimmung fand bald neuen Anlaß zum Ausbruch. Zunächst warfen die Stände den Sachsen vor, daß ihr Deputierter Tartler schon vor der ständischen Deputation in Wien eingetroffen sei und dort für die Wünsche und Forderungen seiner Nation eingetreten sei. Wesselenyi ging so weit, daß er die Stände aufforderte, bis die Sachsen nicht was da geschehen sei widerrufen hätten, nicht mit ihnen zusammen zu sitzen. Besonders aber reizte es die Mitstände, was zu verstehen war, daß die Sachsen auch zu jenen Artikeln, die der vorige Landtag beschlossen und die Krone bestätigt hatte, die also jetzt bloß zur Inartikulierung neuerdings an den Landtag gekommen waren, ihre protestierenden Bemerkungen vorbrachten, die sie schon bei der Beschlußfassung 1790/91 vorgebracht hatten und den Kampf für das, was sie als ihr Recht ansahen, in dieser Form weiter führten. Ihre Bemerkungen betrafen jene Artikel, die sie als beschwerlich stets bekämpft hatten, die Abschaffung des Kuriatvotums, die Konzivilität und die körperlichen Strafen. In dem Hin und Her des Kampfes gingen die Stände soweit, daß sie die Gültigkeit der Accorda bezweifelten und den Sachsen das Eigentum des Sachsenlandes absprachen und Graf L. Teleki meinte, da die Sachsen immer die Restitution und ihre Rechte verlangten, so solle ihnen ein Termin gesetzt werden, denn sonst würden sie auch nach hundert Jahren noch ihre Restitution verlangen. Darauf entstand ein solches Geräusch im Landtagssaal, daß unmöglich wurde zu verstehen, was beschlossen wurde. Bei Behandlung der Konzivilitätsfrage schlug bei den Ständen besonders der Grund durch, daß es mit der Billigkeit unvereinbar wäre, daß Adel und Szekler in einem Teil ihres Vaterlandes, das sie erobert hätten, als bloße Fremdlinge angesehen und behandelt werden sollten! Ein Graf Lad. Bethlen erklärte, da die Sachsen nicht aufhörten, auch gegen bestätigte Artikel Einwendungen zu machen, so sollten die beiden Stände diese der Majestät vorlegen, aber mit der Erklärung, daß man mit der sächsischen Nation im Weg der Freundschaft nichts ausrichten könne, die immer wieder den beiden andern Nationen Ungelegenheiten mache und Se. Majestät bitten, „das Land von dieser Ungelegenheit zu befreien." Darauf erwiderten die Sachsen, sie hätten zu der edeln Denkungsart der beiden andern Nationen das Zutrauen, daß nicht alle so dächten wie Graf Bethlen.

In der Tat waren die Auffassungen der Einzelfragen im Grunde nicht so schroff verschieden, als es schien. In bezug auf die aufgehobene Kuriatvota sprach der Landtag aus, auch weiterhin könne an den Grund-

festen der Verfassung und an den speziellen nationalen Grundrechten
ohne Zustimmung der betreffenden Nation nichts geändert werden, es sei
jedoch durch den Unionseid jede verpflichtet, die Rechte der andern zu
schützen. In bezug auf die Konzivilität sollten neuerdings die urkundlichen
Beweise der Sachsen dem Hof unterlegt werden und dem Artikel über
die Leibesstrafen wurde die Spitze abgebrochen durch die Erklärung
des Landtags, jede Nation habe das Recht, diesen Artikel nach ihren
Statuten auszulegen.

Im Zusammenhang mit sächsischen Äußerungen auf den beiden
letzten Landtagen, daß die Nation das Recht der Siegelverweigerung
habe, beantragte der Protonotär Cserei in dem Bericht an den Hof
anzuführen, daß diese Anschauung falsch sei. Weder ein Gesetz noch ein
Beispiel aus der ältern Zeit könnten als Beweis angeführt werden.
Vielmehr gehörten die drei Nationalsiegel dem ganzen Land und wären
bei den Vorstehern der Nation bloß in Verwahrung. Die sächsischen
Deputierten widersprachen diesem vergeblich und forderten die beiden
andern Nationen auf, solches reiflich zu überlegen, damit sie sich nicht
selbst Schaden zufügen möchten. Es war aber alles vergeblich. Doch
kam die dem Hof vorgelegte Anschauung nicht zur Geltung.

Sehr großen Unwillen erregte beim Landtag die Beibehaltung
des sechswöchentlichen Unterrichtes beim Übertritt aus der katholischen
Kirche. Die Forderung sei gegen das Landesgesetz, erziehe nur Heuchler
und die hier rezipierten Religionen könnten nicht uniformiert werden
wie ein Regiment Soldaten. Der Landtag beschloß, weil es wider die
Landesgesetze wäre, solle der König um Abstellung des Unterrichtes
gebeten werden. Da keine der systematischen Deputationen noch eine
Arbeit vorlegen konnte, war das Arbeitsprogramm ein kleines. Der
wichtigste Beschluß war, daß die Stände am 13. Oktober 1792 ihre
Zustimmung zu der Fassung der Landtagsartikel vom Jahr 1790/91
gaben, die in der Folge am 28. November 1792 die endgültige Sanktion
der Krone erhielten. Unter dem 18. Oktober verwahrte sich der Landtag
in einer Repräsentation gegen die von Ungarn geforderte Preisgebung
der sogenannten Partes und ihre Einverleibung in Ungarn. Daneben
beschlossen die Stände, es solle die Kontribution alljährlich auf den
Landtagen bestimmt werden und bis zur Ausarbeitung eines neuen
Systems solle die Steuer keine Änderung erleiden. Der Hof schloß sich
nicht in allen Einzelheiten den ständischen Beschlüssen über die Steuer,
über Salzpreise, u. dgl. an, so daß sämtliche Fragen auf dem im November 1794 abermals in Klausenburg zusammengetretenen Landtag,

der bis März 1795 dauerte, nochmals zur Erörterung kamen. Der Landtag von 1792 hatte u. a. auch um Aufhebung des Lotteriespiels gebeten, der Hof schlug die Bitte ab, die Stände erneuerten sie 1794, ohne Erfolg. Dasselbe geschah mit dem Gesuch der Stände, es möchte die Unveränderlichkeit der Grundverfassungen des Landes zum Gesetz erhoben werden. Der Hof erwiderte, die Grundgesetze seien ja bereits vom Kaiser bestätigt worden. Schon 1791 hatten die Stände gebeten, es solle von der rechtswidrig geforderten Einsendung der Konsistorialprotokolle an den Hof Abstand genommen werden und den unter Josef II. aufgehobenen Konvikten und Seminarien sollten ihre Güter zurückgestellt werden. Der Hof verweigerte die Zustimmung und die Stände erneuerten 1794 mit dem Hinweis auf die Gesetze das Begehren, abermals umsonst. Neben einer Anzahl besonderer Beschwerden des Adels und der Szekler standen die Wahlen zu verschiedenen Ämtern, der Sachse Dan. v. Straußenburg wurde erster Gubernialrat.

Im übrigen waren die Landtage von 1792 und 1794/95 ein Nachklang des großen ersten Klausenburger Landtags, die Grundfragen, die dort verhandelt worden waren, wurden nochmals berührt. Zu durchgreifenden Beschlüssen kam es nicht. Der Absolutismus der Krone nahm sichtbar zu. Eine Erschwerung für die freie Verhandlung war der Beschluß, daß alle wichtigen Angelegenheiten vor der Beratung im Landtag von den Kreisen beraten werden sollten. So wie die dem katholischen Bischof schon am Anfang des Jahrhunderts zugewiesenen großen Güter aus den Landesgütern 1751 ausgeschieden worden waren, geschah solches 1794 mit den Besitzungen, die der reformierten Superintendentur zugewiesen waren. Es fiel niemandem ein, etwas Ähnliches für die evangelische Kirche zu verlangen!

Die führenden Männer des Landtags waren dieselben wie 1790/91, der Gubernator Banffi, der billigdenkende und edle Teleki, der tobende Wesselenyi, dessen Redseligkeit so zugenommen hatte, daß die eignen Volksgenossen sich über ihn beschwerten, auch die bedeutendsten Sachsen von 1790/91 waren noch da. Ihre Stellung war schlechter als 1790/91. Damals standen sie den zu schaffenden Landtagsartikeln gegenüber, jetzt den geschaffenen, gegen die schwer zu kämpfen war.

Inzwischen schlugen auch die Weltereignisse ihre Wogen bis an die Karpathen, die Krone forderte Unterstützung für den französischen Krieg. Die Nation übernahm 1792 von den Subsidien und dem Krönungsgeschenk ein Drittel in der Höhe von 191.599 Gulden 36 kr., von den Rekruten 500 Mann, an Pferden 133 Stück. Der Preis, der für die

Nationallieferungen gerechnet werden sollte, wurde nach der Anschauung des k. Bevollmächtigten von den Ständen sehr hoch angesetzt. Im Jahr 1795 verlangte der Hof 2320 Mann Rekruten vom Lande, die nach langen Verhandlungen in der Art bewilligt wurden, daß jeder Jurisdiktion überlassen bleibe, wie sie die Anwerbung bewerkstellige und bei Beförderung zu Offiziersstellen solle auf Landeskinder vor allem Rücksicht genommen werden. Der Landtag hielt sich vor allem darüber auf, daß die Soldaten zur Vermehrung der Armee verlangt wurden, und fürchtete, es könne daraus eine ständige Mehrbelastung gefolgert werden, er wollte sie bloß zur Ergänzung geben. Die Regierung entschuldigte sich mit einem Schreibfehler in dem Hofreskript. Die sächsische Nation hatte 1794 außer dem Kontingent noch ein Geschenk von 1000 fl. gegeben, was der Hof mit „Wohlzufriedenheit" annahm.

Die Nation hatte vielfach die Empfindung, daß es mit ihr schlecht stehe. Sie sah, daß die Hofkanzlei zu vermehrter Macht gelangte, daß dort die sächsischen Angelegenheiten in fremde Hände kamen — Andreas v. Rosenfeld, neben Cloos v. Kronenthal der einzige Sachse dort, wurde 1795 ins Gubernium versetzt, — und daß diese Hände sich anschickten, unheilvoll in die sächsischen Angelegenheiten einzugreifen. Die Nationsuniversität ließ es an eifriger Arbeit für die Verteidigung der Nationalrechte nicht fehlen und griff zugleich die Ordnung der wirtschaftlichen Angelegenheiten neuerdings an. Der „Raitoffizier" (Rechnungsoffizial) Dachauer, der im Zusammenhang mit dem Josefinischen Umsturz ins Land geschickt worden war, um den Aktiv- und Passivstand der Nation wieder einmal aufzunehmen, hatte eine recht gründliche Arbeit geliefert, die auf Mängel in der Verwaltung aufmerksam machte, und zugleich einen Plan entwarf, wie die Sieben-Richtergüter und das Fogarascher Dominium, das der Nation nach dem Restitutionsedikt wieder zurückgestellt worden war, fruchtbringend verwaltet und der Ertrag am besten verwertet werden sollten. Die Universität war in der Lage, den Nachweis zu führen, daß der Schuldenstand sich verringert habe und daß sie in einigen Jahren in der Lage sei, von den Einkünften jährlich 6794 fl. $22^1/_2$ kr. an die Stühle und Distrikte zur Bestreitung ihrer Bedürfnisse abzuführen. Am 3. Juli 1795 schlossen deren sämtliche Vertreter in der Universität einen feierlichen Vertrag, in dem sie, mit Berufung auf das Beispiel der Vorfahren und in der Absicht das Band, das die sächsischen Kreise umschließe, auf ewige Zeiten noch inniger zu gestalten, in bezug auf die Verteilung der Sieben-Richtereinkünfte und Einhebung der Beiträge für die Universitätskasse sich einigten, es sollten die Sieben-Richter jährlich

4000 Gulden zur Bestreitung der laufenden Nationalausgaben geben, im Falle außerordentlicher Ausgaben aber sämtliche Stühle und Distrikte verpflichtet seien, was zum Besten der Nation notwendig, nach Verhältnis ihrer Kräfte zu tragen. Aus den Sieben-Richtereinkünften sollte Hermannstadt jährlich 2500 Gulden, Schäßburg 1000 und die andern sechs Stühle je 800 fl. erhalten.

Für den Fall, daß die Sieben-Richter wegen ihrer Güter irgend einen Angriff erführen, versprachen Kronstadt, Bistritz und Mediasch ihnen bei der Verteidigung ihrer Rechte brüderlich beizustehen.

Den Vertrag aber schlossen die Vertreter der elf sächsischen Kreise „auf jetzt und immerwährende Zeiten" ab, in der Hoffnung, „daß a. h. des Kaisers Majestät unsre und unsrer Vorfahren stets bewiesene Treue und Dienste Allermildest zu beherzigen", den geschlossenen Vergleich zu bestätigen und „diejenigen Verordnungen, welche Eingriffe in unsre Gerechtsame und Eigentumsrechte sind, abzuändern" geruhen werde.

Der Vertrag ist, anfangs mißbilligt, später vom Hof bestätigt worden.

Als die Mitglieder der Universität ihn unterschrieben, da war der ruchloseste Eingriff in die sächsische Verfassung, die schamloseste Zerstörung des sächsischen Rechts, das doch in einem Teil der Klausenburger Beschlüsse neue Bürgschaften erhalten hatte, bei der Hofkanzlei schon beschlossene Sache. Die „Regulationen" setzten das kaum unterbrochene Werk der Zerstörung im Sachsenland fort, schädigender als die Josefinische Revolution es getan hatte.

---

## VII.

### Die Zeit der Regulationen.
#### 1795—1815.

Der Glaube an Gespenster, die dem Menschen auflauern und ihm zu schaden versuchen, ist von der aufgeklärten Zeit allmählich verdrängt oder doch in tiefere Schichten des Volkes verbannt worden. Wer die Entwicklung der Völker übersieht, wird staunend erkennen, daß dieser Glaube in bezug auf die Volksentwicklung seine dauernde Berechtigung hat. Zu jenen Gespenstern, die unserm Volk am meisten geschadet haben, gehört die Regulation am Anfang des 19. Jahrhunderts. Es war ein Gespenst auch noch in einem andern Sinne, der Schatten eines Gedankens, der durch die Landtagsbeschlüsse von 1790/91 endgültig begraben zu sein schien und nun noch einmal zu einem zerstörenden Dasein erstand. Die Theresianische Zeit ist voll von Regulationen gewesen, besonders auch des sächsischen Volkes, im schlimmsten Andenken stand die von Seeberg aufgenommene, die unsagbare Verwirrung hervorgerufen hatte. Es durfte hoffen, daß diesen willkürlichen Versuchen der Volksbeglückung durch jene Beschlüsse der nachjosefinischen Zeit ein Ende gemacht worden sei, die das Recht mit neuem Schutz, das Gesetz mit frischem Schirm umgaben. Und doch hat kaum eine Regulation unser Volk so tief getroffen als die von 1795—1805.

Das Gewebe ihrer Entstehung setzte sich aus verschiedenen Fäden zusammen.

Daß im Innern des sächsischen Volkes manches der Verbesserung bedürftig sei, hatten die Besten des Volkes selbst erkannt. In der Tat war, gerade auch unter dem tiefwirkenden Eindruck der Josefinischen Umwälzung und der Wiederherstellung der Verfassung, die Arbeit der Innerreform aufgenommen worden, insbesonders gelang es, den Schuldenstand der Nation langsam zu vermindern und der Komes Brukenthal war der Mann, der zielbewußt die Bedürfnisse erkannte und die rechten Mittel zu ihrer Befriedigung fand. Die meiste Schwierigkeit machte die wirtschaftliche Frage. Die sächsischen Orte und Stühle waren in die Theresianische Zeit mit einer unerträglichen Schuldenlast eingetreten und die Seebergischen Experimente hatten nicht nur keine Erleichterung, sondern die schlimmste Verwirrung und neue Schulden gebracht. Den Kommunitäten waren die Mittel, die zur Schuldentilgung hätten dienen können, zum Teil genommen worden, so durch das Verbot, besondere Aufschläge zum Zweck der Schuldentilgung zu machen, durch die Einziehung des 13 kr.-Aufschlags, wodurch das Sachsenland jährlich nahezu 40.000 fl. verlor, durch die erzwungene Aufteilung der Gemeingründe u. a. m. Die Einziehung des Nationalvermögens unter Josef II., die sich auch auf den Nobilitarbesitz der Städte erstreckte, vermehrte die Not und die Verwirrung.

Dazu kam die Ungeübtheit der sächsischen Beamten, die sie mit den Zeitgenossen hier im allgemeinen teilten, die ihnen schwer machte, sich in den verwickelten Fragen und neuen Formen der Vermögensverwaltung zurecht zu finden, dazu die Untauglichkeit der meisten Beamten, die den sächsischen Orten, weil sie Katholiken waren, aufgedrungen worden waren. Ein Teil der wirklich sächsischen Beamten war im alten Schlendrian so verwickelt, daß sie nicht stark genug waren, mit den Rückständen der

Rechnungslegung aufzuräumen. Wirkliche und beabsichtigte Unredlichkeit, die nach dem Maßstab jener Zeit gemessen werden muß, ist kaum Einem nachgewiesen worden. Als im Zusammenhang mit der Konfiskation des Nationalvermögens durch Josef II. C. Dachauer zur Prüfung und Feststellung dieses Vermögens nach Siebenbürgen kam, fand er manche Unrichtigkeit, Unordnung und Dunkelheit. Sein Operat gab Anlaß zu eingehenden Anordnungen über die Verwaltung des, mit dem Restitutionsedikt der Nation wieder zurückgegebenen Nationalvermögens. Die Regierung hatte auch hier, wie die Nation selbst, den Eindruck, daß manches zu bessern sei.

Das war nicht nur auf dem wirtschaftlichen Gebiet der Fall. Ein alter Gegensatz war zwischen den Kommunitäten und dem Magistrat in allen Städten vorhanden. Er wuchs im 18. Jahrhundert und kam zu wiederholten Malen nahezu überall zum Ausdruck. Besonders wurde mit dem Wiederaufleben der sächsischen Nation bei den Kommunitäten das Verlangen nach einem ausgebreiteten Wirkungskreis rege. Am entschiedensten in Kronstadt, das mehr als einmal in unsrer Entwicklung das nicht beneidenswerte Vorrecht gehabt hat, innere Gegensätze am schärfsten zu empfinden und am heftigsten auszukämpfen. Schon bei der Wahl der Landtagsabgeordneten 1790 waren die Gegensätze an einander geraten. Im Jahr 1791 forderte die Kommunität Verfassungsänderungen, „zu einer Zeit, wo sich der ganze Nationalkörper verjüngte", und zwar im Sinne der Machterweiterung der Kommunitäten. Diese Forderungen kamen 1793, nachdem sie dem Komes unterlegt worden waren, in einer Eingabe auch vor das Gubernium und nach Wien. Die Kommunität wünschte bei Ausdehnung ihres Wirkungskreises größern Einfluß auf die Vermögensverwaltung, auch auf die politischen Fragen und wollte, es sollten alle Beamte nicht vom Magistrat, sondern von der Kommunität gewählt werden, die zugleich in Kirchen= und Schulangelegenheiten die Entscheidung begehrte. Zum Schluß verlangte sie, es solle der Magistrat aus einem Ternavorschlag der Kommunität die Kommunitätsmitglieder ernennen. Sie hatten auch die Frage gestellt, was zu tun sei, wenn Magistrat und Kommunität sich nicht einigen könnten. Der Komes hatte erwidert: die wirtschaftlichen Gegenstände gehörten vor die Kommunität, die politischen nicht; daß die Senatoren und sonstige Bedienstete von der Kommunität erwählt würden, dem stehe die Grundverfassung der Nation entgegen, die Zuziehung zu Konsistorialsessionen „sei in ganz Europa nicht gebräuchlich". Könnten beide Kollegien sich nicht einigen, so habe der Komes, eventuell das Gubernium den Ausschlag zu geben.

Die persönlichen Triebfedern. 379

Nach Wien waren diese verdrießlichen Angelegenheiten teils brieflich teils amtlich gekommen und dort auch zur Kenntnis der siebenbürgischen Hofkanzlei. Als nach dem Klausenburger Landtag die sächsische Deputation 1792 in Wien weilte, hatte sie, ohne dazu einen Auftrag zu haben, angedeutet, daß die Nation an die Reorganisation ihrer innern Einrichtungen Hand anlegen wolle. Die Zeitgenossen hielten auch diese Andeutung für eine Aufforderung an die Regierung, selbst zuzugreifen, als die Nation in den nächsten Jahren, die mit allerlei andern Arbeiten und Aufgaben voll waren, nicht dazu kam, das Versprechen einzulösen. Auch Komes Brukenthal hatte bei den vielen Verhandlungen über die Landtagsartikel von 1790/91 wiederholt seine Gedanken ausgesprochen, wie dem Gegensatz der Kommunitäten und Magistraten ein Ende gemacht werden könne. Auch sie wurden von der Hofkanzlei aufgegriffen.

Aber alle diese sachlichen Seiten traten hinter den persönlichen zurück. Die Feinde der Sachsen in der Hofkanzlei sahen in der Regulation ein Mittel, ihrem Haß und ihrer Rachsucht freien Lauf zu lassen und es ist nicht zum ersten und leider auch nicht zum letztenmal gewesen, daß die Regierung ihre Autorität und ihre Macht zur Befriedigung persönlicher Gelüste lieh. Die Männer der Hofkanzlei aber, die das Ränkespiel trieben, waren Somlyai, Izdenczy und Cloos v. Kronenthal.

Somlyai war ein Szekler von Geburt, „dessen Richtschnur der Wille und die Gunst seiner mächtigern Obern war", ein Lebemann, der von seinem Vater den Haß gegen die Sachsen geerbt hatte, den dieser gegen sie faßte, als er durch Brukenthals Einfluß sein Amt, er war Hofrat, verlor. Vater und Sohn waren leidenschaftliche Naturen, der letztere wurde 1799 von der siebenbürgischen Kanzlei zur ungarischen versetzt, als er gegen den Kanzler Teleki sich in einer Weise betrug, daß dieser drohte, ihn durch den Bedienten hinauswerfen zu lassen. Als der ungarische Hofkanzler sich über diese Übersetzung beschwerte, die übrigens dem strafweise Versetzten statt 4000 fl. Gehalt 6000 fl. einbrachte, meinte Teleki: die siebenbürgische Kanzlei bestünde nur aus wenigen Räten, die ungarische aus mehreren und so sei dort ein Narr weniger fühlbar. Mit Somlyai war der Staatsrat Izdenczy eins im Haß gegen die Sachsen. Als Auersperg Gouverneur in Siebenbürgen war, war Izdenczy ihm als Sekretär beigegeben. In den Reibungen Auerspergs mit Brukenthal, der zuletzt Auersperg unmöglich machte, entwickelte auch in ihm sich ein leidenschaftlicher Haß gegen Samuel v. Brukenthal und sein ganzes Haus, den er unverhohlen zur Schau trug. Als er nach Wien zurückgegangen war, machte es ihm eine

besondere Freude, über das Haus Brukenthal und die Sachsen böse
Reden zu führen und ihre Beamten herabzusetzen: wenn ein Sachse auch
nur Dorfsrichter würde, so fange er schon an zu betrügen. Reaktionär und
zweideutig, böse in seinem Wesen, hatte er, nach Andeutungen Heydendorffs,
noch ganz persönliche Ursachen, dem Komes M. Brukenthal feindlich gesinnt
zu sein, nach dem alten Wort: zu hassen, wen man verletzt hat. Als
„Haupterfinder von Unwahrheiten" zeichnete ihn schon 1773 Graf
Banffi in Siebenbürgen. Seine Antipathie gegen die Sachsen grenze
an Wahnwitz urteilte ein Mann aus der Hofkanzlei über ihn.

Der dritte im Bunde war der sächsische Konvertit aus Kronstadt
Joh. Cloos v. Kronenthal. Daß die Sachsen bei Wiederherstellung der
Verfassung nicht ihn zum Komes gewählt sondern M. v. Brukenthal,
machte auch ihn zum unversöhnlichen Gegner Hermannstadts und des
ganzen Volkes. Gegen Kronstadt war er aufgebracht, weil er seinerzeit
von dort hatte weichen müssen und weil sein Bruder, der dort jahrelang
die Rolle eines streitsüchtigen Denunzianten gespielt, habsüchtig und
hochmütig in Magistrat und Kommunität Verwirrung gebracht hatte,
endlich sich allerlei Unredlichkeiten hatte zuschulden kommen lassen und
gleichfalls hatte weichen müssen. Da auch der Gouverneur Brukenthal
mitgeholfen hatte, jene Unehrlichkeiten ans Licht zu bringen und zu be-
seitigen, fiel abermals auch auf ihn und sein Haus ein gut Teil des
wachsenden Hasses. Joh. Cloos war Hofrat geworden und nach Rosenfelds Weggang aus der Hofkanzlei hätten die sächsischen Angelegenheiten
ihm zufallen sollen. Er überließ sie aber an Somlyai, weil er auf
diese Art seine Absichten besser durchsetzen zu können meinte. Die Absicht
aber war Rache zu nehmen vor allem an den sächsischen Beamten,
dann am Haus Brukenthal. An den sächsischen Beamten, die von
dem Renegaten und Konvertiten nichts hatten wissen wollen, die sich
gegen diese gewehrt hatten, welche seit einem Jahrhundert an der Ehre
der Beamten sich gestoßen und sie systematisch verläumdet hatten. Was
an Gift sich in jener verworfenen Masse ein Jahrhundert lang auf-
gehäuft hatte, es kam jetzt zutage. Und am Haus Brukenthal, vorab am
alten Gouverneur, weil sein Leben und Wirken eine große Anklage gegen
alle Überläufer und Verräter war, weil sein Dasein ihnen allen den
Vorwurf der Verworfenheit täglich neu in der Seele weckte. Äußerlich
noch so hoch gestiegen, wurden diese Menschen die Empfindung nicht los
— das letzte Zeichen eines Restes innerer Würde — daß das Volk, von
dem sie abgefallen, sie verachte! Darum die glühende Rachsucht gegen
das Volk, das von ihnen nichts wissen wollte, gegen die Kommunitäten,

die sie nicht hatten wählen wollen, gegen die Magistrate, die ihre Unfähigkeit im Dienst behaupteten und bewiesen.

„Der Strom der Leidenschaft kennt, wenn es ihm einmal gelungen, seine Dämme zu durchbrechen, keine Schranken mehr. Jeder sächsische Kreis, so klein er auch gewesen wäre, selbst der ganze Nationalkörper wurde nun das Opfer der Raserei der beiden Hofräte," so schrieb der Zeitgenosse G. v. Herrmann und charakterisierte die Ereignisse mit den treffenden Worten: „Immer war das Wohl des gesamten sächsischen Volkes das Anhängeschild der auf die neue Einrichtung der Nationalkreise bezughabenden Verordnungen. Immer sprach man von ursprünglichen Freiheiten und Verfassungen, die doch auf jedem Schritt untergraben wurden." Daß der Kanzler Graf Teleki die Sache geschehen ließ, wird damit erklärt, daß er selbst mit vielen Feinden zu tun hatte und in Izdenczy eine gewisse Stütze fand, den er darum gewähren lassen mußte. Der Hof selbst war von den schweren Sorgen und Lasten der Napoleonischen Kriege ganz in Anspruch genommen und fand keine Zeit, sich mit dieser, ihm so fern liegenden, Angelegenheit zu befassen.

So erfolgte denn unter dem 22. Juni 1795 die Publikation der „Regulativ-Punkte", eine Verordnung der Hofkanzlei, die wie alle ihre Verordnungen im Namen der Majestät geschah. Es wurden darin neue Vorschriften über die Zusammensetzung der Kommunitäten, ihren Wirkungskreis und ihr Verhältnis zu den Magistraten, die Wirksamkeit und Geschäftsführung des Magistrats gegeben.

Darnach sollten die Kommunitäten aus einer Anzahl Bürger, unter dem Vorsitz des Orators, bestehen, die von der Kommunität ohne Einfluß des Magistrats zu wählen sind. Die Kommunität hat die Beamten zu wählen, die Rechnungen zu prüfen, den Landtagsdeputierten die Instruktion zu erteilen. Die Kommunität hat die Kontrolle des Magistrats zu führen, ihr Gutachten ist bei jedem Verkauf, bei Verpachtungen, überhaupt für Ausgaben einzuholen, so daß ein diesbezüglicher Antrag von Seite des Magistrats nur mit ihrer Zustimmung geschehen darf. Solche Beschlüsse sind dann an die höhere Genehmigung gebunden, die für alle „ökonomischen Verbesserungen" angesucht werden muß. Die Kommunität versammelt sich über Einladung der Oberbeamten oder aus eigner Machtvollkommenheit, der Orator hat das Recht, die Debatte zu schließen, wenn ihm scheint, es sei genug geredet worden. Die Beschlüsse werden mit Stimmenmehrheit gefaßt, doch erhalten sie Kraft erst durch Zustimmung des Magistrats. Können beide Körperschaften sich nicht einigen, so ist die Sache dem Komes zur Entscheidung

vorzulegen, eventuell der Nationsuniversität. Doch steht der Kommunität der Rekurs an den Hof auch gegen die Entscheidung der Nations=
universität offen. Zur Vorbereitung der Vorlagen vor die Kommunität wird von dieser ein Ausschuß gewählt. Der Magistrat hat die Verwaltung zu führen, die Steuern einzuheben, ist Gerichtsinstanz und sorgt für die öffentliche Ordnung, für Brücken und Straßen, Gesundheit und Sicherheit der Bürger, beaufsichtigt die Zünfte und nicht zuletzt die Beobachtung und Vollziehung der allerh. Verordnungen und Gubernialverfügungen.

Abgesehen von der Gesetzwidrigkeit der Verordnung, zu der die Hofkanzlei nicht das geringste Recht hatte, war der Inhalt nach den meisten Richtungen wenig anfechtbar, er gab die Grundlage für eine Neuordnung der Verhältnisse, die bei weiterer Entwicklung das öffentliche Leben günstig beeinflußen konnte. Das Verletzende und Kränkende lag in dem Reskript, mit dem die Regulativpunkte zur genauesten Darnach=
richtung herausgegeben wurden und dem was sich weiter daran schloß. Die sächsischen Beamten wurden darin als Verschwender des öffentlichen Gutes, als Unterdrücker des Volkes an den Pranger gestellt und es wurde angeordnet, daß wenn Ausgaben gegen das Präliminare des Jahres gemacht würden, die Beamten sie zu ersetzen hätten; die Rechnungen sollten eine Woche nach Jahresschluß gelegt werden, bei sonstiger Suspension der Beamten. Die Zeitgenossen fühlten, daß die Verordnung sich gegen Personen richtete. „Aus welchem Gesichtspunkte immer diese Befehle betrachtet werden wollten — schrieb Herrmann — war, wo nicht ein gänzlicher Sturz, doch eine empfindliche Kränkung der National= und vorzüglich der Hermannstädter Beamten von denselben unzertrennbar. Entweder beugten sie sich unter die eiserne Rute und ließen alles, was ihnen zugemutet wurde, über sich ergehen: das hieß aber so viel, als das einem jeden natürliche Ehrgefühl unterdrücken, seine Rechtfertigung wissentlich vernachlässigen und sich mit Hintansetzung seines eignen Urteils aufopfern, und auf einer Seite seine eigene Seelenwürde, auf der andern den Herrndienst und den Dienst des Publici durch Verschweigung der entgegenstreitenden Gründe und Tatsachen preisgeben. Oder wagte man es, diesen Machtsprüchen die triftigsten Gründe, die sich auf Gesetz und Wahrheit stützten, entgegenzusetzen und zu bitten, daß es bei den bis=
herigen Verfassungen verbleiben und übrigens den Verleumdern der Nation und des Hermannstädter Publici insolange, bis sie sich nicht gerechtfertigt haben würde, kein Gehör gegeben werden möchte."

In Hermannstadt begann die Durchführung dieser „Regulation". Eine allerh. Entschließung — alle Kleinigkeiten bildeten über Vortrag der siebenbürgischen Hofkanzlei die Grundlage einer k. Entschließung — vom 20. September 1795 genehmigte „das Einraten" der Kanzlei, wornach die vorgelegten Regulativpunkte zu drucken und unentgeltlich unter die Gemeinden des Hermannstädter Stuhls zu verteilen seien. Die Hofkanzlei deckte sich wieder mit dem Namen des Kaisers, da sie ihn ihr „Einraten" genehmigen ließ, wornach die Besoldung des Hermannstädter Königsrichters mit 800 fl., jene des Bürgermeisters mit 1000 fl. aus der Stadtkasse festzusetzen sei. Die Absicht war klar: es sollten durch Herabsetzung ihrer Bezüge die Stellen degradiert werden, ihre jetzigen Träger empfindlich getroffen werden. Zugleich wurde bestimmt, es solle bei der Neubesetzung der Ämter auf jene Beamten zuerst bedacht genommen werden, die sich mit Eifer zum Vollzug der höchsten Anordnungen verwenden ließen.

Die sächsische Nationsuniversität und der Hermannstädter Magistrat machten Vorstellungen gegen die Anordnungen; die Antwort war, daß der Hermannstädter Bürgermeister Fr. v. Rosenfeld seines Amtes enthoben wurde, weil er die Vorstellung des Magistrats, wie es seine Pflicht gewesen war, unterfertigt hatte. Die Hofkanzlei stellte es „als gänzliche Widersetzlichkeit gegen den Vollzug der allerh. anbefohlenen Regulierung" dar und verlangte die Einsendung der 1778 eingereichten Klageschrift der Hermannstädter Bürgerschaft mit ihren 72 Klagepunkten! Die Absetzung Rosenfelds geschah, um „ein Exempel zu statuieren"! Der Anspruch auf Pension wurde abgewiesen. Unter solchen Umständen war auf keinen Erfolg irgend welcher Vorstellung zu rechnen, um so weniger, als eine allgemeine Verfolgung der sächsischen Beamten begann. Rücksichtslos wurden alle aus dem Amt entfernt, die 1790 im Amt gewesen waren — weil sie nicht Kronenthal zum Komes gewählt hatten! Im Zusammenhang mit den Remonstrationen Hermannstadts gegen die Vergewaltigung wurde das Institut des sächsischen Hofagenten, dem seine Stellung Zutritt zum Throne gestattete, unter dem Vorwande, es sei überflüssig, aufgehoben (allerh. Entschließung vom 3. April 1796), „nachdem die ungarische und Szekler Nation keinen Agenten oder Repräsentanten hierorts haben." Die Beschwerde der Universität hatte keinen Erfolg. Es sollte jeder Weg, beim Hof zu klagen, abgeschnitten werden. Wo ein Orator die Klage der Kommunität unterschrieb, wurde er seines Amtes entsetzt. Dem Komes Brukenthal wurde aufgetragen, sämtliche Kommunitäten neu wählen zu lassen. Als er in einer eingehenden Vorstellung sich dagegen wandte, befahl eine Kabinetsordre, alle Anordnungen sofort durchzuführen und nicht durch Vorstellungen aufzuhalten. Im Jahr 1796 wurde das Amt des Hermannstädter Königsrichters vom Komesamt getrennt und ebenso wie das Königsrichteramt in den andern sächsischen Orten aufgehoben. Die Universität fand ernste Worte gegen all diese Mißhandlungen. „Es ist uns zwar leider bekannt — schrieb sie an den Kaiser — daß die Vorsteher und Offizianten der Sächsischen Nation mehrmalen das harte Schicksal gehabt haben, vor dem Throne ihrer allerh. Beherrscher als ungetreuer Haushalter geschildert zu werden, aber niemals, allergnädigster Herr, noch niemals hat man das Maß schwerer Anschuldigungen so voll, so überfließend gemacht, als eben jetzt, wo der gesamte Hermannstädter Magistrat und dessen Amtsvorfahren bis 1753 hinauf, ohne Ausnahme als selbstsüchtige Mietlinge, als Unterschlager und Verprasser des gemeinen Gutes, dagegen die seiner Leitung anvertrauten guten Bürger als ihrer gesetz- und konstitutionsmäßigen Freiheit beraubt, und als ächzend unter dem Joche ihrer Unterdrücker vorgestellt worden. Wir müssen bekennen, diese ... Schilderung ... und E. M. darüber geäußerte allerh. Ungnade haben uns mit Schrecken und Bangigkeit erfüllt, was doch endlich aus uns, noch mehr aber aus dem guten Volk werden soll, dessen Vorstehern forthin nichts mehr zu verlieren übrig gelassen ist, nachdem sie ihre Ehre und alles öffentliche Vertrauen verloren haben sollen." Als die Universität am 1. September 1796 zusammentrat, verlangte der Hof die Einsendung der Protokolle, was bisher auch nie dagewesen war und befahl, es dürfe nichts anders verhandelt werden, als was vorher in den Kommunitäten beraten worden und worüber die Deputierten instruiert worden seien!

Dem Komes blieb nichts anders übrig, als die befohlene Neuwahl der Kommunitäten vornehmen zu lassen, u. zw. sollten die Zünfte und Nachbarschaften sie vornehmen, damit nicht die Beamten sie leiteten und damit die wahren Vertreter der Bürgerschaft erkannt würden. Die Wahlen wurden vorgenommen, doch ergaben sich dabei eine Menge Schwierigkeiten. Da kam das überraschende Gebot, die Wahl sei neuerdings vorzunehmen, u. zw. bloß in den Nachbarschaften, doch sollten die Zunftmeister und Nachbarväter als solche schon Mitglieder der Kommunität sein. Zugleich wurde, wie in der vorjosefinischen Zeit die Wahl katholischer Mitglieder wiederholt eingeschärft. Die Hermannstädter Kommunität hatte gewichtige Einwendungen auch hiegegen zu machen: sie wies auf die Ungleichheit der Zünfte hin, auf den fortwährenden Wechsel der Zunftmeister und Nachbarhannen, daß Gelehrte u. a. Berufsarten von vorneherein dadurch aus der Kommunität ausgeschlossen seien. Auch die Kronstädter Kommunität stellte die Widersprüche dieser neuen Wahl, die inzwischen vorgenommen worden war, dem Hof vor und das Ergebnis war, daß eine dritte Neuwahl für die ganze Nation angeordnet wurde, wobei besondere Rücksicht auf die „Honoratioren" d. i. Apotheker, Chirurgen, Kaufleute und sonstige Nichtangehörige einer Zunft zu nehmen befohlen wurde.

Diese neueste Kommunität nun sollte der echte Repräsentant des Volkswillens sein!

Bevor die Neugewählten dazu kamen, etwas zu tun, hielten die Macher in Wien es für nötig, unter dem 22. September 1797, eine zweite Abteilung der Regulativpunkte „zur allgemeinen Richtschnur nachzutragen", mit der Begründung, „da die von altersher in der Sächsischen Nation zu ihrem allgemeinen Wohl bestandene gesetzmäßige Verfassung durch verschiedene Abweichungen und widerrechtliche Privatanmaßungen sich beinahe ganz außer Augen verloren hat"! Nach dieser neuen Ordnung hatten die Kommunitäten aus den Vorstehern der Zünfte und Nachbarschaften, dann aus den übrigen Mitgliedern zu bestehen, zu denen auch die Honoratioren gehörten. Die Beamten, die als Vertreter in den Landtag und die Nationsuniversität gingen, sollten an die Instruktion der Kommunität gebunden sein. Die Wahl der Beamten habe jährlich zu erfolgen, wobei Verwandte sich gegenseitig nicht nur zu gleicher Zeit, sondern drei Jahre hindurch auch hinterher ausschließen sollten. Genaue Vorschriften suchten die Rechnungslegung und Prüfung zu ordnen. Jede Pachtung sollte im ganzen Land drei Monate vorher kundgemacht werden, der Pächter Sicherheit bieten, der Beamte von der Pachtung ausgeschlossen sein. Neue Ausgaben dürften ohne besondere landesherrliche Genehmigung nicht gemacht werden! Die Kommunitäten sollten die Aufsicht auch über das Vermögen der Kirche und Schule führen und die Kuratoren und Inspektoren wählen. Jegliche Versäumnis sollte streng bestraft werden und darum sollten die Regulativpunkte jährlich vorgelesen werden.

Die neuen Kommunitäten wählten nun die neuen Magistrate — auch zum wiederholten Male und auf diese Weise wurde erreicht, was die Anstifter der ganzen Verwirrung erstrebten, daß ein großer Teil der alten Beamten nicht wieder gewählt wurde. Auch die Gewählten befanden sich in einer schlimmen Lage. „Niemand war sicher, daß er seinen Sitz über ein Jahr behaupten durfte. Tätigkeit, Erfahrung und Rechtschaffenheit verloren ihren innern Gehalt, niedrige Schmeicheleien, ausgebreiteter Anhang durch Schwägerschaften und andre Verhältnisse traten in die Stelle des Verdienstes."

Unter dem gleichen 22. September 1797 erfolgten die „Regulativpunkte zur ordentlichen Bestellung der öffentlichen Verwaltung der Stühle und Distrikte der Sächsischen Nation". Auch hier dieselbe kränkende Einleitung: „um bei der öffentlichen Verwaltung der Stühle und Distrikte der Sächsischen Nation den mannigfaltig eingerissenen Mißbräuchen, dann eigenmächtigen und willkürlichen Behandlungen einen ergiebigen Schranken zu setzen" und — „um den sächsischen Bürgern ihre privilegierte Eigenschaft aufrecht zu erhalten", sollte die „alte gesetzmäßige Verfassung vollkommen hergestellt werden"! Darnach sollten auch in den Dörfern eigne Beamte gewählt werden, die zugleich die Repräsentanten der Stühle sein sollten. Sie durften ohne Zustimmung der Gemeinden nichts beschließen. Die Bestimmungen für die Städte in bezug auf die Vermögensverwaltung galten auch für die Stühle; außer den allgemeinen Lasten durften den Ortschaften keine andern aufgelegt werden; auch diese Verordnungen sollten allenthalben verkündigt werden. Aber das Ansehn der Beamten, das Vertrauen auf ihre Redlichkeit war noch nicht genügend in den Schmutz gezogen. Am 13. Oktober 1797 verordnete die Regierung, es solle öffentlich publiziert werden, daß die Schulden der Universitätskasse im Jahr 1790 in der Höhe von 283.515 fl. zum größern Teil durch den Eigennutz, zum Teil durch die Fahrlässigkeit der sächsischen Beamten gemacht worden seien; durch die Fürsorge der Regierung aber seien sie allmählich auf die Hälfte herabgemindert worden und Se. Majestät trage väterliche Sorge dafür, daß die fleißige Nation allmählich von ihrer Schuldenlast befreit werde. Die Kommunitäten sollten hievon unterrichtet werden und Mittel angeben, wie das gemeinschaftliche Vermögen der Nation aus der Gefahr gerettet werden könne.

Perfider ist der Thron nie bloßgestellt worden. Die Hofkanzlei verbreitete hier bewußt eine Lüge, allerdings nicht die einzige, die auf ihre Rechnung kam. Sie wußte, daß jene Schulden hauptsächlich aus der Übernahme des Fogarascher Dominiums durch die Inskription herrührten — es waren 296.614 Gulden und 10 kr. in den ersten fünf Jahren nötig gewesen — sie wußte, daß bis zur Einziehung durch Josef II. fast 70.000 fl. und dann seit 1790, wo die Rückgabe erfolgte, über 136.000 fl. zurückgezahlt worden waren, aber es galt das „fleißige Volk", den braven Bürger gegen seine Obrigkeit aufzuhetzen, damit die Fürsorge der Hofkanzlei in um so hellerem Licht strahle. Jede Gemeinde sollte schriftliche Zeugnisse darüber einsenden, daß die Publikation des ehrenrührigen Ediktes geschehen sei!

Unter solchen Umständen hatte es wenig Wert, daß Kaiser Franz am 13. April 1798 erklärte, daß die sächsische Nation in Siebenbürgen, auf Grund des Andreanischen Freibriefs und nach Vorschrift ihrer Munizipal=

gesetze ein Volk mit gleichen Rechten bilde, dessen Universität das Recht und die Befugnis zustehe, über ihre Gesetze zu beraten und auf dem Wege der gesetzmäßigen Repräsentation dasjenige zur allerh. Bestätigung zu unterbreiten, was die Nation für ihr Wohl zuträglich und ihrer Verfassung dienlich erachte.

Die sich häufenden und überbietenden Befehle, die an die schönste Zeit des Josefinischen Durcheinanders erinnerten, führten zu einem vollständigen Fiasko der neuen Verwaltung. Da die Tagegelder eingestellt worden waren, wollte niemand ein Geschäft außerhalb seines Wohnorts, das mit Kosten verbunden war, übernehmen und da bei den kleinsten Kleinigkeiten die Äußerungen der Kommunitäten einzuholen waren, so stockte bald jede Verwaltung. Als die Universitätskasse einmal einen halben Ries gedruckter Protokollbogen mit 6 fl. 15 kr. zu bezahlen hatte, mußte der Komes, über Befehl von oben, sämtliche 11 Stuhls= und Distriktsversammlungen anweisen, sich über diesen Gegenstand zu äußern, diese Äußerungen dem Gubernium einschicken, das sie der Hofkanzlei vorlegte „zur Erwirkung der Allerh. Bewilligung" 6 fl. 15 kr. zahlen zu dürfen. Diese Bewilligung ging natürlich wieder durch Hofkanzlei und Gubernium an den Komes, der dann dem Hermannstädter Magistrat endlich die Erlaubnis mitteilte, daß der Buchbinder oder Drucker bezahlt werden könne!

Aber auch Ärgeres kam, neue Angriffe auf die Grundrechte der Nation. Um die Bürgerrechtstaxen inmitten der Nation „landesverfassungs= mäßig zu ordnen" — wobei zu betonen ist, daß die Landesverfassung damit überhaupt nichts zu tun hatte — verlangte die Hofkanzlei eine vom Gubernium legalisierte Abschrift der sächsischen Privilegien — und 1796 erklärte eine allerh. Entschließung die sächsische Nation für »peculia regia« — für königliches Vermögen und in bezug auf die Bürgerrechts= taxen wurde verordnet, daß hinfort von jedem Ungarn und Szekler, der sich in sächsischen Orten und von jedem Sachsen, der sich in einem Komitat oder einem Szeklerstuhl niederlassen wollte, die gleiche Taxe zu entrichten sei, wodurch der Betreffende die Wahlfähigkeit zu allen Ämtern erhalten sollte. Mit einem Federstrich wurden auch hier alte Rechte und verbürgte Verfassungsgrundsätze einfach über den Haufen geworfen.

Der ganze vielhundertjährige Kampf um das ausschließliche Bürger= recht schien umsonst gewesen zu sein. In den Stühlen sollten die walachischen Orte gleichberechtigt mit den sächsischen sein, ihre Vertreter in die Stuhls= versammlung schicken — und das alles mit Berufung auf das „alte

Recht", das von alledem nichts wußte. Im Jahr 1797 wurde angeordnet, es dürften keine andern Gehalte ausgezahlt werden als jene, die der Hof im Jahr 1753 bewilligt hatte! Als die Kronstädter Kommunität dagegen remonstrierte, antwortete das Gubernium, bei Strafe der Absetzung des Stadtrichters müsse der Befehl befolgt werden. Nun hatten sich die Zeiten seit 1753 durchaus geändert, neue Ämter waren geschaffen worden und hatten rechtskräftig ihre Träger — sie alle wurden brotlos. Die Torhüter und Trabanten in Kronstadt wollten entlaufen, falls man ihnen die Gehalte nicht auszahle, die Burgknechte in Törzburg kündigten, die „Nachtsreiniger" wollten die Kaserne nicht putzen, solange man ihnen nicht den bisherigen Lohn sichere — vergebens schalt und drohte der Kommandant — die Zuchthaustrabanten ließen den Zuchtmeister mit den Arrestanten allein, in Eile mußten die nächsten Nachbarn bestellt werden, die Gefangenen zu bewachen, damit nicht auch diese entliefen. Die Nachtswächter verließen ihren Posten und die Lehrer und Geistlichen beschwerten sich über die rückständigen Zahlungen. In Großschenk, Leschkirch, Reps und Reußmarkt geschah mit den Gefängnissen dasselbe, sie blieben ohne Besorger, in der Regulation des Schäßburger Personalstandes waren die Waldhüter vergessen worden und bis eine „allerhöchste Entscheidung" erfolgte, blieben die Wälder schutzlos der Plünderung preisgegeben. Selbst die Fogarascher Brücke, ein Kunstwerk aus der Josefinischen Zeit, wurde abzutragen befohlen — „wenn damit so fürgegangen worden wäre, als es die Verordnungen, welche durch Remonstrationen nichts aufzuhalten gebieten, erheischen — schrieb Komes Brukenthal — so wäre dem jetzigen und künftigen Zeitalter ein Vorfall aufgestellt worden, der zu Spott und Hohngelächter reichlichen Stoff und Gelegenheit geboten hätte."

Das Gefühl der Rechtslosigkeit, der Verfolgung, der Mißhandlung wurde allgemein. Überall die Menge der brotlos gewordenen Beamten — in Mediasch war auch Heydendorff unter den Opfern, — die die persönliche Kränkung schwer trugen, mancher ist daran innerlich zugrunde gegangen, wie der tüchtige Herrmann in Kronstadt. Dort wütete die Nachsucht der beiden am meisten beteiligten Hofräte, Somlyai und Cloos, am heftigsten. Um der nichtigsten Ursachen Willen wurden ehrbare Männer aus dem Amt gestoßen, zu schweren Geldstrafen, selbst zur Konfiskation des Vermögens verurteilt und dem Denunzianten Michael Cloos, einem Bruder des Hofrats, 200 Dukaten Belohnung aus der Stadtkasse angewiesen, die nur für Untersuchungskommissionen viele tausend Gulden hatte ausgeben müssen, eine Illustration zu dem wieder-

kehrenden Wort in den k. Verordnungen, daß die väterliche Sorge der
Regierung die sächsischen Kommunitäten von ihren Schulden befreie!

Die letzte Spitze „der tollgewordenen Regierung" richtete sich gegen
den Komes M. Brukenthal. Es galt auch ihn unmöglich zu machen.
Das Mittel war einfach. Es wurden derartige Ansprüche an seine
Arbeitskraft gestellt und ihm die Hülfsarbeiter bis auf einen Sekretär
genommen, daß es unmöglich war, den törichten und empörenden An=
forderungen zu genügen. Er konnte selbst darauf hinweisen, daß er,
während sein Vorgänger Cloos im Amt in vier Jahren dem Gubernium
17 Berichte vorgelegt, in dem einen Jahr 1797 deren 206 hätte schreiben
müssen. Es war einfach unwürdig wie er behandelt wurde!

Der Unwille mußte bis in die Tiefen des Volkes greifen, als die
Rechtspflege gleichfalls durcheinander geworfen wurde. Es war zur Ver=
mehrung der Freiheit der Dörfer ein Teil der Gerichtsbarkeit, die bisher
die städtischen Magistrate inne gehabt und die ein Reskript vom 22. Sep=
tember 1797 in der gewohnten Weise „als Mißbrauch" stempelte, auf
die Dorfshannen und die Geschworenen übertragen worden, was zu
eben solchen Unzukömmlichkeiten führte wie die Anordnung, daß in den
Stühlen Reps und Schenk hinfort die aus fast hundert Bauern be=
stehende Stuhlsversammlung das Appellationsforum für kleinere Rechts=
händel sein sollte! Die Gerichtsgebühren waren, von einer völlig falschen
Voraussetzung und Beurteilung aus, gänzlich aufgehoben worden.

Das Gubernium war an all dem unschuldig. Es hatte, in Kenntnis
der tatsächlichen Verhältnisse, mehr wie einmal sich des Rechts ange=
nommen, dann hatte die Hofkanzlei es auf die Seite gedrückt und sich
alle Entscheidungen vorbehalten; das Gubernium war angewiesen worden,
die Verordnungen, die durch keine Gegenvorstellungen aufgehalten werden
durften, einfach durchzuführen! Der Komes hatte wiederholt versucht,
die wirkliche Sachlage vor den Thron zu bringen. Der Kaiser betonte
immer, daß er den Zutritt zum Thron niemandem verwehre, aber
seine Umgebung wußte Schwierigkeiten in den Weg zu legen, wie es
u. a. die allerh. Entschließung vom 16. August 1797 aussprach, es solle
der sächsischen Nation der Zutritt zur Majestät unverwehrt bleiben,
„wenn anders solche vorher ihre vermeintlichen Beschwerden spezifisch
und unterfertigt von den Kommunitäten, die es betrifft, mit Beifügung
standhafter Beweise dem Gubernium anzeigt und sich ausgewiesen haben
wird, woher die Deputationskosten, ohne die Untertanen ins Mitleiden
zu ziehen oder den Fond zur Schuldentilgung zu verkürzen, zu bestreiten
sein werden."

So trug die Nation die Ketten, die persönliche Leidenschaft ihr auferlegt hatte, da es kein Mittel gab, sie zu zerreißen. An verschiedenen Orten im Sachsenland gährte es; in Kronstadt brach der Unwille im Februar 1798 durch. Es waren Aufrufzettel verteilt und an öffentlichen Plätzen und Gängen angeklebt worden, die Aufsehen machten. Sie lauteten: „Bürger, wacht auf! Das Vaterland ist in Gefahr. Ehre, Stadt, Vermögen der Sachsen, teuer erkaufte Gerechtsamen und Zunftfreiheiten sind verloren. Man treibt durch diese so schändliche Rekrutierungen und viele Wühlereien einen Spott, man verschmälert sogar den Schul=Lehrern, den Stadt=Dienern und übrigen Beamten das Gehalt, die wir doch aus unserem Stadtvermögen selbst bezahlen. Rufet Gott um Hülfe an. Bittet den Kaiser um Schutz, er wird gewiß helfen und die bekannten Todfeinde der getreuen Sachsen zuschanden machen. Wachet auf, es ist hohe Zeit, sonst bleibt unsre Stadt ohne Obrigkeit, ohne Schul=Lehrer, ohne Diener und Nachtswächter. Wachet auf!"

Zunächst diente der Vorfall dazu, das Feuer noch mehr zu schüren. Es wurde darin ein Mittel gefunden, die Sachsen als Hochverräter darzustellen, es wurde Militär in Bewegung gesetzt. Die Sache kam an den Kaiser, der den Hofkanzler Teleki darüber zu Rate zog. Teleki war im Vorjahr in Siebenbürgen gewesen, um seine Güter zu besuchen. Die Nationsuniversität hielt es für schicklich, ihn durch zwei Abgesandte zu begrüßen, Heydendorff aus Mediasch und Bransch aus Hermannstadt. Sie erhielten zugleich den Auftrag, die mißliche Lage der Nation dem Hofkanzler vorzustellen. Sie entledigten sich in vielstündiger Audienz des Auftrages, aber die Antworten hatten wenig tröstlich geklungen. Die Abgeordneten erkannten daraus Telekis gute Gesinnungen gegen die Nation und das Haus Brukenthal, aber auch daß die Feinde der Nation das Übergewicht am Hof hatten und der Kanzler, ohne Beistand gegen sie, nichts gegen sie vermochte. In der Audienz beim Kaiser schilderte Teleki freimütig die Lage der Sachsen wahrheitsgetreu, zeigte das Getriebe Kronenthals und Somlyais und wies darauf hin, wie gefährdet seine eigene Stellung werde, wenn er deren verderbliche Absichten sähe und doch allein ihnen nicht gewachsen sei. Das Resultat war, einen unparteiischen Mann nach Siebenbürgen zu senden, um hier mit eigenen Augen die Sachlage zu untersuchen. So kam denn der Preßburger Vizegespan M. v. Benyowsky als k. Kommissär ins Land, während zur Untersuchung der Aufruf=Zettel der Haromßeker Oberkönigsrichter Graf Mikes nach Kronstadt geschickt wurde. Ein inquisitorisches Verfahren, das bis zu Hausdurchsuchungen und Beschlagnahme von Briefen ging, das noch eifriger wurde, als in jenen Tagen der Senator Drauth aus unbekannten Ursachen sich selbst das Leben nahm, förderte nichts Entscheidendes zutage, doch mußten die Feinde des Komes die Sache so darzustellen, als ob es sich in der Tat um eine geheime Verschwörung handle, in die der Komes mitverwickelt sei. Aus einem Brief, den er an den Gubernialsekretär Tartler geschrieben hatte, wurde ihm der Strick gedreht. Es hatte dort am Schluß geheißen: „Die sächsischen Angelegenheiten werden noch einige Zeit den scharfen Gang fortwandeln und von uns bald einen, bald den andern niederreißen. Je dünner es zwischen uns wird, desto freier kann der Wind durchstreifen:

    Sperat infestis, metuit secundis,
    Alteram sortem bene praeparatum pectus.«

(Wohl vorbereitet hofft das Herz im Unglück und fürchtet im Glück den Wechsel des Schicksals.)

  Daraus wurde folgende Beschuldigung gemacht: „daß der Komes verdächtige und einer Krisis unterliegende Gesinnungen gehabt habe, geben die Korrespondenzen Anlaß zu vermuten, denn auffallend ist das erwähnte Symbol: Alterat sortem bene praeparatum pectus, (wohl vorbereitet führt das Herz einen Wechsel des Schicksals herbei), wodurch der Komes den Mut zur vorgehabten Unternehmung zu stählen und anzueifern scheinet." Es ist ein Bubenstück würdig der Demagogenriechereien und Verfolgungen der spätern Zeit in Deutschland! Andre Fußangeln waren ihm absichtlich gelegt. Eine Anzahl Gegenstände wurden ihm aufgetragen, im Einverständnis mit der Universität zu erledigen, der Zusammentritt wurde aber entweder verboten — vom 17. Juli 1797 bis 26. November 1799 tagte sie überhaupt nicht — oder es wurde verboten, anderes zu verhandeln als wozu die Deputierten ausdrückliche Instruktion hätten. In bestimmten Fällen, wo der Komes über ausdrücklichen Befehl der Hofkanzlei von den Kommunitäten Gutachten verlangt hatte, wurde ihm der Vorwurf gemacht, er hetze die Kommunitäten auf, er wurde bei Hof angeklagt und zur Verantwortung gezogen. Schon im Frühjahr 1798 war in Wien die Rede davon, der Komes werde sein Amt verlieren, im November 1798 erzählte man sich sogar, Kronenthal werde ins Land kommen mit der Vollmacht, jeden Beamten zu entlassen, der den Regulativpunkten sich nicht füge. Das geschah nun allerdings nicht, Benyowsky kam als k. Kommissär ins Land. Brukenthal traf mit ihm zuerst in Klausenburg zusammen, wo Benyowsky die Akten beim Gubernium einsah. Brukenthal legte ihm offen die Verhältnisse dar. „Ich habe Veranlassung erhalten — schrieb Brukenthal am

11. Mai 1798 — alles dasjenige anzuzeigen, was nach meinem Dafürhalten dem allerhöchsten Dienst sowie auch dem Wohl der Nation nachteilig ist und ich bin entschlossen, auszupacken, denn meine Pflicht, das Wohl des Landes und die Erhaltung der Monarchie erheischt solches… Die vielen Beseitigungen unsrer Beamten werde ich als Gravamen auch anführen." Unter dem 28. Mai 1798 übergab Brukenthal dem k. Kommissär eine Zusammenstellung der Beschwerden der Nation, die geradezu von dem Satz ausging, daß er — der Komes — „als Kläger wider die Urheber aller der obwaltenden Verordnungen, die beiden Herrn Hofräte von Kronenthal und Somlyai auftrete" und darum bitte, daß diese beiden in der ganzen Frage als Beklagte angesehen würden. Die Note ist eine Parallele zu den großen Beschwerdeschriften aus der Josefinischen Zeit, ein Schmerzensschrei aus tiefverwundetem Herzen, ein Nachweis aller Verfolgungen, denen die Nation durch die Regulation ausgesetzt worden sei, der Lügen und Verdrehungen, die als Mittel dienten, tüchtige Leute zu verderben, daß zur Anarchie führe, was hier begonnen worden sei, wie man die Klagen und Beschwerden gegen diese Ungerechtigkeiten verdächtigt habe, wie man gradezu den Kaiser belogen habe, daß die Herabsetzung und Beschimpfung der Beamten der Verwaltung nachteilig und der Würde des Herrschers nicht angemessen sei, wie man ihn selbst, den Komes, mißhandelt habe und gelangte schließlich zur Bitte, es möge „eine radikale Abhülfe" bewirkt werden.

Die Antwort war, daß unter dem 4. März 1799 — Komes Brukenthal vom Amt und Gehalt suspendiert wurde!

Inzwischen hatte Benyowsky seine Arbeit in Kronstadt aufgenommen. Er war ein harter Mann, besonders den Beamten gegenüber, „er drohte mit Arrest und Schlägen", schrieb Heydendorff. Er forderte die Kronstädter Kommunität und den Magistrat auf, sich über die Regulativpunkte zu äußern und die Klagen, die sie hätten vorzubringen. Es geschah von beiden Seiten. Der Magistrat beschwerte sich vor allem über die geringe Selbständigkeit, die dem Magistrat geblieben, besonders auch in wirtschaftlichen Angelegenheiten. Dann über die jährliche Wahl der Beamten, und über die Zusammensetzung der Kommunität; er beklagte sich über die Vorwürfe, die den sächsischen Beamten überhaupt gemacht worden wären, über die Gehaltssperre, die man über die Kronstädter Beamten verhängt. „Wir erliegen — so schrieb der Magistrat in würdiger Weise — teils unter den Denunziationen, womit wir nun eine geraume Zeit zu kämpfen gehabt, und unter den heimlichen Verschwärzungen, die selbst von einigen unsrer eignen Mitbürger aus Privatabsichten unterstützt werden, teils unter den Klagen, die von unruhigen Beschwerdeführern bei hohen und höchsten Behörden wider uns ohne Beistand und dennoch ohne einige uns zu verschaffende Genugtuung erhoben werden... Wir müssen es mit Augen sehen, wie das Volk durch diese verkleinernden Urteile von der Achtung, die ihm sonst Natur und Erziehung gegen seine Beamten eingeflößt, abgeleitet wird, sich zur Geringschätzung seiner Beamten gewöhnet, aus seinem Geleise heraustritt und dadurch zugleich der allerhöchste gemeine Dienst gehemmet wird. Das sächsische Volk ist seiner Natur nach so geartet, sich mehr durch Güte und Ehrgefühl als durch strenge Mittel zur Beobachtung seiner Pflichten leiten zu lassen."

Die Kommunität hatte dafür mehr als ein Lob für die Regulativpunkte und Benyowsky sah sich durch die Klagen, die ihm gegen den Stadtrichter vorgebracht wurden, die diesen als selbstsüchtig und nachlässig erscheinen ließen, veranlaßt, aus dem Archiv eine Menge Akten auszuheben und nach Wien zu senden. Er hatte noch immer die Überzeugung, es handle sich um eine Verschwörung, deren geheime Ziele er entdecken könne. Darnach untersuchte er die Einberufungsschreiben der Nationsuniversität und die Verhandlungen, die über die dort zur Beratung gelangenden Gegenstände in Kronstadt geführt worden waren. Das „Recht des Eigentums der Sächsischen Nation auf ihren Grund und Boden", das Buch, das die Nation 1790 hatte drucken lassen, forderte er überall ein und konfiszierte es; es sei eine dem Hof nachteilige Schrift!

Er war noch völlig ein Werkzeug der beiden Hofräte. Unter dem 15. April 1798 hatte die Hofkanzlei ein Reskript erlassen, das sich gegen die sächsische Geistlichkeit richtete. Das System der Verläumdungen und Verfolgungen wurde nun auch auf die Kirche ausgedehnt. Schon vorher waren, um der vermeintlichen Verschwörung auf die Spur zu kommen, in Birthälm auch die Schriften des evangelischen Bischofs J. Aur. Müller untersucht worden, natürlich ohne etwas zu finden. In jenem Reskript wurde behauptet, die sächsische Geistlichkeit habe sich die Gerichtsbarkeit in Ehesachen angemaßt, sie wurde ihnen genommen und befohlen, es sollten die Pfarrer jährlich neu gewählt werden! Es mußte in der Tat jedes Rechtsgefühl ertöten, wenn diese Verordnung die Konfiskation des alten Rechts der evangelischen Geistlichkeit damit begründete, dieses Recht, das 1790 auf Grund der alten Gesetze wieder hergestellt worden war und anstandslos mit Ausnahme der Josefinischen Periode ausgeübt worden war, sei eine Usurpation der Geistlichen gewesen und darum ungültig. Benyowsky selbst schien den Unsinn der jährlichen Pfarrerswahl einzusehen und drang nicht auf die Durchführung. Doch galt sie bis 1803 „als Norm". Der Bogeschdorfer Kapitelsdechant schilderte den neugeschaffenen Zustand: „Fast jede Pfarrbesetzung hatte ihre Schwierigkeiten; es war ein rechter Freijahrmarkt; die Gemeinden wollten sich nicht leiten lassen; da gab es immer Rekurse nach Hof; die gedienten ältern Männer bei den Städten blieben sitzen; Verzweiflung an der Promotion brachten Werbungen hervor; man suchte sich bei den Bauern zu rekommandieren und der Eifer für Schulwesen und Unterricht fing um so mehr an zu erkalten, weil das Verdienst aufgehört zu haben schien als Beförderungs= und Belohnungsgrund in Betracht zu kommen." Auch die Aufhebung der geistlichen Gerichtsbarkeit hatte böseste Folgen im Volk. Die Ehescheidungen, die nun von den Dorfsgeschworenen vorgenommen wurden, nahmen überhand, die Eheprozesse vermehrten sich zusehends. Da brachte eine neue Verordnung vom 28. September 1798 neue Unordnung in die Gemeinden, indem die völlig freie Wahl der Pfarrer angeordnet wurde und alle Kandidationen aufgehoben wurden, eine Lockerung der Verhältnisse, wie sie auf politischem Gebiet vorangegangen war. Die Pfarrer selbst wurden in ihrem Einkommen geschädigt, indem ihnen die Schankgerechtigkeit, die sie vielfach bis dahin ausgeübt, einfach genommen und an die politischen Gemeinden übertragen wurde! Selbst in Pfarrerswahlen mischte sich die Hofkanzlei rücksichtslos ein. Schon im Jahr 1794 war plötzlich die Konfirmationstaxe der evangelischen Geistlichen erhöht worden und es wurde für die seit 1788 gewählten Pfarrer die Nachzahlung der höhern Taxe verlangt. Das Oberkonsistorium verhandelte die neue Rechtsverletzung am 19. Juni 1794 und beschloß, im Einverständnis mit dem reformierten Oberkonsistorium, den Kaiser zu bitten, die Konfirmationstaxen gänzlich abzuschaffen oder doch wenigstens bei dem Normativ von 1765 zu bleiben. Hier klang noch etwas vom alten Geiste der Verteidigung des eignen Rechts durch: Seine Majestät habe durch den 53. Landtagsartikel von 1791 den Ständen die Versicherung gegeben, die vier rezipierten Religionen bei ihren Freiheiten und Gerechtsamen nach den Landesgesetzen und dem Leopoldinischen Diplom zu erhalten. Es sei eine Verletzung dieses Gesetzes, wenn die Konfirmationstaxen auch weiterhin beibehalten würden. Sie seien seinerzeit eingeführt worden, daß die Geistlichen im ruhigen und ungestörten Genuß des Zehntbezugs geschützt würden; nun gehe ja grade der Fiskus in den fortlaufenden Zehntprozessen darauf aus, der Geistlichkeit den Zehnten zu nehmen; wozu zahle also die Geistlichkeit jene Taxe?

Für die skrupellose Willkür, mit der die Hofkanzlei auch in die
kirchlichen Angelegenheiten eingriff, lieferte wieder ein Kronstädter Vorfall
den deutlichen Beweis. Das dortige Gymnasium hatte den Schluß des Jahr=
hunderts besonders feiern wollen und der Rektor J. P. Roth hatte in
einer gebundenen Rede u. a. die Aufhebung des Jesuitenordens als
eines erfreulichen Ereignisses gedacht, ihn eine Hydra genannt und der
modernen Freiheit und Gleichheit seine Huldigung dargebracht. Er wurde
ohne weitere Untersuchung, wie es scheint auf eine Denunziation des
katholischen Stadtrichters hin, seines Amtes enthoben, sein Gehalt gesperrt
und erst nach zwei und einem halben Jahr gelang es ihm — wieder durch
eine Hofentscheidung — ins Amt zurückzukommen, nachdem er vorher
vor der versammelten Schuljugend und in Anwesenheit einiger Magi=
stratualen öffentlich widerrufen und dann sofort einen strengen Verweis
vor derselben Versammlung erhalten hatte. Die Reden bei solchen Feier=
lichkeiten sollten hinfort von den Kirchenvorstehern geprüft werden!

Benyowsky selbst bekam allmählich eine andre Meinung von den
Verhältnissen in Kronstadt, als auch die Kassenvisitation, die er vor=
nahm, zuletzt ergab, daß es sich bei den Rückständen und Rechnungs=
legungen um keine Unehrlichkeit handelte. Am liebsten wäre freilich
als provisorischer Komes und k. Kommissär Kronenthal nach Sieben=
bürgen gekommen. Die Sache schien schon fertig zu sein, als ein
k. Handbillett vom 28. Februar 1799 davon absah und an Stelle
Benyowskys den Hofrat von Gyürki, der das sächsische Referat eine Zeit
lang geführt hatte, zur Sendung nach Siebenbürgen in Aussicht nahm.
Benyowsky sollte dessen Ankunft abwarten, ihm alle Akten übergeben
samt einem Verzeichnis der suspendierten sächsischen Beamten, wie auch
jener, die geeignet erschienen, an Stelle der zu entfernenden Beamten
gesetzt zu werden. In der Tat kam Gyürki im Juli 1799 nach Sieben=
bürgen und übernahm Benyowskys Stelle, ein „vernünftiger, gelehrter,
gutgesinnter und sanfter Mann," wie ihn Heydendorff charakterisiert.
Aber auch er kam zunächst als Inquisitor. In Kronstadt begann er seine
Amtshandlungen damit, daß er eine Restauration der Beamten vornahm,
es war wieder nichts als grundloseste Willkür. Er benannte in der
Sitzung der Kommunität den Stadthannen G. v. Herrmann, dann vier
Senatoren und den Baubesorger Dörr, sie hätten das Vertrauen des
Fürsten und des Volkes verloren und hätten sich zu entfernen, und er
setzte eigenmächtig Klompe zum Stadtrichter ein, der als Denunziant
und Konvertit bekannt war, aber dieser war ein Verwandter Kronenthals
und so wurden nach einander Leute, die mit Kronenthal in Verbindung

standen, in die leitenden Stellen in Kronstadt hineingebracht, seinen
Gegnern auch noch, unter allerlei schnöden Vorwänden, Bußen an Geld
und Gut auferlegt. Nach dem neuen Salarialstand wurden auch hier
die Gehalte der ersten Beamten verkürzt. Der schwer getroffene Herrmann
charakterisierte die ganze Sache mit den treffenden Worten: „Das erste
Geschäft, den Magistrat zu verkrüppeln und die Kreaturen der Hofkabale
hinein zu schieben, war der Brennpunkt der Kronenthalischen Entwürfe.
Diesem Plan folgte man in allen übrigen sächsischen Stühlen, wo alt=
gediente, mit dem Geist der Nationalverfassungen vertraute Amtmänner
hinweggeworfen und neue unerfahrene Individuen aus der jüngern Schar,
denen auch der Kontrast zwischen den alten und neuregulierten Salarien
und zwischen den alten und neuen Einrichtungen nicht sehr auffiel, über
ihre Erwartung hervorgehoben wurden... Es handelte sich nicht mehr
um die Kenntnisse und Erfahrungen, nicht mehr um die Verdienste, womit
sich die einzusetzenden Ober= und Unterbeamten in ihrer bisherigen Lauf=
bahn ausgezeichnet, nicht mehr um das Vertrauen und die Zuneigung,
die sie dadurch von seiten des Volkes errungen hatten, auch nicht um
den Einfluß des Volks in die Bestellung der Ämter, dessen Begründung
in den Regulativpunkten so hoch gepriesen wurde. Willkür und Leiden=
schaften gaben den Ton an, und die Unbekanntschaft des k. Kommissärs
mit den physischen und moralischen Kräften der ihm vorgeschlagenen
Individuen veranlaßten ihn, so sehr er sich von aller Parteilichkeit zu
entfernen wünschte, zu Vorkehrungen sowohl in Ämterbestellungen als
bei andern Vorfallenheiten, die ein bloßes Geratewohl voraussetzten und
in der Harmonie der hiesigen Verfassungen manchen Mißklang wirkten."
Das eine mag genügen, daß im Jahr 1807, wenige Stunden nachdem
der Tod den in Wahnsinn verfallenen, in Armut leidenden Herrmann
erlöst hatte, ein Hofdekret in Kronstadt anlangte, das ihn von sämtlichen
Beschuldigungen freisprach und in Anbetracht seiner langjährigen treuen
Dienste „allermildest" ihm eine Jahrespension von 500 Gulden zusprach!

  Gyürki hatte die Kommunität im Dezember 1800 aufgefordert,
sich über die Regulativpunkte freimütig zu äußern und die Kommunität
machte am 8. Januar 1801 davon ausgiebigen Gebrauch. Bei aller
Anerkennung und Verehrung der „großen Vorteile und des wohltätigen
Einflusses" der Regulation hatte sie jetzt doch eine lange Reihe von
Wünschen und Bemerkungen: es solle ein eigener Wald= und Hattert=
besorger angestellt werden, die Beamten wären besser nur alle zwei Jahre
zu wählen, die Landesbuchhalterei solle die eingeschickten Rechnungen
sofort prüfen und mit ihren Bemerkungen zurückschicken, daß nicht —

wie es der Fall sei — Rechnungen nach zwanzig oder mehr Jahren noch unberichtigt seien, es sollten für gewisse Fälle wieder die Taggelder eingeführt werden, Blutsverwandte sollten nach einander, nur nicht zu gleicher Zeit, im Amt sein können — die Regulativpunkte hatten eine Sperre von drei Jahren angeordnet. Sie mißbilligte die Abschaffung der Gerichts= sporteln und verlangte die Gehalte der Beamten zu vermehren, die körper= lichen Strafen sollten aufgehoben werden. Die Kommunität bat, man solle ihr mitteilen, warum „ehehinnige" Magistratsmitglieder aus dem Amt gestoßen worden seien und wollte wissen, welche davon wieder wählbar seien, sie bekämpfte die Anordnung, daß die Oberbeamten mit Hülfe des Distrikts gewählt werden sollten, sie wies nach, daß es unmöglich sei, das Präliminare so zu machen, daß die wirklichen Ausgaben genau damit stimmten und da solches verlangt werde, sei das eine große Be= schwernis und Schädigung der Verwaltung. Sie baten um das Recht, aus ihrer Kasse Ausgaben machen zu dürfen, auch ohne allerh. Ein= willigung, baten den Kaiser, „in Zukunft keine Denunziationen anzu= nehmen", daß zu Zehnten= und sonstigen Kameralbeamten auf Sachsen= boden Sachsen genommen würden, den Ortsallodialkassen die neuerdings bei der Verzehntung ihnen auferlegten Ausgaben wieder abgenommen würden, die Zünfte sollten bei ihren Freiheiten erhalten oder eine bessere Zunfteinrichtung geschaffen werden, die Verordnungen sollten an die sächsischen Städte in deutscher Sprache erfolgen, „so wie die Kommunität sehnlichst wünschet, daß überhaupt die zwischen der sächsischen Nation und den hohen Landesstellen zu führende Korrespondenz in der deutschen Sprache, der Muttersprache der Sachsen geführt werden möge." Die Lehrer sollten aus dem Kirchenfond und wenn dieser nicht zureiche aus der Allodialkasse bezahlt werden, ebenso solle der Stadt gestattet werden, an alte Beamte Pensionen zu geben.

Es war eine gerechte Kritik der Regulation und ein Zeichen, daß auch die Kronstädter Kommunität anfing, die Verhältnisse sachlich zu beurteilen.

Gyürki bereiste von Kronstadt aus sodann auch die übrigen säch= sischen Stühle. Er sollte die Zustände in der Nation prüfen und die Kommunitäten fragen, ob sie mit der Regulation zufrieden wären. Dem Volk selbst aber hatte man zu verstehen gegeben, es solle sich nicht bei seinen alten Beamten Rat holen und die neuen Beamten bedeutet, sie sollten dem Volk „keine Ratschläge einlispeln". Die Erklärungen der meisten Kommunitäten fielen für die neue Regulation aus. Dem Rück= schauenden erscheint es als eine späte Nemesis für das Verhalten der

Beamten dem Komes Sachs v. Harteneck gegenüber. Einst hatten sie
ihn fallen lassen, der mit energischer Hand ihnen Pflichtgefühl und den
Gedanken der Hingabe und des Opfermutes in die Seele hatte pflanzen
wollen, nun ließ das Volk sie im Stich, denen es in guten Tagen an=
gehangen, die nicht das Höchste erreicht, was man von ihnen verlangen
konnte, die aber doch ein Anrecht auf ein Wort der Verteidigung ihrer
Ehre von Seite derer hatten, die sie einst ins Amt gerufen und das nur
selten einigen zuteil wurde. Nun fegte ein eiserner Besen sie hinweg
und das letzte Wort, das Herrmann in sein Tagebuch schrieb, da er
mitteilte, die Kommunität habe sich für ihn bei Gyürki verwendet, war:
»virtus laudatur et alget« — die Tüchtigkeit wird gelobt und friert dabei.

Der k. Kommissär sah bei seinem Aufenthalt doch allmählich ein,
daß die Sachen anders standen als die beiden Hofräte in Wien sie
darstellten. Er machte kein Hehl daraus, daß er die sächsische Nation
für eines der kultiviertesten Völker in der Monarchie hielt, daß die
Regulation manche Nachteile, besonders auch der Schule und Kirche ge=
bracht habe. Es konnte ihm nicht verborgen bleiben, was für ein Nachteil
allein in der Tatsache lag, daß die Universität am 17. Juli 1797 bis
26. November 1799 keine Sitzungen hielt, u. a. also auch die bei ihr
schwebenden Prozesse nicht entschieden wurden. Es war wohl in erster
Reihe auch Gyürkis Berichten und seinem Einfluß zuzuschreiben, daß
unter Gyürkis Oberaufsicht die Nationsuniversität wiederholt zusammen=
trat und die Geschäfte wieder aufnahm. Auch dem Kronstädter Stadt=
richter Fronius und dem Komes Brukenthal gelang es, bei Hof Gehör
zu erhalten und das Lügengewebe endlich zu zerreißen, das die sächsischen
Angelegenheiten verwirrte. Am 25 September 1800 wurde Brukenthal
von allen ihm zur Last gelegten Beschuldigungen freigesprochen und
wieder in sein Amt eingesetzt. Somlyais Einfluß auf die siebenbürgischen
Verhältnisse war nach seiner Versetzung in die ungarische Hofkanzlei von
selbst geringer geworden und als man Kronenthals Umtriebe erkannte,
wurde eine Hofkommission eingesetzt — darin der Kanzler Teleki und
neben andern Benyowsky und Gyürki, — die die Kronenthalischen Sachen
übernahm. Kronenthal verlor Ansehen und Einfluß.

So kam denn die Entwicklung in ein besseres Fahrwasser. Die
Nation bat 1801 um Modifizierung der Regulativpunkte, eine in Wien
besonders für die sächsischen Angelegenheiten zusammengesetzte Hofkommission,
stimmte dem bei und Gyürki faßte seine Meinung unter vier Gesichts=
punkten zusammen: die politische Administration, die Justizverwaltung,
die Abkürzung der Rechnungsrevision und die Wiedereinführung des

alten Usus bei Pfarrwahlen und Kandidationen. Unter Brukenthals und Gyürkis Mitwirkung erfolgte am 11. Oktober 1804 die Verordnung der „Allgemeinen Punkte, wornach die Sächsische Nation in Siebenbürgen auf landesherrliche Verordnung im Jahr 1805 neuerdings reguliert wurde." Ihr schlossen sich die Regulativpunkte für die Stühle und Distrikte im Jahr 1805 an.

Darnach stellte sich denn die neue Ordnung also dar: An der Spitze des Dorfes stand die Altschaft und das Amt. Die Altschaft bestand unter dem Vorsitz des Wortmannes je nach der Größe des Orts aus mehr oder weniger Mitgliedern. Die Altschaft wurde für „beständig" erklärt d. h. die Mitglieder gehörten ihr lebenslänglich an. War eine Stelle erledigt, so kandidierte das Amt „die von ihrer Rechtschaffenheit bekannten Männer" und die Altschaft ergänzte sich selbst. Diese Altschaft wählte, wo sie aus mehr als 12 Mitgliedern bestand, das Amt, wo weniger als 12 Mitglieder waren, hatten die Hausväter mitzustimmen. Das Amt bestand aus dem Hannen und wenigstens vier Geschworenen. Hann und Wortmann waren alle zwei Jahre neu zu wählen, im übrigen war auch das Amt „beständig", d. i. die Geschworenen waren auf Lebenszeit gewählt. Von den vier Geschworenen hatte einer die Steuern einzuheben, ein zweiter die Rechnungen zu führen, der dritte war Waisenvater und besorgte die Teilungen, der vierte sollte dem Hannen an die Hand gehen. Das Amt war die Obrigkeit, es hatte die höheren Verordnungen durchzuführen und für gute Ordnung zu sorgen. Es hat die Pflicht, bei kleineren Streitigkeiten im mündlichen Verfahren die Parteien zum Vergleich zu bringen und die Zwistigkeiten beizulegen. Waren die Parteien nicht zufrieden und begannen Prozeß, so gehörte der vor den Stuhlrichter. Die Altschaft hatte die Aufsicht über die Gemeindewirtschaft, sie prüfte die Rechnungen, stellte das Budget fest, das dem Magistrat vorzulegen war, der es durch das Gubernium dem Hof vorzulegen hatte! Ausgaben für Wege, Brücken und Gemeindehäuser waren stets an die Bewilligung des Komes oder des Guberniums gebunden. Die Gemeinden sollten auf die Waldungen sorgen, darum sollten Öfen angeschafft werden, die weniger Holz brauchten. „Alle Aufschläge auf die Kontribuenten" waren auch in Zukunft verboten.

Die Gemeinden waren nach altem Recht in den Stühlen und Distrikten zur höhern Einheit zusammengeschlossen. An ihrer Spitze standen die Stuhlsbeamten. Da die erstern — im Hermannstädter Stuhl der Bürgermeister und Stuhlrichter — zugleich städtische Beamte waren, so wurden sie gemeinsam von der Stuhlsversammlung und der städtischen

Kommunität gewählt, wobei die Zahl der Wähler aus Stadt und Land gleich sein sollte. Die übrigen Stuhlsbeamten wählte die Stuhlsversammlung. Sie sollte jährlich nicht mehr als zweimal zusammentreten und zu ihrem Wirkungskreis gehörte: die Prüfung der Stuhlsrechnungen, die Verteilung der gemeinen Lasten, Verhandlung ökonomischer Gegenstände, Wahl der Deputierten zum Landtag und zur Nationsuniversität, Beratschlagung über Brücken= und Wegebau u. a. ähnliche gemeinnützige Gegenstände. Zu den Stellen der Stuhlsbeamten hatte der Komes zu kandidieren! Die Wahl der ersten Stuhlsbeamten unterstand „der allerh. Bestätigung".

An der Spitze der Städte stand der Magistrat unter dem Vorsitz des Bürgermeisters, in Kronstadt und Bistritz des Stadt=(Ober=)Richters. Sie sollten hinfort gleichfalls nur alle zwei Jahre gewählt werden, alle übrigen Beamten wurden für „stabil" erklärt und erhielten ihr Amt lebenslänglich. Ebenso wurden die Kommunitäten behandelt, die Mit= glieder sollten ihnen auf Lebenszeit angehören und im Falle der Erledigung einer Stelle der Magistrat kandidieren und die Kommunität sich selbst ergänzen. Die Kommunität sollte in ähnlicher Weise wie die Altschaft auf dem Dorf die Kontrolle des Magistrats ausüben, an ihrer Spitze stand der Orator, über politische Gegenstände durfte sie ihre Meinung in Form eines Vorschlags äußern, dem Magistrat stand das Recht zu, für die Deputierten in den Landtag oder in die Universität die Instruktion festzustellen. Die Senatoren sollten zugleich Inspektoren der einzelnen Dörfer sein und dort mithelfen und mitverantwortlich sein für die Aufrechthaltung der Ordnung.

Die Magistrate bildeten zugleich die Gerichtsbehörden, für die von den Stuhlsrichtern und Stadthannen appellierten Prozesse die zweite Instanz. Die Gerichtsgebühren wurden wieder eingeführt und die Richter erster Instanz verpflichtet, die Parteien zu einem gütlichen Ver= gleich zu bewegen und sie „von dem beschwerlichen und kostspieligen Prozessieren abzuhalten."

Zur Aufrechthaltung der Ordnung im Rechnungswesen wurde das Komitial=Revisorat neuerdings eingeführt, dem Komes unterstellt und verpflichtet, die aus der Nation einzusendenden Rechnungen zu prüfen und sodann der Landesbuchhalterei einzuschicken. Deren Mitglieder ernannte das Gubernium.

An der Spitze der Nation stand von nun an der Komes, das Amt des Provinzialbürgermeisters und Hermannstädter Königsrichters blieb aufge= hoben. Als wesentliche Aufgaben des Komes wurde bezeichnet, über den Vollzug der höchsten Anordnungen in politischen, juridischen und ökonomischen Gegen=

ständen zu wachen, die Restauration der Ämter vorzunehmen, die Beamten zur Beachtung der Verordnungen anzuhalten, die Magistrats- und Stuhlsprotokolle zu revidieren, der kostspieligen und unordentlichen Verwaltung Einhalt zu tun, jährlich wenigstens ein Munizipium zu visitieren und überhaupt das allgemeine Beste auf alle Art und nach Kräften zu fördern. Kleinere notwendige Ausgaben innerhalb der Städte, Märkte, Stühle und Distrikte bis zu 400 Gulden durfte er genehmigen, bis 600 Gulden das Gubernium, mehr nur die Hofkanzlei. Zur schleunigern Rechtspflege wurde gestattet, daß die Universität, die die letzte Instanz in gewissen Fällen blieb, im Jahr zweimal zusammentrete.

In bezug auf die kirchlichen Angelegenheiten stellten die Regulativpunkte den Grundsatz auf, daß die völlig freie Pfarrerswahl wieder aufgehoben und die Kandidation durch die Vorsteher der Kirche in der Art vorzunehmen sei, daß sechs Individuen der Gemeinde für die erledigte Stelle in die Wahl zu geben seien. Die geistliche Gerichtsbarkeit, besonders die in Ehesachen wurde wieder hergestellt, allerdings mit dem einschränkenden Zusatz „insolange nicht im ganzen Lande eine andre legale Vorsehung getroffen werden wird."

Im übrigen enthielten die Regulativpunkte eine Menge Anordnungen polizeilicher Natur und Weisungen, die seither für die Verwaltung als selbstverständlich angesehen wurden, auch früher nicht ganz unbekannt waren: Sorge für Ordnung an Wochen- und Jahrmärkten, — die Magistrate hatten das Recht, den Preis für Früchte, Vieh, Fleisch und Gebäck zu „limitieren" — die Aufsicht über die Zünfte, die Grundzüge einer Bauordnung, Vorsorge gegen Feuersgefahr, Vorschriften über Waldwirtschaft, gewisse sanitäre Weisungen; „das Amt muß darauf sorgen, daß die Jugend in Zucht und guter Ordnung erhalten werde, und im Einvernehmen mit dem Ortspfarrer den Bedacht dahin nehmen, daß die Kinder die Schule fleißig besuchen, in der Schule aber zur Religion und einem guten Lebenswandel angehalten werden, damit sie von Jugend an sich guter Sitten befleißigen."

Der Gegensatz dieser Regulativpunkte zu den frühern ist in die Augen fallend. Sie selbst stellten sich, wenn sie in Einzelfällen auch auf jene sich bezogen, in entschiedenen Gegensatz zu ihnen und in mehr als einer Begründung war deutlich die Zurücknahme von Anschauungen und Grundsätzen zu lesen, die früher ausgesprochen worden waren. Sie standen auf dem Boden gegebener Verhältnisse und haben in der Tat das Wohl des Ganzen im Auge. Aber ein kleinlicher Zug kennzeichnete sie, die Geistlosigkeit des spätern Metternichischen Österreich hat ihnen den

Charakter gegeben, der Geist der Bevormundung hat sie geschaffen. Bis in das Budget des letzten Dorfes hatte die Hofkanzlei hineinzureden und wenn nun, gegen das Recht und ohne daß es in den Regulativpunkten berührt worden wäre, der Komes von der Regierung ernannt wurde, so konnte sie hoffen, durch ihn und den Einfluß seiner Kandidationen die Magistrate zusammenzusetzen, diese kandidierten für die Kommunität, seine Mitglieder als Inspektoren auf den Dörfern beeinflußten das Amt, das Amt kandidierte für die Altschaft, es war eine unzerreißbare Kette von Abhängigkeit und Beeinflußung und darin allein schon sollte die Bürgschaft liegen, daß alles politische Leben erstarb, wie diese sich selbst ergänzenden Körperschaften mit ihren lebenslänglichen Mitgliedern naturgemäß verknöchern und versteinern mußten. Dazu kam die Kleinheit des Lebens in allen Kreisen, vor allem in den Stühlen, die oft nur wenige Gemeinden zählten, woraus die Kleinlichkeit aller Verhältnisse und Personen sich fast von selbst erklärte, und — „im engen Kreis verengert sich der Sinn". Wohl hatten die Regulativpunkte die Verordnungen zur Vermeidung des Nepotismus in Kraft erhalten, aber vorsichtig hinzugefügt, daß dem Komes die höchste Vollmacht erteilt werde, in Fällen, wo es das Beste des Dienstes erheische, von der Strenge zu dispensieren, eine Befugnis, die die Inspektoren in bezug auf die Dörfer erhielten und die bald allgemein in Anspruch genommen wurde, oft auch beansprucht werden mußte, weil es an Leuten mangelte. Gegenüber den demagogisch zerstörenden und zersetzenden Mächten, die die ersten Regulationen von 1795 und 1797 aufgerufen hatten, verfielen die von 1804 und 1805 in das andre Extrem, sie ertöteten jede freie Bewegung in lauter Aufsicht und Einschränkungen. Es ist der Humor der Geschichte, daß die Regulation, die wie ihre Urheber heuchelten, begonnen worden war, um das „gute und fleißige Volk" vor seinen vielgeschmähten Beamten zu schützen und es vor ihnen zu retten, das Ergebnis hatte, daß die Macht des Beamtentums durch sie stärker wurde als je und sein Einfluß bedeutend vermehrt wurde.

Dieses neue System kam aber ebenso dem Volk wie den Beamten im großen und ganzen gerade recht. „Heil uns, daß diese Periode nicht länger gedauert! Deus nobis haec otia dedit —" Gott hat uns diese Ruhe gegeben, schrieb der Bogeschdorfer Kapitelsdechant, da die jährlichen Pfarrerswahlen wieder abgestellt wurden (1803), — obwohl sie, wie es scheint, tatsächlich niemals durchgeführt worden sind, sondern bloß „freie Wahlen" bei Erledigungen der Pfarreien verlangt wurden; aber es war angesichts alles dessen, was die Nation erlebt hatte, die allgemeine Empfindung.

Es gilt als allgemeine Anschauung, daß der Körper nicht mehr als einen oder höchstens zwei Schüttelfröste vertrage; der Nationalkörper war zehn Jahre lang von solchen erschüttert worden. Nicht das war zu verwundern, daß er sich nach Ruhe sehnte und der Ruhe bedurfte, sondern daß er überhaupt noch lebte. Und daß die Beamten nach dem, was sie erfahren, ein Bedürfnis nach Ruhe hatten, das war auch nicht schwer zu verstehen.

Die Durchführung der neuen Regulation war dem k. Kommissär Gyürky im Einverständnis mit dem Komes Brukenthal übertragen worden.

Es war eine umfassende Arbeit, die Zeit, Umsicht und Mühe kostete. Am Beginn schrieb die Nationsuniversität am 22. Januar 1805 an Gyürky, der ihr am 19. Januar die Regulationsgeneralien mitgeteilt, daß sie auch daraus ersehen habe, daß der Kaiser selbst unter der Last schwerer Regierungssorgen „das Glück und die Wohlfahrt seiner getreuen Sachsen in Siebenbürgen, als eines an der äußersten Grenze der Monarchie verpflanzten deutschen und stets getreuen Volkes mehr und mehr zu befördern und zu begründen geruhe". Darum dankte die Universität, versprach genaue Befolgung des Anbefohlenen, um sich immer würdiger zu machen „zur Emporhaltung ihrer alten Verfassung von Seite Allerh. Sr. Majestät". Dem k. Kommissär dankte sie gleichfalls für seine Einsicht und seine Tätigkeit, dem Komes Brukenthal dafür, daß es ihm gelungen sei, den Hof richtig zu informieren und die Gerechtsame der Nation zu retten und sie bat ihn, den vermehrten Wirkungskreis des Komes zur Emporhaltung der sächsischen Nationalverfassung zu verwenden. Niemandem in der Universität, auch niemandem im Volk schien auch nur eine Ahnung aufzusteigen, daß diese Regulation das Wesen der „Nationalverfassung", das Recht sich selbst zu verwalten und die eignen Angelegenheiten zu ordnen, eben begraben hatte.

Der k. Kommissär führte nun die neue Ordnung ein, indem er die einzelnen Stühle bereiste. Überall sprach er zum Schluß die Erwartung der genauen Befolgung und treuer Pflichterfüllung aus.

Zunächst wurden überall die Kommunitäten bestellt, sie wählten die Magistrate, der k. Kommissär und Brukenthal besorgten die Kandidationen, die Altschaften auf den Dörfern wurden konstituiert, die Ämter besetzt, die Stuhlsversammlungen zur Wahl der Oberbeamten zusammengerufen. Gyürky wußte mit Geschick die Anstände, die sich hie und da ergaben, zu lösen, in wichtigern Fragen entschied die Hofkanzlei. Überall wurde auch auf die Besonderheiten der Verhältnisse Rücksicht genommen, aber das System der Bevormundung trat sofort zutage, indem der

Kommissär bei den kleinsten Kleinigkeiten, z. B. ob die Entlohnung der Stadttrabanten, Brunnenmeister und Gerichtsdiener in Hermannstadt statt in ungarischen Gulden in rheinischen Gulden ausgeworfen werden dürfe, an die Bestätigung in Wien gebunden war. Das Prinzip der Gehaltserniedrigung für die ersten Beamten war aufgegeben worden, die Gehalte wurden wieder etwas erhöht. Den Leschkircher Stuhlsgemeinden wurde eingeschärft, Löschrequisiten anzuschaffen, die vielen Brände zu verhüten zu suchen, keine Umlagen zu machen und auch von der Kirchenkasse jährlich Rechnung zu legen. Die Protokolle des Stuhls sollten in Ordnung gebracht, die Einkünfte der Allodialkassen vermehrt, die Privat- und Nachbarschaftszeiger — d. i. der Weinschank in der alten Weise — aufgehoben, die Wälder, die von den benachbarten Albenser Komitatsgemeinden viel zu leiden hatten, besser besorgt werden. Zu dem Zweck wurde den Leuten geboten, nicht nur das Vieh nicht in den Wald zu treiben, sondern auch im Winter für bessere Öfen und besser schließende Türen und Fenster zu sorgen. Den Schenker Stuhlsgemeinden wurde gestattet, die „jungen Borger" als Amtsdiener beizubehalten, es sollten überall tüchtige Notäre angestellt werden, der Stuhlsrauchfangkehrer bekam jährlich 40 fl. Gehalt. In Broos wurde der Senator Cziriak zum Forstmeister ernannt unter der Bedingung, daß er sich bei einem Waldamt die nötigen Forstkenntnisse erwerbe. Für die 36 Klaftern Holz, die sie zur Beheizung des Prätorialhauses brauchten, mußte die allerh. Genehmigung angesucht werden. Die Hanffelder sollten hinfort nicht mehr unentgeltlich, sondern gegen eine Taxe zur Benützung gegeben werden. In den Reußmärkter Stuhlsgemeinden hatten sich mehrere Anstände ergeben: in Ludosch sollte der willkürlichen Verwüstung der Wälder und des Hatterts Einhalt getan werden, das Halten der Schafe eingeschränkt, die Leute hinfort nicht mit Wein, sondern mit Geld und Leibesstrafe gestraft werden. Aus der Altschaft sollte gestoßen werden, wer die Leute gegen die Beamten aufwiegele. In Hermannstadt wurde M. v. Huttern mit einem Gehalt von 1400 fl. Bürgermeister, Michael Bransch mit 1000 fl. Stuhlsrichter, ihnen zur Seite zehn Senatoren, mit all dem weitern Personal eine Gesellschaft, die im öffentlichen und privaten Leben der Stadt ins Gewicht fiel. Im Stuhl wurde über die vielen Feuersbrünste geklagt, als ein Mittel dagegen der Bau steinerner Häuser oder nach Freih. v. Bedeus' Vorschlag aus Erde empfohlen, vor allem die bessere Bildung des walachischen Volkes, das auch in der Kirche aufmerksam zu machen sei, daß Brandstiftung ein Verbrechen sei. In Mediasch brachte die Neuwahl der

Beamten den alten Heydendorff wieder in das Bürgermeisteramt, in
Reps den Königsrichter Karl v. Steinburg, der 1798 vom Amt beseitigt
worden war, doch war es ihm gelungen, das Unrecht, das man ihm
angetan, nachzuweisen, so daß er „Allerh. Orts" wieder für dienstfähig
erklärt wurde. In Bistritz wurde die Zahl der Kommunitätsmitglieder
auf hundert festgesetzt. Die Stadt sollte einen Vorschlag betreffend die
Einhebung von Wochen= und Jahrmarktstandgeldern zur höheren Be=
stätigung vorlegen. Die Bitte des Magistrats, sämtliche auch städtische
Beamte aus der Distriktskasse zu bezahlen wurde abgewiesen, doch sollten
die Distriktsbewohner zum Wege= und Brückenbau herangezogen werden.
Auch wurden Vorschriften zum Schutz der Wälder gegeben, Bestimmungen
betreffend einige Zünfte; den Schustern, Tschismenmachern und Lederern
wurde das Vorkaufsrecht an den aus der Moldau und Walachei ein=
geführten Fellen nicht zugestanden, da es den Prinzipien des Handels
entgegen sei. Ebenso wurde die Bitte abgeschlagen, es solle die Wein=
einfuhr aus der Bukowina verboten und das Vorkaufsrecht an dem zum
Markt gebrachten Getreide für die Bürger gestattet werden, da solches
ein Monopol in sich schließe. Die Gehalte der Lehrer, sowohl der
evangelischen als römisch=katholischen sollten vermehrt werden. Unter dem
20. März 1806 teilte die Hofkanzlei der Stadt eine ausführliche Polizei=
ordnung mit, die umsichtig auf alle möglichen Bedürfnisse Rücksicht nahm.

Schon am 4. September 1805 berichtete Gyürky an den Gouverneur,
daß bis auf die Restauration des Kronstädter Magistrats, die verschoben
werden mußte, bis über die Wahlfähigkeit der aus dem Magistrat ge=
stoßenen Personen vom Hof entschieden worden sei, das ganze Geschäft
der Durchführung der Regulation beendigt sei und er gesonnen sei, am
7. September Hermannstadt zu verlassen. Jene Ergänzung durchzuführen
wurde dem Komes überlassen. Gyürky erhielt 1806 „zum Beweis der
allerh. Zufriedenheit in der ihm anvertraut gewesenen Regulierung der
siebenbürgisch=sächsischen Nationalangelegenheiten" das Kleinkreuz des
Stefansordens.

Die Durchführung der Regulation in Kronstadt verzog sich noch
einige Zeit. Ein Hofdekret vom 6. März 1806 brachte erst die erwartete
Entscheidung: es wurden die infolge der Denunziationen des inzwischen
verstorbenen Hofrats Michael v. Kronenthal im Jahre 1799 ihres Amtes
entsetzten und mit Einziehung ihres Vermögens bestraften Beamten
(Enyeter, Wenzel, Plecker, Rauß, Tartler) von allen Beschuldigungen
freigesprochen, wieder in den Besitz ihres Vermögens eingesetzt und zur
Anstellung in öffentlichen Diensten wieder zugelassen und der Komes

wurde beauftragt, die Durchführung der Regulation nun vorzunehmen.
Die Entscheidung über Georg v. Herrmann blieb in Schwebe, bis er
sich wegen einiger Rechnungsdifferenzen gerechtfertigt habe. Am 15. Juli
konnte der Komes mitteilen, daß Se. Majestät über den glücklichen
Fortgang der Regulierung und über die Bereitwilligkeit (!), mit der die
Nation die ihr vorgeschriebenen Regulativpunkte angenommen habe, das
allerhöchste Wohlgefallen geäußert habe, und zugleich übermittelte der
Komes die für den Hermannstädter Stuhl gemachten Auszüge aus den
Regulativpunkten mit dem Auftrag, sie für den Kronstädter Distrikt zu
adaptieren. Aber noch einmal griff der Hof auf Grund des von
Gyürky erstatteten Berichts ein und ordnete unter dem 30. Oktober 1806
eine Menge Dinge an, die in alter Weise Kleinlichstes betrafen, so
die Bestimmung einiger Gehalte, die Anstellung eines Baubesorgers, die
Taxen für gefangene und getötete Räuber u. ä. Inzwischen hatte der
Komes am 30. Juni 1806 die Restaurierung des Kronstädter Magistrats
vorgenommen. Zum ersten Richter war G. F. Klompe erwählt worden
mit einem Gehalt von 1400 fl., Jakob Pauli zum Stadthannen,
G. Kreutzer zum Orator der Kommunität. Ein Hofreskript vom
15. Mai 1807 nahm die Durchführung zur Kenntnis, wieder mit
einigen Gehaltsbestimmungen, so für die Eisenanschlager im Zuchthaus
jährlich 12 fl. Unter dem gleichen Tag hatte der Hof entschieden, daß
die wieder für amtsfähig erklärten suspendiert gewesenen Beamten,
darunter endlich auch der — inzwischen gestorbene — G. v. Herrmann
vom 4. Januar 1805 an ihre Gehalte zu beziehen hätten!

Damit war das Drama der „Regulation" äußerlich beendigt.

Spätere Zeiten haben an den Regulativpunkten eine Überfülle des
Guten entdecken wollen: sie hätten Ordnung in die Verwaltung, vor
allem in die Wirtschaft der öffentlichen Kassen gebracht, den Dorfs=
gemeinden Einfluß auf die allgemeinen Angelegenheiten gegeben, ja sie
sollten die Nation sogar unabhängiger gemacht haben, weil die Allodial=
kassen sich füllten und kräftiger, weil die Schulden getilgt wurden; sie
hätten die polizeilichen Seiten der Verwaltung geregelt und auf den
notwendigen Aufschwung der materiellen Interessen hingezeigt und
hingewirkt.

In der Tat mag manches davon zugestanden werden, besonders
daß die ökonomischen Verhältnisse besser geordnet wurden, über zweierlei
kommt man aber nicht hinüber, daß die Regulativpunkte formell eine
Ungesetzlichkeit waren, zu der die Hofkanzlei kein Recht hatte, ein Akt
der Willkür und der Mißachtung jedes bestehenden Rechtes und daß

sie, indem sie in wesentlichen Stücken die alte sächsische Verfassung in Trümmer schlugen, die Nation in völlige Abhängigkeit von der Regierung brachten. Ihre Nachteile sind zuletzt größer als ihre Vorteile gewesen. Es ist nicht recht begreiflich, wie die Nation den Regulativpunkten von 1804 und 1805 gegenüber diesen Standpunkt nicht vertrat, erklärlich vielleicht daraus, daß gegenüber den bodenlosen Mißhandlungen von 1795 und 1797, gegen die sie sich gewehrt hatte, die letzte Regulation mindestens ungestörte Ruhe verbürgte.

Aber gerade diese Ruhe schloß die größte Gefahr in sich. Die Nationsuniversität hatte im Mai 1807 darüber beraten, ob die eingeführte Kandidation zu den Kardinalämtern dem Sinn der sächsischen Munizipalgesetze und der Grundverfassung entspräche, mithin die freie Wahl nicht zu sehr beschränke, dann wie bei Erledigung des Komesamtes die Stelle, der Grundverfassung entsprechend, zu besetzen sein werde und die Stuhlsversammlung von Schäßburg verlangte, es sollten die Gegenstände verfassungsmäßig beraten und Maßregeln getroffen werden, daß die Freiheit der Nation fester gegründet und gesichert werden möge. Aber diese selbstbewußte Auffassung hatte weiter keine Folgen. Die zwei Stände des Adels und der Szekler protestierten gegen den rechtswidrigen Eingriff in die sächsischen Freiheiten, aber auf dem Landtag von 1810/11 erklärten die sächsischen Deputierten im Namen ihrer Sender, die Nation sei mit dem Bestand der Regulativpunkte zufrieden und der Landtag inartikulierte nun deren Gültigkeit. Sie hatten damit formelle Gesetzeskraft erhalten.

Einen Punkt in der Regulation versuchten die Sachsen auf dem Landtag von 1810/11 zu ändern. Sie erklärten in der Landtagssitzung am 25. Juli 1810, daß die Aufhebung der Hermannstädter Königsrichterwürde und die Trennung vom Komesamt ungesetzlich sei und die alten Rechte der Nation verletze und baten die Stände um Unterstützung. Der Landtag richtete infolgedessen am 27. August 1811 an den Hof die Bitte, es möge sowohl das Amt des Hermannstädter als Schäßburger und Mediascher Königsrichters aufrecht und die Sachsen diesbezüglich in ihrem diplomatischen Stand erhalten werden. Der Schritt hatte keinen Erfolg, vielmehr wurde ein Bittgesuch der Hermannstädter Kommunität aus dem Jahre 1805 am 11. September 1812 dahin erledigt, daß ihr das kaiserliche Mißfallen ausgesprochen wurde!

Es war auch ein Glied in der Kette der Regulation, daß 1805 eine allgemeine Regulation der Zünfte erfolgte. Die Nationsuniversität hatte, im Anschluß an das frühere Recht und eine früher gestellte Bitte

1804 noch einmal gebeten, es wolle ihr gestattet werden, Privilegien für die Zünfte zu erteilen. Sie wurde abgewiesen (24. Dezember 1804), da das Gubernium hinfort dieses Recht auszuüben habe.

Die ganze Zeit hatte den Zünften viel Unruhe gebracht, kaum eine, die nicht in der Theresianischen, mehr noch der Josefinischen Regierung mehr oder weniger tiefgehende Eingriffe erlitten hätte. Die Universität kämpfte um ihr altes Statutarrecht auf diesem wichtigen Lebensgebiet, ohne es retten zu können. Um einen begründeten Vorschlag für die Verbesserung der Zünfte machen zu können, hatte sie von den einzelnen Magistraten Pläne über die Zunftregulierung ausarbeiten lassen, besonders hatte in Kronstadt Herrmann einen eingehenden Plan geliefert (16. Juli 1792). Sie standen allesamt auf der historisch gewordenen Grundlage, an eine wesentliche Änderung dachte niemand, aber manche Härten waren doch vermieden, als Grundsatz in dem Kronstädter Plan aufgestellt, daß jeder befugt und verbunden sein solle, was immer zur Förderung des Handwerks nötig sei, zu erlernen! Die von der Regierung vorgenommene Zunftregulation von 1805 stand gleichfalls auf dem Boden der alten Bestimmungen und führte insofern zu einem vollständigen Stillstand, als 1816 und 1824 vom Hof geboten wurde, bis zu einer allgemeinen Regelung der Zünfte in der ganzen Monarchie dürfe keine Änderung im Zunftwesen vorgenommen werden! — Diese aber ist niemals erfolgt.

Die Regulationen hatten wiederholt auch auf die kirchlichen Verhältnisse Bezug genommen, einschneidende Verordnungen sowohl die ersten wie die letzten gegeben. Die Regierung machte in ihrer Rechtsverachtung keinen Unterschied zwischen den politischen und kirchlichen Angelegenheiten. Schon im Oktober 1797 hatte das Gubernium Aufklärung über die Lage und den Grund der evangelischen Konsistorien verlangt. Dem war damit entsprochen worden, daß am 18. November 1797 die Bestimmungen über die Konsistorien aus dem Jahr 1754, revidiert 1780 und 1781 zur „allerhöchsten Einsicht" vorgelegt wurden. Bei der innigen Verbindung der kirchlichen Organisation mit der politischen, die sich teilweise geradezu deckten, mußten die politischen Wirren auch das kirchliche Leben treffen. Vor allem lag es nahe, bei der Regulation des einen auch an die Regulation des andern zu denken, wie ja eben in der politischen Regulation auch einige Grundsätze bezüglich der Kirche aufgestellt worden waren. Auch Komes Brukenthal soll im Jahr 1798 einen Vorschlag zur Organisation der Kirche an den Hof gemacht haben. Schon 1797 hatten die elf

sächsischen Kreise Vorstellungen wegen der Jurisdiktion der Domestikal=
Konsistorien gemacht. Diese wurden vom Gubernium am 7. August
1800 über Befehl des Hofes dem Oberkonsistorium zugeschickt mit
dem Auftrag, einen Vorschlag zur bessern Organisierung der evange=
lischen Kirche zu machen. Das Oberkonsistorium kam dem Auftrag
am 20. Dezember 1800 nach und unterlegte einen Plan der k. Be=
stätigung.

Der Plan faßte im wesentlichen die bestehenden Zustände zu=
sammen und gliederte sich nach den drei Gesichtspunkten: die Bestimmung
was die Konsistorien sein sollen, die notwendige Unterscheidung der
verschiedenen Arten der Konsistorien, die zweckmäßige Organisation
einer jeden Art nach Geschäftskreis, Personale, Manipulation und
Fundus. Das Konsistorium wurde definiert „als ein unter öffentlicher
Autorität zur Verhandlung kirchlicher Angelegenheiten aus den be=
deutendsten weltlichen und geistlichen Mitgliedern einer Konfession
zusammengesetztes Kollegium", dann gab das Oberkonsistorium einen
Vorschlag, der im Wesen und weitaus auch wörtlich in der „Allerh.
begnehmigten Vorschrift von 1807" enthalten ist. Doch ging diese in
einigen wesentlichen Punkten über den Konsistorialvorschlag hinaus.
Das Oberkonsistorium kannte den Rechtsboden und die eignen Be=
dürfnisse der Kirche genügend, um das Summepiskopat des Herrschers
nicht selbst zu statuieren. Der Entwurf lautete: „Die Geschäfte des
Oberkonsistoriums müssen bestehen a) in der Sorge für die Erhaltung
der gesetzmäßigen öffentlichen Freiheit und der Rechte der evangelischen
Religion A. B. in Siebenbürgen; b) in der Handhabung der innern
Ordnung der evangelischen Kirchen; c) in der Leitung der untergeord=
neten Konsistorien." Und nun hieß der Punkt a:

„Die Sorge für die Erhaltung der gesetzmäßigen öffentlichen
Freiheit und der Rechte der evangelischen Religion in Siebenbürgen
macht es dem Oberkonsistorium zur Pflicht, durch Einschreitung bei der
hohen Landesstelle, ja bei dem Allerh. Hof selbst die etwa in Anspruch
genommenen oder wirklich schon gekränkten Rechte und Freiheiten der
Evangelischen, als einer in Siebenbürgen rezipierten Religion und
namentlich: ihre Ansprüche bei Besetzung der Dikasterialstellen, die
Amtsführung und Belohnung des Lehrstandes, und die Gewissensfreiheit
und ungehinderte Religionsübung aller Mitglieder der evangelischen
Kirche A. C. in Siebenbürgen aufrecht zu erhalten und zu verteidigen,
so wie billige Gesuche und Vorschläge, zum Vorteil der Gemeinen,
religiösen und sittlichen Kultur und zur Abwendung des dagegen be=

sorglichen Schadens, zur Genehmigung hoher und Allerh. Orten zu unterlegen und zu unterstützen.

„Dem Oberkonsistorium stehet es denn allein zu, in den schon bestimmten kirchlichen Angelegenheiten bei der hohen Landesstelle und bei dem allerh. Hof Beschwerden (Gravamina) einzureichen, Erörterungen zu geben, Vorschläge zu machen; — und dasselbe ist das Organ, wodurch die Regierung auf die Kirche wirkt und die Kirche die Unterstützung des Staates sucht und erhält."

Zum Schluße erbat das Oberkonsistorium „alleruntertänigst Sr. k. k. Majestät, unsers allergnädigsten Herrn allerh. endliche Entscheidung und Sanktion, um unter erneuerter öffentlicher Autorität zur Beförderung der Religiosität, Moralität und Humanität, durch Erhaltung guter Ordnung in den Kirchengemeinden der Augsburger Konfessions-Verwandten auf das tätigste zu wirken."

Es brauchte sechs Jahre, bis jene Entscheidung kam. Sie schrieb der Kirche am 20. Februar 1807 die „Allerh. begnehmigte Vorschrift" als Norm vor, unterstellte das Oberkonsistorium der „Inspektion" des Guberniums und stellte als neuen, hier unerhörten Grundsatz das Summepiskopat des Landesherrn auf!

Der oben angeführte Punkt aus dem Plan des Oberkonsistoriums hatte folgende wesentlich veränderte Fassung erhalten: „Dem Oberkonsistorium kommt zu die Sorge für die Erhaltung der gesetzmäßigen öffentlichen Freiheit und Rechte der evangelischen Religion in Siebenbürgen und es kann sich selbes bei Kränkungsfällen durch bescheidene Vorstellungen an das Gubernium und in diesem Wege an des Kaisers Majestät als Landesherrn und Supremum Arbitrum der Kirchen A. C. der Abhülfe wegen, wenden und so auch billige Vorschläge zum Vorteil der gemeinen religiösen und sittlichen Kultur der Allerh. Einsicht und Genehmigung unterlegen!"

So ist die „Allerh. begnehmigte Vorschrift für die Konsistorien der Augsburger Konfessions-Verwandten in Siebenbürgen vom Jahr 1807" entstanden. Es war eine Verordnung des Hofs, von derselben Willkür geboren wie die Regulativpunkte, formell ebenso gesetzwidrig wie jene, eine Maßregelung der Kirche, zu der freilich die Kirche die Hand geboten hatte, wie die Regulation auf politischem Gebiet die Nation gemaßregelt hatte. Die Allerh. begnehmigte Vorschrift nahm keinen Anstand, sich selbst in eine Linie mit jener Regulation zu stellen. „Nachdem durch die in dem Mittel der Sächsischen Publikorum eingeführte Allerh. vorgeschriebene Regulation — so lautet der Eingang — die künftige politische und ökonomische Verwaltungsart festgesetzt, und bei dieser Gelegenheit u. a. auch in Ansehung der geistlichen Gerichtsbarkeit in Ehesachen, dann auch in Ansehung des Kandidationsrechtes bei Erledigung der Pfarrerstellen die Allerh. Bestimmung erflossen ist, so war das Allerh. Augenmerk darauf gerichtet, daß auch in Absicht derjenigen Gegenstände, welche die äußern kirchlichen Angelegenheiten und das Schulwesen betreffen, und in den aus geistlichen und weltlichen Mitgliedern der Augsburger Konfession zusammengesetzten Versammlungen oder Konsistorien verhandelt werden, eine feste und gleichförmige Ordnung eingeführt werde, zu welchem Ende Se. Majestät nachstehende Vorschrift Allerh. zu erteilen geruht haben."

Darnach blieb die schon vorhandene, der politischen Einteilung parallel laufende Einteilung der Kirche in Ortsgemeinde, Domestikalkreise, Gesamtkirche bestehen. In jeder Gliederung stand das Konsistorium (Lokal-, Domestikal-, Ober-Konsistorium) an der Spitze der Verwaltung. Das Oberkonsistorium bestand aus den jeweiligen evangelischen Räten und Sekretären bei den Landesdikasterien — Gubernium, Thesaurariat usf. — dann aus den sächsischen Oberbeamten und den Mitgliedern der Nationsuniversität, von geistlicher Seite aus dem Bischof, dem Generaldechanten und Generalsyndikus, dem Dechanten und Senior des Hermannstädter Kapitels, den Dechanten der übrigen „wenigstens nächsten" Kapitel, „wie auch nach Erachten des Superintendenten einem oder anderm zu Geschäften zu verwendenden Pfarrer", wobei darauf zu sehen war, daß die Zahl der Geistlichen und Weltlichen „so weit tunlich" gleich sei. Bei Schulsachen „kann dem Rektor des Hermannstädter Gymnasiums als Auskultanten und im Erfordernisfall pro danda informatione, der Zutritt zu Sitzungen, bloß wenn derlei Gegenstände vorkommen, gestattet werden". Das Oberkonsistorium hat die Sorge für die Erhaltung der gesetzmäßigen Freiheit und Rechte der evangelischen Kirche in Siebenbürgen, für die Reinheit der Lehre und die innere Ordnung der Kirche, sowie die Disziplin, die Aufsicht und Leitung der Schulanstalten, usf. Den Vorsitz führte der älteste Gubernialrat oder der im Rang nachfolgende Beisitzer. Als „delegiertes Oberkonsistorium" galten die in Hermannstadt wohnenden Mitglieder und auch die dort anwesenden. Als summus arbiter aber galt des Kaisers Majestät, dessen Genehmigung die Vorschläge des Konsistoriums unterliegen sollten! Die Protokolle müssen auch ferner, gegen alles Recht, dem Gubernium und der Hofkanzlei eingesendet werden!

Die Domestikalkonsistorien bestanden aus den evangelischen Stuhls- oder Distriktsbeamten, dem Dechanten und Senior des Kapitels, eventuell der Kapitel, da die Konsistorialkreise sich mit den Kapiteln nicht deckten, dem Pfarrer des Hauptorts des Stuhls. Sie hatten eine gewisse Aufsicht über die Gemeinden ihres Kreises, sollten Spezial-Kirchenvisitationen vornehmen lassen und Berichte über den Zustand der Kirchen dem Oberkonsistorium einschicken.

Über die evangelischen Gemeinden in den Komitaten, die zu keinem Konsistorialkreise gehörten, hatte der Bischof und der Dechant zu sorgen, im Notfall das Oberkonsistorium, unter dem sämtliche Gemeinden standen.

An der Spitze der Gemeinde stand das Lokalkonsistorium. Es bestand aus dem Pfarrer und den evangelischen Mitgliedern der Altschaft, dem evangelischen Wortmann oder seinem Stellvertreter, in Märkten mit einem Stuhlsamt den Stuhlsbeamten, in Städten den evangelischen Magistratsräten, dem Orator und etwa vier Mitgliedern der Kommunität. Auf den Dörfern führte der Pfarrer den Vorsitz, sonst das älteste weltliche Mitglied. Dem Lokalkonsistorium stand zu die Einrichtung des Gottesdienstes, Handhabung der Kirchenzucht, Aufsicht über die Schule, Sorge für die ordentliche Verwaltung des Kirchenguts, „Verbesserung alles dessen, was Besserung bedarf und zuläßt". In dem Ortskonsistorium konnte ohne Einwilligung des Pfarrers kein Beschluß gefaßt werden. Über die Einnahmen und Ausgaben waren ordentliche Rechnungen zu machen, die dem Domestikalkonsistorium einzusenden waren.

Abgesehen vom formellen Unrecht schlug die allerh. begnehmigte Vorschrift nun die Kirche in schwere Fesseln. Sie machte sie, allerdings auch nach dem Konsistorialplan, völlig abhängig von den politischen Behörden, deren höchste, Gubernium und Hofkanzlei zum größten Teil aus Nichtevangelischen bestanden und bei der Abhängigkeit, in die jene sämtlichen politischen Behörden durch die Regulation von der Regierung geraten waren, war ihr Einfluß zuletzt in sämtlichen kirchlichen Fragen der entscheidende. Im schreiendsten Widerspruch mit den siebenbürgischen Religionsgesetzen stand nun gar der hier zum erstenmal auftretende Grundsatz: der katholische Herrscher sei summus arbiter der evangelischen Landeskirche. Die ganze Rechtsentwicklung der Vergangenheit war damit auf den Kopf gestellt. Damit waren aber gerade die wesentlichsten Rechte der evangelischen Kirche überhaupt genommen: das Recht der Selbstgesetzgebung, das Recht nur durch Glaubensgenossen verwaltet zu werden, das Recht aller Gläubigen, an der Vertretung und Verwaltung der Kirche teilzunehmen, die Rechtsgleichheit mit den rezipierten Kirchen des Landes — alles war tatsächlich außer Kraft gesetzt. Und diese neue, der Kirche aufgezwungene Verfassung schloß nicht

einmal diese Kirche zu einem Ganzen zusammen, indem die auf Komitats=
boden liegenden evangelischen Gemeinden nur lose mit dem Organismus
zusammenhingen, ja teilweise der reformierten Schwesterkirche unterstellt
waren. Dazu kam der weitere Übelstand, daß neben dieser bureaukratischen
Regierung der Kirche, in der die Weltlichen fast schrankenlos walteten,
— dem Bischof in Birthälm war freigestellt, sich eine Abschrift der
Konsistorialprotokolle schicken zu lassen — ein besonderes geistliches
Kirchenregiment in Kapiteln und Synode einherging, das die Kirche im
Grunde abermals teilte.

Die Folgen sind ähnliche gewesen wie auf politischem Gebiet. Der
Rechtsboden und das Rechtsbewußtsein gingen vollständig verloren und als
die Kirche wieder zum Bewußtsein kam, war viel edles Gut zugrunde
gegangen.

Das Oberkonsistorium ließ sich die Vergewaltigung gefallen, wie die
reformierte Kirche eine ähnliche um dieselbe Zeit erlebte. Am 4. Juni
1807 beschloß es, unter dem Vorsitz des Komes M. v. Brukenthal:
„Da vorstehende von allerh. Orten vorgeschriebene Instruktion sowohl
für das Oberkonsistorium als auch für sämtliche Domestikal= und
Ortskonsistorien als eine Normalvorschrift gelten muß, deren genaue
Beobachtung sämtlichen zur Pflicht gemacht worden, so ist für allen
andern erforderlich, solche zur allgemeinen Wissenschaft in dem Mittel
der Konsistorien A. C. zu bringen." So nahm das Konsistorium keinen
Anstand, seine Protokolle weiter einzusenden, und die Hofkanzlei ließ es
weder an Bemerkungen noch Änderungen fehlen. Sie sah sich so als
Herrin der Kirche an, daß sie selbst bei statutarischen Bestimmungen,
die das Oberkonsistorium vorlegte, die sich auf Innerangelegenheiten
der Kirche bezogen, Zusätze und Änderungen nach Gutdünken machte,
daß sie bei Rekursen skrupellos entschied, Ehedispense gab oder ver=
weigerte und die Taxen dafür einhob; es war auch hier eine systematische
Verletzung der Gesetze und des Rechtes.

Die neue Ordnung für die kirchlichen und politischen Angelegen=
heiten hatte eine bedeutsame Folge: sie trennte grundsätzlich die po=
litische und die kirchliche Gemeinde von einander und wenn tatsächlich
noch immer vielfach die politische Gemeinde, die ja in den Personen
mit der evangelisch=kirchlichen Gemeinde auf dem Dorf völlig zu=
sammenfiel, auch Aufgaben der kirchlichen Gemeinde besorgte, so war
dem obersten Kirchenregiment doch klar, daß die Kirche nun auch für
eigene Mittel für ihre Zwecke sorgen müßte. Im Jahr 1812 beschloß
das Oberkonsistorium die Einhebung der zweiprozentigen Gebühr von

allen Einnahmen der Kirchenfonde in den Gemeinden für die Landes=
kirche, der Anfang einer eignen Wirtschaft für die Landeskirche. Am
7. Oktober 1806 war der evangelische Bischof Jac. Aurelius Müller
in Birthälm gestorben. Er hatte die Kirchenvisitationen neu aufgenommen,
bei Wiederaufleben der Nation die wirkungsvolle Schrift „Die Sieben=
bürger Sachsen" geschrieben; eine nach ihm benannte und von ihm ge=
gründete Stipendienstiftung für Studierende der Theologie sollte sorgen
helfen, daß es der Kirche nicht an gelehrten und brauchbaren Männern
fehle. Die Synode wählte den Mühlbächer Pfarrer D. G. Neugeboren,
einen Schüler Müllers, am 16. Dezember 1806 zum evangelischen
Bischof, der sich würdig seinen besten Vorgängern anreihte.

Während das politische und kirchliche Leben inmitten der Nation
auf Jahre hinaus geknebelt wurde, unterlagen auch eine Anzahl sächsischer
Gemeinden dem Drängen der abligen Herren, insbesonders die sogenannten
13 Dörfer des Kokelburger Komitats. Die Prozesse, die zwischen ihnen
und den Bauern seit Jahren sich hinzogen, schienen durch eine Ent=
scheidung Josefs II. doch nicht zu Ungunsten der alten Freiheit entschieden,
indem es darin hieß, die 13 Dörfer sollten im gegenwärtigen Stand
verbleiben und die Sachsen wären in ihrem alten Usus durch die Ko=
mitatsbehörde zu schützen, bis die Gegner ihre Ansprüche bewiesen hätten.
Der Landtag von 1790/91 hatte die Aufhebung der Hörigkeit bestätigt,
aber es wurde eine neue Aufteilung des Bodens in den untertänigen
Ortschaften in Angriff genommen, um dem Hader, der vielerorts vor=
handen war, ein Ende zu machen. In der Tat begannen diese Teilungs=
kommissionen 1793 ihre Arbeit. Die Grundherrschaft, die in den meisten
Dörfern sehr wenig Boden besaß, von dem allein die Besitzer abgaben=
pflichtig waren, während die Bauern das meiste als Erb und Eigen
besaßen, beanspruchte nahezu den ganzen Hattert, nach dem Grundsatz,
daß Komitatsboden Adelsboden sei und ließ sich ihn zusprechen. Nach
den Einwendungen der Bauern wurde nicht gefragt. Zuerst wurden die
Waldungen, die bisher den Gemeinden gehört, den Grundherrn zuge=
sprochen, selbst die meisten Kirchenwaldungen und die Folge war eine
unerhörte Waldverwüstung, indem kaum einer der neuen Besitzer an die
Zukunft dachte, sondern den Wald abhauen, verkaufen und wegführen
ließ und das Dorf durfte nichts mehr dazu reden. Dann kamen die
Wiesen an die Reihe, Gemeindewiesen, die diese um gutes Geld gekauft,
Kirchenwiesen, die wie jene nie einem Adligen gehört, wurden den Eigen=
tümern genommen und dem abligen Herrn gegeben. Die Weinberge
wurden den Eigentümern sämtlich weggenommen und es wurde publiziert,

daß die Weingärten den Sachsen nur solange zur Benützung gehörten, solange die Grundherrn wollten. Sie bestimmten hinfort die Lesezeit und verfügten über diesen kostbarsten Besitz an den Abhängen der Berge. Auch das Dorf teilten die Kommissionen auf, alle Freierde samt Höfen und Gebäuden, welche nie einer Grundherrschaft gehört, Obst= und Gemüsegärten, die die Bauern auf ihrem unbestrittenen Eigentum ange= legt hatten. Selbst was die Leute nachweisbar von den Edelleuten gekauft hatten, worüber sie sich mit gültigen Briefen ausweisen konnten, alles wurde ihnen genommen — „das ganze Territorium ist grundherrschaftlich" lautete die neue Lehre. Während früher die Grundherrn auf dem Hattert nicht mehr Rechte hatten als die Bauern, waren diese jetzt rechtlos ge= worden. Im Zusammenhang mit all dem stand, daß die Gemeinden völlig unter die Komitatsherrschaft gerieten. Die Appellationen gingen nicht mehr an sächsische Behörden und die wichtigsten politischen Rechte verloren sie. Der Szolgabiro setzte ihnen den Hannen und seine Diener waren mächtiger als die Hannen. Fast allen Orten wurden die Allo= diaturen wie Mühle, Schankrecht, Eichelmastung genommen, selbst das Erbrecht wurde in Zuckmantel und Radesch, wenn Eltern kinderlos starben, den Verwandten mit Berufung auf „das ungarische Recht" streitig gemacht. Die Sachsen der 13 Dörfer wurden Untertanen im selben Augenblick, wo den gewesenen Untertanen ein neuer Morgen an= brach. Es war ein Raubzug der adligen Grundherrschaft so gewalttätig und willkürlich, gesetzes= und rechtsverachtend wie die Regulation im großen es war! „Herr hilf, wir verderben," so klang es verzweifelt aus jenen Dörfern!

Aber freilich, von welcher Seite sollte die Hülfe kommen? Am Hofe hatte man die Hände voll zu tun mit größern Sachen und wer kümmerte sich im Lande um den Notschrei einiger deutscher Bauern? War doch der sächsischen Nationsuniversität das Bewußtsein ihrer Stellung so ganz verloren gegangen, daß sie im Jahr 1809 beim Hof einkam — es möchten sächsische Familien „nobilitiert" werden! Keiner der Männer dachte daran, daß 1613 ihre Vorfahren beschlossen hatten: Quia virtus nobilitat hominem und alle diejenigen, die sich „dem Adel insinuierten" von allen Ehrenämtern inmitten der Nation aus= geschlossen hatten! [1])

Das öffentliche Leben begann einzuschlafen. Der siebenbürgische Landtag war wohl 1809 zusammengerufen worden, aber er beriet nur über die Insurrektion und Subsidien, die die endlosen Kriege erforderten.

---

[1]) S. Band I, S. 355.

Das französische Ungewitter war bis in diese ferne Ostmark spürbar. Auch Siebenbürgen wurde zu den Subsidien für den Krieg, den Leopold II. aufgenommen hatte und Franz II. weiter fortsetzte, in Anspruch genommen, und das Land mußte wiederholt Truppen stellen. Im Jahr 1792 z. B. als die sächsische Nation von den Subsidien und dem Krönungsgeschenk ein volles Drittel, nämlich 191.599 Gulden 36 kr., an Rekruten 500 Mann und 133 Pferde übernahm, wurde ein Steuer= aufschlag von 22½ kr. auf den Gulden beschlossen, die Beamten mit mehr als 100 fl. Gehalt, die Geistlichen mit mehr als 200 fl. Einkünften mußten besondere Beiträge leisten. Fast jedes Jahr wurden neue Rekru= tierungen nötig und neue Aufschläge, Strafen wurden für jene angedroht, die sich verstümmelten, um der Rekrutierung auszuweichen, zuletzt selbst für die Verwandten, die darum gewußt hätten. Der Staat nahm frei= willige Darlehen von seinen Bürgern und als diese nur spärlich sich einstellten, griff er zu Zwangsdarlehen.

An den „Franzosenkriegen" nahmen auch aus der Reihe des sächsischen Volkes nicht wenige Söhne teil, mehr als einer in höhern Stellen und viele kehrten mit kriegerischem Ruhm bedeckt wieder heim. Bei der kriegsgeschichtlich berühmten Verteidigung des Blockhauses von Malborghetto in Kärnten am 17. Mai 1809 fiel als der tapferste der Ingenieurhauptmann Friedrich Hensel aus Kronstadt und als General der Kavallerie erwarb sich einen Namen der sächsische Pfarrerssohn aus Radeln M. Melas, der 1729 geboren, die Schlacht bei Marengo kommandierte, und dem Napoleon nach der Schlacht mit anerkennenden Worten einen Ehrensäbel spendete.

Im Jahr 1809 beschloß der Landtag, jeder Adlige solle entweder selbst sich stellen oder einen Mann und außerdem solle der begüterte Adel aus seinem Vermögen für das Heer einen Beitrag leisten. Die Sachsen sollten ein Infanterieregiment von 2000 Mann und von ihren adligen Besitzungen eine Eskadron Hußaren aufbringen. Daneben stellten sie ein sächsisches Jägerbataillon auf, in dem der Hof „einen Beweis der Treue und Anhänglichkeit" sah. Nicht nur kriegerischer Mut, auch deutsches Bewußtsein sprach aus den Liedern, die die jungen Leute sangen:

> Von Östreichs hohem Kaiserthron
> Schallt Donnern Gottes gleich
> Der Ruf: es spricht ein Feind uns Hohn,
> Auf Sachsen rüstet Euch!
> Und deutscher Mut und Stolz erwacht,
> Wir eilen Hand in Hand
> Hin zu des Kaisers Heeresmacht
> Aus Siebenbürgens Land!

Das Wort aus dem Kriegsmanifest: „Die Freiheit Europas hat sich unter die Fahnen Österreichs geflüchtet; .... unser Widerstand ist Deutschlands letzte Stütze zur Rettung, unsre Sache ist die Sache Deutschlands" klang im Liede wieder:

> Drum auf, o Jüngling, mit vereinten Kräften,
> Europas Schutzgeist glühe in dir auf;
> Du bists, auf den wir unsre Blicke heften,
> Beginne deiner deutschen Brüder Rettungslauf!

Selbst im Dialekt wandte sich ein Aufruf an die sächsischen Jünglinge:

> Mät Thräne wird erkust de Froad
> Äs Detschland ze beschäen —

und mit einem Anflug von Humor wird dem „Honnes" in Aussicht gestellt, daß die Kaiserin wie eine Mutter dem Tapfern begegnen und ganz Wien auf ihn sehen werde, der bisher nur Holz gehauen:

> Der Kiser und det Voterlånd
> Hiescht enst vun ich be tapfer Hånd!

Doch die ganze Insurrektion — es ist die letzte des Landes gewesen — und das sächsische Jägerbataillon kamen nur bis in die Nähe der österreichischen Grenze, als der Friede von Wien (Oktober 1809) sie ins Vaterland zurückkehren ließ, wo das Bataillon aufgelöst wurde.

Dafür gelangte das sächsische Jägerbataillon von 1813 weiter. Als Europa sich zur großen Koalition gegen Frankreich rüstete, erließ im Juli Kaiser Franz eine neue Aufforderung an die Nation, zur Aufstellung zweier Jägerbataillone in der Voraussetzung, die nämliche Bereitwilligkeit wie früher zu finden; doch begnügte sich der Hof über Vorstellung der Nationsuniversität mit einem; das andere sollten die übrigen Nationen errichten. Während dieses zweite im September erst 109 Mann aufgebracht hatte, zählte das sächsische Jägerbataillon schon 1090 Mann. Am 28. September marschierte es 1259 Mann stark von Hermannstadt ab und traf am 19. November in Wien ein, dort von den anwesenden Sachsen freundlich willkommen geheißen. Der junge Student der Medizin Josef Wächter, ein geborner Hermannstädter, brachte ihnen einen Gruß in Versen dar, nebst einer gedrängten Skizze der Geschichte dieser Nation, der Ertrag war den Verwundeten des Jägerbataillons bestimmt. Als Feldprediger begleitete sie Jak. Müller († 1838 als Pfarrer in Rothberg), der auch die Schicksale der Truppe später kurz erzählt hat. Sie kamen bis nach Frankreich hinein, nahmen an der Schlacht bei Lyon teil und standen vor Grenoble, als der Waffenstillstand geschlossen wurde. Auf dem Rückmarsch wurden sie in der Bukowina durch den Befehl überrascht, aufs neue gegen Napoleon zu ziehen. Sie kehrten um und wieder erklangen die alten Marschlieder, in denen Schillerische Einflüsse unverkennbar waren:

> Die Trommeln wirbeln, die Fahnen wehn
> Ringsum in jeglichem Lande;
> Gerüstet zum Kampf die Völker stehn,
> Sieg gilts oder schmähliche Bande;
> Drum frisch Kameraden, die Waffen geführt,
> Und mutig dem Feind entgegen marschiert!

Sie trafen ihn an der Marne, an der Seine, an der Loire und traten vor der Saone am 8. Oktober 1815 den Heimmarsch an, zu Hause froh begrüßt und mit 1000 Gulden von der Universität belohnt, die an die Verwundeten und die Tapfersten verteilt wurden. Baron von Gall aber, der Großherzoglich-Hessische Generalmajor, unter dessen Kommando das Bataillon gestanden, stellte ihnen das rühmlichste Zeugnis aus, und auch von seinem Feldprediger rühmten sie, daß er sich zur wahren Ehre der Nation, durch Eifer im Erfüllen seiner Pflichten, durch reine Sitten und durch ein untadelhaftes moralisches Benehmen ausgezeichnet und gerechten Anspruch auf den Dank der Nation erworben habe.

Im sächsischen Volk war die Teilnahme an den großen Ereignissen freilich nur eine abgeblaßte, wie weit lag doch alles, was da draußen geschah, dem Bewußtsein; aber die Erzählungen jener, die „dabei gewesen", erfreuten die Daheimgebliebenen und im Bonapartespiel der Kinder vermischte sich altes heidnisches Besitztum mit dem Namen des kriegsgewaltigen Kaisers.

Doch geschah hier gar manches, das die Lebenden näher berührte als jene fernen Kriegsereignisse.

Nach langer Unterbrechung war durch k. Reskript vom 26. Februar 1810 der siebenbürgische Landtag nach Klausenburg zusammen gerufen worden und wurde dort am 9. Juli eröffnet, der letzte siebenbürgische Landtag fast ein Menschenalter lang. Wohl war er in derselben Weise zusammengesetzt wie seine Vorgänger, gegen 32 Sachsen standen 264 Szekler und Magyaren, aber die Zahl der Bürgerlichen war sehr gewachsen und jener der Adligen fast gleich, der Fürst hatte fast doppelt soviele Regalisten ernannt als Abgeordnete waren, 156 gegen 86 —. Der Landtag hatte mehr als irgend seiner Vorgänger die Empfindung für die Notwendigkeit dringender Reformen. Die k. Propositionen legten den Ständen einige Ausarbeitungen der systematischen Deputationen vor, deren Beratung langsam und schwerfällig vor sich ging, aber doch einiges Wichtige als Ergebnis zustande brachte. Es wurde der neue Grundsatz aufgestellt, die Verwaltung sei von der Justiz zu trennen, das Gubernium demnach in zwei Senate zu teilen, die abgesondert beraten und nur in gewissen Fällen zu gemeinsamen Sitzungen zusammentreten sollten, wobei allerdings die Durchführung jenes Grundsatzes noch nur in bescheidenem Maß möglich war. Aber für beide Gebiete legte der Landtag neue Grundlagen, indem Bestimmungen für eine Reihe von Verwaltungsangelegenheiten geschaffen wurden, sodann u. a. in dem projektierten 42. Gesetzartikel »Sanctio criminalis« eine Kodifikation des Strafrechts vorgenommen wurde, die einen großen Fortschritt bedeutete, — von der Regierung aber im Jahr 1834 den Ständen zu neuerlicher Beratung zurückgewiesen wurde! Anderes hatte bessern Erfolg. Gegen ihren Willen und Protest wurden die Sachsen gezwungen, die Gefängnisse in den Komitaten bauen zu helfen. Den eingehenden Beschlüssen über Hintanhaltung der Waldverwüstung und für Besorgung und Bewirtschaftung der Wälder hatten sie zugestimmt, ohne daß damit der Verwüstung in den Komitaten ein Riegel vorgeschoben worden wäre. Für die Postmeister sollten in allen Poststationen je acht Joch Wiesen- und Ackergrund ausgeschieden werden, das Postwesen zu fördern. Wenn ein Brief binnen drei Monaten nicht abgegeben werden konnte, so sollte, um das Vertrauen der Bevölkerung auf die Sicherheit der Post zu heben, die öffentliche Bekanntmachung erfolgen und wenn auch sie ohne Erfolg blieb, der Brief ans Gubernium übergeben werden. Den Juden wurde verboten, Schnaps im kleinen und gegen Getreide zu verkaufen, die Wanderzigeuner sollten angesiedelt werden.

Im Zusammenhang mit der Ordnung des Gerichtswesens kam auch der privilegierte Rechtsstand einiger sächsischer Orte, die auf Komitatsboden lagen, zur Verhandlung. S.-Regen blieb im Besitz seines eignen Rechts, das die Appellation nach Bistritz in sich schloß, doch für Botsch wurde als zweite Instanz, die bisher auch Bistritz gewesen war, der Komitatsgerichtshof bestimmt. Bulkesch und Seiden, Martinsdorf und Mortesdorf sollten ihre Privilegien vor der Entscheidung produzieren. Nach Monaten wurde entschieden: Martinsdorf, das keine Privilegien vorgelegt hatte, habe hinfort wohl sein eigenes Gemeindegericht zu behalten, aber die Appellation an die Komitatsgerichtsbarkeit zu gehen. Mortesdorf behielt den eigenen Gerichtsstand auf Grund der vorgelegten Privilegien und die Appellation nach Mediasch, ebenso behielten Bulkesch und Seiden ihre alte Rechtsstellung, die die Appellation an die Sieben-Richter in sich schloß. Für alle genannten Orte aber wurde bestimmt, da sie nicht auf dem Königsboden lagen, hätten sie sich nicht wie bisher nach dem Statutarrecht, sondern nach den ungarischen Gesetzen bei ihrer Urteilsfällung zu halten.

Die Kameral- und Montandeputation, die 1791 eingesetzt worden war, legte dem Landtag auch ein ausführliches Operat über Handels- und Gewerbeangelegenheiten vor, das zur Verhandlung kam, ohne daß die Beschlüsse zur Ausführung gelangten.

Der Landtag war noch beisammen, als das Finanzpatent große Aufregung auch in seine Kreise hineinbrachte.

Von den verschlungenen Pfaden moderner Geldwirtschaft hatte dieses kapitalsarme Land keine Vorstellung, das noch ganz in der Naturalwirtschaft drinnen steckte. Aber mit Verwunderung sah jedermann, daß das Papiergeld, das seit 1762 von der Regierung in Beträgen von 5 und 100 Gulden ausgegeben worden war, — die „Bankozettel" — an Wert und Kaufkraft verlor. Daß der Staat Geld brauchte, die Kriege unendlich viel verschlangen, konnte auch der kleine Mann sich denken, die Lotterieanlehen, die Verschlechterung der Währung, das Verbot der Geldausfuhr deuteten auf steigende Finanznot. Daß im Jahre 1806 schon 450 Millionen Bankozettel im Umlauf waren, wußten die Leute hier ebenso wenig als sonstwo, auch nicht daß die Staatsschulden 1807 auf 708 Millionen und das Defizit auf 66 Millionen gestiegen war. Neben die Bankozettel traten 1810 die „Einlösungsscheine", die bestimmt waren, die ersten allmählich einzulösen, aber auch sie konnten zunächst wenig bessern. Anfang März 1811 war in alle Provinzen ein versiegeltes Aktenstück geschickt worden, die Behörden hatten den Auftrag am 15. März 5 Uhr morgens es zu öffnen und eine Stunde später den Inhalt zu veröffentlichen. „Lange vor Tagesanbruch waren auf den Straßen aller Städte große Menschenhaufen versammelt, die dem verhängnisvollen Augenblick entgegenharrten und eine tiefere Aufregung zeigten als wenn die Kunde einer entscheidenden Schlacht sie treffen sollte. Mit gieriger Hast griffen sie jedes Wort des Patentes auf; wer nicht nahe genug stand, nicht lesen konnte, ließ sich den Inhalt erklären, auch der Gleichgiltigste hielt schon in den nächsten Stunden das berüchtigte Papier, das Haß säte und Mißtrauen gegen den Monarchen zum Gemeingefühl machte, eifrig in den Händen. Einige wenige mochten sich freuen, sie waren unverhofft reich geworden, andere, und ihre Zahl war die größte, fluchten und klagten, sie hatte über Nacht das Los des Bettlers getroffen." Das Finanzpatent vom 20. Februar 1811, das jenes geheimnisvolle Aktenstück enthielt, setzte den Wert der Bankozettel, deren 1060 Millionen im Umlauf waren, auf ein Fünftel herab und stellte eine Skala fest, nach der die Schulden, je nach der Zeit, in der sie gemacht worden waren, zurückgezahlt werden sollten. Eine ungeheure Verwirrung griff überall Platz, die hier darum geringer war, weil die Naturalwirtschaft noch überwog, aber sie war immerhin groß genug und die Folgen schwer genug. Die auf feste Gehalte angewiesen waren, spürten die Not am meisten und vor allem verloren die öffentlichen Kassen der Gemeinden und Kirchen das Meiste, was sie hatten, sofern es nicht liegender Besitz war. Jahrelang nachher noch war es Regel, daß ebenso der Rauchfangkehrer wie der Lehrer, wenn sie um ihren Gehalt baten, „zur Ruhe" gewiesen wurden und die Gehalte nur ausgezahlt wurden, „wenns zureichte".

Es war natürlich, daß der Landtag angesichts dieser Sachlage nicht schweigen durfte. In einer eingehenden Repräsentation stellte er dem Hof vor, daß wohl die Münzprägung, aber nicht die Bestimmung der Geldlegierung und des Kurses ein Majestätsrecht sei. Sie bestritten die Rechtsgültigkeit des Finanzpatents und legten die bösen Folgen dar, sie verlangten, daß die Steuer nicht erhöht werde, Handel und Industrie gehoben werde, um das Geld ins Land zurück zu bekommen, Gold und Silber solle nicht ausgeführt werden dürfen, es solle vielmehr zur Einlösung des Papiergeldes umgemünzt werden.

Zugleich suchten die Stände durch Mittel, die sie für heilkräftig hielten, der Not entgegen zu treten: der Preis der Waren und Lebensmittel wurde festgestellt, damit Käufer und Verkäufer keinen Schaden erlitten.

In einem Reskript vom 18. August 1811 antwortete die Regierung auf die Repräsentation der Stände und behauptete darin ihr Recht in bezug auf das Finanzpatent und hielt natürlich alle seine Bestimmungen aufrecht. Dasselbe geschah dem ungarischen Reichstag gegenüber, der am 20. Mai aufgelöst wurde, als er eine heftigere Opposition begann. Eine gleiche mochte die Regierung vom siebenbürgischen Landtag befürchten, und so schickte sie auch diesen nach 14monatlicher Dauer am 19. September 1811 nach Hause. Dreiundzwanzig Jahre lang wurde er nicht mehr einberufen.

Neben diesem tief einschneidenden Ereignis blieben aber auch andere im Andenken der Menschen, im Burzenland das zerstörende Erdbeben vom 26. Oktober 1802, dann im ganzen Land der feurige „Elfer", den an den sonnigen Bergeshalden jenes Jahr zur Reife brachte; ängstliche Gemüter hatten den Weltuntergang erwartet, den der leuchtende Komet am Himmel verkünden sollte. Dankbar erinnerte sich jenes Geschlecht, daß im Jahr 1806 und 1802, 1797 und 1794, 1788, 1783 und 1781 der Ertrag der Weinberge die Arbeit gelohnt hatte, als ob die Natur einen Ersatz für die Verluste hätte geben wollen, die das Volk nicht nur an seinem alten Recht erleiden mußte.

Im Jahr 1803 (9. April) war in Hermannstadt der alte Gouverneur Samuel Brukenthal im 82. Lebensjahr gestorben. Auch da er nicht mehr an der Spitze der Geschäfte stand, war er den politischen Sorgen seines Volkes nicht fremd geworden. In den Josefinischen Wirren und in der Verfolgung der Regulationszeit hatte er mit seinem Rat dem Volk beigestanden, hatte getröstet und aufgemuntert. Dabei war er unablässig mit der Vermehrung seiner Sammlungen — Bibliothek, Bildergalerie, Kupferstiche, Münzen, Antiken und Mineralien — beschäftigt, mit der Verwaltung seines Besitzes, der Instandhaltung seiner Gärten und Häuser. Die Sommermonate brachte er abwechselnd in Freck und im Garten vor dem Heltauertor in Hermannstadt zu. Gern empfing er Freunde — in camera caritatis wie er es nannte — und in der lieben sächsischen Mundart redete er von alledem, was sein Herz bewegte. An die evangelische Kirche hatte er sich eine Loge anbauen lassen, um ungestört den Gottesdienst zu besuchen, in der Regel Donnerstag und Sonntag; jährlich ging er einmal zum heiligen Abendmahl. Auch nach seiner Pensionierung war er noch zweimal in Wien, vom Oktober 1788 un= ungefähr ein halbes Jahr lang, wobei er besonders auch die Bibliothek zu vermehren trachtete. Es war bezeichnend für ihn, daß er dem Stefansfest bei Hof fern blieb, zu dem er als Besitzer des Großkreuzes des Stefansordens geladen war, bei welchem Fest die angebliche Hand des ersten ungarischen Königs als Reliquie zum Küssen umhergereicht wurde. Dann war er im Frühjahr 1792 noch einmal in der Hauptstadt. Auch ihm blieb das Los des Alters, die Empfindung der Vereinsamung, nicht erspart. Aber dankbar sah er auf sein vergangenes Leben zurück. „Gottes gnädige Fügung — so schrieb er am 1. Februar 1799 — hat von meiner Jugend an beständig über mir gewaltet; sie hat bis hieher geholfen und wird auch fernerhin, da ich grau und schwach bin, mich heben und tragen und alles wohl machen. Mein Vertrauen zu ihr ist unbegrenzt und deswegen bleib ich ruhig und zufrieden und auch froh, obschon diese Zeit in der Tat böse ist. . . So wie man nach und nach älter wird, verändern sich die Gestalten der Dinge, und viele verlieren ihr Anziehendes, mit welchem sie zu täuschen pflegten und zeigen häßliche, abschreckende Seiten. Nur wenige sind bleibend, behalten ihren innern Gehalt und begleiten uns überall hin bis in das höchste Alter. Diese nun

sind allein wünschenswert, alle andern sind eitler Tand und Täuschung."
Und wenig später sprach dieselbe abgeklärte Lebensanschauung aus einem
andern Brief, den er an den Direktor des Antikenkabinets in Wien,
Abbé Neumann, richtete, mit dem er durch das Interesse an dessen
Wissenschaft verbunden war: „Weil mich meine Augen nach und nach
merklich verlassen, so habe ich lediglich den Garten, der mich noch zu=
weilen unterhält. Hier bring ich gewöhnlich die Nachmittage zu und
sehne mich oft nach guten und geliebten Freunden, deren Gespräch mir
so wohltuend war. Ich sehe mich von einem neuen Geschlecht umringt,
die das nicht sind, was wir waren und nicht leisten können, das ich
bedarf. Das ist, glaube ich die Lage aller Alten, und ob es gleich schwer
ist, sich darein zu finden, so muß es doch sein."

Am 3. Januar 1802 hatte er sein Testament gemacht. Sein Ver=
mögen sollte als Fideikommiß einem Erben zufallen, seine Sammlungen,
zu deren Erhaltung und Vermehrung eine Summe von 36.000 Gulden
bestimmt wurde, sollten der öffentlichen Benützung übergeben werden
und, falls seine Familie erlösche, in das Eigentum des evangelischen
Gymnasiums in Hermannstadt übergehen, das wie die Kirche noch
außerdem mit 8000 Gulden bedacht wurde. Den Plan, den er gehabt
hat, eine Selbstbiographie zu schreiben, hat er leider nicht ausgeführt.
Als er starb und in der Hermannstädter Pfarrkirche begraben wurde,
unter dem Gesang des Liedes, das er selbst sich ausgewählt hatte, da
hatten die Zeitgenossen die Empfindung, daß sie einen großen Mann
verloren hätten, „der seinesgleichen nicht gehabt hat und auch so bald
nicht haben wird".

Er ist der größte Staatsmann gewesen, den das sächsische Volk
gehabt hat, mit seinem ganzen Dasein in seinem Volk wurzelnd, der in
sich verkörpert hat, was das Volk jahrhundertelang als ganzes getan,
das Eintreten für Recht und Freiheit und Glauben und das in einem
Augenblick, wo dem Volk die Kraft zu entschwinden drohte, das alte
Erbe festzuhalten. Seine Lebensarbeit, der die Rettung seines Volkes
aus dem Untergang im 18. Jahrhundert zu danken war, spricht auch
zu uns noch mahnend und aufrichtend: fidem genusque servabo —
ich will meinem Glauben und meinem Volkstum treu bleiben!

Zehn Jahre später folgte ihm 67½ Jahre alt sein Neffe, der
Komes Michael v. Brukenthal († 18. September 1813). Wohl reichte
er an die Größe des Oheims nicht hinan, Erziehung und Weltauffassung
war eine andre, die der alte Herr nicht immer billigte. Seinem weichen
und nachgiebigen Charakter ist es auch zuzuschreiben, daß der Kampf

um das Recht, das durch die Regulation so arg zerstört wurde, nicht energischer geführt wurde und seiner Klugheit, daß doch soviel gerettet wurde. Der Anschauung, die ihn leitete, hatte er 1805 sprechenden Ausdruck verliehen: „An unserm Geschäftshorizont haben sich die Umstände seit einem halben Saeculo mehrmalen geändert. Auch nur mittelmäßige Beobachter dessen, was geschehen ist, haben sich überzeugen können, daß es für die Sachsen vernünftiger sei, den Umständen nachzugeben, als solchen mit grobem Eigensinn entgegen zu handeln... Derlei Grundsätzen schreibe ich die gute Wendung der Dinge zu. Das was noch weiter zu wünschen übrig wäre, das muß die Zeit herbeiführen. Quod ratio nequit, tempus sanat." Aber in bedrängten Tagen war er seinem Volk doch eine Stütze und eine Hülfe gewesen, — sein Haus aber ist dem Deutschtum verloren gegangen. Am 21. September wurde er nach altem Brauch bestattet. Eine Abteilung sächsischer Jäger eröffnete den Zug, dann kamen die evangelischen Schulen, Schüler und Lehrer, die Stuhlsmänner, die vier städtischen Hauptzünfte, die Kommunität, die Geistlichen der Stadt und des Kapitels, dann der geharnischte Reiter mit der Trauerstandarte. Ihm folgten Trabanten, Stadtdiener und Reiter, zwei schwarzgekleidete Diener führten das Trauerpferd, Hausoffiziere, Bürgerkavallerie, Musik schlossen sich an. Dem Sarg voran, den die Senatoren in ihren roten Mänteln und die Kommunitätsmitglieder in schwarzen abwechselnd trugen, gingen ein Herold und fünf Sekretäre mit den Diplomen und Orden des Verstorbenen, dem Schwert und dem Streitkolben, der Hopner mit der florbehangenen Komitialfahne voraus. Dem Sarg folgte der Hermannstädter Bürgermeister, dann die Familie, hinter ihnen Nationaldeputierte und die große Menge des Volks. Eine Jägerabteilung bildete das Ende des Zuges. Auf dem Friedhof stieg der geharnischte Mann vom Roß, brach beim Einsenken des Sargs die Standarte und warf sie in die Gruft und der Hopner senkte die Nationalfahne zur Erde. An die Schulkinder wurden Geldstücke ausgeteilt.

Die Stille des Friedhofs aber hielt ihren Einzug in das ganze sächsische Volksleben.

## VIII.
## Wandlung des Lebens um 1800.

Das Ende des 18. Jahrhunderts und der Beginn des 19. in Siebenbürgen erscheint in der Erinnerung der Menschen im Licht eines starken Gegensatzes. Dort Kampf hier Ruhe, dort Anspannung aller Kräfte, hier Nachlassen derselben, dort geistige Arbeit und die frohe Empfindung, daß die Volkskraft noch vorhanden und leistungsfähig sei, hier behagliche Stille, die zuletzt jedes Kraftgefühl vermissen ließ. Solch allgemeines Urteil ist selten richtig. In diesem Fall aber spiegelt es in der Tat den Gang der Entwicklung wieder. Auf die Kämpfe der Josefinischen und Leopoldinischen Zeit folgte eine Reaktion, die allmählich dem Leben eine andre Gestalt, einen andern Inhalt gab. Nicht plötzlich vollzog sich die Wandlung, die Fäden gehn aus einem Jahrhundert in das andre hinüber, aber nach einer Reihe von Jahren entdeckt das Auge, daß das Muster des Gewebes ein andres geworden ist.

Zunächst vollzog sich eine merkwürdige Wandlung in der Beurteilung des politischen Kampfes, der die neunziger und achtziger Jahre des 18. Jahrhunderts erfüllt hatte. Die Wandlung trat am deutlichsten im Urteil über Josef II. zutage. Das Urteil war anfangs davon ausgegangen, daß er dem sächsischen Volk wehe und Unrecht getan hatte, nun rückte seine Gestalt aus der kleinen Landesgeschichte heraus, man begann die großen, wenn auch vielfach verfehlten Gesichtspunkte zu würdigen, die ihn zum Handeln bestimmt hatten. Auch hier erkannte man, daß er eine neue Zeit repräsentierte und daß eine Fülle von Gedanken, die er in die Seelen geworfen, unverlierbar waren, daß er „für Schwieriges geboren, Großes vollbrachte, Größeres plante" und „ganz dem gemeinen Wohle gelebt" und im Jahr 1800 schrieb Heydendorff zu seinem ältern Urteil über den Kaiser: „Heiliger Schatten des größten Fürsten unsrer Zeit! Verzeihe es dem Volke und deinen Untertanen, daß sie dich verkannt, daß sie gewöhnt an die Vorurteile der Vorzeit und zu schwach in die Zukunft zu sehen, deine der Welt und deinen Untertanen Heil und Segen gebührenden Absichten nicht erkannt und nicht haben mitbefördern wollen!"

Damit hing das veränderte Urteil über die Kämpfe jener Zeit überhaupt zusammen. Wohl sah man Gottes gewaltige Hand in der Wendung der Ereignisse: „Die Geschichte sagt uns, daß in den vorigen Zeiten das Messer oft an der Kehle unsrer Vorfahren war. Gott ließ

uns aber nie zum Opfer werden. Warum sollen wir jetzt an seiner
Güte zweifeln?" Und in der Tat hatte sich's gezeigt:

> Wenn sie's am klügsten greifen an,
> So geht doch Gott ein andre Bahn!

Daß die Nation aus den Gefahren der Josefinischen Zeit und des
Klausenburger Landtags gerettet worden war, galt als ein neuer Beweis
von Gottes Gnade und Barmherzigkeit. Aber was als formelles Recht
unantastbar war, wofür die sächsische Politik mit Entschiedenheit eingetreten war, das begegnete allmählich vom Standpunkt des allgemeinen
Menschenrechts und der Philosophie manchem Zweifel: ob es für die
Sachsen selbst gut sei, den Mitbewohnern des Landes die Konzivilität zu
verweigern? Das allgemeine Menschenrecht spreche dagegen. Selbst die
Gefahr der Entnationalisierung sah man von diesem Standpunkt kühler
an: ob denn der magyarisierte Klausenburger Sachse nun übler daran
sei als früher, und „gesetzt unsre Nachkommen würden Ungarn, was
verlieren wir im Grunde? Mir, aber nicht meinem Nachkommen liegt
daran, was er durch diese Mischung wird. Er wird es mit nach und
nach, verliert und gewinnt, gewinnt und verliert." Auch gewiegte Politiker
glaubten, eingestehen zu müssen, daß die Privilegien der Sachsen und
ihre Verfassung mit dem Geist der allgemeinen Menschenliebe und der
natürlichen Rechte, auch mit der „in unseren Zeiten angenommenen Art
zu denken" unvereinbarlich seien. Nur weil es Volkswunsch sei, hätten die
sächsischen Politiker die Konzivilität abwehren müssen, selbst wenn sie
als Privatmänner, der Aufklärung der Zeit entsprechend, andrer Anschauung gewesen wären und Heydendorff konnte 1798 dem Wunsch
Ausdruck geben, es möchte aus der Mitte der Sachsen jemand auftreten
und die Konzivilität „als in der gemeinen Menschenliebe und -Rechten
und in der patriotischen Bruderliebe aller Vaterlandskinder gegründet"
verteidigen!

Solche Anschauungen fielen mit ins Gewicht, wenn der Kampf
für das Recht am Beginn des Jahrhunderts schwächer wurde. Der Gedanke der Humanität und Menschenliebe hinderte den schärfsten Egoismus
nicht, sich rücksichtslos geltend zu machen, aber auf der einen Seite
brachte er in die Seelen der Besten neue Anregungen, auf der andern
hat er mit dazu beigetragen, ein verschwommenes Weltbürgertum groß zu
ziehn, das in unsern kleinen Verhältnissen sich hin und wieder lächerlich
ausnahm und den Blick für die wirklichen Aufgaben des Lebens vielfach
trübte. Toleranz und Aufklärung wurden Schlagworte, die auch hier
einen Maßstab für Taten und Gesinnungen abgaben; im Jahr 1793,

wo das Entsetzen über die Pariser „Kanibalenhorde" die Gemüter auch
hier bewegte, schrieb der Siebenbürger Bote: Selbstvervollkommnung
und Bruderglück sei das Ziel, wornach wir ringen.

Es hing damit zusammen, daß das Konvertitenwesen allmählich
in den Hintergrund trat. Ein Jahrhundert hindurch hatte das Land,
hatte insbesonders das sächsische Volk unter ihm schwer zu leiden gehabt,
die Giftpflanze verging, als ihr von oben kein Sonnenschein mehr zuteil
wurde. Damit verschwanden aber auch aus den sächsischen Magistraten
und der sächsischen Gesellschaft die dunkeln Ehrenmänner, die an vielem
Unheil schuld gewesen waren. Nur wurmstichige Früchte waren abgefallen
— der Baum war gesund geblieben!

Der Gedanke der Toleranz und Humanität erhielt aber seine
modische Ausprägung im Rationalismus, der nun die beherrschende
Gemüts= und Verstandesrichtung wurde.

Er trat am schärfsten in der Kirche zutage. Die Bewegung wurde
in ihr, bezeichnend genug, nicht am wenigsten auch durch die Laien
getragen. Komes M. v. Brukenthal hatte, im Einverständnis mit Sam.
v. Brukenthal und andern angesehenen weltlichen Mitgliedern der Kirche
an die Synode 1789 eine Eingabe gerichtet, in der eine bessere Liturgie
und „schicklichere Andachtsbücher" verlangt wurden. Sie wiesen darauf
hin, daß der Heiland ohne Zweifel darum keine bestimmte Liturgie
vorgeschrieben habe, um den vernünftigen Anhängern seiner Lehre einen
Wink zu geben, das Volk zuweilen durch zweckmäßige Änderungen im
Unwesentlichen auf den wahren Geist des Christentums aufmerksam zu
machen. Die „Vernunft" führte in diesen Vorschlägen das entscheidende
Wort. Nach dem Vorbild der deutschen protestantischen Kirche sollten
die Steine des Anstoßes aus unsern Kirchengebräuchen hinweggeräumt
werden. Die Gebetsformeln sollten gekürzt werden, die mystischen und
orientalischen Ausdrücke entfernt, die Bußgebete durch andre ersetzt
werden, da sie „in ihrem morgenländisch-hyperbolischen Gange nur der
allertiefst gefallene Malefikant mit einiger Anwendung beten kann", der
Gebrauch des Vaterunsers sollte eingeschränkt werden. Gegen die Kirchen=
lieder wurde eingewendet, daß die meisten davon „nicht einmal ein
Mensch von gesundem Verstand, geschweige ein solcher von Geschmack
und Lektüre" ohne Unwillen singen hören könne. Das „Herr Gott, dich
loben wir" werde am besten nur an hohen Festtagen gesungen, der
fortwährende Gebrauch schwäche es zu sehr ab. Die Kirchenmusik solle
auf den Dörfern eingeschränkt, am besten ganz abgeschafft werden, die
Predigten seltener gehalten werden und nicht über eine halbe Stunde

dauern. Man bedauerte, daß sie stets nur über die Texte aus den Evangelien handelten, es würde sich empfehlen, einmal über die Evangelien, dann über die Episteln, dann über freie Texte zu predigen. Minder gebildeten Dorfgeistlichen könnten gewisse fruchtbare Texte vorgeschrieben werden. Bei der Taufe empfehle sich Vereinfachung und Abschaffung des höchst anstößigen Exorzismus, bei dem Abendmahl halte die Privatbeichte viele ab, sich an diesem „sonst kräftigsten Stärkungsmittel der Tugend und Menschenliebe" zu beteiligen. Auch die Trauungen und Begräbnisse, der Schmuck der Kirche und die geistliche Kleidung bedürften einer Reform. In welcher Richtung diese Reform zu suchen sei, darüber war jene Zeit nicht im Zweifel; es sollte „der Weg zu einem vernünftigen Gottesdienst" gesucht werden.

Die Synode ging auf den Gedanken ein. Im Jahr 1795 war die Arbeit bis zu einer fertigen Handschrift gediehen, dann geriet sie ins Stocken. Wenn die Reform durchgeführt worden wäre, so hätte sie mit einem Schlag in alle unsere Kirchen eine öde Nüchternheit eingeführt, die so wohl hie und da, aber nicht allgemein Eingang fand. Aber die Richtung blieb fast hundert Jahre hindurch die herrschende.

Sie wurde wesentlich vom neuen Gesangbuch unterstützt, das 1793 fertig gestellt worden war und völlig auf rationalistischem Boden stand. Eine Sammlung, die der Hermannstädter Stadtpfarrer D. Filtsch 1787 unter dem bezeichnenden Titel „Neue Lieder über die Hauptgegenstände der Religion und Sittenlehre Jesu" zum Schulgebrauch veranstaltet hatte, bot die Grundlage des neuen Gesangbuchs, das länger als hundert Jahre (bis 1898) unsre Kirche beherrscht hat. Aus welchem Geist es geboren war, bezeugte die Tatsache, daß die alten beibehaltenen Lieder oft bis zur Unkenntlichkeit umgearbeitet, „soweit möglich von mystischen oder gar fanatischen Ausdrücken gesäubert" wurden, wie Bischof Funk an den Gouverneur Brukenthal schrieb, dann vor allem daß der größere Teil der Lutherlieder daraus entfiel, selbst „Ein feste Burg ist unser Gott", ebenso der größere Teil der Paul Gerhardtischen Lieder. Dafür traten Klopstock, Cramer und vor allem Gellert ein, damit die Betonung des Sittlichen neben, ja über dem Religiösen. An Stelle religiöser Tiefe trat prüfende Betrachtung des täglichen Lebens, Fleiß und Mäßigkeit, tugendsamer Lebenswandel und Friedfertigkeit wurden gepriesen, die Nüchternheit des Alltags beherrschte auch das religiöse Leben, das übrigens gerade jene Zeit hier sehr ernst nahm. Aber es nahm eben die Formen der Zeit an, die später noch mehr von ihrem Inhalt verloren.

Es war ein Zeichen für den geringen Zusammenhang der Kirche, für den Unabhängigkeitstrieb der einzelnen Kapitel, daß das neue Gesangbuch nicht überall Eingang fand. In Bistritz war 1790 ein eigenes Gesangbuch erschienen, doch scheint es keine große Verbreitung gefunden zu haben, da der Bistritzer Dechant 1795 auf der Synode berichtete, daß das Hermannstädter Gesangbuch im dortigen Kapitel eingeführt sei und 1805 erschien in Kronstadt ein drittes, das für das Burzenland berechnet war. Es war wesentlich vom Kronstädter Stadtpfarrer G. Preidt zusammengestellt worden, dessen leitender Grundsatz derselbe war wie bei Schaffung des Hermannstädter Gesangbuchs, „daß die Lieder und Gebete dem gesunden Geschmack und der Geistesbildung des gegenwärtigen Zeitalters möglichst angemessen wären, folglich solche geistliche Gesänge enthielten, in welchen die wichtigsten Wahrheiten der christlichen Religion in einer reinen, edlen Sprache dem Verstande und Herzen des Singenden zur Erweckung derselben nahe gebracht würden, da seit der Hälfte des vorigen Jahrhunderts nicht nur viele Begriffe von Religionswahrheiten mehr geläutert worden, sondern auch die Kunst sich sowohl in gebundener als ungebundener Rede darüber auszudrücken wichtige Fortschritte gemacht hat." Es stand also grundsätzlich auf dem gleichen rationalistischen Standpunkt wie das Hermannstädter Gesangbuch und beide entsprachen demnach „diesen sogenannten Zeiten der Aufklärung" und hatten ganz überwunden, was der Hammersdorfer Pfarrer Joh. Seyvert noch 1780 in die Worte gefaßt hatte:

> O strahlte der Vernunft der Sonnenschein
> Der Offenbarung nicht,
> Was würde sie bei aller Stärke sein?
> Ein Brennglas ohne Licht.

Das Drängen auf das „Vernünftige", der Trieb nach Aufklärung, die nun dem Leben das Gepräge aufdrückten, zeigte sich auf allen Gebieten.

Zuerst auf dem der Schule. Allgemein empfand man ihre Unzulänglichkeit und begann, auch im Zusammenhang mit den Josefinischen Eingriffen in die Schule und beeinflußt durch das Nützlichkeitsprinzip, das der Kaiser auch für die Schule als maßgebend ansah, eine Reform derselben. Sie beschränkte sich freilich auf die einzelnen Kapitel, mehr noch auf einzelne Gemeinden, die durch ihren Pfarrer, sofern er Sinn und Verständnis für die Schule hatte, eine bessere Schuleinrichtung bekamen. Bei all diesen Verbesserungen, ob sie nun wie in Hermannstadt und Kronstadt für die betreffenden Kapitel beabsichtigt oder nur für einzelne Gemeinden geschaffen wurden, war das Ziel, einen „vernünftigen

Unterricht" zu schaffen, gangbare Vorurteile zu zerstören, abergläubischen Meinungen entgegen zu treten. Die „gemeinnützigen Kentnisse" standen obenan, die Gesundheitslehre kam in die Schule hinein, Höflichkeitslehre war ein Unterrichtsgegenstand. Auch an Bürger und Handwerker dachten die leitenden Männer und begannen Schulen für ihre Bedürfnisse einzurichten. Die neue Pädagogik, mit der Basedow-Rousseauische Gedanken ihren Einzug in die sächsische Schule hielten, wandte sich gegen die harten ja grausamen Strafen der ältern Zeit und machte überhaupt auf die tiefliegenden Schäden der damaligen Schule aufmerksam. Ein Gutachten jener Zeit empfahl „Industrieschulen", wo die Kinder, wenn sie vom Lehrer nicht beschäftigt werden könnten, wenn möglich unter Aufsicht der Schulmeisterin nähen, spinnen, stricken lernten, wobei der Ertrag teils dem armen Lehrer, teils den Kindern zu ihrer Aufmunterung zugute kommen könnte. Vor allem aber erkannte die Zeit und sprach es aus, daß der Schule nur durch bessere Lehrer aufgeholfen werden könne, daß es darum notwendig sei, für deren Heranbildung zu sorgen. Im Zusammenhang damit begannen sie an den Gymnasien für die „Seminaristen" besonders zu sorgen und damit den ersten Schritt zu einer selbständigen Lehrerbildung zu tun. Überall sollten Katechisationen eingeführt werden, die Synode beschloß 1793 und 1795 die Einführung der jährlichen Konfirmation, aber es waren überall nur Anfänge, denen selten die Durchführung folgte.

Die Aufklärung trat weiter im wachsenden Bedürfnis nach Lektüre zutage. Schon 1784 hatte sich in Hermannstadt eine Lesegesellschaft zusammengefunden, die Unterhaltungs-, Volks- und Erziehungsschriften anschaffte, und 1789 vereinigten sich 20 „Liebhaber der Literatur" zu einer öffentlichen Lesegesellschaft, die zuerst in einem Kaffeehause zusammen kamen, bis Brukenthal ihnen im Museum ein Zimmer zur Verfügung stellte. Auch in Kronstadt hatten sich ähnliche Gesellschaften gebildet und die andern Orte blieben nicht zurück. In S.-Regen und Umgebung hatten die Geistlichen einen Lesezirkel gegründet, der von Hermannstadt die Bücher kommen ließ. In Mühlbach gehörten auch weltliche Mitglieder zur Lesegesellschaft, welche wöchentlich zweimal zusammenkamen und alte und neue Schriften, Philosophie und Urkunden lasen, die sich auf die siebenbürgische, speziell auch die sächsische Geschichte bezogen. In Hermannstadt war 1782 die erste Leihbibliothek eingerichtet worden, ein Troppauer Buchhändler lieferte um billigen Preis Nachdrucke der besten Werke aus allen Wissensgebieten und war mit dem Zuspruch aus Siebenbürgen sehr zufrieden. Aber gerade diese Lesegesellschaften spiegelten

in ihrer kurzen Dauer den Wechsel des Lebens um die Wende des
Jahrhunderts wieder. Dem kurzsichtigen Absolutismus jener Tage, bei
dem Gedankenarmut und Angst vor Gedanken sich die Hand reichten,
erschienen diese Lesegesellschaften gefährlich und im Sommer 1798 wurden
sie aufgehoben, da sie nicht nur keinen Nutzen brächten, sondern sich
vielmehr als schädlich erwiesen hätten! Alle Monate wurden die Titel
der verbotenen Bücher kundgemacht, selbst im Ausland durfte keine
Schrift ohne die heimische Zensur veröffentlicht werden und aus den
Kaffeehäusern wurden alle Zeitungen und Flugschriften verbannt.

Gerade die Literatur aber und was aus ihr hier gelesen wurde,
deutete die Wandlung an, die das Leben hier erfahren hatte. Im Jahr
1790 konnte die Quartalschrift schreiben: „Die würdigste und ernst=
hafteste Unterhaltung für Männer ist die Geschichte." In der Tat stand
sie im Vordergrund des Interesses. Nicht nur was die heimische Geschichte
betraf, auch Auswärtiges wurde gern gelesen, daneben besonders auch
Reisebeschreibungen; schon 1790 schenkte der Vater dem Knaben Campes
Robinson, der das Herz des Kindes entzückte.

Auf dem Pfarrhof in Stolzenburg las der Pfarrer Bruckner
Friedrichs des Großen Werke und berichtete begeistert (1796) an seinen
Freund, Bischof J. Aur. Müller: „Diesen Winter hindurch habe ich
eine interessante Lektüre für mich gefunden in den hinterlassenen Werken
Friedrichs II. Seinen Antimacchiavell und die Geschichte des siebenjährigen
Kriegs hatte ich schon längst gelesen. Aber den allumfassenden Geist,
die Menge und die Gründlichkeit von Wahrheiten aus jedem Fach, das
Starke, Lebhafte und Eigentümliche im Ausdruck, seinen statistischen Tief=
blick und seine, nach vielen Jahren pünktlich erfüllten Weissagungen über
diesen und jeden einzelnen Staat, kannte ich bis jetzo nicht. Man findet
zugleich die Ursache, warum ihn das gewöhnliche theologische Gros bald für
einen Naturalisten, bald für einen Deisten, bald gar für einen gänzlichen
Ungläubigen hielt. Man soll diesen großen Mann nicht aus einem ab=
gerissenen Bonmot, sondern am Schlusse seiner Werke beurteilen, da
zeigt sich seine wahre Heldengröße auch in seiner Religion. Es sind
freilich 18 Bände, aber man erinnert sich im Lesen nie an diese Menge.
Vorzüglich scheinen mir die Briefe an Voltaire, an seinen Arzt Jordan,
an D'Alambert und Marquis d'Argent und Arganteau. Die wenigen
Komplimente abgerechnet geben diese dem Geiste Nahrung und gewähren
eine wahre Unterhaltung. Und weil es Briefe sind, wo man überall
aufhören kann, ohne den Faden zu verlieren, so kann sie auch der ver=
wickelteste Geschäftsmann gerne lesen."

Es ist überhaupt ein charakteristisches Zeichen, daß die europäische Literatur hier in einer Weise Beachtung fand, wie nie zuvor und kaum jemals nachher. Die Anzeigen der Quartalschrift über neuere Werke, die „draußen" erschienen waren, setzen immer wieder in Erstaunen durch die Art der Behandlung, den kritischen Blick, den Umfang, den sie beherrschen und durch den Maßstab, den sie an alles anlegen, Wahrheit und Geschmack. Die Zeitschriften Deutschlands galten als Lieblingslektüre und die dort einen Namen hatten fanden auch hier Leser, von Schillers Thalia an und den Göttinger gelehrten Anzeigen bis zu einem „Journal des Luxus und der Mode". Auch die Romane blieben nicht unbekannt, sie „haben das Glück gehabt — so urteilte jene Zeit unter uns darüber — daß Männer von Genie sich damit zu beschäftigen anfingen und sie durch treffende Schilderung des menschlichen Herzens und in Handlungen ausgedrückte Moral zur Schule des Lebens sowie durch Kunst der Darstellung zur Schule des Geschmackes zu machen wußten." Schillers Geisterseher wurde als „sehr anziehend" gerühmt. Dem Theater öffnete sich allmählich ein größerer Wirkungskreis, es sollte auf die Seele wirken, Bildung und Empfindsamkeit verfeinern. Das Lustspiel sollte die Torheiten der Zeit lächerlich machen, keinesfalls durfte es ohne Moral sein. Das Publikum liebte Singspiel und Oper, der ernste Mann verurteilte die Launenhaftigkeit des wechselnden Modegeschmacks, den affektierten Eigendünkel des blasierten Zuschauers, den Hanswurst, den die große Menge noch liebte, „die edelste und für den Weisen, für den Menschen im genauesten Verstande anständigste Gelegenheit bleibt freilich das Heroische, das Tragische der Bühne. Es ist eben der höchste Grad des guten Geschmacks". Die Bühne, das Theater übernahm die dankbare Aufgabe der Vermittlung dessen, was das geistige Leben in der Welt draußen auf diesem Gebiet Neues brachte. Neben Iffland und Kotzebue standen Shakespeare und Lessing, dann Stücke „von dem bekannten Herrn Hofrat v. Goethe" und „dem berühmten Herrn Professor Schiller in Jena". In Hermannstadt spürte übrigens gerade das Theater die politische Wandlung, die die neunziger Jahre gebracht hatten. Durch die Verlegung des Guberniums nach Klausenburg und durch Übersiedlung der hohen Beamten dorthin war dem Theater der bessere Teil des Publikums entzogen, was es um so empfindlicher traf, als der Bürgerstand die Vorstellungen selten besuchte.

Auch die Musik wurde ein Bindemittel mit der großen Welt. Mozarts Opern sprachen im Theater zu Ohr und Herz der aufhorchenden Menge und „mit gefühlvollen Empfindungen" hörten sie schon im Jahr

1800 in Hermannstadt Haydns Schöpfung, die 1798 fertig gestellt im folgenden Jahr (1799) zum erstenmal in Wien aufgeführt wurde. Theater und Musik woben überhaupt die Fäden geistigen Zusammenhangs zwischen Siebenbürgen und Wien, das damals anfing, sich als Mittelglied zwischen die alten geistigen Beziehungen der Sachsen und Deutschland einzuschieben, freilich nicht so sehr um zu vermitteln, sondern mehr um zu trennen. Im Jahr 1805 wurden in Hermannstadt Haydns „Jahreszeiten" aufgeführt, deren Ankündigung die Zeit widerspiegelt: „Mit Vergnügen machen wir unsern hohen Gönnern und einem verehrungswürdigen Hermannstädter Publikum bekannt, daß wir durch die Bemühung der hiesigen evangelischen Schulanstalt und durch die tätige Teilnahme ansehnlicher Musikfreunde in den Stand gesetzt sind, das berühmte, von Haydn komponierte Oratorium, die Jahreszeiten betitelt, in dem großen Hörsaal des evangelischen Schulgebäudes Sonntag den 29. Dezember aufführen zu können. Der ungeteilte Beifall, mit welchem es in den vorzüglichsten Städten Deutschlands wie jenes Meisterwerk des nämlichen Verfassers die Schöpfung aufgenommen worden ist, geben uns nicht ungegründete Hoffnung zu einer gleich günstigen Aufnahme unter uns, um so mehr, da sowohl Fleiß als Kunst zu einem fertigen und geschmackvollen Vortrag derselben sich vereinigt haben." Damals war „die Klarinette" ein neues Blasinstrument, das mit dem „Inventionshorn" und dem „Serpent" viel bewundert wurde; Flügelhorn, Bombardon, Euphonium kannte man nicht; das „Kontrafagott" war das tiefste Baßinstrument.

Eine Zeit, die auf politischem Gebiet nachdrücklich zum Zusammenschluß mahnte, mußte von selbst darauf kommen, daß der Zusammenschluß auch für andre Zwecke erfolgreich sei. In ähnlicher Weise wie in den ungarischen gelehrten Kreisen in M.=Vásárhely eine gelehrte Gesellschaft entstand, die sich die Ausbildung der ungarischen Sprache zum Ziel gesetzt und historische Erörterungen pflegte, die den Mut hatte, die Protokolle ihrer Verhandlungen öffentlich bekannt zu machen, so war in Hermannstadt die Societas phylohistorum Transsilvaniae entstanden, die sich zur Aufgabe machte, die teils gedruckten aber selten gewordenen, teils ungedruckten Geschichtschreiber Siebenbürgens mit berichtigenden Anmerkungen und erläuternden Zusätzen auflegen zu lassen, um zu einer pragmatischen Geschichte des Landes Materialien vorzubereiten. Der Wiederschein derselben geistigen Strömungen zeigte sich auch darin, daß fast zur selben Zeit die großen, für die allgemeine Benützung bestimmten, Bibliotheken entstanden, die Telekische in M.=Vásárhely, die Batthyanische in Karlsburg, die Brukenthalische in Hermannstadt. Inmitten des sächsischen

Volkes konnte öffentlich dem Wunsch Ausdruck gegeben werden, es möge "den Geschäftsmännern der Nation ein unter öffentlicher Autorität besorgter, möglichst richtiger Abdruck eines sächsischen Nationalurkundenbuchs in die Hände gegeben werden."

Wie all diese Einzelheiten die Wandlung des Lebens bezeugten, die jene Zeit herbeigeführt hatte, ebenso beweist die Tatsache, daß aus all den Plänen und Entwürfen nahezu nichts durchgeführt wurde, die weitere Wandlung, die mit der Wende des Jahrhunderts eintrat: das erfreulich aufstrebende Leben sah sich zu raschem Stillstand und zum Schlaf verurteilt.

Die oben angedeuteten neuen Strömungen des Rationalismus und der Humanität machten sich auch im übrigen Leben und in seiner langsamen Umgestaltung bemerkbar. Die leidige Frage "warum" trat in den Vordergrund und rüttelte an Zuständen, die die Zeit überkommen hatte. Sie bereitete eine langsame Änderung des äußern Zustandes der Städte vor. Bisher hatte der Bürger sie als selbstverständlich so hingenommen wie sie waren, nun begann er zu empfinden, daß manches darin auch besser sein könne. Hermannstadt und Kronstadt gingen dabei voran, ein gut Stück später folgten die andern. Es war etwas Neues, daß in Hermannstadt die Lage der Stadt an einem Berge als unbequem empfunden wurde und der Einheimische und Fremde sich über die Winkel und Löcher, von denen die Stadt "labyrintisch" durchschnitten wurde, aufhielten und ihren bedenklichen Zustand als Schaden empfanden. An Stelle der alten Gräben und Teiche traten Gärten, und Schmutz und Unreinlichkeit wurden besonders auch aus dem neuen Gesichtspunkt der Gesundheit bekämpft. Die Siebenbürgische Quartalschrift rechnete bei der regelmäßigen Mitteilung der Sterblichkeit in Hermannstadt auf das Interesse ihrer Leser und gab Zusammenstellungen aus der gesamten evangelischen Landeskirche über Trauungen, Geburten und Todesfälle innerhalb derselben. Überhaupt war das Interesse an den Fragen nach der Gesundheit und deren Erhaltung bei Mensch und Vieh lebendig geworden, damit die Aufgabe des Menschen, für die Gesundheit zu sorgen, bezeichnet. Die öffentliche Besprechung unterließ nicht, auf die Mittel hinzuweisen, die die Gesundheit förderten, — das regelmäßige Aderlassen kam langsam ab — auf die schädlichen Folgen des Luxus und des Müßiggangs. Dr. Wolff in Hermannstadt schrieb 1794, "daß der sybaritische Ton unsers Zeitalters Gebrechen erzeugt, die gleich einem krebsartigen Schaden auf die moralische und physische Zerstörung des Menschen wirken". Auch das schlechte Trinkwasser galt als gesundheits=

schädlich, zu dessen Verbesserung Stadtpfarrer D. Filtsch die Resinarer
Wasserquelle nach Hermannstadt zu leiten vorgeschlagen hatte. Die Kur-
pfuscher und Charlatane, auch die Kirchenbegräbnisse, wurden neben
Unreinlichkeit und Schmutz als Gefahren der Gesundheit bekämpft. Ein
Menschenfreund konnte den Vorschlag machen, für bessere Hebammen
Sorge zu tragen, da ihre Verworfenheit und Unfähigkeit an der großen
Sterblichkeit nicht am wenigsten schuld sei. Um beim Vieh die Seuchen
zu verhüten, empfahl man dem Bauern bessere Pflege und vernünftige
Fütterung, Schutz vor den Unbilden des Wetters, besonders nachts,
Übelstände, die nur bei Stallfütterung sich völlig vermeiden lassen würden.
Es waren ähnliche Gedanken, die den Landtag 1810/11 veranlaßten, ein-
gehende Bestimmungen zum Zweck der Verhinderung der Viehseuchen zu
erlassen: mit 200 fl. solle derjenige gestraft werden, der aus verseuchten
Gegenden Vieh in gesunde Gegenden einführe und den Schaden ersetzen,
der daraus entstünde. An der Grenze sollte ein Tierarzt jedes einge-
triebene Stück untersuchen und nur, wenn es gesund befunden wurde,
durfte es weiter geführt werden. Brach irgendwo die Seuche aus, so
sollte das erkrankte Vieh getötet werden und die öffentlichen Kassen den
Besitzer entschädigen. Im Jahr 1788 hatte die Influenza bei ihrem
Umzug durch Europa auch Siebenbürgen heimgesucht, aber nicht gefährlich
fast alle Menschen „genecket". Um Ansteckung zu vermeiden sollte die
alte Sitte abgestellt werden, den Toten zu küssen und während der
Leichenpredigt sich auf den Sarg zu legen, was die Verwandten zu
tun pflegten.

Im Jahre 1800 waren in Hermannstadt die ersten Versuche mit
der Impfung vorgenommen worden, der Wundarzt St. Endlicher
kündigte 1802 an, daß er unentgeltlich täglich zu impfen bereit und in
der Lage sei. Es fehlte natürlich nicht an Gegnern der neuen Sache,
aber im Jahr 1807 war die Impfung sowohl in Hermannstadt als im
Stuhl und auf den Sieben-Richter-Gütern durchgeführt und Magistrat
und Gubernium förderten die wohltätige Einrichtung nach Kräften. Im
Jahr 1817 schrieben sie in die Großscheuerner Dorfrechnung eine Ausgabe von 8 fl. „für das kleine Kind, welches mit Kuhpocken versehen
und von welchem die übrigen Kinder geimpft worden sind". Ein Ge-
schworner bekam auf das ganze Jahr nur 6 fl. 30 kr.

Die Rücksicht auf die Bequemlichkeit des Lebens begann bei den
täglichen Bedürfnissen mitzureden. „Wegen der Noblesse" hatte Hermannstadt 1789 einen Weg vom großen Ring bis ins Theater gepflastert,
„der größern Bequemlichkeit wegen" das Wachthaus vom großen Ring

entfernt. Die gleiche Rücksicht spielte in erster Reihe bei dem Wechsel der Tracht mit. Die höhern Kreise begannen um diese Zeit die alte Volkstracht mit der modischen „deutschen Kleidung" zu vertauschen. Im Jahr 1787 hatten in Hermannstadt Frau v. Ahlefeld und Frau v. Brukenthal ihre sächsischen Kleider um den halben Preis feilgeboten, andre folgten, mitbestimmt durch den großen Aufwand, den es erforderte, die Perlenborte zu kaufen, die zur vornehmen sächsischen Tracht gehörte und die bis 100 Dukaten kostete! Als Frau Heydendorff 1791 in Hermannstadt in einer Gesellschaft bei Brukenthal in der alten Tracht erschien — im „Segdel", geschleiert, mit Gürtel und Brustgehäng — freute sich der alte Herr darüber und zeigte seinen Gästen „die uralte sächsische Tracht", über deren Abkommen sich jene verwunderten! Der Prozeß vollzog sich natürlich langsam. Im Jahr 1791 hatte die „Hannenheimin", als sie mit ihrem Mann nach Klausenburg übersiedelte, sich so prächtige sächsische Kleider machen lassen, „als wollte sie vor alle Sächsinnen dort Staat machen". Um dieselbe Zeit (1790) erwog Frau Maria Elisabeth von Straußenburg, als ihr Mann zur Hofkanzlei nach Wien befördert worden war, die Kleiderfrage und war bereit, die Tracht abzulegen und in Wien sich deutsch zu tragen. Das heranwachsende Geschlecht ging „zur deutschen Tracht" über. In Schäßburg hat die letzte Trauung eines Bürgermädchens im Borten 1822 stattgefunden. Das auffallende war, daß in diesen Kreisen die Frauen vorangingen, die Männer folgten nach. Die Mode begann ihren Einzug bei uns zu halten!

Noch 1783 ließ Heydendorff seinem Knaben aus des Vaters Sommerkleid ein solches machen, verbrämt und zum Wachsen eingerichtet; falls für den andern Sohn sich das gewünschte Kleidungsstück nicht machen lasse, solle er deutsch gekleidet oder „anderswie maskiert" auf die Hochzeit gehen, aber derselbe Sohn trug sich 1791 schon abwechselnd „deutsch oder ungrisch". — Auf dem Klausenburger Landtag hatten die sächsischen Deputierten noch alle die alte sächsische Tracht, aber bei der Deputation in Wien im Jahr 1792 trugen sich Rosenfeld und Tartler deutsch, waren aber manchen Neckereien ausgesetzt. Um nicht in denselben Fall zu kommen, bestellte sich Heydendorff einen ungarischen schwarzen Pelz. Im Jahr 1789 hatten die Männer noch großen Wert auf das wohlgestaltete Zöpfchen gelegt, das nach der Mode mit einer Masche geknüpft war, aber das erste Jahrzehnt des 19. Jahrhunderts sah die Zöpfe überhaupt verschwinden.

Es war etwas Neues, daß wirtschaftliche Momente ins Gewicht fielen, wenn es sich um Fragen der Sitte handelte. Bisher hatte der sparsame Hausvater das Geld, das sein und seiner Frau Fleiß im Hause gesammelt hatte, in Schmuck angelegt oder sorgsam im Strumpf zusammengebunden im Kasten versteckt, wenns hoch kam gegen sicheres Pfand oder „Schuldbriefe" an Bekannte ausgeliehen, nun hatte die „Bankokasse" die Aufforderung ausgehn lassen, das Geld gegen 6% Zinsen ihr anzuvertrauen, doch dürfe es sechs Jahre nicht gekündigt werden. Als die Heltauer 1792 ihren alten Kirchenschatz hoben, der durch die Treue und Verschwiegenheit der Kirchenväter aus alter Zeit herübergerettet worden war, legten sie was sie nicht ausgegeben hatten, wieder in die Schatzkammer in der Kirche und erst 1821 wurde was noch vorhanden war auf Zinsen angelegt. Daß sie aber 1795 auf den Turm den Blitzableiter setzten, den der Pfarrer ihnen schon drei Jahre früher angeraten hatte, war auch das Zeichen der neuen Zeit. Die neuen Erfindungen fanden Teilnahme. Noch hoffte man auf das Perpetuum mobile, das in Broos erfunden sein sollte; des Herrn Blanchard Luft= reisen hatte die Zeitung auch hier dem staunenden Leser gemeldet und 1794 berichtete sie: „Der Telegraph ist ein Instrument, welches jetzt in Frankreich gebraucht wird, um gewisse Nachrichten 200 englische Meilen weit in einer Stunde mitzuteilen!"

Diese neue Zeit zeigte sich vor allem in der Umgestaltung des geselligen und gesellschaftlichen Lebens. Sein Kennzeichen war bis um 1780 der private Charakter dieses Lebens gewesen. An bestimmten Tagen waren die Verwandten und Freunde im Hause zusammen gekommen, nach dem Abendessen von 7—10 Uhr. Der Hausvater war in den Keller gegangen und hatte im grünen irdenen Maßkrug den Wein vom Zapfen gebracht und lag ein besonderer Anlaß vor, so hatte die Hausfrau „aufs Herdeck geschlagen" und einen „Hibes" gebacken, sonst hatten Äpfel und Nüsse mit Brot zum Wein genügt. Jetzt trat an die Stelle des Vergnügens im Hause die öffentlich gesuchte Erholung. Seit 1700 waren in Leipzig und Wien die öffentlichen Kaffeegärten aufgekommen. Dort saß man nach Familien geschieden, beim Schein bunter Lampen und bei anspruchsloser Musik zusammen, sparsame Hausfrauen brachten Kaffee und Kuchen selbst von Hause mit. Im letzten Viertel des Jahrhunderts kam die Einrichtung auch hieher. Einige der Privatgärten vor dem Heltauer Tor in Hermannstadt wurden in öffentliche Gärten umge= wandelt, in denen Erfrischungen und kleine „Soupers" billig zu haben waren, wo man Kegel schieben, Wein, Bier und Kaffee haben konnte. Kegel= bahnen gab es übrigens in Hermannstadt schon um 1738. Im jungen Wald stand ein Lusthaus und mancher bedauerte, daß ähnliche Er=

frischungen nicht auch dort zu haben waren. Es entstanden Kaffeehäuser mit Billardspiel, eine Zeit lang durften sie auch Zeitungen auflegen, bis es ihnen 1798 verboten wurde. In Schäßburg bot der Melchiorische Garten 1813 eine gern gesuchte Erholung, doch schloß sich in jenem Jahr die Klage daran, er sei auch eine Veranlassung zu vielen Sünden und gottlosen Handlungen bei der Nacht.

Im Winter traten an Stelle der Kaffeegärten die Bälle, die ein Zeichen der Demokratisierung der Gesellschaft von allen Ständen besucht wurden. Ein unternehmender Franzose, Herr von Collignon, hatte die Zeit verstanden und in Hermannstadt den Römischen Kaiser gepachtet, wo er einmal in der Woche Bälle gab; auch die Maskenbälle wurden von der vornehmen Welt besucht. Aber schon klagten ernste Leute, daß „die Redouten" die Sitten verschlechterten, daß der Fasching, besonders der frisch aufgekommene deutsche Tanz „Langaus" die Gesundheit gefährde. Schlimmeres konnte ihm kaum nachgerühmt werden, als das Blatt enthielt, das eine schwarze Maske 1783 in Hermannstadt auf einem Ball bei Collignon austeilte:

Der Fasching.

Gekleidet in die Maske der hüpfenden Freude,
Stört das Glück des ehlichen Friedens,
Raubt die Unschuld der jungen Grazie,
Der blühenden Liebe die Nahrung, die Treue,
Und zündt im fühlenden Herzen
Das Feuer der Eifersucht an, trennt zärtliche Bande,
Verdirbt gute Sitten, stiehlt Zeit, schwächt Jugend,
Wischt von der weiblichen Wange die größte Zierde der Schönheit,
Den Zauber der Schamröte ab und übertüncht
Den Flecken mit Schminke, vergiftet des Jünglings Brust,
Mit Geist und Nerven entkräftender Wollust,
Nagt mit verleumdrischem Zahn am guten Namen
Und straft oft am traurigen Ende
Den Beutel und den Körper mit Schwindsucht.

Tausend Gulden wollte er darum geben, schrieb J. Th. Herrmann, wenn er der Verfasser einer so richtig gedachten und so schön gesagten Idee wäre!

Der Langaus blieb, ja wurde Modetanz. Umsonst schrieb der Siebenbürger Bote 1793 gegen ihn:

Dieses wilde Schwingen,
Wo sich Mann und Mädchen dicht umschlingen,
Das, das wäre teutscher Tanz?
Teutsches Volk gewohnt an Edelthaten,
Groß im Kriege, groß in Lanzensaaten,
Teutsches Volk, o dich verkenn ich ganz!

Die ihn tanzten waren andrer Meinung und sahen keinen Widerspruch darin, beim Rundgesang bei einem kleinen Ball die prosaischen Verse zu singen:

> Doch nimmer weich aus unsrer Mitte
> Die Mäßigung, sie sei uns Pflicht.

In scheinbarem Gegensatz zu dieser neuen Art des Vergnügens stand, daß das Verständnis für die Natur und ihre Schönheit als etwas Neues die Seelen ergriff, das Naturgefühl anregend zu wirken begann. Die „schönern Szenen des Frühlings" wurden mit Absicht dem Vergnügen des Tanzes und des Schauspiels gegenübergestellt, ein Ausflug in die freie Natur wurde gesucht und gerühmt — in Hermannstadt war der junge Wald der „Sammelplatz der beau monde" — am Abend wurde ein Spaziergang auch darum unternommen, weil der Ausblick auf die Gebirge Aug und Herz erfreute. So wurde die Freude an den „schönen und großen Gegenständen der Natur, die über alle Gedanken Heiterkeit ausstreuen", in den höhern Kreisen des Volkes begründet, sie sickerte langsam auch in die niedern Schichten hinein. Noch empfand das Gefühl in Einzelfällen mehr das „ehrwürdig schauerliche der Naturprospekte" als die Schönheit, besonders beim Anblick des Gebirges und der Naturfreund war überzeugt, daß sich wahre Naturschönheiten bloß fühlen, nicht beschreiben lassen. Schon 1776 hatte Heydendorff die „schönen Berge" bei Hamlesch anläßlich eines Hatterprozesses besucht, die „sehr felsige und sehr angenehme Gebirgsgegend" bewundert und sich an der „vortrefflichen Aussicht" erfreut, die sich von den Bergspitzen darbot. Als er 1793 die Grenzregulierung zwischen Ungarn und Siebenbürgen mitmachte, war er ein eifriger Beobachter der verschiedenen neuen Erscheinungen, die sich ihm darboten: die größere Dünne der Luft, die Gefahr des Reitens auf schmalem Weg neben dem Abgrund, die Täuschung bei Abschätzung der Entfernungen, „unbeschreibliches Vergnügen" machte ihm die Aussicht in der klaren Abenddämmerung auf die untenliegenden Täler, die fürchterlichste Nacht des Lebens bereitete ihm der Sturm, der die Erde mitzureißen drohte und er ergänzte das Sprichwort: wer nicht beten gelernt hat, soll aufs Meer gehen mit dem Zusatz „oder auf das Gebirge". Dem Aufenthalt im Gebirge schrieb er zu, daß er einige Jahre darauf der gesundeste Mensch gewesen sei.

Bei diesen Eindrücken wie bei dem Naturgenuß jener Tage überhaupt trat der Gedanke des Lernens in den Vordergrund, der Trieb die unergründliche Fülle der Natur zu verstehen. Noch war das Reisen

hier selten. Die unbeschreiblich schlechten Wege, der Mangel an Gast=
höfen machten es zu keinem Vergnügen. Es war etwas Neues, daß Felmer
und D. Filtsch in ihrer Jugend das Land durchwandert hatten, „Schätze
der Weisheit und Erfahrung zu sammeln". Für das Verständnis der
Natur hatte Brukenthal neue Anregung durch seine schönen Gartenanlagen
sowohl in Freck als auch in Hermannstadt gegeben, jetzt traf man
auch in den andern Orten ähnliche Erscheinungen. In Schäßburg legte
der Senator Fr. Polder im Marienburger Seifen einen kleinen Park
an, in dem er die Büsten berühmter Männer des Altertums, die er
selbst in Ton geformt haben soll (Socrates usf.), zwischen den Bäumen
aufstellte.

Mit der Naturempfindung aber stand ein Zweifaches im Zusammen=
hang. Einmal eine gewisse Empfindsamkeit, die die „Wertherzeit" abge=
blaßt auch hier widerspiegelte, dann das Interesse an der Naturwissen=
schaft überhaupt und an dem Leben der Natur. Es mag eine vereinzelte
Erscheinung gewesen sein und stand wohl mit pietistischen Regungen im
Zusammenhang, daß Heydendorff 1776 mit dankbarem Gemüt der
„stillen, sanften, heiligen Stunden" gedachte, die ihm während einer
Krankheit Gelegenheit gegeben hatten, sich mit Gott zu beschäftigen und
frei von öffentlichen Arbeiten, Wirtschaftssachen zu erwägen. Dagegen
konnte eine Kaktusart im Glashaus Brukenthals in Freck, eine amerikanische
Staude, die nur eine Nacht blühte, eine Gesellschaft, die um den Tod
einer Frau aus ihrem Kreis trauerte, „durch die Ähnlichkeit und durch
das Gemeinschaftliche der Umstände in Absicht auf die Hinfälligkeit des
menschlichen Lebens" tief rühren: „lang war die Blume unser Gespräch
und niemand war, den nicht das Wunderbare ihres Baues und ihrer
Natur gerühret hätte." In Kronstadt priesen sie als ein „Wunder" die
Aloe im Seulenschen Garten, deren 24 Blumenäste jeder mit mehr als
500 Knospen geziert war. In Hermannstadt erhielten sie mitten in
der Unterstadt auf dem Rosenanger ein Rosengärtchen, in Schäßburg
wandelten sie um dieselbe Zeit das Gestrüpp an den alten Mauern
neben der Bergkirche zu einem freundlichen Garten mit Lauben, Grotten
und Gängen um, die den Lehrern Erholung bieten sollten, in Kronstadt
pflegten sie die neuangelegten Gärten unter den Bergen und ver=
sahen sie mit Wasserkünsten. Die fremden Blumen, die in der
Zeitung für Liebhaber der Gärtnerei angekündigt wurden, Orangen=
bäume, Tazetten, Bassitouten in verschiedener Farbe, fanden Ab=
nehmer; Heydendorff schickte seiner Frau, da er von Hause abwesend
war, Blumen als Zeichen der Erinnerung und um ihr eine Freude

zu machen und sentimental klingen die Verse aus, welche die „Heu=
erntefeier bei Talmesch" 1801 besingen:

> Stille laß uns verblühn, des Grases wohlriechende Düfte
> Ersetzen mit Anmut den Reiz, der in der Blume verschwunden;
> Stille laß uns verblühn und wenn wir verblüht sind noch leben
> Nicht in marmornen Hallen — in Herzen gefühlvoller Enkel!

Von Bedeutung war das neu erwachte Interesse an der Natur=
wissenschaft. Die ersten Spuren führen hier bis in die Mitte des 18. Jahr=
hunderts hinauf, und zwar in die Schule. Aus Deutschland hatte der
Student die neue Wissenschaft mitgebracht, die alte Geheimnisse zu ent=
hüllen versprach, die alten alchymistischen Träumereien verbannte, dafür
Schmelztigel und Retorten für Experimente anschaffte, die Leute messen,
zählen, wägen und beobachten lehrte, alles unter dem Gesichtspunkt,
damit für das Leben Gewinn zu schaffen. So besaß das Hermannstädter
Gymnasium schon um 1775 Thermometer und Linsen, die Camera
obscura und den kartesianischen Teufel, selbst eine Elektrisiermaschine.
Die Zeit wollte in die Naturgeheimnisse eindringen. Daß „die Natur
auch in ihren Fehlern, die sie öfters macht, so wie in ihren regelmäßigen
Wirkungen zur Vollkommenheit eines Dinges, sich vor unsern Augen
verbirgt und ihre Heimlichkeiten nicht gern offenbart" reizte zur Forschung
und der Hermannstädter Stadtpfarrer D. Filtsch schrieb voll Freude
in einer Untersuchung über den Brand des Getreides (1776, gedruckt
1791), „es ist der Vernunft und Kunst nicht selten gelungen, daß sie
die Natur durch anhaltende Beobachtungen auf ihrer verdeckten Spur
unvermutet ertappet und dann ein Mittel gefunden, durch Hinweg=
räumung der Hindernisse und einen vernünftigen Beistand ihren natür=
lichen Wirkungen zu Hülfe zu kommen."

Naturwissenschaftliche Fragen fanden bei öffentlicher Erörterung
Teilnahme. „Die Naturgeschichte wird in unsern Tagen mehr bearbeitet
als je — schrieb die Quartalschrift 1790 — und mehr als jede andre
Disziplin. Auch gewähret sie in allen ihren Teilen ihren Liebhabern
die angenehmste Unterhaltung und bei diesem Reize, womit sich bei
philosophischen Beobachtern der Natur das erhebendste Nachdenken, und
bei systematischen Köpfen das Streben nach Vollständigkeit verbindet,
muß sie in allen Teilen wesentliche Vermehrungen erhalten." Die
Quartalschrift brachte meteorologische Beobachtungen, suchte zum Studium
der Botanik anzuregen, veröffentlichte Untersuchungen über die ver=
schiedenen Sauerbrunnen im Lande, das „Schwefelbad bei Baaßen"
und das „brennende Wasser" dort erregt die Wißbegierde der Menschen.

Im Jahr 1677 hatte der Komes Franckenstein das Naturwunder besungen, ganz in antiken Wendungen: Vulkan habe dort zwischen Ceres und Bachus sein Lager aufgerichtet, und einst als Hirten ein Feuer angezündet, habe Äolus durch sein Gesinde es in die Nähe des Platzes getrieben, da sei Mulciber herausgebrochen

> Schmeißt Dampf und Feuer von sich mit dem vermehrten Sauß
> Und speite heißen Gneiß mit bleicher Loh heraus.

Jetzt hatte die Chemie erkannt, daß im Baaßener Wasser viel Salz enthalten sei und die Quartalschrift wünschte neue eingehendere chemische Untersuchungen der Quellen. Ein einsichtiger Mann lenkte die Aufmerksamkeit auf den Kohlenreichtum Siebenbürgens und erörterte die Vorteile der Benützung der Kohle.

Neben die Naturwissenschaft trat auch in unsre leitenden Kreise die Philosophie ein, auch sie von den Universitäten hereingebracht, ohne dauernd Wurzeln schlagen zu können. Sie hofften auch mit ihrer Hülfe den Rätseln des Lebens näher kommen zu können und sie hat manchen über die Kleinheit des Lebens später hinübergehoben. Als Fichte 1799 aus Jena vertrieben wurde, wegen „Atheismus" seiner Professur entsetzt, und die Studenten sich an den Herzog wandten, der geliebte Lehrer möge da bleiben, dessen Führung sich die Schüler mit ganzer Zuversicht hätten anvertrauen dürfen, viele hätten sich nur durch seine Vorlesungen bestimmen lassen, weiter in Jena zu bleiben, da unterschrieben auch die dort studierenden Sachsen jene Bittschrift. Manchem mag es bei der Beschäftigung mit Philosophie freilich wie Pfarrer Gräser gegangen sein, der 1798 schrieb: „Natur und Menschen gehn uns wahrhaftig näher an als neue in unverständlichen Terminologien angepriesene Spekulationen. Ich plage mich zuzeiten mit der neueren Philosophie, die mir aber bis noch fühlbar macht, daß ich zu so feinen Denkereien allzugrobe Seelenkräfte besitze. Man ist diese Bemühung dem Zeitalter, sich und den studierenden Kindern schuldig. Aber wenn mich Unfaßlichkeit allenthalben begleitet, mag ich mich wenigstens entschuldigen können."

Mit dem Humanitätsgedanken hing es zusammen, daß die Sorge für die Armen in ganz neuer Weise aufgenommen wurde; „das wahre wohlverstandene, praktische Christentum" äußerte sich nach den damaligen Anschauungen vor allem auch in der Wohltätigkeit. Am 3. Dezember 1786 war in Hermannstadt von allen Kanzeln die Gemeinde zu christlicher Wohltätigkeit aufgefordert worden, und die Beamten des Guberniums sammelten vor den Kirchentüren die ersten milden Gaben für eine „Armenanstalt" ein. Auch in den Häusern wurde wöchentlich gesammelt und der

Ertrag reichte hin, täglich 130—140 Hausarme zu bedenken. In Kronstadt, wo viel über Bettel nichtsächsischer Leute geklagt wurde — der Sachse schämte sich zu betteln — wurde eine Armenkasse ins Leben gerufen, die aus Stiftungen, dann aus Haus- und Kirchenkollekten ihre Einnahmen bezog, auch bei Hochzeiten wurde gesammelt; im Jahr 1793 wurden 52 Arme unterstützt. Die alten Bürgerspitäler bestanden daneben in fast allen Städten, die hie und da die bessere Besorgung der Waisen erörterten, doch ohne praktische Resultate. Auch war kein Ort imstande, den Bettel abzustellen; ein Teil der Leute hätte verhungern müssen, besonders in Kronstadt und über die Errichtung eines öffentlichen Arbeitshauses kam es nur zu vereinzelten Erörterungen, nicht zum Handeln. In Mühlbach wurde 1806 eine bessere Einrichtung für die Erziehung der Waisen geschaffen. In geistlichen und weltlichen Kreisen wurden Versuche für Schaffung von Witwen- und Waisenversorgungen seit der Mitte des Jahrhunderts aufgenommen.

Ein gewisses Unbehagen erfüllte die Zünfte in den Städten und Märkten. All die kleinlichen Gegensätze des 18. Jahrhunderts waren in ihnen lebendig, dazu war durch die Josefinischen Reformen auch im Zunftleben vieles erschüttert, manches in Frage gestellt worden. Das Bedürfnis nach einer neuen Ordnung war vielfach empfunden worden. Die allgemeinen Regulationen hatten direkt und indirekt auch die Zünfte getroffen, aber die Universität war gehindert worden, eine allgemeine Neuordnung der Zünfte durchzuführen. Von oben drängte man auf die Veräußerung der Zunftrealitäten, in Hermannstadt erzwang die Regierung die törichte Maßregel, die Kronstädter wußten sich sie abzuhalten, doch litten alle durch fortwährendes Eingreifen des Guberniums und der Hofkanzlei. Das steigerte das Unbehagen, dessen berechtigten Grund, den sichtbar werdenden Rückgang einzelner Zünfte kaum jemand erkannte. Der Handel litt unter den Schranken, die ihm von allen Seiten aufgerichtet waren: die Zollschranken gegen Ungarn waren teilweise wieder errichtet worden, der Handel mit der Walachei, die noch türkische Provinz war, sollte ebenso schon nach dem Karlowitzer wie nach dem Passarowitzer Frieden frei sein. Der Sistovaer Friede hatte die Bestimmungen neuerdings (4. August 1791) bestätigt mit einer geringen Auflage auf ein- und ausgehende Waren, die auch nichts Neues war. Auch die Begünstigung der siebenbürgischen Hirten und Herden betreffend den Übergang in die Moldau und Walachei war dabei wieder bestätigt worden. Aber die Plackereien an der Grenze und die willkürlichen Forderungen der Kommandanten in der Walachei waren sehr störend und erstickten den geringen

Unternehmungsgeist in Siebenbürgen. Dafür wollten die Siebenbürger türkische Kaufleute nicht ins Land lassen. Der Handel des Landes blieb passiv und ein einsichtiger Beurteiler der Verhältnisse schilderte den Zustand um 1780 recht traurig: „Bei der entstandenen Feigheit der Sachsen werden die vormals so reichen, nun fast ganz verarmten und sonst so arbeitsamen Sachsen nun und nimmermehr zu Kräften kommen; was trägt das im ganzen zum Reichtum eines Landes bei, wenn eine Schreinerzunft etliche hundert Bauerntruhen, einige Tschuttermacher ebensoviele Tschutter (Holzflaschen), dann die nun banqueruttierte Seiler= zunft meinethalben zehntausend Bund Stricke jährlich in die Walachei schicken oder etwas verarbeitetes Eisen, Flachs und Glas nebst einigen Haar= oder Wollendecken über die Alpen gehn? Und dann, wer nimmt von diesem Gewinn das Fett weg? Der Grieche, der Walache." Mit Schrecken sahen die Zeitgenossen, wie eine ganze Reihe von Kaufleuten zahlungsunfähig wurde; die Zeit stand auch auf diesem Gebiet neuen Erscheinungen gegenüber, die sie nicht ganz zu erklären vermochte. Ein Handelsartikel, das Eisen, war frei gegeben worden, indem die Be= schränkung aufgehoben wurde, daß nur stadtansäßige Bürger diesen Handel betreiben durften, aber in Hermannstadt mußte der evangelische Zipser Sachse Paul Nendwich aus Käsmark den ersten Eisenladen er= öffnen (1797), ein Einheimischer hatte sich nicht gefunden. Auch der weitsichtige Großhändler Pürker in Hermannstadt war nicht ein Sachse, der 1784 den kühnen Plan entwarf, einen Handel auf der Donau mit Eisenfabrikaten und Landesprodukten zu unternehmen bis ins schwarze Meer hinunter und zum erstenmal seit den Zeiten der Römer den Alt befuhr, abgesehen von den Proviantschiffen, die unter Karl III. hinauf= und hinuntergefahren waren.

Die veränderte Zeit mußte auch auf das Gemütsleben einen Einfluß üben. Es wurde auch — rationalistischer. Das zeigte sich besonders in dem Zunftleben. Früher war es Sitte gewesen, die dem natürlichen Drang des Herzens entsprungen war, daß, wenn ein Gesellenbruder sich aus= oder eingrüßte, der Schreiber des Zunftbuchs einen herzlichen Gruß ins Buch zum Namen fügte. „Anno 1677 die 9 Martii hat sich der ehrliche Bruder ... aus der ehrlichen Bruderschaft ausgegrüßet, willens in die Fremde zu gehn. Der höchste Gott behüte ihn auf allen seinen Wegen und Stegen und beschere ihm alles Wohlergehen auf seiner Wanderschaft und bringe ihn wieder mit Gesund" oder der höchste Gott segne seinen Eingang und Ausgang. Ähnlich beim Eingruß: Der liebe Gott beschere ihm gute Gesundheit, Glück und Segen, damit er sich ehrlich möge verhalten in seinem Handel und Wandel. Einem gestorbenen Bruder rief der Schreiber nach: „Der höchste Gott verleihe ihm eine selige und fröhliche Auferstehung und schenke ihm die Krone des ewigen Lebens." Selbst beim Eindingen des Lehrjungen hatte der gute Wunsch nicht gefehlt: „Gott verleihe ihm nur Gesundheit und lasse ihn sowohl im Wachstum der Profession als der Furcht Gottes zunehmen." Waren die Korngruben gefüllt, so wünschte der Schreiber: „Gott behüte selbiges vor zufälligem Unglück und gieb, daß dasselbe ein Jedweder mit dankbarem Gemüt genießen möge." Und am Richt- und Schlichttage schrieb er hinter die Namen der neuerwählten Beamten: „Leben und Gesundheit, damit sie ihre Ämter Gott zu Ehren, der ehrsamen Zunft zum Nutzen und Aufnehmen tragen mögen."

Das begann die neue Zeit als überflüssig zu empfinden, zwischen 1770—80 hörten diese Wünsche auf. Die Zunftartikel hatten für die wichtigsten Handlungen auch die Reden vorgeschrieben, in denen Auffassung und Gemüt der Zeit zutage traten. Wenn ein neuer Geselle sich in die Bruderschaft einzugrüßen hatte, dann hatte der junge Altgesell die Pflicht, ihn von draußen hereinzuführen, gerade zu des Gesellenvaters Sitz zu gehn und mit Bescheidenheit also zu sprechen: „Lieber Herr Vater! Durch diesen Eintritt beweise ich, was der Allmächtige Gott mit des N. N. seinen Eltern hat machen wollen, daß er dieselben nicht nur allein mit zeitlichen und vergänglichen Gütern hat gesegnet, sondern hat ihnen dies Söhnchen als die größte Gabe durch das Liebesband zur Welt geschenkt. Da nun dieselben dieses teure Pfand ihrer Leibesfrucht ebenso wie andre christliche Eltern zu tun pflegen und ihre Kinder zur Schul und Vermahnung zum Herrn befördern und hernach ein Handwerk zu erlernen, um sich zeitlebens redlich erhalten zu können, so wurde auch N. N. vor vier Jahren auf unser Handwerk eingedinget. Da nun derselbe seine Lehrjahre endlich ausgedienet und eine rechtschaffene Erfahrung unsrer Profession gesammelt, welches derselbe durch Verfertigung seines Probestückes vollkommen erwiesen und von der ehrsamen Altschaft ein rühmliches Absolutorium seiner Lehrjahre erhalten hat, so bitte ich amtswegen statt seiner, denselben als ein taugliches Mitglied in unsre Bruderschaft ein- und anzunehmen und wünsche, daß derselbe allen meinen Brüdern recht angenehm und willkommen sein möge." Dann gab der neue Bruder dem Gesellenvater die Hand und bat sich förmlich ein. Im Jahr 1802 wurden die Artikel der Leinweber-Bruderschaft in Schäßburg, die u. a. diese Bestimmungen enthalten hatten, umgearbeitet und den „dermaligen Sitten- und Zeitumständen angemessen

verbessert" und darin gesagt: „Die bei der Einrichtung bisher üblich
gewesenen läppischen Reden haben in Hinkunft aufzuhören und bloß
der junge Altgesell den einzurichtenden Gesellen dem Gesellenvater und
der versammelten Bruderschaft mit folgenden Worten aufzuführen: „Nach=
dem der N. N. seine Lehrjahre mit der Hülfe Gottes glücklich vollendet
hat, auch von der ehrsamen Zunft nach verfertigtem Probstücke ordentlich
freigesprochen worden ist und er nun, wie es auch die gute Ordnung
erheischet, in die Bruderschaft aufgenommen zu werden wünscht und
bittet: so ersuche ich Sie, Herr Gesellenvater und eine ehrhafte Bruder=
schaft, gegenwärtigen N. N. willig aufzunehmen, ihm unsre Gesetze zur
genauesten Befolgung bekannt zu machen, in allen billigen Fällen mit
Rat und Tat an die Hand zu gehen und zu allen guten Sitten anzu=
führen, damit er einst ein guter und nützlicher Bürger werden möge."

Gewiß, die Zeit war nüchterner geworden.

Bis zum Jahr 1786 hatten in Schäßburg auch die Nachbarinnen
der obern Marktnachbarschaft eine eigne Genossenschaft gebildet, die
den eignen Richttag hielt, eine eigne Lade besaß und eine Spindel als
„Zeichen" umschickte. Eine Hausbesitzerin richtete sich mit einem „Eierfang=
koch" ein, eine Sedlerin mit dem „Sedler=Eierfangkoch". Jener hieß
auch der ganze, dieser der halbe. Im Jahr 1774 wurde auf dem Frauen=
richttag beschlossen, daß diejenige, die sich mutwilligerweise von dem
Richttag „abziehe", um 25 Den. gestraft werden solle.

Seit 1786 ließen die Frauen das Ganze auf.

Die Bauernschaft, neben dem Bürgertum der zweite Grundpfeiler
des sächsischen Volkes, hatte die Erschütterungen der Zeit nicht weniger
als die andern Stände gespürt. Zahllos waren die Forderungen, die
an den Bauern gestellt wurden, in den langen Kriegsjahren waren die
Steuern und Aufschläge ohne Ende gewesen. Fuhren und Leistungen
an Naturalien lagen drückend auf den Dörfern, die „Kriegssubsidien=
gelder" bildeten stehend den größten Posten in der Rechnung des Amtes;
wie oft kam dazu die mehrmalige Rekrutenaushebung in einem Jahr,
„die Intertention der ausgehobenen Mannschaft und ihrer Wächter unter
der Zeit, bis sie assentiert wurden, samt Handgeld und Belohnung" er=
forderte ebenso neue Ausgaben wie die Erhaltung der Werber, wenn sie
ins Dorf kamen. Dann stieg auch das Küchenerfordernis im Hannen=
haus mit dem Bedarf für Licht daselbst, doch blieb immerhin auch
für den Almesch beim Eindingen des Rektors, des Fleischhackers und
der Hirten noch etwas übrig. Die verschiedenen Anordnungen von oben
hatten auch in die wirtschaftlichen Verhältnisse des Dorfes tief einge=

griffen, insbesonders durch das unablässige Drängen auf Verkauf des großes Gemeindebesitzes. Es ist ein Hauptverdienst der schwerfälligen sächsischen Bauern gewesen, daß sie diese Befehle einfach nicht befolgten oder wo ihnen nicht mehr auszuweichen war, dem Schein nach befolgten und kleinere Teile des Gemeinbesitzes den Bewohnern ins Eigentum gaben, im übrigen aber die Herrn befehlen ließen, was sie wollten. Schwer litt der einzelne Wirt unter den Unbilligkeiten des Zehntners, mehr noch unter der Verpflichtung, den Fiskalzehnten weit zu verführen, bis Karlsburg und Klausenburg, wo der sächsische Zehnte katholischen Interessen diente, aber in der Wirtschaft selbst waren nicht unbedeutende Veränderungen vor sich gegangen. In der zweiten Hälfte des 18. Jahrhunderts war die Kartoffel auch nach Siebenbürgen gekommen, von der Regierung empfohlen dann befohlen, vom Volk immer wieder mit Mißtrauen angesehn. Erst um 1800 gelang es, an manchen Orten erst nach der Hungersnot von 1817, sie einzubürgern. Von selbst machte die Haltung des Büffels langsame Fortschritte, ohne aber die heimische Gattung der weißen Kuh zu verdrängen. Die Regierung suchte die Preise der landwirtschaftlichen Arbeiten zu regeln. Im Jahr 1793 wurden behördlich folgende Löhne festgesetzt: beim Kukurutzhacken — die neue Frucht hatte volles Bürgerrecht auf dem Hattert bekommen — sollte ein Arbeiter in Hermannstadt, Kronstadt und Klausenburg 18 Kreuzer und das Essen erhalten, 28 Kreuzer ohne Essen, in den übrigen Städten 15 (resp. 25) Kreuzer, in den Dörfern 12 resp. 22 Kreuzer, ein guter Mäher nach den drei Gruppen 36, 34, 30 Kreuzer oder ohne Essen 46, 44, 40, ein Leser im Weingarten 12, 10, 8 Kreuzer, ohne Essen 22, 20, 18 Kreuzer! Mit zehn Kreuzern konnte ein Mann sein Essen für den Tag bestreiten. Aber es kamen Jahre, wo die Bevölkerung mit geheimer Furcht die Preise der Lebensmittel unheimlich steigen sah. Ein Kübel Weizen hatte im Oktober 1797 in Hermannstadt 2 fl. 12 Kreuzer gekostet, im Januar 2 fl. 24 Kr., im Oktober 1801 kostete er 3 fl. 36 Kr., 1802 4 fl. 36 Kr., 1803 gar 6 fl. 18 Kr., 1805 10 fl. 36 Kr., 1806 12 fl. 12 Kr.! Ähnliche Steigerungen hatte der Mais (Kukurutz) mitgemacht. Im Juli 1797 hatte ein Kübel 51 Kr. gekostet, im Jahre 1806 kostete er 9 fl. 12 Kr.; den Hafer hatte man mit 44 Kr. im November 1797 gekauft, 1806 mußte man ihn mit 7 fl. 24 Kr. bezahlen! Die ängstliche Frage nach den Ursachen der Preissteigerung konnten die Leute wenig beantworten; nur hie und da ahnte man, daß der sinkende Geldwert mit der Menge des Papiergeldes zusammenhing, mit dem eine gewissenlose Politik das Land überschwemmte. Vergebens

verbot die Regierung die Auswanderung der Handwerker und Bauern —
so noch 1794 und 1813 —, ein ungarischer Magnat, Graf Alex. Bethlen
konnte angesichts all der Verhältnisse auf den Vorschlag kommen (1817):
„Jetzt wäre die beste Zeit dazu, besonders die Ansiedlung fremder, am
meisten aber deutscher Kolonisten zu erleichtern." In den Städten dachten
die Bewohner daran, den Hattert besser auszunützen. So bestimmte Her=
mannstadt (1797), daß die Wiesen nicht mehr nur von Georgi bis
Michaeli (24. April bis 29. September) verboten sein sollten, sondern
vom 1. April bis 31. Oktober. Das Stoppelfeld wurde den Besitzern
zum Anbau von Gemüse und Futterkräutern überwiesen, doch das
Brachfeld der freien Weide zu entziehen, blieb verboten. „Bis zur Ein=
führung der Stallfütterung" sollte es „zur gemeinschaftlichen Viehweide
für alle Bewohner Hermannstadts" dienen, lautete die sehr zum Spott
reizende Bestimmung der neuen Ordnung!

Während sonstwo gerade in jener Zeit mit harter Verachtung auf
den Bauernstand herabgesehen wurde, hatte der Sachse hier eine andre
Meinung von ihm. Wohl dünkte sich der städtische Bürger besser als
der Bauer, der ihm seine Erzeugnisse abkaufte, aber die Schrift „Die
Siebenbürger Sachsen" konnte doch 1790 schreiben: „Die Ungarn sind
von Adel oder Untertanen; der Mittelstand des freien Landmannes und
des Gewerbe treibenden Bürgers ist unter ihnen beinahe unmerklich.
Die Sachsen dagegen machen gleichsam eine einzige Familie des von
beiden Außenteilen gleich entfernten Mittelstandes aus. Nur den Amts=
leuten unter sich, auch diesen nur solange sie im Amt sind, gestehen sie
Rang und Obergewalt über Mitbürger zu; wer nicht im Amte ist, ist
ein gemeiner Bürger und kann nur durch sein persönliches Verdienst,
wozu auch dem Niedrigsten im Volk der Weg offen steht, nicht durch
Geburt und Reichtum sich Ansehn, nie aber Überrecht unter ihnen er=
werben." Noch bedurfte es aber eines weitern halben Jahrhunderts bis die
führenden Kreise des Volkes als ihre Aufgabe erkannten, in umfassender
Weise, zielbewußt und selbstsuchtlos gerade für den Bauernstand einzutreten
und dessen wirtschaftliches und sittliches Gedeihen fördern zu helfen.

Der Gedanke der Humanität, den die Zeit geschaffen hatte, hatte
auch hier für kurze Zeit den Freimaurern eine Stätte bereitet. Die
Studenten hatten den neuen Bund auf den Universitäten in Deutschland
kennen gelernt, seit 1767 arbeiteten neun „Brüder" in Hermannstadt,
1776 wurde die Loge neuorganisiert und arbeitete bis 1785, dann nach
kurzer Unterbrechung bis 1790. Sie vereinigte Männer aus allen
Ständen, von allen Konfessionen, aus den verschiedenen Nationen des

Landes und ersetzte und ergänzte eine Reihe von Einrichtungen, die später selbständig ins Leben traten, sie übte Wohltätigkeit und Armenunterstützung, bot den Brüdern edle Geselligkeit und Gelegenheit Bücher und Zeitungen zu lesen und sammelte ein Mineralienkabinet. In einem Lande, wo die Gegensätze so unmittelbar und scharf nebeneinander und gegeneinander standen, wie in Siebenbürgen, war es an sich nicht bedeutungslos, daß neben den höchsten Zivil= und Militärbeamten der Konzipist und Lehrer, neben dem Gouverneur Banffi auch sein Zuckerbäcker saß, neben dem Direktor des katholischen Waisenhauses der spätere evangelische Bischof.

Nicht nur das Land, auch die Zeit war voll von Gegensätzen. Magistrat und Kommunität, Beamte und Bürgerschaft, Weltliche und Geistliche in der Kirche, Zunft und Zunft, die Stände des Landes untereinander, die Nation und die Regierung, sie alle standen gegeneinander und es gab keinen Gedanken und keinen Menschen, die stark genug gewesen wären, die widerstrebenden Interessen zusammen zu fassen. Eine kurze Zeit hindurch, im Kampf gegen den Josefinischen Umsturz, hatte die Verteidigung des alten Rechtes die Gegensätze geeint oder zurücktreten lassen; als der Kampf vorüber war, traten sie wieder in den Vordergrund.

Die größte Wandlung aber, die um 1800 vor sich ging, bestand darin, daß all die Anfänge eines neuen Lebens, die doch nicht gering waren, ins Stocken gerieten, daß die Entwicklung eine Zeit lang wie unterbrochen erschien und ein Stillstand eintrat, der erst nach gewaltsamer Aufrüttelung von außen überwunden wurde.

Es ist nicht ganz leicht, die Wandlung zu erklären; äußere und innere Ursachen müssen zur Erklärung herangezogen werden.

Zunächst half die allgemeine Richtung der österreichischen Regierung überhaupt zur Herbeiführung dieses Stillstandes. Seit dem unglücklichen Krieg von 1809, in dem eine schöne Begeisterung erfolglos die letzten Kräfte für eine heilige Sache ins Feld geführt hatte, und der Anstrengung naturgemäß ein Rückschlag folgte, war Metternich an die Spitze der Geschäfte getreten und nun wurde, zugleich dem Bedürfnis seines kaiserlichen Herrn entsprechend, in den obersten Regierungskreisen zur Gewohnheit, „alles Kleine und Unbedeutende als überaus gewichtig" anzusehn, dagegen alles Große und Bedeutende zu verschleppen und in dem Wuste von engherzigen formalen Bedenken zu begraben. Die Erhebung im Jahre 1809 hatte von dem Anschluß an den deutschen Geist den Sieg erwartet, die Niederlage gab der beschränkten Behauptung Recht, daß

die Abwendung von jenem Geist besser sei, das begeisterte Erfassen sitt=
licher Ideen hatte zum Kampf getrieben, die Erweckung der Volkskräfte
Sieg verheißen; nun da die Niederlage gekommen, bewies sie nicht,
daß das Gegenteil richtig sei? Die Politik des „Temporisierens", das
Hinhalten und Beschwichtigen wurde zur Methode, alles was nach Geist,
Freiheit, Fortschritt aussah, wurde verpönt und 1810 konnte Freiherr
von Stein das System dahin charakterisieren: „Alles läuft hier auf
Handarbeit oder Müßiggang oder Bureaus oder Garnisonen hinaus;
und diese Bureaus beschäftigen sich allein mit der Anwendung eines
Systems plumper, verworrener Förmlichkeiten, die jeden Augenblick die
freie Tätigkeit des Menschen aufhalten, um an deren Stelle Massen
von Papier und die nichtige Dummheit oder Faulheit zu setzen." Un=
bedingter Gehorsam, unbegrenzte Unterwürfigkeit unter die Person des
Herrschers wurde strengstens vor allem gefordert.

Die besondern Ereignisse Siebenbürgens und die speziellen, die
die sächsische Nation erlebte, trugen das ihrige dazu bei, Siebenbürgen
in dieses System einzugliedern.

Auch hier war das Bedürfnis nach Ruhe die Folge der Kriege
mit Frankreich, die das Land, wenn auch nicht unmittelbar berührt doch
vielfach bedrückt hatten, und mehr noch die Folge der innern Erschütterungen,
die seit 1780 das Land heimgesucht hatten. Die Opposition, die gegen
Josef II. den Schlachtruf erhoben hatte, und die auf dem Landtag von
1790/91 noch mächtig war, bestand aus dem Adel und den Sachsen,
die Szekler hatten im wesentlichen als Adel daran Anteil. Weder dem
einen noch den andern war es um die Freiheit an sich zu tun gewesen,
alle hatten für die Verfassung des Landes gekämpft, weil mit ihr die
eignen Privilegien, und mit diesen der eigne Bestand standen und fielen.
Der Landtag hatte die adligen Rechte in der alten Form hergestellt,
und so fand der Adel weiter keinen Grund, Wächter der Verfassung zu
sein, auch keinen Anlaß, nicht in den Staatsdienst zu treten oder sonstige
Ämter abzulehnen, und so wurden sie unbemerkt Diener · der neuen
Politik. Auch den Sachsen hatte der Klausenburger Landtag die alten
Rechte und die alte Verfassung, wenn auch mit einzelnen Löchern, zurück=
gegeben, sie kämpften noch eine Zeit lang für die wertvollen Einzel=
heiten, die sie zurückerobern wollten, aber diesem Kampf machte die
Regulation ein gewaltsames Ende. Der Kampf war von den hohen
sächsischen Beamten geführt worden, die Regulation hatte diese vernichtet.
Kaum einer war an seinem Platz unangefochten geblieben, eine große

Anzahl des Amtes verlustig geworden, woher sollten die Geschlagenen
und Getretenen den Mut und die Kraft zum Kampf für ein Recht oder
gar das Recht hernehmen? Wer sich die Stimmung der Mißhandelten
vergegenwärtigt, die Seelenqualen, die sie in der jahrelangen Verfolgung
ausgestanden, die vielleicht zuletzt endlich mit einer Rehabilitierung endigte,
die aus Hofes Gnaden erfolgte, die Entbehrungen, die der Eine und
Andre erlitten, dem der Gehalt grundlos viele Monate oder Jahre
hindurch eingehalten wurde, der wird begreifen, daß dieses Geschlecht,
als mit 1805 endlich die Ruhe einkehrte, wenig Drang verspürte,
Opposition zu machen und „allerhöchsten Verordnungen" entgegen zu
treten. Von seinem Standpunkt aus hatte der neue Beamtenstand auch
gar keinen Anlaß dazu. Die Regulation hatte ihn hier erst geschaffen,
hatte ihm eine Macht in die Hand gegeben, die er früher nicht hatte,
die Entstehung einer Bureaukratie begünstigt, die ihren eignen Einfluß
zu untergraben fürchten mußte, wenn sie sich nach oben nicht willig
fügte. Vielleicht zeigt kein Zeitraum unserer Geschichte die Gebundenheit
des einzelnen Menschen an die Schranken seiner Zeit mehr als dieser;
auch für Männer von außerordentlicher Begabung war es damals un=
möglich, Bedeutendes hier zu schaffen. Auch der Zug des Zeitalters zu
einer neuen philosophisch=ästhetischen Bildung hatte vielleicht Anteil an der
Abwendung der Geister vom handelnden Leben. Selbst jene, die ehmals
für die französische Revolution geschwärmt hatten, wandten sich von ihr
ab, als hinter ihr die Guillotine blutig aufstieg und allen Redensarten
von Freiheit und Menschenrechten die Kanonen des Soldatenkaisers
Schweigen auferlegten.

  Alles zusammen führte zu dem Ergebnis, daß sich über dem Lande
unheimliche Stille lagerte, die das Sachsenland und die Komitate in
gleicher Weise umfing. Es war symbolisch, wenn 1794 in Schäßburg die
Lehrer im Schlafrock und in der Schlafhaube über die Gasse gingen. Die
Zeitgenossen nahmen noch Anstoß daran, weil es der Sitte widersprach,
aber an den Zustand, den die Tatsache symbolisierte, gewöhnten sie sich.
Im Jahr 1811 konnte Komes Brukenthal an Heydendorff schreiben: „In
Ansehung der Sachsen habe ich so viel Widersprechendes gelesen und in
ihrem Zustand so viel Präcarisches (Unsicheres) gefunden, daß ich mich über=
zeugt halte, sie sollen ihre Ansprüche hauptsächlich auf den Nutzen gründen,
welchen sie in diesem Land von jeher geleistet haben und auch noch
leisten. Es kann solches stets die sicherste Stütze nicht nur ihrer Ruhe,
sondern auch ihres Wohlstandes werden. Wenn selbe sich im ganzen in
allen nützlichen Künsten und Wissenschaften gehörig ausbildet und stets

29*

die reine Christenlehre, welche auch reine Sitten voraussetzt, befolgt, im einzelnen aber fleißig, frugal, gehorsam und sich einig benimmt, so wird solches ihren Wohlstand sicherer befördern, als wenn sie sich der Pracht, Weichlichkeit und dem stolzen Nachaffungsgeist überläßt. Es sind nur einige ambitiöse Männer, welche die Sachsen dermalen überreden wollen, daß sie unglücklich wären, da ich doch überzeugt bin, daß deren Wohlstand vielleicht selbst unter dem Kaiser Sigismund nicht besser war, als er dermalen ist!"

Wenn sich gegen das Einzelne auch nichts einwenden ließ, — daß der erste Beamte der Nation den Maßstab für ihr Glück nur im Wohlstand suchte, deutete die Wandlung des Geistes an. Auch jene „Ambition" sollte nicht lang anhalten; sie ließ überhaupt doch noch ein Streben und Ziele erkennen; es kamen die Jahre, wo die Nation sich für so „glücklich" hielt, daß sie nichts mehr begehrte — sie war eingeschlafen.

# Namen- und Sachregister.

## A.

Abendläuten 43.
Abrahami 100. 118.
Abtsdorf 195.
Accorda 113. 132. 162. 163. 369.
Adam Hans 27. 29.
Adel 5. 20. 24. 30. 52. 56. 98. 162. 199. 202. 279. 291. 307. 310. 311. 359f. 370. 407. 450.
Adel und Bürgertum 25. 52. 102. 113. 132. 158. 227. 241. 281. 294. 343. 418.
Adelsverleihung 242. 415.
Aberlassen 434.
Adlershausen 90. 107. 124. 134. s. Waldhütter.
Agent der Nation in Wien s. Nationalagent.
Agnetheln 214. 258.
Agnethler 264.
Ahlefeld 294. 330.
Ahlefeld, Frau v. 456.
Alamor 285.
Alba Julia—Fogarasch 44.
Albenser Komitat 51. 293. 404.
Albrich Joh. 187.
Allerh. begnehmigte Vorschrift 409.
Agende 184. 427.
Akton 27. 29.
Altschiffahrt 444.
Alvincz 184.
Alvinczi 17.
Anna, Kaiserin 221.
Andachtsbücher 427.
Andreä Dan. 106.
Andreanischer Freibrief 115ff. 126. 294. 313. 325. 386.
Apasi 19. 126.

Apasi II. 37.
Apor 10. 27.
Apotheker 217, 227.
Apostasie 108. 273. s. Katholisierung.
Approbaten 58. 110. 113. 127. 162. 184.
Arab 202.
Aranyos 293.
Arbeiterlöhne 447.
Arganteau 431.
Arianer s. Unitarier.
Arkeden 11.
Armenpflege 442.
Armenier 13. 96. 142. 169. 175. 217. 226. 227. 234ff. 251. 312.
Arndts Paradiesgärtlein 82.
Arz M. 187.
Arzt M. 100.
Ärzte 54. 55. 217. 226. 248. 434.
Assentierung 205f.
Athanasius 43.
Auersperg, Gub. 144. 152ff. 159. 161. 379.
Aufklärung 426f.
Augsb. Konfession 88.
August von Sachsen-Zeitz 38.
Aus- und Einfuhr 176f.

## B.

Baaßen 441.
Bacsfalu 222.
Bajtay 107. 108. 111. 112. 116. 136. 142. 144. 145. 179. 198.
Balkanhalbinsel 47.
Bairischer Erbfolgekrieg 200.
Bälle 246. 438.
Banat 46. 159. 171. 315.
Banffi über Hörigkeit 197.

Banffy, Gubernator 10. 27. 34.
Banffy Wolf. 294. 296.
Banffy Georg 306. 307. 310. 311. 316. 330. 331. 335. 339. 344. 368. 370. 374. 380. 449.
Bankokasse 437.
Bankozettel 420.
Barth Joh. 185.
Barth-Gromen-Genselmeier Buchhandlung 245.
Basedow 328. 430.
Bathori Chr. 59.
Bathori G. 285. 303.
Bathori St. 59. 237.
Bathyani, Bischof 189. Bibliothek 433.
Bauern sächs. 11. s. Dorfsleben.
Baumwolle 90.
Baußnern S. v. 75. 103. 112. 139. 149. 171.
Beamten, Steuerfreiheit 128. 214.
Beamtenverfolgungen 382 ff.
Beamtenwahl 104. 113. 149. 383 ff.
Beaumarchais 246.
Bedeus, Frh. v. 404.
Begräbnis 242. 243. 435.
Belgrad, Eroberung 46. Friede 94. 174.
Benda 246.
Benyowsky 390—395. 398.
Bercsenyi 7. 35. 38. 39.
Bertlef 342.
Bethlen Alex. 448.
Bethlen, Hofkanzler 117. 124. 128. 136. 166.
Bethlen, Hofrat 112.
Bethlen G., Fürst 184.
Bethlen E. 92.
Bethlen Nik. 9. 15. 22. 25. 26. 27. 29. 34.
Bethlen, Vors. der kath. Kommission 170.
Bethlen, Familie 296.
Bethlen, Graf P. 307. 339. 348.
Bethlen Lad. 372.
Bettel 443.
Bevölkerungszahlen 44. 215. 236.
Bibel 85. 87.
Bibliotheken 244. 433.
Bier 90. 176. 220. 248.
Binder 327.
Binder Peter 97.
Binder v. Sachsenfels 137.
Binder, Schneider 244.

Birthälm 182. 185. 190. 258. 264. 393.
Bischofswahl 42.
Bischöfe, armenische 175.
Bischöfe, ev. 42. 84. 86. 87. 89. 111. 179. 184. 185. 186. 242. 273. 288. 321. 413. 414. 428. 449.
Bischöfe, kath. 60. 68. 74. 102. 106. 107. 111. 116. 136. 144. 171. 179. 189. 192. 273. 277. 294. 365. 374.
Bischöfe, griech. 43. 358. 360. 361.
Bischöfe, griech.-unierte 43. 60. 77. 93. 358.
Bischöfe, ref. 374.
Bistritz 32 f. 36. 46. 53. 64. 100. 105. 121. 131. 135. 157. 175. 192. 215. 218. 226. 258. 262. 290. 292 f. 302. 330. 340. 342. 400. 405. 429.
Bistritz, Distrikt 207.
Bizonyos punctumok 197.
Blasendorf 44. 60.
Blauer Montag 233.
Blitzableiter 437.
Blümegen 153. 170.
Blumenzucht 440.
Bodenburgin 245.
Bogati 241.
Bogeschdorfer Kapitelsdechant 394. 402.
Bonczhida 30.
Borgo 106.
Borie 137.
Botsch 196.
Brabander 105.
Bransch 320. 342. 390. 404. 419.
Branntwein 43.
Breslau 113. 114. 174. 177.
Briefe der Emigranten 82.
Broos 36. 93. 100. 105. 123. 157. 190. 192. 215. 225. 228. 230. 293. 330. 404.
Bruckner, Pfarrer 431.
Bruderschaft 213.
Brukenthal M. 125. 134.
Brukenthal M. d. J. 177. 278. 300. 330 ff. 353. 369. 370. 379—413. 423. 427. 451. 452.
Brukenthal Sam. 95. 111. 113. 117. 120. 127. 128—189. 198. 201. 220. 231. 235. 246. 250. 266. 272. 274. 278. 283. 284. 286. 287. 289. 291. 293. 295. 299. 300. 301. 303. 304. 305. 306. 318. 320. 327. 342. 379. 380. 422. 427. 428. 430. 433. 440.

455

Brukenthal Ss. Frau 130. 154. 251. 436.
Brüssel 279.
Buccow 124. 135. 165. 179. 227. 240.
Buchdruckereien 73. 181.
Büchereinfuhr 73. 181. 254.
Buchhandel 85. 181. 245.
Buddäus 87.
Büffel 447.
Bukowina 90. 157. 175. 200. 290. 302. 405. 418.
Bulgaren 142. 235.
Bulkesch 195. 196. 286. 419.
Bunge 224.
Bureaukratie 451.
Bürgerrechtstaxen 387.
Burzenland 31. 32. 55. 94. 175. 207. 230. 289. 293. 302. 315. 429.
Burzenländer Kapitel 83. 85. 114. 261.
Burzenländer Zehntprozeß 83. 114 f.
Bußtag 244. 427.

### C.

Campe 431.
Cansteinische Bibel 87.
Capesius, Pfarrerin 327.
Capitel 42. 87.
Capp, Wollenweber 244.
Carpzow 252.
Clary 180.
Clemens XI. 46.
Cloos v. Kronenthal 106. 277 ff. 284. 287. 308. 330. 375. 379. 380. 388. 389. 390. 391. 392. 395. 398.
Cloos Michael v. Kronenthal 388. 405.
Colb L. 187.
Collignon 296. 438.
Colloredo 287.
Columba Noae 10. 34.
Comenius 43. 88. 183.
Commerzcommission 177.
Consilium de schola 43.
Corpus catholicorum 106.
Corpus evangelicorum 80. 194.
Cramer 428.
Cserei 37. 339. 373.
Csernatfalu 222.
Csernatoni 339.
Csik 38. 135. 157. 293.

Csik-Szereda 290.
Czaslau 157.
Czekelius v. Rosenfeld, Stuhlsrichter 56. 103. 113. 124.
Cziriak 404.

### D.

Dachauer C. 297. 375. 378.
D'Alambert 431.
Daniel, Baron 307.
D'Argent 431.
Davidische Harfen 41.
Debrezin 44. 80.
Dees 157.
De initiis juribusque 323.
Delpini 108.
Denndorf 206.
Denunzianten 346. 388. 392. 395. 397.
Deutscher Orden 5.
Deutsch-Kreuz 187. 195.
Deva 33. 157. 287.
Dignes 105.
Dikta 185.
Dimensum salariale 141.
Directorium oeconomicum 124 f. 128. 129. 134. 145.
Doboka 56. 86. 112.
Dobosi 230. 234.
Dobring 34.
Domestikalfond 140. 377.
Donat 258.
Dorfsleben 209. 214. 257. 446.
Dörr 395.
Draas 209.
Drauth 68 f. 73.
Drechsler 90.
Dreißigstgebühr 52. 96. s. Zölle.
Dreizehn Dörfer 196. 198. 200. 414.
Duldner 105.
Dürerische Bilder 63.
Durlacher Einwanderung 190. 225.

### E.

Eberach 326.
Eder 188. 323. 327.
Edelsbach 119.
Ehejachen 72. 180. 181. 300. 362. 393. 394. 413.

Ehrenweine 42.
Eigen Landrecht 237. s. Statutarrecht
Ein- und Ausfuhr 176 f.
Einwanderungen, neue, in Siebenbürgen 80 f. 189 f. 194. 225. 448.
Einwanderungsgesetz in Ungarn 49.
Eisenburger 224.
Eisenhandel 444.
Elisabethstadt 157. 236.
Elsaß 190.
Emigrationspatent 80.
Endlicher 435.
Enyed 157. 244.
Enyeter 105. 405.
Enyeter, Senator 342.
Eperies 16.
Epochaljahr 83. 84.
Erträgnisse der Äcker usf. 142.
Erfurt 105.
Erlangen 187.
Erzämter 139.
Eszterhazi Paul, Palatin 3.
Eszterhazi 152.
Eszterhazi, Hofkanzler 293.
Eugen von Savoyen 33. 36. 37. 45. 46. 61. 74. 91.
Evangelische Kirche 40 ff. 59 f. 75 f. 80 f. 110. 179—186. 229. 243. 255 f. 273. 274. 289. 362. 393. 408 f. 427 f.
Excissum 141.
Exulanten 79. s. Transmigranten.

### F.

Fabri 67.
Falschmünzer 19. 79.
Faßbinder 90. 174.
Fasching 438.
Fay M. 172. 187.
Felek 36.
Felmer Martin 185. 188. 262. 266. 440.
Feiertage, kath. 109.
Feuer- und Wetter-Bonifikation 143.
Feuerlöschordnung 226.
Fichte 442.
Filtsch D. 217. 428. 435. 440. 441.
Filtsch 244.
Filtsch J., Stadtpfarrer 307. 322. 327.
Filstich 266.

Finanzpatent 419.
Finanzwesen 205. 419.
Firmian, Erzbischof 80.
Fiskus 83. 125. 146. 150 ff. 161. 168. 285.
Fiskalprozesse 83 ff. 126 f. 285. 315.
Fiskalzehnte 128. 447.
Fischer Math. 82.
Flachs 90. 176.
Fleischer 174.
Fogarasch 28. 78. 157. 171 293. 300. 388.
Fogarascher Dominium 133. 137. 151. 284. 386.
Fokschan 178.
Formula pii consensus 88.
Forum productionale s. Produktionalforum
Frank 342.
Frank Val. 369.
Frankenstein 216. 442.
Franken, Auswanderer 80.
Franz II. 371. 386. 417.
Franz von Lothringen 95.
Franziskaner 67. 68.
Franzosenkrieg 374. 415 f.
Französische Subsidien 8. 37. 38.
Französische Sprachkenntnis 244.
Frauen, Stellung der 250.
Frauendorf 105.
Freck 422. 440.
Freimaurer 129. 130. 448.
Freylinghausen 185.
Friedrich der Große 113. 129. 178. 270. 431.
Fronius Marc. 42.
Fronius Michael 53.
Fronius, Stadtrichter 289. 340. 343. 398.
Fronius M. 320.
Fronius Mich.: Über das ausschließende Bürgerrecht 320.
Fundus neoconversorum 120.
Fundus regius 145. 147. 167. 206 f. 284. 313. 387. s. Sachsenland.
Funk 273. 288. 428.

### G.

Galizien 157.
Gall Baron 418.
Gärten, öffentliche 437. 438.
Gegenreformation 59 ff. 132. 179. 192. 229. s. Katholisierung.

457

Geisa II. 265. 325.
Geistliche, Sitten der 42. 88. 106. 255. 263.
Geistliche Steuer 128. 416.
Geistliche Universität 182.
Geldanlage 437.
Gellert 428.
Gemeindeländer(-erbe) 77. 118. 121. 150. 161. 171. 199. 207. 217. 227. 229. 277. 309. 377. 447.
Gemeinnützige Kenntnisse 430.
Geometrische Proportion 170. 227.
Gera 325.
Gerhardt Paul 185. 428.
Gerichtstafel 79. 200.
Gesangbücher 184 f. 328. 427 f.
Geschichte Siebenbürgens in Abendunterhaltungen 324.
Geschichtschreibung, sächs. 319 f. 431. 433.
Geselliges Leben 240. 437.
Gesundheitslehre 430.
Gesundheit, Sorge für 434.
Gewerbe 13. 174. 175. 177. 217. 227. 231. 444. s. auch Zünfte.
Geyer, Oberst 67.
Gießen 87. 184.
Glaubensgericht 86. 184.
Gluck 246.
Gmundener See 193.
Goldschmiede 174.
Gottesdienst 13. 43. 243. 427.
Goethe 327. 432.
Göttingen 265. 322. 432.
Graffius L. 84. 89.
Gräser 442.
Gräuber 224.
Graven 30.
Gregori 31.
Greiner 155.
Grenoble 417.
Griechen 13. 142. 178. 217. 231. 234. 235. 251. 444. Griechische Kompagnie 90.
Griech.-orient. Kirche 43. 179. 360.
Griech.-unierte Kirche 43. 77 f. 101. 179. 360.
Großau 44. 81. 82. 212. 280.
Großfürstentum Siebenbürgen 138.
Großschenk 86. 157. 210. 211. 388. 389.
Großscheuern 14. 33. 257. 435.

Großpold 34. 192. 193.
Großprobstdorf 195.
Großwardein 119. 159. 202.
Gubernium 10. 20. 22. 25. 27. 29. 30. 33. 34. 38. 50. 52. 54. 72. 84. 92. 94. 106. 107. 111. 117. 138. 144 f. 152. 162. 172. 177 f. 197. 198. 200. 204. 241. 244. 294. 298. 307. 312. 326. 335. 336 f. 346. 356. 360. 362. 389. 391. 419. 432.
Gurariu 216.
Gyergyo 38. 293.
Gymnasien 89. 217. 224. 235. 262. 276. 364. 395.
Gyulai 98.
Gyulai, Graf 356.
Gyüri 35.
Gyürky 395—405.

## H.

Habermann 85.
Habad 190.
Halle 41. 85. 87. 88. 129. 185. 258. 261. 265.
Haller Joh. 10.
Haller Joh. 339.
Haller Stef. 10.
Halmagy 124.
Halvelagen 30. 31.
Hamburg 185.
Hamlesch 81. 439.
Hammersdorf 323. 429.
Hanauer Ländchen 190. 191. 225.
Handel 13. 47. 90. 171. 174 f. 178. 217. 233 f. 420. 444.
Handschuhmacher 90.
Haner G. 86. 89. 111. 181. 266.
Haner G. J. 179. 181. 182. 184. 185. 262. 369.
Hann Seb. 265.
Hannenamt 208. 214. 257. 446.
Hannenheim Peter 113.
Hannenheim Stef. 177.
Hannenheim 225. 242. 307.
Hannenheim, Frau 436.
Happel 264.
Haromszek 135. 157. 293. 390.
Harteneck 13. 16 f. 27 f. 102. 131. 133. 234. 398.

Harteneck Elisabeth 27. 29.
Harteneck Jak. Fr. 206.
Haschagen 106.
Hattertausteilung 191. 207. 447.
Hatzeg 78. 315.
Hatzfeld, Graf 310. 315.
Hauser 183.
Hausinschriften 209 f. 223.
Häuserkauf s. Konzivilität.
Haydn 246. 433.
Hebammen 435.
Heerreisen 212.
Heister 39.
Heldmann 264.
Helmstedt 264.
Heldsdorf 48.
Heltau 34. 54. 81. 207. 230. 258. 322. 437.
Henndorf 11.
Hensel Fr. 416.
Herbeville 35 ff.
Herder 326.
Hermann Luk. 42.
Hermannstadt 14. 16. 17. 18. 23. 27. 31. 32. 33. 42. 44. 46. 48. 52. 54. 56. 61. 64. 68. 73. 82. 85. 86. 90. 92. 97. 99. 100. 105. 108. 118 ff. 129. 136. 144. 157. 166. 168. 169. 172. 180. 182. 183. 185. 192. 193. 194. 212. 215 bis 220. 228. 230. 234. 240. 242. 245. 246. 249. 252. 254. 258. 262. 263. 264. 265. 271. 276. 280. 287. 288. 291. 292. 294. 299. 300. 307. 308. 317. 325. 326. 327. 330. 335. 342. 354. 356. 361. 370. 380. 382. 383. 390. 404. 411. 417. 422 f. 428. 430. 433 ff. 447.
Hermannstädter Komitat 293. 294.
Hermannstädter Königsrichter wurde aufgehoben 384. 400. 407.
Hermannstädter Probstei 195.
Hermannstädter Stuhl 14. 51. 94. 98. 165. 207. 212. 347. 400. 406.
Herrmann G. v. 104. 107. 320. 321. 342. 344. 365. 381. 382. 388. 395. 396. 406.
Herrmann J. Th. v. 280. 317. 319. 438.
Herrmann, Gubernialkonzipist 244.
Herrmann, Die Grundverfassungen 320. 321.
Herrnhuter 183.

Heuschrecken 272.
Hexen 211. 252.
Heydendorff M. 107. 124. 148. 160. 187. 218. 224. 225. 241. 242. 264. 274. 283. 287. 288. 292. 296. 305. 307. 308. 309. 317. 328. 330. 340. 341. 342. 353. 366. 380. 388. 390. 392. 395. 405. 425. 426. 438. 439. 440. 451.
Heydendorff S. C. v., General 206.
Heydendorff S. 266.
Heyl 105.
Hiller 246.
Hirling 307.
Hißmann 265.
Hochmeister, Buchdrucker 181.
Hochmeister, Buchhandlung 245. 325.
Hochzeiten 248.
Hochzeitsgeschenk für Maria Theresia 77.
Hochzeitsordnung 18. 122. 253.
Hofagent 383. s. Nationalagent.
Hofkammer 154. s. Fiskus.
Hofkanzlei 94. 103. 106. 112. 117. 135. 138. 149 ff. 159. 162. 166. 204 f. 282. 290. 292. 298. 310. 311. 314. 349. 351 f. 379 ff.
Hofkriegsrat 37. 99. 233.
Höflichkeitslehre 430.
Homrod 335.
Honnamon 286.
Honigberg 32. 187. 222.
Honterus 184. 326.
Hora 291.
Hörigkeit 145. 158. 161. 197 f. 229. 290. 292. 316. 361 f.
Hoßufalu 222.
Huet 52. 116.
Hunnius 184.
Hunold 185. 264.
Hunyad 157. 190.
Hunyader Komitat 293.
Hutmacher 174.
Hutter (v. Huttern) 112. 113. 124. 186.
Huttern M. v. 404.

J.

Iffland 432.
Impfung 435.
Inclyta natio Sax. 138. 139.
Industrieschulen 430.

Influenza 435.
Inner-Szolnok 293.
Inskription 83. 137. 138.
Installation des Gouverneurs 172.
Installation des Komes 103. 278. 331.
Instrumente, Musik 433.
Insurrektion 4. 91. 98 f. 128. 417.
Irthel, Tagebuch 34.
Isenflamm 119.
Izdenczy 152. 159. 161. 311. 312. 313. 314. 379. 381.

Jaad 184. 227.
Jägerbataillon 416 f.
Jahrhundertfeier 395.
Jahrmärkte 14. 241. 251.
Jena 87. 181. 184. 185. 265. 432. 442.
Jesuiten 36. 42. 59 ff. 72 ff. 103. 108. 180. 186. 223.
Jordan, Arzt 431.
Josef I. 35. 36. 38. 40.
Josef II. 127. 156 ff. 216. 218. 225. 241. 251. 269—318. 322. 325. 343. 344. 352. 354. 355. 357. 362. 374. 378. 386. 414. 425. 450.
Josef II. in Siebenbürgen 156. 287. 301.
Journal des Luxus und der Mode 432.
Juden 142. 419.
Jus gladii 210.
Justiz 10. 19. 27. 72. 83 f. 115 f. 210. 283. 345. 389. 400.

**K.**

Kaffee 121. 176. 240.
Kaffee-Gärten 437.
Kaffee-Häuser 431.
Kaisd 181.
Kaiser P. 87.
Kalnoki-Regiment 98.
Kaltenbrunner 193.
Kalviner 9. 180. f Reformierte Kirche.
Kammacher 174.
Kardinalämter 364 f.
Karl III. 32. 45. 94. 120. 210. 444.
Karl XII. v. Schweden 47.
Karlsburg 50. 60. 66. 78. 102. 157. 180. 189. 190. 225. 287. 433. 447.
Karlsburger Domkapitel 337.
Karlovitz 45. 174. 361. 443.

Karoly 39.
Kartenspiel 10. 250. 288. 340. 367.
Kärnten 80. 82. 191. 416.
Kartoffel 447.
Kaschau 44.
Kaserne 52.
Käsmark 444.
Kästner 265.
Katechisation 42. 43. 430.
Katechismus 88. 89. 258.
Kathedralzins 42.
Kath. Kommission 170.
Katholisierung 5. 45. 59 f. 68. 74. 102. 104 f. 111. 141. 169. 179. 180. 192. 226. 227. 228. 278. 288.
Kaufmannschaft 80.
Kaufmannsozietät 234.
Kaunitz 298. 301. 316. 330.
Kegelbahn 248. 437.
Kelp 125.
Kemeny, Gubernator 135.
Kemeny, Hofrat 142.
Kemeny Sim. 307. 339. 353.
Kemeny Wolfg. 294. 300. 318. 336. 339.
Kerz 195.
Keßler J. S. 326.
Kezdivasarhely 290.
Kimpelung 178.
Kimpina 178.
Kinder J. 27. 29. 52. 73. 81. 82. 90.
Kirchenbesuch 13.
Kirchendisziplin 42.
Kirchengeschichte 89.
Kirchenrecht 363. 410.
Kirchenvisitation 42. 183. 414.
Kirchl. Anordnungen Josefs II. 272 f. 299.
Klausenburg 30. 33. 36. 42. 61. 70. 72. 73. 96. 157. 164. 180. 244. 264. 300. 320. 335—374. 391. 418. 432. 436. 447.
Kleiderordnungen 253 f.
Kleidung 208. 253. 436. 451.
Klein v. Straußenburg Joh. 32.
Klein J. Janoc., Bischof 77. 78. 93.
Klein-Bistritz 32. 106.
Klein-Kumanien 5.
Klein-Probstdorf 195.
Klein-Schelk 182.
Klein-Schenern 14. 324.

Klocknern 130.
Klompe 395. 406.
Klopstock 245. 428.
Kloos, Prediger 185.
Klosdorf 195.
Klöster 62 f.
Klosterneuburg 81.
Kloska 291.
Kokelburger Komitat 293. 414.
Kollar 144.
Kollektensammeln 276. 289.
Kollonich 4. 6. 38. 83.
Kollonitz 171.
Kolos 56. 293.
Kolosmonostor 337.
Kolowrat 118. 145.
Kommandierender General 14. 27. 47. 57 f. 60 f. 65 f. 77. 86. 90. 91. 97. 103. 109. 132. 172. 190. 205. 212. 217. 241. 248. 272. 336.
Komes 16. 18. 66. 74. 75. 103. 133. 134. 146. 204. 278. 330. 331. 376 f. 400.
Komeswahl 18. 75. 103. 134. 278. 330.
Komet 421.
Komitate 97 f. f. Adel.
Kompilaten 110.
Konföderation 8. 35.
Königseck 66. 67. 91. 212.
Konfessionelle Frage 1791 362 f.
Konfirmation 430.
Konfirmationstaxe, geistl. 394
Konsistorium, ev. 182. 183. 274. 276. 363 f. 374. 378. 394. 409 f.
Konsistorium, ref. 182. 277.
Konskription 26. 55. 76. 77. 207.
Konstantinopel 235.
Konstitutionen 18.
Kontribution f. Steuern.
Konvertiten 68. 73. 103 f. 107. 111. 278. 362. 380. 427.
Konzivilität 113. 130. 132. 159. 162. 279. 288. 357 f. 369 f. 387. 426.
Kopisch 158.
Korngruben 224.
Kornis, Hofkanzler 162. 166 f.
Kornis, Oberlandeskomm. 118. 240. 241.
Kornis S. 50. 57.
Königsrichteramt aufgehoben 407.

Kotzebue 432.
Kövar 202. 293.
Krain 191.
Kraus 42.
Krazna 202. 293.
Kreutzer G. 406.
Kreuz 187. 195.
Kritische Sammlungen 322.
Kroatien 259. 310.
Kronenthal f. Cloos.
Kronstadt 28. 31. 36. 44. 47. 54. 57. 67. 73. 82. 90. 100. 105. 107. 108. 118. 127. 157. 175. 180. 182 ff. 194. 206. 207. 212. 215. 218. 220—223. 228. 230. 235. 258. 265. 278. 280. 284. 289. 290. 296. 330. 334. 342. 352. 365. 378. 380. 388. 390. 392. 395. 397. 400. 405. 416. 429. 430. 434. 440. 443. 447.
Kronstadt, Das alte und neue 342.
Kronstadt, Distrikt 347. f. Burzenland.
Kufstein 339.
Kukuruz 208.
Kun Sig. 57.
Kunst 265. 305.
Kürschner 174. 221.
Kuriatvotum 21. 346. 347 f. 366. 372.

**L.**

Lacy 157.
Ladamosch 164. 230.
Landesaufnahme 26. 55. 277. 300.
Landesämter 203.
Landeseinteilung Josefs 293. 299.
Landeskommissariat 78 f.
Landler 81. 191.
Landtag 20 f. 33 f. 37. 48. 50. 58. 59. 65. 66. 67. 70. 72. 77. 79. 83. 92. 97. 99. 101. 110. 112. 113. 128. 174. 203. 271. 310. 314 333—374. 400. 407. 415—421. 425. 435. 436. 450.
Landwirtschaft 14. 121. 171. 175. 207. 209. 228. 230. 231. 328. 404. 447. 448. f. Gemeindeländer.
Lang, Prediger 186.
Langhader 70.
Langlet 66.
Laßler Kapitel 196.
Lebrecht f. Löpprich.
Lechnitz 261.

Lederer 174.
Lehrerleben 255. 258. 451.
Leibesstrafen 349 f. 373.
Leichamschneider 105.
Leichencharten 243.
Leichenordnung 18.
Leichenmahl 55. 242. 256.
Leihbibliothek 430.
Leinweber 174. 175.
Leinweberbruderschaft 445.
Leipzig 119. 174. 177. 184. 189. 235. 252. 325. 437.
Lektüre 244. 431.
Lentulus 222.
Leonhardt 100.
Leopold I. 5. 17. 18. 24. 34. 126. 204.
Leopold II. 317. 329—371.
Leopoldinisches Diplom 9. 11. 14. 17. 20. 43. 59. 61. 68. 74. 84. 132. 202. 248. 293. 347. 364. 368.
Leschkirch 100. 129. 134. 157. 220. 293. 320. 388. 404.
Leschkircher Stuhl 207. 404.
Lesegesellschaften 328. 430 f.
Lessing 246.
Linz 81.
Liturgie 328. 427.
Lobkowitz 91 f.
Longueval 7.
Lotteriespiel 374.
Löpprich 264. 324.
Ludosch 404.
Ludwig XIV. 37. 38.
Lugosch 325.
Luthers Gesangbücher 184. Lieder 428.
Luthers Katechismus 81. Teutscher Thesaurus 244.
Lyon 417.

**M.**

Maße und Gewichte 251.
Mädchenschulen 258.
Magazin f. Windisch 192.
Mahlzeiten 13. 240.
Mais 58. f. Kukurutz.
Majus 87.
Makowsky 185.
Malborghetto 416.
Malerei 265. 305.

Maria Theresia 77. 95. 99. 102. 106. 110. 112. 115. 120. 130. 131. 133 ff. 140—201. 202. 203. 220. 228. 230. 252. 256. 258. 265. 266. 279. 283. 284. 303. 314. 315.
Marienburg 222. 440.
Mark, Baron von der 171.
Marmarosch 43. 157. 202.
Maroscher Stuhl 293.
Maros-Vasarhely 37. 433.
Marschordnung 211.
Martigny 46.
Martonsi, Bischof 60.
Martinsdorf 196. 198. 200. 419.
Martinszins 126. 150. 283 f. 288. 309.
Maulbeerbäume 121.
Maurocorbato 46.
Maurer 90.
Meddem 256.
Mediasch 31. 33. 36. 44. 50. 54. 59. 65. 67. 100. 105. 106. 107. 149. 157. 181. 190. 206. 207. 215. 220. 224. 239. 242. 249. 251. 253. 258. 262. 272. 280. 292. 293. 302. 330. 342. 388. 390. 404. 407. 419.
Mainz 105.
Mehburg 19.
Melas, General 206. 416.
Melchior'scher Garten 438.
Memmingen 234.
Meschen 42. 214.
Meschendorf 195.
Messerschmiede 90.
Metternich 449.
Mettersdorf 227.
Michelsberg 34. 187. 195.
Mik, Bischof f. Klein.
Mikes, Graf 390.
Mikes 10. 30. 32.
Miko, Graf 307.
Militärdruck 11. 44. 52.
Militärkonskription 172.
Militäreinquartierung 44. 78. 211. 212.
Militärgrenze 135. 227. 230.
Militärlieferungen 11. 52. 93.
Militärwesen 205. f. Kommand. General.
Müller, Stückhauptmann 34.
Mittel-Szolnok 30. 202.
Mode, Deutsche 344.

Moga Basilius 361.
Mohatsch 202. 351.
Moldau 90. 175. 178. 443.
Möringer Bar. 246.
Mortesdorf 196. 419.
Mozart 432.
Mühlbach 16. 33. 36. 89. 100. 187. 190f. 215. 225. 230. 235. 252. 293. 300. 330. 430. 443.
Mühlbächer Stuhl 207.
Müller Jak., Feldprediger 417.
Müller Jac. Aur. 321. 327. 393. 414. 431.
Müller (Zunft) 90.
Mundart, sächs. 82. 120. 173. 188. 245. 260. 266. 296. 417. 422.
Mundra 285.
Munkacs 6. 343.
Musik 246. 250. 258. 432.
Musikinstrumente 433.

### N.

Nachbarschaften 128. 130. 239. 246. 280. 384. 446.
Nachbarschaftsordnung 18. 213. 227.
Nachdrucke 430.
Nachrichten von S. Gelehrten 324.
Nachtswächter 246. 388. 390.
Nadesch 415.
Namenstagfeier 250. 251. 259.
Naßod 157.
Nationalagent 73. 119. 383.
Nationalbuchhaltung 129.
Nationalarchiv 297. 308. 331.
Nationalvermögen, Konfiskation 296. 308.
Nationsuniversität 18. 23. 28. 31. 37. 42. 69. 73. 93. 100. 101. 125. 134. 137. 138. 182. 200. 232. 236 f. 284. 285. 294. 332. 364. 371. 383. 384. 391. 398. 407. 415. 417. 418. 443.
Naturgenuß 439.
Naturwissenschaft 441.
Neff Chr. 192.
Nemaja 138.
Nemes 162.
Nemes, Graf 339.
Nendwich Paul 444.
Neppendorf 44. 82. 280.
Neugeboren 327. 414.
Neumann 423.

Neustadt (Burzenland) 32.
Nikolaus v. Talmesch 196.
Niederlande 307.
Nimesch 259.
Nösnerland 226. s. Bistritz.
Norma regia 276.
Nußbach 106.

### O.

Obel 86.
Ober-Alba 92.
Oberkonsistorium, ev. 183. s. Konsistorium.
Ober-Österreich 191.
Oberlandeskommissariat 294.
O'Donell 144. 145. 150. 198.
Ödenburger Reichstag 5.
Ofna 178.
Oper 246. 432.
Opernkomponisten 246.
Opitz 265.
Orator 400 f.
Orlat 199.
Österreich 80. 270.
Österr. Erbfolgekrieg 98.
Ofen 47. 81.
Onod 38.
Otto v. Baiern, K. 216.

### P.

Painer 219.
Palffy 39.
Palffy, Hofkanzler 316. 330.
Pankratius, Bischof 186.
Paradoxon politicum 91. 94.
Paraid 157.
Partes (adnexae) 98. reapplicatae 202. 373.
Pasquill 103.
Passarowitz 46. 174. 443.
Pata 33.
Pauli J. 406.
Pekri L. 22. 30. 31. 33. 36. 225.
Pekris Frau 32.
Pest (Seuche) 44. 54. 94. 174. 215. 222. 226. 228. 302.
Pest (Stadt) 44.
Peter Ban 6.
Petersberg 32. 222.

Petersdorf bei Bistritz 32.
Petersdorf bei Mühlbach 192.
Peterwardein 46.
Pfarrerleben 42. 185. 213. 255 f.
Pfarrerwahl, jährliche 393. 394. 399. 402.
Pflasterung 217. 221. 435.
Philosophie 442.
Piaristen 106. 225.
Pietismus 40 f. 85 f. 185. 214. 244. 255. 260.
Pintak 32. 227.
Platz 64.
Plecker 405.
Polder 440.
Polen 165. 200.
Pongratz 97.
Popen, walach. 58. 77.
Poplaka 280.
Porten 25. 26.
Postwiesen 177. 419.
Pragmatische Sanktion 48. 95. 101. 202. 355.
Predigt, sächsische 82.
Preidt 429.
Preiß, Baron 272. 291.
Preßburg 44. 96. 189. 324. 390.
Preßburger Reichstag 5. 49. 98. 347. 351.
Pretai 241. 259.
Preußische Kriegsgefangene, Ansiedlung 194.
Produktionalforum 83. 114. 117 f. 126. 150. 153. 154. 156. 283 f.
Produktionalprozesse 83 f. 114 ff.
Protestantenverfolgung 6. 16. 59 ff. 79 f. 96 f. 113.
Provinzialfond 140. 141.
Provinzialkanzler 134.
Pürker 444.

### Q.
Quartalschrift 319. 327. 431. 432. 433. 441. 442.

### R.
Rabutin 14. 27. 28. 29. 30. 32 ff. 62. 216.
Radeln 416.
Raizen 13.
Rakotzi 285.
Rakotzi II. 6. 7 f. 30 ff. 38. 39. 47.

Rall Chr. v., FML. 336. 352. 354.
Rationalismus 244. 255. 427 f. 434 f.
Rauß 405.
Rechnungswesen 58. 79. 129. 145. 147. 377. 400.
Rechtspflege 72. 252. 389.
Reen 157. 192. (f. Sächsisch-Regen).
Reformationskommission 80.
Reformierte Kirche 9. 71. 74. 75. 97. 110. 111. 112. 182. 225.
Regalisten 20. 203. 337. 346.
Regensburg 80.
Regulationen 149.
Regulation 376 ff. 424. 450. 451.
Regulation der Kirche 401. 408.
Reichstag, deutscher 80.
Reichstag, ungarischer 5. 38. 39. 49. 98. 99. 202. 344. 421.
Reischach, Graf 169.
Reisen 440.
Religionsbeschwerden 59 f. 79. 96. 170. 288.
Religionsgespräch 179.
Reps 48. 54. 100. 105. 157. 293. 330. 388. 389. 405.
Resch Wolfg. 192.
Reschinar 173. 280. 435.
Restitutionsedikt 316 f. 329.
Reußen 195.
Reußmarkt 100. 105. 190. 287. 293. 330. 388. 404.
Robinson 431.
Rod 200.
Rodna 135. 227.
Rodosto 39.
Roland 217.
Romane 264. 432.
Rosenau 32. 187.
Rosenfeld A. 172. 288. 294. 295. 307. 320. 343. 349. 375.
Rosenfeld Fr. 320. 322. 332. 335. 340. 342. 353. 356. 368. 371. 383. 436.
Rosenfeld f. Czekelius.
Rosenfeld 139.
Rosoli 32.
Roth J. P. 395.
Rothbach 223.
Rothberg 417.
Rousseau 244. 326. 328. 430.

Rudolf, Kaiser 26. 59.
Rumes 192.
Rüstungen 98 f. 127. 200. 374. 416 f.
Rußland 38. 165. 313.

S.

Sachsenland, Krongut 116. 146. 313. 387.
Sächsischlesen in der Schule 260.
Sächsisch-Regen 157. 215. 293. 419. 430.
Sagen 48. 216.
Salzburg 225. 285.
Salzgruben 150.
Salzkammergut 80. 81. 192.
Sanctio criminalis 418.
Sandschuster 64.
Sartorius, Kantor 185.
Schafgotsch, Graf 113.
Schaitberger 81.
Schankgerechtigkeit der Pfarrer 394.
Scharosch 187.
Scharsius 42. 87.
Schäßburg 11. 18. 19. 27. 31. 34 f. 36. 44. 54. 66. 100. 105. 125. 157. 192. 215. 223. 224. 235. 239. 249. 254. 258. 293. 330. 388. 407. 436. 438. 440. 445. 451.
Schech 274.
Scheerer 90.
Schellenberg 34.
Schenk (Groß) 18. 100. 293. 330. 404.
Schiller 328. 418. 432.
Schlosser (Zunft) 174.
Schlözer 320. 322. 325.
Schmeizel 69. 85. 129. 182. 265.
Schmidlin 128.
Schneider (Zunft) 174.
Schönberg 327.
Schoppel 107.
Schröter 246.
Schuller v. Rosenthal 19. 27.
Schulden 11. 14. 44. 117. 132. 153. 171. 212. 375. 376. 386.
Schulmeister 43. 258.
Schulpflicht, allgemeine 88.
Schulplan 43. 88. 258. 276. 368.
Schulvisitation 258.
Schulwesen 85 f. 89. 183. 219. 244. 258. 275. 328. 364. 429.
Schunn 64.

Schunn Jak. 184. 185. 186. 262.
Schuster (Mediasch) 342.
Schwarz Math. 106.
Schweden 47.
Schweidnitz 206.
Schweitzer 246.
Seeau 20. 30.
Seeberg 112. 119 ff. 128. 130. 192. 226. 251. 256.
Seidels Katechismus 89.
Seiden 195. 196. 286. 419.
Seifensieder 174.
Seiler (Zunft) 174.
Seivert Joh. 323.
Seivert, Stuhlrichter 171.
Seminaristen 430.
Serben 167.
Serbien 46. 94.
Seyvert Joh. 188. 189. 342. 429.
Shakespeare 246. 326. 432.
Sibo 36.
Sichelschmiede 90. 231.
Siebenbürgens Fürsten 324.
Siebenbürger Bote 325. 438.
Siebenbürger Sachsen (Volksschrift) 321. 414. 448.
Siebenb. Quartalschrift 327. s. Quartalschr.
Siegel der Stände 347.
Siskovitz 135.
Sigismund, Kaiser 453.
Sinekuren 106.
Singspiel 432.
Sistova 443.
Sitten 12. 42. 214 ff. 239 ff. 436 ff.
Skorej 138.
Societas phylohistorum 433.
Somlyai 343. 379. 388. 390. 392. 398.
Sonnleithner 193.
Soterius G. 187.
Soterius M. 177. 320. 340. 368.
Soterius Frau 251. 288. 301.
Spanischer Erbfolgekrieg 45.
Spener 87.
Spitäler 443.
Sprachenedikt Josefs II. 297.
Sprachenfrage 297 f. 337. 355 ff.
St. György 293.

St. Simon, Herzog 40.
Staatsanzeigen 322.
Staatsbankerott 420.
Staatsrat 142. 154. 161. 275. 283. 298.
Stadlhuber 193.
Städtisches Leben 13. 61 f. 101. 175 f. 215 f. 231 f. 262 f.
Stadtreiter 101.
Stadtthurner 101.
Statistik, Interesse daran 434.
Statutarrecht 237. 252. 420.
Stefan V. 281.
Steiermark 192.
Stein, Freiherr v. 450.
Steinburg K. v. 405.
Steinville 47. 60. 61 f. 67. 87. 225.
Steuern 5. 11. 12. 14. 20. 50 f. 57. 76. 91. 132. 140 ff. 221. 338.
Steuerreform 24. 53. 55. 140. 159 f. 300.
Steuersystem, Bethlenisches 140.
Steuersystem, Buccowisches 141.
Steuersystem, Brukenthalisches 142 ff. 159.
Stillstand der Entwicklung 450.
Stinn L. 73.
Stock Martin J. 306.
Stolzenburg 36. 81. 164. 190. 230. 261. 318. 431.
Stralsund 47.
Straßburg 190.
Straßen 177. 290.
Straußenburg 342. 374.
Straußenburg, Frau Maria Elisabeth 436.
Stühle, die sächsischen 206. 239.
Stuhlsfahrten 211.
Stuhlsverfassung 207. 399.
Stupan 137.
Summepiskopat des Herrschers 409. 410. 412.
Superintendent 255. f. Bischof.
Supplex libellus 323.
Synode 41. 42. 85. 87. 182. 183. 184. 255. 260. 261. 273. 413. 430.
Syrmien 46.
Szabolcser Komitat 298.
Sz.-Ujvar 236.
Szathmar 39.
Szekler 20. 26. 31. 56. 58. 76. 77. 98 f. 113. 141. 161. 162. 202. 232. 307. 349. 361. 370. 387. 407. 418. 450.

Szecseny 35.
Szilagyi, Baron S 206.
Szolnok, Komitat 56. 293.
Szombatfalva 138.

**T.**

Tabak 32. 43. 90.
Talmesch 127. 157. 195. 196. 441.
Tanzen 215. 246. 438.
Tartlau 222.
Tartler 405.
Tartler Joh. 106.
Tartler Joh. 320. 340. 341. 368. 369. 372. 391. 436.
Tartler Joh., Das Recht des Eigentums 320. 369. 393.
Tartler Val. 69.
Taterloch 105.
Taxalortschaften 21. 51. 77. 98. 100. 337.
Telegraph 437.
Teleki, Gräfin 332.
Teleki, Graf M. 97.
Teleki A. 162. 173.
Teleki, k. Kommissär 300.
Teleki, Vizekanzler und Kanzler 330. 368. 370. 379. 381. 390. 398.
Teleki J. 362. 374.
Telekische Bibliothek 433.
Temesvar 46. 157. 177.
Teutsch Andreas 41. 49. 71. 72. 75. 85.
Teutsch Josef 187.
Thalia 432.
Theater 245. 432.
Theatr. Wochenblatt 246.
Theresianum in Wien 141.
Thesaurariat 125. 146. 149 ff. 161. 168. 205. 285. 294.
Theofil 43.
Theyß 220. 230.
Thodoritze 284.
Tholdi, Gräfin 318.
Thomas a Kempis 41.
Thorda 56. 157. 293. 346.
Thoroßkai 30. 33.
Thüri A. 296. 339. 365. 371.
Tiege 30. 33. 37. 38. 63. 68. 70.
Tirol 224.
Tod und Begräbnis 242. 243. 422 f. 435.

Tokaj 8.
Toleranzpatent 273. 362.
Tortur 252.
Törzburg 127. 388.
Tövis 293.
Tötölyi 6.
Töpfer 90.
Tracht 436 f.
Transmigranten s. Einwanderungen 216. 227.
Transmigrantenschicksale 193.
Trentsin 38.
Troppau 430.
Trunksucht 10. 42. 261.
Tuchfabrik 70.
Tuchmacher 174.
Tübingen 16. 250.
Tuten (Slovaken) 251.
Türkei 38. 47. 172. 174. 176. 178. 313.
Türkenkrieg 45. 92. 313. 315.
Türkös 222.
Tyrnau 36.

## U.

Über den Nationalcharakter der S. 324.
Übertrittsbestimmungen 363. 373.
Udvarhely 180.
Udvarhelyer Stuhl 51. 293. 347.
Uhren(macher) 224. 227. 235.
Unentgeltliche Bewirtung 11. 113. 257.
Ungarn 3 f. 8 f. 30. 37. 38. 45. 46. 49. 55. 59. 61. 90. 96. 98. 102. 171. 176. 202. 271. 283. 298. 306. 307. 310. 315. 344. 352. 421. 439. 443.
Unierte Kirche (s. griech.) 43. 60. 101. 179.
Union Siebenb. mit Ungarn 350 f.
Union der Stände 337 f. 370.
Union der sächs. Stühle 375.
Unitarier 61. 63. 96. 97. 180. 305. 353.
Universität, ev., in S. 110. 139.
Universitätsbesuch 89. 110. 183. 244. 254.
Universitäten, Verbot ausländ. 72.
Untertänige sächs. Gemeinden 195 ff. 200. 361. 414. 419.
Upsala 264.
Urbarialregulation 143. 145. 172. 197 f. 291. 292. 362 f. 367.
Urkundenbuch 327. 433.
Urwegen (Urbigen) 16. 34.

## V.

Bazarhely 73. 118. 157. 180. 244. 298. 368.
Bates, L. v. 37.
Baj Abrah. 96.
Verbündnisse der Gemeinden 213.
Verfassung sächs. 75. 124. 129. 206 f. 382. 399.
Verfassungszustand (Buch) 319.
Versuch einer Erdbeschreibung Ss. 321.
Versuch einer Staats- und Religionsgesch. 325.
Verwandtschaftsgrade, verbotene 173.
Vest Sam. 49.
Via Carolina 90.
Viehzucht 209. 217. 226. 435.
Virmont 62. 65. 212.
Visitationsbüchlein 42.
Visitationen durch das Gubernium 57.
Visitationsartikel 183.
Vogel 57.
Voigt 85.
Volkskunde 188.
Volkszählung 236.
Voltaire 244. 431.
Vorkaufsrecht 405.
Vorspann, unentgeltliche 11. 113. 257.
Vrede 69.

## W.

Wächter Josef 417.
Wagner Val. 184. 326.
Wagner (Zunft) 174.
Wahlen, Bestätigung verlangt 74.
Waisenhaus, kath., in Hermannstadt 108. 141.
Waisenhaus, ev., in Hermannstadt 220.
Walachei 46. 90 f. 94. 178. 185. 186. 443.
Walachen 43. 77 f. 158. 161. 164 f. 178. 207. 229. 231. 236. 244. 280. 290. 291. 309. 312. 358 ff. 387. 444.
Waldhütter 103. 115. s. Adlershausen.
Waldhütter M., Obstlt. 206.
Waldwirtschaft 388. 404. 419.
Wallenstein, Generalsgattin 212.
Wallis 64. 72. 91. 212.
Wegnahme ev. Kirchen 60 ff. 65 ff.
Weidenbach 32.
Weidenfelder 187.

Weineinfuhr 96.
Weinhold 105.
Weinjahre 421. 422.
Weinschank 90. 247. 251. 394. 404.
Weinsorten 240.
Weißenburg 20. 24. 30. 32. 36. 50. 116. s. Karlsburg.
Wenzel 405.
Werder 49.
Wesselenyi N. 339. 346. 357. 359. 364. 372. 374.
Wiedertäufer 184.
Wieland 266.
Wien 22. 33. 34. 36. 47. 54. 80. 85. 94. 96. 118. 130. 156. 161. 172. 235. 247. 248. 251. 252. 278. 310. 315. 324. 327. 367 f. 369. 379. 385. 404. 417. 422. 433. 436. 437.
Windisch, Magazin 189. 324.
Wirtshäuser 121. 248.
Wittenberg 89. 181. 184.
Wittstock Heinrich 194.
Wittstock Joach. 194.
Witwen- und Waisenversorgung 443.
Wladislaus, König 313.
Wolf 246.
Wolff Dr. 434.
Wollenweber 174.
Wörterbuch, sächs. 188.
Württemberg 190.
Würzburg 326.

## Z.

Zabanius Isak 16. 240.
Zabanius Joh. 16. s. Harteneck.
Zahl der Sachsen 236.
Zapolya 8. 9. 30. 72. 202.
Zarand 202. 293.
Zauberei 27. s. Hexen.
Zedler Lexikon 217.
Zehnte 14. 64. 83 f. 106. 148. 187. 197. 257.
Zehntprozesse 83 f. 114 f. 315.
Zehntschaft 214. 226.
Zeiden 30. 231. 259.
Zeidner Josef 106.
Zeitungen 246. 325. 326.
Zempliner Komitat 298.
Zensur 87. 180. 286. 326. 431.
Zepling 198.
Ziegler 90.
Zigeuner 11. 142. 210. 217. 221. 286. 419.
Zips 200. 281.
Zimmerleute 90.
Zinzendorf 184.
Zölle 171. 354. 355. 443. s. Dreißigstgebühr.
Zoodt 77.
Zrinyi Helene 6.
Zuchthaus 192. 219. 388.
Zucker 32. 121. 176.
Zuckmantel 415.
Zünfte 13. 90. 128. 174. 175. 177. 227. 230 ff. 246. 280. 365. 384. 385. 405. 407. 408. 443. 444.
Zunftsitten 443 ff.